LA REVANCHE
DES FILLES

Déjà parus :

Les filles règlent leurs comptes
Les filles n'en mènent pas large
Les filles sont trop gentilles
Les filles du Chelsea Hotel
Le dernier macho man

Sparkle Hayter

La Revanche
des filles

roman

 **Broquet**

97-B, Montée des Bouleaux, Saint-Constant, Qc, Canada, J5A 1A9,
Internet : www.broquet.qc.ca Courriel : info@broquet.qc.ca
Tél. : 450 638-3338 Téléc. : 450 638-4338

Catalogage avant publication de Bibliothèque et Archives nationales du Québec et Bibliothèque et Archives Canada

Hayter, Sparkle, 1958-

    [Last girl standing. Français]

    La revanche des filles

    (Les aventures de Robin Hudson)
    Traduction de: The last girl standing.

    ISBN 978-2-89654-118-8

    I. Mège, Nathalie. II. Titre. III. Titre : Last girl standing. Français.

PS8565.A938L3614 2009   C813'.54   C2009-940719-1

POUR L'AIDE À LA RÉALISATION DE SON PROGRAMME ÉDITORIAL, L'ÉDITEUR REMERCIE :
Le Gouvernement du Canada par l'entremise du Programme d'aide au développement de l'industrie de l'édition (PADIÉ) ; la Société de développement des entreprises culturelles (SODEC) ; l'Association pour l'exportation du livre canadien (AELC).
Le Gouvernement du Québec – Programme de crédit d'impôt pour l'édition de livres – Gestion SODEC.

Titre original : *The Last Girl Standing*

© 2007 ViaMedias Éditions
pour l'édition en langue française
© 1996 Sparkle Hayter
Publié en accord avec l'auteure, c/o Baror International, inc.
Armonk, New York, USA

Traduit de l'anglais par Nathalie Mège
Couverture : ViaMedias éditions
Illustration : Boris Lambert et Virginie Thomas
Graphisme : Virginie Thomas

Pour l'édition en langue française :
Révision : Diane Martin
Infographie : Nancy Lépine

Copyright © Ottawa 2009 Broquet inc.
Dépôt légal – Bibliothèque et archives nationales du Québec et Bibliothèque et Archives Canada
3ᵉ trimestre 2009

Imprimé au Canada

ISBN 978-2-89654-118-8

*Pour Eva, car c'est de son Paris
que je suis tombée amoureuse en premier*

La rue est froide, remplie d'ombres grises.
On allume déjà les lampes des cafés.
C'est cette heure qu'on appelle entre chien et loup.

Jean Rhys, *Quai des Grands-Augustins*

PROLOGUE

Chère promo de l'an 2100,

Quand j'ai reçu la lettre de l'Association des anciens élèves du lycée me demandant quelques effets personnels ainsi qu'une tranche de vie façon journal intime pour la capsule temporelle qu'on vous destinait, j'ai dû sérieusement réfléchir au contenu. Certaines choses tombaient sous le sens. L'échantillon d'ADN, par exemple. Les instructions sur les soins à donner au (ou aux) clone(s) susceptible(s) d'en résulter, tout comme les restrictions d'usage, se sont révélées plus ardues. Elles m'ont demandé des cogitations considérables, mais enfin, voici : mon clone ne devra pas être utilisé à des fins pernicieuses, cupides ni violentes et ne devra promouvoir aucun produit commercial quel qu'il soit. Il ne devra pas non plus servir à l'initiation sexuelle des jeunes gens (à moins, bien entendu, que tel ne soit son désir). Il semble ridicule, y compris de mon temps, de s'inquiéter sur l'utilisation qui pourra être faite de son propre calque génétique – il y a cinq ans, ces préoccupations auraient même semblé délirantes. Je suis certaine néanmoins qu'une fois à votre époque, mes craintes prendront un tour fort raisonnable. Mais assez sur le clonage pour l'instant.

En sus de l'enveloppe qui contient mon échantillon de cheveux et mes rognures d'ongles, j'ai réuni un vaste échantillonnage de photos, un exemplaire de mon oraison funèbre vidéo préenregistrée, un CD rassemblant plusieurs de mes meilleurs reportages, ce journal, ainsi que quelques autres éléments sur lesquels il sera temps de revenir par la suite. Je me rends soudain compte qu'entre les vidéos amateurs, les enregistrements audionumériques, les émissions télé et les DVD, chacun laisse derrière lui un vaste corpus d'archives de sa vie. De quoi rendre un peu nerveux, cette idée d'être observé à chaque seconde ou presque par les habitants de l'avenir. Ça me gêne un tantinet. Quel regard portez-vous sur les gens de votre passé ? Sommes-nous surannés et charmants ? grossiers et vulgaires ? Nous prenez-vous pour des brutes arriérées, des imbéciles ? Avez-vous de la haine contre nous qui n'avons pas mieux protégé la planète, nous remerciez-vous au contraire de ce que nous avons tout de même fait ? Votre époque est-elle déjà passée par sa phase rétro nostalgique ? Et nos tenues, vous paraissent-elles bizarres ?

Si j'ai mis si longtemps à entamer la rédaction de ce journal de bord, c'est en partie à cause de cet embarras cosmique. Je craignais aussi que ces lignes ne tombent entre de mauvaises mains avant de vous atteindre. Aussi, prenant exemple sur le décret présidentiel de George W. Bush interdisant tout accès à ses archives à la Maison-Blanche pendant pratiquement un quart de siècle, j'ai décidé que ce cahier, ainsi que les objets qui l'accompagnent, arriveraient dans une enveloppe cachetée qui serait enfermée telle quelle dans la capsule. J'ai pris plusieurs dispositions afin de m'assurer que personne n'ait accès à ces réflexions personnelles avant vous.

Un souci sans doute encore plus ridicule que celui du clonage, puisque la majeure partie de l'histoire est publique et que mon grain de sel pourrait se révéler sans conséquence au moment où vous me lisez. Mais une série d'attentats informationnels soigneusement orchestrés risque de se produire entre nos deux époques, ne laissant guère aux survivants, en plus de quelques ouvrages archaïques, que le contenu de ces capsules temporelles enfouies près des poteaux de buts des terrains de foot américain... Dans ce cas, nous risquons d'être aussi peu limpides à vos yeux que vous ne l'êtes aux nôtres.

Donc, jusqu'à ces derniers temps, j'étais productrice exécutive à la télévision, basée à Paris, au siège européen de la chaîne internationale Women of the World – jadis connue sous le nom de Worldwide Women Network avant qu'une étude à un million de dollars conclue que l'acronyme de ce nouveau nom ferait de nous l'enviable réseau WOW (nul besoin de se demander pourquoi les types du marketing ont des salaires mirobolants, eux... Du coup, je m'oblige à ne plus dire Wouaou après ça). Bref, je produisais une émission de téléréalité à succès, *Last Girl Standing*, dans laquelle douze femmes s'affrontent pour l'amour d'un homme, sans compter plusieurs autres émissions moins regardées sur WOW.

J'en profite pour préciser qu'au moment où j'écris ces lignes, je suis l'ancienne élève la plus médiatisée du lycée Sven D. Fanning, connu jadis sous le nom de lycée Hummer jusqu'à ce que le conseil d'administration de l'établissement ne s'avise que le terme signifiait fellation en argot américain et ne le change en conséquence (aucune étude de marketing n'avait été nécessaire dans ce cas précis).

À bien y songer, je suis peut-être aussi la plus détestée de ces anciennes élèves, encore que vous n'ayez sans doute entendu mon nom que par la bande, au sujet d'autres scandales, comme l'annonce erronée de la mort du politicien Robert Huddon, la conspiration des grands mâles dominants, ou l'histoire de Johnny le Blaze. Toutefois, si l'Association des anciens élèves a fait correctement son travail, vous pourriez bien en savoir plus sur mon compte que je n'en sais moi-même : connaître mon avenir, le sort que j'ai connu, les circonstances de ma mort, mes dernières paroles...

Résultat, ma biographie sera succincte. Je m'appelle Robin Jean Hudson. Je suis née dans le Minnesota, à Ferrous, dans Tromsa Street, juste au coin de l'avenue Hubert H. Humphrey. Le feu tricolore portait une plaque commémorative en l'honneur de mon père, tombé au champ d'honneur de la voirie municipale alors qu'il tentait d'apporter sa pierre en matière de sécurité et de signalisation. Nous habitions à un croisement dangereux. Vous connaissez le dicton : impossible d'obtenir un feu rouge dans un cas pareil sans qu'il y ait eu mort d'homme. En l'occurrence, la sienne. Alors qu'il prenait des mesures pour rédiger un rapport sur les risques pour les piétons, un camion est arrivé à tombeau ouvert. J'avais dix ans.

Ma mère, fille d'immigrés norvégiens née aux États-Unis et femme d'intérieur à la beauté considérable, se berçait de l'illusion puissante d'être une descendante bâtarde de la famille royale anglaise. Si elle ne m'a rien appris sur la féminité ni sur l'existence en général, je sais quantité de choses sur la lignée des Windsor.

Enfin, pour abréger : fraîche émoulue du lycée en 1980, je me suis transplantée à la fac de New York, après quoi j'ai débuté dans le journalisme au sein du All News Network (plantage en solo), me suis mariée (plantage en duo), ai divorcé, puis suis partie travailler pour WOW TV.

Au cours de l'année écoulée, j'ai entamé à plusieurs reprises la rédaction de ce journal sans trop de progrès. Certaines fois, je n'écrivais que « Paris (France) » suivi de la date, m'interrompant pour noircir des pages de listes et de numéros de téléphone qui racontent certes une certaine histoire, mais tout de même assez rasoir pour qui n'étudie pas l'anthropologie des comportements alimentaires, les us téléphoniques des Américains à l'étranger ou les rendez-vous de leurs chats chez le véto.

Entre le 11-Septembre, Al-Qaida, l'Irak et une Maison-Blanche apocalyptique, je n'avais pas l'impression que les faits marquants de ma petite existence parisienne valaient la peine d'être notés. Pendant que mes amis parcouraient des champs de mines ou des zones démilitarisées, qui rendant compte des événements, qui œuvrant pour la paix ou apportant son secours aux personnes qui souffraient, je m'activais à des tâches dénuées de tout impact sur l'ordre du monde dans un endroit à peu près aussi réel que Brigadoon.

Brigadoon, vous connaissez ? Le film et la comédie musicale de Broadway ? C'est l'histoire de deux New-Yorkais cyniques et sophistiqués qui se retrouvent projetés dans un univers irréel, un village bucolique où chacun est heureux, où la vie est simple, l'amour, sincère, et où les complexités et les aspects sinistres de l'univers n'ont aucune prise sur personne.

Même ce qui arrivait près de chez nous, voitures incendiées dans les banlieues, méga manifs autour des facs, semblait lointain vu depuis nos ghettos chics et protégés. Des images qui scintillaient sur l'écran télé comme celles de Bagdad, Kaboul ou La Nouvelle-Orléans.

Jusqu'à ce que je revienne à la réalité en déménageant derrière Montmartre, tel était mon Paris à moi : une ville de conte de fées ornée de jolis immeubles et de dômes dorés étincelant au soleil. On y mangeait des plats gras sans grossir, y buvait du vin sans s'enivrer, sur les tables en chêne de cafés ornés de rideaux en dentelle et situés dans des rues aux noms fantasques : rues Gît-le-Cœur, du Chat-qui-Pêche, des Mauvais Garçons, des Bons Enfants ou boulevard Bonne Nouvelle.

Après le déménagement, le conte de fées a changé, la vie a viré du rose bonbon façon Disney au gris d'une souris qui n'avait rien à voir avec Mickey.

Mon ancienne voisine à New York, Sally, sorcière et médium, m'avait prédit que je serais mêlée à un meurtre dans la Ville lumière. En temps normal, ce genre de pronostic aurait paru logique pour une ex-reporter criminelle maudite telle que moi. Autant annoncer de la chaleur pour le mois d'août ou des scandales en Bourse. La France présentait cependant un taux d'homicides très bas, et le seul délit dont on était passible dans mon boulot d'alors était le mauvais goût.

Sally avait aussi prédit dans la foulée que je trouverais l'amour avec un grand A en France, mais pas auprès du mec avec lequel j'étais (Pierre, un physicien). Non, affirmait-elle avec certitude, l'amour de ma vie surgirait de mon passé. Comme Sally se trompe au moins 49 % du temps, statistiquement, l'amour, «le vrai», excluait le meurtre et vice versa. Et mon passé ne m'ayant jamais conduite en France jusque-là, la réapparition d'un amant semblait peu probable... De toute façon, ces deux choses (l'amour et le meurtre) m'ayant déjà plongée dans des ennuis considérables, je devais m'en garder. Les éviter comme la peste.

1

Le jour où ma bonne étoile m'a de nouveau lâchée était un vendredi. Ça commença par un courriel de ma tante Maureen annonçant sa visite imminente à Paris.

La dépêche tomba juste avant que je parte au travail. À en croire son message, tante Mo débarquerait le mercredi suivant pour un séjour malvenu et chiant de deux semaines. Malvenu parce que son arrivée coïnciderait avec la grande bacchanale artistique nocturne connue sous le nom de Nuit Blanche. Chiant parce que j'aimais encore plus la Nuit Blanche que le réveillon de nouvel an, le défilé du 14 juillet ou même la veille dudit 14 juillet, où les pompiers de Paris ouvrent censément leurs casernes pour donner de grands bals.

Or, cette année-là, cerise sur le gâteau, mon amie Tamayo venait se produire en compagnie de son mari Buzzer et de leur troupe de cirque décalée au cours d'un marathon de spectacles de rue organisé au jardin du Luxembourg. Ils étaient programmés entre vingt et une et vingt-trois heures, après quoi Tamayo, mon amie Brigitte et moi-même comptions croquer la ville à belles dents : assister à plusieurs autres animations, engloutir de la bouffe géniale, boire du vin et rire comme les baleines que nous n'étions pas.

Mamma mia, et cette année-là, des animations, il y en avait de géniales. Un grand tunnel à vent de cinq mètres de diamètre sur dix de long serait installé aux Tuileries. Une soufflerie créerait des courants d'air à travers les ouvertures ménagées de tous côtés, vers le dedans et vers le dehors. Il y aurait une démo géante de mime sur l'esplanade des Invalides : mille Marceau en herbe arrivés de tous les coins de la planète, costumés et maquillés de blanc des pieds à la tête, feraient du surplace dans leurs boîtes invisibles et autres pitreries. Un radeau composé de ballons colorés géants, illuminés de l'intérieur, flotterait dans le ciel ; certains des ballons, en forme de bateau, donneraient l'impression de flotter retournés dans l'eau. Cent joueurs de harpe leur donneraient la sérénade depuis les ponts. Il y aurait des sculptures bizarres se déplaçant au fil du vent aux Buttes-Chaumont, toutes sortes d'interventions artistiques à base de lumières et de tambours, des chanteurs ambulants venus du monde entier, et puis une piscine rouge où l'on pourrait nager à condition de poireauter dans la queue pendant deux heures... J'en passe et des meilleures.

Je piaffais d'impatience depuis des lustres à l'idée de cette nuit-là. Or, tante Mo n'allait rien ajouter à la fête. Tante Mo n'avait rien d'une fêtarde. Elle était même un remède contre le plaisir. L'idée qu'elle se faisait d'une soirée sympa n'incluait aucune virée en voiture dans Paris aux petites heures de la nuit pour visiter des expos bizarres tout en buvant à plein gosier. Depuis l'épisode Zacharias Moussaoui, le membre français d'Al-Qaida qui s'était formé à faire voler mais pas atterrir les avions dans une école de pilotage du Minnesota, les distractions de tante Mo consistaient à espionner depuis sa voiture les immigrés au teint basané pour ensuite appeler le bureau du FBI le plus proche afin de faire son rapport.

Elle m'avait prévenue au dernier moment ou presque, la fine mouche, alors qu'elle avait déjà acheté son billet – histoire de m'empêcher d'inventer de nouveaux prétextes s'opposant à son débarquement à cette date ainsi que je l'avais fait par le passé. J'étais pratiquement à court de bonnes excuses, de toute façon : la grippe aviaire, les voitures incendiées en banlieue, la faiblesse du dollar, les manifs étudiantes... j'avais épuisé toutes les possibilités.

Tante Mo, adepte impénitente du maccarthysme, membre de mouvements familialistes. Tante Mo, qui était contre les impôts, contre la présence de nus dans les musées susceptibles d'accueillir des enfants, contre le sexe en dehors des liens sacrés du mariage – et encore, assorti de règles très strictes –, mais qui applaudissait au renforcement de l'État s'il signifiait moins de libertés individuelles et plus de flics et de prisons. Tante Mo, soutien de son frère en Jésus-Christ George W. Bush, et mangeuse de « Freedom Fries [1] ».

Elle allait faire tourner les têtes en France.

---

[1] Après le refus par la France de participer à la guerre d'Irak du début du XXIᵉ siècle, des adultes membres du Parlement américain ont décidé de rebaptiser les frites, connues jusque-là sous le nom de « French fries » (frites françaises) en « Freedom Fries » (frites de la liberté). Il paraît qu'en réalité cette spécialité culinaire serait originaire de Belgique.
(Je me rends compte au passage que je pourrais mettre des notes au moindre nom de choses et de gens. À partir de maintenant, je me restreindrai donc aux points essentiels, en partant du principe que vous disposez de suffisamment de références de base pour comprendre mes allusions culturelles, ou que vous pouvez vous les représenter à partir du contexte.) (N.d.A.)

À mon époque, la famille était une institution compliquée. Tante Mo constituait le membre le plus pénible de la mienne. Les choses sont peut-être plus simples de vos jours – encore que j'imagine une structure à venir plus complexe encore, avec des communautés de parents donnant chacun leur ADN pour la conception d'un enfant unique, cinq «géniteurs» qui s'aligneront sur le canapé familial quinze ans plus tard afin de mettre sur le gril le garçon qui veut emmener leur fille se promener le soir de leur premier rendez-vous...

Mais quel que soit le nombre ou la composition de l'unité de base, certains trucs sont éternels. Chaque famille compte au moins un membre désireux d'imposer ses croyances et sa volonté aux autres : dans mon cas, tante Mo, l'équivalent cumulé de cinq parents tyranniques. La plupart de mes proches sont persuadés que la cinglée totale de la famille est ma mère, alors que tante Mo remplit parfaitement ce rôle, dans la grande tradition patriotique de son héros, l'ancien attorney général John Ashcroft, qu'on a vu recouvrir pudiquement un buste de la Justice à demi dénudé cadré à son côté lors d'un point de presse télévisé, sans discerner aucune ironie dans son propre geste, et qui a un jour bâti dans son garage une statue de la Liberté en fil de fer barbelé tout en restant imperméable à l'absurde de la situation.

Sauf qu'il n'y avait pas grand-chose à faire pour éviter la visite de tante Mo : l'idée venait de moi. Six mois plus tôt, prise d'un élan compassionnel lors de l'enterrement de son mari l'oncle Archie, je l'avais invitée à Paris.

Tante Mo a beau me rendre dingue, avoir le chic pour trouver mes blessures anciennes et y fouiller de son couteau émoussé mangé par la rouille, je l'aime, et la respecte même jusqu'à un certain point. Nos relations avaient été pacifiques un temps, après son ultime passage chez moi à New York. Seulement, le 11-Septembre avait changé la donne. Elle s'était rappelé, entre autres, que mon âme fuyait la rédemption et de quelle façon. L'apocalypse guettant au tournant, je devais désormais être sauvée, quel qu'en soit le prix. Le moindre échange verbal entre nous avait donc viré à l'engueulade religieuse, les noms d'oiseaux volant de mon côté comme du sien.

J'avais tenu bon, jusqu'à la mort de l'oncle Archie. La détresse de tante Mo devant la disparition de son mari m'avait légèrement décontenancée, parce qu'ils n'avaient pas donné l'impression de former un couple très soudé. Je n'avais jamais vu la moindre démonstration d'affection entre eux, ni un sourire qui ne s'apparentât au rictus surgissant quand vous mordez dans une capsule de cyanure. La présence de l'oncle Archie sous son propre toit était restée impalpable : cet homme exsangue aux traits tirés et au regard de chien battu avait passé la quasi-totalité de sa retraite réfugié au grenier, à façonner des plateaux de jeu dans du bois d'échouage, n'émergeant de sa tanière que pour se rendre à l'église ou pour absorber ses repas dans un quasi-mutisme.

Cependant, tante Mo avait accusé le coup de sa mort. Sachant quel réconfort ça représentait pour elle de savoir son défunt mari au paradis, j'aurais été la dernière des salopes si j'avais critiqué sa foi religieuse. J'étais coincée.

2

C'est avec ces lourdes considérations sur la conscience que je partis au travail ce matin-là – un parcours qui comptait deux lignes de métro, 192 marches d'escalier et un trajet en ascenseur.

Le siège de WOW était situé près du Louvre, dans un immeuble de bureaux du XIXe siècle construit à l'origine par une société du nom de Tremblé Frères. Quand je vis l'inscription ce matin-là, mon esprit lut «Tremblez, frayeur». Ces messieurs avaient encore leur nom gravé en lettres d'un demi-mètre de haut dans le calcaire de la façade. De chaque côté, un ange sculpté façon cariatide retenait l'inscription sur ses paumes ouvertes. Les frères Tremblé avaient vendu leur société à une plus grosse boîte en 1970, laquelle avait transféré leurs bureaux au sein de son siège, dans le quartier des affaires de la Défense. L'ancien «immeuble Tremblé» hébergeait désormais diverses entreprises, dont six du secteur des médias : un journal indien, le *Dehli Post*, ainsi que le *Gulf Courrier* de Dubaï, le *Tokyo Times*, PLUS Music, le All News Network et enfin notre chaîne, WOW TV.

Je tâche de me représenter votre vie professionnelle, chers élèves de l'an 2100. Allez-vous toujours au bureau ou la mobilité est-elle la règle en matière de lieu de travail ? À moins que ledit travail ne soit plus nécessaire en tant que moyen de survie ? Les machines, ordis et autres nanites font peut-être tout le boulot tandis que vous vous employez à profiter de la compagnie de vos semblables, à créer du beau ou à vous distraire, quand vous ne méditez pas sur les merveilles de la planète et de l'univers ?

Ce n'est pas interdit de rêver. Mais il y a fort à parier que les riches et les puissants contrôlent le monde, vous montant les uns contre les autres, divisant pour régner, histoire de conserver pouvoir et richesse en vous maintenant dans le piège presque absolu du besoin d'argent et de sécurité. « Plus ça change, plus c'est la même chose », comme disent les Français. Le travail n'a jamais pu être éliminé parce que ceux qui tiennent les rênes aiment trop voir leur prochain s'échiner à leur botte pour renoncer à ce privilège sans combattre jusqu'au dernier.

Le vrai travail, dans ma partie, le plus dur labeur, c'était les intrigues de couloir. Ce style de coups tordus existe partout et je ne doute pas qu'il ait persisté de vos jours, donc vous devez savoir de quoi je parle. J'ai vu ce genre de débilités pourrir la vie d'un couvent de religieuses vouées à la fabrication de pets de nonne. Et dans toute l'industrie du prestige et du glamour, où les enjeux sont colossaux, les luttes intestines se révèlent plus meurtrières et plus tordues encore qu'ailleurs. On y frappe à fleurets mouchetés, le sourire aux lèvres. Il va sans dire que j'ai joué cette comédie-là moi aussi. Mais comme je suis nulle à ce petit jeu, empotée, incapable de garder mon sérieux et de fermer ma gueule – talent crucial dans la Grande Partie de Poker de l'Existence –, je me démerde toujours pour me griller.

Un exemple frappant : dans l'ascenseur, mardi, alors que je grimpe vers le troisième étage et les bureaux de WOW, mon téléphone sonne. C'est mon assistant, Tim. L'une des productrices de *Last Girl Standing*, Felicity, s'incruste dans mon bureau. Étant une intrigante déplorable, je me fais un devoir d'éviter ce monstre manipulateur au visage d'ange capable de vous lécher le cul et de vous trancher la gorge dans un même mouvement... Je descends donc de la cabine au deuxième, où je passe une demi-heure en compagnie de mon amie Brigitte, qui travaille pour PLUS, jusqu'à ce que Tim rappelle pour signaler que la voie est libre.

Réaction trouillarde, me direz-vous ? Que je m'explique. Après le 11-Septembre, écœurée au dernier degré par toutes les grandes guerres qui m'entouraient et toutes les petites guéguerres à la con auxquelles j'étais mêlée, j'ai décrété un moratoire unilatéral sur la vengeance. Plus jamais je ne prendrais part aux relations de pouvoir et autres actes de violence ayant cours en ce bas monde. Je conserverais mon calme, m'efforçant de réagir à l'instar de Gandhi et de Jésus, tendant l'autre joue, m'éloignant sans jamais répliquer.

Ce n'était pas la première fois que je tâchais d'évoluer vers un tel détachement, mais à chacune de mes tentatives précédentes quelqu'un était parvenu à me mettre hors de moi et j'étais retombée dans l'ornière en moins de temps qu'il n'en faut pour dire « prends ça dans la gueule, pétasse ».

Là, avec ma nouvelle méthode, j'étais parvenue *grosso modo* à demeurer fidèle à mon engagement : je ne m'étais mise dans une rage folle que quatre fois en cinq ans. Seulement, pour atteindre ce but, j'étais forcée d'éviter certaines fréquentations, dont Felicity.

Quand j'arrivai au troisième étage, Tim m'attendait porteur d'une mauvaise nouvelle : un éditorial du *New York News* vilipendant les *reality-shows* qui créent des conflits artificiels entre plusieurs femmes courant après le même homme. Le papier donnait comme exemple *Last Girl Standing* et dénonçait votre servante en tant que responsable d'émission. Il était intitulé : *Le féminisme est mort et enterré.*

— Felicity l'a apporté en mains propres, si j'ose dire, expliqua Tim. Solange l'avait envoyé sur le fax de la Maison des Filles, pas sur le nôtre.

Par Solange, entendez Solange Stevenson, la présidente de WOW, et la Maison des Filles était celle dans laquelle nous tournions notre émission et où vivaient les concurrentes et l'équipe technique.

— Elles tenaient toutes les deux à ce que d'autres le voient avant nous, dis-je.

— Ça crève les yeux. Felicity était venue t'exprimer sa sympathie, bien sûr. Elle a répété que quels que soient les trucs dégoûtants qu'on dit sur toi, elle te conserve toute son estime.

— C'est la troisième fois qu'elle me sort cette réplique.

— Louis Levin a téléphoné, il demande que tu le rappelles. Tu veux que j'essaie de le joindre ?

— Oui, merci.

Voix de la raison cynique dans un univers en folie, Louis Levin était un roi paysan doublé d'un farceur génial, et superviseur de production au siège new-yorkais de WOW. Il travaillait de nuit, terminant à six heures du matin – c'est-à-dire midi, heure de Paris. Il suivait aussi de près le forum

Internet de ragots internationaux de la boîte, Radio Free Babylon, qu'il avait créé.

– Tu es au courant, pour Fancy Linderman ? demanda-t-il.

– Non. Qu'est-ce qui se passe ?

– Elle a les reins bousillés. Elle est sous dialyse.

– Merde.

Fancy Linderman possédait 5 % de notre holding, Jackson Broadcasting. C'était une partisane inconditionnelle de Jack Jackson. En 1969, c'est elle qui lui avait vendu trois chaînes de télé dans l'État de Georgie – les prémices de son empire actuel –, contre du numéraire et des titres.

Au fil des années, les actionnaires qui nous étaient favorables tombaient comme des mouches, laissant leur portefeuille entre les mains d'héritiers moins bien intentionnés qu'eux qui, quand ils n'exigeaient pas de nouvelles réductions de coûts pour augmenter les bénéfices, vendaient à des investisseurs extérieurs tels que le baron des médias Lord Otterrill ou le capitaine d'industrie français Jean-Paul Demarque. Jack Jackson les combattait bec et ongles. Il était encore président du conseil d'administration, mais chaque point de l'ordre du jour constituait à présent un sujet d'escarmouche avec les membres dudit conseil. De nouvelles procédures comptables avaient été instaurées, des emplois supprimés afin de multiplier les profits.

– *Quid* de son héritier ? m'enquis-je.

– Ce sera sans doute son fils Desmond. Il a passé sa vie sous la coupe de Fancy. Maintenant qu'il a la cinquantaine, il veut se révolter, vivre à sa guise. À mon avis, il vendra à n'importe qui plutôt qu'à Jack Jackson.

– Putain de merde. Tu es sûr de tes sources ?

— Oui, malheureusement. Pauvre Fancy. Parmi les Vieilles Suffragettes, c'est ma préférée.

Vieilles Suffragettes : notre sobriquet pour les veuves riches qui formaient la colonne vertébrale de l'actionnariat favorable à notre cause – mais qui, les lâcheuses, passeraient bientôt l'arme à gauche.

— Moi aussi, je l'adore.

— Elle est sur une liste d'attente pour une greffe, mais soyons réalistes : elle a quatre-vingt-quatroze ans. Personne ne va lui accorder la priorité pour lui implanter de nouveaux rognons.

— Peut-être un de ceux que les Chinois revendent, tu sais, qui sont pris sur des condamnés à mort…

— Tu es de quel groupe sanguin ? Tu serais peut-être compatible comme donneuse…

— B.

— Nom d'un chien, Jack n'aura plus aucune marge de manœuvre si elle meurt !

— Il est encore capable de nous sortir un lapin de son chapeau au dernier moment pour reprendre la maîtrise totale de la boîte. Il passe son temps à affronter les autres, mais c'est toujours lui qui a le dessus à la fin, rappelai-je.

— Autrement dit, pour paraphraser je ne sais plus quel comique, la réussite est une foire d'empoigne permanente…

— Je trouve ça déprimant comme idée.

— Au fait, désolé de ce qui t'arrive avec l'édito du *News*.

— Tu l'as lu ? demandai-je.

— Il n'y a pas une filiale où Solange ne l'ait fait faxer. Quelqu'un l'a déjà posté sur Radio Free Babylon.

— Le féminisme est mort, Louis.

— Mince, voilà que ça recommence.

— J'ai participé à la curée.

— Cré nom de nom, quand je pense à la merveilleuse perspective qui était la nôtre après le 11-Septembre, quand même Dick Cheney s'inquiétait des droits des femmes. Bon, d'accord, en Afghanistan, mais quand même!

— Le fait est qu'il a pris le train en marche à une vitesse pas croyable.

— Pareil quand il en a sauté. Du train, pas des femmes. En tout cas, désolé de ce qui t'arrive… Dis donc, c'est qui cette ex-collègue new-yorkaise qui est censée avoir une liaison avec Jack? Ça a été posté sur le forum aujourd'hui à partir d'un fournisseur d'accès parisien.

— Tu crois que Jack a du temps pour les parties de jambes en l'air en ce moment?

— C'est un surhomme. Et puis de toute façon, sa relation avec Shonny bat de l'aile, alors pourquoi pas?

— En tout cas, je ne suis pas l'heureuse élue.

— C'est bien sûr?

— Certain.

Il ne me considérait pas vraiment comme une candidate potentielle. Je lui servais juste de menu fretin pour s'attaquer au gros poisson:

— C'est Claire?

Claire Thibodeaux, ainsi que vous n'êtes sans doute pas sans le savoir en 2100, était la correspondante étrangère phare d'ANN. Une femme à la vie amoureuse… disons, vagabonde. En l'espace de trois ans s'étaient succédé dans son lit: un marin russe, un prince scandinave, un député du Congrès des États-Unis, un médecin américain en poste en Irak ainsi que Charles, industriel des médias. Bien que désormais en poste à Bagdad, où elle passait la plus grande partie de son temps à éviter les tirs de mortier, elle faisait l'objet de ragots intensifs. Pro jusqu'au bout des ongles, elle se montrait décontractée et convaincante à l'antenne. Mais elle avait beau donner le change dans la journée, il paraît que, depuis son arrivée en Irak, elle hurlait dans son sommeil.

– Ce n'est pas elle, tu es sûre ?

– Non, elle sort avec un mec riche qui s'appelle Charles. Il est à Bombay en ce moment, il met en place un accord d'entreprise avec la famille Tata. Elle lui rend visite en avion dès qu'elle a plusieurs jours de congé.

– Tu es vraiment sûre ? Parce qu'on a des infos fiables selon lesquelles elle aurait rencontré Jack une fois à Bombay, une deuxième à Paris et une troisième à Londres au cours de l'année dernière. Il paraît aussi qu'il l'appelle souvent.

– N'importe quoi, dis-je. Quelqu'un essaie juste de lui tirer le tapis sous les pieds. Elle sort avec ce Charles qu'elle a rencontré quand elle vivait à Paris.

– Un truc qui tombe, faut que je te laisse, dit-il en rac-crochant sans autre forme de procès, impolitesse fréquente chez les gens de télé.

Les reins de Fancy Linderman revêtaient une impor-tance vitale, non seulement pour moi mais pour le monde entier. Je devais mon boulot en grande partie à mon carnet d'adresses – en l'occurrence celle de Jack Jackson, recon-naissons-le. S'il était détrôné, je le suivrais de peu. Solange Stevenson me virerait à la première occasion.

À l'échelon au-dessus, c'était encore pire. Si Jack s'en allait, l'Amérique et le monde entier perdraient l'un des ulti-mes patrons de chaîne à placer les principes avant l'argent (même s'il parvenait à palper des bénéfices décents), l'une des dernières voix indépendantes au sein des principaux médias.

Ces rognons valaient de l'or.

Après cela, je consacrai ma journée à régler une suite pénible de problèmes sans importance : plaintes, demandes de services, fusillades dans les couloirs, balayage devant ma porte présente et future, ce qui ne me laissa pas une seconde pour m'occuper de mes propres sujets de rancœur et de vitupération. Je me débrouillais en général pour esquiver ou pour déléguer ce genre de joyeusetés professionnelles – quitte, si je n'y arrivais pas, à flanquer Tim dans les pattes du fâcheux concerné. Mais mon assistant chéri m'avait laissée sans protection, car il avait rendez-vous chez le dentiste à treize heures. Impossible d'avoir recours à mes parades habituelles.

Pour la première fois depuis mon arrivée à Paris, je me tapai une journée de travail pourrie. Si bien que le soir venu, je ne demandais plus qu'une chose : rentrer à la maison et me détendre devant un verre et un DVD tout en détachant les canines restées plantées dans mon cou.

Mais même un programme aussi simple devait se révéler semé d'embûches.

Le métro était bondé. Une étuve. Au moment précis où les portes du wagon allaient se refermer, un type sauta à l'intérieur. Porteur d'un accordéon. Pile à côté de moi. Ça se reproduisait plusieurs fois par semaine et avant même qu'il ne se lance, j'aurais pu parier sur le titre de la scie qu'il nous jouerait : *C'était le temps des fleurs/On ignorait la peur/Les lendemains avaient un goût de miel...*

On était si tassés que chaque fois qu'il ouvrait son soufflet, il me heurtait, ainsi que l'Africaine en boubou et turban orange assise de l'autre côté, qui ne réagissait même pas à ses coups de coude. Elle devait en avoir vu d'autres dans la vie.

À la fin de son numéro, le musicien s'attend à ce que vous lui donniez de l'argent. J'avais pris cette chanson en grippe, mais je laissais toujours tomber un ou deux euros dans sa sébile : c'était un Rom, un Tzigane, sans doute un immigré clandestin, comme la vieille dame qui passait ses journées à faire la manche devant ma station de métro. Deux euros, me disais-je, voilà une réponse plus cordiale que de mettre ses choix musicaux en doute – car était-ce vraiment très futé, à cette heure de la journée, de servir à une foule de banlieusards pour la plupart d'âge mûr un air nostalgique sur les jours meilleurs et l'idéalisme de la jeunesse ?

Au moment où je rentrais au bercail, ma concierge portugaise, Mme Gomes, me mit le grappin dessus dans la cour en me noyant sous un flot de français plaintif. De quoi elle m'entretenait, j'aurais été bien en peine de le dire. Une dame charmante, à sa façon, mais ultra crispante en matière de conversation. Elle causait si vite et sur un ton si bas que certaines de ses tirades n'étaient pas articulées mais soufflées. Je l'avais prévenue deux fois que je ne la comprenais pas très bien lorsqu'elle parlait français et pas du tout quand elle passait au portugais, et puis j'avais renoncé, songeant qu'il était mal élevé et inutile de me répéter.

Ce soir-là, elle en avait après quelqu'un de l'immeuble, qu'elle traitait en français de *putain**[2] – qualificatif terrible,

---

2   Les termes en italique suivis d'un astérisque sont en français dans le texte.

semblait-il, à en juger par la façon dont elle pinçait la bouche et fronçait les sourcils. Impossible de dire qui était cette personne et pourquoi. L'unique autre expression luso-hexagonale que je captai et compris fut *du bruit**.

Après quoi, Mme Gomes se mit à geindre de sa fameuse voix en désignant son ventre, de sorte que je compatis, puisque tel était apparemment son désir, d'un « comme je vous plains » – exprimant là mon regret devant toutes les souffrances et autres douleurs qu'elle avait endurées à cause des *putains** que la vie lui avait infligées. Ça lui suffit. Elle me lâcha pour retourner à petits pas vers sa loge de concierge et son mari grognon.

À l'instar des juke-box, du chauffage central et des vraies baignoires dans lesquelles on n'a pas besoin de se plier en deux, les ascenseurs sont une denrée rare à Paris. Toutes mes connaissances avaient l'air d'habiter comme moi au dernier étage d'immeubles *sans ascenseur**. Quand je m'élançai à l'assaut de l'escalier en bois patiné, mon fourre-tout me donna l'impression de peser des tonnes. Le temps que je me hisse en haut de la dernière volée de marches, ce fardeau s'était grandement alourdi, à croire que j'avais atteint une planète dense, style Jupiter.

D'un autre côté, les escaliers parisiens me font économiser un abonnement en salle de gym.

Une fois Louise Bryant nourrie, je me versai un verre de vin rouge, calai un DVD dans le lecteur, me débarrassai de mes chaussures et déboutonnai mon chemisier en m'efforçant de barrer la route aux soucis de la journée. J'étais à la fois sur les rotules et stressée. Pour l'heure, il me fallait basculer vers un enfouissement de tête dans le sable efficace : *Brigadoon*.

Brigadoon, Brigadoon
Fleurissant sous des cieux couleur sable.
Brigadoon, Brigadoon,
Mon cœur t'est à jamais acquis
Le monde peut bien geler sur place,
Le Ciel peut bien pleurer d'ennui
Brigadoon, Brigadoon,
Dans ta vallée l'amour est chez lui!

La musique venait de démarrer sur le générique de fin quand ma sonnette retentit – deux coups rapprochés –, puis on frappa à la porte tandis qu'une voix de femme lançait :

– Robin, c'est Luda, votre voisine. Vous êtes là ? J'ai entendu du bruit.

Elle était campée devant chez moi en imperméable gris clair et chapeau assorti. À ses pieds, une vaste valise ainsi qu'une panière à chat. Elle tenait dans sa main droite un sac en papier Monoprix.

Luda était une blonde menue à la coupe courte et effilée, aux grands yeux bleus et dont la voix haut perchée évoquait une enfant. La combinaison de tous ces éléments lui donnait de faux airs de Titi, – pas un titi parisien, le canari que poursuit Gros Minet. Si l'on ajoutait à cela son anglais fragmentaire, elle semblait toujours à côté de la plaque. Elle était peut-être neurochirurgienne, pour ce que j'en savais, mais on avait du mal à la prendre au sérieux étant donné son attitude et son apparence.

– Qu'est-ce qu'il y a, Luda ?

– Je suis obligée de partir pour affaires au pied levé, dit-elle. Pourriez-vous garder Rocambole pour moi pendant mon absence ? J'ai mis là-dedans ses boîtes préférées et ses souris pour jouer.

— Vous revenez quand ?

— Dur à dire. D'ici quelques jours, une semaine au pire. C'est gênant ?

— Non, non, pas du tout. Où peut-on vous joindre ?

— Me joindre ?

— Vous téléphoner en cas d'urgence.

— Ah, je ne connais pas le numéro. Je vous appellerai à mon arrivée.

Elle s'agenouilla pour s'adresser à Rocambole en français, avec des trémolos amoureux dans la voix.

— Je lui ai dit d'être très sage et très gentil avec vous, conclut-elle. Merci. Je dois aller prendre mon train.

— À cette heure-ci ?

Il était plus de vingt-trois heures.

— Oui, c'est un train de nuit. Big bisou, et merci encore.

Je l'observai descendre l'escalier dans les raclements de sa valise trop grosse, puis je rentrai la boîte de Rocambole dans l'appart et refermai la porte d'entrée.

Je ne voyais aucune objection à m'occuper de ce matou qui passait déjà environ la moitié du temps dans l'appartement que j'occupais avec Louise Bryant, lové sur lui-même en sa compagnie, quand il n'était pas à courir les rues avec elle pour terroriser les pigeons et autres petits cabots à poil long.

Avant notre emménagement, ç'avait été un chat d'intérieur fort timide et fort solitaire. Puis Louise avait changé sa vie. Rocambole avait découvert avec ravissement une bestiole semblable à lui, mais qui détenait plus ou moins les clés du monde des humains. Louise, de son côté, s'était extasiée devant ce disciple inconditionnel qui la suivait comme un chiot et qui attendait toujours patiemment qu'elle ait fini sa pitance, n'approchant de la gamelle que lorsque mademoiselle se détournait pour commencer sa toilette.

En ce qui me concerne, Rocambole représentait un changement bienvenu comparé à ma Louise aux attitudes distantes et réservées. Cette ex-sauvageonne qui portait encore les stigmates de ses bagarres de rue avait de bonnes raisons de se méfier de mes semblables.

Rocambole, lui, se montrait beaucoup plus confiant, beaucoup plus affectueux. Ce soir-là, quand j'allai me coucher, il se vautra sur moi en m'entourant le cou de ses pattes. Je m'endormis sa tête calée contre ma nuque, un vrai collier de chat endormi.

Malgré ma fatigue, je ne parvins pas à trouver le sommeil tout de suite. Je faisais une fixette sur la venue de tante Mo. Ça tournait à cent à l'heure dans ma tête.

Je finis par comprendre qu'au cours des deux semaines à venir, la meilleure politique à adopter vis-à-vis de tante Mo en visite consistait non à l'éviter – ce qui n'avait fait qu'empirer les choses par le passé[3] – mais, au contraire, à prendre plusieurs jours de congé pour passer tout le temps possible avec elle, histoire de minimiser son impact et de limiter les dommages.

Tante Mo était capable de déclencher des traumatismes inouïs. Les esprits risquaient de s'enflammer... – non, rayez ça, ils s'enflammeraient à coup sûr. Elle pouvait... – non,

---

3 C'est une longue histoire mais, pour résumer, disons que je devais à cette chère tante Mo d'avoir atterri en pleine rue dans l'East Village seulement vêtue d'une tenue de bondage en cuir noir, puis de m'être fait courser par un masochiste affublé d'un canapé collé dans le dos et brandissant un révolver.

décidément : elle allait certainement blesser les Français. Ils riposteraient. Dans mon demi-sommeil, une vision horrible vint flotter devant mes yeux : tante Mo se faisant étrangler par un mime glapissant. Après quoi, je la vis cogner le crâne de son agresseur à coups de grosse Bible avant d'être arrêtée pour voies de fait par un flic qui passait par là.

Je sais que c'est mal de ma part, mais ce scénario me rasséréna quelque peu. Seul un jury français pourrait avoir le toupet d'emprisonner une vieille dame pour avoir frappé un mime. Or, tante Mo étant Américaine, ils ne s'y risqueraient même pas. Cela déclencherait un trop gros tollé aux États-Unis. Ainsi donc, pour peu que ce songe ait valeur de prophétie et que tante Mo en vienne effectivement aux mains avec un mime, tout finirait par s'arranger, si ce n'est pour les relations bilatérales, du moins pour elle – qui était fort capable de prendre goût à de telles péripéties, du reste. Ça lui fournirait une bonne anecdote à raconter à son groupe de prière en rentrant chez elle, ou à ce néo-con de Rush Limbaugh en direct à la radio, voire dans les talk-shows protestants... L'accomplissement de l'ambition secrète et méconnue de tante Mo : devenir une star de la télé chrétienne.

3

Paris a le don de calmer les nerfs éprouvés. Le samedi matin, je fus réveillée par la rumeur ténue du limonaire en bas de chez moi. Un gitan en bretelles et chapeau parcourait le quartier à pas lents chaque samedi en poussant la chansonnette, ou plutôt son énorme orgue de Barbarie presque aussi haut que lui. Un instrument très ancien, à manivelle, qui jouait de vieilles ritournelles françaises. Tout au long du parcours, les habitants se penchaient aux fenêtres pour lancer des pièces qui venaient tinter et tournicoter sur les pavés jusqu'à ce que la petite fille marchant sur les talons de l'homme vienne les récupérer dans sa timbale en métal. Par des matins comme celui-là, on aurait cru à une scène médiévale – n'eussent été les scooters garés devant Speed Rapid Pizza de l'autre côté de la rue et le junkie dodelinant de la tête dans la porte cochère qui jouxtait la devanture.

La matinée était si belle qu'en me baladant dans le quartier pour descendre jusqu'au marché de la rue Duhesne, j'évacuai temporairement toute réflexion sur mes ex ou sur le violent conflit de civilisations qui menaçait imparablement de survenir dès l'arrivée de tante Mo.

J'habitais depuis près de trois mois ce secteur de Montmartre – mon premier chez-moi stable après une série de petites sous-locations dans six arrondissements différents. Qui parle de la Butte pense en général Moulin Rouge ou Amélie Poulain. Je vivais dans la partie nord, loin des sentiers battus touristiques, et mon Montmartre à moi n'avait pas grand-chose à voir avec cet autre-là. On ne connaissait pas l'animation nocturne de Pigalle. On n'avait pas les innombrables escaliers romantiques serpentant jusqu'au Sacré-Cœur, cet édifice hybride entre pièce montée et statue de sel – que je ne distinguais même pas à moins de tordre le cou en passant la moitié du buste par la fenêtre, et encore, à peine.

On ne présentait pas le côté décor de cinéma des portraitistes ou des accordéonistes, en vareuse de marin et béret, plantés place du Tertre, ni le charme villageois de la rue des Saules, toute en vignes et en murs de pierre. Mais on était à deux pas, et le coin abondait en autres charmes traditionnels de Paris : rues pavées, volets en bois, lessive aux fenêtres, troquets.

C'était un quartier populaire, assez typique pour compter sa propre boucherie chevaline[4] : installée dans un petit immeuble macabre, ornée de draperies cramoisies en velours, elle était surmontée de trois têtes de cheval en cuivre fixées à l'auvent métallique et encerclées chacune de néon rouge. Hormis de vieilles dames ratatinées nostalgiques de l'Occupation, je n'avais jamais vu personne y acheter quoi que ce soit.

Des affiches déchirées appelant à des meetings anti-mondialisation et à des soirées de *slam* tapissaient les immeubles anciens couverts de lierre qui jouxtaient des

---

4 Manger du cheval est une pratique considérée comme barbare dans de nombreux pays. (N.d.T.)

clapiers HLM en brique, devant lesquels de jeunes immigrés maussades fumaient et gesticulaient comme des rappeurs professionnels tandis que leurs mères en fichu noir les réprimandaient d'un ton ferme depuis les fenêtres du dessus en les traitant de racailles. J'avais beau ne rien comprendre à leurs échanges, je déchiffrais les cajoleries mêlées de bravade des jeunes tentant de convaincre maman de les laisser traîner dehors une heure de plus. Le plus drôle dans l'histoire, c'est que lorsqu'ils voulaient communiquer entre eux sans que leurs parents les comprennent, ils s'exprimaient en anglais – avec un accent où le français le disputait au parler rap des cités américaines.

Tout ça sans oublier la rue Duhesne, mon marché à ciel ouvert, bruyant et animé, plein de clients évaluant sur les étals les poissons opalescents, les fruits proches de la pierre précieuse et les fromages donnant l'impression d'avoir été affinés un an dans de vieilles chaussettes au fond d'une caverne où dorment des ours. C'est rue Duhesne qu'est situé mon boucher, le prototype même de sa profession : un grand mastard joufflu à grosse moustache, si doué dans le maniement du couperet qu'il ne tachait quasiment pas de sang le tablier qui lui enserrait le ventre.

– Vous en prendrez bien deux ? lança-t-il comme chaque fois tout en me découpant une côte de porc. Pour m'inviter à dîner.

– Bien sûr, bonne idée. Mais il faudra d'abord que vous assassiniez mon mari, répondis-je comme à mon habitude.

On ne se lassait jamais de cette blague, lui et moi. Sur quoi il leva son hachoir en lâchant :

– À quelle heure je sonne chez vous, alors ?

À l'image du poissonnier et du fromager, il flirtait avec chacune des femmes qui fréquentaient son étal. Mais il n'y avait rien de sérieux là-dedans. J'adore ce rituel. Les jeunes ne le pratiquaient pas beaucoup, mais leurs aînés cultivaient la tradition fidèlement. Chaque Français semblait avoir pour mission de faire se sentir séduisante la moindre femme du pays.

Les boulangères affables et le boucher flirteur m'avaient remise dans un état d'esprit très *Brigadoon*, imposant sur toutes choses un vernis radieux. Je rentrai à pied chez moi. Une balayeuse était passée nettoyer les caniveaux, qui dégoulinaient à présent de végétaux, de tickets de métro mauves usagés, de mégots. Passé le carrefour des rues du Ruisseau et Calmels, des dizaines de pigeons faisaient trempette dans l'eau, y plongeant leur truc en plumes avant de le secouer ou inclinant une aile à demi repliée pour diriger le flot vers leur aisselle. Décoiffant à voir, les ablutions des pigeons de Paris. Même le gros type qui lançait son molosse dans le groupe en grommelant « grippe aviaire » pour les forcer à s'envoler ne suffit pas à gâcher ma bonne humeur.

Quand je rentrai avec mes courses, la porte de Luda était légèrement entrebâillée.

– Il y a quelqu'un ? demandai-je.

Pas de réponse. Je m'apprêtais à claquer le battant, songeant que la maîtresse de Rocambole avait laissé ouvert par mégarde dans sa hâte de partir la veille au soir, quand la curiosité l'emporta malheureusement, comme elle le fait souvent, et je poussai la porte du pied pour voir à l'intérieur.

Il s'agissait d'un F1, un « studio » petit pour New York, mais grand pour Paris : environ sept mètres sur quatre, mansardé, avec une unique lucarne. Ces mini appartements étaient constitués des anciennes chambres de bonnes de l'immeuble. Dans le cas de Luda, il y avait un lit, débarrassé de ses draps, un bureau, une armoire en bois, une cabine de douche, un évier, une plaque chauffante et un mini frigo. Une odeur acidulée, entre citron et ammoniaque, flottait dans l'air. Les lieux avaient été nettoyés très récemment, ça crevait les yeux.

J'entrai, incapable de dire si mon geste pouvait s'apparenter à une effraction selon la législation locale, mais je n'arrivais pas à réprimer ma curiosité. Sans compter que je possédais un motif légitime : on venait de me refiler un chat sous un prétexte à l'évidence fallacieux – et ce « on » avait pris la poudre d'escampette en n'ayant aucune intention de revenir.

Car l'armoire était béante et vide, mis à part une étiquette de robe accrochée à un cintre ; les tiroirs du bureau, ouverts et vides eux aussi. Le petit frigo ne contenait qu'un fossile de carotte fripé dans une flaque de crème jaunie qui commençait à cailler.

Même la poubelle de la cuisine avait été nettoyée.

Tout en descendant l'escalier pour aller voir Mme Gomes, je conçus une explication plausible : forcée de partir et ne pouvant emmener Rocambole, Luda avait inventé cette histoire de séjour impromptu pour que je ne pose pas trop de questions. Il passait déjà un temps fou chez moi, de toute façon. Elle se disait sans doute que, l'habitude aidant, ça ne m'embêterait pas d'avoir deux greffiers.

Certes, mais je tenais tout de même à savoir ce qui se tramait. Je trouvai Mme Gomes dans sa petite loge à côté du hall d'entrée. Logement serait sans doute un terme exagéré. Ce n'était pas tant un appartement qu'un charmant réduit d'un seul tenant jouxtant l'immeuble, saillant dans la cour pavée, flanqué de mousse des deux côtés et orné de lierre sur un treillis en bois déglingué.

– Luda est partie, si je comprends bien ? demandai-je en français, laissant tomber les amabilités préliminaires auxquelles tiennent beaucoup les autochtones, telles que « bonjour » et autres « comment allez-vous ? ».

Il était déjà assez ardu d'avoir une conversation normale avec Mme Gomes, puisqu'aux deux ou trois fois où il fallait lui demander de se répéter avant de la comprendre, s'ajoutaient celles où elle faisait de même [5].

Elle se tourna pour lancer quelque chose en portugais à son mari, assis en maillot de corps devant sa télé présentant *Chasse et Pêche*. Il grommela quelque chose tout en secouant légèrement la tête mais sans détacher les yeux du chasseur et du lapin sur l'écran. Peut-être soutenait-il l'équipe lapins, mais j'avais quelques doutes.

– Elle est gentille, Luda, dit Mme Gomes.

– Oh oui, dis-je (ajoutant le terme d'argot pour « chouette nana », que m'avait enseigné l'ex-petite amie de mon ex:) *une vraie tailleuse de pipes**.

Mme Gomes rougit et prit un air songeur. Son mari tourna la tête vers moi pour me regarder.

---

5 Afin de faciliter la lecture, les répétitions dans toutes les conversations relatées ici ont été supprimées. (N.d.A.)

– Peut-être…, lâcha-t-elle avant de m'entraîner dans la cour, l'escalier puis l'appartement de Luda en babillant de plus belle tandis que le trousseau de clés pendu sur sa poitrine tintait et cliquetait à chaque pas.

À notre étage, elle ouvrit la porte de Luda d'une poussée.

– Voyez, dis-je, c'est vide. Où est-elle partie ?

– Je ne sais pas. Vous devriez demander au propriétaire, répondit-elle.

– Qui est-ce ?

– L'Immobilière Confort. Ils possèdent tout l'immeuble. Depuis quand connaissez-vous Mlle Luda ?

Ma voisine et moi n'étions pas intimes. Notre rencontre remontait à six mois. Le lendemain de mon emménagement, elle avait frappé à ma porte pour se présenter et me demander de lui prêter un stylo. Nous avions ensuite échangé quelques mots plusieurs fois par semaine, évoquant en général les chats ou la météo, rien de très important. Elle parlait anglais – enfin, elle le baragouinait : elle comprenait assez bien l'argot, mais confondait les mots et en inventait. Un peu comme George W. Bush, mais en mieux intentionnée. Elle me faisait l'effet de quelqu'un d'assez anxieux. Une jeune femme dure à la tâche que je ne voyais en général qu'en coup de vent, quand elle se précipitait au boulot ou qu'elle en rentrait le soir en toute hâte. Je l'avais croisée un jour à l'extérieur, alors qu'elle dînait avec un de ses amis dans un café surnommé Chez Johnny. Je n'avais jamais vu personne lui rendre visite, sauf un jour M. Vanier, un vieux monsieur qui habitait au fond de la cour, avec qui elle était en grande discussion à ce moment-là. Selon toute apparence, cette Luda était le prototype de la fille surmenée, solitaire dans la grande ville, pareille à des millions d'autres.

J'appelai l'Immobilière Confort à Lyon, tombai sur leur répondeur. Après avoir laissé un message, je me préparai du café puis dévorai l'un des *croissants au beurre** impeccables de la boulangerie de la rue Duhesne, croustillants à souhait sur le dessus et aérés et fondants à l'intérieur. On avait de plus en plus de mal à en trouver des bons, des pas mous, exigence sur laquelle les « expats » américains paraissaient plus inflexibles que les Français.

— Il semble qu'on ne soit plus une famille monocharentale, annonçai-je à Louise Bryant et Rocambole roulés en boule ensemble dans un fauteuil.

Près d'une heure plus tard, un flic se pointait à ma porte. Il déclina son nom (inspecteur Antoine Mercure), expliquant en anglais qu'il enquêtait sur un possible cambriolage dans l'appartement voisin. Comme la plupart des policiers et pompiers parisiens, ce n'était pas une armoire à glace. Il ne me dépassait que d'environ cinq centimètres au mieux. À en juger par ses quelques cheveux gris et par les rides à son front et à ses yeux, il devait avoir la trentaine bien tassée, la quarantaine peut-être. Beaucoup de gens aux États-Unis ont en tête le cliché du Français ténébreux aux yeux de jais portant une écharpe rouge et fumant des brunes, mais ça ne constitue qu'une fraction infime de la population masculine locale. Ces messieurs sont beaucoup plus nombreux à avoir l'allure de mon visiteur : des blonds au teint pâle, à la beauté fade, rasés de près et arborant une bonne coupe de cheveux, qui portent classiquement le costume-cravate.

– Je n'ai pas signalé de camb… Ah, bien sûr, dis-je, c'est Mme Gomes qui vous a prévenus.

– Je peux entrer ? demanda-t-il, toujours en anglais.

– Je voudrais voir votre carte, dis-je.

Il me la montra. La photo était ressemblante. Je lui ouvris ma porte. Qui n'est jamais fermée aux hommes munis de cartes de police ou de mandats.

Je lui expliquai le peu que je savais et il me remercia. Quand Louise Bryant et Rocambole pointèrent leur nez pour voir ce qui se passait, il demanda si l'un d'eux était le chat dont je venais de parler.

– Oui. Celui-ci.

– Ce n'est pas possible, mademoiselle, dit-il en se penchant pour tâter la nuque de Rocambole.

– Comment ça ?

– Ce chat n'a pas de collier. Il faut qu'il en porte un avec quelque chose qui permette de l'identifier.

(Voilà une des nombreuses zones d'incompréhension qui se manifestent entre anglophones et Français. Là où nous, Rosbifs ou Yankees, nous interprétons : « Impossible, ça ne peut pas arriver, ça contredit les lois de la physique », le Français qui s'exclame : « Ce n'est pas possible », fût-ce en anglais, veut dire « ça ne se fait pas, c'est illégal » [ou déplacé]. La première fois que l'expression m'était venue aux oreilles, c'était en discutant avec une voisine de l'une de mes incarnations immobilières précédentes, qui m'avait vue revenir de la boulangerie vêtue d'une simple chemise flottante et d'un jean par une journée de printemps frisquette. « Dehors sans pull ! Ce n'est pas possible, avec ce temps ! » avait-elle lancé. Alors que si, manifestement. Je l'avais d'ailleurs fait.)

– Il pourrait se perdre facilement dans une ville telle que Paris, poursuivit Mercure en français, sans doute troublé par ce manquement aux règles. Il est arrivé comme ça ?

– Oui, sans collier. Je préviendrai Luda quand elle sera de retour, approximai-je à mon tour. Et sinon, je le ferai tatouer dedans son oreille.

– Très sage de votre part, hexagona-t-il. Il faut aussi le faire vacciner contre la rage. C'est obligatoire.

– La rage ? m'étonnai-je.

Les Parisiens disposaient donc d'un remède contre la colère ? Voilà qui expliquait l'amabilité des commerçants – quand, de mon côté, je devais faire appel à Tim pour m'éviter de tomber en crise.

– Bien sûr, répondit-il. C'est une maladie.

– Ah tiens. Perspective intéressante.

– Vous ne saviez pas ? s'étonna-t-il. Vous n'en avez jamais entendu parler ? C'est très dangereux pour les humains aussi. C'est un microbe qui rend les animaux fous. Ça les fait baver.

Il mima quelque chose sortant de sa bouche.

– Ah, je vois ! lançai-je. Chez nous, le mot « rage » signifie une forte colère. D'où mon étonnement.

– Oh. Je comprends… (Du coup, il se remit à l'anglais[6].) Bien, donc vous vous retrouvez avec le chat d'une dame que vous connaissez mal, et dont l'appartement a été vidé de fond en comble.

– Je pars du principe qu'elle a dû déménager au pied levé et qu'elle m'a refilé Rocambole parce qu'elle ne pouvait

6 N.d.T.

pas l'emporter. Je ne crois pas qu'elle se soit fait cambrioler. Mme Gomes a pris cette histoire trop à cœur.

— Comment se fait-il qu'elle soit partie si précipitamment sans l'avertir ?

— *Mystère et boule de gomme**, dis-je, étalant là ma connaissance des locutions locales. (Je poursuivis :) Vous avez raison, je ne la connaissais pas plus que ça. Elle était très réservée, et d'un tempérament solitaire, apparemment. Mais une chouette fille, vous savez, une *vraie tailleuse de pipes**.

— Ah bon ? On va devoir vérifier, hein ?

— Oui.

— Je vous laisse ma carte, *mademoiselle**. Il y a mon numéro de portable. N'hésitez pas à m'appeler si vous avez d'autres problèmes.

Il sourit. Une mimique bizarre, à croire que ça lui faisait mal, comme s'il n'utilisait pas souvent ses zygomatiques.

— Vous m'appellerez peut-être pour prendre un verre et parler un peu notre langue, ajouta-t-il en affichant toujours ce sourire laborieux.

Fort peu probable. Ce Mercure avait une belle gueule, mais un air trop propre sur lui, trop mormon. Ça ne m'a jamais attirée sauf s'il s'agit de corrompre son propriétaire — caprice fugace qui s'envole aussi vite qu'il est venu. Il n'était pas mon genre. Mon genre, si tant est que j'en aie un, c'est le doux dingue. Le critère n'est ni la taille, ni l'âge, ni la couleur de cheveux. Non, ce qui m'attire, moi, c'est le presque aliéné. Telle est l'unique caractéristique qu'aient eue en commun les hommes de ma vie. Ces mecs-là, je sais comment les prendre — un temps, du moins. À l'inverse, j'ai constaté que les gars prétendument normaux cachent leur dinguerie — ce qui les rend beaucoup plus épouvantables. Quand ce genre de tordu pète un boulon, mieux vaut se trouver à bonne distance.

– Elle voulait peut-être échapper à un mari violent, suggéra Tamayo le dimanche matin. (Elle appelait depuis Amsterdam où se produisait son petit cirque.) Et ce mec a dû découvrir où elle habitait, ce qui l'a forcée à s'enfuir. Voilà pourquoi ta gardienne était pas au courant.

– Possible. Ou alors elle est recherchée par la police pour une série d'assassinats sanglants.

– Eh, ma fille, j'appelais pas pour discuter de tes voisines. Je voulais te dire qui j'ai croisé hier.

– Accouche.

– Howard Gollis.

– Ah oui ? À Amsterdam ?

– Il était venu assister à notre matinée spéciale enfants aveugles. Il travaille ici, sur Leidseplein, dans un café-théâtre anglophone qui s'appelle Bang Cleveland. Il a aussi décroché un rôle dans un film qui se tourne en Europe.

– Vous donnez des représentations pour les gosses aveugles ?

– Oui. Il n'y a que de l'audio. On décrit tout, on produit plein de sons marrants et très bruyants et on tire des tas de bonnes odeurs de notre miasmatrice…

– Dans ce cas-là, évidemment…

– Tu sais, en revoyant Howard, j'ai repensé à la prédiction de Sally…

– Elle se trompe au moins 49 % du temps, coupai-je.

– Tu as été mêlée à beaucoup d'histoires de meurtres ces derniers temps ?

– Non.

– C'est un amour de ton passé, Robin. Un ex à toi.

– Et il est à Amsterdam, où je n'ai aucune intention de mettre les pieds, donc il y a peu de chances pour que je le voie.

– Il m'a raconté qu'il songeait à venir à Paris pour la Nuit Blanche. Tu peux ricaner, mais dans mon cas Sally a eu raison. Je me suis mariée et je dirige un cirque.

– Ce ne serait pas plutôt sa prédiction qui t'a mis cette idée en tête ? Tu lui avais parlé des cours de gym acrobatique que tu avais suivis en Chine, et de ton envie d'apprendre le trapèze… Elle a simplement retraduit ça à sa sauce, non ?

– Mais comment elle aurait pu se douter qu'après ma séance avec elle, je rencontrerais un jongleur comme Buzzer ?

– Pure coïncidence. J'en ai une autre pour toi, si tu veux. Ma tante Maureen débarque sous peu, et un des trucs qu'elle tient à faire, c'est déjeuner au café Mignon. Ils sont recommandés dans son guide pour – je cite – « leur cuisine divine, leurs généreux paniers variés de pains maison, et leur service attentif ».

– Tu l'as dissuadée, j'espère ?

– Je lui ai dit que la nourriture était immangeable, le pain immonde et le service déplorable.

– Quel dommage qu'on ne puisse plus y retourner.

– Ils ont sûrement placardé nos portraits sur les murs pour avertir le personnel.

– À moins de se déguiser…

– Il faudrait vraiment qu'on soit maquillées comme des voitures volées pour qu'ils ne nous reconnaissent pas.

– On pourrait se déguiser en mimes ? Bon, c'est pas tout ça, faut que j'aille me préparer pour la matinée. *Bon courage**, Robin. Pense à Howard.

Howard Gollis est un acteur provocateur avec lequel je suis sortie un temps à New York, un vrai cinglé. Loin de moi l'idée de lui jeter la première pierre, bien sûr : j'étais mal placée pour reprocher aux autres leurs relations névrotiques. Sauf que moi, je n'avais jamais appelé aucun ex après notre rupture pour lui laisser des messages orduriers, et encore moins en imitant des tas de voix : Bill Clinton, Richard Nixon, Mère Teresa, la reine d'Angleterre, Kermit la grenouille, Marlon Brando dans le rôle du Parrain, Donald Duck, Bugs Bunny... Et je n'avais jamais déposé de guillotine sur le paillasson de quiconque comme Howard l'avait fait un jour, pour affirmer quelque chose à propos de notre rupture, j'imagine.

Cela dit, il était renversant, et brillant – à sa façon, tordue et sinistre. Il avait peut-être gagné en maturité, comme le démontrait ce boulot stable dans une compagnie installée. Dieu sait qu'au lit, ç'avait été très torride entre nous. Seulement, voyez-vous, j'avais toujours eu l'impression qu'Howard était ce genre de type qui veut conquérir les femmes... jusqu'à ce qu'elles succombent, après quoi la fragilité de son propre *ego* remonte le balayer. Un de ces types qui, pour paraphraser Claire Thibodeaux, ne vous disent pas « je t'aime » tant que vous n'êtes pas en train de les larguer.

4

Dès que j'eus raccroché avec Tamayo, je passai voir mon voisin M. Vanier afin de vérifier s'il savait quoi que ce soit à propos de Luda, puisque je les avais vus un jour discuter d'autre chose que de futilités.

À notre adresse, la cour rectangulaire était flanquée d'un bâtiment de chaque côté. M. Vanier vivait dans celui du fond, le plus ancien, qui remontait au XVIIᵉ siècle et qui était le moins haut de tous : trois étages à peine. Il habitait au deuxième.

— Je vous en prie, entrez, dit-il. Je vous offre un café ?

— Avec plaisir, merci.

Son appartement était vaste et spacieux, avec de grandes fenêtres et des poutres – typique du quartier. Il y avait un télescope près de l'une des fenêtres, à côté d'une table sur laquelle reposait un livre traitant des constellations.

Pendant que mon hôte se trouvait dans la cuisine, je regardai ses photos personnelles. Il avait été marié, semblait avoir deux enfants. Il y avait des clichés d'eux en divers lieux, à plusieurs époques et à des âges différents. Ainsi que d'autres, plus anciens, en noir et blanc, d'un père et d'un fils dans ce qui ressemblait à l'Indochine, sans compter plusieurs remontant plus loin encore : des hommes dans diverses représentations diplomatiques à l'étranger. Ces portraits n'étaient pas disposés de façon ostensible, mais encadrés modestement et posés sur les bibliothèques, le bureau et sur un bout de canapé entre deux fougères frou-froutantes. Il s'agissait de portraits de famille – une famille qui semblait appartenir au corps diplomatique depuis plusieurs générations.

Une telle continuité dans la vocation au service du pays avait de quoi m'étonner, moi dont les ancêtres avaient émigré en Amérique dans la cale de bateaux partis de Norvège, d'Angleterre, d'Irlande et de Dieu sait où au début du XXe siècle avant de se disperser dans un vaste éventail de métiers.

Ces dynasties professionnelles étaient à l'évidence plus fréquentes dans la vieille Europe, où n'importe quel quidam parvenait à remonter la piste de son arbre généalogique jusqu'à des tribus de Gaulois vêtus de peaux de bêtes qui furent écrasés par les Romains au cours du premier siècle avant notre ère. Il y avait même eu une lignée de guillotineurs, les célèbres Deibler. À l'origine de ce clan de coupeurs de têtes se trouvait un certain Joseph, et le plus célèbre des Deibler avait été Louis, devenu bourreau pour toute la France en 1847. Il adorait son travail. Il avait attendu l'an 1898 pour prendre sa retraite. Son fils Anatole avait hérité du poste – jusqu'en 1939, où il avait succombé à une crise cardiaque dans une station de métro alors qu'il partait à Rennes exécuter un certain Pilorges.

– Prenez-vous du lait dans votre café ? demanda Vanier depuis la cuisine.

– Oui, merci.

– Du sucre ?

– Aussi.

Il apporta un *mug* en précisant :

— C'est du café de cow-boys. J'espère que ça vous plaira.

— Comment ça ?

— C'est un Américain qui m'a appris ça à Saïgon, je pensais que vous connaîtriez. On le prépare en faisant bouillir les grains écrasés, après quoi on les égoutte dans une tasse. Je crois que les vrais cow-boys ne prennent pas la peine d'égoutter.

— Un peu comme le café à la turque, dis-je. On pourrait donc parler de caoua-boys.

— Excellent jeu de mots.

— Le café l'est aussi.

— Donc, dit-il, vous aimeriez retrouver Luda.

— Si possible, oui. Elle m'a laissé un chat, expliquai-je. Vous la connaissiez bien ?

— Pas très, non. Mais ce que je sais vous aidera peut-être.

— Elle est Polonaise, c'est ça ?

— Polonaise ? Non, Française.

— Vous êtes sûr ? Elle m'a affirmé être originaire de Pologne.

— Ah, je comprends, dit-il. Elle avait un léger accent du Sud-Ouest. On aurait dit la Dordogne.

— Je ne parle pas assez bien français pour distinguer les particularités régionales.

— Ah non ? Eh bien, ma foi, j'ai vécu dans quantité de pays, j'ai entendu parler ma langue maternelle avec tous les accents concevables et je vous garantis que Luda est d'ici. Qu'est-ce qui vous fait croire le contraire ?

— Ce qu'elle m'a dit, tout bonnement… Et qui n'a rien que de très logique étant donné son nom de famille.

– Sachez qu'il existe beaucoup de Français d'origine polonaise dont les parents ont émigré à Paris au début du XXᵉ siècle, puis après chacune des deux Guerres mondiales. La présence des Jurski dans ce pays remonte sans doute à plusieurs générations.

– Mais je suis sûre qu'elle m'a affirmé venir de Pologne.

– Vous avez dû mal comprendre.

– Peut-être. Savez-vous comment elle gagnait sa vie ?

– Aucune idée. Mais je l'ai vue un jour avec un dossier portant le logo de Mondefer. Elle travaillait peut-être pour eux.

– Mondefer ?

– Un grand groupe industriel.

– Vous rappelez-vous d'autres détails à propos de Luda ? Sa famille ? Ses lieux de prédilection…

– Vous feriez bien de demander à Johnny Traviol, de Chez Johnny. C'est un bon ami à elle. Je l'y ai souvent vue en sa compagnie.

– Rien d'autre ?

– Non, je ne vois pas. Vous habitez chez Claire ?

– Oui. Enfin, le bail est à mon nom maintenant.

Mon amie Claire Thibodeaux avait occupé cet appartement avant moi. Auparavant, elle avait vécu dans une résidence luxueuse du 7ᵉ, près de la tour Eiffel, où vivent quantité de riches américains. Mais elle n'aimait pas le quartier, elle voulait plus d'espace et, surtout, elle tenait à éviter les quartiers à touristes afin d'égarer les paparazzi. C'était l'un de mes amis new-yorkais, Blue Baker, qui l'avait mise sur la piste de ce logement.

– Merci de m'avoir accordé votre temps, et merci aussi pour le café.

– De rien, de rien. C'était avec plaisir.

M. Vanier avait donc vu Luda chez Johnny. Moi aussi, l'unique fois où je l'avais croisée en dehors de l'immeuble. Je me rappelais sa surprise en me découvrant là-bas – un étonnement d'abord teinté de mauvaise humeur, après quoi elle avait affiché un sourire radieux en me proposant de me joindre à elle et à son compagnon. Celui-ci, un Black couvert de tresses rasta, m'avait semblé exaspéré. Il était parti dans la foulée.

En temps normal, mon bistrot préféré était le Maryland, rue du Ruisseau. Je connaissais le proprio, Kamel, un Algérien de Kabylie, cette province de Berbères à qui l'on a imposé l'islam et qui, par conséquent, ne l'ont jamais pris aussi au sérieux que leurs concitoyens arabes. Ils boivent du vin, ont adopté la culture française et sont cool avec les femmes.

Quoi qu'il en soit, j'avais eu l'intention de retourner chez Johnny. Un café étonnant. À en croire Luda, sous l'égide de son propriétaire précédent, ç'avait été l'un des lieux de prédilection du fringant Jacques Mesrine, le célèbre escroc devenu gangster, puis assassin. Notre secteur avait une longue tradition d'insurrections anarchistes et faisait preuve d'une telle solidarité de quartier que l'ennemi public numéro 1 se cachait là, en plein Paris, alors qu'il était recherché par toutes les polices. Jusqu'en 1971 où, en la personne du commissaire Broussard, le bras armé de la justice les avait retrouvés, lui, sa copine Sylvie et leur caniche Fripouille. Ni Mesrine ni Fripouille n'avaient survécu à l'embuscade. Sylvie y avait laissé un œil.

Le nom officiel de l'endroit était le Blue Highways, en hommage au bouquin de William Least *Heat Moon* sur les petites routes de l'Amérique, mais tout le monde l'appelle Chez Johnny. Contre le mur du fond, une enseigne au néon antédiluvienne annonçait: *Coffee Diner.* Au-dessus de la caisse enregistreuse, une horloge bleue, elle aussi au néon, vantait des bières glacées. Grâce aux vastes fenêtres, la salle couverte de lambris foncé n'était éclairée qu'à la lumière naturelle. Il y avait dans les vingt tables, pour la plupart occupées.

Le comptoir réunissait un capharnaüm d'emblèmes de l'Amérique: équipement vintage de Harley-Davidson, photos de l'horizon de gratte-ciels de Manhattan et de restaurants de bord d'autoroute à l'architecture spec-taculairement kitsch, un vieux 78 tours de *Heartbreak Hotel* chanté par Elvis et des portraits dédicacés en noir et blanc – de Johnny, sans doute. Ces clichés avaient les angles qui rebiquaient depuis le temps qu'ils étaient fixés à leur poutre au-dessus du comptoir. Et comme le papier photo s'était taché de nicotine, ils tiraient à présent sur le sépia, comme les vieux daguerréotypes de la guerre de Sécession. Pour compléter le tableau, le café disposait d'un juke-box américain, élément de déco hyper rare à Paris. Mais l'aspect yankee ne semblait pas artificiel. Il n'y avait pas d'affiches annonçant des resucées de vieilles séries télé américaines, ni de cocktails aux noms pseudo patriotiques, contrairement aux bars soi-disant américains du ghetto des expatriés. Ici, la passion était le maître mot.

Je m'assis au bar, entre un vieux Blanc barbu occupé à lire *l'Humanité* et une jeune femme martelant le comptoir de son doigt verni à la perfection. Quand le barman au crâne rasé me demanda en français ce que je voulais, je me rendis compte qu'il était Américain. C'était le seul accent que je reconnaissais dans cette langue.

— Ça te dit quelque chose, Luda Jurski ? demandai-je en anglais.

— Non, répondit-il, mais peut-être que c'est une amie de Johnny.

À la mention de ce prénom, la tête de la jeune énervée se tourna vers moi, un vrai ressort. Elle fixa le barman d'un regard dur comme le diamant.

Je décrivis Luda.

— Oui, dit-il, je crois bien l'avoir vue dans le coin. Mais je ne la connais pas.

— Je l'ai croisée une fois ici, dis-je. En compagnie d'un Noir qui portait des dreadlocks.

— Demande à Johnny. Il ne va pas tarder. Tu veux boire quelque chose en l'attendant ?

— Oui, un café crème, merci.

— Tu es Américaine, énonça-t-il en frottant sa main gauche contre son crâne d'œuf comme s'il y avait des cheveux dessus.

— Oui.

— Moi aussi, dit-il. Bill Murphy. De New York. Du Queens.

— Robin Hudson. De New York et du Minnesota.

— Tu habites le quartier ?

— Oui. Et toi ?

— Ouais, pas loin du bar. Et qu'est-ce qui t'amène à Paris ?

— J'ai été mutée, expliquai-je.

La jeune femme me contemplait toujours.

— Ah ouais ? C'est quoi ton métier ? (Il se débattait sans trop de succès avec le percolateur de sa machine à café.

Dont il frappa le flanc en râlant :) Allez, fils de pute, lâche la purée !

— Productrice télé. Et toi ?

— Bien vu. Je ne suis pas barman professionnel mais écrivain. Un des employés a attrapé une pneumonie et le deuxième est à l'Université à cette heure-ci.

— Écrivain américain à Paris ? Comme c'est inédit. Sans jeu de mots...

— Ouais, je sais, on se bouscule un peu au portillon.

Ma voisine de comptoir dit quelque chose qui m'échappa – en français, sur un débit rapide.

— Clémence, que tu vois là, veut savoir ce que tu comptes demander à Johnny, m'expliqua-t-il.

Quand j'eus raconté en bref l'histoire du chat, l'expression de Clémence se radoucit – très, très légèrement. Elle discuta plusieurs minutes avec Billy, mais je ne compris pas grand-chose à ce qu'elle disait. Car c'est surtout elle qui tenait le crachoir, et quel flot de paroles ! Les Parisiens emploient beaucoup plus de mots pour s'exprimer que les Américains, mais comme leurs journées comptent le même nombre d'heures, ils parlent à une vitesse démentielle afin de vider leur sac. Ils n'articulent pas autant que les anglophones et ponctuent leurs propos de force bruits étranges, sortant pour certains de la fréquence auditive de l'être humain normalement constitué.

Par exemple, à mes oreilles, « quatre » sonne comme « kat ». Les Français entendent le RRR imperceptiblement aspiré à la fin : kat-re. J'ai longtemps suivi des cours de langues, mais je n'arrêtais pas de mettre le prof en rogne avec mon accent et mon incapacité à prononcer ces R censés naître à l'arrière de la gorge et faire appel à la luette, le petit appendice perché derrière le palais. Ça fait beau temps que, chez les anglophones, ce machin s'est atrophié. Mon prof m'obligeait sadiquement à répéter les fameux RRR jusqu'à m'en faiRRRe mal à la goRRRge. J'ai laissé tomber et remplacé les cours par de la télé locale, des cassettes de langues et des films doublés en français, tout en demandant à mes amis du cru de ne plus s'adresser à moi en anglais.

Pendant la discussion entre Clémence et Billy, une autre femme était entrée, une petite blonde qui, en voyant Clémence, avait adressé un signe de tête à Billy avant de prendre place à une table libre. Clémence l'avait regardée à son tour de la même façon qu'elle l'avait fait avec moi : avec une dureté teintée de crainte.

À ce stade-là, ma curiosité à propos du propriétaire du bar était nettement piquée.

— Qui est Johnny, exactement ? demandai-je à Billy.

— Jean Traviol. Johnny est son prénom américain. Il a travaillé dans le cinéma aux États-Unis sous le nom de Johnny Askew. Il était cascadeur.

— À quelle époque exactement ?

— Les années 1970. Il est revenu en France en 1981, après l'élection de Reagan.

La porte s'ouvrit dans mon dos.

— Tiens, le voilà justement, annonça Billy.

Je me retournai pour découvrir cet être mythique – un immense échalas aux cheveux grisonnants et aux traits anguleux. Il est toujours surprenant de voir des Français de très haute taille, même si la jeune génération compte plus de grands que celle de Johnny. Lui, il devait avoir la cinquantaine, et mesurer dans les 1,95 m. Depuis ma place pourtant éloignée, je distinguai le vert de ses yeux.

Il salua Billy de la tête puis se dirigea vers une table coincée dans une alcôve du fond, loin des fenêtres. Billy prépara un café, le lui apporta. Clémence et la blonde l'observaient l'une comme l'autre. En revenant, Billy dit quelque chose à Clémence. Emportant son café, elle rejoignit Johnny à sa table.

— Il te verra après Clémence et Frédérique, m'expliqua Billy.

— Qui sont ces demoiselles ?

— Deux des mères de ses enfants.

— Et combien de marmots a-t-il exactement ?

— Sept, je crois.

— Et pour combien de mères en tout ?

— Trois… Non, quatre. Une en Amérique, trois en France. Excuse-moi.

Il partit prendre la commande de l'homme qui lisait le journal. Plus loin, dans le coin, Johnny et Clémence semblaient plongés dans une discussion véhémente, à l'issue de laquelle Clémence hocha la tête, se leva puis partit. Frédérique alla alors à son tour voir Johnny. Dans l'intervalle, je fis passer de la musique sur le juke-box, éclectiquement rempli : des trucs pour l'essentiel américains allant de Little Hat Jones aux Ramones en passant par Radiohead. La plupart des chansons remontaient aux années 1960 et 1970.

Le vinyle tomba et les Fendermen se lancèrent dans leur interprétation de *Mule Skinner Blues*. Je n'avais jamais entendu ce groupe avant d'emménager en France, ni Little Hat Jones, ni les nombreux autres musiciens américains qui sont des artistes cultes ici alors que peu de gens les connaissent dans leur propre pays. Je ne comptais plus les fois où l'on m'avait dit : «Ah, tu es Américaine ? J'adore [insérer ici le nom de l'écrivain ou du musicien américain concerné]», et où la personne s'était retrouvée toute déconfite devant mon incapacité à m'enthousiasmer avec elle. Voilà comment je m'étais branchée sur des auteurs tels que George Chesbro, par exemple. Que voulez-vous que je vous dise ? L'Amérique est si vaste et regorge de tant de talents que l'on ne parvenait carrément plus à suivre.

— Eh, Robin ! me lança Billy. Johnny peut te parler maintenant.

J'emportai à mon tour mon café jusqu'à la table du maître des lieux. Il y trônait, laissant les femmes venir à lui tel un roitelet.

— Enchanté, dit-il.

Ah, ces Français. Quelle nation de séducteurs. Ils ne sont pas juste contents de faire votre connaissance, ils sont en-chan-tés.

Il alluma une cigarette, m'en proposa une. Que je pris. Une Bastos, un truc fort qui ne rigole pas, dans un paquet souple, rouge et blanc. J'étais restée longtemps sans refumer, mais j'avais repris après les attentats d'Al-Qaida, comme quantité de gens — et puis merde, c'était la fin du monde, après tout ! Depuis, je tapais ma pitance tabagique autour de moi, méthode censée m'éviter de redevenir complètement accro — du moins en théorie.

J'expliquai la raison de ma présence.

— Tu veux en savoir plus sur Luda, dit-il. Mmmmoui. Ça fait un bail que je l'ai pas vue.

– Elle m'a confié un chat, expliquai-je, et après elle s'est comme volatilisée. Tu comprends donc que je m'inquiète à son sujet. Et puis je me demande que faire de cet animal.

– Je comprends.

– Tu l'as connue comment ?

– Elle mange parfois ici.

– Pour qui est-ce qu'elle travaille ?

– Me souviens plus.

– Et son petit copain... bluffai-je – ou son ex, plutôt, tu sais quelque chose sur lui ?

Je crus voir une ombre d'étonnement traverser le visage de Johnny, mais impossible d'être sûre, c'était trop fugace.

– Non.

– Et un Noir, pas très grand, avec des tresses rasta ? Je l'ai croisé ici avec elle.

– Ça, c'est pas à moi qu'il faut demander, dit-il avant de changer de sujet. Tu es Américaine ?

– Oui. Tu l'as vue quand pour la dernière...

– D'où ça aux États-Unis ?

– Je suis née et j'ai été élevée dans le Minnesota, mais j'ai passé presque toute ma vie adulte à New York. Pour revenir à Luda...

– J'adore New York, dit-il. Le Max's Kansas City, le CBGB, le Horseshoe... Tu connais ce bar ?

– Très bien. J'habitais à un pâté de maisons, dans l'East Village, sur la Dixième Rue.

– Moi aussi, j'ai habité dans l'East Village. Dans la Onzième, entre l'avenue A et l'avenue B, juste avant...

Billy nous interrompit pour tendre à Johnny une bouteille de vin rouge qu'il ne parvenait pas à déboucher.

– Le liège est abîmé, expliqua-t-il.

– Seul un pro peut y arriver, dit Johnny en entreprenant de le sortir en douceur.

J'eus l'impression qu'il en rajoutait pour mes beaux yeux.

– Tu es Français, rien ne devrait te résister, dis-je.

Une simple blague, mais il crut manifestement que je flirtais, car il me décocha un regard vainqueur. Aurais-je été à New York que je me serais interrogée sur son attitude, mais en France, aucun besoin de poser la question. Il y avait 99 % de chances pour qu'il veuille me mettre dans son lit. Tout le monde semblait courir après tout le monde ici. Ou plutôt, métaphore par excellence du rituel français de séduction et de drague, tout le monde était dans la danse. Une danse à la piste infinie. On contait fleurette comme on respirait, dans ce pays.

Bon, il faut bien reconnaître qu'avec ses yeux qui brillaient comme de la kryptonite, Johnny était mortellement beau, tendance décalée. Pas étonnant que tant de nénettes aient incubé ses petits monstres.

– Quand as-tu habité l'East Village ? demanda-t-il lorsqu'il eut fini d'extraire le bouchon, avec autant de douceur que si la bouteille contenait de la nitroglycérine.

– Entre 1980 et l'été 2001.

– Moi, entre 1979 et novembre 1980. Ensuite, j'ai emménagé au Chelsea Hotel, où j'ai passé quelques mois avant de rentrer à Paris.

– Tu as logé au Chelsea Hotel ? Moi aussi, plusieurs mois de suite ! En 2001, après l'incendie de mon appartement dans la Dixième.

– C'est le destin qui nous rapproche, dit-il. La musique te plaît ?

– Oui, j'aime bien. Ça ne t'embêterait pas de me renseigner un peu plus sur Luda ? Elle m'a raconté qu'elle était Polonaise mais notre voisin, M. Vanier, affirme qu'elle est Française...

– Je ne sais rien de plus que ce que je t'ai dit... enfin, je crois. Mais laisse-moi ton numéro, que je te rappelle si quelque chose me revient.

5

Le lundi, le facteur arriva pile au moment où je partais au travail. Il me tendit un paquet de lettres que je flanquai dans mon fourre-tout sans les regarder. Ça devait se révéler important par la suite, mais j'avais d'autres chats à fouetter pour l'instant, comme tante Mo et le choix cornélien entre accompagner d'un croissant ou d'une *tartine** mon café du matin, ainsi que la méthode à appliquer pour éviter Felicity pendant la journée.

J'optai pour la tartine à la confiture de groseilles, puis parvins à fuir Felicity jusqu'à environ dix-neuf heures, où je me trouvais au petit coin. Ma hantise ambulante, qui avait fait chou blanc au bureau, entra dans les toilettes en braillant :

— Robin, tu es là ?

Je m'accroupis au-dessus de la lunette et demeurai coite jusqu'à ce qu'elle reparte.

Felicity était une ourdisseuse de complots d'un calibre tel que je n'en avais jamais rencontré jusque-là. Elle battait même à ce jeu-là sa mentor, ma *big boss* Solange Stevenson, pourtant une perverse de première. Felicity pouvait vous lécher le cul sans jamais se fendre d'un compliment véritable tout en se débrouillant pour vous enfoncer la tête sous l'eau au passage. Par exemple : « J'admire vraiment la façon dont tu as survécu à toutes ces critiques dans les journaux. Tu as vraiment le chic pour te blinder, même contre les trucs les plus gênants ! J'en connais qui auraient pris le maquis, mais pas toi ! Tu continues en te fichant de l'opinion des autres comme d'une guigne. Bravo ! »

Une autre de ses tactiques consistait à porter ses rivaux aux nues d'une manière si extravagante que son interlocuteur se retrouvait forcé de s'opposer et d'embrayer sur les défauts de la personne concernée. Felicity avait testé cette technique sur moi en parlant de l'autre producteur de l'émission, Carl, qu'elle m'avait décrit comme cultivé et fin.

– Tu peux lui poser n'importe quelle question sur le Moyen-Orient, c'est un spécialiste du domaine.

Quand j'avais rencontré Carl, il m'avait semblé mal informé et inculte, se révélant pour ce qu'il était en fait : un empoté qui n'y connaissait rien à rien en dehors de la télé. De sorte que, pour lui donner une chance de briller, je lui avais demandé son avis sur la jeune génération de dirigeants du Moyen-Orient, tels que le roi Hussein de Jordanie.

– Le quoi ?

Quand je lui eus expliqué de qui je parlais, il répondit qu'il ne regardait pas souvent les infos parce qu'il trouvait ça déprimant. Cet épisode l'avait rendu furieux, et moi aussi. La manipulation de Felicity avait brillamment mis au jour l'ignorance de ce garçon.

– Oh, mais alors, avec qui j'ai confondu ? avait-elle lâché avec une apparente sincérité quand j'avais abordé le sujet avec elle. Pourtant, je suis sûre que quelqu'un m'a parlé en long en large du Moyen-Orient ! Bon sang, ça va m'agacer jusqu'à ce que ça me revienne…

Comme si elle ne s'était pas trompée exprès. Je l'avais crue, sur le moment, jusqu'au jour où je l'avais entendue déverser son fiel dans les toilettes des dames. La victime était l'une des productrices associées.

– Cette fille me fait pitié, disait-elle. Elle est complètement perdue dans ce boulot, ça crève les yeux. Mais je la respecte énormément de s'échiner malgré tout.

Il fallait reconnaître une chose à Felicity : à l'instar de sa mentor, elle était passée maîtresse dans l'art de balancer des missiles sous forme de compliments et de compassion.

Après coup, je lui avais demandé s'il y avait un problème entre nous, exactement comme le préconisent les ouvrages sur la résolution des conflits. Elle avait affiché un grand sourire.

– Non, pourquoi ? Bien sûr que non.

Par le passé, je me serais efforcée de répliquer par une manœuvre tout aussi mesquine : combattre le feu par le feu, dent pour dent et tout et tout. Mais mon vœu de renoncer à la vengeance m'en empêchait. Résultat, si je ne voulais pas vivre l'enfer, je n'avais d'autre choix que d'éviter Felicity le mieux possible. Heureusement, elle passait la plus grande partie du temps à la Maison des Filles.

Si bien que je ne parcourus pas le courrier rapporté de la maison avant vingt heures ce soir-là et que je l'ouvris sans vérifier les adresses, une enveloppe après l'autre.

Des factures et des pubs, pour l'essentiel, ainsi que deux magazines. Et puis une unique feuille de papier dans une enveloppe vélin. Un mot en français qui disait : *Chérie, je serai de retour à Paris le 3 octobre. Il y a quelque chose que tu dois savoir. Rendez-vous à vingt et une heures trente à la*

TGB, à l'entrée ouest, près du carrefour de la rue Raymond-Aron et du quai François-Mauriac ?

Le 3 octobre ? Le soir même. Je vérifiai le libellé. La lettre était bien adressée à Luda Jurski, mais portait mon numéro d'appartement.

La plupart des gens, j'imagine, se seraient dit aussitôt : « Ciel, allons rencontrer ce S pour le prévenir que ce qui aura l'air d'un lapin n'en est pas un, que sa lettre est parvenue par erreur à la mauvaise personne, que Luda a pris la poudre d'escampette en espérant peut-être le retrouver ailleurs. » Ç'aurait été l'attitude la plus sympa. J'avais pourtant un sentiment étrange de déjà-vu : celui de me retrouver en porte-à-faux, à tenter de réunir deux amants qui n'avaient rien à faire ensemble, attitude qui me vaudrait fatalement de sérieux déboires quand les deux déchanteraient… À force d'observation assidue, et pour en avoir pris plein la gueule, j'ai appris qu'aucune bonne action ne reste jamais impunie. Que le bien a souvent des conséquences désastreuses, sinon pour les autres, du moins pour ma pomme. À l'inverse, les mauvaises actions débouchent souvent sur du positif, pour les autres et parfois, là aussi, pour moi. Cela dit, et en appliquant la philosophie contemporaine fort répandue selon laquelle la fin justifie les moyens, il n'est pas toujours très aisé de savoir où se situe le bien. Sans doute valait-il mieux pour tout le monde que j'oublie cette lettre. Feindre d'en ignorer l'existence serait un moindre mal – « un mal contre un pire », comme aime à le formuler mon ami Phil.

Sur quoi une deuxième vague d'impressions de déjà-vu me submergea : resurgissaient tel billet doux mal adressé, tel rendez-vous raté, telle opportunité manquée, telle question lancinante de mon passé... Qui, même après toutes ces années, restaient des souvenirs cuisants. Non, décidément, je devais me rendre à ce rendez-vous à la place de Luda – en espérant qu'il en sorte quelque chose de positif.

Au pire, le don Juan de ma voisine saurait peut-être me dire ce qu'il était advenu d'elle. Et puis, que pouvait-il m'arriver dans une bibliothèque ?

J'étais censée aller prendre un verre ce soir-là avec mes amies Judith, une auteure américaine, et Brigitte, une Française productrice pour PLUS télé (une chaîne musicale appartenant alors à Jack Jackson). J'appelai pour annuler. On reprogramma les réjouissances pour plus tard dans la semaine. Une ligne de métro dédiée, relevant de l'ère spatiale, desservait fort commodément la TGB, surnom de la Bibliothèque François-Mitterrand, située sur la rive gauche de la Seine, à l'est, dans un secteur qui n'a rien de résidentiel. Moi qui étais persuadée de ne jamais avoir mis les pieds dans le coin, je me souvenais à présent d'y avoir assisté, le mois de juin précédent, au lancement d'une revue, dans une discothèque flottante amarrée tout près de la TGB, au bord de la Seine... Seulement, ce soir-là – un lundi –, si l'on distinguait bien les péniches et les bateaux-mouches en aval, ils étaient plongés dans le noir. Un immeuble que je reconnus brillait sur l'autre rive, légèrement à l'ouest : Bercy, le ministère des Finances. Des hors-bord à la carène hyper élancée, conçus pour la vitesse, jaillissaient à toute heure de dessous les jupes de ce bâtiment pour transporter personnages et documents importants – ainsi que, j'aimais à le croire, des mallettes pleines de liquide et d'or destinés à donner des pots-de-vin (entre autres). De ce côté-là de Paris, la rive droite vire à l'industriel : entrepôts, appontements destinés à charger du ciment sur les péniches, terrains clôturés contenant de grosses machines qui font penser à des Transformers.

Pour ce qui est de la TGB, je m'attendais à un vieux bâtiment massif, unique, impressionnant et grouillant de gens. Or, la bibliothèque se révéla composée de plusieurs tours de bureaux en forme d'angle, séparées par plusieurs milliers de mètres carrés de salles, pour certaines surélevées à environ quinze mètres du sol – et seulement accessibles par un escalier évocateur de pyramides. Avec ces hautes constructions rectilignes, noires et grises, on aurait dit une ville de l'avenir sortie d'un vieux film de S.F. en noir et blanc. Effet qui se trouvait amplifié de nuit, quand l'endroit était désert comme ce soir-là. La plupart des fenêtres étaient plongées dans le noir, hormis une fine bande de lumière en haut de chacune des quatre tours éclairées façon *Quatrième Dimension*, dans d'étranges tonalités de blanc qui créaient plus d'ombres qu'elles n'en dissipaient.

Entre les tours, des espaces plats jalonnés de réverbères au futurisme rétro de six mètres de haut. On aurait dit de grands Y d'acier ou des hommes sans tête aux bras levés – chacun de ces membres, ou chacune de ces fourches, étant surmonté d'une énième et singulière lumière blanche. Le Pays Robot. Les E.T. ont atterri. Un coin pas fait pour l'être humain.

Les lieux paraissaient déserts. Il régnait un silence tel qu'on entendait l'électricité grésiller dans les bâtiments vides. Puis un bruit de pas se mit à résonner sur le dallage en bois de l'esplanade. Me retournant, je découvris qu'un homme dépenaillé marchait dans ma direction.

– *Bonjour**, dis-je, avant de corriger : *Bonsoir**.

Je lui demandai en mauvais français s'il attendait Luda, puis j'ajoutai qu'elle était partie et ne pourrait venir.

Il ne répondit pas. Il regardait derrière moi, et ce fut son air de crainte qui me fit pivoter brusquement, pour constater qu'un deuxième larron venait dans ma direction. Costume-cravate. Visage invisible. Un cellulaire se mit à sonner, un air de chanson familier, mais impossible de mettre le doigt sur le titre. Ça semblait provenir du deuxième arrivant – qui ne décrocha pas. Qui se contenta de continuer à marcher vers moi d'un pas vif. Je crus distinguer un éclair de métal dans sa main.

Bon, me dis-je, c'était ridicule d'aller à la rencontre d'un ou de plusieurs inconnus dans un endroit sombre et désert. Et seule. Ça ne me ressemblait pas du tout – mais qui aurait imaginé un tel endroit en entendant le mot bibliothèque ?

Le premier homme se détourna vers la gauche et piqua un sprint tandis que je faisais de même à droite. Le deuxième hésita, et je ne restai pas pour savoir qui il décidait de poursuivre. Je me contentai de prendre mes jambes à mon cou.

De l'autre côté de la rue, en face de l'immense pâté de maisons occupé par la bibliothèque, se trouvait un restaurant franchisé d'une chaîne appelée Bison Barbecue – des établissements soi-disant « à l'américaine ». Étant donné leur décor façon saloon, leurs serveurs affublés de chemises de cow-boys et les clips de rodéo passant sur leurs écrans télé, je n'en étais pas très fan. Mais à cheval donné… En l'occurrence, pour ce que je pouvais en voir, c'était le seul lieu public ouvert à des lieues à la ronde.

Je m'assis d'un côté de la salle, dans un box qui me four-
nissait un angle de vue sur la porte tout en me permettant
de me dissimuler si nécessaire.

– *Howdy*, me salua un jeune serveur français prétendument vêtu en Yankee.

Il avait prononcé ces mots avec un fort accent français.
On aurait dit : « Ouh, dés ! »

– Vous parlez anglais ?

– Oui. Comme tout le monde ici. Je vous sers quoi ?

– Un café, s'il vous plaît. Écoutez, un homme bizarre et
sans doute dangereux me suit. Je risque de devoir m'éclipser
d'une seconde à l'autre. Il y a une deuxième sortie ?

– Là-bas, par les cuisines.

Le moniteur situé au-dessus du serveur montrait des
attractions de rodéo, comme ces courses où vous ne devez
rien renverser sur votre chariot-cantine du Far West, ou
des clowns pourchassés par des taureaux.

– Merci beaucoup.

Mais aucun inconnu n'entra pour me trouver. J'avais
peut-être paniqué pour rien ? Soudain frappée par cette
possibilité, je commençai à me sentir dans mes petits sou-
liers. Et si j'avais juste mis les pieds au milieu d'un triangle
amoureux ? Si le reflet métallique entrevu sur l'esplanade
n'était que le cellulaire que j'avais entendu sonner ? Ça crevait les yeux que personne ne me poursuivait. Le premier
homme avait sans doute rattrapé le second. Ils s'étaient
sûrement défiés. Il avait dû y avoir un échange virulent, des
coups, des plaies, des bosses... Mais pourquoi diable me
serais-je mêlée de tout ça ?

Quand le serveur m'apporta mon café, je lui demandai
un whisky pour me remettre de mes émotions. Puis je

laissai un gros pourboire tout en lui tapant deux cigarettes. Des Silk Cut. La classe.

Luda avait donc au moins deux mecs aux trousses. Marrant, elle ne m'avait pas fait l'effet d'un bourreau des cœurs. Ce ne devait pas être le genre à les briser (les cœurs) par légèreté ni méchanceté, plutôt par volonté de bien faire : une de ces filles trop gentilles qui détestent blesser leur prochain et qui redoutent tant d'en être punies qu'elles évitent de dire la vérité... jusqu'à ce que de cet évitement naisse la crise. Oh, loin de moi l'idée de porter un jugement. Plutôt que de me farcir des situations gênantes ou potentiellement blessantes, j'avais botté en touche avec plusieurs mecs et joué la montre avec quelques autres. On m'avait fait le coup aussi.

J'appelai le cellulaire de Mercure et lui laissai un message ; cela dit, même si la police ne pouvait plus grand-chose à ce stade – quels qu'aient été ces hommes qui se trouvaient au rendez-vous, ils fouettaient sûrement d'autres chats à cette heure-ci.

6

Le mardi, j'arrivai un peu plus tôt que d'habitude au bureau pour fureter sur le Net. Autant commencer par le dossier estampillé Mondefer avec lequel Luda s'était trimbalée, à en croire M. Vanier. Mondefer Industries était une entreprise éminemment respectable, alors aux mains d'un certain Philippe Nicolas. Vieille de plus d'un siècle, elle tirait son nom d'une petite ville du nord-est de la France connue pour ses mines de fer et son eau minérale, non seulement riche en... fer ! mais aussi en autres minéraux utiles. Elle présentait une faible concentration de lithium, par exemple. Depuis le XVIIIe siècle, les sources thermales locales étaient donc très réputées parmi les agités du bocal, névrosés, neurasthéniques et autres dingues de base, ainsi que l'illustrait une lithographie reproduite en ligne qui montrait des médecins en blouse blanche emmenant « en cure » plusieurs personnes bien vêtues mais au regard hagard.

Au cours du XIXe siècle, on y avait bâti un asile de luxe pour permettre aux patients de prendre les eaux loin du stress de Paris ou de Berlin. Au tournant du XXe, Charles Nicolas, comte de Mondefer, avait entrepris d'embouteiller l'eau pour le marché européen de l'orviétan, assurant qu'elle allégeait les soucis, excitait les sangs et rétablissait le bon fonctionnement du foie et des reins.

À en juger par la publicité noir et blanc des années folles qui montrait un homme présentant une fleur à une mince amazone, « exciter les sangs » devait signifier « restaurer la virilité ». Des eaux étonnantes que celles qui savaient à la fois calmer l'hystérie féminine et guérir les messieurs de l'impuissance.

Le deuxième domaine qui avait fait la célébrité de Mondefer était la métallurgie. J'ai moi-même grandi dans le nord du Minnesota, au sein d'une région que l'on surnomme « le Pays du Fer », mais je n'ai pas le souvenir que ça ait augmenté la virilité des mâles. Il faut cependant reconnaître que l'anémie n'était pas fréquente dans les parages.

Si les eaux bienfaisantes et les thermes constituaient toujours une part importante de l'empire Mondefer, la famille s'était diversifiée depuis dans plusieurs autres domaines : l'alimentation, les produits pharmaceutiques, la chimie industrielle, les équipements de communication, les systèmes d'armement, la radio-télévision… Ils possédaient toujours une usine d'eau minérale sur place, mais le reste de leurs sites était éparpillé sur tout le territoire français. Leur siège se trouvait à Paris, à La Défense. Le propriétaire de Mondefer avait épousé une Américaine, Margery Nicolas. Intéressant.

Luda avait-elle travaillé pour Mondefer ?

— Tim, tu veux bien appeler cette boîte de ma part ? Contacte les Ressources humaines et demande-leur s'ils ont une employée du nom de Luda Jurski.

— Pas de problème, dit-il en notant le nom.

Quant à moi, je téléphonai à mon amie Judith, qui connaît tous les expatriés américains de plus de quarante-cinq ans (ainsi que la plupart des autres).

— Oui, confirma-t-elle, j'ai les coordonnées de Margery. On a le même chirurgien esthétique, et en janvier 2002, on a travaillé ensemble pour un gala de charité au profit des femmes afghanes. Elle est Texane. Tu veux faire sa connaissance ? Elle adore rencontrer de nouvelles têtes en provenance des États-Unis. Je crois que ç'a été un peu dur pour elle d'intégrer cette dynastie.

Une secrétaire de direction de l'Immobilière Confort finit par me recontacter… pour dire que personne chez eux ne savait quoi que ce soit au sujet d'une quelconque Luda Jurski. Le *big boss* était en déplacement, injoignable, et elle ignorait tout de ses pérégrinations. Elle semblait s'en laver les mains, du reste.

J'aurais sans doute pu laisser tomber à ce moment-là : Luda se trouvait manifestement engluée dans un sale triangle amoureux et la dernière chose dont j'avais besoin, c'était de fréquenter des grands mâles dominants occupés à rivaliser de gesticulations pour remporter les faveurs de leur belle.

Seulement, il était hors de question que je baisse les bras, bien entendu : la curiosité est un truc qui me ronge comme de l'acide. Et puis j'étais persuadée que cette histoire dépassait de loin de simples amours ayant mal tourné. Mais pourquoi une telle intuition ? Et si la force sinistre que je croyais voir à l'œuvre était un pur produit de mon imagination ? Si j'avais pété les plombs ? Comme disait une voisine du Chelsea Hotel après les attentats de New York : « Avant le 11-Septembre, c'était moi la parano, mais la planète m'a rattrapée depuis. »

Par le passé, je m'étais rassurée en me répétant mon mantra anti-camisole de force : si tu sais que tu es folle, tu ne peux pas l'être. Mantra, mentira pas ? En tout cas, entre le jour où mon ex-mari m'avait traitée de cinglée quand je m'étais mis en tête qu'il avait une liaison, puis mes inquiétudes au cours des années 1990 sur des trucs comme le Pakistan, le programme militaire nord-coréen, le déficit commercial avec la Chine ou une attaque terroriste d'Al-Qaida sur New York, j'avais eu 100 % raison un nombre incalculable de fois alors qu'on me traitait de malade. Tel est mon funeste destin : je suis douée en politique étrangère et nulle pour tout ce qui est intérieur.

La vraie folie ne m'avait frappée que deux fois. Juste parce que je m'étais crue à l'Ouest et que, agissant sur cette base, j'avais transformé mes désirs en réalité. Et bon, mettons qu'à une ou deux reprises j'avais viré folle à lier (en période de pleine lune ou de travail intensif au boulot, ce genre de truc), mais ça s'était toujours estompé rapidement.

Moins de cinq minutes plus tard, Margery Nicolas faisait appeler son secrétaire particulier, Marcel, pour m'inviter à dîner le soir même.

– La DRH de Mondefer n'a jamais entendu parler de Luda, m'annonça Tim en entrant. Et c'est presque l'heure de ta vidéoconférence avec New York.

– Il y a moyen de la faire depuis chez moi sans qu'ils soient au courant ?

– Ben, il te faudrait une webcam, et un logiciel adapté sur ton ordi.

– Avec un décor qui imite le bureau.

– Trop évident, dit-il. Ça ferait toc.

– Je pourrais peut-être ajuster mes paramètres vidéo pour que le fond soit flou, comme ça ils ne se rendraient compte de rien.

– J'ai une meilleure idée, jeta-t-il. Je vais demander à mon homme. Il bosse dans l'animation, les cartoons, il te trouvera sûrement une solution.

– Ce serait super.

Les choses les plus géniales que j'ai faites dans ma vie ont été d'engager Tim et de l'amener de New York. Non que j'aie eu mon mot à dire sur ce dernier point. C'était le moins que je puisse faire étant donné que je lui devais mon poste. Fils de directeur de compagnie aérienne, Tim avait vécu dans la Ville lumière jusqu'à l'âge de quatroze ans. Il était donc entièrement bilingue. Il avait intrigué pour que j'obtienne ce boulot, car il désirait redevenir Parisien à plein temps. J'aurais eu mauvaise grâce à lui reprocher ses manœuvres parce que, et d'une, il avait tout avoué franchement et que, de deux, lorsqu'il agissait de cette façon, c'était toujours pour le bien d'autrui tout autant que le sien propre, sans jamais nuire à quiconque ne le méritait pas.

Non seulement Tim était beaucoup plus doué que moi en matière de politique de couloirs, c'était aussi l'une des rares personnes avec qui je pouvais travailler en toute confiance. Il filtrait mes appels, chassait les mauvais esprits (Felicity), tâchait de m'épargner les courriers désagréables et toutes les fausses alertes à l'anthrax. Sans compter que c'était quelqu'un de futé, de marrant et de très mignon.

Mon visage apparut dans une fenêtre sur l'écran de l'ordi.

– Tu es en direct sur le Net, annonça Tim.

Apparurent ensuite les traits de Jerry, suivis par ceux de Solange sur ma droite. J'étais cernée.

— Robin, dit Solange, j'ai un problème de moniteur ou tu es malade ? Tu as une très sale tête.

— N'oublie pas que la vidéo grossit les gens d'au moins cinq kilos, ajouta Jerry en bon Samaritain. Bon, on peut en venir au fait ?

— Il y a eu des trucs louches autour du vote sur *Last Girl Standing*, Robin, expliqua Solange.

— Sur le site Internet ? m'enquis-je.

L'un des trucs qui différenciaient notre émission des autres du même genre, c'était que le spectateur avait son mot à dire sur le résultat final. Chaque semaine, les utilisateurs enregistrés sur notre site avaient le droit d'élire la concurrente à virer de la Maison des Filles. Ce pouvoir de décision n'était pas complet. Le Célibataire pouvait sauver la perdante en utilisant un de ses «jokers d'amour» s'il n'était pas d'accord avec le résultat. Mais l'émission se déroulant en douze épisodes, il ne pouvait sauver quelqu'un éternellement. Il ne possédait que six jokers.

— Non, à Las Vegas, expliqua Jerry. Quelqu'un y a remporté le gros lot trois fois de suite en pariant sur les résultats.

— Nom de Dieu, dis-je, les gens sont capables de voter sur n'importe quoi.

— On enquête très discrètement pour savoir si le nom de la perdante a fuité avant la diffusion, dit Solange. Mène des recherches de ton côté et augmente la sécurité. On change d'huissiers, on prend la boîte qui s'occupe de toutes les remises de prix pour le cinéma.

— On veut ton rapport vendredi, ajouta Jerry.

— Merde, dis-je. Combien de pages ?

— Ne te plains pas. Rappelle-toi que cette émission a sauvé ta carrière.

Il avait tout à fait raison. Mais, entre vous et moi, je n'étais pas la créatrice de *Last Girl Standing*, ça, c'était des conneries. Chaque article de journal sur le sujet affirmait que j'avais pondu le concept. Aux yeux de certaines personnes, pour lesquelles j'avais peu de respect, ça faisait de moi la poule aux œufs d'or. Dur, dur. J'étais devenue un vilain petit canard pour les autres, les gens que je respectais. Encore plus dur.

Solange avait su dès le départ que cette émission chaufferait les oreilles des critiques et de la diaspora féministe. Voilà pourquoi elle tenait tant à affirmer que j'en étais à l'origine, pour que ce soit moi qui écope des reproches. Et moi, je m'efforçais à mon tour de rejeter la responsabilité sur d'autres, en créditant les producteurs sur place, dans la Maison des Filles, mais les gens croyaient que c'était par modestie ! Je récoltais donc à la fois les compliments des plus débiles et des attaques hyper violentes. Je ne crois pas que j'aurais su m'en dépêtrer aux États-Unis, alors je remerciais Dieu de vivre à Paris, où je pouvais n'être personne, me montrer discrète et éviter la presse américaine, voire l'ignorer autant que possible.

Mais, pour la postérité... Sachez que *Last Girl Standing* a commencé avec la demande de mon petit boss Jerry de concocter une émission de téléréalité pour WOW. *Eh,* répondit Robin Hudson, *pourquoi ne pas lancer une série documentaire semblable* à Real World, *sur MTV, mais avec des jeunes femmes originaires de cultures différentes ? On les amène à Paris, on leur offre le rêve de toute étudiante :*

six mois dans la ville de l'amour... Pendant ce temps, on enregistre leurs expériences... Voilà, me disais-je, ça va être ma contribution à la solidarité féministe : on montrera comment des femmes font connaissance, interagissent, s'engueulent, résolvent les conflits et coopèrent en partageant le meilleur de leurs cultures. Et tout ça sur un fond romantique connu : le décor de conte de fées de Paris, la seule ville étrangère que les Américains ne ressentiront pas trop comme telle.

En temps normal, ce genre de concept aurait été beaucoup trop *peace and love* pour moi, mais tout ça se déroulait peu après ce que certains, à New York, nomment encore dans un murmure bredouillant « les événements » : le 11-Septembre.

Comme quantité de gens, pendant la période qui a suivi, j'ai été emplie de tristesse et d'amour envers mon prochain. Ces attentats ont représenté un réveil en fanfare. Il fallait trouver de meilleurs moyens que la violence et autres dégueulasseries pour régler nos différends. On devait s'employer à rendre le monde meilleur. Arrêter nos luttes intestines, cesser de s'entretuer pour des ressources sans cesse raréfiées. Apprendre à partager, concrétiser et vivre la paix. (Et quand je dis « on », évidemment, je parle de moi.) À son petit niveau, me disais-je, une émission pareille permettrait d'explorer cette idée.

Quand j'eus achevé mon envolée lyrique tendance sororité radieuse et quand sa crise d'hilarité inextinguible fut passée, Jerry suggéra un truc plus proche de *Koh-Lanta*, avec une fille éliminée du loft parisien à chaque épisode. On leur ferait traverser une succession d'épreuves humiliantes, physiques comme psychologiques. Une fois la poussière retombée et les taches de sang effacées, la dernière fille à avoir tenu le choc gagnerait un million de dollars. Telle était la télé de mon époque.

Avant que j'aie eu le temps de m'insurger, ma *big boss*, Solange Stevenson, avait fait entendre son son de cloche, une idée plus dangereuse encore :

— Trouvez un homme, dit-elle d'une voix à liquéfier l'azote. Faites-les s'affronter pour obtenir ses faveurs. La dernière fille partage le million avec le gars.

Trouvez le joli cœur qui peut diviser les sœurs, qui les incitera à lutter non seulement pour de l'argent, mais aussi pour ses beaux yeux.

Je prévins Jerry et Solange que c'était jouer avec le feu. L'amour rend les gens dingues ! C'est vrai pour tout le monde, qu'on soit roi, reine, petite vendeuse, grand patron, plombier, maîtresse d'école, dictateur, vedette de cinéma, moi – jusqu'à l'ancien sénateur des États-Unis Al D'Amato, qui a un jour croassé une rengaine à la télé nationale en l'honneur de la reine des ragots Claudia Cohen, donnant là des frissons de lavement à des millions de gens.

(Le terme « frissons de lavement » a été inventé par un comique de ma connaissance pour décrire cette honte glacée et moite qui vous envahit pour une autre personne à sa place.)

Ajoutez à ce mélange la notoriété et le fric, et vous engendrez cynisme, désespoir ainsi qu'apparition dans des monceaux de rubriques people chez des gens « ordinaires » pas préparés, qui s'y grilleront sûrement les ailes pour en ressortir dans un état proche de la cendre.

Ils ont ignoré mon conseil.

– La dinguerie, c'est ça l'objectif, a déclaré Jerry avec cette élocution lente qu'il adopte pour parler aux immigrés et aux aveugles. Ça fait de la bonne télé.

Dans ce cas précis, admettons. Ça donne du populaire, de l'addictif, voire du divertissant. Je ne pouvais pas me permettre d'être trop moralisatrice dans notre maison de verre aux parois fines comme des gaufrettes. Mais si je m'étais déjà abaissée à des trucs légendairement vils au cours de ma carrière, ce n'était pas une raison pour continuer, ni pour sauter au plafond à l'idée de recommencer.

Telle était la télé, de mon temps – celle que nous appelions, sans ironie aucune, « téléréalité ». La véritable réalité de mon époque aurait dû être assez fascinante pour que l'on n'ait pas à en recréer une fausse. Les États-Unis menaient une guerre incessante contre le terrorisme centré en Irak et en Afghanistan, deux pays dans lesquels le nôtre s'était immiscé par le passé pour ensuite prendre la tangente chaque fois qu'on s'était suffisamment amusé. Ça nous était retombé dessus au centuple. (Les Français en connaissaient également un rayon dans ce domaine étant donné leurs aventures coloniales.)

Des petits pays où les égouts étaient à ciel ouvert, où régnaient l'illettrisme et la famine, se débrouillaient malgré tout pour se procurer l'arme atomique. Les grandes boîtes avaient des comportements criminels, polluant sans vergogne, piquant aux salariés les retraites soi-disant mises de côté pour leur compte, obtenant de nos gouvernements des législations qui remettaient en cause le droit du travail et qui nous réduisaient tous à l'état de simple matière première humaine. Les assassinats mystérieux et les scandales impliquant des putains, des héros, des méchants – bref, tous les éléments de la télé de divertissement se succédaient aux infos de vingt heures.

Mais une foule de gens préféraient se boucher les oreilles pour deviner si les spectateurs allaient éliminer de l'île la diététicienne latino de Floride – sinon, suspense insoutenable, qui le Célibataire choisirait-il donc, entre la maîtresse d'école, l'allumeuse danoise et la sournoise représentante en produits pharmaceutiques du Delaware ?

Naturellement, ayant contribué à créer ce divertissement qui distrayait les gens du monde réel, je ne pouvais m'empêcher de penser que je participais au problème. J'avais toujours le recours de rationaliser : si ce n'était pas moi qui m'y collais, quelqu'un d'autre le ferait, nos congénères avaient besoin d'évasion, etc. – mais, c'était plus fort que moi, je détestais cette émission et j'en déléguais la plus grande part possible aux producteurs présents sur le plateau.

D'un autre côté, je m'interdisais de m'en plaindre en public. Tout bien considéré, j'avais une chance de cocue de faire ce boulot. Je le devais à mes relations, en l'occurrence Jack Jackson. Je produisais une émission à succès et je menais une existence très chouette à Paris. Malgré le taux de change défavorable et l'inflation sur place, je survivais mieux que 90 % de la population de la planète. J'endurais donc la souffrance intérieure que m'infligeait l'émission, le fiel des critiques et les accusations de trahison féministe, et je restais discrète autant que possible.

Je ne vous mentirai pas, j'avais connu jusque-là une vie pour le moins chaotique. Alors évidemment, quand j'avais décroché ce bon plan, ce bout de *Brigadoon*, une question m'avait traversé l'esprit : « Est-ce que je le mérite ? »

Mon ami Phil, qui, avec sa chérie Helen (l'unique communiste que j'aie connue avant de venir m'établir en France), dirige à présent une clinique doublée d'une école dans un Afghanistan dévasté, avait lu en moi comme dans un livre.

— Robin, m'avait-il dit, ne te demande pas si tu le mérites, c'est impossible de répondre à une telle question, et les seules gens qui devraient vraiment se la poser ne le font jamais. Demande-toi plutôt : maintenant que je tiens ce truc, comment je fais pour ne pas démériter ?

Pourtant, j'avais bel et bien démérité. Quel était mon apport à la planète ? À une époque où il semblait clair que les femmes à poigne devaient se reprendre afin de maîtriser la violence sans cesse croissante des *macho men*, j'avais imposé à la face du monde cet énorme monceau de merde international qu'était *Last Girl Standing*, ce couteau de Brutus frappant le féminisme dans le dos.

7

– Tu peux vérifier ? demandai-je à Tim après l'avoir briefé sur les paris louches de Vegas.

– Avec joie, répondit-il en se léchant les babines.

Il était beaucoup plus doué que moi pour déchiffrer les humeurs et les alliances entre collaborateurs. Il obtiendrait de meilleures infos.

– Il me faut ton rapport vendredi matin.

– Pas de problème, dit-il. Ah, au fait, Felicity va débarquer. Elle veut te voir.

– Considère-moi comme déjà partie, dis-je. Tu fais quoi ce soir ?

– Je bois l'apéro avec mon copain Ahmed, tu sais, l'artiste. Ensuite on regarde un film. Je n'ai pas encore vu *Crash* et ça vient de sortir en DVD. Et toi, tu vas où ?

– Je suis censée retrouver Judith et Brigitte à Abbesses pour prendre un verre, et ensuite une riche Américaine m'a invitée à dîner. Après ça, retour au bercail pour faire une razzia préventive anti-tante Mo.

– C'est demain qu'elle arrive ?

– Oui, aux aurores. Je travaillerai à la maison pendant presque toute sa visite. Si tu vois ce que je veux dire.

– Tu ne viendras au bureau que pour les réunions.

– Voui, et les urgences, mais c'est tout.

Judith et Brigitte m'attendaient au Vrai Paris, juste en dessous de la station de métro Abbesses. Malgré ses soixante-dix ans passés, Judith pétait plus la forme que la quadragénaire que j'étais. Américaine devenue écrivaine, elle vivait à Paris depuis plus de quarante ans et semblait connaître tout le monde. Pour peu que quelqu'un d'intéressant arrive en ville, elle l'invitait à manger chez elle. J'y avais dîné quantité de fois et rencontré tous les gens possibles, du tout premier éditeur d'Henry Miller à un sous-ministre américain en passant par un physicien nucléaire hongrois qui, ayant quitté son pays sans passeport, avait atterri par la force des choses en Afrique du Sud, l'unique pays qui l'acceptait en l'absence de documents d'identité. (Au cours de ces dernières années, il avait fait partie de cette équipe pionnière de chercheurs qui avait mis au point les réacteurs modulaires à galets, une méthode pour produire de l'énergie nucléaire sans générer d'uranium à vocation militaire, et sans trop de déchets.)

Brigitte était Française. Quand elle ne se produisait pas avec son groupe Needless Violence, elle poussait des clips dans l'une des émissions de PLUS Music, une autre chaîne de Jackson Broadcasting. Brigitte n'a pas tout à fait trente ans, affectionne les lorgnons à la John Lennon et ne se maquille jamais. Elle a appris à parler anglais à l'adolescence parce qu'elle était amoureuse de David Bowie, pour être en mesure de causer avec lui quand enfin ils se rencontreraient. Ce n'est pas encore arrivé mais, d'un autre côté, elle a un excellent niveau d'anglais – bien meilleur par exemple que celui du Président des États-Unis au moment où j'écris, ou de la plupart des membres de son cabinet.

Comme je les avais vues l'une et l'autre plus récemment qu'elles ne s'étaient croisées, elles étaient occupées raconter de leurs existences respectives quand j'arrivai.

– Tu es au courant de ce qui est arrivé à Karen Mills lorsqu'elle est repartie à New York ? demandait Judith.

Karen était une autre Américaine qui avait vécu à Paris.

– Non.

– Elle a hérité du numéro de téléphone d'une femme qui travaillait pour un site porno, un truc genre « Mamans chaudes en petite culotte ». Elle n'arrête pas de recevoir des coups de fil de types bizarres, des anciens clients, apparemment... Et toi, Brigitte, ça donne quoi, ton CD ?

– Fête de lancement le mois prochain au Paris Paris.

– Félicitations ! Dois-je me faire piercer pour y assister ?

– Non, tu peux garder ta tenue habituelle. Notre premier *single* s'appellera *Fuck Bush*.

– Que Bush aille se faire foutre ? dit Judith. La chanson contestataire ne fait plus dans la dentelle, de nos jours. Mais enfin, j'imagine que l'époque veut ça. C'est le moment ou jamais de dire les choses clairement, comme cet album de Neil Young qui s'appelait... comment, déjà ?

– *Let's Impeach the President*.

– C'est ça... Et à propos de démettre le président, tu as vu Chirac à la télé hier soir ? La plupart de ses choix politiques me hérissent, mais bon sang, quel charisme !

– Charisme ? s'étonna Brigitte.

– Je trouve que cette vieille canaille a un côté insupportablement sympathique. Tu te rappelles le discours qu'il a prononcé à la Grande Mosquée à l'invitation de l'imam, après les incidents antisémites qui ont succédé au 11-Septembre ? Quand il parle, il donne toujours l'impression de plaider pour sa vie, d'être sur le point de fondre en larmes d'une minute à l'autre.

– Oui, intervins-je, ce fameux speech était un morceau d'anthologie. On était tous Français!

– J'ai eu envie de le prendre dans mes bras à ce moment-là. Sur quoi, deux semaines plus tard, quand un journaliste l'interroge sur l'antisémitisme en France, il répond : « Il n'y a pas d'antisémitisme dans ce pays. »

– … En faisant donc en cela une nation unique au monde…, compléta Brigitte.

– Parce que le speech avait marché! Et avec quelle rapidité!

– Mon ami Blue m'a expliqué que quand Chichi était ministre de l'Agriculture, il se faisait un point d'honneur de caresser toutes les vaches laitières de France, dit Judith. Alors, Robin, comment va?

– J'ai un truc à vous raconter. Une de mes voisines…

– Ça a tous les symptômes d'un problème de couple, diagnostiqua Judith quand j'eus fini de les mettre au courant de l'affaire Luda. Peut-être qu'un de ces jeunes gens que tu as vus à la bibliothèque a une obsession malsaine… Ou les deux, du reste.

– Sinon, coupa Brigitte, c'est tout simplement *l'amour fou**. C'est peut-être ce gars qui a envoyé la lettre à Luda.

– *L'amour fou**? répétai-je.

– Tu sais, quand à cause de la passion tu fais des trucs dingues. Quand ça t'oblige à te comporter de façon atypique. Un phénomène pas si rare que ça dans ce pays. Vous, en Amérique, vous voulez trop être pragmatiques sur des sujets pareils. Ça cache quelque chose.

– Folie est le terme qui convient, approuvai-je en secouant la tête. Des crises d'origine biochimique qui incitent les sujets à copuler, à se reproduire et à acheter des tas de biens de consommation inutiles. J'ai donné plus qu'à mon tour.

– Où est ta tante, au fait ? demanda Judith.

– Pourquoi ? Je t'ai déjà parlé d'elle ?

– Non, expliqua Brigitte, c'est moi.

– Elle arrive demain.

– C'est la chrétienne ? demanda Judith.

– Ouais. Mais pas tendance cool, pas style Johnny Cash. Elle, c'est le genre à droite toute et pas de quartier. Elle n'a jamais renié son admiration pour McCarthy. Elle remplit chaque année son camping-car jusqu'à la gueule pour partir en pèlerinage là où ce bon chasseur de sorcières est né. Vous êtes faites pour vous entendre, toutes les deux…

À l'époque où Judith vivait aux États-Unis et où elle était chanteuse réaliste, elle avait failli atteindre au vedettariat quand avait éclaté un scandale impliquant un dirigeant syndical marié. Ça avait fait remonter quelques autres détails à la surface, comme des allégations de flirt avec le parrain de la mafia Leo DeLucci et avec l'homme de l'ombre démocrate Boss O'Hanlon, ce que Judith avait démenti avec ardeur. Elle aurait pu survivre à tout ça… n'eut été l'accusation fatale d'être un jour sortie avec un joueur de cor communiste et d'avoir assisté avec lui à un pique-nique du parti.

Elle était donc tombée dans l'opprobre, c'est-à-dire dans les listes d'artistes interdits d'exercer par le sénateur McCarthy. Étranglée financièrement et socialement parce qu'elle avait fréquenté un gars persuadé que les travailleurs se faisaient baiser et que chacun devait partager les ressources de la planète. Il paraît crétin, chers futurs condisciples, de se faire boycotter pour de telles convictions, mais si vous connaissez un peu l'histoire du XXe siècle, vous n'êtes pas sans savoir que ce concept utopiste du communisme a été corrompu par de mauvaises personnes afin de créer des tyrannies qui ont paralysé la volonté humaine, tué des millions de gens et créé de longues files d'attente afin d'acheter des trucs aussi simples que du papier hygiénique.

Si bien que ledit leader syndical a divorcé, épousé Judith et qu'ils ont déménagé à Paris, où ils sont tous les deux devenus écrivains et où ils ont vécu ensemble, plus heureux tu meurs, jusqu'à sa mort à lui en 2003, précisément.

— Tu devrais l'amener boire un thé un de ces jours. J'adorerais la rencontrer. Les personnes croyantes à ce point-là m'intriguent, dit Judith, qui était juive et athée.

— Ça marche comment, l'écriture ?

— J'ai à moitié fini le bouquin, mais on n'arrête pas de me demander des articles, ça me distrait. Cette fois-ci, on me propose de traiter du paradoxe français.

— Lequel ? demanda Brigitte. Qu'on aime à la fois créer des lois et les combattre ? Qu'on a des tas de femmes intellos mais aucune grande patronne ? Même le terme n'existe pas.

— Qu'on a le droit de fumer partout alors qu'on ne peut acheter de cigarettes que dans quelques rares boutiques – à l'inverse de New York où on en trouve partout mais où il est interdit d'en griller une où que ce soit ?

— Sauf dans des pièces sombres derrière des rideaux… Non, le paradoxe le plus courant, celui de la bouffe : les Français mangent des tonnes d'aliments gras, mais ils le sont rarement... Et donc, plus précisément, pourquoi les Françaises ne grossissent pas. L'intérêt pour ce serpent de mer ne faiblit pas. (Elle se tourna vers Brigitte.) Manger de façon modérée, mâcher lentement en savourant les plats, pas de grignotage entre les repas... Tu vois autre chose ?

– On marche beaucoup comparativement à vous, dit Brigitte.

– Ah oui, bien sûr.

– N'oublie pas les escaliers, ajoutai-je. Toutes ces conneries d'escaliers.

– Sauf que j'ai lu que l'obésité est en augmentation ici aussi, dit Brigitte.

– Bon, lançai-je, il faut que je parte, les filles.

– Déjà ?

– Je dîne chez Margery et Philippe Nicolas. Je dois rentrer me changer.

– Ce soir ?

– Oui. Elle a dû me rappeler dès qu'elle a raccroché avec toi.

– Et elle s'est libérée aussi vite ?

– Oui.

– Alors ça... En tout cas, tu n'as pas besoin de te changer, fais-moi confiance. Ce Donna Karan conviendra très bien. Du moment que tu ne débarques pas trop décontractée, ça va. Les seules tenues qui comptent pour elle, ce sont les siennes.

– Je tiens à me retaper un peu la façade, en tout cas.

– Je suis curieuse de savoir comment tu la trouveras. Appelle-moi après.

La plupart du temps, quand les riches sont sympas avec vous, c'est qu'ils veulent obtenir quelque chose. Je tâchai de garder cette donnée-là à l'esprit par la suite tout en me rendant à l'hôtel particulier des Nicolas dans le 16e. M'efforçant aussi de me rappeler ce que m'avait expliqué mon ami Phil quand, un certain pluvieux après-midi d'auto-apitoiement, je m'inquiétais de n'avoir ma place nulle part. « Ma puce, avait-il dit, tu es une enfant de l'univers. Tu es chez toi partout. » Exact. Dans les bars en compagnie des putains et des piliers de comptoir. Dans les hôtels particuliers très chabada en compagnie de riches. Partout.

Que pouvaient-ils attendre de moi ? Des secrets d'initiés concernant la télé ? Un plan échangiste ?

Ils avaient leur immeuble à eux dans l'un des arrondissements les plus cossus de Paris, un machin construit au XVIIIe siècle. Un vigile m'escorta jusqu'au cinquième étage dans un ascenseur spacieux, avant de passer le relais à un majordome portant de vrais vêtements à la Jeeves, exactement comme ceux qu'on voit dans les films, à deux exceptions notables : la veste étant un brin trop courte côté manches, on entrevoyait à ce monsieur un début d'avant-bras, ce qui lui donnait des allures simiesques ; et au lieu d'un nœud papillon noir, le sien était aux couleurs du drapeau américain, avec des étoiles et des bandes d'un rouge et d'un bleu pétard.

Il me prit mon manteau puis me mena dans le salon entièrement décoré en style Louis XIVe – du vrai, pas des imitations. Au plafond, une fresque aux dorures ouvragées représentait les anges autour de Jésus, et des portraits d'hommes de divers siècles s'alignaient le long des murs. Les plus anciens, remontant aux croisades, montraient un homme unidimensionnel assis sur un cheval et tenant un étendard porteur d'une croix. La moindre période de l'histoire de France était ensuite représentée. Je présumai que le portrait le plus récent était celui de l'actuel propriétaire de Mondefer, Philippe Nicolas.

– Hum, bonjour, dit une voix de femme.

Je me retournai pour découvrir Margery Nicolas, une grande femme plantureuse dont je connaissais l'âge par Judith : soixante-quinze ans. Elle portait une robe rose et blanche à col Claudine, à longues manches bouffantes et à jupon évasé, tout cela recouvert d'un tulle rose pâle. Je répugne à le dire étant donné que je m'employais de toutes mes forces à pratiquer la délicatesse, mais on aurait dit une Barbara Cartland sous stéroïdes et sous mauvais acide, ou alors le produit des amours de Shrek avec une fée en tutu rose. Prenez Shirley Temple enfant, flanquez-lui un tuyau dans le cul et gonflez-la comme un ballon publicitaire, vous aurez une idée du résultat. Elle avait les yeux tartinés de maquillage, sans compter ses faux cils au mascara épais. Ses cheveux teints en cuivré étaient si bouffants et si per-manentés qu'ils rappelaient un peu un casque viking.

Mais le plus désarçonnant, c'était sa voix. Un mince filet flûté de gamine, et jurant tant avec cette grosse carcasse que je me demandai si elle n'avait pas avalé une fillette qui la laissait parler pour deux.

– Vous admirez l'arbre généalogique ? Mais que je me présente : Margery Nicolas.

À son initiative, nous échangeâmes une poignée de main au lieu des bises sur la joue françaises.

– Robin Hudson. Heureuse de faire votre connaissance.

– Moi de même. Judith me dit que c'est vous qui avez lancé cette émission, *Last Girl Standing* ? J'adore !

– Ah, dis-je. Merci.

— Puis-je vous offrir un verre de vin ? Mar-CEL !

Le majordome apparut.

— Notre majordome, Marcel.

Ce pauvre Marcel évitait mon regard, l'air mortellement gêné de se retrouver en costume de pingouin. Il se rendit compte que je le scrutais, parce que le rouge lui monta aux joues et qu'il me zyeuta du coin de l'œil.

— Souriez, Marcel, ordonna Margery.

C'était une souffrance de le voir s'obliger à produire ce rictus, qui prenait des allures de défi étant donné la gravité émotionnelle de son humiliation.

— Voilà qui est mieux. Apportez-nous donc du champagne. Rosé. (Elle se tourna vers moi.) Asseyez-vous, je vous prie. Je suis toujours très heureuse de rencontrer des compatriotes. D'où êtes-vous ?

— De New York, mais j'ai grandi dans le Minnesota. Et vous ?

— Midland, Texas, mais je suis partie à New York pour devenir mannequin quand j'avais dix-huit ans. Après ça, j'ai vécu une quinzaine d'années à Washington avec mon premier mari, le sénateur Fouder.

— Vous avez été l'épouse de M. Fouder ?

Merde. J'aurais dû vérifier sa bio sur le Net.

— La première et la dernière. Il est mort ici, à Paris, en 1989. Il siégeait à l'OTAN à l'époque.

— Et ensuite vous avez rencontré M. Mondefer.

— Non, nous nous connaissions déjà. Quand sa femme est morte peu après mon époux, ça nous a rapprochés et nous avons fini par nous marier... Les États-Unis vous manquent ? Moi, énormément.

– Oui, dis-je, il m'arrive d'avoir le mal du pays. Mais c'est facile de ne pas se languir du reste du monde quand on vit à Paris.

– Cette ville n'est plus ce qu'elle était. Permettez-moi de vous dire qu'à l'époque du franc, la situation était bien meilleure. Et puis bien sûr, les impôts sont grotesques.

Marcel revint porteur de deux coupes de champagne rosé sur un plateau.

– Aux Américaines en goguette, dit-elle.

On trinqua. Elle descendit son verre comme si c'était de l'eau.

– J'adore le champagne rosé, dit-elle. Vous repartez souvent?

– Une fois par an. Et vous?

– Deux, une à New York et Washington, et la seconde pour aller voir ma mère au Texas. Elle a quatre-vingt-dix-huit ans et elle a voté à chaque élection depuis que le suffrage féminin existe. Elle chante encore dans la chorale de son église. Elle fait toujours elle-même ses propres pickles. Immangeables, bien sûr, parce qu'on ne sait jamais ce qu'elle met dedans, elle perd un peu la boule. Mais elle tient quand même à les préparer.

Comme quantité de riches Texans, notre président y compris, Margery faisait preuve d'un faux charme plouc et d'une humilité feinte qui abusaient beaucoup de gens. Je ne peux qu'imaginer quelle sensation elle avait dû causer quand elle avait traversé l'Atlantique, surtout chez les riches Français soi-disant si distingués de la classe supérieure qu'elle avait dû fréquenter au quotidien. Mais peut-être avait-elle obtenu ce que Judith appelle la Dispense du Bon Sauvage: là où ces gens de l'élite si «prout-prout ma chère » demeureraient intransigeants avec un de leurs compatriotes, ils sont capables de pardonner beaucoup à un Américain.

– Depuis quand habitez-vous Paris, Robin ?

Je le lui dis.

– Étiez-vous à New York quand…

– Pendant les attentats ? Oui.

Marcel revint à ce moment-là avec un homme âgé, Philippe Nicolas. J'échangeai une poignée de main avec le maître des lieux, mais il resta sans rien dire, se contentant de détourner les yeux comme pour s'absorber dans la contemplation des murs. Il était manifestement gâteux. Sur quoi Margery suggéra de se transporter dans la salle à manger.

– Suivez-moi, Robin.

Cette nouvelle pièce était immense, lambrissée de chêne et encadrée d'autres portraits d'ancêtres.

– Ici, c'est François le Chauve, qui a aidé Catherine de Médicis à éliminer les huguenots. Elle a empoisonné sa sœur par la suite.

– Pourquoi ?

– Oh, juste pour le plaisir. Vous savez, Catherine avait une armoire à poisons. Elle les testait sur ses visiteurs lorsqu'elle était de mauvais poil. C'est l'époque qui voulait ça. L'arsenic était en vogue. On l'appelait « la poudre de succession ». Vous avez déjà entendu parler de la marquise de Brinvilliers ? Elle a tué la moitié de sa famille de cette façon.

– Qui est l'autre homme ?

– Ah, ça, c'est Philippe le Frugal, qui était duc à la cour de Louis XVIe. On dit qu'il a échappé à la Révolution et à la guillotine en enfilant une des robes de sa femme et un de ses bonnets. Napoléon lui a rendu ses biens et son titre. Venez vous asseoir.

Marcel nous servit du vin rouge, nous laissa puis revint avec une soupière.

– Consommé de sanglier à la truffe noire, commenta Margery. Elle vient de notre propriété dans le Sud.

La main de Philippe trembla au moment de lever sa cuillère à soupe. Le temps de la porter à sa bouche, il avait réussi à en renverser la plus grande partie du contenu.

– J'ai envie de faire pipi, dit-il.

On aurait dit un enfant.

Pauvre pépé. Je commençais à m'angoisser pour cet homme diminué, jadis imposant. Pourquoi Margery le sortait-elle ainsi devant des invités non prévenus ? Par générosité d'esprit ? Elle croyait peut-être que chacun se montrerait compréhensif et tolérant ?

– Marcel ! Emmenez monsieur se rafraîchir, voulez-vous ? (Elle se tourna vers moi et battit ses gros faux cils, avant de lâcher dans un murmure tout aussi faux :) C'est l'alzheimer, le pauvre. J'ai sa délégation de signature. Cette maladie est une vraie saleté, ça vous démolit les méninges en un rien de temps. Et je n'ai personne pour m'aider. Je suis forcée de diriger toute la société moi-même, ce qui n'est pas une mince affaire en France. Ce pays est un paradis pour les travailleurs : semaine de trente-cinq heures avec pause-déjeuner de deux heures, six semaines de vacances aux frais de la princesse, retraite, assurance maladie, j'en passe et des meilleures.

– Mais j'ai lu que les Français ont une productivité très élevée au cours de ces trente-cinq heures.

– Ça, ils sont bien forcés, autrement tout le pays irait à vau-l'eau ! Imaginez la dose de travail qu'ils abattraient s'ils avaient la même sur quarante heures par semaine, et en ne prenant que deux semaines de congé !

Retour de Philippe, qui plongea sa serviette dans sa soupe pour la triturer du doigt. Margery ignora son mari.

– Alors, Judith m'a raconté que votre voisine a disparu et que vous croyez qu'elle a quelque chose à voir avec Mondefer ?

– Elle s'appelle Luda Jurski, expliquai-je, relatant la façon dont elle s'était éclipsée en me laissant un chat sur les bras. Mon voisin M. Vanier, qui a pris le thé chez elle un jour, a vu sur son bureau un dossier portant le logo de votre société.

– Ah, tiens, c'est bizarre, remarqua Margery.

– Je me suis dit qu'elle était peut-être en butte à un mari ou à un petit copain violent, précisai-je sans entrer dans les détails.

– Avez-vous rencontré ce monsieur ?

– Non, mentis-je.

Pourquoi ne pas avoir dit la vérité ? Mystère. Mais je me montre toujours beaucoup plus circonspecte devant les nantis, qui ont le pouvoir de détruire leur prochain en passant trois coups de fil.

– Vous la connaissiez bien ?

– Pas très, non. Elle était très réservée.

– Et vous n'avez pas la moindre idée d'où elle est passée ?

– Non. C'est ce que j'essaie de découvrir.

– Drôle d'histoire. Surtout, tenez-moi au courant. Mar-CEL, nous sommes prêtes pour la salade !

Après ladite salade, nous fîmes un trou normand à coups de colonel (une glace au citron arrosée de vodka), puis nous attaquâmes de fines tranches de foie gras grillé servies avec une sauce au miel et au vinaigre. Le plat principal était du gibier, rôti à l'huile de noisette et à la moutarde violette, et servi avec des mini pommes de terre. Philippe les aligna une à une sur son assiette pour les projeter par terre avec son couteau. Après quoi, ayant fourré sa main sous la table, il se mit à fredonner de plus en plus fort.

Ensuite, évidemment, on passa au fromage. Chaque plat allait avec son vin et sa fourchette spécifiques.

Pour finir, Marcel apporta des poires au caramel et des expressos.

– Ce dîner était somptueux, dis-je.

– Oui, on mange bien dans ces régions, mais le meilleur repas que j'ai fait de ma vie, c'était au Texas, quand mon père m'a emmenée manger de la viande grillée au barbecue avec un soda, un Sun Tang Red Creme, dit Margery. J'avais neuf ans. Ils appellent ça un « Big Red », maintenant. J'en importe pour ma consommation personnelle, mais ils ont changé la recette.

Je repartis porteuse d'une boîte rose de petits fours spécialement préparés à mon attention par le chef et après que Margery m'eut écrasée contre sa poitrine, me serrant si fort qu'un des faux cils gluants comme une toile d'araignée se colla dans mes cheveux. Elle s'était montrée si chaleureuse et si aimable que je commençais à me demander si je ne l'intéressais pas pour autre chose qu'un simple petit bol d'air du pays.

Ma foi, vous me croirez si vous voulez, mais une fois chez moi, je les recherchai tous sur Google. Margery avait été élue Miss Métro de New York en 1944. Elle avait posé pour

Vogue et pour le *Ladies Home Journal*, jusqu'à sa rencontre avec Fouder, un sénateur jadis démocrate qui avait quitté le navire quand le grand George McGovern avait été nommé candidat du parti. Fouder avait défendu la ségrégation raciale si âprement que cela avait failli lui coûter son siège. Il avait passé trois de ses mandats à la commission des forces armées, deux à celle du renseignement. Sa devise en matière de politique étrangère pouvait se résumer à « On bombarde d'abord, on libère ensuite. » Il avait maintes fois regretté devant témoins que l'Amérique n'ait pas carrément atomisé le Nord Vietnam et se lamentait sur le retrait des troupes au Sud. Il s'était lancé deux fois dans la course à la présidence, une fois en 1964 – il briguait alors la nomination démocrate –, et une seconde sous l'étendard républicain, après avoir épousé Margery, en 1976.

Le tableau était plus sombre dans le cas de Philippe Nicolas. Il avait eu deux enfants avec feu sa première femme : un garçon, Jean-Philippe, qui s'était tué au cours d'une course automobile, et une fille, Jeanne, dont le play-boy de mari, François Lassalle, avait péri dans un accident de hors-bord. Jeanne avait succombé à une overdose par la suite. Dans un lointain passé, Philippe avait été un capitaine d'industrie, mais la maladie l'avait réduit à l'état de plante en pot.

— Par *générosité* ? dit Judith. C'est une pensée qui t'honore, Robin, mais non, je ne crois pas. À mon avis, si elle montre Philippe, c'est pour que tout le monde sache à quel point il est malade, et pour se justifier de diriger la boîte. Ils sont mariés depuis quelques années à peine… Tu as une minute ? On sonne à ma porte…

– Margery a toujours porté des faux cils, aussi loin que je me souvienne, dit-elle à son retour. Et plus elle vieillit, plus ça empire côté mascara. Quant au mari...

– Oui, le pauvre vieux, il est très malade.

– Il n'a plus sa tête, plus du tout. Mais ne t'apitoie pas trop sur son sort. Quand il était encore capable d'aligner deux idées, les scrupules ne l'étouffaient pas une seconde. Et quant au fait qu'elle contrôle la boîte, eh bien, c'est pour ça qu'elle l'avait épousé. Pour son argent. Le premier mari, *idem*. Et pour le statut social, bien sûr.

– Ah bon ?

– Elle mourait d'envie de l'enterrer.

Je m'esclaffai, mais avouons qu'à ce stade, je me demandais si je ne me montrais pas trop vache. Si ça se trouve, les choix de Margery en matière de vêtements ne relevaient pas du mauvais goût. Elle était peut-être tout bonnement excentrique. En tout cas, un truc forçait l'admiration chez cette femme : l'énergie qu'elle avait dû déployer pour passer d'une petite bourgade du Texas à la toute-puissance industrielle à Paris. Les hommes lui avaient servi de tremplin, certes. Mais réussir toute seule est sacrément dur, vous savez, alors je ne peux pas lui en vouloir. J'avais là l'un des derniers spécimens d'aventurière américaine – ces femmes aux épaules carrées, issues de milieux modestes, qui avaient épousé des hommes en vue puis les avaient pilotés comme des yachts pour parvenir à la gloire, à la fortune et au mari suivant. Elles avaient porté la culotte à l'époque où c'était scandaleux, chassé le gros gibier en compagnie des hommes, et elles tenaient l'alcool. Margery avait sans doute des allures de caniche endimanché, pourtant elle n'aurait pas déparé dans une meute.

– C'est une louve en livrée de chienchien, dit Judith. Qu'est-ce que tu fabriques pendant qu'on discute ? J'ai entendu des coups. Et tu remues, non ? Tu fais de la gym ?

– Je passe l'appartement au peigne fin en prévision de l'arrivée de ma tante.

Je devais mettre des draps propres sur le canapé-lit, cacher la pipe à hachisch. Et puis cacher toutes les boules à neige offertes par mon ex Mad Mike à son retour de La Mecque, sans oublier la statue de Ganesh que m'avait envoyée Tamayo. Elles risquaient d'éveiller le mépris de tante Mo envers toute autre religion que la sienne.

J'ôtai aussi l'avis de recherche montrant George Bush père à côté d'Oussama Ben Laden, ainsi que les caricatures de presse anti-Bush découpées dans le *Herald Tribune*, à présent fixées sur mon frigo au moyen d'aimants «Virez Bush».

Que j'enlevai également. Ensuite, rassembler ma lingerie coquine et tous mes jouets sexuels pour les cacher en lieu sûr, loin des griffes de tante Mo – un truc pas évident, parce qu'elle ne croyait pas au droit inaliénable de chacun à la vie privée. Dans ma mallette ? Je me tâtai, pour enfin me souvenir que j'avais oublié le code de la serrure. Je finis par flanquer le tout dans un sac en plastique que j'enfouis au fond du sac de litière du chat. Mais que faire de tous mes films de Woody Allen ?

8

J'avais vanté à tante Mo les mérites de l'efficacité française. Comme de bien entendu, il y eut une grève de RER le lendemain matin – mais partielle, heureusement, qui n'affectait qu'un train sur deux. J'arrivai à l'aéroport avec une bonne marge de manœuvre.

Comme je m'étais étendue sur le sentiment de sécurité qui régnait dans ce pays et qui permettait une certaine insouciance, une alerte à la bombe frappa le terminal au moment pile où l'avion atterrissait, si bien qu'il dut rester au bout de la piste pendant qu'on nous obligeait à poireauter une heure et demie à 100 mètres du bâtiment, le temps de se rendre compte qu'il s'agissait d'un canular. Quand je retrouvai tante Mo après la douane, l'endroit grouillait de soldats français en tenue de camouflage brandissant des pistolets-mitrailleurs. Elle avait le sourire vissé aux lèvres, pour sa part. Une présence militaire forte lui seyait tout à fait.

Je ne l'avais pas reconnue à plus de cinq mètres. Elle paraissait transfigurée. Elle portait un manteau London Fog couleur crème et un beau tailleur gris classique, un Liz Claiborne, je pense. Non seulement elle s'était teint les cheveux, mais elle avait aussi amélioré sa coiffure, passant du casque de foot américain que je lui connaissais à une coupe plus élégante – soignée, presque jolie.

La transformation n'était certes pas aussi frappante que si elle s'était changée en icône à drag-queens, couverte de tonnes de strass et bariolée façon plumes de paon. Mais le phénomène valait son pesant de cacahuètes puisqu'elle avait toujours considéré les couleurs ternes, le manque d'élégance et les tissus inconfortables comme des sortes de vertus chrétiennes.

(Au cas où ce modèle de femme ne vous serait pas familier, consultez le nanomoniteur implanté dans la paume de votre main ou à l'intérieur de vos paupières et tirez-en une photo des princesses Grace ou Diana en tailleur pantalon, distinguées, élégantes et modestes. Imaginez à présent dans cette tenue Mussolini, s'il avait vécu jusqu'à l'âge de soixante-dix-neuf ans, et vous aurez un portrait assez ressemblant de tante Mo).

Comme si ce n'était pas assez perturbant, elle arrivait à s'exprimer en français!

– *J'apprends depuis environ un an, dans l'attente de ma visite**, expliqua-t-elle avec un accent guère pire que le mien. *J'ai téléchargé les cours sur mon iPod, et aussi les vidéos. Mais je n'arrive pas encore à bien comprendre**.

– Tu as un très beau tailleur, tante Mo, dis-je.

– Merci. Ce sont ta mère et tante Minnie qui m'ont aidée à le choisir.

– Alors, pas trop dur, le décalage horaire?

– Non, non, ça va, dit-elle. J'ai passé tout le vol à dormir. La première classe, c'est extra.

– Tu as voyagé en première? Tu as eu droit à un surclassement ou quoi?

– Non, je me suis offert le billet.

– Ah bon?

– Le personnel de bord était adorable.

– Où sont tes bagages ?

– Le coursier les a emmenés à mon hôtel. Ils m'attendront à la réception.

– Un hôtel ? Ah oui ?

J'aurais dû sauter de joie de savoir qu'elle ne logerait pas à la maison. Sauf qu'elle se retrouverait donc par moments hors de ma vue, livrée à elle-même et capable de déclencher des cataclysmes inédits.

– Oui, l'hôtel Tania, près de chez toi. Il m'a été recommandé par une des dames de mon club d'investissement. Il avait l'air très mimi sur le site Web. Allons prendre un taxi, tu veux ?

– D'accord. C'est moi qui paye.

– Inutile. J'ai les moyens. Par contre, je n'ai pas pu obtenir de chambre avant midi. Ils ont refusé de m'accueillir plus tôt.

– La plupart des hôtels ne pratiquent pas le « early check-in » à l'américaine.

Presque tous les vols en provenance d'Amérique du Nord atterrissent avant neuf heures du matin, mais la majorité des établissements refusent de vous accueillir avant onze heures minimum, ce qui envoie les touristes zombifiés tuer le temps dans les cafés alentour.

– Je me suis dit qu'on pourrait s'arrêter au Fouquet's sur le chemin de l'hôtel.

– Le Fouquet's ? Tu veux dire… le café chic ?

Tante Mo prévoyait boire un expresso à dix euros à la terrasse dans un lieu peuplé de riches touristes américains où les serveurs en cravate et chemise blanche amidonnée parlent tous anglais. Et, plus spécifiquement, au célèbre

Fouquet's, café historique fréquenté de tout temps par la crème, de Marlene Dietrich à Jackie Onassis… Tante Mo, qui réutilisait deux fois ses sachets de thé et qui découpait ses tubes de dentifrice terminés pour y gratter le moindre reliquat ? Qui gardait ses restes de savon gluants pour les malaxer tous ensemble afin de former un gros pain multicolore ? Qui grappillait le moindre coupon de réduction passant à sa portée, et l'échangeait contre un autre quand elle n'en avait pas l'utilité ?

Qui était la femme qui avait tué ma tante pour s'emparer de son corps ? Quelles autres transmutations pouvais-je espérer ? Au bout de dix minutes en taxi, elle ne m'avait pas rabrouée une seule fois. Je commençais à me dire qu'on me l'avait changée du tout au tout quand elle plongea la main dans son sac marron foncé informe pour en tirer un cadeau enveloppé dans un papier de soie à motifs dorés, et fermé par un gros nœud de ruban doré lui aussi. À voir la taille et la forme de ce truc, c'était soit une boîte de chocolats Godiva, soit…

Une Bible.

— Merci, tante Mo ! Celle que tu m'as envoyée il y a six mois commençait sérieusement à être cornée.

— Celle-ci est très spéciale. Non, ne la lis pas tout de suite. Plus tard, quand je serai repartie. Et je t'ai apporté ça, ajouta-t-elle en pêchant autre chose dans le puits sans fond de son fourre-tout : une pile de coupures de presse.

Je lus celle du dessus. Un article sur les traitements contre l'infertilité.

— J'ai quarante-six ans, je suis célibataire et je ne compte pas me reproduire. Sérieux.

– Tu rencontreras peut-être quelqu'un avec qui faire ta vie...

– J'en ai déjà une, de vie, et tu as plus de chances d'assister un jour à un combat de catch dans la boue entre une papesse et l'archevêque de Canterbury que de me voir me remarier parce que j'ai rencontré quelqu'un.

– Les femmes célibataires ont des exigences beaucoup trop hautes en matière de partenaires potentiels, elles doivent apprendre à poser leurs guêtres... C'est ta propre patronne qui le dit, Solange Stevenson.

Poser leurs guêtres. Comme mon amie Tamayo, tante Mo croyait que si seulement je prenais le temps de me pencher pour regarder au-dehors, je me rendrais compte que les hommes normaux et sains se bousculaient pour me demander ma main. Mais il faut la comprendre. Une chercheuse de mari et de père ne pouvait passer ses journées à ronger son frein en attendant un riche banquier hétéro sosie de Lambert Wilson. Tante Mo se faisait souvent un plaisir de me rappeler qu'elle-même avait renoncé à son premier grand amour, Dirk Halvorsen, devenu alcoolique et lunatique en 1945 une fois démobilisé. Il avait fait les combats en Europe. Elle avait préféré se mettre en ménage avec l'oncle Archie, quelqu'un de solide et de fiable.

– Lis cet article de ta Solange, dit-elle.

– Plus tard.

Je l'avais déjà fait. C'était la rubrique mensuelle de ma patronne pour *WOW Magazine*, qui était envoyée par courriel à chaque employé de la boîte avant la parution papier. Comme toujours, Solange semblait viser quelqu'un en particulier – peut-être sa sœur célibataire. Solange ne vous affrontait jamais de façon directe quand elle voulait aborder un sujet. Elle préférait s'exprimer dans sa chronique, véritable fusil à tirer dans les coins. Des mots se retrouvaient alors en italiques, accompagnés de précisions très spécifiques... « *Certaines femmes...* » J'y avais eu droit moi aussi, dans un article sur les relations patrons-employés. C'était sa façon de communiquer. Je trouvais ça horripilant, parce que je ne maîtrisais pas encore sur le bout des doigts son langage codé.

— J'ai été une piètre épouse, tante Mo, et je ferais une mauvaise mère.

— Ton instinct maternel apparaîtrait au grand jour.

— Es-tu en train de me dire que la maternité n'exige aucun talent ni aucun trait de caractère particulier dans ce monde compliqué ? que toute femme peut se débrouiller comme n'importe quelle vache laitière ?

— Épargne-moi tes sarcasmes. Ce que je t'explique, c'est que Dieu a fait les femmes pour qu'elles procréent et qu'Il leur a donné tout le nécessaire pour élever leur progéniture. Et puis, quant à ce qui ne se trouve pas tout seul dans la nature, il suffit de se reporter à ça.

Elle avait tapoté la Bible.

— Je n'ai aucun besoin de mettre des enfants au monde. La planète regorge de gosses qui n'ont personne pour les élever correctement.

— Mais tu ne t'investis pas dans cette cause-là, non ? Tu ne t'occupes pas de tous ces orphelins ?

— Je n'ai aucun talent maternel. Mon truc, c'est de gagner de l'argent pour en redonner aux personnes qui en ont.

— Ce Français que tu fréquentais, il est devenu quoi ? (Elle avait dit le mot « Français » très vite, comme s'il lui entaillait la langue.) Le scientifique, Pierre ?

– Je n'ai plus de nouvelles depuis qu'il m'a pris le dictionnaire français-anglais que je tenais à la main pour le jeter dans la cheminée en m'ordonnant de sortir de chez lui.

– Et tu lui avais fait quoi, à celui-là ?

– Fait ? Moi ? Rien. On avait dîné avec ses parents et j'avais été très polie. Renversé aucun verre, tout mangé dans mon assiette sans jouer les goinfres, à la française, en savourant la moindre bouchée... Complimenté la mère pour sa cuisine, son intérieur, et ainsi de suite. Après, on est rentrés et il a explosé, comme ça. Sans raison.

Pierre est mon ex, le type pour les beaux yeux duquel je suis venue en France – disons que l'opportunité de boulot s'était présentée parce qu'il y avait ce petit ami dans le tableau. Pierre a beau lire et écrire l'anglais, il a du mal à l'oral, il ne comprend pas bien les conversations. Or j'avais le même problème en français à l'époque. Pour résumer : notre histoire d'amour a foiré.

– Tu te débrouilles toujours pour leur faire peur, dit-elle.

Je me retrouvai comptant jusqu'à dix, vingt, puis trente avant de retrouver mon calme. Ma tante peut sévir indéfiniment ainsi, à m'asticoter sur chaque pseudo point négatif de ma vie. Rien ne la satisfera sauf mon aveu abject du fait qu'elle a absolument raison sur toute la ligne.

– Tu as eu tellement d'hommes sans que ça marche jamais.

– Ah. Et des hommes avec qui ça méritait de marcher, tu en vois ?

– Ton ex-mari.

– Il a mis une autre femme enceinte alors qu'on était mariés, rappelle-toi, et ensuite il a tenté de me tuer !

– Admettons. Et Yves Chalifoux ? C'était quelqu'un de bien. Là aussi, tu as tout gâché.

– Qui ça ? Yves ? Tu charries ? Mais oui, tu me taquines, hein, grosse crapule ! Coco !

Je lui bloquai le cou au creux de mon coude, lui ébouriffant les cheveux en lui frottant le crâne avec mes jointures : le coco classique – ce qui, chère promo 2100, était un geste d'affection chez les Américains de la fin du XXe et du début du XXIe siècle.

Elle s'écarta avec colère et remit ses cheveux en place.

– Yves Chalifoux, ton premier soupirant, l'été de tes seize ans. Il est propriétaire d'une équipe de hockey junior au Canada. Ta mère l'a vu aux actualités.

– Il faisait quoi ?

– Il parlait hockey, je crois. Il m'a toujours plu.

– Tu ne l'as vu qu'une fois, objectai-je.

(Et celle où elle en avait entendu parler, elle avait conçu de sérieux soupçons : *Il a dix-neuf ans, c'est un adulte,* avait-elle dit, *fais attention. N'ôte aucun vêtement en sa présence. Prends garde à ce que tu bois. Reste jambes et bras croisés…*)

En vérité, quand elle l'avait rencontré chez ma mère, il s'était montré affable et adorable avec elle. Je me souviens qu'il lui avait parlé d'un de ses oncles qui était dans les ordres – sans préciser qu'il s'agissait d'un prêtre ouvrier rebelle et humaniste. Malgré ses réserves, Mo avait beaucoup apprécié Yves – attitude inhabituelle chez elle, qui se défiait de quiconque risquait d'insérer son pénis dans ma personne sans avoir préalablement publié les bans. Mais Yves était un vrai chic type, un gars cool, et quelqu'un d'encore relativement inexpérimenté et de très sincère à dix-neuf ans. J'en étais follement amoureuse. Voilà sans doute l'une des rares fois où tante Mo et moi avions eu le même objectif : que j'épouse Yves Chalifoux.

– Si tu avais fait des efforts pour que ça marche, tu n'aurais jamais eu besoin de fréquenter d'autres hommes.

– On est au XXIᵉ siècle, tante Mo. La plupart des femmes ne se marient plus à peine sorties du lycée. Regarde-moi, il faut vraiment beaucoup d'imagination pour croire que je suis le genre de fille qui aurait pu se caser pour la vie, tu ne crois pas ? Ce n'est pas mon truc. D'accord ?

Ras le bol de ma vie amoureuse catastrophique. J'essayai alors de changer de sujet.

– Où as-tu entendu parler du Fouquet's ?

– Je suis au courant de tas de choses, dit-elle. Je surfe sur le Net.

– C'est vraiment comme sur les photos, dis donc, commenta-t-elle alors que nous nous prélassions sur la terrasse surplombant les Champs-Élysées.

– Vu d'ici, oui.

– La première image que je me rappelle avoir vue de cette avenue, c'était dans une revue. *Life*, je crois. Elle montrait les nazis la descendant au pas de l'oie. Un spectacle horrible. Et ensuite, en 44, il y a eu tout un reportage superbe sur le jour où nous avons libéré Paris. (Elle sourit. Un sourire que je lui avais rarement vu. Presque enfantin.) Je n'arrive pas à croire que j'y suis enfin. Ça me démangeait depuis tout ce temps-là !

– Tu aimerais voir quoi pour commencer ?

– Oh, je vais laisser faire les visites aujourd'hui. Quand on aura fini ici, je compte juste aller à mon hôtel, il faut que je me repose. Je pars vendredi faire un circuit des châteaux de la Loire.

— Un circuit ?

— De sept jours.

— Avec d'autres Américains ?

C'était un rêve. Tante Mo et moi disposerions d'une semaine sans nous taper mutuellement sur les nerfs ; elle serait coincée en lieu sûr parmi un groupe de compatriotes, avec un guide expérimenté pour gérer les interférences.

— C'est génial, tante Mo. Tu vas adorer, la nourriture aussi...

— Tous les repas sont compris.

— Bien sûr.

— Pour aujourd'hui, ce que je veux, c'est me doucher, défaire mes valises et envoyer des courriels.

— Et puis manger, n'oublie pas.

— Il y a un restaurant à côté de l'hôtel. Je prendrai mon repas là-bas. Pour mon premier jour, il est hors de question de stresser. On se retrouvera demain.

— Oui, dis-je, je comprends. Tu as mon numéro fixe. Je te donne celui de mon cellulaire au cas où il y aurait un problème.

— D'accord, dit-elle.

— Je peux t'en trouver un pour la durée de ton séjour, au fait.

— Oh non, pas besoin. J'ai pris un Nokia.

Au moment de partir en taxi vers son hôtel, je demandai au chauffeur de faire le grand tour, en longeant quelques endroits intéressants pour qu'elle entrevoie la Madeleine, l'Opéra Garnier, les sublimes grands magasins. Elle ne logeait pas tout à fait dans mon quartier. L'hôtel Tania se trouvait certes à Montmartre, mais sur le devant de la Butte, près de la station de métro Abbesses, en territoire Amélie-Poulain-joli. Moi, j'étais sur l'autre flanc. L'angoisse! Je n'aurais pas tante Mo sous les yeux ce soir-là. Qui sait quels problèmes pouvaient survenir tant que je n'étais pas près d'elle pour la protéger?

Seulement, ma tante est têtue. Elle n'en ferait qu'à sa tête. Bah, passe encore pour l'instant, elle n'allait sans doute pas tarder à s'écrouler. Je la déposai à son hôtel en convenant de la retrouver le lendemain pour déjeuner avant qu'on se tape le Louvre.

Yves Chalifoux. Encore un nom surgi du passé.

Il avait été le premier homme de ma vie. Et mon premier Français. Enfin, Canadien français.

Je l'avais rencontré par petit copain interposé – un gars de dix-neuf ans avec qui j'étais sortie brièvement au printemps d'avant. C'était tout moi, ça: à peine lancée dans la vie amoureuse, je me payais deux gars de dix-neuf ans. Il faut dire que ceux qui étaient mineurs comme moi avaient déjà pris leurs jambes à leur cou en découvrant tante Mo, qui en avait arraché plusieurs à leur voiture pour leur faire subir un interrogatoire style services secrets israéliens dans notre salon. À cette époque, elle et son emmerdeur de fils, Raymond, passaient un temps fou à la maison pendant qu'oncle Archie partait vendre ses mélangeurs dans les foires commerciales et autres grandes surfaces de tous les États du Midwest. Il devait, semble-t-il, son énorme succès au fait qu'il ne bonimentait pas. Il se contentait de faire étalage des capacités de son Blendocook. Il suffisait d'y placer un œuf entier, coquille comprise, ce machin vous

vaporisait tellement bien le tout que le lait de poule préparé en démonstration était d'une fluidité totale.

Mais bref, le premier garçon de dix-neuf ans, Peter, était
l'ami d'un certain Mike qui donnait chaque été des cours
de hockey tout près, à la base sportive de Newton. Peter
et moi n'étions sorties que deux fois ensemble. Quand il
m'avait laissée pour partir travailler sur les plates-formes
pétrolières, histoire de financer ses études universitaires,
il m'avait conseillé de prendre contact avec Mike lorsqu'il
reviendrait enseigner. Je savais qui c'était. Son groupe
d'étrangers (des Canadiens!) faisait sensation chaque
année lorsqu'ils venaient dans notre comté. Mike était un
des joueurs de hockey les plus talentueux, doublé d'un gars
chouette, mais je n'avais aucune intention de faire quoi que
ce soit avec lui. Je lorgnais un certain condisciple, Chuck,
tout en gardant un autre œil sur mon béguin de l'époque,
Doug Gribetz.

Un soir que mon amie Julie et moi étions à Shivers
Pizza avec nos camarades de classe, qui donc entre? Mike,
en compagnie d'un grand brun du nom d'Yves. Julie a le
coup de foudre. Elle insiste pour qu'on aille se présenter,
puisque Pete nous a fourni un prétexte commode...

Bref, Yves m'appelle deux jours plus tard en m'invitant
à aller au cinéma, ce qui marque le début d'une relation
tumultueuse mais passionnée. Et brève: cinq mois en tout
sur deux ans. J'étais tellement amoureuse de lui et la barre
était tellement haute que la chute était inévitable.

Quel besoin avait eu tante Mo de ressusciter cette expérience malheureuse? Cet Yves dont je n'avais plus parlé, sur
lequel je n'avais plus écrit une ligne depuis qu'assise chez
moi en compagnie de mon futur ex-mari Burke, je l'avais

vu à la télé concourir avec son équipe aux jeux Olympiques d'hiver de 1988. Avant ce jour-là, Burke et moi avions eu la fameuse conversation qu'ont toujours les amants qui passent en revue leurs ex. J'avais évoqué Yves, et quelque chose dans ce que je disais avait grandement contrarié Burke. Si bien que je n'avais jamais remis le sujet sur le tapis, jusqu'à ce que le commentateur sportif prononce le nom d'Yves ce jour-là. « C'est mon ex ! » m'étais-je exclamée – sur quoi Burke s'était levé posément pour changer de chaîne (nous n'avions pas encore cette zapette omniprésente qui a ensuite pris le contrôle de toutes les maisons en quelques années).

Yves, c'était le genre costaud qui dépasse tout le monde d'une tête. Un gars fort différent de Doug Gribetz, dont j'étais amoureuse de loin, et qui, je devais l'apprendre plus tard, avait eu lui aussi le béguin pour moi sans me le dire. Yves avait été mon premier amour, mon premier vrai gars, une passion fusionnelle, volcanique, douloureuse, parsemée d'incompréhensions et de petites traîtrises : celui qui m'avait volé le cœur sans en laisser pour les autres.

Tante Mo n'avait pas dit s'il était marié à présent, ni où il se trouvait. Pourquoi n'avais-je rien demandé ? Ridicule. Ça remontait trop loin. Ç'avait été un feu de paille.

J'avais résisté jusque-là à cette impulsion qui pousse les quadragénaires à rechercher leurs ex sur le Net. J'étais à Paris et le passé se résumait à quelques lueurs scintillant au loin derrière moi sur le rivage.

C'est ça.

Sur le chemin de la maison, je m'arrêtai Chez Johnny pour boire le verre qui me détendrait de ma journée. Billy jouait de nouveau les serveurs. Quelqu'un chantait *96 tears* sur le juke-box.

– Hé, *salut**, dit-il.

– Salut, Billy. Où est Johnny ?

– Il a dû partir voir une dame, expliqua-t-il. Tu sais, j'ai réfléchi à ce que tu m'as dit à propos de ton niveau en français. Si tu veux vraiment apprendre la langue et te débarrasser de ton accent, il faut trouver quelqu'un du coin pour te faire la conversation une heure par semaine…

– J'ai déjà donné. On se rencontrait dans un café, on parlait français la première demi-heure et anglais la deuxième.

– Moi aussi. C'est très courant à Paris.

– Oui. J'avais trouvé le mien par *FUSAC*[7]. Mais il m'a vite exaspérée. C'était au début de la guerre en Irak et il passait sa demi-heure à vomir sur l'Amérique et les Américains. J'étais d'accord sur certains trucs et ses critiques pouvaient même s'appliquer à moi : l'arrogance, la grossièreté, le côté soupe au lait et vindicatif, le manque de manières… Sauf que quand les gens ont des préjugés, j'ai tendance à prendre le contre-pied de ce qu'ils disent. TOUS les Américains seraient odieux ? TOUS les musulmans, des djihadistes fous ? TOUS les Français malpolis ? TOUTES les femmes sont des dangers au volant, veulent pondre de la marmaille et avoir des godasses plein leurs placards ? Allons donc.

– Et toi, tu critiquais la France, pendant ta demi-heure ?

– Non, j'obligeais juste le mec à prononcer des mots difficiles, comme « rural ». Eux aussi, ils ont du mal avec nos R…

– Tu en as rencontré beaucoup, des gars comme lui ?

---

7 France-USA Contact, journal gratuit de petites annonces anglophones largement diffusé. (N.d.T.)

– Non, c'est le seul Français vraiment anti-américain que j'ai jamais croisé. Parce que bon, je connais pas mal de monde qui déteste Bush, ici... mais moi aussi! Cela dit, la plupart des Français sont des gens tolérants et compréhensifs par rapport aux Américains. Ils ont un côté conciliant.

– Les seules têtes à claques que j'ai rencontrées ici, ce sont deux serveurs dans des bars à touristes, et une buraliste. Mais elle, de toute façon, elle traite tous les hommes comme de la merde.

– Ça fait une sacrée différence de piger la langue. Un jour que j'étais à la boulangerie en train d'essayer de commander du pain au muesli en tranches, la femme qui me servait m'a balancé ce que j'ai interprété comme un regard mauvais. Sauf qu'elle n'était pas agressive, elle fronçait juste les sourcils parce qu'elle avait du mal à me comprendre. Dès qu'elle a pigé, elle a affiché un sourire radieux.

– Est-ce qu'ils rigolent en t'entendant baragouiner leur langue? Moi, ils se contentent de sourire.

– Ils arrêtent pas de rire. J'ai un accent à couper au couteau et j'ai tendance à inventer des mots.

– Tu pourrais travailler pour le *Canard Enchaîné*.

– Sauf qu'eux, ce qu'ils inventent, ça veut dire quelque chose. Pas moi. En gros, je prononce juste le mot anglais avec l'accent français en espérant que ça voudra dire quelque chose.

– Ils ne rigolent pas avec toi, alors, ils se paient ta tête, en fait?

– Mais sans méchanceté. Le jour où je maîtriserai vraiment le français et où je n'aurai plus d'accent, je perdrai l'avantage que ça me donne d'être une comique immigrée.

— Je te comprends. Le côté amusant m'a bien servi à l'adolescence. J'étais au lycée ici. Toutes les filles voulaient m'aider côté langue… Je suis revenu à la fin des années 1990 pour le Salon du livre, quand mon premier… enfin, quand mon seul bouquin est sorti. L'attachée de presse parisienne m'a demandé ce que les Américains pensaient des Français. Je lui ai répondu qu'aux États-Unis, globalement, on a l'impression d'un pays de rustres. Elle ne m'a pas cru. C'était la première fois qu'elle entendait dire ça.

— Oui, et tu as remarqué que les blagues anti-françaises sont toujours remplacées par des trucs anti-italiens ou anti-allemands dans les films américains sous-titrés ? À mon avis, la plupart des Français n'ont pas la moindre idée de la façon dont on les considère en Amérique.

— Ça vaut aussi dans l'autre sens, argua-t-il.

Mon cellulaire se mit à sonner. Je n'avais pas reconnu le numéro mais je répondis tout de même.

— Bonjour, dit une voix masculine, française, et manifestement déguisée. Si vous voulez en savoir plus sur Luda, soyez à l'Xtase, rue Saint-Denis, à vingt et une heures ce soir. Réservez la cabine 7 et attendez dedans.

— Qui êtes-vous ? Vous avez pris du crack ?

— Hein ? Je ne peux pas vous donner mon nom.

— Vous voulez que j'aille à un rendez-vous dans une boutique porno à la nuit tombée et vous refusez de me dire comment vous vous appelez ?

— Vous ne risquez rien. Les cabines ferment à clé et il y a une sonnette dans chaque pièce pour appeler le caissier. Je vous en prie, venez, c'est important. Et surtout, soyez seule.

Il raccrocha.

– Une soirée galante ? demanda Billy.

– C'est en rapport avec Luda. Enfin, j'espère. Dis, Billy, les cabines des boutiques de cul ont des serrures et des sonnettes d'alarme, dans ce pays ?

– Comment veux-tu que je sache ?

– Allez, sois sympa.

– Certaines, oui. J'appellerais plutôt ça des sonnettes de service.

– Tu peux me prêter un couteau à découper ou quelque chose, histoire d'assurer mes arrières ?

– Ouais. Tu veux que je vienne ? J'aurai fini de travailler à cette heure-là.

– Non, merci, mais c'est *très sympa**.

– Donne-moi l'adresse et ton numéro de cellulaire, je te donne le mien. Appelle-moi quand tu seras rentrée chez toi. Si je n'ai pas de tes nouvelles, j'avertis *les flics**.

9

Saint Denis est l'un des saints patrons de Paris. À en croire la légende, il a été décapité au IIIe siècle par des forces antichrétiennes sur la butte Montmartre, là où s'élève à présent le Sacré-Cœur. Sur quoi il a tranquillement récupéré sa tête pour descendre jusqu'à la plaine parisienne. Cette histoire a été relatée par tant de gens qu'elle est forcément vraie.

Que penserait saint Denis aujourd'hui s'il voyait la rue pavée qui porte son nom, succession de palais du porno éclairés au néon devant lesquels le profil moyen du piéton est : « Homme qui tire la gueule » ? Ça ne me dérange pas, chacun doit bien prendre son pied d'une façon ou d'une autre, mais je suis sûre que la tête coupée de Denis aurait le rouge aux joues.

Dans le hall ouvert de l'Xtase illuminé de mauve, un bonimenteur invitait le passant à rejoindre ce jardin des délices terrestres d'une voix lente et morne. Par-delà cette entrée, des rideaux noirs et, plus loin encore, un paradis du cul. La vaste boutique du rez-de-chaussée éclairée à la lumière noire offrait de tout pour tous les goûts. Il fallait franchir les rayons pour parvenir au premier, où les cabines vidéo s'alignaient d'un côté, avec, de l'autre, un spectacle live visible de midi à quatre heures du matin. En clair, on longeait un alignement époustouflant de porno hétéro comme homo ainsi que de godemichés modelés sur des queues de stars du X – pour certains si énormes que j'eus un haut-le-corps rien qu'à les regarder.

À l'étage, je payai le type qui s'emmerdait comme un rat mort derrière son comptoir. De la musique rythmée résonnait derrière lui, issue du show de cul.

– Où est la cabine 7 ? demandai-je.

Il me désigna le fond d'un couloir sombre.

Des gémissements étouffés s'entendaient autour de moi, sur fond de marmonnements sourds : des solitaires se branlaient devant les clips qu'ils étaient seuls à voir. J'entrai dans la cabine 7, refermai la porte et m'assis. Au bout de quelques secondes, j'entendis s'ouvrir la lucarne coulissante de la cabine voisine puis un coup feutré. Je reculai de façon à demeurer invisible, ouvris la mienne et tombai sur un homme qui s'astiquait.

Il avait dû repérer mes mains, parce qu'il demanda en français :

– Vous êtes une femme ?

– Oui. Bon courage.

Il referma sa lucarne dans un claquement.

Cinq minutes plus tard, la porte de l'autre côté s'ouvrait et la voix déguisée entendue au téléphone lançait :

– Robin ?

– Oui.

On poussa une enveloppe kraft vers moi.

– Prenez ça, attendez dix minutes, puis repartez.

Il y avait des photos dans l'enveloppe, mais il faisait trop sombre pour les distinguer nettement. J'attendis le temps demandé puis je repartis dans la rue, où je croisai…

Wim Young.

Oui, chère promo 2100, un nouvel homme de mon passé – dont je m'étais étrangement éprise alors même que nous n'échangions jamais un mot, jusqu'à ce que je le prenne pour un assassin récidiviste que j'avais vu à la télé, et que je réagisse, disons… un peu trop brutalement.

Grâce à Dieu (ou autres), il ne me vit pas. Lorsque j'habitais New York, je l'avais croisé en des lieux des plus étranges et toujours dans les pires circonstances. Quelle coïncidence incroyable.

Une fois dans l'immense station de métro Châtelet, qui a sans nul doute inspiré Sartre pour *Huis clos*, je ressortis certaines des photos afin de les regarder tout en marchant. Elles représentaient pour la plupart Margery Nicolas, toujours accompagnée. Les clichés avaient du grain, ils étaient pris au téléobjectif. La plupart montraient mon hôtesse de la veille en compagnie d'un homme, un grand gaillard que je reconnus : l'industriel français Jean-Paul Demarque. Sur l'une des photos, elle était à la chasse avec un autre type, un presque chauve au teint livide affublé d'une courte frange de cheveux gris et qui portait des lunettes à monture invisible. Je ne le reconnus pas. Ensuite, deux vues de Demarque en compagnie d'un autre type impossible à identifier assis dans un fauteuil roulant. Sur une autre photo, le type se tenait debout tandis que Jean-Paul se penchait vers le fauteuil pour regarder de plus près.

Ça faisait penser à ces instantanés sordides d'infidélités dont on se servait pour demander le divorce dans les années 1950. Margery avait-elle une liaison avec Jean-Paul Demarque ? Ou s'agissait-il d'un simple ami de la famille qui l'aidait à trouver le bon fauteuil pour Philippe – qui ne pouvait donc plus marcher tout seul, désormais ?

Et quel rapport avec Luda ?

Je bifurquai dans le tunnel vivement éclairé de la station de RER pour emprunter le long trottoir roulant qui donne l'impression de mesurer un kilomètre. Il y avait foule dessus. Une main m'agrippa alors que j'en approchais.

– Qu'est-ce que c'est ? Donnez-moi ça ! dit une voix d'homme.

Sur quoi j'entendis sonner son cellulaire. La même mélodie que celle entendue à la TGB.

M'arrachant à sa poigne, je me précipitai sur le trottoir roulant, écrasant des pieds au passage – « *pardon, pardon, il y a urgence** » –, pour finir bloquée par une femme arabe portant le foulard et poussant une poussette pour jumeaux.

L'homme se frayait un chemin derrière moi, mais quel était le risque ? Que pouvait-il faire ici, devant tous ces gens ? C'est alors que je me rappelai le dissident bulgare Georgi Markov, assassiné à un arrêt de bus par une infime injection de ricin donnée par un parapluie trafiqué, ou un truc comme ça.

– Excusez-moi ! dis-je à la dame arabe en m'aplatissant entre le garde-fou et la poussette, que je manquai renverser.

Me comprimant de droite et de gauche (l'homme derrière moi faisait de même), je finis par atteindre le bout du trottoir roulant, d'où je pus sauter en avant vers la terre ferme. Où me diriger ? Je me perdais systématiquement dans cette immense station. À peine avais-je lu les panneaux indiquant la direction du RER que je sprintai pour attraper le train qui arrivait, sautant par-dessus la main courante afin d'atteindre le quai – mais je m'écrasai en beauté par terre tandis que mon sac décrivait un arc de cercle avant d'atterrir sur les rails, au moment précis où la motrice survenait sur la voie.

Des inconnus pleins de sollicitude se penchèrent vers moi. Quand mon poursuivant parvint sur le quai, je hurlai « au voleur » en racontant qu'il avait tenté de me prendre mon sac. Plusieurs de ces Français très sympas s'emparèrent de lui et le clouèrent contre un distributeur de sodas. Il finit par se libérer à force de se tortiller et il s'enfuit du quai.

Mon RER arrivait. Je grimpai dedans d'un bond et m'assis sur l'un des strapontins libres en m'efforçant de reprendre mon souffle. Malgré mon entraînement acquis à force de marche à pied et d'ascension d'escaliers, la poursuite m'avait laissée endolorie de partout. Je me rendis compte que du sang perlait à travers mon collant à hauteur du genou. Ayant recouvert mon éraflure d'un kleenex replié, je m'efforçai d'éviter le regard des autres passagers.

Comme pour ajouter l'insulte à l'injure, juste avant que les portes ne se referment, un accordéoniste nous avait rejoints dans le wagon. Pour jouer quel air, chère promo 2100 ? Je vous le donne en mille. *C'était le temps des fleurs... on ignorait la peur... les lendemains avaient un goût de miel...*

Quand la musique s'arrêta, j'appelai l'inspecteur Mercure. Il assura qu'il allait vérifier tout de suite.

Billy appela pour s'assurer que j'allais bien étant donné qu'il n'avait pas de nouvelles.

— Tu veux que je prévienne les flics ? demanda-t-il.

Je ne lui dis pas que je venais de le faire. Pas besoin d'entrer dans les détails.

— Non, inutile, merci.

De retour chez moi, je cherchai de l'œil une arme à porter sur moi à partir de maintenant. Avant que mon appartement new-yorkais ne brûle, j'avais élaboré un système d'alarme complexe à base de casettes audio de rires déments, boîtes de conserve remplies de billes et autres plantes urticantes dans les pots de fleurs. Si des voleurs parvenaient à entrer et que la police ne les rattrapait pas, ils récolteraient au moins un douloureux eczéma. Riez si vous voulez, mais c'était moins cher et plus efficace qu'un truc dernier cri, que n'importe quel cambrioleur un peu doué aurait déjoué quelques mois après son apparition sur le marché. L'élément de surprise jouait en ma faveur.

Mais à Paris, ça ne semblait pas nécessaire. Les actes de délinquance brutale y étaient rares. Les statistiques donnaient l'impression d'un taux plus élevé, parce que rafler un cellulaire dans la main de quelqu'un comptait parmi les vols avec violence et que le vol de téléphones était un délit répandu. Mais combien de fois n'avais-je parcouru le cœur léger les rues désertes de la ville sans avoir aucun problème, même en pleine nuit ?

En dehors du râtelier à couteaux de cuisine, le seul truc proche d'une arme était une bombe de laque pour les cheveux. Et une baguette de pain. *Je peux la farcir de cailloux, puis la faire durcir au polyuréthane, façon matraque,* me dis-je... Avant de comprendre qu'étant donné la taille de ce truc, je serais forcée de le porter dans ma mallette, qu'il faudrait prendre le temps d'ouvrir avant de pouvoir l'utiliser. Autant me contenter de fracasser la tête de mon agresseur directement avec la mallette.

Mercure rappela avant que j'aille me coucher.

– Nous avons attrapé votre homme, annonça-t-il. Et il a tout avoué. Il a un casier long comme le bras. C'est un voleur et un rôdeur, il harcèle les femmes et il joue les pickpockets. Il vous suivait sans doute depuis un moment. Vous n'avez plus aucune raison d'avoir peur.

La police parisienne était sur les dents vingt-quatre heures sur vingt-quatre.

10

Tante Mo avait exprimé le souhait de manger au café Mignon le jeudi, et je l'en avais dissuadée, l'empêchant par mes mensonges d'essayer une brasserie parisienne géniale. Pas moyen de faire autrement. Tamayo et moi y étions *personæ non gratæ*.

Le café Mignon est une charmante petite brasserie située juste à côté de la place du Tertre (une sorte de musée à ciel ouvert du Montmartre de jadis, où les serveurs portent des tee-shirts marins, des écharpes et des bérets, et où les terrasses de café donnent sur un parvis plein de peintres de rue et d'accordéonistes jouant des airs traditionnels entraînants). Le café Mignon se tient en retrait de toute cette foire. On y trouve une atmosphère villageoise sans la bousculade et l'inauthenticité touristiques. Tamayo et moi y avions mangé ensemble à la terrasse lors de son dernier passage à Paris. On y avait une vue plongeante sur les toits.

C'est elle qui avait commencé. Elle avait donné à un pigeon des miettes prises dans notre panière à pain bien garnie. Un deuxième volatile était arrivé et j'avais rompu un quignon pour le lui donner. Plusieurs autres avaient suivi, on avait émietté la baguette. Quand la vague suivante était arrivée, nous étions totalement prises au jeu, attirant d'autant plus de leurs congénères.

Il ne devait pas y avoir grand-chose à picorer à Montmartre ce jour-là, parce que tout d'un coup, les pigeons avaient afflué par dizaines autour de nous. Ils avaient fini par être une centaine (difficile à dire exactement dans l'obscurité créée par ce nuage d'oiseaux). On s'était soudain retrouvées en plein film d'Hitchcock. Les convives du restaurant s'étaient mis à pousser des cris d'orfraie pendant que les serveurs se précipitaient pour chasser nos nouveaux copains.

Notez, je vous prie, que tout ça se passait peu après l'arrivée de la grippe aviaire en France, période où les gens s'angoissaient sur la disparition possible de la mayonnaise et où les représentants du ministère de la Santé conseillaient d'éviter les crottes de pigeon.

Conclusion, bien que tante Mo ne soit pas très fanatique des existentialistes, on alla elle et moi déjeuner au Café de Flore jadis fréquenté par Sartre et Beauvoir. Elle ne savait pas grand-chose sur le couple, juste qu'ils ne croyaient pas en Dieu et qu'ils avaient eu quantité d'aventures, mais leur athéisme et les relations sexuelles en dehors du mariage suffisaient à la rebuter.

Pendant le repas, elle me montra des photos d'elle en compagnie d'autres ultrareligieux protestant devant un centre de cryogénisation du Minnesota où l'on conservait la tête congelée des gens dans l'espoir de les ramener à la vie un jour pour les greffer sur un nouveau corps. C'était sa dernière militance en date : combattre les tentatives humaines d'atteindre à l'immortalité, les trucs comme le clonage ou la cryogénie. Lors de leur dernière manif, ces gens avaient porté des panneaux affirmant : IMMORTEL = IMMORAL, ainsi qu'une image du Christ avec pour légende : LA SEULE VOIE QUI MÈNE À L'ÉTERNITÉ.

Le panneau de Tante Mo affirmait quant à lui : DIEU ATTEND.

Merveilleux, cette façon qu'elle avait de concilier le pro-vie avec le pro-mort. Je trouvais dément de s'inquiéter du risque infime qu'une poignée de caboches soient un jour ressuscitées sur de nouveaux corps, avec des cerveaux reprogrammés numériquement. Mais peut-être que de votre temps, on pense différemment, chers élèves de 2100 ?

En tout cas, personne ne devait échapper au Jugement dernier, c'était une question de principe aux yeux de tante Mo.

Sur quoi elle me tendit un nouvel article de journal.

– J'ai oublié de te le donner hier, expliqua-t-elle.

– Je ne compte pas me marier ni avoir des enfants, tu sais, soupirai-je. Qu'est-ce que c'est ? De nouveaux traitements contre l'infertilité ? La recette pour envoûter un quadragénaire ? Quoi encore ?

– C'est un article sur la nécessité de choisir une épitaphe pour sa propre tombe, petite maligne, par une écrivaine de Caroline du Nord qui s'appelle Diana Greene. Comme son père n'avait rien décidé, la famille a eu beaucoup de mal à se mettre d'accord après sa disparition. Archie n'en avait pas choisi non plus, ça a créé des tas de problèmes avec ses sœurs.

– Tu penses qu'il m'en faut une ?

– On ne sait jamais. La plupart des gens ne réfléchissent pas à ce genre de choses. Pour Archie, on a fini par tomber d'accord sur : « Bon mari, bon frère, bon père. Un homme bien. » Mais permets-moi de te dire que ç'a été à couteaux tirés jusqu'à la dernière minute.

– Tu as choisi la tienne ? demandai-je à voix basse.

Son âge me revint brusquement : soixante-dix-neuf ans. Il se pouvait qu'elle n'en ait plus pour longtemps. Bien qu'en bonne santé apparente, elle se trimbalait quelques kilos en trop et, sans jamais boire de vin, mangeait des tas de trucs gras.

– J'y réfléchis, répondit-elle.

On resta muettes toutes les deux après ça, ruminant la question.

Alors que le Louvre était à un pâté de maisons du bureau, je dois reconnaître que je n'y avais jamais mis les pieds jusque-là. Ce n'était pas faute d'avoir essayé. On me rappelait invariablement chaque fois au travail, à moins que quelque aventure ne m'en distraie ou que la queue pour entrer se révèle trop lente ou trop longue, au point de sinuer autour de la pyramide de Pei dans la cour, sous les arcades de l'entrée et même dans la rue. J'avais visité quantité d'autres musées, mais celui-là continuait d'échapper à ma pugnacité. C'est un truc monstrueux, soixante mille mètres carrés. Tout parcourir prendrait des mois. La plupart des gens vont y voir les œuvres les plus connues, comme la *Vénus de Milo* et, bien entendu, la *Joconde*. Mais sans doute le savez-vous déjà en 2100, le *Da Vinci Code* n'ayant pas encore quitté la liste des best-sellers à votre époque ?

Tante Mo m'avait prise de court en demandant cette visite. Elle n'est pas très musées, encore moins ceux qui montrent des nus à 50 mètres d'une école élémentaire et de plusieurs églises. Mais comme elle tenait elle aussi à

voir la *Joconde*, on prit place dans la longue file de touristes serpentant dans la cour et s'entortillant autour de la
pyramide… Jusqu'à ce que les gardiens viennent nous prévenir que les lieux étaient bouclés pour cause d'alerte à la
bombe.

La Deuxième Guerre mondiale figurant parmi les centres d'intérêt primordiaux de tante Mo, on alla donc à Saint-
Michel voir la fontaine dédiée aux morts de la Résistance.
Après quoi on embraya sur Notre-Dame, pour déambuler
ensuite à travers le marché aux fleurs de l'île de la Cité
puis sur l'île Saint-Louis. On s'arrêta rue des Deux-Ponts
chez Berthillon, le glacier préféré de Mme Pompidou. Deux
boules pécheresses de chocolat blanc pour tante Mo, et
une de sorbet à la mandarine pour moi.

– Il était comment, l'oncle Archie, tante Mo ? demandai-je.

Elle n'avait pas décroché un mot depuis notre départ du
resto. Je me disais que ce sujet lui donnerait une occasion
de parler. (Je n'arrive pas à croire que je viens d'écrire cette
phrase. D'aussi longtemps que je connaisse tante Mo,
j'avais essayé de lui fermer son caquet, et elle le mien.)

– Brave. Il adorait l'ébénisterie, tu sais ?

– Oui. Il m'avait fait cadeau d'un plateau de jeu qu'il
avait fabriqué.

– Il aimait Dieu et sa famille.

– Comment est-ce qu'il a fait pour te demander ta main ?

– Ah, ça… On s'était rencontrés dans un groupe de
prière, on avait commencé à se côtoyer. Deux ans plus tard,
en 1949, alors qu'on se promenait avec d'autres fidèles de
l'église dans une charrette pleine de foin comme le veut la
coutume, il s'est tourné vers moi pour me dire : « J'imagine

que maintenant, la prochaine étape, c'est le mariage. » Et effectivement, c'est ce qui s'est passé.

– Raconte-moi quelque chose que personne ne sait sur lui.

– Il a été champion d'orthographe en 1935. Ça lui a valu une médaille. Je ne le savais même pas, jusqu'au jour où, après sa mort, j'ai parcouru les affaires personnelles qu'il gardait dans son grenier. Il gardait ses cahiers de notes dans une vieille boîte cadenassée. J'ai dû casser la serrure pour l'ouvrir.

– Continue.

– Il avait la phobie des grands arbres. Tu sais que nous n'avons jamais eu que des haies et des fleurs sur notre terrain, avec juste un buisson aplati. Maintenant, tu sais pourquoi. C'est drôle, mais une fois tronçonnés en petits morceaux, il ne les craignait plus du tout. J'ignore d'où lui venait cette peur.

– Encore.

– Il avait une mémoire d'éléphant. Il était capable de se souvenir de ce qu'on avait dit trente-cinq ans auparavant. Mot pour mot.

– J'ai eu des petits amis dans ce genre. Je n'ai jamais trouvé ça pratique.

Elle sourit. C'était si bizarre. Je lui avais vu plus souvent cette mimique ces deux jours-ci qu'au cours de toute ma vie. En même temps, elle suintait une tristesse inédite à mes yeux. Qui aurait pu se douter que sa personnalité avait autant de facettes ? Je ne lui avais connu que trois sortes d'humeurs jusque-là : indignation vertueuse, colère suffisante ou satisfaction imbue d'elle-même.

– C'était un danseur hors pair. Il était daltonien. Tu le savais ? Il en connaissait un rayon sur les écureuils. Et il était amoureux d'une autre. (Elle prit une lichée de son cornet.) Mmm, cette glace est délicieuse.

– Amoureux d'une autre ?

– Oui.

– Comment tu sais ça ?

– J'ai découvert des lettres dans cette fameuse boîte. Il était fou de cette fille. Florence. Florence Jessup, c'était son nom, et elle l'aimait en retour.

– Mais...

– Ils ne pouvaient pas se marier. Elle était catholique. Avec deux frères prêtres, et une tante et une grand-mère au couvent.

– Et le fait qu'il soit protestant et elle catholique leur interdisait le mariage ?

– Eh bien, ils prenaient tous les deux la religion très à cœur, et leur famille encore plus qu'eux. Ce sont les familles qui ont eu le dernier mot. S'ils s'étaient mariés, dans quelle religion auraient-ils élevé leurs enfants ?

– Bah, cette femme lui était largement sortie de l'idée à l'époque où il t'a épousée, tante Mo.

– Détrompe-toi. Ils ont continué à correspondre. Par intermittence, jusqu'à sa mort à lui. Ils ont essayé d'arrêter quelques années, sans y réussir. Étant donné ce qu'elle disait dans ses lettres, il était clair qu'il... qu'il l'aimait en retour. La seule chose qui leur a permis de tenir leurs engagements par ailleurs, c'étaient ces sentiments secrets, ponctués d'un échange de courrier et de quelques visites.

– L'oncle Archie t'aurait donc cocufiée ?

— En sept occasions. Pour ce que j'en sais. Ils se retrouvaient quand je partais te voir, ou que j'allais auprès de ta mère ou de tante Minnie. Il y a une lettre dans laquelle cette Florence évoque leur adultère avec beaucoup de tendresse, mais aussi une honte énorme. Ça la torturait… Enfin, le plus étrange dans tout ça, c'est que cette correspondance m'a révélé un homme très différent de celui que j'ai cru connaître toute ma vie.

— Je te plains.

— Ma foi, l'adultère est un péché très grave. J'imagine qu'il est en train de payer, dit-elle — et il n'y avait pas une once de satisfaction dans sa voix.

— Et toi, tu as trompé l'oncle Archie ?

— Moi ? Bien sûr que non ! Tu n'as pas commis l'adultère, j'espère ?

— Non, mentis-je. (Une fois, et ça ne m'avait vraiment pas réussi, mais ça, elle n'avait pas besoin de le savoir.) De toute façon, philosophiquement parlant, je suis d'accord avec l'attitude française : c'est dans la nature humaine d'avoir envie parfois d'aller voir si l'herbe est plus verte ailleurs. En France, les gens considèrent ça comme une peccadille. Ils trompent leur conjoint sans ressentir une culpabilité énorme… tout en restant discrets et en prenant des gants pour les deux familles.

Ne connaissant personne qui trompait sa moitié, je n'aurais su dire si mon affirmation était vraie. J'essayais juste d'arrondir les angles. Car contrairement à la croyance répandue, les Françaises ne parlent pas beaucoup de cul. Celles que je connaissais n'étaient pas disertes en la matière.

— Ici, on part du principe que les hommes et les femmes doivent conspirer ensemble contre toutes les forces qui cherchent à les séparer : l'État, la religion, la société, la famille... Et c'est égalitaire. Les femmes trompent leur mari sans que ça tire à conséquence non plus. Alors que chez nous, l'adultère masculin est considéré comme un péché mineur, mais c'est un crime venant d'une femme.

– Mon Dieu, dit-elle. Ce pays finira dans les flammes de l'enfer.

On alla visiter les ruines romaines du musée de Cluny, puis manger à Ménilmontant dans un petit resto de cuisine familiale dont tante Mo avait entendu parler. On trouve rarement de tels endroits à New York de nos jours, et seulement dans des quartiers excentrés. De petits bouibouis d'une trentaine de couverts, ouverts juste le soir. Dans celui-ci, aux tons citron vert apaisants, l'un des frères était aux fourneaux, l'autre faisait le service avec l'une des sœurs. Tante Mo et moi prîmes chacune un cassoulet au confit de canard et un soufflé de framboises, au coulis de framboises lui aussi.

Ma tante paraissait remise à présent. Elle fit honneur à son repas. Elle changea de sujet, passant à d'autres membres de la famille. Son fils Raymond et sa femme Vivian avaient acheté un appartement en multipropriété dans un camp de vacances chrétien avec parc d'attractions au fin fond de l'Arkansas (camp qui avait d'après la pub la plus grande statue en pied de Jésus du monde à l'entrée). Un de leurs enfants, la vingtaine à présent, faisait ses études dans une faculté religieuse où il se formait à la communication. Il espérait devenir DJ de rock chrétien à la radio. Harold, le fils de l'oncle Tom, avait cessé de fréquenter les Alcooliques Anonymes et ses groupes de parole pour joueurs compulsifs. Il avait perdu sa maison au poker et sa femme l'avait quitté. La grand-tante, Sylvia, s'était fait ôter la vésicule biliaire, oncle Fred le mormon faisait du diabète, tante Lilian n'avait plus qu'un rein en état de fonctionnement.

Étonnant que tante Mo puisse se montrer aussi calme, voire guillerette, alors que l'oncle Archie rôtissait en enfer et se faisait sans doute dévorer les entrailles par des molosses affamés.

Pour aider ma tante dans sa tournée des châteaux, je lui appris quelques locutions utiles, telles que le terme d'argot pour « femme adorable », le fameux *tailleuse de pipes**.

— Veux-tu que je t'accompagne jusqu'au car demain matin ? demandai-je au moment de la déposer à son hôtel.

— Non, non. Je me débrouillerai.

— Tu es sûre ?

— Oh que oui.

— Ces circuits sont géniaux. Amuse-toi bien, tante Mo.

— Fais-moi confiance, dit-elle.

11

Le vendredi matin, comme Tim devait emmener le chien de son petit ami chez le vétérinaire, il n'y eut personne pour filtrer mes appels et mon téléphone n'arrêta pas de sonner. En majorité des demandeurs d'emploi qui avaient envoyé des CV et des cassettes vidéo. Je n'avais guère mon mot à dire en matière d'embauche, les décisions se prenant à New York, mais ces gens-là refusaient de le croire et il arrivait qu'ils me harcèlent. Avec ceux qui insistaient vraiment, je me faisais toujours passer pour ma secrétaire.

— Mme Hudson ne peut pas vous répondre pour l'instant, disais-je. Si votre appel concerne les fournitures de bureau, appuyez sur 1. Un envoi de CV ou une demande d'emploi, appuyez sur 2. Si vous appelez à propos de *Last Girl Standing*, veuillez composer le 514 937...

Quand ils appuyaient sur 2, je disais :

— Nous ne procédons à aucun recrutement pour l'instant, mais nous conservons votre CV dans nos fichiers au cas où un poste se libérerait. Au revoir, et merci de votre appel.

Seulement, ça ne prenait pas avec mes collègues, qui reconnaissaient ma voix – dont Felicity, qui tomba sur moi en appelant ce matin-là. Son coup de fil avait plusieurs objectifs. *Primo*, elle tenait à me dire que ni elle ni Carl ne seraient disponibles pour le dîner de la perdante du lendemain soir, samedi. Je devrais m'y coller.

Deuzio, Felicity se demandait justement si je savais où se trouvait Carl (un Carl on ne peut plus marié), parce qu'il était en retard et qu'elle se faisait du souci à son sujet (ben voyons) – mais pas de problème, ajoutait-elle, elle s'était déjà chargée du travail, étant elle-même arrivée tôt... Et mince alors, pourvu qu'il n'y ait pas un virus qui circule au siège ! Parce qu'Eileen, d'ANN, n'était pas encore à son poste non plus. Peut-être qu'il fallait se préparer à une vaccination générale... ?

C'était sa sournoiserie préférée : dénoncer quelqu'un sous le prétexte d'une inquiétude, d'une gentillesse ou d'une sollicitude feintes. Lors de notre réunion mensuelle de la semaine passée, elle était arrivée tôt en lançant :

– Dites donc, j'ai un début d'alzheimer ou c'est Eileen d'ANN que j'ai vue sortir de la Smart de Carl ce matin ? Non, je perds la boule. Ou la vue.

Troisio, elle tenait à me prévenir que, quelles que soient les rumeurs circulant à New York, elle me trouvait parfaite pour ce poste parisien. (Oubliant sans doute que depuis la période où elle était productrice chez WOW et où je venais d'être nommée directrice des programmes pour tout le réseau, poste que j'ai brièvement occupé, elle m'avait déjà servi par trois fois ce laïus.)

Selon mon expérience, elle avait six ou sept façons différentes de distiller son venin sans jamais assumer personnellement sa méchanceté, sa colère ni ses intentions de nuire. Carl, de son côté, disposait d'une panoplie tout aussi vaste de façons de la dénoncer avec bonnes intentions et douceur apparentes à la clé. J'avais pu constater plus qu'à mon tour comment opèrent les manipulateurs dans leur genre : ils commencent par se figurer les rivalités et les allégeances au sein de la boîte pour ensuite les exploiter en montant les gens les uns contre les autres afin de servir leurs propres objectifs. Ce sont des requins qui glissent en silence parmi les autres créatures marines – sans les toucher, mais déclenchant dans leur sillage des courants qui poussent leur entourage au conflit.

À peine Felicity eut-elle raccroché que Carl appelait pour annoncer qu'il arriverait en retard et qu'il était désolé mais il avait eu une panne d'oreiller, car il s'était trouvé forcé de rester tard la veille au soir pour superviser le montage quotidien, Felicity étant sortie plus tôt afin de passer la soirée avec son petit ami de Barcelone... Enfin, ça valait le coup, ajoutait-il : ce copain serait peut-être en mesure d'aider Felicity à relâcher un peu de la tension et du stress qui l'habitaient – diminuant aussi par voie de conséquence ceux qui régnaient sur le plateau, et qui avaient atteint des sommets ces derniers temps. Il prétendit que Felicity n'avait pas vu ce garçon depuis un bail (tout en sachant pertinemment qu'il était venu quinze jours plus tôt et que j'étais au courant) : une façon de sous-entendre que le stress contagieux de notre collègue était tel que même s'envoyer en l'air deux week-ends par mois ne lui suffisait pas et que si elle tirait au flanc côté production, c'était pour donner la priorité à sa vie amoureuse.

Ce n'était pas une sinécure d'avoir une conversation, même simple, avec ces deux zozos.

– Je m'inquiète pour elle, conclut-il. Je ne devrais peut-être pas ? À ton avis ? Il vaudrait mieux que je ne me mêle pas de ses histoires, non ?

– Écoute ton cœur, esquivai-je subtilement. Oh, merde ! J'ai un autre appel.

Ça tombait mal, cette obligation de dîner le lendemain après l'émission avec la perdante de la semaine, parce que Tamayo arrivait ce jour-là avec un peu d'avance sur sa représentation de la Nuit Blanche. On avait prévu dîner entre filles puis faire la tournée des bars à vin.

Alors que je récupérais de ce round d'intrigues de couloir, ce fut Louis Levin qui téléphona.

– Fancy Linderman est dans le coma.

– Ils disent qu'elle en ressortira ?

– Je ne sais pas.

– Si elle crève et que Jack perd le contrôle de la boîte, mon sort est scellé. Solange guette le premier prétexte pour me renvoyer. Problème que tu n'as pas. Tu es un plan en or. Tout le monde te veut.

– Tu t'énerves parce que tu risques d'être virée d'un boulot que tu hais ? s'étonna-t-il.

– J'adore vivre à Paris, et puis j'ai plein de collaborateurs à qui je délègue tout. Je n'ai pas besoin de faire trop d'heures supplémentaires.

– Tu trouveras autre chose, t'inquiète pas.

– Qui irait m'engager, à part des chaînes qui veulent leur émission merdique de téléréalité ? Et la concurrence est rude dans ce domaine.

– C'est un genre à l'agonie. Je l'ai lu dans le *New York Times* pas plus tard qu'aujourd'hui, ça doit être vrai.

– Je n'irai nulle part après ça – enfin, nulle part à la télé.

– Tu trouveras bien une idée, dit-il. Bon, faut que je te laisse.

Il raccrocha.

Je ruminai là-dessus tout l'après-midi. Le retour de Tim, qui m'apportait mon *quatre-heures**, une tarte au citron, ne parvint même pas à me dérider.

Pourtant, les mauvaises nouvelles de la semaine écoulée allaient faire l'effet d'un pipi de chat quand Tim entra dans mon bureau en me tendant un message téléphonique.

« L'inspecteur Charvet, de la police parisienne, tient à te voir rapidement, disait le post-it. C'est en rapport avec la mort d'un détective privé. »

Comme chacun le sait en France, le Q.G. des flics parisiens se trouve Quai des Orfèvres, c'est-à-dire sur l'île de la Cité, non loin du Louvre et à quelque distance à pied de mon bureau. Pendant le règne du Roi Soleil, les *aristos** avaient coutume d'acheter leurs bijoux à cet endroit ou quelque chose comme ça. Les vieux immeubles n'ont pas bougé. La brigade criminelle parisienne est logée dans un bâtiment en pierre de taille construit il y a de cela plusieurs siècles.

Qui visite le site Web de la police parisienne est accueilli par un bandeau annonçant fièrement que cette institution est au service de la population vingt-quatre heures sur vingt-quatre, comme s'il s'agissait là d'un exploit unique alors qu'ils auraient pu prendre quelques heures de répit pour, mettons, aller au café discuter politique, écrivains controversés ou vie amoureuse de leurs contemporains comme les Français aiment à le faire – en tablant sur le fait que les criminels ont les mêmes horaires. Au lieu de quoi ils sont sur les dents vingt-quatre heures sur vingt-quatre. Des fois que.

L'inspecteur Charvet étant en ligne, je dus attendre devant son bureau en tenant précautionneusement la minuscule tasse de café apportée par l'officier de garde. Pendant que je patientais, j'imaginai le commissaire Maigret s'échinant sur un dossier à la lueur chiche d'une lampe de bureau, puis envoyant chercher des sandwichs lorsqu'il devenait clair qu'il ne réussirait pas à rentrer chez lui à temps pour la blanquette de Mme Maigret (que celle-ci servait systématiquement dans de la porcelaine, sur une table recouverte d'une nappe en dentelle, comme il se devait).

Drôle que Maigret, enquêteur de fiction, ait eu une vie privée si molle et si ordonnée avec sa robuste épouse alors que son auteur, Simenon, était un obsédé capable d'honorer plusieurs femmes dans la journée et qui serinait que sa fille disparue (suicidée) avait été amoureuse de lui de façon quasi monomaniaque. Simenon avait-il regretté de n'être pas plus propre sur lui, comme Maigret? À moins que ce soit le commissaire qui ait voulu ressembler à son créateur, histoire de prendre madame en levrette en la plaquant sauvagement contre la fameuse table du dîner?

Tel était le fil que suivaient mes pensées quand l'inspecteur Charvet sortit de son bureau. Il ressemblait moins à Maigret qu'au plus jeune et plus branché inspecteur Lavardin: tempes grisonnantes, dans les quarante-cinq ans, costume noir élégant.

— Voulez-vous entrer dans mon bureau, je vous prie? demanda-t-il après s'être présenté.

Levant un sac en plastique qui contenait un objet, il me demanda si je le reconnaissais.

C'était un stylo promotionnel pour *Last Girl Standing*, portant d'un côté le logo de WOW TV et de l'autre mon nom. Un très chouette Bic rayé de rose et de noir. Le noir était légèrement plus épais que le rose, soi-disant pour renverser la vapeur sur notre identité. Notre chaîne tendant jadis vers le pastel avait basculé vers un truc beaucoup moins soft. Le succès des chaînes féminines concurrentes telles qu'Oxygen et Week-End avait modifié notre cœur de cible.

– Il a été découvert sur le cadavre d'un détective privé du nom de Gilbert Gamachon. Vous le connaissiez ?

– Non. Un détective privé ? De quoi est-il mort ?

– Nous attendons le résultat de l'autopsie pour le savoir.

– Sur quoi enquêtait-il ?

– L'enquête est en cours là aussi.

– Où le corps a-t-il été découvert ? Dans quelles circonstances ?

– Hier soir, dans le métro. Plus précisément à la station Saint-Lazare.

– Y avait-il des impacts de balles ou des coups de couteau ?

– Ni l'un ni l'autre.

Ainsi que je l'expliquai à Charvet, des dizaines de milliers de stylos semblables à celui qu'il me montrait avaient été distribués au moment du lancement de l'émission, envoyés dans des kits promotionnels dans toute l'Amérique. J'en avais moi-même fait parvenir aux amis et à la famille et j'en conservais quelques cartons à la maison pour mon usage personnel.

– Ah, et j'en avais donné plusieurs à ma voisine, précisai-je. Luda Jurski. Justement, elle a disparu…

– L'inspecteur Mercure ? Je ne connais personne de ce nom-là, dit-il quand je lui eus raconté l'histoire. Pensez-vous que M. Gamachon ait pu être en rapport avec votre voisine ?

– Je l'ignore, mais je trouve ça très louche.

– Je vous recontacterai si j'ai d'autres questions à vous poser. Et n'hésitez surtout pas à m'appeler au cas où quelque chose vous reviendrait.

En partant de chez *les flics**, comme il y avait une alerte à la bombe dans le métro, je rentrai à pied – une saine randonnée de deux heures vers le nord qui me fournit l'occasion de réfléchir à tout cela, non sans remercier ma bonne étoile d'être moi-même en panne d'amour, ce truc si dangereux qu'il chasse les femmes de chez elles.

Comme pour confirmer ma théorie, alors que j'approchais de la maison, l'inspecteur Charvet m'appela pour m'annoncer la mort de Luda.

12

– QUOI ?

– J'ai vérifié son identité, dit-il. Par curiosité. Vous m'avez bien dit qu'elle avait la vingtaine ?

– Oui, pas plus.

– La seule Luda Jurski qui ait une existence administrative en France est une immigrée polonaise de trente-neuf ans. D'après ses voisins, elle aurait perdu la vie il y a six mois.

– Je ne comprends pas.

– Les immigrés qui décèdent sont bien souvent enterrés en secret, après quoi on revend leurs documents d'identité – en général à un *sans-papiers** du même pays, mais parfois aussi à quelqu'un qui a besoin de changer de vie.

– *Sans-papiers**? Un immigré clandestin, vous voulez dire ?

– Exactement.

– Mais mon voisin, M. Vanier, jure que Luda a l'accent français.

– Alors peut-être qu'elle avait besoin de changer de nom pour une autre raison.

– Pour se cacher d'un mari violent ?

– Possible.

J'étais on ne peut plus sûre que M. Vanier m'avait dit tout ce qu'il savait. Mais pas Johnny Traviol.

Quand j'arrivai au bar, la salle ne contenait aucune des mères et Johnny se trouvait derrière le comptoir. Je pus m'entretenir avec lui aussitôt.

Il se souvenait de moi.

— Robin! s'exclama-t-il. Assieds-toi. Est-ce que tu veux quelque chose?

— Juste un verre d'eau.

— Mes deux barmen sont en congé.

— C'est fréquent.

— Comment va?

— Bien. Écoute, j'ai de nouvelles questions à propos de Luda Jurski.

— Et moi, je n'ai rien de neuf.

— Tu savais qu'elle s'appelle pas vraiment comme ça?

— Première nouvelle.

— Tu connais son vrai nom?

— Comment ça?

— J'ai appris qu'elle utilisait une fausse identité.

— Bizarre, commenta-t-il.

En ajoutant quelque chose d'autre, très vite, en français. N'ayant pas compris, je réagis d'un:

— *Comment**? (L'équivalent local de « hein? ».)

— Ça fait deux ans que tu es là et tu ne parles pas encore notre langue couramment?

— Je me débrouille. *Tu me comprends bien, là, non?** Mais c'est dur pour les anglophones. On n'est pas équipés physiquement pour parler français comme il faut.

— N'importe quoi.

— Si. D'abord, il y a ce problème du masculin et du féminin. Les objets sont soit mâles, soit femelles. Le sexe imprègne tout. Et ça donne parfois des résultats bizarres.

Le terme poli pour le sexe de l'homme est masculin, alors que beaucoup des mots d'argot pour le désigner sont féminins. Et côté femmes, « vagin » est masculin, mais ça ne veut pas dire tout le sexe, il y a LA vulve, LE clitoris...

– Tu ne sais plus à quel sein te vouer ?

– Comme si ça ne suffisait pas, vous n'arrêtez pas d'inventer de nouveaux mots. Vous ne pouvez pas surfer sur le Web comme tout le monde, il faut que vous parcouriez la Toile. Quand de nouveaux objets usuels apparaissent, pour peu qu'ils portent déjà des noms anglais, ces messieurs de l'Académie se réunissent afin de décider comment les appeler, histoire que votre langue ne soit pas polluée par la nôtre. Une fois que ces vieux barbons ont trouvé le mot, ils décident s'il est masculin ou féminin. Je trouve ça d'un crétin...

– Il faut bien que les cultures et les langues non anglophones aient leur place sur cette planète. D'accord, l'anglais est rapide, il va droit au but, mais ce n'est pas pour rien que le français a longtemps été la langue des diplomates. C'est le véhicule de la civilisation.

– Sauf quand il s'agit d'un truc comme « e-mail », qui est employé par tous les peuples de la planète. Je trouve idiot de le transformer en « courriel » et de décréter que c'est masculin !

– Tu ne trouves pas ça joli, l'idée d'un courrier qui a des ailes ?

– D'accord, mais je t'assure que votre langue est vraiment difficile. Pas aussi claire que l'anglais ou l'allemand. On met beaucoup plus de temps à dire la même chose.

– Tu dois apprendre à parler couramment, c'est tout. J'ai bien été forcé de me mettre à l'anglais quand je suis parti aux États-Unis. Très peu de gens connaissent le français, là-bas.

Johnny passa les cinq minutes suivantes à tenter de corriger mon accent, jusqu'à l'arrivée de Bill Murphy.

– Salut, lança Johnny.

– Salut, dit Billy.

Il hocha la tête vers moi puis s'assit au bar, deux tabourets plus loin.

– Il te faut un fiancé d'ici, conclut Johnny. C'est le moyen le plus rapide d'apprendre à bien parler.

– Merci du conseil, mais j'ai déjà donné. Il s'appelait Pierre. Mon niveau a baissé pendant que j'étais avec lui.

– Je réussirais mieux, moi.

– Au moins, lui, ce n'était pas un *dragueur**.

– Je ne suis pas dragueur. Je suis *connaisseur**. Et romantique.

– Qu'est-ce qu'il faut pas entendre, dit Billy.

– Tu racontes quoi, toi, pour brancher les filles ? lui demandai-je.

– Je vais droit au but.

Clémence, l'une des mères des enfants de Johnny, entra. Johnny alla lui parler.

– Son approche à lui a l'air de convenir, commentai-je.

– C'est de la blague, ce soi-disant romantisme des *French lovers*.

– Non, je ne crois pas. Le macho américain se prouve sa virilité avec des trucs du genre « je suis capable de démolir ce type », mais le Français, lui, se définit plutôt par son don de faire jouir la femme de l'adversaire.

– Des mythes, je te dis.

146

– Bon, d'accord, évidemment qu'on peut trouver des tricolores prêts à en découdre et des Yankees doués au lit... Mais les mythes culturels sont généralement fondés sur une réalité, une vérité générale... ou un consensus, au moins.

– Bien ce que je disais : de la blague. Mais collective.

– Voyons, dis-je, on est dans le pays qui a mis le Petit Prince de Saint-Exupéry sur ses billets de banque, qui a donné au monde le french kiss, la gauloiserie et un nombre incalculable d'euphémismes pour les rapports sexuels. En France, un président du conseil qui a passé l'arme à gauche pendant que sa maîtresse mariée le suçait a été acclamé pour cet exploit. Une noble reine réunissait à Poitiers des « cours d'amour » où les cœurs brisés pouvaient porter plainte et où l'on proclamait et exécutait des jugements amoureux qui favorisaient souvent l'adultère...

– Tu sais ce que c'est, l'amour ? C'est quand un gars fait soixante kilomètres en plein désert sous le soleil brûlant juste pour entendre ta voix dans un talkie-walkie... Le plan d'apprendre le français par le petit ami, c'est juste une réplique gadget des hommes qui veulent coucher. Je pourrais te faire changer d'avis sur les Français en vingt minutes.

– Vingt minutes seulement ?

– Pour un baiser...

– Le fameux french kiss ? Arrête ton char. Si je fais le compte de toutes les conneries que j'ai entendues dans cette incarnation, j'ai déjà dépassé mon quota. Je suis dispensée d'en écouter.

– Tu as compté celles que tu as servies aux autres ?

– Oui.

Ayant vu Billy à l'œuvre, Johnny abandonna Clémence perturbée à l'autre bout du comptoir pour venir me resservir une tournée.

– Qu'est-ce qu'il te raconte, cet Américain ?

– Que ses compatriotes sont meilleurs amants que les Français. À ton avis ?

– Je ne sais pas, Robin, je n'ai couché ni avec les uns ni avec les autres. Je me rangerai à ton avis.

Tout en *finesse**. Si nous avons importé le terme tel quel dans le dictionnaire, ce n'est pas pour rien. Johnny avait pris mon parti de façon chevaleresque, et sans casser les Américains ni porter aux nues ses compatriotes. Comment Billy pouvait-il le contredire à moins d'avoir expérimenté personnellement les performances au lit de ces messieurs de chaque côté de l'Atlantique ?

Johnny dut nous laisser seuls de nouveau.

– Bon, mettons qu'il y ait eu une époque où ces conneries romantiques étaient vraies… De toute façon, aujourd'hui, en matière de pratiques amoureuses, les jeunes d'ici ressemblent plus aux Américains qu'aux Français de notre génération. Les choses évoluent à la vitesse grand V.

– Possible, dis-je.

J'étais à court d'arguments.

– Au fait, je sais qui est ton type, celui que tu as vu un jour ici avec Luda.

– Qui ?

– Il s'appelle Nini.

– Nini ?

– Il a été sapeur dans l'armée sénégalaise. Ensuite, il est venu en France, pour s'adonner à sa vraie passion, la musique. Il est producteur de reggae, maintenant. Les studios Day for Night, rue de l'Ourcq. C'est un bon ami de Johnny.

— Un Black pas très grand, avec des dreadlocks ?

— Ouais.

— Ça correspond.

— Pourquoi tu cherches à savoir où il habite ?

— Ben, elle m'a refilé un chat, alors j'aimerais bien comprendre ce qui se trame, répondre à mes interrogations, mettre ça derrière moi. Ça me turlupine de savoir où elle est passée.

Je ne mentionnai ni l'incident à la TGB ni la mort de la vraie Luda Jurski. Il était auteur, et lorsqu'on se retrouve en compagnie d'un auteur, mieux vaut garder à l'esprit la règle énoncée par Truman Capote : tout ce que vous dites à un écrivain pourra finir dans un livre. C'était une chose de déballer mes propres secrets, mais pas question de violer la vie privée de quelqu'un d'autre.

— En tout cas, dit-il, je vais dans le coin, je peux te déposer, si tu veux.

Il termina son café puis repoussa la tasse, et laissa trois euros à côté.

— Merci.

Je le suivis hors du bar, m'attendant à le voir conduire une de ces mignonnes petites bagnoles françaises. Mais non, c'est vers une moto qu'il me mena. Il me tendit un casque.

— Tu es intégré, dis-je.

— Comment ça ? Ah, parce que je fais de la moto ? Ouais, ben c'est un des trucs qui me plaisent dans ce pays, toutes ces motos. On ne te prend pas pour un voyou quand tu en as une. Tu n'as pas peur de monter, j'espère ?

– Tu rigoles !

Je bouclai le casque et sautai derrière Billy Murphy, qui fonça dans la rue.

Les studios Day for Night se trouvaient 36 rue de l'Ourcq, dans le 19e arrondissement, au nord-est de la ville, une rue flanquée d'une passerelle en pierre moussue et fer rouillé. Leurs locaux étaient encastrés dedans, ainsi que plusieurs autres à l'air tout aussi décrépit. Au-dessus d'une boîte aux lettres en bois peinte en blanc et noir, un petit panneau annonçait dans les mêmes teintes : DAY FOR NIGHT/ LE JOUR POUR LA NUIT. Des herbes folles poussaient entre les pierres du mur au-dessus d'un pignon en acier rouillé. Un rythme de reggae ténu s'échappait jusque dans la rue obscure.

– Dans le temps, c'était un atelier de réparation de motos, expliqua Billy en sonnant à la porte. C'est resté vide deux ans avant que Nini le loue pour en faire un studio.

Quelques instants plus tard, un jeune couvert de dread-locks ouvrait la porte, et, reconnaissant Billy, tendait son poing refermé. Billy fit de même. Ils se les cognèrent mutuellement.

– La poignée de main rasta, expliqua-t-il.

Il me présenta à ce « Magique », qui me salua rasta puis nous fit pénétrer dans le hall, une petite pièce avec plusieurs canapés couverts de tentures rastas rouges, jaunes et vertes. Deux jeunes occupés à tirer sur des joints se prélassaient dessus. Ils se levèrent aussitôt pour le rituel de la poignée de main rasta – mais le leur comportait une différence : après le coup, ils plaçaient le poing sur le cœur.

– La VF, commenta Billy.

Il discuta rapidement avec eux en français puis s'enquit de Nini.

– Il sortira après ce morceau, m'expliqua-t-il.

On s'assit donc. L'un des mecs tendit un joint à Billy, qui secoua la tête et me le passa. Je pris deux bouffées pour me détendre en attendant. La musique, plus forte à présent, me parut bonne.

Nini fit son apparition : c'était bien l'Africain couvert de dreads que j'avais vu avec Luda. On échangea la poignée de main rasta à la mode locale, puis Billy expliqua que je cherchais à entrer en contact avec Luda.

Nini perdit son sourire.

– Je ne suis au courant de rien, dit-il.

– Vous savez qu'elle utilisait un faux nom ? demandai-je.

– Pas du tout. (Il changea de sujet :) Vous aimez la musique ?

– J'adore.

Son sourire lui revint. Pendant qu'on restait assis à écouter les morceaux, il nous offrit des cocas. Manifestement, il n'avait aucune intention de révéler quoi que ce soit au sujet de ma voisine, mais difficile de savoir pourquoi. Pour la protéger ? Parce qu'il avait mauvaise opinion à son sujet ?

Qui était cette femme qui déclenchait des réactions aussi vives et aussi bizarres chez autant de types ?

– Tu penses qu'ils y croient vraiment, à cette histoire de « One Love », les rastas ? demandai-je plus tard à Billy alors que nous mangions des moules-frites à la Taverne de Maître Kanter.

C'était l'un des rares restaurants ouverts toute la nuit à Paris. Celui des Halles. Quelle que soit l'heure, il regorge de gens et de lumière. La carte est alsacienne, tendance teutonne : des tonnes de saucisses servies sur des montagnes de choucroute au vin blanc, ainsi que les plats de brasserie habituels : soupe à l'oignon gratinée, foie gras, moules-frites.

– Ouais.

– Ils pratiquent vraiment ce qu'ils prônent ? L'amour universel, tout ça ?

– Plus que la plupart des gens en ce monde imparfait. Mais ça a un prix.

– Beaucoup de rastas pauvres de par le monde, et peu de riches.

– Exactement, dit-il. (Il revint à notre conversation de tout à l'heure.) Alors, tu penses vraiment que les Français sont les meilleurs amants possibles ?

– Je n'ai pas dit ça. Je manque d'éléments pour me faire un avis définitif. Je n'ai couché qu'avec deux… non, trois.

– Tu as oublié tout un Français ?

– Ça remonte à loin, mon premier voyage à Paris. Et il y a aussi eu un Québécois…

– Alors pourquoi tu défends les *French lovers* ?

– Pour le plaisir de te contredire. Je peux faire pareil pour les Américains, les Irlandais, et…

– D'accord, mais tu préfères les hommes de quelle origine ?

– Impossible de trancher, je t'assure. Je les aime en général. C'est une de mes faiblesses. Comment tu trouves les Françaises, toi ? Tu les préfères aux Américaines ?

– Laisse-moi le temps de réfléchir... Celles avec qui je suis sorti étaient si différentes les unes des autres que j'aurais beaucoup de mal à généraliser.

– Elles sont drôlement à la hauteur, je trouve. En général, elles sont à la fois cultivées, hyper féminines et douées de conscience politique.

– Ah, ce qu'il y avait comme femmes canon derrière des mégaphones pendant les manifs anti-CPE !

– Je ne te le fais pas dire.

Billy n'avait pas passé plus de six mois à Paris, mais il parlait déjà français comme s'il avait grandi sur place. Or il s'avéra que ç'avait été le cas, en partie, puisque son père, un marine, s'était retrouvé en poste à l'ambassade des États-Unis à Paris au milieu des années 1970. La famille était repartie pour le Queens en 1982, alors que Billy avait seize ans.

– Ça m'a salement déplu, dit-il. J'étais amoureux de ma première vraie petite copine et j'ai dû l'abandonner. Je ne l'ai jamais revue.

– Tu n'es pas revenu lui rendre visite ensuite ?

– Je voulais, mais je n'avais pas d'argent. Ensuite, eh bien, Chloé – c'était son nom... Chloé a rencontré un garçon au lycée et moi une fille dans le Queens, alors on a perdu contact. J'ai appris qu'elle s'était mariée, mais je suis sans nouvelles depuis. J'ai essayé de remonter jusqu'à elle depuis mon arrivée, sans grand succès jusqu'à maintenant. J'aimerais vraiment la revoir, juste histoire de boucler la boucle.

– D'obtenir des réponses à de vieilles questions.

– Ouais.

– Très romantique. Dis donc, comment se fait-il que tu aies fait preuve d'un tel cynisme chez Johnny quand on parlait d'amour ? Juste pour prendre le contre-pied de ce que je disais ?

— Non. Si j'ai envie de retrouver cette ex, c'est pour satisfaire une curiosité ancienne. Je ne me fais aucune illusion amoureuse sur elle. Il faut que je la voie si je veux passer à autre chose.

— Et quelles sont ces questions qui te chiffonnent ?

— J'aimerais mieux qu'on évite le sujet.

— Bon, alors, raconte-moi comment tu as rencontré Johnny.

— C'est un ami commun, un New-Yorkais, qui m'a conseillé de le contacter quand j'arriverais. Un vrai dur, ce Traviol. Tu as vu ce film qui s'appelle *Elle défie le diable* ?

— Oui.

— Tu sais qui a fait toutes les cascades ? Johnny. C'est lui qui saute du onzième étage par la fenêtre pendant l'incendie, lui qui conduit la voiture qui part exploser dans le lac, et aussi la moto qui traverse le show-room de la verrerie. Notre Johnny à nous a fait tous ces trucs-là. Dingue, non ? Et il connaît un nombre incalculable de gens à Paris. Il sait qui a la tête de Jim Morrison, par exemple.

— Comment ça ?

— Ouais, tu sais, le buste en pierre qui ornait sa tombe au Père-Lachaise. Il y a quelques années, quelqu'un l'a détaché du piédestal pour l'emporter. Johnny sait qui. Il jure l'avoir vu sur la cheminée de cette personne.

— Et c'est ?

— Il refuse de le dire. Allez, toi, raconte-moi tes trois Français.

— Ah. Eh bien, le premier, c'était lors d'un voyage. Je l'ai rencontré près de l'Odéon. Michel. Un petit maigre tout pâle, dégarni. Je n'ai jamais connu son nom de famille. Il racontait qu'il était acteur. Ensuite, il y a eu Pierre, un physicien. Je ne sais pas trop comment ça a foiré, mais ça a commencé parce qu'on avait chacun du mal à s'exprimer oralement dans l'autre langue. Et après Pierre, j'ai eu le coup de foudre pour un marchand d'art, Alexandre. Intense mais bref. Alexandre était grand. C'était un adepte du cul sans attaches. De l'attachement, une relation suivie, mais pas d'amour.

— Et tu as supporté ?

— Oui, ça marchait bien.

— Qu'est-ce qu'il est devenu ?

— Il s'est évanoui dans la nature. Après coup, je me suis dit qu'il avait peut-être fini en prison. Je crois qu'il vendait autre chose que des œuvres d'art. Son appartement était toujours plein de trucs. Je veux dire plein comme un œuf, avec juste un minuscule couloir pour se déplacer entre les objets. Un jour que j'y étais, il y avait 40 gros bouddhas en tout, dont un dans la salle de bains devant la cuvette des toilettes. J'ai toujours adoré ce visage serein, seulement quand tu le retrouves partout où tu te tournes sans arriver à t'en dépêtrer, ça finit par filer la sinistrose. Deux semaines après, les bouddhas avaient disparu, au profit d'un canoë indien authentique en écorce de bouleau et de monceaux d'objets artisanaux en pierre à savon. Ensuite, c'est passé aux cartons de chaînes stéréo et d'ordinateurs.

— Louche, tu as raison. Moi, je ne suis jamais sorti avec une délinquante. Mais j'ai eu une journaliste dans ma vie. C'était la deuxième femme la plus folle que j'ai jamais fréquentée.

— Folle en quoi ?

— En tout.

— Et ça s'est fini comment ?

— Son ex lui a demandé sa main et elle n'a plus répondu à mes coups de fil. Elle était belle… mais complètement cinglée. Ensuite, il y a eu une danseuse qui avait un petit rôle dans *Chorus Line*. La folle *number one*, c'était elle. Une sorcière. Elle faisait sans arrêt brûler des herbes et elle essayait de me faire boire des trucs bizarres pour purifier mon âme, me faire rester fidèle et des conneries comme ça. La troisième malade était une fliquette.

— C'est peut-être ça ton genre de femme ?

— Possible. J'écris justement là-dessus en ce moment. Sur toutes ces folles.

— Ton boulot doit être chouette.

— Sûr que ça vaut mieux que 90 % des autres, mais ça rapporte pas gros. Enfin, dans mon cas. Mon premier bouquin n'a pas marché du tout. Heureusement que je peux me faire un peu d'argent en plus au bar.

— Quand est-ce que tu as mis les pieds à New York pour la dernière fois ? demandai-je.

— Il y a six mois. Et toi ?

— À peu près pareil. En revenant de l'enterrement de mon oncle.

— Et tu y étais au moment où…

Il se tut.

— Ouais…

C'était une référence aux attentats. J'étais revenue pour une foire commerciale commanditée par WOW. Mon appartement ayant été détruit dans un incendie, je séjournais au Chelsea Hotel, où j'avais déjà passé le printemps. J'avais regardé tomber les tours depuis le toit.

– Et toi ? demandai-je.

– Aussi. Sombre période... Encore aujourd'hui, quand je sens une odeur de métal brûlé, ça m'y ramène : la fumée dans l'air, cette puanteur à vomir, les navires de guerre sur l'Hudson et les hélicos de l'armée survolant la ville... sans compter les milliers de bougies, les photos, les autels spontanés à tous les coins de rue...

– Ouais, c'est ça qui m'a achevée, les photos sur les autels. On voyait des jeunes types qui souriaient à une fête d'anniversaire, ou de jeunes maris avec leur femme et leur enfant... Ça, et les récits sur les disparus tous les jours dans le *New York Times*. Ça les rendait humains, on avait l'impression d'amis, tous. D'amis partis en fumée.

– Les gens des appartements alentour ont eu plusieurs centimètres de poussière partout chez eux. Ça devait être en partie les molécules des morts, dit Billy. Imagine. Mes victimes préférées...

– Tu as des victimes préférées ?

– Façon de parler. Parmi les récits du *New York Times*, mon favori, c'était celui d'un couple de Bengalis de la deuxième génération qui s'étaient mariés contre l'avis de leurs parents parce qu'ils étaient amoureux.

– Roméo et Juliette.

– Une histoire hallucinante. Il l'appelait, mais le seul message qu'il lui laissait, c'était un sifflement que lui avait appris son grand-père. Quand elle entendait ça, elle savait que c'était pour qu'ils se voient. Ils travaillaient tous les deux au World Trade Center et ils y sont morts. Ils étaient mariés depuis trois ou quatre ans, je crois.

– Eh ben dis donc.

— Il y avait tant de récits incroyables... Des gens qui en ont porté d'autres, des handicapés en fauteuil, sur 70 étages. L'homme du cabinet Morgan Stanley qui a fait sortir tous les employés de la société sauf lui. L'aveugle qui s'est évacué tout seul à tâtons.

— Une de mes voisines du Chelsea a dit qu'elle avait l'habitude de se foutre de la gueule des yuppies mais qu'ils s'étaient comportés en héros ce jour-là.

— Tu repartiras habiter à New York ?

— J'imagine. Je devrais, seulement l'appartement dont j'étais locataire a brûlé. Ils ont reconstruit, mais je sous-loue à un étudiant. Le syndic propose aux occupants d'acheter et je dois me décider.

— Qu'est-ce qui te retiendrait de repartir ?

— J'ai plus de quarante ans. C'est tout bonnement plus facile de vivre ici.

— Sans blague ?

— Sans blague. Ça me fait mal aux seins de le dire, mais c'est la vérité. Sans compter les autres petits détails : par exemple, il y a des cinglés ici mais pas de Rush Limbaugh ni de Pat Robertson[8]. Et puis la ville a tellement changé...

— Manhattan, tu veux dire ? Oui, c'est devenu un ghetto de riches, de branchés – et de jeunes. Ils ne vont que dans des endroits à nom monosyllabique, comme les boulangeries Fluff et les clubs de gym Bent.

— Ce sont des immigrés de New Delhi qui gèrent mon resto italien préféré, et mon chinois à emporter a été repris

---

8 Rush Limbaugh : animateur de l'émission de radio la plus écoutée d'Amérique, *The Rush Limbaugh Show*, située à droite toute.
Pat Robertson : célèbre télévangéliste et homme politique ultraconservateur. (N.d.T.)

par un Guatémaltèque. J'adore New York. Certaines fois, je n'ai qu'à fermer les yeux pour m'y retrouver : Times Square au crépuscule, quand les néons commencent juste à s'allumer... Mais quand j'y suis pour de vrai, j'ai aussi envie de fermer les yeux – pour m'imaginer dans une version plus ancienne, avant que Disney et le showbiz n'aient tout transformé en jeu vidéo géant, tu sais, quand il y avait encore cette pub géante pour le café en grains 8 O'Clock, tu sais, la fausse tasse fumante...

– Le Howard Johnson's tient toujours bon. La transformation de cette place sera complète quand ils auront détruit ce resto.

– La dernière fois que j'y suis allée, j'ai cru me retrouver dans la peau du père de mon ex-coloc en cité U, quand j'étais à la faculté à New York. Il venait de l'Arizona, mais il avait grandi à Manhattan, dans le Lower East Side. Chaque fois qu'il rendait visite à son fils, il disait que c'était chouette, mais que ce n'était plus sa ville. Tout avait changé... New York doit toujours être aussi géniale, c'est mon niveau à moi qui a baissé. Et toi ?

– Oh, j'y retournerai un jour, c'est sûr. Je m'y sens chez moi. Et j'y ai un pied à terre... Ma mère et mon frère y sont. Mon bar préféré, aussi, et mon équipe de base-ball. Il suffit de quitter Manhattan, le reste n'a pas bougé... Merde, tu as vu l'heure ? Il est tard.

– Oui. Tu peux me déposer chez moi ?

Je n'avais plus remis les pieds sur une moto depuis ma rupture avec Pierre, il me fallut tout le trajet jusqu'à mon appartement pour m'en rendre compte – ce qui déclencha en moi une étonnante vague de tendresse envers lui.

Jusqu'à ce moment-là, j'aurais juré l'avoir totalement évacué de ma mémoire.

Effectivement, ainsi que Billy l'avait fait remarquer, la jeune génération de Français s'écartait des petits chemins sentant la noisette – ils avaient importé des rituels new-yorkais tels que le *speed-dating*. Sans compter, dans les fêtes, une pratique appelée le « quart d'heure américain » : quelqu'un, en général une jeune femme, arrêtait la musique en braillant « quart d'heure américain ! » et toutes ces filles sophistiquées se mettaient soudain à jouer les fermières chasseuses de maris. (Maris dont elles héritaient pour une heure seulement. Vous savez, comme nous faisons tout le temps, nous, les Américaines.)

En tout cas, à en croire ce que j'avais entendu dire par mes amies et certaines données de première main, les Français étaient des amants sensationnels. En général, il se montraient attentionnés, savaient où tout se trouvait et quel effet ça faisait. Ils donnaient l'impression de mieux connaître le corps féminin que les femmes elles-mêmes, à croire que c'était au programme en classe. Quant aux femmes, elles m'avaient l'air tout aussi attentionnées et tout aussi versées dans la connaissance des hommes.

Et le romantisme français n'était pas un mythe. Les signes couraient les rues. Les gars donnaient des preuves d'amour, et pas machinalement, pas comme les Américains qui recopient une liste de magazine sur la façon de baiser à coup sûr les soirs de Saint-Valentin : roses, dîner, promenade au bord de l'eau… En matière de cœur, les hommes d'ici débordaient d'imagination, une imagination parfois spéciale. Les Françaises n'y étaient pas pour rien, d'après Pierre, parce que leurs attentes – leurs exigences –

les portaient en ce sens et qu'elles encourageaient les efforts des hommes.

Le soir où j'étais revenue à Paris, par exemple, Pierre ne m'avait pas juste offert un bouquet, il avait apporté une véritable mousseline multicolore de petites fleurs qui donnaient l'impression d'avoir été volées dans le jardin de Monet, et qu'il avait demandé au fleuriste d'envelopper dans un papier de soie pervenche parce qu'il m'avait souvent vue porter cette teinte la semaine de notre rencontre.

On avait renoncé au resto, fait l'amour chez moi, après quoi il m'avait préparé à dîner vêtu d'une simple chemise. On avait bu. Vers vingt-trois heures, on s'était rhabillés pour sortir faire un tour sur sa moto, filant à toute allure le long de la Seine, puis parmi d'étroites ruelles pavées évoquant Jean Seberg et Jean-Paul Belmondo, dans un de ces films noir et blanc de la Nouvelle Vague montrant des délinquants amoraux. Il m'avait amenée dans une petite boîte sans prétention appelée L'Orbite où on avait écouté de la musique française marginale.

Le lendemain, il m'avait conduite près de la porte Maillot, dans un petit parc situé sur un rond-point et connu sous le nom d'« île aux lapins » depuis qu'une troupe de ces agiles bestioles, retournées à l'état sauvage, avait colonisé les quelques mètres carrés de verdure coincés contre les quatre voies du périphérique dont la circulation vrombissait à côté.

Et ainsi de suite.

Les deux premières semaines avaient été géniales. À peine si on parlait. Sauf que, tôt ou tard, il fallait bien avoir une conversation. Il écrivait et lisait l'anglais brillamment, mais n'était pas du tout doué à l'oral, et comme c'était mon cas en français, tout s'était alors mis à aller à vau-l'eau.

Billy me déposa. J'avais les jambes toutes raides de ce trajet.

On ne s'embrassa pas, ni rien. Il resta juste campé là à me regarder.

– À plus, dis-je.

– Ouais, je t'appelle si j'apprends autre chose sur Luda.

Et là, allez savoir pourquoi, il éclata de rire avant de grimper sur sa moto et de filer d'un coup d'accélérateur.

13

— Ça sent le plan cul qui vire au délire, dit Tamayo dans le car qui nous ramenait de Roissy.

Il n'y avait pas eu d'alerte à la bombe ce jour-là. À en croire les infos du matin à la radio, on avait juste dû arrêter le TGV Paris-Marseille à cause d'une pseudo menace d'attentat.

Tamayo était arrivée d'Amsterdam toute seule, en éclaireuse devant son mari Buzzer et leur cirque « artistique », histoire à la fois de me rendre visite et de poser quelques jalons avant la Nuit Blanche du samedi suivant. Et contrairement à la plupart des gens qui depuis l'aéroport prennent le RER ou un taxi, ma copine à moi préférait le car. Elle ne venait pas si souvent, elle aimait voir ce qu'il y avait derrière la vitre.

— Ouais, apparemment, tout le monde est d'accord avec toi. Une passion qui a mal tourné.

— La fausse identité faisait sans doute partie de son plan pour se cacher d'un ex qui la harcelait, dit Tamayo.

— Et le détective dont on a découvert le cadavre ?

— Rien ne te dit qu'il était en relation avec elle. Des suppositions, tout ça. Et ce Bic aurait pu sortir de la poche d'une centaine de personnes.

— Je sais. Moi aussi, ça me turlupine. Comment un stylo de l'émission a-t-il pu atterrir dans la poche d'un privé ?

— Peut-être qu'un invité bourré en a laissé tomber un par-dessus bord à votre fête de lancement sur la péniche. Il a été avalé par un poisson, qui a été pêché par un marinier dont la petite amie a trouvé le Bic le soir au moment de le faire cuire. Comme elle soupçonnait son homme de la tromper, elle est allée voir le privé et elle l'a oublié là-bas.

— Ça pourrait être n'importe qui, dis-je.

— Les bureaux de ton cadavre sont où ?

Gilbert Gamachon n'avait pas de bureaux. Il avait vécu dans un petit hôtel du 10e arrondissement, entre la gare du Nord et la gare de l'Est, le genre d'endroit où des tapis rouges élimés recouvrent l'escalier, où règne une odeur déplaisante mais pas tout à fait reconnaissable, où des *losers* déprimés et des immigrants pauvres en train de se sortir la tête de l'eau peuvent louer des chambres au mois. Il y avait un tourniquet en bois à dépliants touristiques qui semblait n'avoir jamais servi. Les pubs fanées pour le Moulin Rouge, les Folies Bergères ect., rebiquaient sur les bords.

Gamachon draguait le client par Internet depuis le cybercafé du coin de la rue, une boutique à taxiphones qui avait ajouté plusieurs ordis à sa panoplie. Quand il ne pouvait éviter de les rencontres en chair et en os, il donnait rendez-vous soit chez le client, soit au café-tabac près de l'hôtel. Il avait soixante-quatre ans.

Le réceptionniste avait volontiers craché ce morceau-là mais n'avait guère plus d'infos, hormis que notre homme buvait sec et faisait venir une prostituée dans sa chambre de temps à autre – au cours des périodes fastes. Ses effets emballés dans des sacs-poubelles attendaient la famille dans le bureau de l'hôtel.

– Vous l'avez vu en compagnie de quelqu'un d'autre que la prostituée ? demandai-je.

– Jamais. Mais demandez donc au Tabac du Nord.

Audit Tabac du Nord, l'homme qui servait au comptoir nous raconta que Gamachon avait été militaire. Qu'il prétendait avoir servi en Algérie avant l'indépendance et combattu comme mercenaire au Vietnam du côté américain. Qu'il aimait jouer au Rapido, détestait ses voisins immigrés et avait voté Le Pen aux dernières élections. La veille de sa mort, il transportait sur lui un paquet d'argent donné par un client, un «Anglais» qui l'avait trouvé par Internet.

– Auriez-vous une idée de qui pouvait vouloir sa mort ? demandai-je.

L'homme haussa les épaules.

– Il était pas très aimé, lâcha-t-il, laconique, avant de se détourner.

– Tu as donné des Bics à des Rosbifs ? demanda Tamayo.

– Possible. Me souviens pas. J'en ai distribué partout autour de moi. Je t'en ai envoyé une boîte.

– Ah, donc il pourrait venir de n'importe qui... Mais s'il sortait du stock de cette Luda ou Dieu sait comment elle s'appelle, il se pourrait que ce Gamachon ait été engagé par l'ex.

– Oui, j'imagine. Si ex il y a.

– Ça te dit de venir à l'OPA ce soir ? Mon ami Paul joue dans le groupe qui y passe.

– Peux pas. Je dois aller à la Maison des Filles, là où on tourne l'émission. Je me farcis la perdante. C'est moi qui dois l'emmener dîner après la diffusion.

— Oh, je peux venir ? J'adore cette connerie. Je te parie que la grognasse brésilienne va se faire jeter.

— Bien sûr, viens. Sauf que la Brésilienne n'a aucune chance d'être éliminée. Les spectateurs vont voter pour elle comme la semaine dernière, mais le Célibataire utilisera encore un de ses jokers d'amour pour la sauver.

— Ah bon ? Elle lui plaît tant que ça ?

— Non, mais il est malin, cette tête de nœud. Comme il sait que c'est elle que les spectateurs adorent détester, il va la repêcher chaque fois par la peau des fesses pour faire chier, augmenter l'audimat et donc les votes la fois d'après.

— Tu crois qu'elle va gagner ?

— Mais non. Il va simplement la faire durer un peu plus. À mon avis, c'est la bonne femme de l'Iowa qui est partie pour rester. Elle s'est positionnée comme la championne des femmes moyennes, des anonymes. C'est la soi-disant « chouette fille » et les spectateurs souhaitent sa victoire. C'est elle qui concentre le moins de votes négatifs à chaque émission.

— Est-ce que ça t'est déjà arrivé de rencontrer une « femme moyenne », comme tu dis ?

— Jamais. Gratte sous la surface et tu trouveras une tendance à la bizarrerie, ou alors quelque chose qui sort de l'ordinaire chez chacune d'entre nous.

— Au fait, comment va ta tante ? demanda Tamayo.

— Elle a été remarquablement facile à gérer, vu qu'elle est partie faire les châteaux de la Loire en voyage organisé.

— Elle revient quand ?

— Vendredi... la veille de la Nuit Blanche, malheureusement. J'espère que tout va bien de son côté et qu'elle se fourre pas dans la merde. Je dois dire que sa visite s'est passée comme sur des roulettes jusqu'ici, je suis la première surprise.

– Les châteaux de la Loire, c'est cool comme idée, ça doit lui plaire.

– Elle m'a demandé de réfléchir à une épitaphe. Tu en as choisi une, toi ?

– Je compte me faire incinérer. Et toi ?

– Enterrer. Ça me plaît de savoir que les gens qui m'aiment pourront me rendre visite quelque part. Comment tu feras pour danser sur ma tombe si j'en ai pas ?

– Alors, et toi, ton épitaphe ?

– « Vive la France » ?

– « Ma réputation m'a précédée », dit-elle.

– « Ma réputation m'a excédée. »

– Et pourquoi pas juste « Au revoir » ? Ou alors un truc grossier, genre « Allez tous vous faire mettre » ?

– Ou alors : « Désolée ».

– Oui, ou sinon : « Pas du tout désolée, non mais ».

– « Devinez où je suis ? »

– Ou alors tu pourrais mentir. « Robin Hudson, ex-ministre de la Santé. »

– « Robin Hudson, le cinquième Beatle. »

– « Robin Hudson, inventeuse du néon », dit Tamayo. C'est morbide comme question. Tu crois que tu es en train de mourir ?

– On est tous des cadavres ambulants.

Si je détestais aller à la Maison des Filles, il y avait plusieurs raisons à ça – la moindre, bien entendu, n'étant pas Felicity, Elle-qui-doit-être-évitée, qui risquait de me foutre dans une colère noire ou de faire une apoplexie devant mes manifestations de rogne et mes jurons imagés. On arriva juste avant l'enregistrement du résultat du vote, pour qu'elle n'ait pas le temps de me parler. Pendant le reste de l'émission, je plaçai Tamayo en sandwich entre elle et moi dans la régie. Comme elle devait partir dès la fin du direct pour retrouver son petit ami, je n'eus aucun mal à ne pas lui adresser la parole.

Contrairement aux prédictions de Tamayo, la Brésilienne ne fut pas éjectée. C'était elle que le public voulait voir sortir, mais le Célibataire fit usage de son joker pour la sauver, envoyant à sa place dans le décor la plus haïe des filles à part elle, la jeune Anglaise.

— Bon, accroche-toi la Rosbif et en route, jeta Tamayo quand les caméras furent coupées.

On l'emmena à la Maison Rose, un restaurant célèbre de Montmartre situé rue des Saules. Autour des kirs apéritifs, je lui servis ma meilleure version du speech d'élimination.

La version officielle de WOW TV donnait un truc du genre : «Vous avez vécu une expérience formidable. Nous sommes ravis que vous y ayez participé. Soyez-en remerciée par ce chèque de 50 000 dollars et ces cadeaux en biens et en services pour un montant équivalent. Nous avons foi en vous, nous sommes persuadés que grâce à ce que vous venez de vivre, vous parviendrez à rebondir vers de nouvelles expériences formidables. Nous vous souhaitons bonne chance pour vos défis à venir. »

Ces pauvres filles. Cette histoire avait les apparences du rêve. On les payait 50 plaques, on les amenait à Paris, on les logeait dans un hôtel particulier superbe doté de tout le confort et on leur offrait une multitude de trucs promotionnels : vêtements et maquillage, week-ends gratuits dans des endroits renversants, etc.

C'était oublier que, le plus souvent, on les manipulait, les provoquait et les humiliait en direct mondial à la télé – pour, une fois qu'elles ne serviraient plus à rien, les jeter comme de vieilles chaussettes en enrobant la pilule de politesses légales.

Se retrouver à la télé, dans une émission regardée par des millions de gens de par le monde, faire l'objet de 67 sites Internet différents et d'un vote des spectateurs, ça marque les consciences inconnues jusque-là. Ça vous change, et ça modifie magistralement la façon dont les autres réagissent devant vous. Ça crée chez vous des habitudes et des attentes qui ne pourront pas être satisfaites à l'avenir. Comment rester au pays une fois qu'on a vu Paris ?

En gros, je suivis le schéma officiel du speech, me contentant de le traduire dans une langue que je la pensais plus à même d'entendre : tu viens de te taper le meilleur délire de toute ta vie, tu as palpé un paquet de fric, de toute façon ce Célibataire est une grosse tante. À partir de maintenant, éclate-toi.

Ce à quoi se résumait la sagesse acquise dans ma propre existence.

– Mais j'ai eu le cœur brisé devant tout le monde ! brama-t-elle.

S'être vue préférer les autres nénettes lui flanquait un choc. Évidemment que ça fait mal de subir un rejet en public. Que c'est nul de ne pas gagner un million. Mais en ce qui concernait le cœur brisé, mes fesses. Elle n'était pas entichée une seconde de notre célibataire, c'était un simple prétexte qui l'aurait rendue riche et qui aurait lancé sa carrière de chanteuse/danseuse/actrice. Elle avait du talent dans chacun de ces domaines, ainsi que dans d'autres encore (travaux d'aiguille, natation et hockey), mais juste un tantinet. Elle arriverait peut-être à négocier un CD de démo et deux apparitions dans des talk-shows, voire de brefs passages dans des sitcoms, mais l'amertume de l'oubli qui succède à la célébrité scellerait son sort ensuite.

— Je pige pas ce qu'il a de si génial, ce gars, dit Tamayo. Qu'est-ce que tu lui trouves ?

— Il est beau, gentil avec tout le monde, drôle, romantique...

— Avec tout le monde, dis-je. Il vous traite toutes à peu près pareil. Qui peut être assez creux pour se montrer à la fois aussi charmant et aussi mou dans ses engagements ?

— Moi, je trouve qu'il a l'air d'un homo, dit Tamayo. J'en mettrais presque ma main à couper, en fait. Quand je le regarde, mon radar à pédés tinte aussi fort que la cloche de la Bourse de New York à la clôture.

— Non. Non... Oh, bon sang, comment vous voulez que j'affronte le regard des gens qui m'ont vue me faire éliminer à la télé ?

— Dans deux ans, dis-je, ce type perdra son temps et sa salive à expliquer à des videurs de boîtes louches qu'il était célèbre. Il ne sera qu'une simple note de bas de page honteuse dans le grand livre de l'histoire humaine, rien de plus. Ne laisse pas la même chose t'arriver.

— C'est bon, ça.

— Il va finir comme ces vieux beaux trop bronzés qui se teignent les cheveux et qui vivent aux crochets de bourgeoises au nom grotesque, ajouta Tamayo.

– Je peux utiliser ta phrase? J'aimerais bien le dire comme ça aux journalistes pendant ma conférence de presse de lundi...

– Non, répondis-je, tu ne peux pas. Tu dois montrer que tu as de la classe, pas raconter des trucs insultants envers le Célibataire.

– Mais je me sens... humiliée. Il faut que je lave mon honneur d'une façon ou d'une autre.

– Ce n'est rien, ce qui t'arrive. J'ai fait des trucs beaucoup plus gênants.

– Crois-la. Je suis témoin, ajouta obligeamment Tamayo.

– Tu ne peux faire montre d'aucune gêne, d'aucun doute ni d'aucune amertume pour l'instant. À la première odeur de sang, tous les fauves avides de chair fraîche à des kilomètres à la ronde nous mettront à leur menu : les vampires, les piranhas, les requins, les tiques...

– Mais j'ai été éliminée. Je n'ai jamais été une perdante. J'étais capitaine de mon équipe de natation à l'école. Déléguée de classe...

– Tu n'es pas une perdante, dis-je à la perdante. C'est lui le perdant. La personne qui gagne, c'est celle qui hérite d'une vie intéressante et heureuse la plupart du temps...

– Mais comment je vais pouvoir regarder les gens en face maintenant qu'ils m'ont vue me faire éjecter en direct à la télé? Ma famille, mes amis, mes ennemis, des millions d'étrangers... ils ont tous assisté à mon élimination. Je ne veux pas avoir l'air d'une perdante...

– Voilà ce qu'il faut raconter à tout le monde, aux médias, à tes amis et à ta famille : «C'est un gars génial même s'il n'est pas mon genre, et bon sang, qu'est-ce que ça m'a amusée de participer à ce jeu. J'ai eu l'occasion d'aller à Paris, de passer à la télé, j'en suis ressortie avec plein de sous et des tas de souvenirs géniaux. Maintenant, en avant pour la prochaine aventure. J'espère que lui et les autres filles s'amuseront autant que ça m'a amusée, moi, de participer à l'émission. C'était super. Et cetera...

Angleterre médita là-dessus un instant, avant de lâcher : « Ouais, je trouve ça bien. Bien mieux que ce que Rebecca a dit quand elle s'est fait rejeter, en tout cas. »

Rebecca était la perdante d'avant : après son éviction, elle avait procédé à une démolition en règle des autres filles de l'émission. Leurs coups de poignard dans le dos, leurs odeurs corporelles, leurs rhinoplasties, leurs habitudes d'hygiène répugnantes, elle avait tout déballé.

Je venais de m'étendre sur la nécessité pour cette conne de changer d'attitude et de perspective, de s'avouer qu'elle était l'une des filles les plus chanceuses de ce monde même si elle venait de perdre cette petite bataille. Une forme de sagesse durement acquise en ce qui me concerne. Or, à ses yeux, mon raisonnement n'était qu'un procédé destiné à vaincre ses rivales en ressortant de là avec des airs de gagnante. La compétition était toujours à l'ordre du jour.

– Je les domine toutes, dit-elle.

On la soûla jusqu'à plus soif, après quoi un producteur associé nous rejoignit afin de l'escorter jusqu'à son hôtel. Au petit matin, elle grimperait dans un avion pour New York. Elle venait de Londres, mais elle voulait aller voir la Grosse Pomme, pour sucer jusqu'au trognon ses quinze minutes de gloire, j'imagine.

– Je déteste ces conneries, dis-je après qu'on l'eut expédiée se coucher.

– C'était marrant, dit Tamayo. Bravo pour ton discours.

– J'aurais aimé que quelqu'un me dise des trucs pareils quand j'étais jeune et ambitieuse. Peut-être qu'on l'a fait, mais je n'ai pas écouté.

– Tu rentres, là ?

– Ouais. Et toi ?

– Je vais descendre jusqu'à Abbesses me prendre un taxi.

– Moi, je crois que je vais y aller à pied.

On s'embrassa sur la joue puis on se dit au revoir.

Ce fut une belle promenade, même de nuit, mes talons claquant sur les pavés dans la rumeur joyeuse mais de plus en plus lointaine du Montmartre touristique de l'autre côté de la Butte. Je passai près du fameux Lapin Agile et du mur couvert de vigne qui lui faisait face, longeant le dernier vignoble de la ville pour descendre la déclivité de la rue Lamarck. Le Lapin Agile était une petite maison modeste couverte de fleurs et dotée d'un jardin, d'un portail en bois et d'un panneau aux couleurs fanées montrant un lapin qui s'échappait d'un poêlon. Ça n'avait presque pas changé depuis la fin du XIXᵉ. Et le vignoble rappelait sympathique-ment que Montmartre avait été un village qu'habitaient des artistes tels que Picasso et Toulouse-Lautrec, attirés par les loyers modiques et la permissivité.

Voilà qui me ramenait dans un chouette état d'esprit *Brigadoon* quand, brusquement, quelqu'un m'agrippa par le bras, me faisant pivoter sur moi-même. Un homme en sweat-shirt à capuche, rabaissée le plus possible pour lui dissimuler le visage. Je crus l'entendre murmurer :

– Où est-elle ?

Puis son téléphone sonna, cette même mélodie étrange déjà entendue à la TGB.

– *Help!* hurlai-je.

Oubliant soudain tous mes principes de non-violence à la Gandhi, je lui saisis la capuche, que j'abaissai pour l'aveugler temporairement. Mon poing se propulsa vers sa gorge, mon genou vers son entrejambe, durement, et quand il se plia en deux, je serrai le poing de plus belle pour lui en marteler la tête et l'assommer. Tout ça sans arrêter de crier à l'aide, mais personne ne réagissait. Je m'éloignai, m'enfuis.

– Imbécile, m'exclamai-je – pour moi-même, bien sûr. Tu as crié en anglais! (Je me retournai à un pâté de maisons de distance. Agenouillé par terre, il se tenait l'entrejambe.) Voilà à quoi on s'expose quand on s'attaque à une New-Yorkaise! lui jetai-je en sortant mon cellulaire.

C'est alors que je me rendis compte que j'ignorais comment joindre les urgences. Par le 911, comme en Amérique du Nord, ou le 999, comme en Grande-Bretagne? Je n'en avais jamais eu besoin. Je m'étais toujours sentie tellement en sécurité ici.

J'avais quand même le numéro de deux flics, cela dit. Celui de Charvet apparut en premier sur l'écran, ce fut donc lui que j'appelai. Tandis que ça sonnait, je tournai la tête pour vérifier de nouveau. L'homme s'était levé et s'éloignait de moi à toutes jambes – mais lentement, car il boitait.

Ça ne répondait pas dans le bureau de Charvet. L'appel fut pris par un autre policier, qui ne me comprit pas. Le temps que je réussisse à faire passer le message, mon assaillant avait disparu depuis longtemps.

Quand j'écartai le cellulaire de mon oreille, je me rendis compte qu'une chaînette au bout de laquelle pendait une petite croix noire s'était coincée entre mon petit doigt et mon annulaire. Elle devait provenir de l'homme. J'avais dû l'arracher quand je l'avais frappé à la gorge.

J'étais à la maison quand Charvet rappela enfin.

– Vous êtes sûre qu'il cherchait à vous agresser ? demanda-t-il d'une voix très agacée.

– Oui.

– Il vous a agrippée par le bras, rien d'autre ?

– Son attitude était agressive.

– Vous en êtes sûre ?

– OUI ! Et il m'a demandé « Où est-elle ? », ce qui se réfère forcément à ma voisine disparue.

– C'était peut-être une blague.

– Une blague ?

– Oui. Ou alors vous avez rêvé.

– Comme j'ai rêvé du type qui m'a poursuivie à Châtelet ? Je lui parlai du pendentif.

– Vous ne croyez pas que c'est en rapport avec le meurtre de ce détective ? demandai-je.

– Vous tirez des conclusions hâtives, *madame**. M. Gamachon n'a pas été assassiné.

– Ah bon ?

– Non. L'autopsie a conclu à une grave crise cardiaque. Il est décédé de mort naturelle.

– L'agression dont j'ai été victime ce soir n'était pas un rêve, dis-je.

– Je veux m'assurer qu'il y a vraiment eu délit. Voyez-vous, j'ai appelé la police de New York pour me renseigner à votre égard hier, et on m'a passé le grand patron de la Criminelle, M. Richard Bigger.

Bigger était mon ennemi juré au sein du NYPD. Le simple fait de poser les yeux sur moi lui faisait entrevoir une menace d'ampleur nucléaire prête à frapper sa vision du monde étriquée. Si je lui avais affirmé que la lumière du jour arrivait au lever du soleil, il ne m'aurait pas crue.

À ses yeux, j'étais une anarchiste bohème, extrémiste et hystérique impliquée dans plusieurs affaires de meurtre et à l'origine de tas de fausses alertes. Même s'il n'avait jamais réussi à me coincer pour quoi que ce soit, je tramais forcément quelque chose de louche.

À mes yeux à moi, c'était un coincé des sphincters qui voulait transformer les États-Unis en État policier et qui avait vraiment besoin qu'on lui maintienne la tête baissée le temps de lui arracher le balai plein d'échardes qu'il avait dans le cul.

On avait toujours eu des relations difficiles, lui et moi, mais le summum avait été atteint quand son numéro classé sur liste rouge avait atterri entre les mains de mon ancienne voisine, Mme Ramirez. Mme Ramirez, quatre-vingt-neuf ans, milice privée à elle toute seule, qui patrouillait dans les rues de mon ex-quartier de l'East Village en brandissant sa canne et son cellulaire – grâce auquel elle dénonçait les pisseurs et autres buveurs sur la voie publique, ainsi que n'importe quelle tête qui lui faisait l'effet d'être musulmane. Ainsi que vous pouvez aisément l'imaginer, l'idée d'effectuer ses dénonciations directement auprès d'un haut gradé l'avait positivement emballée.

Enfin bref, Bigger m'avait tenue pour responsable du déluge de coups de fil intempestifs qui s'en était suivi, ainsi que de quelques autres trucs. Lors de sa conversation avec Charvet, qui lui avait prêté une oreille complaisante et qui doutait désormais de moi, mes oreilles auraient dû siffler. Mais je ne pouvais en tenir rigueur à l'inspecteur. Si je ne m'étais pas connue et si j'avais entendu ma description de la bouche de Bigger, détenteur respecté de l'autorité publique, je ne me serais pas crue non plus.

— Sans compter qu'il n'existe aucun inspecteur Mercure, lâcha Charvet avant de raccrocher.

— Il avait une carte...

Communication coupée.

Le détective privé n'avait pas été assassiné, ça m'ôtait un léger poids. Mais Charvet se trompait forcément. L'homme de la rue des Saules ne m'avait pas abordée pour me faire une taquinerie. Comme celui qui s'était fait passer pour l'inspecteur Mercure, il voulait quelque chose, ça crevait les yeux.

14

— Comment dit-on « help me » en français ? demandai-je à Johnny le lendemain matin au bar, où je m'étais rendue pour lui tirer les vers du nez autour d'un brunch américain.

Billy était en retard.

— *Pourriez-vous m'aider, s'il vous plaît.**

— Non, je veux dire en cas d'urgence, quand on n'a pas le temps de faire des phrases.

— Ah. Juste « *À l'aide !** » ou « *Au secours** ». Tu ne savais pas ?

— Mon éducation a quelques lacunes. Merde, j'aurais eu bien besoin de savoir ça hier soir, dis-je avant de lui raconter l'agression.

Il s'assombrit.

— C'est arrivé en pleine rue ?

— Ouais, et la police a cru que j'inventais toute l'histoire. Ils n'ont rien fait.

— Ah tiens, pourtant ce n'est pas leur genre.

— Oui, ben pas selon mon expérience.

— Billy Murphy m'a dit que tu as bossé pour ANN.

— Mouais.

— Tu as connu Claire Thibodeaux ?

— Très bien. J'ai hérité de son appartement.

– Ah oui ? Je crois que c'est un ami à moi, un New-Yorkais, qui l'avait aidée à le trouver. Elle n'a pas mentionné ton nom. Mais elle a dû quitter Paris de façon très précipitée.

– La prochaine fois que tu la vois, parle-lui de moi, dis-je.

– Entendu.

Billy arriva. Johnny le salua puis partit s'occuper d'un autre client.

– Alors, demandai-je à Billy, tu m'as appelée pourquoi ?

– À cause d'un truc que tu as dit qui m'a frappé. Le nom du chat, Rocambole.

– Oui, et alors ?

– Il y a un endroit qui s'appelle comme ça dans le coin. C'est Johnny qui me l'a fait connaître. Tu veux y aller ? Il y a peut-être un rapport.

Rocambole était un collectif d'artistes, selon Billy, qui insista pour discuter alors qu'on roulait sur sa moto, donc pour se retourner afin de me crier dans l'oreille tout en conduisant. Leur local était un entrepôt non loin de La Villette – jadis squatté, mais ils occupaient à présent les lieux en toute légalité.

Le bâtiment était la boîte à chaussures rectangulaire classique de cinq étages, mais avec une sculpture très peu orthodoxe représentant une énorme araignée noire devant trois des niveaux en façade.

Dans le hall d'entrée, éclairé de bleu, un manchot était assis à une table.

– Vous venez déjeuner ? demanda-t-il.

– Déjeuner ? m'enquis-je.

– C'est gratuit le dimanche. On ne paye seulement ce qu'on boit.

– On voudrait parler à Fabienne, expliqua Billy.

– Elle descendra après déjeuner.

– Tu as faim ? me demanda Billy. Allez, viens, je t'invite.

– De quand date le squat ? demandai-je.

– Quatre ans. Évidemment, au début, les proprios n'ont rien dit, parce que les artistes, ça empêche que des trucs pires s'installent, comme les macs et les putes esclavagisées ou comme les dealers. Mais ç'a été mis en vente pour faire de la trésorerie et les squatteurs ont failli se faire expulser.

– Ça s'est terminé comment ?

– Sur l'intervention d'un ange gardien, un mécène anonyme qui a racheté l'immeuble pour eux.

– Dis donc, c'est génial comme cadeau. Il a eu quoi en échange ?

– Rien, de bonnes vibrations, c'est tout.

– Tu m'en diras tant.

On prit des couverts et des assiettes sur une table nappée de papier et on fit la queue pour le déjeuner à l'œil qui, ce jour-là, consistait en une sorte de plat africain, du poulet cuit dans une sauce aux arachides, accompagné de riz et d'un verre d'eau. Les bières, le vin et les sodas coûtaient deux euros. Le repas était servi dans une salle aux airs de caverne, illuminée par des spots roses et bleus dont les rayons évoquant des lames s'entrecroisaient au milieu. Il y avait plusieurs longues tables, d'autres plus courtes. Des tas de canapés et de fauteuils dépareillés flanquaient les murs. Les convives étaient des étudiants, des immigrés et quelques personnes ayant l'air de sans-abri. Un jazz plein de percussions passait et des œuvres étaient exposées aux murs, études au crayon et à l'encre sur l'un, grandes toiles primitives colorées sur un deuxième, sans compter une copie remarquablement réussie du *Cri* de Munch.

Billy et moi prîmes place à l'une des tables de réfectoire.

– Cet endroit est dirigé par une femme qui s'appelle Fabienne Rocambole, expliqua Billy. La présidence est tournante. L'année dernière, c'était assuré par un Canadien, l'an prochain, c'est la vice-présidente actuelle qui s'y colle, Sophie Rocambole.

– Ils prennent tous ce pseudonyme-là ?

– C'est leur *nom de guerre**.

– Quelle guerre ?

– Sais pas.

– Ils fonctionnent en communauté ?

– À peu près, sauf qu'ils possèdent tous des choses en propre.

– Sympa que ce riche ait racheté le bâtiment pour des gens susceptibles d'aller contre ses intérêts.

– Les riches ne sont pas tous cons.

– Mais la grande majorité, si. Quand ils se montrent sympas, c'est en général pour obtenir quelque chose de toi.

– Sauf qu'il en existe qui gagnent leur fric de façon honnête et qui n'ont pas l'attitude que tu dis.

– Ouais, Jack Jackson, par exemple. Parce que bon, il cherche effectivement à obtenir des trucs des gens, mais en bien : qu'ils soient créatifs, qu'ils défrichent du terrain, qu'ils montrent le monde sous un angle différent.

– George Soros aussi.

– En Norvège, les millionnaires ont créé une association caritative au vrai sens du terme. Ils payent déjà des impôts élevés, mais ils ont décidé de donner encore plus pour le bien commun.

– Oui, et prends le milliardaire néerlandais Gerrit Kuilder, le propriétaire des bières Gezellig. Il est riche à crever et il redistribue presque toute sa fortune. Et puis il y a la famille Tata en Inde. Ils font don de 51 % de leurs bénéfices pour le contrôle des naissances, l'alphabétisation et autres programmes éducatifs. Sans compter tous les hommes riches qui se convertissent tardivement à la philanthropie – soit sincèrement, quand ils se sentent coupables et qu'ils veulent se racheter, soit, le cas le plus fréquent, quand ils se demandent soudain comment l'histoire va les traiter.

– Tu as choisi une épitaphe ?

– Une épitaphe ?

– Pour ta tombe.

– Je compte me faire incinérer.

– Ah. Bon, alors, raconte-moi, n'aie pas peur : qui est le plus doué au lit entre les Françaises et les Américaines ?

– Elles ont leurs points forts de chaque côté.

– Non, sérieux.

– Les Québécoises. Le meilleur de chaque univers.

– Tu éludes.

– Peut-être.

Un type passa nous resservir d'eau.

– Je crois que je vais aller me chercher une mousse. Tu en veux une ?

– Ouais, mais ne bouge pas, dis-je, j'y vais. Je t'invite.

– Non…

– Si, si, permets-moi de te l'offrir.

J'allai au bar commander deux bières. Une petite ouverture avait été percée dans le mur situé derrière. Alors que j'attendais, je crus entrapercevoir un jeune gars – celui, dépenaillé, vu à la TGB, et qui s'était enfui devant le type en costume.

– Hé! appelai-je, mais il était parti.

Je tentai d'expliquer à l'homme debout derrière le bar que j'avais besoin de parler à ce monsieur, mais il ne comprenait pas mon français et il me barra la route quand je tentai de traverser la cuisine.

De retour à la table, je racontai tout à Bill: la TGB, les hommes qui cherchaient Luda...

– On va poser la question à Fabienne, dit-il.

– Anglaise? demanda l'homme à côté de moi.

Il était salement amoché: borgne, un nez qui avait dû être cassé plusieurs fois, quatre dents en tout au mieux.

– Non, Américaine.

– Je suis allé aux USA. J'y ai bossé dix ans. J'y ai tout perdu, mon oseille, ma jeunesse, ma belle gueule...

– Désolée pour vous.

– Pendant cinq ans, ça a collé, dit-il en souriant. J'étais à Vegas. Cette ville, c'est un vrai crime contre nature – dans le bon sens du terme. C'est géant.

– Comment vous avez fait pour vous en sortir sans un rond?

– J'ai tout perdu au jeu. Les bagarres et l'alcool ont fait le reste.

Il avait nettoyé le contenu de son assiette et la repoussait à présent.

– C'est le meilleur déjeuner gratuit qu'on puisse trouver dans cette ville, dit-il. Il y en a aussi un pas mal à Trinité.

– Salut, Bertrand.

Une femme s'était plantée derrière lui.

– Salut, Fabienne. C'était bon aujourd'hui. (Il se tourna vers moi.) Tu as un ou deux euros à me filer ?

Je lui donnai une pièce de deux. Il sortit sur une courbette.

– Alors, Billy, dit Fabienne, ça fait un bail. Tu trafiquais quoi ?

– J'étais occupé à écrire.

– Ah, bien, dit-elle en me regardant.

Elle sourit.

– Je m'appelle Robin, dis-je.

– Fabienne. Vous vouliez me parler ? Venez dans mon bureau.

Elle nous mena jusqu'à un ascenseur branlant, un genre de monte-plats grillagé dans lequel on tenait à peine à trois, serrés comme des sardines et le visage à quelques centi-mètres à peine du voisin. Ça ne tenait pas tant du trajet en ascenseur que d'une pub pour les bains de bouche.

– Ça fait bizarre d'être comme ça, dit Fabienne. On n'a qu'à chanter à haute voix. Ce sera moins louche et plus rigolo.

Elle se mit à entonner un air, bientôt rejointe par Billy. J'avais beau ne pas connaître le morceau, je fis de même à mon tour. On chanta tandis que l'engin grinçait et clique-tait contre les parois. Jusqu'à l'arrivée au cinquième, où l'on ressortit tels les Stooges (pas ceux d'Iggy, les trois vieux comiques télé).

– Suivez-moi, dit Fabienne.

On longea un couloir bleu jusqu'à son bureau. La porte en bois peinte en rouge était percée d'un panneau vitré annonçant : Direction.

À l'intérieur, trois bureaux dissemblables collés les uns aux autres pour former un T. Des boîtes de conserve peintes servaient de pots à crayons. Rien n'était assorti, ni les chaises, ni les plantes, ni les rideaux, ni les lampes – rien, hormis les ordinateur, trois Mac puissants.

On s'assit. Elle nous offrit du vin, dans des pots de yogourt en verre, pas dans des ballons.

– Pourquoi tu voulais me voir ? demanda-t-elle.

– À propos d'une femme qui se fait appeler Luda Jurski, dis-je – et je crus voir tressaillir son visage quand je prononçai ce nom.

– Luda comment ?

J'expliquai l'histoire du chat, l'épisode de la TGB. Elle écouta mon récit avec patience, sans réagir.

– J'aimerais t'aider, mais je ne peux pas, désolée.

– Je suis sûre d'avoir vu un des types ici…

– Je ne peux pas, répéta-t-elle. Il y a trop de monde aujourd'hui, excuse-moi. (Et, se tournant vers Billy :) Tu lui as fait les honneurs ?

– Non.

– C'est pas vrai ! Bon, alors, suis-moi pour un tour du propriétaire.

Elle nous guida jusqu'à la cage d'escalier.

– Ici, on est à l'étage administratif. Les gens qui gèrent le collectif y ont leurs bureaux, et il y a aussi le studio pour notre radio en ligne, Radio Rocambole. Au quatrième… suivez-moi… On a seize chambres, la cuisine et la pièce commune. Entrez. Referme la porte derrière toi, Billy.

La pièce commune, très simple, présentait de nouveaux bureaux et quatre ordinateurs, avec une masse de posters contestataires au mur – dont la fameuse affiche de

Coluche pour les présidentielles dans laquelle il en appelle à ses électeurs : « Les fainéants, les crasseux, les drogués, les alcooliques, les pédés, les femmes, les parasites, les jeunes, les vieux, les artistes, les taulards, les gouines, les apprentis, les Noirs, les piétons, les Arabes, les Français, les chevelus, les fous, les travestis… »

Je la connaissais bien. Mon amie Brigitte l'avait collée dans son bureau à PLUS Music. Malheureusement, étant donné sa popularité, Coluche avait été forcé de se retirer de la course. Les sondages montraient trop d'intentions de vote en sa faveur. C'est ce qui avait dû se passer lors de la campagne avortée du comédien Pat Paulsen pour la présidence américaine de 1968. Comment le monde aurait-il tourné si ces deux grands comiques étaient restés en lice ?

– On a aussi une douche chaude à cet étage, expliqua Fabienne. On a trouvé le chauffe-eau dans la rue. Cue l'a réparé pour qu'on puisse le brancher sur une prise électrique. Il donne environ dix minutes d'eau chaude par jour et par personne, ce qui est largement suffisant. On finira par mettre une vraie chaudière, mais on se débrouille très bien pour l'instant et ça évite de gaspiller l'eau.

Le deuxième et le troisième étage formaient les ateliers d'artistes, le premier servait de débarras. Vieux décors, marionnettes et masques en papier reposaient de guingois parmi des spirales de câbles, bouts de bois et autres bobines géantes de cordons métalliques et de corde. Un coin était occupé par une montagne de bouteilles d'eau en plastique vides.

– C'est à Tommy Mathis, un de nos Américains. Il les entasse pour fabriquer une île.

– Une île ?

– Il suffit d'en avoir un million.

Au rez-de-chaussée, l'espace exposition du collectif.

– C'est merveilleux, ce que fait cet artiste lumière, dit-elle. Il s'appelle Périer. Jetez un œil en sortant… Et maintenant, excusez-moi, mais j'ai une réunion sur le toit dans cinq minutes.

– Elle sait quelque chose, dis-je à Billy.

– Tu crois ?

– Ce n'était pas tant un tour du propriétaire qu'une façon polie de nous ramener jusqu'à la sortie – pour éviter de répondre à des questions gênantes, j'en mettrais ma main au feu… Qui sont ces gens ?

– Des militants et des artistes.

– Des fauteurs de troubles ?

– Des fouteurs de merde, dit-il. Je te trouve un peu parano.

– Comme dit une ex-voisine à moi, « avant, j'étais parano, mais la réalité m'a rattrapée ».

Enfin, il se peut que je voie un peu trop le mal partout, même pour ce monde-ci.

En voici un exemple : au moment où je rentrais au bercail plus tard dans l'après-midi, une sonnerie de téléphone qui m'était inconnue s'éleva dans l'appartement. Je venais d'insérer ma clé dans la serrure inférieure de la porte d'entrée quand résonna le thème de Montovani qui figure dans le film *Moulin Rouge*. Je m'apprêtais à appeler les flics lorsqu'une voix familière lança derrière la porte :

– C'est toi, Robin ?

Et qui était-ce donc, je vous le donne en mille, sinon ma tante Mo, sortant du bain et enveloppée dans l'un de mes peignoirs ?

– Comment tu es entrée ?

– Ton voisin, M. Vanier, m'a ouvert la porte de l'immeuble, ensuite il m'a aidée à expliquer à la gardienne que j'étais ta tante et que j'avais besoin d'aller chez toi.

– Et la gardienne t'a crue.

– Je lui ai montré des photos de nous.

– Qu'est-ce qui t'arrive ? demandai-je. Et ton circuit touristique ?

– Je suis partie avant la fin.

– Pourquoi ?

Mon imagination s'emballait. Les autres participants avaient-ils tenté de la réduire en charpie ? Avait-elle insulté les Français ? Était-elle *persona non grata* dans les châteaux de la Loire ?

– Oh, dit-elle, je me suis lassée, c'est tout. Et comme je n'arrivais pas à trouver de chambre d'hôtel, me voilà. Depuis quand as-tu ce deuxième chat ?

– C'est très récent. J'avais prévu sortir ce soir, tante Mo. Tu vas pouvoir rester seule ici ?

– Oui. Je regarderai la télé.

– Ça va ?

Elle poussa un soupir.

– Oui.

– Que veux-tu faire cette semaine ?

– Oh, peu importe, je me rangerai à ton programme.

– J'ai plusieurs réunions au bureau, il faudra que j'y aille, dis-je. Et mon amie Tamayo est à Paris…

– Ah.

– Mais tu peux nous accompagner, si tu veux.

Son sourire s'élargit.

Tamayo avait prévu des tas de trucs à faire entre filles ce week-end-là. Il faudrait maintenant se trimbaler tante Mo. Tamayo ne l'avait rencontrée qu'une fois, une présentation brève au All News Network quand on y travaillait toutes les deux. Je tâchai de me figurer ce que pourrait donner la combinaison de mon amie rebelle et bordélique avec une tante Mo corsetée de partout.

Mais je ne pouvais pas laisser ma tante errer seule dans la nature. Elle me touchait avec son chagrin.

Je retrouvai Tamayo et son ami Charles-Pierre dans la salle où jouaient Brigitte et son groupe, le Diorama – ainsi appelé à cause de la forme du hall. C'était bondé d'ados aux vêtement déchirés qui poirotaient pendant que Brigitte chantait sur Bush, la haine, le pouvoir, l'amour qui vous donne des envies de suicide et la révolution, *baby*. Le gosse devant moi fouettait l'air de sa tête en rythme, il n'arrêtait pas de me balancer ses cheveux gras dans la gueule. Les ados glapissaient et tapaient du pied à la fin des morceaux. Un jeune homme campé devant nous s'efforçait d'avaler sa copine tout entière. Dans les toilettes (peintes en noir, éclairées par une simple ampoule nue), deux gosses qui sniffaient ouvertement de la coke me regardèrent en prenant des airs de sales mômes : *on te défie de réagir*. Une voix intérieure m'aurait bien poussée à dire que la coke était mauvaise pour la santé, mais je me rappelai comment je réagissais à ce genre d'attitude venant d'étrangers quand j'avais leur âge : par la révolte. Je me montrai donc *blasée**, les regardant puis détournant la tête avant d'entrer dans la cabine. La lumière crue et les surfaces noires mates évoquaient le Continental, à

New York, dans l'East Village, un lieu à la con où chacun surveillait attentivement son verre de peur de se faire droguer, et où des femmes étranges vous draguaient tout en vous proposant leur propre dose d'héroïne.

Seigneur, pensai-je, ça faisait vingt-sept ans que j'assistais à des concerts punks. La mort par overdose de Dee Dee Ramone à Los Angeles en juin 2002 avait sonné le glas du vrai *street punk* bien sale. Mais le genre survit encore. On a maintenant du punk rock suburbain comme Green Day. Du lyrique, de haut vol, façon Pete Doherty et Babyshambles. Quel effet ce style de musique vous fera-t-il en 2100 ? Celui qu'ont sur nous les vieux airs des années folles aux cylindres de phonos qui grattent ? Ou sourirez-vous en reconnaissant les morceaux, pour invoquer sur l'extranet les mânes des Dead Kennedys, des Ramones, de Johnny Thunders et peut-être même de ce bon vieil Iggy, en téléchargeant la musique direct dans la puce audio implantée à l'intérieur de votre oreille ?

15

— Gus à Paris ! s'exclama Tamayo en se laissant tomber sur une chaise au Baroudeur, à Montmartre, le lundi.

On venait de s'y retrouver pour déjeuner. Elle était en compagnie de son ami Charles-Pierre et moi, de tante Mo. Que Tamayo et Paul avaient promis d'emmener à Eurodisney, puisque tout le monde y parle anglais et que le personnel au grand complet se montre d'une obséquiosité totale envers les Américains. Dieu (ou autres) merci, elle avait promis de bien se tenir – une promesse inutile car Charles-Pierre était le savoir-vivre incarné.

— Regarde-moi ça, m'enjoignit Tamayo en me tendant le tirage papier d'un article de journal pris sur le Net.

Ça traitait d'une banlieue de Vancouver dont un habitant avait décroché un rôle dans un film intitulé *Franklin à Paris* – l'histoire de Benjamin Franklin, venu en France dans l'espoir d'obtenir le soutien de Louis XIVe à la jeune république des États-Unis (il avait réussi). Le type de Vancouver jouait le valet de pied négligent de Silas Deane, l'un des autres délégués de la mission diplomatique secrète.

Et c'était l'un de mes ex : Gus.

— Comment tu es tombée là-dessus ?

Ça commençait à prendre des airs de récit de Kafka.

— J'ai créé des alertes infos Google sur chacun de tes anciens mecs, dit-elle. Enfin, ceux dont je me souvenais… (Elle se tourna vers tante Mo.) Elle en a eu tellement qu'on a parfois du mal à suivre.

— Je sais, dit tante Mo.

Je ne peux qu'imaginer dans quelle dépravation elle me croyait plongée, elle qui n'avait couché qu'avec un seul homme au cours de toute son existence : l'oncle Archie.

— Notre amie Sally lui a prédit qu'elle trouverait l'amour de sa vie à Paris, un amour issu de son passé. J'ai voulu parier sur qui, mais Robin a refusé.

— Le jeu est un péché, répliqua tante Mo — mais d'un ton distrait, dépourvu de vraie conviction et d'expressions menaçantes.

— Ah. Désolée.

— Tamayo, tu as créé des alertes infos sur mes ex ? Je rêve.

— Juste par curiosité.

— Qu'est-il arrivé à ce… comment s'appelle-t-il, déjà ? Gus ? demanda tante Mo.

— C'est une longue histoire, dis-je.

Tamayo répondit pour moi.

— Elle s'est soudain mise à dire la vérité. Ils avaient commencé par se mentir sur toute la ligne et ça marchait comme sur des roulettes, mais quand l'idée leur a pris de parler vrai, leur couple s'est cassé la gueule, comme par hasard… Enfin, couple… Est-ce que c'est bien le mot qui convient, Robin ? Rien ne dit qu'il y a vraiment eu couple. Ça ressemblait plus à un jeu de rôles pour adultes…

— Merci, mais ne raconte pas ma vie.

— Êtes-vous chrétienne, Tamayo ? demanda tante Mo.

Apprenez, chère promo 2100, que ma tante avait longtemps été une antisémite notoire. Jusqu'aux attentats de New York, où elle avait soudain dû s'inquiéter du comportement d'un milliard de musulmans. Résultat : les Juifs avaient grimpé dans sa hiérarchie, pour prendre la deuxième place sur le podium de meilleur peuple de la planète. Elle ne tarissait plus d'éloges sur « eux » depuis le 11-Septembre. Une promotion survenue alors même que Mo prend la Bible pour la parole littérale de Dieu (Bible dans laquelle, faut-il le rappeler, les Juifs et autres non-chrétiens sont des infidèles qui n'auront pas l'honneur d'être sauvés quand Jésus reviendra sur cette Terre pour la première résurrection et pour son règne de mille ans). Tante Mo est persuadée que Dieu la soulèvera par la peau du cou pour lui permettre d'observer d'en haut les pécheurs et autres mécréants qu'Il jettera de l'autre main dans l'Abîme embrasé (où il seront torturés jusqu'à ce que mort s'ensuive : le Christ auquel elle croit est cruel).

— Tante Mo, ce n'est pas toi qui appelais New York « Nyoutre » et qui disais que les Juifs avaient la mainmise sur les médias ?

— Eh bien, ma foi, c'est indéniable, ils tiennent effectivement les commandes dans ce domaine, ainsi qu'à Hollywood.

— Ah bon, et que fais-tu de Richard Parsons, de Time Warner ? de Jack Jackson ? de Lord Otterrill ? de Rupert Murdoch ? d'Enrico Diaz… ? Ah, et sans compter ces israélites notoires que sont Mel Gibson et Francis Ford Coppola ? D'ailleurs, attends une seconde… La dernière fois que j'ai mis les pieds au pays, tu m'as raconté que les gays contrôlaient les médias et Hollywood. Faudrait savoir.

— Quand ceux qui tiennent les cordons de la bourse ne sont pas juifs, ils sont gay. Il y en a qui sont les deux.

— Aucun des hommes dont je t'ai cité le nom n'est juif. Ni gay.

— Mais ne va pas croire que ça m'offusque. Les Juifs sont de notre côté.

— Sauf ceux qui sont gay, c'est ça ?

— Tu as vraiment mauvais esprit aujourd'hui, ma petite demoiselle.

Je me remémorai que j'avais devant moi une veuve trahie et m'empêchai de répondre.

Tamayo intervint.

— Gus devrait être facile à trouver. Va dans les endroits people.

— Je n'ai aucune intention de le chercher, dis-je.

— Il n'y a pas d'endroits people à Paris, intervint Charles-Pierre.

— Ah non, et Le Cab ? Et l'Hôtel Costes, ou même le Buddha Bar ?

— D'accord, mais ils sont destinés aux étrangers. Les stars françaises ne les fréquentent jamais, sauf quand leurs amis étrangers y vont. La star française fréquente ses boui-bouis de quartier.

— Et elle fait même parfois ses courses elle-même, approuvai-je. Un jour, j'ai croisé Catherine Deneuve rue de Buci, elle achetait ses fruits au marché comme la châtelaine de base.

— Elle est super bien conservée.

— Elle a combien, soixante ans ? Et elle a meilleure mine que moi... Non, que moi il y a dix ans... Voire de tout temps. Elle s'est fait faire un lifting ?

– C'est peut-être génétique ? Avec la chirurgie esthétique, on peut redresser des trucs et resserrer les tissus, mais ça ne donne pas l'air aussi doux et aussi jeune à la peau.

– Non, pour ça il n'y a que le pacte avec le Diable.

– Il faut que je parte au bureau, dis-je.

– Tu ne vas pas manger ? demanda Tamayo.

– J'achèterai un sandwich en vitesse à la boulangerie.

– Eh bien dis donc, s'exclama tante Mo, tu commences tard !

– C'est le décalage horaire, prétextai-je. Nos collègues new-yorkais n'arrivent pas au bureau avant le début de l'après-midi, heure de Paris.

(Alors que je commençais en général plus tôt, et que je partais beaucoup moins tard que les collègues de New York.)

– J'ai posé la question à mon fiancé, pour savoir si ça peut marcher depuis chez toi, tes vidéoconférences, dit Tim. Tu le connais, au fait ?

– C'est toujours Smokey ?

Smokey était membre des Gais Nounours. Un monsieur hirsute, enveloppé et homo avec une grosse barbe. Tim, lui-même un grand échalas, avait un faible pour ce genre d'homme.

– Oui. Si tu es assise devant un fond bleu, il arrivera sans doute à te détourer pour te coller sur un décor de bureau.

– Comme on fait pour les présentateurs météo.

– Exactement. Dès qu'il revient de Corse, on te trouve le fond qu'il faut et il te programme tout ça.

— Et ensuite je n'aurai plus besoin de bouger de chez moi pour ces vidéoconférences à la con ?

— C'est ça

— Par quel miracle est-ce que je t'ai engagé ?

— C'est ton pacte avec le Diable, rappelle-toi. Pas génial comme conditions, mais enfin...

— Tim, tu veux bien accompagner ma tante Mo dans Paris de mercredi à samedi ? Je t'accorde des jours de congé et je te donne trois fois plus qu'ici de ma poche.

— Tous frais payés ?

— Tous frais payés.

— Évidemment. Ça ne peut pas être dur à ce point-là.

— Euh... il y a un petit problème : elle est homophobe.

— Quand je faisais du théâtre, j'ai eu le rôle de Stanley dans *Un tramway nommé désir*. Je sais jouer les hétéros. Elle n'y verra que du feu.

— Merci, et désolée d'avance pour tout le sucre qu'elle risque de casser sur le dos des lesbiennes, des gays, des intellos de la côte Est, des Français, des démocrates, des gens de gauche...

— T'inquiète. J'assurerai.

Le visage de Jerry apparut soudain sur l'écran, suivi par celui de Solange. Il s'avéra que plusieurs heures avant la diffusion du dernier épisode en date de *Last Girl Standing*, quelqu'un avait de nouveau fuité le nom de la future perdante. Plusieurs initiés avaient lourdement parié sur son nom à Vegas, ce qui avait mis la puce à l'oreille des autorités. Le responsable aurait pu être n'importe qui, du type qui prépare les graphiques des votes sur le tableur jusqu'au monteur vidéo – en passant par les producteurs sur place ou même moi. (Enfin, là, je savais pertinemment que non.)

À New York, Solange Stevenson avait annoncé qu'en tant que présidente de la chaîne, elle engageait un auditeur du cabinet qui comptabilisait les votes pour les oscars afin de superviser notre décompte. Après quoi elle m'avait refilé le bébé : « La femme qui a créé l'émission va mener l'enquête. Elle trouvera le ou les coupables. » (Du blabla total, parce que c'étaient Jerry et elle ainsi que d'autres gros bonnets du réseau qui se pencheraient sur la question. Cette déclaration était une façon de me rendre responsable du résultat d'un truc qui se passerait en Amérique pour la plus grande part.)

Jerry avait dégotté une idée lumineuse pour serrer la vis côté sécurité.

— À partir de maintenant, on tourne et on retransmet en direct pour le fuseau de New York...

— Jerry, objectai-je, le direct, c'est le désastre assuré. Tu n'as jamais vu nos bêtisiers télé ? Une émission sans filet...

— Pas toute l'émission. On peut enregistrer le reste... on se garde juste le vote final. Ça ne fera que sept minutes de direct, les dernières, celles où on apprend qui est la perdante. Tu tendras l'enveloppe qui contient les résultats à l'un des producteurs juste avant l'heure de l'annonce. C'est un bon moyen pour prévenir toute fuite à l'avenir.

Ça veut dire qu'il faudra tourner le vote à 3 heures 53 du matin, heure locale. On va devoir tirer les filles et l'équipe technique du lit en plein milieu de la nuit !

— Ils n'auront qu'à se recoucher ensuite.

– Le deuxième problème, c'est que ça suppose que je me trouve sur le plateau pendant le vote, or je déteste y mettre les pieds.

– C'est indispensable, dit-il. De toute façon, ta présence n'est nécessaire qu'un quart d'heure au pire.

– Mais samedi prochain, c'est la Nuit Blanche !

– La nouille quoi ?

– Laisse tomber, dis-je.

Quand je rentrai à la maison, tante Mo se préparait une tasse de thé. Elle s'était éclatée à Eurodisney. Elle était montée sur les montagnes russes, ce qui ne lui était plus arrivé depuis 1944. Elle avait mangé de la barbe à papa et des pommes d'amour, et trouvé drôle qu'un des wagonnets présente un panneau avertissant que l'attraction était *déconseillée aux personnes sensibles**, jusqu'à ce que Tamayo lui explique que c'était un faux ami et que contrairement à chez nous, en français, « sensible » ne voulait pas dire « sensé » mais « émotif », (et qu' « attraction » ne faisait référence ni à l'amour, ni à la pesanteur terrestre, mais au manège). Tante Mo s'était fait plaisir en parcourant Discoveryland et se déclarait ravie que tout le monde parle anglais à Eurodisney. Le lendemain, Tamayo l'emmenait à Versailles.

– Et puis l'inspecteur des services vétérinaires est passé, ajouta ma tante.

– L'inspecteur des services vétérinaires ?

– Oui. Quand je suis arrivée, il était devant la porte de ton escalier. Il cherchait ton appartement. Il avait une sacoche noire.

– Une trousse à outils de cambrioleur. Tu l'as laissé entrer ?

– Oui. Il m'a montré sa carte.

– Une carte qui disait qu'il était inspecteur des services vétérinaires ?

– Euh… je ne comprenais pas, c'était écrit en français. Mais je lui ai fait confiance, parce qu'il parlait notre langue et qu'il avait une croix autour du cou. Une petite croix noire. Il a dit qu'il passait voir ton chat.

– Ça n'existe pas, tante Mo, les inspecteurs vétérinaires qui débarquent chez vous pour vérifier l'état de vos chiens et de vos chats.

– Ah bon ?

– Non.

– Mais comment veux-tu que je devine que la médecine vétérinaire n'est pas nationalisée dans ce pays ? Tout le reste l'est !

– Il a fait quoi ?

– Il a inspecté le pelage des chats, il a pris leur pouls, et puis ensuite il a regardé leurs souris pour jouer et il est parti en emportant le sac de litière.

– Le sac de litière ?

– Oui. Il paraît qu'elle risquait d'être contaminée. Il voulait emporter le chat noir, mais je le lui ai interdit tant que tu n'étais pas là.

– C'était un voleur, dis-je.

– Un voleur qui prend des souris en plastique et de la litière pour chats ?

– Je sais bien que ça paraît bizarre, tante Mo. C'est en rapport avec ma voisine. Je ne peux pas t'expliquer. Il avait de grandes oreilles ?

– Non.

Chère promo 2100, mon premier geste, ça tombe sous le sens, a été d'appeler l'inspecteur Charvet. Qui m'a écoutée, même si des soupirs impatients résonnaient à l'autre bout du fil.

– Quelqu'un vous a volé votre litière.

– Oui, ainsi que les jouets des chats.

– Pardonnez-moi, mais pourquoi diable irait-on faire une chose pareille ?

– Eh bien, peut-être que la personne qui poursuit Luda a cru qu'elle avait caché quelque chose là-dedans. Des renseignements sur l'endroit où elle se trouve, une puce informatique ou un truc comme ça. Je ne sais pas. Peut-être que ma voisine pratiquait l'espionnage industriel ?

– C'est ça.

– J'avais mis d'autres objets dans ce sac de litière, c'était lourd, il a peut-être cru y trouver un objet de valeur.

– Vous aviez mis d'autres objets dans votre sac de litière ?

– Oui, une boule à neige de La Mecque, des aimants pour frigo, de la lingerie fine…

– Comment se fait-il ?

Tante Mo était assise derrière moi.

– Je ne peux pas m'étendre pour l'instant…

– Madame Hudson, de vrais délits se produisent à Paris. Je n'ai pas de temps à consacrer à…

– Mais ma tante l'a vu !

Je tendis le combiné à tante Mo et partis aux toilettes. À mon retour, elle me le rendit.

– Un homme brun, sans traits distinctifs hormis une croix autour du cou, est entré chez vous pour vous voler votre litière pour chats, résuma-t-il. Litière qui contenait une boule à neige de La Mecque, des dessous chics et quoi encore ?

– Des aimants de frigo. IL PORTAIT UNE CROIX NOIRE !

– Ah oui. À l'avenir, si vous avez d'autres problèmes, je vous suggère d'appeler le commissariat le plus proche.

Tante Mo me regardait. Je décidai de la distraire plutôt que de tenter d'expliquer le truc.

– Tu veux regarder une vidéo, tante Mo ? J'ai un film chrétien, la bio de Johnny Cash, *Walk the line*.

– Non, non, j'ai de quoi faire, dit-elle en tapotant la Bible posée à côté d'elle. Une petite lecture pieuse, Robin ?

– Pas ce soir, tante Mo. J'ai du travail à faire à l'ordinateur.

Je partis dans l'autre pièce effectuer des recherches sur la « croix noire ». Ça me mena vers des sites anarchistes et un groupe de rock métal.

Après quoi je cédai à la pulsion de la quarantaine : je cherchai ce qu'il était advenu de Wim Young.

Il était en train de tourner en France.

Benjamin Franklin à Paris.

Il jouait le rôle de Silas Deane.

Ce qui signifiait que Gus, un autre de mes ex, jouait le valet du personnage de Wim. Quelles étaient les chances pour que deux acteurs que j'avais connus (y compris bibliquement) se retrouvent au générique du même film en cours de tournage à Paris ? Quel dommage que ces deux-là ne se soient pas rencontrés plus tôt pour échanger des anecdotes sur moi… SAUF QUE C'ÉTAIT PEUT-ÊTRE DÉJÀ FAIT, BORDEL ! D'un autre côté, je m'accordais sans doute trop d'importance. Il n'y avait aucune raison pour que mon nom soit venu sur le tapis. Si seulement… C'est dans des moments pareils que je me dis qu'il y a sans doute un Dieu et qu'il me hait.

Je me frayai un chemin virtuel entre les spams de personnes fort connes puisqu'elles voulaient m'accorder des prêts, et de fils et de veuves de personnages importants du Nigéria ou du sultanat de Brunei tout aussi crétins qui souhaitaient que la parfaite inconnue que j'étais héberge sur son compte en banque leurs millions volés. Motdujour. com m'avait envoyé le terme *têtu**, qui signifie obstiné ou tête de mule. Et il y avait un courriel de johnnyaskew@wanadoo.fr. Comment avait-il obtenu mon adresse ? Mystère. Une chose était sûre : je ne la lui avais pas donnée, pas plus qu'à Billy.

Le courriel disait :

Héloise et Abélard. Demain midi. On peut répondre à certaines de tes questions. C'est Blue Baker qui m'a donné ton adresse e-mail.

Tout le monde sur cette planète connaît Blue ou quoi ? Bien sûr que non, mais il a rencontré des tas de gens sur les chemins de traverse du monde.

Blue est un ancien inspecteur des services d'hygiène de la ville de New York, boulot plus dur qu'on ne croit. Ça ne consiste pas à espionner le contenu des poubelles des gens pour vérifier s'ils trient leurs déchets. Il opérait incognito : il sillonnait les rues dans une fourgonnette, vêtu d'un gilet pare-balles, pour attraper les pollueurs illicites, ces gens qui jettent des produits chimiques toxiques, des chargements entiers de pneus et autres dégueulasseries dans le quartier

202

de Bedford-Stuyvesant, à Brooklyn. Certaines fois, des types balançaient leurs poubelles dans des jardinets privés soignés. D'autres jours, Blue tombait sur des cadavres de chiens abandonnés après des combats clandestins. Un péché, d'après lui.

Au moment où nous nous étions connus, il avait pris sa retraite de ce boulot. C'est aussi un vétéran du Vietnam, toujours hanté par l'idée d'avoir dû tuer des jeunes gens comme lui pour sa patrie. Il ne croyait plus aux patries, juste à la planète Terre. Tous les hommes sont frères. *One love*. L'amour universel.

Après avoir été viré avec perte et fracas des services d'hygiène pour avoir fumé de la drogue pendant les heures de service, il était devenu revendeur d'herbe iti-nérant. Par un de ses clients, il avait adhéré à un groupe clandestin de bienfaiteurs de l'humanité connus sous le nom de l'Organisation qui tâchaient de sauver le monde. C'était par son intermédiaire que mon amie Claire avait trouvé l'appartement qui était devenu le mien par la suite. Elle était tombée sur Blue dans un café végétarien qu'ils fréquentaient tous les deux, avait parlé de son futur démé-nagement à Paris en précisant que la boîte la logeait juste trois mois et qu'ensuite elle devait trouver un truc. Elle voulait habiter à Montmartre, mais loin des sentiers battus touristiques, pour échapper aux paparazzi et autres har-celeurs de people. Le quartier de Mesrine s'était révélé par-fait. Blue avait dû lui donner le nom de Johnny, qui, j'ima-gine, l'avait ensuite branchée avec notre proprio, le patron de l'Immobilière Confort.

La seule petite copine que j'avais jamais connue à Blue était son ex-femme. Elle avait divorcé après qu'il était allé voir ailleurs. Quand il était revenu la supplier à genoux, elle avait accepté de le reprendre comme amant tout en refusant de remettre le couvert côté mariage. La formule fonctionnait depuis dix ans.

Si Blue se portait garant de Johnny, c'était une raison suffisante pour me rendre au Père-Lachaise le lendemain sur la tombe d'Héloïse et d'Abélard.

Des amants maudits. L'univers me faisait des clins d'œil appuyés.

16

Au matin, je fis changer les serrures, après quoi j'arrivai au Père-Lachaise une demi-heure à l'avance. C'était encore la pause-déjeuner et les allées grouillaient de monde. Ce cimetière est un jardin des refroidis au sens propre, jardin qui tient même du musée : ça constitue aujourd'hui un parc bien entretenu, où les gens cassent la dalle devant celle des tombes environnées de verdure, et où les touristes viennent voir les sépultures de centaines de gens célèbres, parmi lesquels Édith Piaf, Oscar Wilde, Chopin, Sarah Bernhardt, Georges Seurat, Gertrude Stein, Marcel Proust, Isadora Duncan et Jim Morrison. Sans compter, bien sûr, Héloïse et Abélard.

C'était beaucoup plus macabre et plus intéressant avant qu'ils ne nettoient. Les racines des arbres se faufilaient alors à travers les cercueils, soulevant les stèles, sinuant dans les allées pavées et s'y entremêlant avec d'autres branches. Des putes y appâtaient le grand-père nécrophile et le lycéen pubère (à en croire l'article que j'avais lu dans une vieille revue des années 1970, le Père-Lachaise était alors un coin renommé parmi les ados qui voulaient se taper une pute). Des centaines, voire des milliers de chats roux aux yeux dorés couraient de-ci, de-là, ou scrutaient le passant cachés derrière les tombes.

Les stèles entourant celle de Jim Morrison arboraient des flèches graffitées montrant la voie, et la sépulture du chanteur des Doors était systématiquement jonchée de bouteilles de whisky vides, de mégots de cigarette et autres lettres d'amour à Jim. (Qui n'avait plus sa tête, Billy n'avait pas raconté de conneries.)

À présent les chats ont tous disparu, on a taillé les racines rétives et un vigile assure des rondes autour de la célèbre tombe pour empêcher les rassemblements trop bruyants. Et on ne voit plus de putains outrageusement maquillées.

Les restes d'Héloïse et d'Abélard ont été transportés sur place, où ils reposent en terre sous un dais de pierre ouvragé devenu lieu de rendez-vous favori des amoureux. Bien que le couple soit mort il y a neuf ou dix siècles de cela, des romantiques échevelés apportent encore chaque jour des bouquets sur la tombe.

Quand j'arrivai, il n'y avait pas d'amants éplorés, juste une unique femme portant lunettes et sac noirs et tenant à la main une grappe de ballons rouges gonflés à l'hélium.

– Bonjour, dis-je.

Elle ne dit mot mais elle me tendit un ballon, puis se détourna et partit.

Qu'est-ce que c'est que cette devinette surréaliste ? me demandai-je – avant d'apercevoir une ombre au fond du ballon. Je crevai le caoutchouc à l'aide d'un stylo. Un petit bout de papier avait été glissé à l'intérieur.

Bout de papier qui disait : « Oscar Wilde », et qui était signé : « Johnny ».

Le prince du paradoxe, martyr de la cause gay, repose dans un tombeau sculpté représentant une forme mi-homme, mi-sphinx. Son épitaphe dit en latin :

Des larmes étrangères empliront pour lui
L'urne longtemps brisée de la compassion
car ceux qui le pleurent sont des parias
et toujours les parias pleurent.

Les romantiques homos viennent lui rendre hommage. Il y avait des tas de fleurs et de notes, ainsi que, parmi eux, une boîte marquée « Robin ». Quand je me penchai pour regarder à l'intérieur, le téléphone qu'elle contenait se mit à sonner.

J'ouvris, en tirai l'appareil et répondis.

– Rendez-vous sur la tombe de Jim Morrison dans dix minutes, dit une voix d'homme. Attends là-bas. Range ton cellulaire dans la boîte et emporte celle-ci avec toi.

Si ce délire suivait une logique, elle m'échappait totalement. La tombe de Wilde se trouvait à pétaouchnok, à l'opposé du cimetière par rapport à celle d'Héloïse et Abélard, alors que celle de Morrison était située non loin. Aiguillonnée par la curiosité, par l'espoir que la promesse serait tenue et que j'en apprendrais plus sur cette « Luda », je me rendis quand même sur la tombe du chanteur des Doors.

Quelques jeunes hippies se recueillaient sur la sépulture de Morrison. Ils s'en allèrent puis un autre jeune fit son apparition, un type dépenaillé, celui que j'avais vu à la TGB. Il se campa à côté de moi, tout près, baissant les yeux vers la dalle mortuaire.

– Qu'est-ce que... entamai-je.

– Je vais t'amener auprès de Luda. Cours.

On dévala les sentiers de pierre, avant de couper par un secteur de tombes entre lesquelles on sinua jusqu'à se retrouver à l'entrée latérale de la rue du Repos, devant une fourgonnette grise garée au milieu de la chaussée.

– Monte, enjoignit un chauve, qui grimpa côté conducteur.

Il avait l'air Américain, à sa voix.

– Qui êtes-vous ?

– Je m'appelle Cue, et voici Henri.

Il avait indiqué de la tête le jeune gars à côté de moi.

– Pourquoi toutes ces précautions de conspirateurs ?

– Juste pour être sûrs que personne ne te suivait, expliqua Henri. Ils m'ont fait le même coup.

– On adore ce genre de trucs. On manque d'occasions de jouer aux gendarmes et aux voleurs, dit Cue. Attache ta ceinture, s'te plaît.

– Où est-ce qu'on va ?

– Au Rouge Baiser, dit-il, avant de se concentrer sur un conducteur qui venait de lui couper la route. Hé, oh, madame, faites gaffe ! Vous vous croyez où ?

Henri articula quelque chose de bizarre, en français, et je n'en aurais pas mis ma main à couper, mais il me semble que ça voulait dire : « Mets la gomme et sème-le. »

– C'est pas ce fourgon-là.

– Comment tu as connu Blue Baker ? demandai-je à Henri.

– Je le connais pas. C'est un pote à Johnny.

– À Fabienne aussi.

– Comment tu as connu Johnny ?

– Par Fabienne, répondit Cue. Un mec génial. Tu sais, presque tous les membres de sa famille étaient résistants pendant l'Occupation. Y compris certaines des femmes. Je veux dire dans la Résistance active, pas seulement les trucs comme de pisser dans la bière des Allemands ou de leur apprendre de fausses expressions françaises.

– Comment ça ?

– Ben tu sais, les soldats de la Wermacht croyaient commander des plats ou complimenter le chef, alors qu'en fait ils s'insultaient eux-mêmes en français.

– C'est génétique, ce côté cool qu'a Johnny. Il le tient d'eux.

– Il n'oublie pas de le reproduire autour de lui, et largement, en plus, dis-je. Pourquoi m'avoir pris mon cellulaire ?

– On pense qu'il y a une puce GPS cachée à l'intérieur pour suivre tes déplacements. Jay va l'emmener faire un petit tour, après ça il lui ôtera ce machin. Il te rendra l'appareil, mais vaut mieux que tu l'utilises pas pendant quelques jours.

On ralentit près de l'arrière d'un café. Une fois garé près des poubelles, Cue balaya les lieux du regard.

– La voie est libre, apparemment. Viens avec moi.

Il ouvrit la porte du café avec une clé. On traversa une cuisine pleine de bonnes odeurs et de bruits de casseroles, descendit l'escalier menant à la cave. Parmi les cageots d'oignons, de patates, de tomates et de laitues se trouvait un gros rouleau de sacs-poubelles noirs.

– Enfiles-en autour de tes deux pieds, m'enjoignit Cue. Ensuite, fixe-les avec ces élastiques.

Il se mit en devoir d'ouvrir une porte en bois fermée à clé percée dans le mur de pierre.

– Où est-ce qu'on est ? demandai-je.

– Dans un café qui appartient à un ami communiste, expliqua Henri.

– Vous êtes communistes ?

— Quelques-uns d'entre nous, oui, mais pas tous. Cela dit, on a des tas d'amis qui le sont.

— Les communistes français sont chouettes, dit Cue. Ils font des concerts super. Tu es allée à la fête de l'Humanité ?

— Non.

— Oh, tu devrais. Ça a lieu tous les ans. De la très bonne bouffe, de belles bagnoles, un village du livre sous chapiteau, plein d'expos d'artistes et des groupes géniaux.

— Et des buvettes où on se soûle à la bière et où tout le monde se lève spontanément pour chanter *L'Internationale*, dit Henri. Sauf qu'il n'y a jamais de nourriture végétarienne. Ils foutent de la viande même dans les salades.

— Le fait est. Mais il y avait un stand qui servait des cuisses de grenouille. On avait le choix entre une petite ou une grande assiette. On a décidé que le menu végétarien était la petite.

— Où est-ce qu'on va ?

— Dans les égouts, Robin.

Ayant déverrouillé la porte en bois, Cue l'ouvrit, faisant affluer vers nous l'odeur aigre et moisie des égouts. Il prit une lampe de mineur dans sa sacoche, se la posa sur la tête et se faufila dans l'ouverture. Il faisait noir, même quand il alluma la lampe. La flotte clapotait autour de nos pieds. Ça puait vraiment. De temps à autre, le rayon de la lampe de Cue se reflétait dans les yeux des rats qui couinaient. Même quand on ne les voyait pas, on les entendait, on les sentait grouiller autour de nous. En avant toute.

Les égouts de Paris sont jalonnés de panneaux de noms de rues, exactement comme au-dessus. Pour me revigorer face à cette puanteur qui prenait à la gorge, je tâchai de penser à Marat, qui s'était caché là alors qu'il écrivait des pamphlets révolutionnaires et qu'il était recherché par la police de Louis XVIe. Voilà comment il avait contracté la maladie de peau qui lui avait ensuite valu de passer quatre heures par jour dans son bain, où il fut tué par Charlotte Corday, une des folles préférées des Français.

Cue bifurqua dans un nouveau passage souterrain. On suivit jusqu'à une deuxième porte son rayon de lumière tressautant. Nouveau déverrouillage, qui nous permit d'entrer dans une nouvelle cave d'immeuble.

Dans laquelle se trouvait Fabienne.

– Bon, ôte-moi ces sacs, dit-elle. Mets-les dans celui-là. Ensuite lave-toi les mains dans l'évier là-bas.

– J'en ai ma claque des égouts, jeta Henri.

– Où est-on ?

– Sous Rocambole, dit Fabienne. C'est comme ça qu'on rentre et qu'on sort de l'immeuble quand on ne veut pas être vus. Au départ, on avait adopté cette méthode pour tromper les CRS quand on craignait d'être expulsés.

– On va où maintenant ?

– En haut, déjeuner dans la salle commune.

On parvint à la cinquième porte. Fabienne ouvrit le battant à la volée puis me fit signe d'entrer. Dans une pièce où Johnny Traviol se tenait debout à côté d'une femme.

Luda.

– Tu aurais dû me prévenir que tu connaissais Blue Baker, dit-il.

– C'est quoi, ton vrai nom ? demandai-je. Et qu'est-ce qui se passe ?

Cue ouvrit une bouteille de vin, en versa dans des pots à confiture et de yogourt vides.

— Je m'appelle Rose-Marie La Salle, dit-elle. Désolée, j'ai dû partir en toute hâte pour me cacher. Je ne pensais pas te mêler à tout ça. Comment va mon chat ?

— Bien. Pourquoi ne pas l'avoir amené ici ?

— Je suis allergique, expliqua Fabienne. Je lui ai dit *niet*.

— Il n'y avait donc aucun microfilm caché dans les souris en plastique, rien du tout.

— Non. Ce sont de simples jouets pour chats.

— Pourquoi es-tu en fuite, Lud… Rose-Marie ?

Je m'attendais à la triste histoire d'une femme martyrisée se cachant de son bourreau.

Je me fourrais le doigt dans l'œil jusqu'au coude.

17

– Je m'appelle Rose-Marie La Salle, dit-elle. Ma mère était Jeanne Nicolas, mon père…

– Tu es une proche parente de Philippe.

– Oui, c'est mon grand-père. Je vivais sous une fausse identité depuis que je m'étais enfuie de la maison familiale parce que la nouvelle femme de mon grand-père…

– Margery Nicolas.

– Oui, parce que je la soupçonnais d'empoisonner ou d'intoxiquer mon grand-père et que je la voyais prête à essayer avec moi.

– Qu'est-ce qui t'a mis la puce à l'oreille ?

– Au moment où je suis entrée à l'université, il était encore normal. Quand j'ai obtenu ma licence il y a deux ans, il n'avait plus sa tête.

– Tu es allée à la police ?

– Oui, et un médecin est venu. Il a dit que mon grand-père était atteint d'alzheimer et qu'il n'y avait aucun signe d'empoisonnement. Mais Margery avait dû payer les policiers, le médecin, ou utiliser un produit qui ne laisse pas de traces dans le corps… Un jour, j'ai piqué une crise, je lui ai dit que je savais ce qui se tramait dans la maison, et pas seulement avec grand-père… Son ami Jean-Paul Demarque m'a répondu de me taire et elle a ajouté que je regretterais ce que je venais de dire. Moi, je bluffais, c'était juste pour l'emmerder… Mais elle a été furieuse contre moi, elle m'a ensuite rendu la vie impossible. J'achetais mes provisions moi-même, elle ne pouvait pas m'empoisonner… Quand elle partait au bureau, je fouillais ses affaires en espérant trouver du poison.

– Ça a donné quoi ?

– Rien. Mais ça ne veut pas dire qu'il n'y en avait pas. On a trouvé des monceaux d'autres choses louches. Elle a un coffre-fort, seulement je ne connaissais pas la combinaison. Et il y avait une pièce fermée à clé dans l'immeuble, mais je ne voyais pas comment forcer la serrure sans qu'elle s'en rende compte. Alors j'ai fait venir un ami pour qu'il m'aide. Il a caché un micro dans le mur de la pièce, derrière le coffre, pour enregistrer le son des roulettes qui tournaient… Ensuite, mon ami a repassé la bande, en la ralentissant pour qu'on puisse compter les cliquetis dans chaque sens. Le lendemain, alors que Margery était partie au siège de la société, on a ouvert la porte. On a trouvé un petit cahier relié en cuir, les clés de la pièce cadenassée et une croix en pierre.

– Ah tiens. De quelle couleur ?

– Noire. Et dans la pièce, il y avait une toge, une capuche et des bottes noires, ainsi que des gants assortis, un ordinateur et une boîte de CD vierges.

– Sans compter une machine à expresso, une Bible et un bureau au tiroir du haut plein de gâteaux secs à base de crêpes roulées… Le tiroir du dessous contenait du rouge à ongles, des élastiques, des cure-dents et un miroir à main en nacre, ajouta Cue – révélant par là que l'ami serviable n'était autre que lui.

– Pas de poison, précisa Luda/Rose-Marie. Mais un truc louche se tramait, ça crevait les yeux.

– Pourquoi es-tu partie ?

– Parce qu'en rentrant un soir me coucher, quand j'ai défait le lit, j'y ai trouvé un long cheveu cuivré, un de ceux de Margery. J'ai changé les draps de peur qu'ils aient été imbibés de poison ou de quelque chose dans le genre. J'avais peur de me servir de mon dentifrice ou de mon bain de bouche, et je ne crois pas que c'était de la parano.

– Elle gardait un cahier dans son coffre-fort ?

– Oui, bizarre, hein ?

– J'ai photographié le texte, dit Cue. La semaine d'après, on a réussi à copier tous les CD. C'est un cahier tout ce qu'il y a de plus ordinaire, des listes de choses à faire, des gribouillis, des annotations.

– Quel genre, les gribouillis ? Des trucs de gamine ? Genre I ♡ Franco ?

– Des fleurs et des guillotines.

– Margery veut faire rétablir la peine de mort, expliqua Luda/Rose-Marie.

– On a tout remis en place après, évidemment, précisa Cue.

– Mais cette chère marâtre doit avoir eu des soupçons, parce que l'ordinateur s'est évanoui dans la nature et qu'elle n'a pas tardé à se balader partout avec un portable.

– Les informations sur les CD étaient cryptées, on ne sait pas encore ce qu'elles signifient. Mais le cahier était rédigé à la main avec beaucoup de choses très claires, dit Cue. Cette croix noire, c'est un truc de malades.

– Le symbole anarchiste en est bien une, pourtant, dis-je. Une croix inclinée dans un cercle.

— Rien à voir, celle dont je te parle est chrétienne. Et ils cherchent effectivement à créer une forme d'anarchie qu'ils pourront exploiter, mais leurs objectifs sont fachos. Ils veulent l'alliance de l'État et du monde économique, pour refondre complètement le paysage politique et l'économie dans ce pays.

— Je leur souhaite bien du courage. Ils n'ont donc rien appris des manifs anti-CPE ?

Je faisais allusion à une loi qui aurait accordé aux employeurs le droit d'engager de jeunes travailleurs pour deux ans et de les congédier sans motif aucun, ce qui leur aurait permis d'engager sans cesse de nouvelles fournées de jeunes jetables comme des kleenex et d'assurer ainsi un flot continu de main-d'œuvre bon marché. Des personnes de tout âge avaient manifesté, affronté la police et protesté sans relâche jusqu'à ce que le gouvernement demande grâce. Les moins de vingt-six ans s'étaient particulièrement mobilisés contre ce projet.

— Ça n'a fait que raffermir leur conviction, dit Fabienne. Ils savent qu'ils ne peuvent pas compter sur le gouvernement UMP pour réformer l'économie à leur guise. Ni sur la Colonne Nationale, le parti d'extrême droite. Ils détestent son chef, Jean-Pierre Le Tarte, ils trouvent que c'est un clown qui a détruit la droite dure et qui doit être éliminé du paysage.

— Comment vous savez tout ça ?

— Eh bien, dans le cahier, à côté du nom de Le Tarte, elle avait marqué : « Gros nul, a détruit l'extrême droite, doit disparaître ». Devaient être expulsés aussi le ministre de l'Intérieur Nicolas Requinsky, Ségolène Jolie du parti socialiste et le maire de Paris. Et ainsi de suite pour tous les leaders de la gauche, du centre et de la droite... Sous cette énumération, il y avait d'autres gribouillis : des petites fleurs et des guillotines. On a aussi trouvé d'autres noms sur une liste titrée À FAIRE dans le cahier :

Appeler Ralph
Appeler Jean-Paul
Appeler Willy
Appeler Karl
Appeler Dick

Ralph était le surnom amical de Lord Otterrill. Jean-Paul était manifestement Jean-Paul Demarque, le fabricant de machines agricoles et de tanks ancré à l'extrême droite, et depuis peu actionnaire de Jackson Broadcasting. Quant à Willy, il pouvait s'agir de Wilhelm Gertner, l'industriel allemand. Mais qui étaient ce Karl, prénom germanique, et ce Dick ?

— Il y avait aussi des dates dont celles des nouvelles lunes, avec une annotation disant de les inscrire dans l'or-dinateur, ajouta Cue. Sur une page, un post-it rappelait de faire des recherches Internet sur le Gladio. Et un tas de trucs qu'on n'a pas compris du tout, une sorte de code.

— Le Gladio ?

— Après la Deuxième Guerre mondiale, la CIA a mis en place l'opération *Stay Behind*[9], pour activer des agents qui combattraient le communisme en Europe de l'Ouest. Le Gladio en était le bras italien, expliqua Fabienne. Un groupe informel d'extrémistes de droite. Leur mission était de

---

9 Autrement dit : restons en arrière-garde. (N.d.T.)

tout faire pour empêcher que l'Italie ne tombe aux mains du parti communiste italien. À en croire les rapports, arrivé aux années 1960, le Gladio avait des ramifications à tous les niveaux du pouvoir en Italie : dans la police, l'armée et même au Vatican. Quand le PCI a fait un gros score aux élections de 1970, le Gladio s'est mis en branle. Ils ont posé des bombes, tué des civils et même, à ce qu'on dit, des chefs d'entreprise et des leaders de la droite, en faisant porter le chapeau aux gens de gauche, qui ont riposté avec des attaques contre la droite au cours d'une guerre civile de basse intensité qui a duré des années, malgré les rafles, les procès collectifs et les emprisonnements massifs en violation de toutes les lois civilisées. C'est ce qu'on a appelé les Années de plomb.

— Le pays vit toujours sous le Code civil instauré par Mussolini, précisa Cue. C'est fou, non ?

— On pense que c'est la stratégie de la Croix Noire. Du terrorisme mis sur le compte d'autrui.

— Une tactique très populaire, dit Cue. Hitler a brûlé le Reichstag en mettant ça sur le dos des communistes.

— Deux groupes ont revendiqué les fausses alertes à la bombe qui ont eu lieu récemment : le Marteau Rouge, une organisation communiste combattante dont personne n'a entendu parler, et le Croissant de Sang, un soi-disant groupe activiste musulman. C'est malin. Ça relie dans l'esprit des gens deux opinions très opposées : l'engagement à gauche et le jihad. On pense que la Croix Noire est derrière tout ça.

— Bien vu, dis-je. Comme ça, quand le public aura été suffisamment distrait par le terrorisme, ces personnes imposeront des réformes économiques bénéficiant aux riches.

— Exactement, dit Fabienne.

– Tous ceux qui se rebelleront ou qui protesteront seront traités de traîtres et jetés en prison, voire en camp de travail, si ça se trouve. Au fond, comment la France peut-elle être compétitive face au géant économique chinois, à moins de disposer d'une main-d'œuvre esclave en veux-tu en voilà ?

– T'énerve pas, prévint Fabienne. Si ça arrivait, ce ne serait pas aussi rapide. On est en France. Les attentats de Londres et d'Espagne n'ont fait que raffermir la gauche locale et les mouvements opposés à la guerre en Irak... Non, ces actes terroristes serviraient surtout à assurer le soutien de la droite et de la bourgeoisie à la Croix Noire. Ils n'arriveraient pas au pouvoir tout de suite, ça leur donnerait juste les outils pour changer la donne politique et pour entamer le basculement en France. Ils comptent sans doute faire passer des lois pour expulser tous ceux qu'ils ne considèrent pas comme des « Français de souche », tout en diminuant les impôts des plus riches, en modifiant le code du travail et en démantelant notre système de sécurité sociale... Chaque fois que ça coincerait, il suffirait de mettre en place une nouvelle menace : assassinat ou attentat, histoire de justifier la fermeté de la réaction.

– Pourquoi vous n'allez pas tout bonnement les dénoncer chez les flics ?

– On soupçonne les copains de Margery d'avoir infiltré la police. Et de toute façon, on n'a pas de preuves tangibles pour l'instant. C'est juste une théorie élaborée à partir de bribes d'informations louches qu'on a trouvées.

– D'accord, jusque-là, je vous suis. Mais quel est le rapport entre Henri et l'incident à la TGB ?

— J'ai travaillé pour la famille Nicolas en tant qu'homme à tout faire, expliqua Henri. Et Rose-Marie et moi nous sommes liés d'amitié quand elle est revenue de la faculté. Plus tard, quand elle s'est enfuie parce qu'elle avait peur de ce que risquait de faire Margery, je suis resté pour l'espionner, cette mégère. Un jour, je l'ai suivie jusqu'à une maison en forêt où elle avait une réunion avec ces gens en toge noire. Mais je n'ai rien entendu, et je n'ai pas vu grand-chose. J'ai tenu Rose-Marie au courant par courrier de toutes les informations que j'ai pu glaner.

— Pourquoi par courrier?

— C'était le moyen le plus sûr d'envoyer les infos au fur et à mesure qu'on les récoltait. Le courriel et le téléphone comportent des risques. Une lettre, ça ne met qu'un jour ou deux à traverser Paris. Mais un soir, alors que j'allais lui poster des infos, des gros bras m'ont attaqué. Ils avaient découvert le pot aux roses. J'ai essayé de prévenir Rose-Marie par SMS mais sans être sûr que ça avait marché, étant donné que je l'avais rédigé très vite à l'arrière d'un fourgon pas éclairé. Ces hommes m'ont emmené à la fameuse maison. Ils m'ont confisqué mon téléphone et m'ont forcé à écrire une lettre à Rose-Marie où je lui demandais de me retrouver à la Très Grande Bibliothèque. Je l'ai fait, mais en me trompant volontairement de numéro d'appartement pour que ça ne lui arrive pas. Par la suite, ils m'ont rendu le cellulaire, mais ils avaient consommé toutes les minutes pour que je ne puisse plus appeler.

— Et ils avaient caché une puce GPS dedans.

— Oui. Il ne leur restait plus qu'à me laisser m'échapper pour me suivre. Heureusement, je ne suis pas allé tout de suite à Rocambole. En arrivant à Paris, comme je ne savais pas si Rose-Marie avait reçu mon texte, j'ai foncé vers la TGB pour la protéger. Là, j'ai repéré un des types, et toi, Robin, mais pas Luda, alors j'ai pris mes jambes à mon cou. Je me suis caché, il m'a trouvé, je suis reparti, il m'a retrouvé, et encore une fois, alors que j'étais sûr de l'avoir semé... C'est là que j'ai réalisé qu'il avait dû cacher une puce dans mon téléphone.

– Très malin comme raisonnement, dis-je.

– Pas vraiment. Margery Nicolas m'avait demandé d'en prendre une peu avant pour savoir où je me trouvais et j'avais refusé. Mondefer fabrique de telles puces, et comme j'étais au courant de l'existence de cette technologie et de leur volonté de l'utiliser, ma déduction était facile à faire à ce stade-là... En tout cas, quand j'ai réalisé ce qu'il y avait dans ce cellulaire, j'ai enlevé cette saleté et j'ai enfin pu échapper à mes poursuivants.

– J'avais bien reçu le SMS, précisa Rose-Marie. C'est ce soir-là que je t'ai laissé mon chat, Robin. Je me suis réfugiée à Rocambole, en passant par le Rouge Baiser et les égouts, bien sûr.

– Quel est le rapport avec ce privé qui s'est fait assassiner, Gilbert Gamachon ?

– Qui ça ?

– Un détective privé qui est mort récemment. En quoi est-il lié à cette histoire ?

– Ce nom ne me dit rien, répondit Fabienne.

Elle balaya le groupe du regard. Chacun secoua la tête.

– Sans doute une simple coïncidence, commentai-je. Et Nini et le studio Day for Night vous sont liés comment ?

— Nini est membre de Rocambole, c'est un ami. Il m'a aidée à obtenir mes nouveaux papiers. Quant à l'appartement, je le dois à Johnny.

— À partir de maintenant, il faut se concentrer sur la nouvelle lune de ce soir. On est sûrs qu'ils ont une réunion.

— Leurs trucs en toge et en cagoule noire ? demandai-je. Pourquoi ces tenues satanistes ?

— Tu veux dire en dehors du fait que les fachos aiment l'uniforme et les couleurs sombres ?

— Ça crève les yeux, répondit Fabienne. Pour que les membres ne puissent pas se reconnaître en cas de capture.

— Ce que j'aimerais bien savoir, dit Henri, c'est comment ils se sont débrouillés pour flanquer une puce GPS dans ton cellulaire.

— J'ai dîné chez la famille Nicolas il y a peu. Le majordome m'a pris mon manteau, mon téléphone était dans la poche.

— Ah bon ? Et comment se fait-il que tu aies dîné chez eux ?

— Je cherchais des renseignements sur Lud… euh, Rose-Marie. Mon amie Judith connaît Margery Nicolas. C'est elle qui a organisé tout ça.

— Je te parie que Margery aussi allait à la pêche aux infos, dit Cue.

— Ensuite, quelqu'un m'a donné rendez-vous dans un sex-shop et m'a confié des photos d'elle en compagnie de plusieurs hommes.

— Tu les as ?

— Elles m'ont échappé à Châtelet et elles ont fini sous les roues d'un métro. Un gros type me poursuivait, le même qui se trouvait à la TGB à part toi, Henri.

— Les hommes sur les photos, tu les as reconnus ?

– Le seul dont la tête me disait quelque chose, c'était Jean-Paul Demarque.

– Ce salaud.

– Son futur époux.

– Tu peux peut-être nous donner un coup de main, dit Fabienne. Persuade la famille Nicolas que tu n'as rien à voir dans tout ça, pour ta propre sécurité. Pendant ce temps-là, nous, on va chercher quel sale coup mijote la Croix Noire.

– Tu crois que tu vas pouvoir nous aider ? jouer les taupes pour notre compte ? demanda Cue.

Je ne l'avais jamais fait jusque-là.

Mais en la matière, le plus dur, c'est le premier pas.

Il fut alors décidé que c'était l'heure de casser la croûte. Jay Norman, le rouquin qui m'avait pris mon cellulaire, et un autre membre du groupe, Tommy Mathis, s'étaient mis à la préparation de notre collation de cinq heures – une tradition instaurée par Jeffrey, membre *british* de Rocambole qui se trouvait en ce moment sur la rive droite du Jourdain, campé devant des tanks, à tenter de répandre l'évangile d'une non-violence pleine de railleries parmi les enfants palestiniens.

– C'est la dernière personne au monde qu'on aurait imaginée dans le rôle d'un bouclier humain, dit Cue.

– Voilà jusqu'où ça peut mener, l'amour, jeta Sophie.

– Ouais, approuvai-je. C'est comme ça que mon oncle Fred est devenu mormon.

Nous étions assis à table sous une copie remarquable de *Demi-silhouette d'un ange*, de Van Gogh.

– Qui a fait ça ? demandai-je.

– Un ami à nous, répondit Fabienne.

— Excellente copie. Il a aussi peint le Munch que j'ai vu la fois d'avant ? *Le Cri* ?

— Bien sûr, dit Fabienne.

— Alors, demandai-je, si vous n'êtes pas communistes, vous êtes quoi ?

— Des artistes pour la plupart, et des militants, encore qu'on ne se situe pas tous au même endroit sur l'échiquier politique, dit Cue. Jay ? Il est communiste. Johnny aussi.

Johnny, demeuré silencieux contrairement à son habitude, hocha la tête.

— Je suis socio-démocrate, dit Fabienne. Ivan, que tu n'as pas rencontré, est un poète russe. Un ex-capitaliste forcené, mais après ce que Poutine a fait à la Russie, il est beaucoup plus mitigé.

— Capitaliste mitigé ?

— On a en commun de croire que chaque être humain devrait être justement récompensé pour sa créativité, son ingéniosité et son talent à exploiter sans risques les ressources de la planète…, dit Henri.

— Et qu'au fond ces ressources appartiennent à tout le monde, précisa Johnny.

C'était la première fois qu'il ouvrait la bouche depuis le début et ça me prit par surprise. Une agréable surprise, à vrai dire. Quand je tournai la tête vers lui, il me sourit avec une expression qui me rendit toute chose, comme une gamine. À mon corps défendant, je dois reconnaître que même en sachant tout ce que je savais sur les dangers de l'amour romantique, et sur lui, j'étais incapable de contrôler mes réactions physiques.

– Dieu, Mère Nature ou qui que ce soit n'a pas mis ces ressources sur cette planète pour que les riches soient seuls à en profiter. Ni le peuple...

– Ni ses descendants...

– ... Qui ont léché le cul du chef, que ce chef soit un facho de Pékin, un président américain ou un souverain anglais...

– Ma conviction de base à moi, c'est que personne n'a le droit d'imposer le changement politique à coups de bombes, dis-je. Surtout en démocratie.

– D'accord, dit Fabienne. Planifions un peu le truc. On sait qu'ils vont se retrouver demain comme à chaque nouvelle lune. La question, c'est où ?

Johnny et moi partîmes tôt, par les égouts et le Rouge Baiser. Une fois de retour à son bar, on prit un verre de vin pour se remettre de notre rude journée. Johnny était resté coi la quasi-totalité de la réunion, jusqu'à ce qu'arrive le moment de peaufiner le plan de Cue. Mais à présent, dans sa salle, il était plus détendu.

– Billy est au courant de tout ça ? demandai-je.

– Non, absolument pas.

– Tu ne lui fais donc pas confiance ?

– C'est un auteur. Il risque de vouloir écrire dessus.

– Comment as-tu connu Blue Baker ?

– Je l'ai rencontré dans un bar de New York en 1979. C'est lui qui m'a initié au bowling.

– Ah bon, tu y joues ?

– Si j'y joue ? J'ai ma boule et mes chaussures à moi, je ne les loue pas... Et toi ? On devrait aller faire une partie rue Mouffetard un de ces soirs.

– Qui est l'Immobilière Confort ?

– Moi, dit-il.

– Minute. Fabienne te disait communiste. Comment peux-tu être communiste et propriétaire foncier ?

– J'espère bien qu'un jour chacun aura son propre chez-soi. En attendant, je travaille avec le système tel qu'il est, pour pouvoir nourrir mes enfants.

– Tes *nombreux* enfants.

– Il faudrait qu'on apprenne à se connaître, Robin. L'hiver approche et personne ne devrait passer l'hiver sans quelqu'un à aimer.

– C'est ça qu'on appelle avoir le cœur à gauche ? Tu pourrais remporter les élections mondiales avec un tel programme, complimentai-je. Ma voisine de New York, une voyante, elle dit que je vais trouver l'amour de ma vie avec quelqu'un de mon passé. Enfin, je ne crois pas à ces conneries.

– C'est peut-être moi. On était tous les deux dans l'East Village à la même époque, pendant près d'un an. On a tous les deux bu des coups au Horseshoe. Je suis sûr qu'on a dû se croiser, même se parler. Je t'ai peut-être prêté une pièce pour mettre dans le juke-box.

– Je trouve ça franchement tiré par les cheveux, dis-je. C'est toi, le mécène qui a acheté l'immeuble pour Rocambole ?

– Non. Je possède une dizaine d'appartements, pas plus.

– Comment tu as connu Rocambole, Johnny ?

– Rocambole ? Fabienne est ma fille.

J'appelai Judith depuis le bar. J'avais d'abord eu l'intention de téléphoner directement à Margery Nicolas, mais il serait bien préférable de la joindre à travers une amie commune.

— Tu es où ? demanda Judith. Tu étais censée me retrouver au Schmilblik avec Brigitte…

— Oh, merde ! Ça m'est complètement sorti de l'esprit. Mais j'ai une bonne excuse : j'ai été kidnappée par un groupe d'allumés qui m'ont tendu un guet-apens. Ils m'ont attirée au Père-Lachaise en me promettant des informations sur ma voisine disparue et ils m'ont volé mon sac. Heureusement que j'avais rangé mon portefeuille dans ma poche de veste. J'ai quand même perdu mon cellulaire, tout mon maquillage et de l'argent. Et le plus bizarre dans l'histoire, c'est qu'ils ont parlé du groupe Mondefer.

C'était enrageant…, mais que ne ferait-on pas pour la bonne cause ? Je la mettrais au courant par la suite.

— Qui était-ce ?

— Aucune idée.

— J'ai un vieux cellulaire. Tu peux le prendre si tu veux.

— C'est bon, je l'ai remplacé.

— Tu as entendu la nouvelle, pour Linda Whiddy ?

— Non. Je ne crois pas connaître cette dame.

— Elle retourne au pays pour épouser un homme qu'elle a rencontré sur Internet. Il possède un gîte dans l'Arizona et elle a l'intention de le gérer avec lui. Il est aveugle. Tu veux que je te fasse inviter, s'il y a une fête ? Linda est très drôle.

— Avec plaisir.

Je savais qu'à la seconde où j'aurais raccroché, Judith appellerait Margery pour la prévenir de tout ça.

Et effectivement, quand je fus rentrée chez moi, Margery Nicolas appela, pour m'inviter à déjeuner le lendemain au siège de Mondefer à La Défense.

Alors que je discutais avec elle, une lueur se fit dans ma tête.

— Puis-je amener ma tante ? demandai-je.

Quelle meilleure couverture que tante Mo pour déjeuner avec la grand-mère indigne ?

18

La Défense est *grosso modo* un ghetto (ou un zoo) de gratte-ciels, lesquels sont interdits de séjour à Paris, à de rares exceptions près comme la tour Montparnasse.

Comme je l'expliquai à tante Mo, la ville tient à rester basse pour permettre à la clarté d'entrer. Ce qui explique peut-être que l'on vante tant la qualité de sa lumière et qu'elle soit le lieu de résidence d'autant de peintres. Paris présente un éclat naturel exceptionnel, et des ombres intéressantes. On y voit beaucoup de beaux ciels.

Mais pour qui veut contempler des buildings modernistes, ressemblant pour beaucoup à d'étranges nefs stellaires géantes prêtes à jaillir à tout moment de leurs aires d'atterrissage afin de repartir vers leur planète, l'idéal est de se rendre à La Défense, où ces trucs entourent une esplanade semée d'art moderne bizarroïde. En noir et blanc, ça ressemble à l'Alphaville de Godard, une cité futuriste à des années-lumière de Paris. J'imagine qu'à votre époque, chère promo de l'avenir, ces constructions paraissent désuètes et pleines de charme.

Mondefer Industries possède sa propre tour au sein du spatioport, un édifice rond, trapu, bleu-gris, posé sur un piédestal. Il y avait quelque chose de monstrueux dans ce truc et dans la façon dont il semblait planer dans le ciel telle une menace constante.

Un vigile nous fit signer le registre des entrées puis nous escorta dans l'ascenseur, jusqu'à l'étage où un énième collègue à lui nous prit sous sa garde et nous dirigea vers une salle à manger d'entreprise. La pièce était ovale, avec des baies vitrées incurvées donnant à l'est vers l'esplanade et, au-delà, vers le panorama de Paris.

Un serveur entra, nous servit du vin. J'eus beau expliquer à tante Mo que Jésus en buvait par seaux entiers, qui plus est en compagnie de prostituées, elle ne voulut que de l'eau.

Le serveur repartit après avoir déposé une salade devant chacun des couverts déjà mis.

— Margery Nicolas a été mariée au sénateur Fouder, dis-je.

— C'était un bon chrétien, commenta tante Mo.

— Désolée de ce retard, dit Margery après nous avoir laissées poireauter vingt bonnes minutes.

Elle portait ce qui devait être une de ses innombrables robes roses, et le même maquillage sophistiqué que la première fois, mais avec des faux cils tout neufs.

Elle étendit le bras vers tante Mo.

— Bonjour, Margery Nicolas. Vous devez être Maureen. J'ai toujours préféré les poignées de main, pas vous ? Les Français font des bisous à tout va, même s'ils ne vous connaissent pas. Et avec cette grippe aviaire qui couve... Maman disait toujours qu'on ne devrait jamais embrasser les gens qu'on ne connaît pas ou qu'on n'essaie pas de séduire... Alors, d'où êtes-vous dans notre cher pays ?

– Du Minnesota, Newton exactement. Mais j'habite la banlieue proche de Duluth. Et vous ?

– De Midland, au Texas. L'État qui a vu naître George W. Bush.

– Ah, lui, je l'adore ! Vous l'avez rencontré ?

– Oui, plusieurs fois. C'est un bon chrétien.

– Vous êtes chrétienne ? Moi aussi.

Je mangeai ma salade, les laissant discuter bons chrétiens, guerre, Jésus-Christ, « tous ces musulmans effrayants » – et parler des Français, évidemment. En bonnes chrétiennes qu'elles étaient, elles leur accordaient le bénéfice du doute : elles décidèrent qu'il restait quelque espoir pour la race gauloise, que les Américains ne devaient pas encore renoncer tout à fait. Ce pays trouverait peut-être la rédemption en Dieu et dans un style de démocratie capitaliste au marché entièrement dérégulé... Enfin, je paraphrase.

Un cellulaire gazouilla les premières mesures de l'hymne au drapeau étoilé. Margery tira son téléphone de sa poche de veste. L'engin était rose lui aussi.

– Excusez-moi, dit-elle en sortant pour prendre l'appel.

Après son départ, je lançai :

– Je dois aller aux W.-C.

– Ne dis pas W.-C., dis cabinets, corrigea tante Mo.

– Demande un cabinet en France, on t'indiquera un ministère.

– Je vois que tu n'as pas perdu tes habitudes sarcastiques.

Une fois hors de la pièce, je me guidai sur la voix de Margery. Elle se trouvait dans un bureau. La porte était ouverte. J'entrai et me plantai là pendant qu'elle parlait

– notant du coin de l'œil le numéro de poste inscrit sur le combiné.

– Ma foi, oui, je serais ravie d'être interviewée par *Madame Figaro*, disait-elle. Mais je n'ai pas une minute aujourd'hui… Appelez donc chez moi et adressez-vous à MarCEL.

Elle tourna la tête et me vit.

– Que voulez-vous ? demanda-t-elle.

– Les toilettes.

– Les pipi-rooms sont juste au fond du couloir, sur votre gauche, vous verrez.

Depuis les toilettes, j'appelai Cue pour lui indiquer le numéro de poste.

– Seigneur, on vous croyait perdue là-dedans, dit Margery. Je demandais à votre tante si elle aimait la France.

Le cellulaire reposait à côté d'elle sur la table.

– Beaucoup plus que je ne le prévoyais, répondit tante Mo.

– J'étais si fascinée par vos toil… vos pipi-rooms, madame Nicolas. C'est remarquable, tante Mo. Tu devrais voir ça. C'est plus grand que ton salon.

– Ma foi, alors, j'y vais de ce pas, dit-elle en se levant.

Un instant plus tard, un homme entrait.

– Madame, Dick sur votre poste de bureau.

– Dick ? Je le prends. Excusez-moi, Robin.

Elle partit en laissant le cellulaire sur la table.

Comme il devait y avoir des caméras vidéo quelque part dans la pièce, soigneusement dissimulées, je ne pris pas bêtement le téléphone. Mon coude le fit tomber de la table, puis je me mis à croupetons pour le « trouver », le poussant sous les pans de la nappe. Ayant caché à l'intérieur la puce GPS selon les indications données par Cue, je mémorisai mentalement le numéro d'appel. Je me relevai en me cognant la tête sous la table avant de reposer l'appareil dessus d'un air détaché pour me rasseoir devant le restant de ma salade.

– Ce coup de fil était une farce, dit Margery. C'est devenu trop fréquent ces temps-ci. Où est Maureen ?

– Au pipi-room, dis-je.

– Ah, oui, c'est vrai.

Tandis que tante Mo faisait ses petites affaires, Margery me posa des questions sur l'incident de la veille. Je lui racontai ce que j'avais dit à Judith. Cela la fit réagir.

– Ah, ces jeunes irresponsables qui détestent toutes les entreprises ! Nous sommes sans arrêt en butte à leurs petites manifestations d'hostilité, leurs graffitis, leurs jets de peinture... Vous savez, ils s'ingénient à jeter des seaux de peinture rouge sur nos murs parce que nous fabriquons des engrais. Il faudra qu'ils me montrent comment produire de la nourriture sans engrais ! Vous n'avez aucune idée de leur identité ?

– Non.

– Comment ont-ils eu vent que vous me connaissez ?

– Mystère. Il se peut qu'ils me suivent, à cause de ma voisine... Vous vous souvenez, je vous en ai parlé la dernière fois : Luda...

– Luda... Luda... Ah, oui, celle qui a disparu ? L'avez-vous retrouvée, finalement ?

– Non. J'ai renoncé.

– Eh bien, si vous revoyez ces délinquants, surtout, passez-moi un coup de fil.

— Pas de problème, madame Nicolas.

Quand tante Mo fut revenue, on mangea des steaks accompagnés de pommes mousseline, et mes deux aînées évoquèrent des souvenirs, les époques qu'elles avaient traversées, la Deuxième Guerre mondiale où elles étaient toutes les deux des jeunes femmes vibrantes de patriotisme dansant le jitterbug et servant citronnade et cookies aux soldats, marins, parachutistes et autres pilotes dans les centres de conscription. Madame Nicolas ayant fait le plongeon dans mon estime, elle me tapait sérieusement sur les nerfs avec son cirque de pseudo quétaine gnangnan. Cette bonne femme savait manifestement très bien ce qu'elle faisait. C'était une salope intégrale dissimulée sous un masque de brave fille de campagne. Je regardai tante Mo. Tant qu'à être en compagnie d'une salope, je préférais vraiment ce genre-là, et en matière de goûts vestimentaires, tante Mo était Catherine Deneuve comparée à cette vieille rosière.

Nous prîmes le café.

— Écoutez, dit Margery, nous organisons un spectacle pyrotechnique ce samedi. C'est pour l'animation de nuit qu'ils appellent la Nuit Blanche. Oui, nous serons sur le pont Alexandre III, à cinquante mètres à peine du Mimorama... J'adore les mimes, pas vous ? Philippe et moi y assisterons, avec quelques invités triés sur le volet. Ça vous dirait de vous joindre à nous ?

— Nous serions ravies, décréta tante Mo.

Tim vint nous retrouver après ce déjeuner, après quoi il embarqua tante Mo pour le restant de la journée. Je me transportai vers le Rouge Baiser où j'avais rendez-vous avec Johnny pour passer à Rocambole.

Sur place, plus tard dans l'après-midi, Fabienne suivit sur ordinateur les allées et venues de Margery qui regagnait son hôtel particulier, tandis que Johnny, Henri, Cue et moi étions cachés dans le fourgon du collectif garé dans une rue perpendiculaire. Dès que Mme Nicolas eut mis le contact, on fit de même. On attendit un instant avant de lui emboîter le pas.

Nul besoin de la suivre. Il aurait même été facile de la précéder grâce au satellite et au radioguidage de Fabienne, que j'avais en ligne en permanence pour nous orienter dans la bonne direction.

– Elle tourne à droite, elle bifurque vers le village de Boideleu-sur-Seine. Elle traverse le bourg, elle s'arrête à... devant l'église Sainte-Jeanne d'Arc... Minute, Rose-Marie vient de m'indiquer que ça lui appartient...

– Une église ?

– C'était à l'abandon.

Un bois avait poussé autour pendant que le terrain était en friche. Depuis la route, on ne distinguait que le clocher.

Derrière, une forêt encore plus dense, de vieux arbres tordus à feuilles caduques, de ceux qu'on trouve dans les contes de Grimm. On se gara sur un sentier, à environ cent cinquante mètres à l'intérieur du couvert. Henri attendit dans le fourgon avec moi en s'activant sur un ordinateur portable. Cue et Johnny sortirent pour s'avancer en catimini vers l'église.

Ils revinrent environ un quart d'heure plus tard. Entre deux patrouilles des vigiles style gardes d'Auschwitz, ils étaient parvenus à cacher une petite caméra émettrice dotée d'un micro surpuissant dans une des hautes ogives surplombant l'intérieur des lieux.

D'autres véhicules arrivaient. Cue profita du bruit pour faire démarrer le fourgon et reculer d'une soixantaine de mètres supplémentaires.

Ce ne fut pas suffisant.

Deux hommes vêtus de noir et pourvus d'énormes lampes torches approchèrent.

– Sous les bâches ! hurla Johnny aux Rocamboliens assis à l'arrière.

Il me serra dans ses bras, m'embrassant comme on ne m'avait jamais embrassée depuis un certain grand break rouge après un entraînement de hockey, par un après-midi d'automne frisquet de 1974. Je saisissais mieux pourquoi tant de femmes se laissaient mettre eneintes par ce type – mais n'oublions pas leur nombre, justement, et l'inconstance de l'intéressé.

L'un des vigiles frappa à la vitre. Johnny la baissa.

– Vous foutez quoi ici ?

– On est juste venus passer un moment tranquilles, dit-il.

– Allez faire ça ailleurs, aboya le vigile.

Johnny mit le contact et on s'éloigna, effectuant ensuite un demi-arc de cercle pour se retrouver à 20 mètres de l'église, mais dans une autre partie de la forêt.

– Le signal de la caméra est faible, indiqua Cue.

Des images floues apparurent. Des gens en toge noire. Le son était bon.

La réunion démarra sur une prière, suivie d'une *Marseillaise* puis d'un hymne au drapeau étoilé.

À la suite de quoi un homme se leva, annonçant :

— Cette semaine, j'ai acheté cent mille parts de Jackson Broadcasting pour Ralph. Ralph a pris à son tour autant d'Eaux de La Source Sud pour J. Cette semaine, nous devons acquérir un million de General Electric pour Dick.

Et ainsi de suite jusqu'à plus soif, une énumération assommante de transactions boursières. À la suite de quoi Margery prit congé en expliquant qu'elle devait assister à une fête à Paris, mais non sans complimenter chacun à la texane : de façon bruyante et en en rajoutant une louche.

— Ah, messieurs, il n'y a pas meilleurs que vous. Vous me donnez de l'espoir pour cette planète. *Vous êtes les mieux!**

Après cela, on passa aux rapports successifs sur chacune des « régions » de la France telle qu'ils se l'étaient découpée. Un homme du Sud affirma que « la tarte » serait mangée au cours d'une grosse fête à Marseille en novembre.

— Le Tarte, me chuchota Johnny.

(Le leader d'extrême droite de la Colonne Nationale.)

Puis quelqu'un, un grand gaillard, précisa que l'allumette qui enflammerait le brasier serait craquée à Paris au cours de la Nuit Blanche.

Une nouvelle prière s'ensuivit.

— Que Ta volonté soit faite, conclut un gars doté d'une voix de basse caverneuse.

À Rocambole, Jay et Tommy nous réchauffèrent une grande marmite de chili végétarien qu'on mangea tous avec du pain et de la bière, puis Henri nous tendit des stylos tirés d'un pot pour qu'on puisse prendre des notes. Il y avait un nouveau tableau au mur, une très bonne copie du portrait de Dora Maar par Picasso.

– Ils achètent des actions les uns pour les autres, dis-je. C'est bien la dernière chose qui me serait venue à l'idée comme complot.

– Malin. C'est un pacte entre les grands patrons, dit Fabienne tandis qu'Henri consignait nos propos. Il semble que, pour éviter les législations antitrust qui existent dans beaucoup de pays, ils aient décidé d'acquérir des parts les uns pour les autres. Un patron veut investir dans la fourniture d'eau, un deuxième dans les médias : ils achètent la quantité demandée par l'autre et votent selon ses indications. À l'extérieur, ça donne l'impression que l'énergie, l'eau, les médias ou l'agriculture sont aux mains d'un éventail de gens riches… alors qu'en fait ce sont des monopoles déguisés.

– D'accord, mais comment le prouver ? demandai-je. On a filmé un groupe de gens impossibles à identifier en train de discuter d'achats d'actions pour le compte d'autres anonymes. Parce que bon, on sait tous que Ralph, c'est Lord Otterrill, hein ?

– Oui.

– Mais on ne peut rien prouver. Sauf l'existence d'un club d'investissement aux pratiques un peu bizarres.

– Et cette histoire de manger la tarte ? dit Cue. C'est sûrement un code pour assassiner Le Tarte.

– Tu crois ? dis-je. Si ça se trouve, ils discutaient vraiment d'un barbecue géant. Margery Nicolas est Texane. Tous les autres Américains réunis n'aiment pas ça autant qu'eux.

– Et « craquer l'allumette pendant la Nuit Blanche » ? Ça fait relativement froid dans le dos, je trouve.

– Mondefer commandite un feu d'artifice ce soir-là. Ils évoquaient peut-être juste ça.

Eh oui, la voix de la raison venait de s'emparer de moi. Ma réplique sonna à mes oreilles comme celles de l'inspecteur Charvet, parce que je savais ce qu'il me répondrait si j'allais le voir avec nos informations. Ce pacte d'achats d'actions avait un côté très louche, seulement il nous en fallait plus avant de pouvoir coincer qui que ce soit. Beaucoup plus. Ces gros bonnets étaient malins, et glissants comme des anguilles.

Mais je ne voyais rien qui laisse entendre que la Croix Noire ou Margery Nicolas soient derrière les fausses alertes à la bombe qui avaient frappé récemment le pays, ou qu'ils prévoyaient quoi que ce soit pour la Nuit Blanche – rien, hormis la paranoïa qui m'entourait.

– Et ces toges, et ces capuches ?

– Les gens de droite aiment ce genre de trucs, ils adorent l'uniforme, les loges avec poignée de main secrète… Tu n'as jamais entendu parler de Skull and Bones ?

– Si, c'est la société secrète dont George W. Bush était membre à l'université de Yale. Ils se surnomment aussi la « corpo de la mort ».

– Corpo de la mort ? s'étonna Fabienne.

– À Yale, c'est le club de l'élite, expliqua Jay. Leurs rituels initiatiques sont effectivement satanistes, genre toges noires, fessées homoérotiques… À ce que j'ai entendu dire, une partie de l'initiation consiste à passer une nuit à dormir à l'intérieur d'un cercueil enfoui dans une tombe peu profonde. Quantité de membres de Skull and Bones font ou ont fait partie du gouvernement américain.

– Chaque année, ces hommes qui tiennent les rênes de l'Amérique se réunissent en forêt pour des séminaires, des pique-niques, des randonnées et une soirée de clôture où ils portent la toge et sacrifient une effigie de bébé géante sur un feu de joie. C'est tordu, mais ce n'est pas le Gladio, dis-je. Il y a pas mal de variations inoffensives sur ce thème, comme les francs-maçons, les Shriners, les Elks[10] et tout le reste…

– Et cette note dans le cahier qui dit que Le Tarte doit disparaître ?

– Elle voulait peut-être parler de son score aux élections.

– Et pourquoi le cahier se trouvait-il dans le coffre ?

– C'est une malade, dis-je. Ce truc doit être son journal intime, elle voulait que personne ne se rende compte qu'elle a écrit vingt-sept fois à la suite son nom dedans et qu'elle a déjà son prochain mari dans le collimateur. Peut-être qu'ils ont déjà une liaison. Sinon, je ne vois pas.

– Oh, dit Rose-Marie, ils ne coucheraient pas. Ils se contenteraient de fricoter.

– Fricoter ?

– Du fric qui se met avec du fric pour faire encore plus de fric à deux…, dit Johnny

– Écoutez, tout ce qu'on a pour l'instant, c'est une théorie. Il nous en faut beaucoup plus, ne serait-ce que pour prouver l'arnaque en Bourse. Et si on veut convaincre les médias de nous croire et de vérifier, c'est encore pire…

---

10 Shriners : ordre masculin paramaçonnique n'acceptant que des maîtres maçons et réputé pour son philanthropisme.
Elks : organisation caritative américaine comptant plus d'un million de membres et agissant dans les domaines de la santé et du social. (N.d.T.)

– Je vais envoyer une demande au Centre, dit Cue, voir s'ils ont des renseignements.

– Au Centre ? m'étonnai-je. Ah, ça y est, je comprends ! Vous faites partie de l'Organisation.

L'Organisation est un réseau informel de groupes luttant pour les mêmes causes, avec pour point nodal un magnat de l'industrie au grand cœur basé à Amsterdam, qu'on ne connaît que sous le nom de Hank. Je l'avais rencontré une fois, quand nous étions impliqués tous les deux dans l'affaire du *Dernier macho man*. J'ignorais sa véritable identité et j'aurais été incapable de le reconnaître dans une foule, car il était constamment grimé. Blue Baker émargeait aussi chez lui.

– Moi, dit Fabienne, je trouve qu'ils ressemblent énormément au Gladio. Le nom est différent, mais les objectifs sont les mêmes.

– Mais ils n'ont pas besoin d'avoir recours à la violence ni au coup de force pour parvenir à leurs fins, dis-je. Ils réussiront à s'emparer de la planète avec une simple armée de courtiers... Bon, rappelez-moi si vous trouvez autre chose sur cette histoire d'actions.

Je partis, oubliant de récupérer mon cellulaire et de leur rendre le leur. Johnny m'accompagna dans les égouts. Je commençais à en avoir ma claque de ce cloaque.

19

Seigneur, quand allais-je me mettre enfin un peu de plomb dans la tête ? J'avais failli m'embarquer dans une théorie du complot de première. Bon, d'accord, il y avait vraiment une conspiration visant à acheter des actions pour contourner les lois anti-monopole. Mais de là à déclencher une vague de violence et de terreur dans tout le pays !

— À mon avis, tu as tout faux, Robin, dit Johnny.

Je sautai à l'arrière de sa moto sans mot dire et on repartit au Blue Highways. Je devais être en période d'ovulation, parce que me retrouver dans ses effluves corporels eut un côté grisant. C'est avec soulagement que je descendis de la selle pour entrer dans le café et m'éloigner de ce mâle tentateur. Joe Strummer passait dans le juke-box, un truc parlant d'un certain Johnny Appleseed.

— Tu veux quoi ? demanda Billy.

— Un whisky, s'il te plaît.

— Un Johnny Walker ?

— Johnny, Johnny, Johnny ! Nan, un Jim Beam ou un Jack Daniels, vaut mieux.

— Toi, tu es de mauvaise humeur.

— Fatiguée, surtout. Excuse-moi. Comment ça va ?

– J'ai écrit vingt pages aujourd'hui. Ça faisait un moment que ça ne m'était pas arrivé. Et j'ai l'impression que ce n'est pas complètement nul.

– Super! Félicitations! Tu parles du bouquin sur les femmes que tu as fréquentées, c'est ça ?

– Ouais.

– Hé, alors, raconte-moi, c'est quoi cette question en suspens dont tu tiens tant à connaître la réponse ? Raconte, je le répéterai à personne.

(Hormis à la promo de 2100, évidemment.)

– Surtout ne ris pas.

– Promis.

– Quand je suis reparti vivre aux States avec mes parents, j'ai reçu une lettre d'Éliane, une amie de Chloé, cette fille dont j'étais amoureux.

– Je me souviens, tu me l'as dit, oui.

– Cette lettre m'expliquait que Chloé s'était mise à voir un autre garçon et qu'elle avait trop peur de me le dire elle-même. Alors j'ai commencé à sortir avec une fille du Queens, et je n'ai plus jamais écrit ni téléphoné à Chloé. Ce n'est que bien après qu'en y réfléchissant, je me suis demandé si Éliane n'avait pas tout inventé, en racontant à peu près la même histoire à Chloé sur mon compte. Parce qu'on était sortis ensemble un court moment et qu'elle avait toujours été très jalouse de Chloé...

– Écoute ce que je vais te dire, Billy, parce que les conseils, c'est une denrée rare sortant de ma bouche et qu'en général ça se résume à : « Fais pas comme moi. » Dans ce cas précis, laisse tomber. Moi aussi, j'ai été détruite par des courriers que j'ai reçus, mais on est écrasé aussi quand on cherche des réponses à ces fameuses questions toujours en suspens. Après tout ce temps, on n'y gagne rien comparé à ce qu'on y perd.

– Merci pour tes encouragements.

– Tu connais Bill Maher, tu sais, le comique ? D'après lui, le romantisme est aussi pernicieux que le porno.

– Des phantasmes mal réalisés dans les deux cas ?

– Oui, et irréalistes. Un truc comme ça. Il a raison.

Je descendis mon whisky et partis.

Et puis, plutôt que de s'ouvrir à un nouveau visage, c'est toujours tellement plus facile de revenir sur les traces d'une ancienne relation ou d'un visage connu en analysant en boucle ce qui a raté. Le problème, c'est qu'on a un mal fou à comprendre où on s'est trompé… où JE me suis trompée. L'objectivité serait plus facile si Dieu, la nature ou je ne sais quoi nous avait flanqué des yeux dans les mains… La technologie vous en a peut-être fournis, en 2100 ? De minuscules caméras encastrées qui enregistrent tout, si bien que vous n'avez pas besoin de vous en remettre aux souvenirs, que vous vous repassez juste les rushs par la suite. (Malédiction ou bénédiction ?)

Tante Mo avait passé un après-midi formidable avec Tim – qui, d'après elle, aurait fait un mari parfait pour sa nièce n'eût été la différence d'âge.

– Vous avez tant de choses en commun.

Effectivement. On était tous les deux fanatiques de comédies anglaises, de fondue au fromage, de provocation artistique et d'hommes.

Mais la journée de tante Mo avait été épuisante : excursion jusqu'à la tour Eiffel, dîner sur l'un des bateaux-mouches puis passage tardif dans une fête chez un ami de

Tim... Le sommeil ne tarda pas. Tante Mo dit ses prières. Quelques minutes plus tard, elle dormait du sommeil de la juste.

Tim appela avec une version légèrement différente des événements.

– Sur le chemin du retour, j'ai dû m'arrêter à la fête d'anniversaire de mon copain Ahmed. Comme il ne s'est pas déclaré publiquement, je me suis dit que ce ne serait pas un problème de passer lui faire la bise en coup de vent. Sauf qu'il a un original de Mapplethorpe en plein milieu de son mur.

– Oh non, pas le...

– Si! Le gars à poil avec un manche de fouet dans le cul!

– En tout cas, elle n'a rien dit.

– Évidemment, vu que j'ai joué les statues devant la photo et que j'ai ramené ta tante dès que j'ai pu... Pendant qu'Ahmed vagissait aux invités: «Vous avez vu mon Mapplethorpe?»

– Bah, ça s'est bien terminé, non? En tout cas, merci et n'oublie pas que je te paye le triple de WOW.

J'allai me coucher en compagnie des deux chats. Je restai longtemps dans le lit à contempler le plafond, et à méditer sur le fait que j'avais failli me ridiculiser dans les grandes largeurs avec ces zozos de Rocambole. Des gens extra, mais un tantinet paranos.

Il régnait un tel silence qu'on entendait le vent agiter les feuilles mortes sur les pavés de la rue, sur lesquels elles crépitaient légèrement. Vinrent ensuite un bruit de pas, des sifflements d'ivrognes, des chuchotements. Puis les ronflements alternés de Mme Gomes et la basse caverneuse de son mari.

Alors que je me laissais aller dans les bras de Morphée, mes pensées se firent floues, indistinctes et... pleines de mimes. Peut-être qu'ils vont s'en aller, me dis-je. S'entretuer. Tomber amoureux...

Sur quoi le grimage des mimes fondit, laissant apparaître des visages d'hommes...

Doug Gribetz, le garçon dont j'étais amoureuse à l'adolescence, divorçant, je l'avais entendu dire. Un béguin de gamine, et si ancien, mais dans ce demi-songe il s'approchait de moi en disant : « Il serait temps qu'on couche ensemble, non ? » « Quoi ? » répondait mon moi onirique. « Tu trouves pas qu'il serait temps qu'on couche ensemble ? » répétait-il. Mais avant que j'aie eu le temps de réagir, ce rêve basculait vers un autre, et mon moi franchissait une porte dans une patinoire de hockey pour trouver derrière Yves, qui marquait un but puis me rejoignait d'une glissade avec le sourire. Yves : grand, mince et trop vieux pour moi, mais si chouette – et à présent en rêve il n'avait plus de cheveux, mais ça ne changeait rien à sa chouettitude, et dans mon rêve il disait « j'aurais bien essayé, si toi aussi... »

Et ensuite... Chuck en furie contre moi, me clouant par terre, me prenant de force comme si je lui appartenais, puis se laissant rouler sur le côté en lâchant « excuse-moi », mollement, comme s'il venait de manger le dernier gâteau du paquet, ce con – cet imbécile qui ne comprenait rien à moi, mais qui n'était pas un salaud, il pouvait même se montrer amusant parfois. Je n'avais pas non plus été des masses sympa avec eux.

Et Burke, mon mari, on était tellement amoureux, pourquoi ce désastre ? Bien avant que sa maîtresse enceinte essaie de me tuer, je l'avais manipulé pour finir avec lui devant le curé, mauvaise idée. Et Éric, le mec de transition, qui m'avait quittée sans que j'en ressente aucune souffrance, juste de la gratitude qu'il se soit trouvé là quand j'avais besoin de lui, et Mike, Mad Mike, il me rendait folle, j'avais le même effet sur lui, Mike qui m'avait laissée pour son ex-femme, quelqu'un de stable, qui n'était pas systématiquement distraite par de nouvelles histoires contrairement à lui, et ensuite il y avait eu Gus, Pierre, et quantité d'autres, chouettes ou pas, mais qui n'étaient pas entrés dans mon panthéon des Muses. J'avais cru être amoureuse tellement de fois, alors que j'étais raide folle de l'amour, pas du gars, sauf dans quelques rares cas. C'était du cul enrobé de romantisme.

Et retour à Yves. « J'aurais bien essayé, si toi aussi… », parce qu'il déployait tant d'efforts pour me mettre à l'aise, pour m'accorder de l'attention, pour que ça marche.

Pendant l'année scolaire qui avait suivi l'été de notre rencontre, j'étais partie deux fois à Montréal, à l'occasion de deux voyages d'école, l'un véritable, l'autre inventé, avec un document falsifié par mon amie Julie et soi-disant signé par ma mère qui m'avait permis de passer la frontière canadienne et retour. Yves jouait là-bas. J'avais réussi à lui rendre visite deux fois au cours de mon année de première, et à le voir jouer dans un vrai match de hockey. Un sport génial, le jeu le plus rapide du monde, joué sur la surface la plus dure qui soit par des hommes tenant sur le fil du rasoir d'une lame de patin, et manipulant une minuscule rondelle avec un bâton. C'était super d'y être, Yves se montrait toujours drôle et plein d'attentions, sexy et intéressant, et j'ai pleuré toutes les larmes de mon corps en partant. Je savais qu'il s'en faudrait de longtemps – des mois ! – avant qu'on se revoie, que ça ne ferait qu'ajouter à mon manque de confiance en moi et que ce serait encore pire la prochaine fois. À Montréal, tant de femmes lui couraient après, comment j'aurais pu être de taille ? Mais Yves n'était pas ce genre de type, il ne cherchait pas un harem, tout ce qu'il demandait, c'était de pouvoir passer son temps avec sa fille préférée, d'avoir un bon emploi, de jouer au hockey, d'écouter de la bonne musique, et de conduire une bonne voiture, un truc rapide et assez grand pour pouvoir y faire l'amour avec son mètre quatre-vingt-quinze. D'où le break rouge dans lequel il descendait chaque été de Montréal.

Yves était futé, il lisait beaucoup, c'est lui qui m'a fait découvrir le blues, le jazz et Moms Mabley [11]. Il m'a appris beaucoup sans jamais se montrer paternaliste. Il existait une grande intimité physique entre nous avant même qu'on ait fait l'amour. S'il devait pisser dans une rue déserte, il sortait son engin et hop, alors même que je me tenais juste à côté de lui. Pourquoi ça me plaisait autant ? Il aimait bien me rendre un peu pompette, pas pour profiter de moi mais pour me détendre et me faire parler, le faire rire. Pas courant, hein ?

C'était vrai. J'avais raté le truc. J'avais laissé tomber toutes ces relations.

Tante Mo avait raison.

---

11 Moms Mabley (1894-1975) : comique noire culte du music-hall, puis du cinéma et de la télévision américains, qui faisait montre d'un franc-parler peu courant, entre autres sur le racisme. (N.d.T.)

20

Judith était occupée à nous parler, à Brigitte et à moi, de son copain Buster, qui avait acheté un appartement dans le quartier de Château Rouge et n'avait appris qu'ensuite le « passé chargé » des lieux. On lui avait conseillé de consulter un marabout tout proche, qui siégeait dans le labyrinthe de rues tapageuses blotties à l'est du boulevard Barbès. Le marabout portait un caftan blanc scintillant enchâssé de dents d'animaux et au col, semblait-il, matelassé de cheveux humains. Il avait vérifié l'endroit et confirmé la nécessité de pratiquer un exorcisme. Il avait raconté à ce jeune Américain qu'il fallait faire grimper dix brebis blanches jusqu'à l'appartement, au cinquième, et qu'ensuite…

C'est alors que le téléphone de Judith sonna.

Je pris une bouchée de mon *croque** et regardai au-dehors du café, de l'autre côté de la rue, le jardin du Luxembourg où Tamayo était en train de répéter à ce moment précis. Brigitte alluma une cigarette.

– Oui… Oui…, disait Judith. Bien sûr que ça me plairait. Merveilleux. Au revoir, Margery.

– C'était Margery Nicolas ?

– Oui. Elle m'invitait au carré VIP sur le pont Alexandre III pour le feu d'artifice demain. On y va ensemble ?

– Je serai avec tante Mo.

– Eh bien comme ça, je la rencontrerai enfin ! J'ai beaucoup de questions à lui poser.

– Seigneur Dieu.

– Exactement. Les personnes profondément religieuses m'intriguent beaucoup, parce que je suis organiquement incapable de croire au surnaturel.

– Il te faudrait un dieu naturel, alors ?

– Les fusées seront tirées depuis une péniche située un peu en amont, là où il y a des espaces verts des deux côtés, pour éviter qu'elles n'atterrissent sur des immeubles en cas d'accident. Margery a parlé de « spectacle pyrotechnique pop art ». Tu as une idée de ce que c'est ?

– Du marketing, dis-je. Tu crois qu'elle est psychopathe ?

– Ça, peut-être bien. Folle, en tout cas, ça ne fait aucun doute. Toutes ces robes rose bonbon, ce maquillage…

– Et ses intonations gnangnan de petite fille…

– À son âge, en plus… dit Judith. Oh, que je me déteste quand je suis comme ça ! Elle vient tout de même de m'inviter à voir son feu d'artifice !

– Tu sais quelque chose à propos de la petite-fille ?

– Quelle petite-fille ?

– La gamine de la fille de Philippe Nicolas. Je crois qu'elle s'appelle Rose-Marie.

– Je ne l'ai jamais rencontrée, mais son histoire est une de celles qui nous réconfortent, nous, les gens des castes inférieures. On n'a peut-être pas d'argent, mais on est plus humains que ces riches tarés sans consistance. Il y a quelques années de ça, c'était la coqueluche des revues qu'on trouve chez mon dentiste.

– Comment ça ?

– Oh, elle était turbulente comme gamine, donc c'était la proie rêvée pour les tabloïds. Le père mort dans un accident de bateau, la mère tuée par l'héroïne… Facile d'imaginer quel genre d'enfance elle a eu. Ensuite, on l'a envoyée en pension. Elle en a fait toute une série, elle était toujours expulsée à cause de son comportement.

– Quelle sorte de comportement ?

– Elle se droguait, elle donnait rendez-vous à des garçons dans sa chambre la nuit, elle a cassé le nez d'une condisciple… Sans compter le play-boy italien de cinquante-quatre ans avec qui elle est sortie quand elle en avait dix-sept. Les revues à sensation ont parlé d'un avortement, va savoir si c'était vrai… En tant que victime de ragots, j'ai des doutes…

– C'est dur de nier les mensonges sans confirmer les vérités…

– Ça, je sais. Ma vérité à moi n'était pas la même que ce qu'ont dit les journaux de New York… Pas la même, mais guère plus jolie… En tout cas, Robin, peu importe jusqu'où ça va, il ne faut jamais réagir. Ne jamais confirmer ni infirmer… Enfin bref, un accident de voiture a coûté à un jeune homme la souplesse de son bras droit et donc tué sa carrière de tennisman dans l'œuf. C'était Rose-Marie qui conduisait. Je crois qu'ensuite on l'a prise avec de la drogue sur elle à Londres…

– Et ensuite ?

– Eh bien, son grand-père est tombé malade, alors elle est rentrée au bercail. J'imagine que sa grand-mère a exercé une certaine influence sur elle. Les gens ont un effet énorme sur leur lit de mort. Mon mari a réussi à me faire arrêter la cigarette. Rose-Marie est partie étudier à l'Université de Lille – le journalisme, si je me souviens bien –, et là, elle a disparu des magazines.

– Elle est passée de l'autre côté ? Elle est devenue journaliste ?

– Pas que je sache, en tout cas. Je ne crois pas qu'elle s'entende très bien avec Margery, qui m'a dit une fois qu'elle la trouvait agressive. Ça lui a échappé mais depuis, chaque fois que je pose la question, elle se contente de répondre : « Rose-Marie va bien »... Pourquoi me demandes-tu ça, Robin ?

– J'ai fait des recherches Internet sur elle et sur Philippe Nicolas. Quelque part dans ce que j'ai lu, je suis tombée sur un truc qui parlait de Rose-Marie.

– Bon, Judith ! s'énerva Brigitte, les dix brebis ? Elles sont devenues quoi ? Accouche !

– Ah, oui ! Le marabout a raconté à Buster qu'il devait les monter toutes les dix au cinquième étage, pour les égorger afin de débarrasser l'appartement des esprits maléfiques. Et qu'il lui en coûterait mille euros. Buster n'a pas eu le cœur de le faire, il s'est dit que tuer dix brebis ne ferait qu'ajouter aux mauvaises vibrations.... Oh, zut, regardez l'heure ! J'ai une réunion à l'église américaine pour l'aide au Soudan. On se retrouve pour dîner avant le feu d'artifice ? Vingt heures, ça vous va ? Je réfléchis à un resto et je vous préviens.

Elle fila sur ces mots.

– Tu es crevée, Brigitte, dis-je.

– Trop de rendez-vous ces temps-ci en plus de mon emploi salarié. D'accord, la diffusion est que le matin, mais il y a toute la préparation et les interviews. J'aimerais bien arrêter... Merde, il faut que je parte mettre en boîte une interview avec les Tintones ! Et toi, me laisse plus jamais gémir sur mon sort comme ça. J'ai une chance d'enfer, je le sais, et je compte bien profiter de chaque minute possible.

Sur ce mantra, elle se leva de table.

On partit en même temps.

– Salue Tamayo de ma part, dit-elle.

– *Bon courage**.

Quand je retrouvai Buzzer et Tamayo, ma copine se gavait de soda au gingembre pendant que son homme dirigeait des acrobates couverts de guirlandes lumineuses encore éteintes.

– Salut, Robin.

– Salut, Tamayo.

– Ça donne quoi comme impression ?

– Super. De nuit, ça fera un sacré effet.

– Les néons sont tous de couleur différente. C'est beau, tu peux pas savoir… Au fait, j'ai reçu un coup de fil de Claire, aujourd'hui. Ça faisait un bail que j'avais pas de nouvelles. Je veux dire, elle a appelé plusieurs fois avant mais…

– Tu n'entendais rien à cause du bruit des bombes et des tirs de mortier. Ça marche pour elle ?

– Très drôle. Elle va peut-être venir à Paris. Elle m'a dit qu'il lui faudrait une chambre pour elle toute seule, même si elle passe la nuit avec son Charles, parce qu'elle hurle dans son sommeil.

– Ouais, elle m'a déjà expliqué.

– Buzzer, pause gingembre ! lança Tamayo. Eh, au fait, Robin, devine sur qui je suis tombée ici ?

– Aucune idée.

– Gus. Je lui ai dit de repasser, ils filment dans un autre secteur du jardin.

— Oh, merde, arrête… Tu tiens vraiment à me remettre le nez dans ce désastre ? Plus j'y repense, plus ça me confirme dans l'idée qu'on ne m'y prendra plus… À l'amour, évidemment.

— Eh, contente-toi de voir si ce mec te fait encore de l'effet. De toute façon, vous pouvez très bien vous payer une simple tranche de rire ensemble, en bons amis… Mais laisse-lui une chance, merde. Personne te demande de l'épouser, tu sais.

— Je t'assure, quand je dis que j'ai renoncé, c'est vrai… Bon, O.K. chaque fois que je jure qu'on ne m'y reprendra plus, il arrive toujours un Pépé le Putois quelconque pour me tenter, et moi je craque, je tombe amoureuse, ou va savoir quoi, et ensuite ça rate… Je l'ai fait jusqu'à plus soif. Fini, stop, je veux plus recommencer.

Le mariage l'avait vraiment transformée en marieuse de copines. Buzzer et elle, ça semblait coller : leur couple était loin d'être parfait, mais ils s'ajustaient précisément. Parce que bon, quelles sont les chances pour que deux personnes qui possèdent chacune des échasses et des costumes de pirate se rencontrent dans une casbah kenyane et aient tellement le béguin l'une pour l'autre qu'elles finissent par s'épouser ? Du coup, bien sûr, elle tenait à marier tout le monde. À la différence de certaines copines casées, qui veulent que les célibataires se mettent à la colle avec parce que le désespoir va par paires et que les femmes posent moins de risques une fois mariées que célibataires, Tamayo était une de ces épouses qui veulent le bonheur de tout le monde. (Le mariage avait été son unique concession aux conventions sociales. Ses fiançailles avaient pris tout le monde par surprise.)

– Hé, Gus ! lança-t-elle.

Je tournai la tête. À moins de cent mètres devant moi se tenaient deux hommes en tenue américaine du XVIIIᵉ siècle. Malgré les chemises à jabot et les perruques poudrées, je les reconnus : Silas Deane et son valet de pied négligent, autrement dit Wim Young et mon ex Gus. Wim parlait dans son cellulaire. Bizarre de voir cette silhouette anachronique parler dans un tel appareil. Comme si vous, élèves de 2100, me surpreniez à manier mon accélérateur de particules personnel – ou une grosse massue et des pierres, selon la façon dont les choses ont tourné pour vous.

– Robin ? Robin Hudson ? Hé, oh ! C'est Gus !

Ça ne servait à rien de m'enfuir. Je me retournai pour leur faire face.

– Qu'est-ce que vous fabriquez ici ? demandai-je comme si je l'ignorais.

– On joue dans un film en cours de tournage, expliqua Gus. Ça s'appelle *Franklin à Paris*.

– Je te reconnais, dit Wim.

– Ouais, j'habitais en dessous de ton appartement dans l'East Village.

Il médita là-dessus.

– Ah, oui, finit-il par répondre. Ta tête me dit vaguement quelque chose.

J'avais la nausée. Ou plutôt des frissons – une honte rétrospective pour moi-même, pas pour eux. Est-ce que ça me blessait vraiment que le beau Wim ne garde de moi qu'un souvenir flou ? Hum. qu'il ne se rappelle pas la fois où, le prenant faussement pour un meurtrier, je lui avais crié à la figure… ? Mieux valait sans doute qu'il ait la mémoire courte.

— Robin et moi sommes sortis ensemble, expliqua Gus. Qu'est-ce que tu fais là, la belle ?

— J'habite à Paris.

— On devrait se programmer un truc tous ensemble après la Nuit Blanche, quand vous aurez un jour de libre, dit Tamayo.

— Ça, oui, bonne idée, dit Gus. Donne-moi ton numéro.

Il enregistra directement celui du fixe à mesure que je le lui dictais.

— Bon, on doit partir se remettre dans le bain. On tourne une scène avec Ben dans une demi-heure. Je suis super content de te revoir, Robin.

— Moi aussi, Gus. Ça vaut aussi pour toi, Wim.

Ce dernier m'adressa un regard curieux. *Faites qu'il ne se souvienne pas de moi*, priai-je alors qu'il s'éloignait.

— C'était pas si mal, dit Tamayo. Tu veux qu'on aille se faire une bouffe ?

— Je suis crevée. Je rentre, il faut que je me repose pour demain soir. Comme ça je pourrai hurler tranquille dans mon sommeil. Ça ne t'embête pas ?

— Non, pas du tout. Prends des trucs à emporter, mets ton pige-moi-ça et choisis-toi un film de filles. À demain, rendez-vous ici.

Ce soir-là, je remis *Brigadoon*, mais j'arrêtai le DVD au bout d'environ une demi-heure. Après les événements récents, le film ne me déridait plus, il me faisait plonger, au contraire. Je zappai d'une chaîne à l'autre, puis je renonçai au profit du surf sur le Net, où j'entrepris de rechercher des infos sur tous les ex dont je me souvenais, en essayant de deviner qui allait encore surgir à Paris. N'allez pas croire que le célibat me pesait. J'y prenais plaisir 90 % du temps. Ces gens-là n'auraient pas pu m'oublier un peu ? Après tout ce que j'avais appris, vécu, quelle fibre débile de ma personne s'était donc éclairée d'un rayon d'espoir en entendant la prédiction de Sally ?

La petite fille que j'avais avalée, sûrement.

Le couple et moi, ça faisait deux. Avec Burke, j'avais été incapable de faire en sorte que ça marche. Certaines femmes ont le chic pour réussir leur couple, vous savez ? Voyez Margery Nicolas. Elle avait connu deux maris et en visait un troisième.

Ayant épluché le cas Jean-Paul Demarque sur Google, j'appris que monsieur figurait sur la liste noire d'à peu près toutes les associations écolos et des droits de l'homme de France et de Navarre, essentiellement à cause des agissements de ses sociétés hors de l'Hexagone. Quel salaud. Ce devait être génétique. L'un de ses oncles paternels avait été général dans l'armée française pendant la guerre d'Algérie – un type célèbre pour ses tortures barbares mais efficaces, comme d'enfermer les pieds de la victime dans deux blocs de ciment avant de la jeter d'un avion. Cependant, malgré ses nombreuses vilenies, Jean-Paul Demarque se dorait la couenne au soleil et dormait sur un gros matelas douillet d'euros.

Mon cellulaire sonna – ou, plutôt, l'appareil donné par les Rocambole. C'était Johnny.

– Robin, il faut que je te rende ton téléphone. Quelqu'un a appelé dessus ce soir. Je viens de raccrocher avec lui.

– Qui ça ?

– Il a refusé de me donner son nom. Il a dit que tu le reconnaîtrais, qu'il t'avait vue à l'Xtase, un sex-shop.

— Ah. Et quoi d'autre ?

— Il a besoin de te parler, mais il refuse d'appeler un autre numéro que le tien. Il avait l'air de trouver ça louche. Il te donne un rendez-vous téléphonique chez toi demain midi… On pourrait se retrouver au Blue Highways autour d'un verre dans une demi-heure, comme ça je t'apporte le cellulaire.

— Je suis en pyjama.

— Pas grave. Passe un manteau dessus et pointe-toi.

21

— Le Centre a contacté un groupe qui s'appelle Mogul-tracker. Ils ont retrouvé les dates et lieux de réunions des grands patrons avant plusieurs transactions boursières douteuses, expliqua Johnny.

— Mais ce ne sont que des indices, pas des preuves, objectai-je.

— Je crois qu'ils préparent quelque chose pour demain. Le nombre de fausses alertes à la bombe a décuplé.

— Quel intérêt ?

— Ça détourne l'attention de la police et du public. Et il y a eu des tas de rencontres discrètes entre Margery Nicolas et Jean-Paul Demarque.

— Tu as raison, ils ne peuvent pas coucher, c'est une histoire de lit en portefeuille, cette affaire... Ils cherchent juste à réunir leurs fortunes... J'ai vérifié sur le Net avant de t'appeler.

— Ta journée a été bonne ?

— La catastrophe. Je suis tombée sur deux ex.

— Pourquoi ? Qu'est-ce qui a mal tourné ?

— Aujourd'hui, rien, mais à l'époque... J'ai eu une trouille bleue d'un des deux, et quant à l'autre, eh bien, il s'est passé des tas de trucs bizarres avec lui.

— Qui a rompu ? Toi ?

– Pas vraiment.

– Lui, alors ?

– Non, on s'est laissés l'un l'autre, sauf que ça avait beau être d'un commun accord, on en a souffert tous les deux. Ça n'aurait pas pu marcher, de toute façon, il était trop jeune et je l'imaginais très bien en train de torcher une gang d'enfants. Alors que je ne peux pas avoir de bébé.

– Tu ne peux pas avoir de bébé ?

– Non.

– Tu ne peux pas avoir de bébé, répéta-t-il.

– Non. Et toi, tu as connu Clémence comment ?

– Je les ai toutes rencontrées de la même façon. Ici. Elles avaient le cœur brisé, et elles avaient l'air si tristes, si jolies. Elles m'ont fait des avances...

– Ah bon ? Tu veux dire que tu n'as pas eu à leur courir après ?

– Je ne voudrais pas avoir à me vanter, mais je me contente d'énoncer les faits. Les femmes m'aiment, je les aime aussi. Je ne trace pas d'entaille dans ma crosse à chaque nouvelle conquête, ça se fait comme ça, c'est tout... Ça t'aidera peut-être à relativiser ton après-midi ? Imagine à quel point c'est dur pour moi, toutes ces ex jalouses qui me tournent autour...

– Horrible. Tu ne peux pas savoir comme je te plains.

– Excuse-moi, il faut que j'appelle Fabienne.

Billy fit le tour du comptoir pour venir déposer un verre de vin à ma table.

– Quoi de neuf ? Johnny essayait de te mettre dans son lit ?

– Un peu, mais sans conviction.

– Devine quoi ?

– Quoi ?

– Je crois que j'ai retrouvé cette fille dont je te parlais, Chloé. Elle est à Poitiers. Dès qu'un des deux barmen revient et que Johnny n'aura plus besoin de moi, je pars là-bas.

– Je suis contente pour toi.

– Ah bon ? À t'entendre, on ne dirait pas.

– Je suis juste fatiguée… et préoccupée. Tu fais la Nuit Blanche, demain ?

– Non, je dois tenir le bar. Johnny aura à faire quelque part. Et toi ?

– J'y serai. Quelque part aussi.

Johnny réapparut.

– En route, Robin.

– À plus, dit Billy.

J'étais dépitée que Billy ait retrouvé cette fille, je dois le reconnaître. C'est à ce moment-là que je me rendis compte que j'avais légèrement craqué pour lui. Mais il devait être comme tous les autres Américains à Paris : pas intéressé par ses compatriotes, venu là pour les Françaises.

– Où on va ? demandai-je une fois dehors avec Johnny.

– Se promener sur les quais de la Seine. On en a besoin tous les deux.

Je sautai à l'arrière de sa moto. On se faufila dans le vent, filant au coin des carrefours, serpentant entre les voitures, cahotant sur des ruelles pavées, sur la berge de la rive gauche, sous le pont de l'Alma où la princesse Diana était morte, un endroit qui me donne toujours des sueurs froides quand j'y passe, et jusqu'à la tour Eiffel, puis rive droite jusqu'au Trocadéro avec retour par la berge en restant de ce côté-là de la Seine. Johnny ne donnait pas l'impression d'avoir de destination – plutôt de rouler au hasard à toute vitesse… – jusqu'à ce qu'on parvienne à un immeuble de la rue Lamarck. Son appartement.

Dès que j'eus ôté mon casque, il m'embrassa, avec fougue, un truc vital, comme si ce baiser était la seule chose qui le protégeait de la chambre à gaz. Le genre de baiser qui me fait de l'effet, je ne suis pas de glace. Bien entendu, je montai avec lui et on fit des folies de nos corps ce soir-là. Pas parce que j'étais amoureuse, mais parce que je n'avais pas couché avec quelqu'un depuis une éternité, que c'était mon premier communiste, que je me doutais qu'il m'enverrait au ciel – et je ne me trompais pas.

22

– J'ai donné ton téléphone à un homme hier soir, annonça tante Mo en versant du ketchup sur sa quiche.

– Mon numéro, tu veux dire ?

– Oui, celui de la maison. C'est quelqu'un de Metz, il est ici en déplacement. Veuf avec deux enfants. Il vend du matériel pour la restauration, de grandes cuisinières, des choses dans ce genre, ça doit bien marcher ici, regarde tous ces restaurants qu'il y a. Et son anglais est impeccable.

– Tante Mo, entamai-je... avant de me refréner.

Non, ne pas lui demander comment elle pouvait défendre mordicus les mérites du mariage après ce qui s'était passé avec l'oncle Archie. Je connaissais déjà son argument : tout le monde devrait être marié, peu importe comment ça se passe, jusqu'à ce que la mort vous sépare, ce que Dieu unit nul ne doit le briser.

Au lieu de perdre les pédales, je pris l'exemplaire du journal *Libération* posé sur la table à côté de nous et j'entrepris de lire un papier sur tous ces vilains messieurs de l'Assemblée nationale et du palais de l'Élysée. Je tâche de me tenir au courant de la vie politique locale, même si je suis loin d'être une experte et si j'ai du mal à mettre tout le monde dans les bonnes cases. Pour commencer, il y a beaucoup trop de partis pour moi : l'UMP au pouvoir, le

MFP, le MCR, le PS, le PCF, le RPF, l'UDF, etc. Je dévorai toutes les nouvelles en attendant l'appel du Correspondant Mystérieux, qui téléphona comme promis à midi, presque à l'heure pile.

— Bonjour, dit-il. J'ai des informations pour vous. Rendez-vous à dix-huit heures au...

— Je suis dans les hauts de Montmartre et j'ai déjà un rendez-vous à l'heure de l'apéritif. Venez me retrouver dans le quartier.

— Très bien. Dans ce cas, rendez-vous sur les bancs du Sacré-Cœur à dix-huit heures — enfin, à partir de, ça dépend des métros. Attendez-moi, surtout.

— C'était qui ? demanda tante Mo.

— Un type qui a des renseignements à me donner...

Que dire précisément à tante Mo ? Elle tiendrait à venir avec moi pour visiter la basilique, ça ne faisait aucun doute. Seigneur. J'allais devoir trouver une diversion d'une sorte ou d'une autre puis emmener le gars ailleurs.

— ... la femme qui était entichée de George Raft. Je ne la connaissais pas bien, mais, l'homme qui soupirait après cette fameuse amoureuse...

— Quoi ? Tante Mo, comment est-ce qu'on se retrouve à parler de George Raft, tout d'un coup ?

— Sais-tu qui c'était ?

— Oui. Un acteur de cinéma des années... 1940, c'est ça ? Il a souvent joué les gangsters. Mais pourquoi est-ce qu'on parle de lui ?

— Je te raconte une histoire vraie. Tu veux bien te contenter d'écouter ?

— Je suis tout ouïe.

– Je ne connaissais pas bien cette jeune femme, dit-elle, par contre, un fidèle de mon église, si. Il était amoureux d'elle, mais elle ne voulait jamais sortir avec lui parce qu'elle était amoureuse de George Raft. Elle l'avait rencontré une fois – Raft, je veux dire –, et elle s'était aussitôt sentie proche de lui, tellement proche qu'elle n'a jamais pu aimer qui que ce soit d'autre : elle l'attendait. Ça a duré près de vingt ans. Quand l'acteur est mort, l'homme dont je te parlais a appelé cette femme, qui a encore refusé de le fréquenter – la mort de George Raft l'avait trop atteinte. Il lui a répondu qu'elle était folle d'avoir attendu si longtemps après un acteur. Il ne s'est jamais dit qu'il l'était tout autant de l'avoir attendue, elle.

– Où veux-tu en venir ? Je serais ce genre de femme ? J'aurais mer... raté mes relations avec les hommes parce que je cours après un idéal impossible ?

– Un idéal de ton passé, dit-elle.

– C'est toi qui n'arrêtes pas de mettre sur le tapis des hommes du passé !

– En tant que leçons à retenir sur tes erreurs.

– Et je n'étais pas seule dans ces ratages. Chacun des gars concernés y a eu sa part.

– Je sais.

– Je n'attends personne, ni George Raft, ni qui que ce soit. J'ai tiré un trait sur ces trucs-là. Tu ne comprends donc pas, tante Mo ? Je suis vraiment nulle côté relations de couple. Je n'ai pas la fibre. Tant pis. Je suis heureuse la plus grande partie du temps.

– Oh, c'était juste histoire de faire la conversation. Excuse-moi, je dois aller aux cabinets.

Il faut dire que cette journée ensemble n'avait pas bien démarré du tout. Aucune de nous deux n'y prenait du bon temps. Peut-être tante Mo ne pouvait-elle se détendre qu'une fois en balade avec mes amis, libérée de nos schémas de fonctionnement ataviques et de nos sujets d'engueulade ancestraux. George Raft, et puis quoi encore ?

Je replongeai le nez dans *Libération*, passant au supplément spécial Nuit Blanche, dans lequel je tombai sur une photo de Margery Nicolas. L'article racontait que Mondefer commanditait le feu d'artifice. Il y aurait des lumières assorties sur le pont, avec cent adultes et enfants en fauteuil roulant. Avant le feu d'artifice, Margery donnerait au maire de Paris un chèque destiné à rendre la ville plus accessible aux handicapés. De nombreux athlètes para-olympiques et même un mime figureraient parmi les gens en fauteuil. Comme il s'agissait de *Libé*, le journaliste faisait également remarquer que les usines d'engrais Mondefer avaient détruit les nappes phréatiques dans toute une partie du Pakistan.

Wouaou, me dis-je, rompant mon vœu pour l'occasion, *est-ce que je vais rencontrer le maire ?*

Le maire : Bertrand Plaisance, qui soutenait plein de projets destinés à rendre Paris plus agréable, plus belle et plus vivable. Des zones wi-fi gratuites, ainsi que l'été Paris Plage, pendant lequel la rive droite de la Seine devient une promenade interdite à la circulation automobile avec spectacles de lumières, cafés, terrains de pétanque, sable, palmiers et gens en patins à roulettes. Il avait fait installer deux méga projecteurs devant l'hôtel de ville à la date anniversaire des attentats de New York, pour que ces rayons partant vers le ciel fassent écho aux tours jumelles du World Trade Center, afin d'honorer les victimes de la tragédie.

Et il avait lancé la Nuit Blanche. Ai-je précisé qu'il est gay et socialiste ? Lors de la première Nuit Blanche, en 2002, il y avait eu un bal devant la mairie. Pendant qu'il dansait, un homophobe fou l'avait poignardé en plein ventre. Alors qu'on l'emmenait sur une civière, ce cher Bertrand n'avait pas jeté : « Attrapez-moi ce type et foutez-lui la raclée du siècle (ce qui, admettons-le, aurait été mon premier mouvement, tout adepte de Gandhi que je sois).

Non, sa réaction avait été : « Que la fête continue. »

Depuis, je suis amoureuse de lui. Je trouve détestable de généraliser sur n'importe quel groupe humain quel qu'il soit, mais si cet homme est représentatif des socialistes français homos, donnons-leur les rênes de l'univers.

Quelles chances y a-t-il pour que ça arrive, d'après vous ? Comme l'a énoncé Thomas Sowell, il n'y a pas de solutions aux problèmes, juste des échanges négociés. Je serais assez pour que les gens dans le genre de Bertrand prennent les commandes d'Hollywood.

Je n'étais pas la seule. C'était un maire démentiellement populaire, comme Paris n'en avait pas connu depuis très longtemps.

C'est alors que je me souvins d'une note griffonnée dans le cahier de Margery : « Plaisance doit disparaître. » Et pourtant, elle-même serait sur place, occupée à lui présenter un chèque. Ma foi, ainsi que le laissait fortement entendre *Libération*, cette opération de Relations publiques était destinée à distraire l'attention de l'affaire des engrais au Pakistan.

Tante Mo voulait visiter intégralement la tour Montparnasse. On passa donc l'après-midi à parcourir le quartier dans un petit train pour touristes fort burlesque, un faux train – en fait, de simples carrioles ouvertes vaguement arrangées pour ressembler à des wagonnets, tirées par une voiture maquillée en motrice. Le circuit se révéla malgré tout assez agréable puisqu'il comprenait la statue du *Passe-Muraille* de Marcel Aymé sur la place du même nom. Pleine de bonne volonté, j'agrémentai le commentaire du guide de quelques anecdotes glanées de-ci, de-là : voici la place où Casemagas, l'ami de Picasso, s'est tué, et c'est ici que Pablo est allé ensuite consoler la maîtresse du mort, qui allait devenir la sienne dans la nuit, marquant ainsi le début de sa période bleue ; un Marocain s'est fait poignarder à ce carrefour-ci l'été dernier ; j'ai fait une intoxication alimentaire après avoir mangé des cuisses de grenouille dans ce resto – et ainsi de suite.

– Quand Tim nous rejoint-il ? demanda impatiemment tante Mo.

– À dix-neuf heures, pour l'apéro.

Après la visite, on s'arrêta chez Häagen-Dazs près du Sacré-Cœur pour manger des glaces sur un banc au pied de la Butte.

– Elles sont bonnes, commenta-t-elle, mais ça ne vaut pas Berthillon.

Vers dix-sept heures et demie, on prit le funiculaire pour monter jusqu'à la basilique, dans laquelle on entra pour attendre sur un des bancs. Il faisait frais et sombre, l'éclairage ténu avait des tonalités automnales. Il n'y avait pas de messe en cours. Pour l'instant, la travée d'autels à la gloire de Marie et de divers autres saints et saintes accueillait des touristes et des pénitents – des immigrés, pour l'essentiel –, qui priaient le Ciel de leur accorder Ses faveurs, dans l'entrée circulaire séparée de la nef par des arches de pierre. La cire chaude dégageait une odeur âcre dans la fraîcheur ambiante.

Mon téléphone sonna de nouveau. Quelques-unes des personnes agenouillées dans les travées se retournèrent avec un regard peu amène, mais je courais déjà vers la porte.

– Bonjour, avait dit la voix de l'homme. Je ne peux pas entrer, ce n'est pas sûr. Rendez-vous au pied de l'escalier de la rue du Chevalier-de-la-Barre, du côté droit de la basilique en tournant le dos au boulevard. Vous voyez où c'est ?

– Oui.

Idée plaisante, parce que ça se situait à l'extérieur : je pourrais rencontrer M. Mystère *de visu*.

Je fis le tour de l'arrière du Sacré-Cœur pour me diriger vers le fameux escalier. Les rochers qui flanquent les marches sont incrustés de lumières qui reflètent très exactement les constellations du ciel tous les 1er janvier et 1er juin. Ou un truc comme ça. C'est aussi une zone que les visiteurs négligent, alors que l'endroit, très paisible, mène à une partie fort calme de la rue Lamarck. Je me trouvais en bas des marches quand je vis Marcel, le majordome, debout devant un fourgon en compagnie d'un autre homme d'allure vaguement grecque.

– Marcel, dis-je – pour entendre aussitôt ma tante Mo descendre l'escalier derrière moi.

– Robin, où vas-tu ?

En l'espace d'un quart de seconde, je me rendis compte que la main du type vaguement grec se trouvait dans le dos de Marcel ; trois hommes se matérialisèrent, sortis de derrière le fourgon ; sans me laisser le temps de m'échapper, ils s'emparèrent de moi, me jetant dans le fourgon, où un nouvel individu me ligota les mains et les pieds avec des liens en plastique. Marcel subit le même sort. On eut beau se débattre, rien n'y fit.

Ils étaient vêtus de noir de pied en cap, et pas un beau noir chic et décontracté, un noir fuligineux, celui des cinglés totalitaires qu'étaient ces hommes de main.

On entendit tante Mo hurler :

– Que faites-vous ? Laissez-la... Ne me touchez pas !

Sur quoi elle atterrit elle aussi sur le plancher du fourgon.

Quelqu'un me flanqua une cagoule noire sur la tête. Personne ne répondit à nos questions. Marcel, quant à lui, ne disait rien. Le trajet dura environ une demi-heure. Arrêt du fourgon. Une odeur de forêt. On nous poussa dans un bâtiment, puis un des types nous ôta nos cagoules.

C'était un pas trop grand aux oreilles décollées, le soi-disant inspecteur Antoine Mercure. Une grande égratignure lui barrait le visage – signée tante Mo, sûrement.

– Que savez-vous ? dit-il.

– *Nada*, dis-je. Je n'y comprends rien.

– Marcel est persuadé que si, que vous avez vu des photos.

– Seulement quelques-unes, et impossibles à comprendre.

– Qu'est-ce que c'est que ce cirque, Robin ?

– Tante Mo, nous avons été prises en otages par des gens que nous ne connaissons pas pour des raisons qui nous échappent.

– Encore ? s'étonna-t-elle.

– On va vous accorder une demi-heure, dit le gros bras. Après ça, vous devrez nous raconter tout ce que vous savez.

Il partit, nous laissant méditer dans une pièce vide et obscure sur l'opportunité de lui révéler ce qu'ils voulaient savoir. Mais de quoi s'agissait-il ? Je n'en avais pas la moindre idée. Que Margery Nicolas en pinçait pour Jean-Paul Demarque ? Ou, plus probablement, que j'avais eu vent des manipulations boursières ?

– L'histoire se répète, dit tante Mo. Un nouvel enlèvement, Robin. Va-t-on devoir porter du cuir noir cette fois-ci ?

Elle faisait allusion à la fois où j'avais été enlevée par un masochiste qui voulait m'obliger à le faire souffrir. Au bout du compte, c'était elle qui se l'était tapé, à coups de Bible. Elle avait fini en victime collatérale. C'était moi que ce type avait dans le collimateur. Mais tout ça n'était qu'une chasse aux œufs de Pâques sur le gazon de la Maison-Blanche comparé à la situation dans laquelle on se trouvait maintenant.

Il y avait du bruit dans la pièce à côté. Persuadés que la nôtre était truffée de micros, on ne raconta rien d'important. Tante Mo demeurait muette. Certainement qu'elle priait. Je n'arrivais pas à distinguer les propos des hommes dans la pièce voisine, ils étaient trop étouffés. Mais au bout d'un quart d'heure environ, le ci-devant Mercure revint nous annoncer qu'on nous accordait une heure de délai. Après quoi on devrait leur dire ce qu'on savait.

Il claqua la porte derrière lui. Un nouveau claquement, puis plus un bruit dans la maison – ni pas ni toussotements étouffés, rien.

– Ils sont partis, énonça Marcel.

Il articula : « Micro » et baissa encore plus la voix.

– Ils nous tueront dès qu'on aura parlé, dit-il d'un ton très zen, alors ne leur dites rien.

– O.K.

– Même sous la torture.

– La torture ? Où sont-ils allés ?

– Chercher de grands sacs-poubelles pour nous transporter une fois qu'ils nous auront zigouillés, sûrement. À mon avis, ils emporteront nos corps dans une usine que possède Mondefer au nord du pays, puis ils nous recouvriront de chaux pour accélérer la décomposition. Ensuite, ils mélangeront nos restes à des produits chimiques pour nous transformer en engrais.

– D'où vous vient cette idée ?

– Ils me l'ont annoncé. (Il poussa un soupir.) Je suis désolé.

– Oh, Seigneur mon Dieu, lâcha tante Mo en se remettant à prier derechef.

Je balayai la pièce du regard. Il y avait une chaise poussée dans un coin, et c'était tout. Marcel réussit à l'atteindre en roulant sur lui-même pour coincer un de ses liens sous le pied, pensant que ça suffirait peut-être à le casser, mais la chaise était trop légère et le plastique qui le ligotait trop solide, même s'il se réduisait à deux lanières tordues.

– On est pris au piège, dit-il.

Au piège, condamnés, en n'ayant choisi aucune épitaphe, avec juste mon oraison funèbre préenregistrée, qui me montre avec Roosevelt, Staline et Churchill à Yalta, et marchant sur la Lune en compagnie de Neil Armstrong –

idée qui avait le chic pour me consoler dans des moments comme celui-là mais qui, cette fois, ne me dérida pas.

— J'ai un briquet dans ma poche de pantalon, dit Marcel. Je ne peux pas y glisser les doigts, mais vous pourriez peut-être le récupérer avec votre bouche ?

— Et comment fera-t-on pour l'allumer ?

— On n'a pas les doigts attachés. Vous n'aurez qu'à le maintenir entre vos menottes, ça devrait marcher.

Je roulai à mon tour sur moi-même pour rejoindre Marcel, puis je me hissai jusqu'à hauteur de sa poche. Mon visage se retrouva vis-à-vis de sa cuisse. Le briquet avait glissé tout au fond de la poche, vers son entrejambe. Il fallut longtemps pour le déloger de là puis le redresser dans le tissu, en poussant au moyen de mon menton et de mes dents pour le manœuvrer.

Lentement, il émergea. Quiconque aurait assisté à cette scène à plus d'un mètre de distance aurait cru que je faisais une fellation, ça me frappe à présent. Tante Mo, pour sa part, ne paraissait pas sensible aux connotations sexuelles de la scène.

— Dépêchez-vous, dit-elle, on n'a pas toute la vie.

Finalement, il émergea suffisamment du briquet pour que je puisse l'arracher de là avec les dents. Marcel s'en saisit avec les doigts. Il réussit très facilement à l'allumer. Il coinça la flamme sous mes liens en plastique, qui commencèrent aussitôt à fondre — moins vite que je l'aurais cru, cela dit. Je mis dix bonnes minutes à me libérer des deux, celui des pieds et celui des mains. Je fis alors fondre ceux de Marcel, et on passa à tante Mo. Elle avait les mains libres quand on entendit la porte de dehors s'ouvrir. Marcel souleva la chaise.

La porte s'ouvrit. Marcel était sur le point de l'abattre sur le nouveau venu quand je hurlai :

– MARCEL, STOP !

C'était Johnny et Cue.

– Salut, dit Johnny. Ben dis donc, ça sent le fauve ici. Cette charmante dame doit être la tante dont tu m'as dit le plus grand bien.

– On n'a pas le temps de faire de vieux os, dis-je. Ils ont annoncé qu'ils reviendraient dans une heure. Ils ne vont pas tarder.

– Non, je ne crois pas, dit Cue. On les a emmenés dans un immeuble à l'abandon qu'on songeait à squatter à une certaine époque, et là, on les a tous ligotés ensemble.

– Cue en a fait une énorme pelote de corde…

– Ensuite, j'ai répandu du cannabis par terre, pour donner l'impression d'un deal de drogue qui a mal tourné. Il y en a un qui se trimbalait avec un flingue, ça va pas faire bonne impression aux flics quand ils arriveront.

– On les a menacés avec le pétard et on a tâché de les faire parler, mais ils n'ont pas voulu, expliqua Johnny. Ce sont des fanatiques fidèles à la cause.

– Ouais, et nous, on est de gauche, ajouta Cue. Ils savaient qu'on n'allait pas vraiment les tuer. C'est con, ce truc du pacifisme, ça nous met vraiment en position de faiblesse. On n'a pas le droit de faire appel à la torture non plus, enfin, rien qui puisse causer des dommages physiques ou mentaux irréversibles… Je me suis dit qu'on pourrait leur remplir la bouche de papier alu froissé, le simple fait de respirer le ferait frotter sur leurs plombages.

– Aïe.

– Ou alors, on aurait pu les chatouiller, ajouta-t-il.

– Pourquoi tu ne l'as pas fait ?

– Tu vas rire, mais je n'avais pas de papier alu sur moi. J'ai dû oublier de refaire mes stocks... Toujours est-il que la priorité était de te trouver. Viens, on a un fourgon de Rocambole dehors.

– Merci, jeunes gens, merci ! dit tante Mo. J'ai prié pour qu'on vienne à notre aide, et vous voici. Et merci, mon Dieu !... Oh, je sens que je m'essouffle.

– Pourquoi ces gens nous ont-ils enlevés ? demandai-je à Marcel quand on fut dans le fourgon.

– Aaaah, grommela-t-il. Ils m'ont suivi, ils m'ont attrapé avec une cassette audio sur laquelle figurait une conversation téléphonique. Ils m'ont obligé à vous appeler pour vous donner rendez-vous au bas de l'escalier...

– Une conversation entre qui et qui ?

– Jean-Paul Demarque et quelqu'un qui s'appelle Karl. L'appel a été passé depuis chez les Nicolas.

– Il va souvent là-bas.

– Oui.

– Que racontait-il ?

– « Dites à votre fils de ne pas mettre les pieds sur le pont Alexandre III. Il peut assister aux autres animations, mais pas à celle-là. »

– Mais Jean-Paul va se trouver sur le pont en question. Pourquoi dire une chose pareille ? Et qui est ce Karl ?

– Karl est un Américain dont le fils se trouve à Paris. À mon avis, il va se passer un truc terrible à cet endroit-là.

– De quoi discutez-vous ? demanda tante Mo.

– Je t'expliquerai plus tard, ma tante.

Il ne s'agissait que d'un faisceau d'indices, mais à présent, j'étais moi aussi convaincue que les gens de Rocambole voyaient juste.

— Comment vous nous avez trouvés ? demandai-je.

— Euh… eh bien, avoua Cue, j'ai mis une puce GPS dans ton cellulaire… Quand tu es partie l'autre soir, tu avais l'air tellement furieuse contre nous, et tellement dubitative, que j'ai craint que tu ailles trouver Margery Nicolas tout lui raconter – volontairement ou par accident. Alors tant qu'on tenait ton téléphone, j'ai mis cette puce dedans. Ensuite, on a surveillé tes mouvements. Juste par acquit de conscience. Pas souvent, parce qu'on était occupés à se tenir au courant des déplacements de Margery. Mais aujourd'hui, on a constaté que tu te dirigeais vers la maison en forêt. Comme Johnny nous jurait ses grands dieux que tu ne te serais jamais volontairement rangée de leur côté, on a commencé à se faire du souci, alors on s'est transportés par ici dans le fourgon… Sauf que là, tu es repartie dans une autre direction… enfin, ton téléphone… On a pisté ça, on a repéré les hommes en noir et on a fait verser leur fourgon dans le fossé en forêt.

— Vous êtes venus à bout de ces quatre armoires à glace, à vous deux ? Wouaou !

Ça valait bien une deuxième entorse à mon vœu anti-WOW.

— Il y avait quatre autres mecs de Rocambole dans un deuxième fourgon. Retourne-toi, tu les vois ?

— Mais un des costauds avait une arme.

— Oui, sauf que nous, on a un canon à eau.

— Sans déconner ?

– Sans déconner. C'est Tommy Mathis et moi qui l'avons bricolé, dit Cue. On a mis un réservoir dans le deuxième fourgon, augmenté la pression, fait passer un tuyau sous le moteur vers la grille d'aération, ajouté un rafraîchisseur d'eau solaire et isolé le tout. Il y a un bouton sur le volant. Tu appuies dessus, c'est un jet d'eau super puissant qui jaillit devant. Au départ, c'était pour faire des blagues. On mettait la pression au minimum et on s'en servait contre les conducteurs qui nous faisaient chier. Ç'a été pratique.

– Tu t'en sers aussi pour nettoyer l'autre fourgon, précisa Johnny.

– Et pour arroser les arbres, ajouta Cue.

– Il va se passer quelque chose de grave sur le pont Alexandre III, dis-je. Il faut qu'on y soit.

– On est invitées, rappela tante Mo.

– Tu sais, tante Mo, il y a des chances pour qu'on nous ait rayées de la liste à cette heure-ci…

– Vos invitations sont pour le carré VIP? demanda Johnny.

– Oui, avec cordon séparateur et videurs.

– Mais on peut tous essayer d'aller sur la partie publique du pont. Il fera noir. On n'a qu'à arriver tôt pour être sûrs d'avoir de bonnes places.

– Ils vont me reconnaître, dis-je. Attends… Peut-être pas.

– On pourrait se déguiser, suggéra Cue.

– C'est ça. Et tu sais où trouver du blanc de clown et les vêtements nécessaires à cette heure-ci?

– On a plein de maquillage de théâtre à Rocambole, dit Cue.

– Il nous faut aussi des chapeaux et des pantalons noirs...

– Les pantalons noirs, on en a.

– Des polos marins...

– On pourrait prendre quelques libertés, mettre des tee-shirts de couleur.

– Il y a deux boutiques de location de déguisements sur le Faubourg Montmartre, fit Cue. Mais je crois qu'elles ferment à vingt heures.

– Appelle Fabienne.

Le temps qu'on arrive à Paris, il était près de vingt et une heures trente : on se dirigea droit vers le Rouge Baiser. Fabienne, Sophie et plusieurs des autres nous y attendaient avec les vêtements et le maquillage. Nous n'avions ni chapeaux ni sweat-shirts rayés, mais tout le reste, si, y compris les bretelles.

Tante Mo avait insisté pour venir et j'avais surenchéri dans le sens inverse. Je lui avais demandé d'appeler le commissariat pour leur annoncer la présence d'un engin explosif sur le pont Alexandre III. Dans le fourgon, on avait entendu à la radio que des centaines de fausses alertes à la bombe avaient été signalées ce jour-là.

Chers futurs condisciples, évidemment que je fis mon devoir et que j'appelai personnellement de mes blanches mains l'inspecteur Charvet pour lui dire que quelque chose d'horrible se préparait sur ce pont pendant la nuit – sans doute une bombe. Il m'écouta, me remercia de l'avoir prévenu et prétendit que ça sonnait sur une autre ligne.

Les gens de Rocambole avaient raison. La Croix Noire allait démarrer sa campagne pendant la Nuit Blanche.

Ça n'aurait pas pu être plus manichéen, chose rare à mon époque, et sans doute plus encore de votre temps. À moins que... À moins que quelque descendant de Kim Il Jung, l'allumé qui dirige actuellement la Corée du Nord, ne soit devenu le maître du monde et que vous ne soyez trop occupés à récolter le riz afin d'apaiser les douleurs de la faim dans votre ventre gonflé pour vous compliquer l'existence... ou encore que, devenus simples organismes parasites de quelque firme sans visage, vous soyez concentrés sur la seule lutte pour la survie, mais vous ne liriez pas ces mots...

Comment unir des gens aussi divers et divisés que les Français ? En 2002, il avait fallu l'apparition surprise de l'extrême droite au deuxième tour de l'élection présidentielle, donc une finale entre leur candidat et Jacques Chirac (un type, comme l'avait fait remarquer une amie, qui devait sa présence à l'Élysée plutôt que derrière les barreaux au fait d'être président de ce pays, puisqu'une fantaisie de la loi française interdit de poursuivre le plus haut personnage de l'État pour des forfaits commis à l'époque où il était encore maire de Paris).

Donc, un ennemi, même de votre invention, ça aide à rassembler les gens. Plus encore s'il s'agit de quelqu'un d'un peu coupable, prétexte qui vous permet au passage de lui coller vos propres malversations sur le dos.

23

Des mimes partout. Or, ça risque de vous surprendre en 2100 (s'ils ne sont pas tous morts au cours d'une guerre, d'une épidémie ou je ne sais quoi), mais en dehors des zones touristiques telle la place du Tertre, il était rare de voir des émules de Marcel Marceau à Paris. Néanmoins, comme le fit remarquer Judith, citant là son jeune copain américain Buster : « Les fauteuils roulants sont plus rares encore. »

Mille mimes s'agitaient donc sur l'esplanade des Invalides, le visage et les mains luisant dans le noir au point d'en paraître désincarnés. C'était à la fois sinistre et beau. Je dois avouer qu'après toutes les pantomimes que j'avais dû effectuer au cours des dernières années pour être comprise, je faisais preuve d'une compréhension nouvelle de leur art. Au début, tenter d'acheter des « condoms » avait posé des problèmes sans fond, le terme ne figurant pas dans mon *Petit Larousse*. La dame de la pharmacie n'arrêtait pas de demander si je voulais des *préservatifs**, alors que « preservative », en anglais, c'est ce truc qu'on met dans la bouffe en boîte pour éviter qu'elle s'abîme.

– Non, non, disais-je.

Je mimais le geste d'enfiler quelque chose sur une verge, puis la fornication avec mon doigt dans le rôle de ladite verge, et alors même que mon besoin de capotes n'avait rien à voir avec la contraception, je montrais une image de bébé en la barrant d'un grand X.

– *C'est çà, des préservatifs**, disait la pharmacienne, en en sortant une boîte de derrière son comptoir.

Et je me méprenais aussi sur leurs pantomimes à eux, comme la fois où j'ai cru qu'un type me draguait alors qu'en fait il essayait de me vendre une saucisse. Pour ma défense, ça se passait après minuit dans un bar, lieu peu susceptible d'accueillir la vente de véritables saucisses. C'était un accro au crack qui avait besoin de fric. Sa saucisse devait être épicée.

Mais je m'égare encore une fois. Nous étions donc là au grand complet, toutes les forces de Rocambole : de piètres mimes postés sur l'esplanade à droite et à gauche – ainsi que, pour ce qui est de Johnny, de Nini et de moi, sur le pont Alexandre III (ainsi nommé en l'honneur, quelle ironie, du tsar qui a aboli définitivement le servage), tous là à attendre que les gens importants et les personnes en fauteuil roulant prennent place dessus. C'est l'un des plus jolis ponts de cette ville, couvert de réverbères « Mimi Pinson » en fonte noire ouvragée et de statues vert-de-grisées représentant des nymphes et des chérubins. Un endroit très prisé pour s'embrasser.

L'éclairage public était allumé, à présent, et brillait d'un éclat jaune pâle, pas trop vif, qui attirait toutes sortes d'insectes nocturnes, si bien que chaque réverbère paraissait entouré d'un halo de papillons de nuit. Nini était campé là, immobile et aux aguets, observant le moindre détail. Cue s'essayait à la pantomime et y réussissait très bien : enfermé dans une boîte, il paniquait, trouvait enfin la poignée et n'avait plus qu'à ouvrir la porte pour sortir... Plusieurs enfants s'étaient rassemblés autour de lui sur notre partie du pont. Ça devenait interactif, Cue réagissant à leurs gestes.

On évoqua la possibilité que la bombe arrive par la péniche, mais Johnny m'assura que la famille d'artificiers exerçait ce métier de père en fils et qu'ils se seraient rendu compte si quelque chose clochait – sans compter qu'il devait y avoir à bord des gardes du corps de la Ville, voire des hommes politiques – Ségolène Jolie, Nicolas Requinsky, Dominique Les Pensées – pour surveiller les choses.

Non, d'après Johnny, il était plus probable que le feu d'artifice servirait à masquer l'explosion de la bombe.

– Pourquoi on ne se contente pas de crier qu'il y a un danger et qu'il faut évacuer ?

– Ça risque de pousser le terroriste à faire exploser son engin tout de suite, dit Johnny. (Il se pencha vers moi pour murmurer :) Deux vétérans de l'amour comme toi et moi, Robin, on devrait se mettre ensemble.

Au temps jadis, j'adorais ce genre de trucs. C'était si facile de rêver : nous deux gérant un café à Paris, associés, compagnons, amants...

Mais je savais qu'en plus du problème des nombreuses poules pondeuses jalouses, l'élan de Johnny avait été alimenté par ma froideur et qu'afin de garder un gars comme ça, je serais forcée de lui tenir tête éternellement. Je n'y arrive pas très longtemps et je sème toujours la pagaille quand j'essaie. Au bout de trente ans de relations amoureuses, j'ai connu toutes les facettes du cœur. J'ai déjà donné : j'ai payé la thérapie, fait mes excuses, accepté celles des autres, cultivé les regrets...

Enfin, au moins, dans mon cas, une chose est sûre : où que je sois et quoi qu'il se passe autour, l'amour guette toujours au coin de mes cogitations.

Le pont commençait à grouiller de monde. On se trouvait pile derrière le cordon du carré VIP, où se pressaient invités et personnages importants – dont Judith, que je distinguai à environ cinq mètres devant moi sur la gauche : elle cherchait quelqu'un des yeux, sans doute Maureen et moi.

Margery Nicolas qui, dans sa robe de soirée rose gamine, avait tout l'air d'une sucrerie expérimentale, croisement entre une femme et une barbe à papa, était venue avec son mari – lequel n'était pas en fauteuil, contrairement à ce que j'avais supposé, mais assis normalement sur un siège identique aux autres dans le premier rang d'invités. Jean-Paul Demarque se tenait debout derrière le « couple ».

Où donc se trouvait ce fauteuil que l'industriel regardait sur les photos que j'avais vues, s'il n'était pas sous Philippe Nicolas ?

C'est alors que je compris : bon sang, mais bien sûr, la bombe était dedans !

Je chuchotai ma déduction à Johnny, qui se tourna pour la murmurer à Cue, qui fit de même pour Nini.

À vingt-trois heures trente, Margery Nicolas présenta son chèque au maire Bertrand Plaisance sous les acclamations et les applaudissements nourris des personnes présentes sur le pont, ainsi que ceux, gantés et quasi silencieux, des mimes se trouvant à proximité. La rumeur de la foule s'éleva ensuite d'un décibel toutes les cinq minutes jusqu'au feu d'artifice. L'impatience et la joie qui nous environnaient, combinées à notre impression de catastrophe inéluctable, conféraient à toute cette scène une allure de carnaval sorti d'un récit d'horreur des années 1950. *Nous étions tous tellement heureux, une seconde avant que survienne l'impensable...* On aurait dit du Shirley Jackson.

À minuit moins dix, je vis Jean-Paul Demarque chercher son téléphone, se pencher pour dire quelque chose à Margery puis descendre du pont. Cinq minutes plus tard, il n'était pas revenu et tout devenait limpide à mes yeux.

Margery Nicolas ignorait tout de ce complot terroriste. Elle était là, gazouillant gaiement avec ses invités de sa voix haut perchée de petite fille tranchant dans la rumeur de la foule tel un couteau effilé.

C'est alors que Johnny repéra notre homme : un type en fauteuil, qui se débattait avec les commandes et qui guettait les alentours avec des airs louches. Johnny nous donna des coups de coude, à moi et à Cue. Cue fit signe à Nini. Le mime s'écartait lentement du groupe des handicapés moteurs pour se diriger vers le bord du pont. Il s'arrêtait. La bombe était dans ce fauteuil. Ce n'était pas un vrai handicapé. Il allait déclencher sa minuterie puis plonger du pont. Il comptait peut-être se faire récupérer par une vedette rapide au cours du chaos qui suivrait.

— Robin, Robin, où es-tu ? entendis-je.

Tante Mo ! Venue malgré mes ordres très fermes et très clairs de rester à la maison.

— Je cherche ma nièce, expliquait sa voix. Elle est déguisée en mime.

Ce son se perdit dans l'afflux de bruit, tandis que tante Mo était emportée par la foule.

Jean-Paul Demarque ne se montrait plus. Margery le croyait sûrement amoureux. Mais pourquoi se débarrasser d'elle ? Peut-être qu'il craignait pour le futur score du parti de la Nouvelle France si une Américaine tape-à-l'œil figurait parmi les dirigeants. À moins que Margery et son mari ne constituent les agneaux du sacrifice : deux morts qui aideraient à détourner les soupçons si jamais ils se portaient sur leur groupe. «Voyons, s'indigneraient-ils, nous avons perdu deux des nôtres dans cette tragédie !»

À moins que Margery n'ait pris des dispositions testamentaires en faveur de JPD, et qu'il ne mette ainsi la main sur de riches réserves d'actions et de liquide.

Ou peut-être que sa tête de Texane ne revenait tout bonnement pas à un homme aussi Vieille France.

Johnny nous adressa un signe de tête quand le mime en fauteuil fit de nouveau mine d'avancer. On s'avança d'un bond, sautant par-dessus le gros cordon rouge, renversant des gamins en fauteuil, des héros âgés de la Résistance et des politicards, puis évitant les gardes pour arracher le mime à son siège. Johnny, Nini et Cue eurent le temps de balancer le fauteuil dans la Seine avant qu'on ne nous plaque par terre. Une meute de flics, de mimes et de gamins handicapés tout aussi livides hurlaient des insultes autour de nous. Quelqu'un me frappa au menton. Je crois que c'était un des gosses en fauteuil.

Bien sûr, ils n'avaient pas vu quatre personnes courageuses occupées à sauver la France. Ils avaient vu quatre connards de mimes même pas handicapés jeter un infirme de son fauteuil pour lancer son précieux viatique dans la flotte.

– IL Y A UNE BOMBE DANS CE FAUTEUIL ROULANT ! hurla Johnny. UNE BOMBE DANS LE FAUTEUIL !

Personne n'écoutait. Les appareils photo cliquetaient autour de nous comme des grillons.

Oh, Seigneur, me dis-je. On a commis une erreur terrible. On vient d'agresser un handicapé pour rien… Tout le monde prend des photos… Ça va finir dans les journaux…

Brusquement, la bombe explosa sous l'eau, créant une vague qui secoua la péniche pyrotechnique et qui remua le pont.

Après tout cet énervement, vous feriez bien de marquer une pause, chère promo 2100. De vous détendre un minimum, de vous étendre les pieds en éventail sur la méridienne à force magnétique invisible pour vous relaxer devant une énième carotte au THC génétiquement modifiée avant de reprendre la lecture.

24

— Excusez-moi, vraiment, répéta l'inspecteur Charvet. Et je vous remercie du fond du cœur.

— Pas de problème. Je sais à quel point M. Bigger peut se montrer persuasif, dis-je. Et comment vous en vouloir avec toutes ces fausses alertes à la bombe qui servaient à distraire la police et le public du véritable attentat ?

— Un autre chocolat ?

— Non, merci.

— Du champagne ?

— Non plus.

— Eh bien, conclut-il, j'ai votre déposition, et merci encore. À présent, monsieur le maire aimerait vous parler. Je vais me retirer pour vous laisser discuter tranquillement.

Et voilà que je me retrouvais en tête à tête avec lui, mon héros, l'homme que je veux voir diriger ce monde : Bertrand Plaisance. Je me suis sentie comme le personnage de Scout dans *Ne tirez pas sur l'oiseau moqueur*, lorsqu'elle finit enfin par rencontrer Boo Radley : à croire que j'avançais dans un rêve et qu'une voix étrangère sortait de ma bouche.

— Enchantée, monsieur Plaisance. Quel temps merveilleux nous avons aujourd'hui, vous ne trouvez pas ?

Il fut très chaleureux, très affable, et il nous invita tous à l'hôtel de ville pour une réception quand la folie de la Nuit Blanche aurait reflué. Après quoi il dut aller parler à des journalistes.

Johnny et moi aussi. Cue avait déclaré forfait. Il était reparti à Rocambole.

— Passe donc, avait-il offert. Fabienne a prévu préparer un gros chili *sin carne*.

— Miam.

— Un tour en moto, ça te tente ? dit Johnny.

— Ouais, filons d'ici.

— Chez moi ?

— Non, c'était bien, mais on va s'arrêter là.

— Pourquoi ?

— Eh bien, je n'avais pas fait l'amour depuis un moment, et c'était ma première fois avec un communiste...

— Ah, alors tu ne sais pas comment c'est la deuxième, hein ? Il y a aussi un temps pour ça...

25

– J'ai pris des messages pour toi. Un certain Louis Levin a appelé... C'est un nom juif ? demanda tante Mo alors que je rentrais d'un pas lent dans l'appartement à la fin de l'après-midi.

– Euh... Bouddhiste plutôt, dans son cas.

– Et puis Jerry Spurdle. Et aussi Solange Stevenson.

Louis était au travail, chose étrange puisqu'on était dimanche, un de ses jours de congé.

– Bien sûr que je suis au bureau ! dit-il. C'est la fin des haricots. Qu'est-ce que tu foutais ? Fancy Linderman est morte samedi après-midi, paix à son âme. L'héritier a décidé de vendre ses parts à ce gros richard de Wilhelm Gertner dès qu'il sera en possession du legs.

– Pas à Lord Otterrill ?

– Non, je suis absolument sûr que le deal est avec Gertner.

– Il ne fait que jouer les paravents. Il appartient à un groupe qui s'appelle la Croix Noire. C'est une de leurs spécialités, s'acheter mutuellement des parts dans des boîtes pour éviter de donner une impression de monopole.

Je l'entendis taper sur son clavier.

– Tu rentres ça sur Radio Free Babylon ?

– *Mais oui**.

– C'est off, Louis. Ne me cite pas. Je n'ai pas assez de preuves pour le démontrer pour l'instant.

– Non, mais tu en es sûre.

– Ouais. Et Jack, il fait quoi, du coup ?

– Il a démissionné de la présidence du conseil d'administration et il a signé un accord de vente de ses parts avec ce milliardaire maltais...

– Enrico Diaz ?

– Oui. Lui aussi, il est *Coua Nouaou* ?

– Je ne sais pas.

– On touche le fond, c'est l'apocalypse ! Solange a déjà téléphoné à Gertner ET à Otterrill.

– Elle a dû leur lécher consciencieusement leur gros cul plein de poils.

– Je te rappelle plus tard. Il faut que je me renseigne mieux, dit-il en raccrochant.

J'appelai Jerry.

– Tu étais où cette nuit ? demanda-t-il.

– Occupée. Va voir le fil d'agence et cherche les dépêches sur Paris, mime, bombe et...

– La désertion est le dernier de tes problèmes, Robin. Manifestement, il y a un rapport entre toi et le type qui a gagné le jackpot à Vegas autour des résultats de *Last Girl Standing*.

– Il s'appelle comment ?

– Harold Hudson. C'est ton cousin.

– Oh, non ! Quel...

– Il raconte qu'une femme l'a appelé pour lui donner l'information quelques heures avant la clôture des paris. Évidemment, il a cru que c'était toi, étant donné que toute votre famille fait ses gorges chaudes du fait qu'il a perdu sa maison et que sa femme l'a quitté...

– C'est un coup monté. Quelqu'un a dû découvrir le nom d'Harold en se renseignant chez moi – là où je suis née, je veux dire. Ou alors sur les forums d'anciens élèves, en retrouvant un ex-condisciple qui m'a dans le nez... C'est dégueulasse.

– Tu peux le prouver ?

– Non. Bien sûr que non. Merde, je ne ferais jamais un truc pareil, et même si j'étais forcée d'en passer par là – parce que bon, il ne faut jamais dire jamais, n'est-ce pas ? Ben, en tout cas, ce serait certainement pas pour aider cet imbécile de cousin.

– Solange fait le sémaphore devant moi. Je te la passe.

Solange prit le combiné.

– Robin, tu es congédiée, jeta-t-elle avant de raccrocher sans autre forme de procès.

Réplique qui mit un terme à vingt-deux ans passés au sein de Jackson Broadcasting, d'abord à ANN puis à WOW.

– De mauvaises nouvelles ? s'enquit tante Mo.

– Vouais.

J'allais faire quoi, moi, maintenant ?

Je n'avais pas des tonnes d'argent sur mon compte. Entre mes mauvais investissements et le taux de change pourri entre le dollar et l'euro, j'en avais perdu pas mal. Bon sang, quel dommage que ça n'ait pas persisté comme à mon arrivée en France, quand on obtenait 1247 francs contre un dollar, ou à peu près.

– N'achète pas d'or, m'avait avertie mon frère une nano-seconde avant que l'or ne commence une ascension virant vite au stratosphérique. Achète du Enron, du Worldcom.

Je n'aurais pas pu faire pire, sauf placer ma minuscule fortune dans l'immobilier à Bagdad ou la jeter dans un trou noir, ce qui revient peut-être au même étant donné la direction que prend la guerre d'Irak.

En l'absence de travail, je risquais de perdre mon visa de séjour en France. Mon sous-locataire de New York devait occuper l'appartement encore six mois. Je ne pouvais pas me permettre d'acheter maintenant – j'aurais besoin de l'apport pour vivre quand j'aurais épuisé mes indemnités de licenciement. Et personne n'accepterait de m'engager à la télé après ce scandale de paris truqués…

Stop. Arrête de gémir sur ton sort, Robin Hudson. Tu es une des filles les plus chanceuses de cette planète. Ça suffit les conneries, tu te démerderas pour obtenir un nouveau visa, et tu enseigneras le «Wall Street English» à des cadres français comme sur les pubs dans le métro. Et peut-être qu'un jour, quand tu parleras français couramment, tu repartiras à New York enseigner aux lycéens là-bas.

Tandis que je traçais ces plans sur la comète pour mon nouvel avenir, je me rendis compte que tante Mo était en train de faire – enfin, de se débattre avec – les mots croisés de l'*International Herald Tribune*.

Au moyen d'un Bic WOW rose et noir.

– Tante Mo, où as-tu trouvé ce stylo ?

– Tu m'en as envoyé une boîte, tu ne te souviens pas ?

– Tu les as toujours ?

– Oh oui, quelques-uns. J'en ai donné la plupart lors de ce voyage pour vous faire un peu de publicité, à toi et à cette émission atroce que tu produis.

— Produisais. Je viens de me faire congédier. Connaî-
trais-tu par hasard un détective privé du nom de Gilbert
Gamachon ?

— Ma foi, oui.

— Et comment se fait-il ?

— Eh bien, je l'ai engagé par Internet pour retrouver
quelqu'un.

— Qui donc ?

— Dick Halvorsen. Surtout, ne vois pas de mal là-dedans,
je...

— Ton premier amour ? Le type que tu as laissé tomber
pour l'oncle Archie ?

— Pour tout te dire, Robin, Dick était rentré très malheureux de la guerre. Il buvait beaucoup, il avait des sautes
d'humeur, il donnait des coups de pied partout autour de
lui, il jetait des objets à travers la pièce... Quand je lui ai
demandé ce qui n'allait pas, il m'a dit qu'il avait rencontré
une jeune fille en France.

— Et c'était vrai ?

— Oui, pendant la Libération. Il l'avait revue en repassant
par Paris après la reddition allemande. Et il s'en remettait
peu à peu. Il fallait que je comprenne, d'après lui, que je sois
patiente... Alors vois-tu, je lui ai répondu que s'il était aussi
malheureux, il avait intérêt à faire ses valises et à repartir
d'où il venait – il pouvait bien aller sur la Lune, en ce qui me
concernait ! Il est retourné à Paris. Le problème, c'est que
moi, je n'ai jamais cessé de penser à lui et de me demander ce qui se serait passé si j'avais essayé de regagner son
cœur. Si j'avais été plus patiente et plus compréhensive...
J'ai écarté toutes ces idées, évidemment, ç'aurait été trahir
mes engagements. Je suis demeurée une épouse fidèle et

dévouée pendant plus de cinquante ans. Mais quand j'ai trouvé ces lettres dans le coffret d'Archie, je me suis dit : « Ma fille, tu es libre, tu vas rendre visite à Robin à Paris et essayer de retrouver Dick. »

— Tu as réussi ?

— Oui. Il vit dans la vallée de la Loire. À Chantilly.

— Et donc ?

— Ma chérie, au début, il ne se rappelait même pas de moi. J'ai dû lui rafraîchir la mémoire. Et ensuite il m'a présenté sa femme.

— Oh, tante Mo, comme je regrette ce qui t'arrive !

— C'est aussi bien ainsi, va. J'ai toujours le Christ à mes côtés, tu sais. Ça me prend beaucoup de temps et ça m'en prendra encore plus à l'avenir. Je compte renoncer à la vie laïque.

— Pour faire quoi ? Les protestants ont des couvents, maintenant ?

— Des couvents ? Mais non ! Je compte m'inscrire à la faculté de théologie, option communication par Internet. Mon petit-fils a un *podcast* de rock chrétien et je compte faire pareil – avec un meilleur genre de musique, évidemment. Mon église n'ordonne pas de femmes prêtres, donc je ne peux pas être ministre du culte.

— Tante Mo, méfie-toi, je crois que tu deviens féministe. Une *chienne de garde**.

— Cheyenne de quoi ?

— C'est de l'argot français, ça veut dire « féministe dans le vent ».

Si elle avait su.

— Je ne suis pas féministe.

– Mais si, tante Mo, tu peux dire tout ce que tu veux, tu l'es.

– Tais-toi, voyons.

– Coco ! dis-je en lui ébouriffant les cheveux.

Elle s'écarta pour se recoiffer. Enfin, presque. Un épi rebelle résistait.

– Tu es une vraie *tailleuse de pipes**, tante Mo, tu sais ?

– Merci. Toi aussi.

26

À Rocambole, l'humeur était mi-figue, mi-raisin.

– D'accord, dit Fabienne, on a fait rater l'attentat, mais Margery Nicolas jure ses grands dieux qu'elle n'était pas au courant et Jean-Paul Demarque, pareil. Ils menacent de nous intenter un procès pour diffamation. Rose-Marie ne se sentira pas en sécurité tant qu'ils ne seront pas tous sous les verrous.

Le rouleur de bombe ignorait soi-disant que son fauteuil était plein de plastic. Il prétendait ne pas savoir qui lui avait fourni ce siège. Il ne passait pas aux aveux. La Croix Noire avait l'air partie pour s'en tirer – mais pas tout à fait, puisque plusieurs sites Web s'interrogeaient ouvertement sur leur implication et que des dizaines de journaux d'extrême gauche et de sites style théorie du complot maintiendraient ces infos en vie indéfiniment. La Croix Noire allait passer le reste de son existence sous surveillance. Leurs actions en seraient affectées. Par exemple, il n'était plus question de tuer Le Tarte au cours de son meeting à Marseille, ça n'aurait fait que confirmer notre version des événements.

Bien entendu, d'autres théories étaient soudain apparues sur le Net, dont une affirmant que le gouvernement américain était impliqué. Comme si de telles choses pouvaient exister.

Donc, on n'avait pas ajouté les méchants à notre tableau de chasse, pas vraiment. On leur avait juste rogné les ailes. Ces ordures nous glissaient entre les doigts. Il n'y aurait pas de happy end tout rose dans cette affaire-là. (Les stocks de rose étaient au plus bas à mon époque, à vrai dire.)

— Vous attraperez peut-être ces salauds un jour, dis-je, au mépris de tout ce que je savais sur ce monde merdique.

— Ouais, et peut-être que des branchies vont me pousser et que je partirai vivre sous l'eau, dit Fabienne d'un ton sans illusions. C'est toujours comme ça que ça se termine. Les riches se payent du pouvoir, ils dispensent leurs faveurs pour s'assurer la fidélité de leurs inférieurs et ils s'achètent de l'influence au gouvernement. On ne gagnera sans doute jamais. Mais plutôt mourir que de renoncer à les combattre.

— Sur un plan pratique, la France va être obligée de mettre en place des réformes pour absorber le choc de la compétition mondiale, dis-je. C'est la triste réalité.

— Peut-être, mais pas sans négociations, et pas celles que veut la Croix Noire ou même le gouvernement UMP. Cela dit, si on cède, où ça va s'arrêter ? Qu'est-ce qu'on devra encore faire pour résister à la Chine ? Ça ira jusqu'où ?

— Comme le dit notre ami Doc Reggae, « on ne veut pas importer la philosophie chinoise, on veut exporter la nôtre », lança Cue. Et tu sais, les vieux répètent toujours que l'avenir, c'est nous, les jeunes. On est nombreux. On peut changer le monde, Fabienne. Je t'assure, on peut.

Que vous dire sur le monde en question, sinon que les cons y régnaient en maîtres : des gens à l'assurance, à la morgue et à la richesse énormes, mais peu fournis en cervelle, et manquant si cruellement d'imagination que le seul moyen qu'ils voyaient de faire valoir leur point de vue était de s'enrouler des explosifs autour du corps ou de jeter des bombes depuis des avions – pour massacrer des civils, dans les deux cas. Ils n'arrêtaient pas de répéter les mêmes conneries, transformant le monde en un merdier pire qu'ils ne l'avaient trouvé en entrant. Mais bon… Ils n'étaient peut-être pas aussi cons qu'ils en avaient l'air. Parce que là où nous, pour la plupart, on se faisait avoir, ces gens-là trouvaient toujours l'occasion de gagner en richesse et en pouvoir, aussi nombreuses et sanglantes qu'aient été leurs erreurs.

Tout en prétendant être les forces de la sécurité et de l'ordre, ils s'arrangeaient toujours pour créer le chaos d'une façon ou d'une autre – un chaos qui leur était hautement profitable.

Quelle marge de manœuvre avons-nous vraiment, tous autant que nous sommes, quel pouvoir, si le scrutin est truqué ?

Car dans ce monde-ci, ainsi vont les choses. C'est toujours la Banque qui gagne. Et ce bruit que vous entendez, c'est George Orwell se retournant dans sa tombe.

Les objectifs de Rocambole me semblaient utopiques et désespérés. C'est alors que je me souvins de l'ingéniosité de ces gens. De leurs fourgons-canonnières à eau, de leurs prisonniers en pelote, de leur sens de l'humour redoutable. Et me revint un truc que m'avait dit Blue Baker à propos d'un groupe de militants de notre connaissance à tous les deux : ils n'étaient pas pragmatiques, avait-il dit, mais ils avaient raison. Lui-même, après toutes les conneries et tous les péchés qu'il avait commis, il tenait à être du bon côté pour le restant de sa vie.

Moi aussi.

Tim se pointa le mercredi matin pour aider à transporter jusqu'à l'aéroport les sacs de tante Mo. À qui il avait gentiment apporté un pain au chocolat et une tulipe rose.

– Oh, Tim ! dit elle quand on arriva à Roissy. Si seulement Robin pouvait trouver un mari comme vous !

– Je n'arrête pas de lui demander sa main, jeta-t-il en m'adressant un grand sourire (ce petit salopard).

– Tu es trop jeune pour moi, dis-je.

– Pourtant, ça se fait, de nos jours, insista-t-elle. Regarde cette actrice, et ce jeune comédien.

– Susan Sarandon et Tim Robbins ?

– Non, non, tu sais bien.

– Demi Moore et Ashton Kutcher, dit Tim.

– Non plus, dit tante Mo. Enfin bref, peu importe, c'est la dernière mode au pays, d'après ce que j'ai compris.

Tim me regarda.

– MILF, dit-il en éclatant de rire.

– C'est un personnage d'émission pour enfants, c'est ça ? demanda Tante Mo.

– Qui ça ?

– Cette Milf.

Tim vint admirablement à la rescousse.

– De dessin animé, mentit-il. Dans un film de Disney. Un long machin violet tout rond qui siffle tout le temps.

Il y avait une forte demande en Amérique pour les vieilles, c'est-à-dire les femmes de plus de quarante ans. C'était l'ère des MILF, comme l'avait formulé un journaliste du *Village Voice*, qui notait que le secteur à plus forte croissance du porno Internet était celui qui mettait en avant des « femmes mûres » couchant avec de jeunes adultes. Pour ceux et celles d'entre vous qui ne seraient pas au fait du porno du XXIᵉ siècle, MILF est l'acronyme de Mères Idéales Lascives et Féminines.

— Ça a toujours été la mode en France, dis-je.

— Ah bon, et alors comment se fait-il que tu te retrouves toute seule ? demanda-t-elle. (Tout en trouvant aussitôt la réponse :) Parce que tu trouves toujours le moyen de tout gâcher !

— Là, tante Mo, tu l'as vraiment cherché, dis-je. COCO !

Je coinçai sa nuque au creux de mon coude, mais sans parvenir à accomplir un coco complet, parce que d'aimables Français nous entourèrent en exigeant de savoir pourquoi j'écrasais mes phalanges contre le crâne d'une petite vieille.

— Tout va bien, leur assura tante Mo.

— C'est ainsi qu'on exprime son affection en Amérique, dis-je.

On lui fit au revoir du bras juste devant le contrôle des passeports.

Elle se retourna pour lancer :

— Je me suis follement amusée. Vive la France !

Fort étrangement, sur le trajet du retour vers Paris, elle me manquait déjà. La circulation se traînait sur le périphérique, le ciel était gris. Terminé le temps chaud, pas du tout de saison, dont nous avions bénéficié. J'étais au chômage et en disgrâce. L'hiver n'allait pas tarder.

— Ça sent la pluie, dit le chauffeur de taxi.

— Ouais.

Le chemin du retour se termina en silence, brisé d'abord par le tintement annoncé des gouttes de pluie éparses et, plus tard, par la sonnerie de mon téléphone.

– Robin, c'est Claire. Tu peux venir à l'Hôtel Meurice ?
Tout de suite* ?

– Pour quoi faire ?

– Ne pose pas de questions, contente-toi de rappliquer ventre à terre. On est au bar, le Fontainebleau.

– On ?

Elle avait raccroché.

27

Claire et Eric Slansky étaient assis dans les fauteuils clubs au cuir souple comme du beurre. Ils ne remarquèrent pas mon entrée.

Ce fut Eric qui me vit en premier.

– Salut, Robin, dit-il.

– Salut, Eric. J'ignorais que tu étais à Paris.

– Je suis arrivé hier soir. Je vois que tu as fait la Une partout.

– Moui, enfin… Attends, tu parles de quoi ? Du complot terroriste ou du scandale de Vegas ?

– Quel scandale ?

– Laisse tomber.

– Je pensais à cette histoire de bombe, bien sûr.

– Pourquoi es-tu ici ?

– On est venus tous les deux pour la même raison, en fait. Jack nous a appelés.

– Jack Jackson ?

– Il a débarqué de l'avion ce matin. Il est dans sa chambre en train de faire un brin de toilette. Tu as appris ce qui s'est passé ?

– Fancy Linderman a cassé sa pipe. Notre univers reposait sur sa région lombaire, et il vient de s'écrouler, résumai-je.

– Barman, s'il vous plaît ? Tu veux quoi, Robin ? Thé, café ?

– Un grand Bloody Mary, s'il vous plaît.

Jack Jackson séjournait à l'Hôtel Meurice en compagnie de Claire et d'Eric Slansky et je n'arrivais pas à me figurer ce qui se tramait. Quand j'eus descendu mon premier Bloody Mary et commandé mon second, Eric, Claire et moi nous mîmes au courant des derniers développements dans nos vies respectives.

Puis Jack nous rejoignit.

– Nom de Dieu, que c'est bon de voir vos têtes. Quel plaisir ! Vous avez tous un verre ? Bien. (Il s'assit.) Question : ça vous plairait à tous les trois de continuer à travailler pour moi ?

– De quoi est-ce que tu parles, Jack ?

– Les enfants, l'avenir, c'est Internet. Je vais démarrer un nouveau réseau télé… On en discute depuis un moment, Claire et moi. Je quitte New York à l'instant, et je peux vous dire que j'ai plusieurs personnes sur place qui sont super motivées. Un réseau de Web télé tous azimuts, des infos, du divertissement. La totale. Le milliardaire de la bière Gerritt Kuilder sera notre associé là-dedans. Il dit qu'il te connaît, Robin.

– Oui, confirmai-je, rassemblant enfin les pièces du puzzle.

Le milliardaire de la bière Gerritt Kuilder n'était autre que « Hank », le fondateur et mécène de l'Organisation. C'était aussi un amateur d'art génial qui possédait une collection personnelle énorme aux œuvres parfois si « privées », avais-je lu quelque part, qu'il était le seul à les contempler.

— Claire a rallié le bord, et toi, Eric ?

— Mon contrat prend fin dans deux mois, je vous rejoins à ce moment-là.

— Robin, je sais que tu adores WOW, mais...

— Jack, je suis disponible. Solange Stevenson m'a congédiée. Et, juste pour ta gouverne, je n'ai jamais aimé cette chaîne.

— Bon, alors, voilà l'idée : Eric va mettre en place notre bureau de Moscou. Claire s'occupera de celui d'ici, de Paris. Robin, je veux que tu viennes en Inde avec moi. Tu y seras basée, mais tu devras voyager un maximum...

— En Inde ? Jack, tu délocalises en Inde ?

— Délocaliser ? On se centre là-bas, au contraire. On y aura notre siège international. C'est le cœur mondial d'Internet, de nos jours, et une démocratie GÉNIALE, enfin, presque. Tous nos serveurs y seront, ainsi que le personnel informatique et l'équipe éditoriale. Je veux que tu recrutes des responsables sur place, et à l'international. Ensuite, quand on démarrera, tu aideras à former les pigistes. Bon, au début, le salaire ne sera pas mirifique, mais tu y gagneras des tonnes de voyages, et puis ce sera L'AVENTURE, un truc qu'on peut construire TOUS ENSEMBLE, comme on a construit ANN, à nous tous, à la bonne époque...

Quand j'ai démarré chez ANN il y a de ça très, très longtemps, je comptais parmi les petites jeunes. Cette chaîne engageait deux sortes de gens, à l'époque : soit des petits jeunots frais émoulus de l'université, soit des vieux pros repêchés aux marges du journalisme. Des tout frais tout propres et des quasi-lessivés.

À présent, je fais partie des vieux pros. Ça fait un bail que je n'ai pas travaillé en tant que reporter et je me sens très rouillée. Je vais sûrement devoir renoncer une nouvelle fois à mes mauvaises habitudes, comme de mentir juste pour rigoler.

Tim aussi avait des projets.

– Felicity m'a proposé de devenir son assistant, dit-il. Comme mon homme est à Paris, je me suis dit que ce n'était pas la fin du monde.

– Non, ça pourrait même se révéler un tremplin pour toi. Tu pourrais devenir responsable du bureau parisien. Tu sais beaucoup plus de choses que ta future patronne... Merde, tu vas quand même me manquer, en Inde. Je ne retrouverai jamais un assistant tel que toi... Tu as quelque chose de prévu, là ? J'ai rendez-vous au Blue Highways avec deux hommes de mon passé. Tu veux venir ?

– J'ai du magasinage à faire avant le retour de mon chéri.

– Ton gai nounours ?

– Oui.

– O.K. Eh, Tim ?

– Ouais ?

– Merci pour tout. Tu m'as amélioré l'existence de façon incroyable, ici.

– De rien, dit-il, ç'a été un plaisir. Quant à moi, j'ai un petit cadeau d'adieu pour toi.

– Lequel ?

– Ben, j'avais du temps libre ce week-end et par le plus grand des hasards, mais alors là vraiment sans chercher ni rien... non, je rigole... Enfin bref, j'ai trouvé quelqu'un qui connaît Felicity. Tiens.

– Qu'y a-t-il dans cette enveloppe, Tim ?

– Les preuves de sa vilenie.

– Je ne peux pas. J'ai juré de ne plus me venger, dis-je en lui rendant son cadeau.

– Non, garde ça. Mets-le dans ta fameuse capsule temporelle. La vengeance est un plat qui se mange froid, tu sais.

Au bar c'était le coup de feu, ce soir-là. Le communiste barbu s'y trouvait, ainsi que deux mères des enfants de Johnny, au look super soigné et féminin. À côté d'elles – car j'étais littéralement assise à côté –, j'avais l'air d'une grande primate, avec mon jean, mes chaussures montantes, ma chemise, mon absence de foulard, assise jambes écartées comme un homme.

Gus se trouvait au bar avec Johnny et Billy. Johnny et lui discutaient de films dans lesquels Johnny avait tourné, et d'un certain acteur de renom, à présent sur le retour, avec lequel ils avaient tous les deux travaillé. Ils racontaient leurs histoires en même temps à Billy.

– … à Vancouver. Il jouait le pêcheur, et moi le passeur du ferry. C'était l'horreur. Sur le plateau, il n'y en avait pas un pour rattraper l'autre. Le réalisateur était un salaud qui suçait le producteur, ledit producteur, c'était une folle alcoolo marié à une pute chinoise payée pour faire diversion. Et le premier rôle, la star, un mystique accroché au plafond, qui se tapait le médecin chaque après-midi quand il venait lui faire un lavement.

– J'ai travaillé avec lui dans *Aube Sale*, en 1977, dit Johnny. Un navet où tout le monde avait des fusils, évidemment. Ils tiraient des balles à blanc…

– … soûl comme une barrique dès le petit-déjeuner, il dodelinait de la tête, dit Gus. Mais pour peu qu'on dirige la caméra vers lui, il se reprenait comme si de rien n'était. Et on ne voyait plus que lui dans la scène. Ensuite, il retournait s'encanailler dans sa caravane.

– … les observer derrière la fenêtre…

– … il ouvrait la porte de la caravane pour pisser…

– … faire des cartons sur les serpents…

– … la fille du producteur…

– Et donc, Eastwood…

– … et sa troupe de petites scoutes…

– … lui a arraché son révolver…

– … une des mères voulait porter plainte…

– … il s'en est tiré en leur rachetant des serpents…

– … pour agression sexuelle sur mineurs, parce que la gamine avait reçu de la pisse dessus…

– … emballer la boîte dans un papier cadeau…

– … une solution à l'amiable avec un gros chèque à la clé, et deux semaines de cure de désintox…

– … sans l'enlever…

– … un méga party quand il est sorti. Il a appelé ça la Réintox.

– … caravane et quand elle est revenue…

– … tellement pété qu'il a dégueulé dans le sac d'une bonne femme. Elle s'en est rendu compte que plus tard, quand elle l'a ouvert en rentrant chez elle…

Ils n'avaient même pas remarqué ma présence.

– *Salut**! lançai-je.

– Ah! *Salut**, dit Johnny.

– Gus, demandai-je, où est Wim ?

– Il ne viendra pas. Il m'a juste demandé de te dire qu'il se souvient de toi, expliqua Gus – qui se lança alors dans une série d'anecdotes sur moi que j'aurais préféré voir taire, sur les petits jeux de rôles tordus auxquels on s'était amusés tous les deux à New York.

Avait-il vraiment besoin de raconter le jour où on avait fait semblant d'être deux généticiens mariés qui trompaient chacun leur moitié et qui se tracassaient sur les implications de leurs recherches hautement dangereuses – tout ça d'un ton très pisse-froid qui avait attiré l'attention du moindre client du bar ce soir-là. Ou les fois où on s'était fait passer pour de jeunes mariés dans des endroits comme le Plaza, racontant aux inconnus la façon étrange dont on s'était rencontrés, puis acceptant leurs félicitations – et surtout le champagne qu'ils nous offraient ?

Mais tout le monde se paya une bonne tranche de rire. Gus était drôle, et toujours surmené. On avait été meilleurs à ce petit jeu de la comédie qu'à celui de l'amour, malheureusement.

– C'était super agréable de te revoir, Robin, dit-il. J'aimerais pouvoir rester plus, mais ma femme arrive demain aux aurores à l'aéroport.

Johnny prit congé lui aussi, soi-disant pour s'occuper d'un client, mais quand je tournai la tête, je le vis s'adresser à une femme à l'air triste.

Quand il fut parti, Billy m'adressa un regard bizarre.

– Quoi ? dis-je.

Il sourit.

– Quoi ? Oh, non, ne me dis pas que j'ai couché avec toi aussi et que je ne te reconnais pas parce que tu étais coiffé en arrière à l'époque, ou je sais pas quoi ?

– Mais non !

– Ah.

– Pourquoi crois-tu...

– Ben, tu as évoqué une femme, une journaliste avec qui tu es sorti et qui t'a complètement ignoré par la suite quand son ex l'a demandée en mariage. Or j'ai fait ça, je suis sortie avec plusieurs mecs pour rendre mon petit copain jaloux et obtenir qu'il me demande ma main. Je ne me souviens même pas de leur tête à tous, encore moins de leur nom... Nom de Dieu, je vais finir en enfer, ça fait pas de doute !

– Ben dis donc, il va y avoir foule là-bas. Tu n'es pas la seule à avoir pratiqué ce truc-là.

– Alors pourquoi ce sourire ?

– Tu te rappelles, cette fille dont je t'ai parlé, Chloé ?

– Oui.

– Je l'ai eue au téléphone aujourd'hui.

– Wouaou ! Et alors ? Tu as obtenu la réponse à ta fameuse question ?

– Il s'avère qu'Éliane n'avait pas menti dans sa lettre – mais qu'elle nous a ébranlés de façon plus subtile.

– La salope.

– Cela dit, on était chacun sur un continent différent, et ados... De toute façon ça n'aurait pas marché, affirma-t-il d'un ton pas si persuadé que ça.

– Le fait est.

– Enfin, bon, c'était génial de lui reparler, alors je l'ai invitée à Paris ce week-end, et elle va venir...

– Aaah...

– Ouais. Quel bonheur, cette conversation. On a tout de suite été au diapason. Mais bon, il y a un problème.

– Un seul ?

— Elle est mariée.

— Merde.

— Enfin, séparée. En plein divorce, en fait. L'enfant…

— Merde, un gosse et une bataille pour la garde…

— On arrive toujours à s'arranger dans ces cas-là, dit-il d'un ton aussi peu assuré que tout à l'heure, en quêtant mon approbation du regard.

— Et puis de toute façon, ce n'est qu'un simple week-end à Paris. Pour s'éclater.

— Exact, dit-il. On va prendre du bon temps et c'est tout.

— Ne discute pas du divorce et de la garde de l'enfant, montre-lui juste ce que c'est de s'amuser.

— Tu as raison. Elle en a bavé ces derniers temps, il faut qu'elle se détende. Le truc, c'est qu'étant donné le passé, j'ai vachement tendance à vouloir prendre les choses très au sérieux dès le départ.

— Grossière erreur. Billy, je vais encore te donner un conseil. Un truc qu'à la réflexion j'aurais dû appliquer quand des personnes plus malignes que moi me l'ont filé. Tu ne peux pas savoir les emmerdes que ça m'aurait épargnées… Contente-toi de prendre du bon temps. Ça t'en apprendra plus que de passer la nuit entière à discuter à moitié ivre. Emmène-la au bowling. Tu sais jouer ?

— Est-ce que le pape a des mains ?

— Eh, c'est pas plutôt la réponse pour « tu te masturbes ? »

— Un peu de respect, voyons, c'est du pape que tu parles !

— Tu ne crois pas que même lui, quand il est tout seul…

— Ah, non ! Pas le pape !

— Admettons. Tu as sans doute raison.

Un catholique qui cache sa foi et une Française en cours de divorce avec enfant. Mal parti, non ?

Bah, les obstacles, c'est motivant. Demandez donc aux taureaux.

— Ne fais pas attention à ce que je dis, Billy. Je ne suis pas bien placée du tout pour donner des conseils en amour. La prochaine fois que tu m'y prends, flanque-moi une gifle. Vas-y, sors avec cette fille, et... sois naturel. C'est bien. Tu es un mec chouette.

— Non, mais si, tu as raison. Bouffe et bowling. J'ai le tour pour détendre les autres, de toute manière. C'est quand j'essaie de me montrer sérieux et sensible que je fous les choses en l'air... Cela dit, on s'amuse, toi et moi, tu ne trouves pas ?

— Si.

Il me regarda.

— On ne devrait pas essayer, tous les deux ?

— Je suis déjà sortie avec toi.

— Alors là, tu plaisantes, je suis absolument sûr qu'on n'a jamais...

— Tu n'avais pas du tout la même tête ni le même nom, tu étais un peu plus gros et plus âgé, mais pour l'essentiel, vous étiez vraiment pareils.

— Vous ?

— Trois types.

— Avec qui ça n'a pas marché ?

— Non. Des gars géniaux, super doués pour le french kiss, mais l'échec total.

— Français ou Américains ?

— Un de chaque, et le troisième auquel je pense venait d'Irlande.

— Où était le problème ?

— Je suis un tantinet trop folle pour les cathos.

— Je suis plus fou que tu ne crois.

— Même si c'était le cas, quand je te regarde, j'ai l'impression de les voir. De voir un avenir plein de bébés. Tu es fait pour être père. Je ne veux pas gâcher ta vie.

— Bon, mais on pourrait quand même sortir ensemble, non ?

— *Touché*. Sauf que tu as déjà un rendez-vous au programme, avec ton amour de jeunesse, rappelle-toi.

— C'est vrai ! Et toi, tu as Johnny…

— Euh… non, surtout, le truc, c'est que je quitte Paris, dis-je avant de lui annoncer les derniers événements.

— En Inde ? Johnny est au courant ?

— Pas encore. Regarde-le, là-bas, il flirte avec cette femme. C'est une des mères ?

— Non, elle est nouvelle.

— Dis-lui au revoir de ma part, conclus-je. Je dois aller retrouver mes copines Judith et Brigitte au Point Éphémère.

— *Bon courage*, dit-il.

— Ouais, à toi aussi.

Je partis de chez Johnny, pétrie de nostalgie envers un endroit que je n'avais pas encore quitté. Paris. Cette ville m'a tellement réussi. Elle m'a permis de retomber en enfance, une enfance un peu bizarre, où j'essayais de comprendre ce que les adultes disaient, hypersensible aux attitudes corporelles et aux expressions du visage des gens. Une gosse légèrement cynique, mais qui croyait pourtant à nouveau au positif, y compris en elle-même.

— Vous savez ce qui me manquerait, en plus de la grande cuisine et de l'architecture ? dit Judith. Ces innombrables émissions de parlotte qu'aiment tant les Français, où des gens qui n'ont rien à voir les uns avec les autres ont des débats d'idées, des discussions sur la politique, les infos, les décisions du gouvernement... une starlette assise à côté de Mikhaïl Gorbatchev, et tout le monde a un truc intéressant à dire.

– *Apostrophes* me manque, dit Brigitte.

– Tu sais, rebondit Judith, ç'a été l'émission la plus regardée de ce pays pendant une décennie. Imagine ça aux États-Unis, un truc où des écrivains assis autour d'une table discutent de leurs bouquins et des idées qui les sous-tendent. Que dirait une chaîne nationale américaine si on leur proposait une telle émission ?

– J'entends la réaction d'ici : « Des auteurs ? Qui discutent entre eux ? Qui échangent des idées ? Allons, coco, transforme-moi ça en une équipe de sauveteurs en mer. On leur met des maillots de bain moule-bite et, au lieu de les faire parler de conneries, ils sauvent des gens sur la plage. » Une émission comme *Apostrophes* ne passerait que sur le câble ou, au mieux, sur la chaîne éducative...

– Je crois qu'ils l'ont diffusée sur Bravo, dit Judith. Mais ça n'arriverait jamais sur un réseau hertzien national, hein ?

– Ce qui ne veut pas dire qu'il n'y a pas de la merde à la télé française.

– Moi, ce qui me manquerait, dit Brigitte, ce serait ma boulangerie.

– Moi, je vais regretter mon boucher, dis-je. Et ces pharmacies partout, et les boutiques de lingerie féminine, les cafés, la musique, les *manifs**, la bouffe...

– Les musées. Le métro.

– Le panorama depuis le Sacré-Cœur, les petites boutiques spécialisées dans un seul truc, genre les heurtoirs de porte, des costumes de clown, des pièges à souris. Et les glaces Berthillon...

– ... les festivals Jim Jarmush qui reviennent tous les ans, la filmographie entière de Woody Allen qui passe partout tout le temps...

– ... la Seine l'été, les bouquinistes et les vendeurs de vieilles revues dans les étals verts sur les quais...

– Les slams de poésie dans des caves en pierre bien fraîches, les restos vietnamiens de Belleville, les morceaux de sucre freudiens marqués Daddy, le café Prune, le canal Saint-Martin...

– L'édition française de *Elle, Paris Match, Les Inrockuptibles,* les Guignols de l'Info, l'Équipe du Splendid...

– Les escaliers en pierre, les gargouilles, les crêpes qu'on te vend dans la rue, être assise à une terrasse de café quand il pleut au-dehors, la rue Mouffetard, Ménilmontant, boire du vin comme de l'eau...

Et ainsi de suite, on continua une bonne demi-heure: les poissons d'avril, les galettes des rois, tous les jours de congé et les ponts qui vont avec, le 14 juillet, les bals des pompiers la veille, les Champs-Élysées à Noël et au jour de l'an, les toilettes publiques sous l'église de La Madeleine, le Père-Lachaise, la tour Eiffel la nuit quand elle ne scintille pas, la vieille dame goy de la rue des Cerises qui met chaque année un panonceau en carton à la mémoire de ses voisins juifs, un couple marié et leurs deux enfants, déportés en camp de concentration et jamais revenus. Ou le vieux survivant de l'Holocauste, un grand monsieur maigre aux longs cheveux gris portant la kippa, et son ami musulman, un petit homme qui vient avec lui pendant les manifs tendre des tracts plaidant pour la fraternité entre tous les hommes. Un grand, un petit, adorables et uto-piques, évoquant immanquablement Don Quichotte et Sancho Pança. Ils étaient systématiquement entourés d'une foule d'enfants blacks, blancs, beurs, indiens. Je regretterais les ivrognes au champagne, et cette culture capable de synthétiser deux idées antagonistes comme la beauté et la laideur pour en faire une locution : joli-laid.

– Par contre, ce qui ne me manquera pas, ce sont les trucs apéritifs dégueulasses, dis-je. À se demander si on a interdit les bonnes chips pour empêcher les gens de rompre les règles de la gastronomie et de grignoter entre les repas.

– Moi, dit Judith, si je partais, ce sont les grèves que je ne regretterais pas. Tu étais là quand les transporteurs de fonds ont arrêté le travail et qu'on n'arrivait plus à trouver de liquide ?

– Non.

– On était obligées de faire des chèques pour payer le journal, résuma Brigitte.

Le serveur arriva.

– Un crème, s'il vous plaît, demanda Judith. Quand je suis arrivée en France, j'étais à peu près la seule personne à prendre du lait dans mon café après dîner, mais maintenant, toutes mes amies le font aussi.

– Tu piétines leurs principes gastronomiques, Judith. Gare au mécontentement des gourmets.

– Oui, je sais, c'est la gastronomie qui gouverne dans ce pays et ses armées avancent grâce à leurs cantinières. Ce n'est pas ce qu'a dit Napoléon ?

– Si, enfin, la deuxième partie.

— Tu te souviens de mon ami russe, Maxime ? demanda Brigitte. Celui qui est à la fois rock star et docteur en économie ?

— Oui.

— Ben, il raconte qu'il aime beaucoup les Américains pris un par un, mais pas collectivement. Nous, c'est l'inverse, on adore les Français en général, mais aucun en particulier.

— Si seulement on arrivait à faire des croisements entre les deux à grande échelle, quelle nation géniale ça ferait, dit Brigitte, sur quoi on vira toutes au rose et à l'utopique, soupesant dans un halo de lumière dorée cette possibilité tirée par les cheveux, jusqu'à ce que Judith conclue :

— Idée charmante, si on y gagnait le meilleur des deux mondes, et pas le pire. Ça me rappelle ce qu'a répondu Bernard Shaw à la belle actrice qui suggérait qu'entre sa joliesse à elle et son intelligence à lui, ils pourraient faire des petits formidables. « Certes, mais s'ils ont ma tête à moi et votre cerveau ? »

ÉPILOGUE

New Delhi, Inde

Il s'avéra que le mécène de Rocambole n'était autre que Rose-Marie « Luda » Lassalle. J'eus l'occasion d'en discuter avec elle un jour autour d'un café, au local du collectif. Son histoire était *grosso modo* la même que celle de Blue Baker. À la mort de sa grand-mère, elle avait compris qu'après toutes les erreurs qu'elle avait commises dans sa vie, à partir de maintenant, elle voulait être du bon côté, celui de la justice. Et que cette justice passait par Rocambole, ou du moins aussi près qu'il était possible dans ce monde merdique. Je paraphrase. Elle connaissait Fabienne depuis l'université.

Mais Judith s'était trompée en croyant que c'était l'amour et l'admiration pour sa grand-mère qui avaient inspiré ce changement.

— Mamé était une sale bonne femme, toujours aimable en surface, mais froide comme la glace et ultra manipulatrice. Sur la fin, elle a essayé de s'amender, sans y parvenir tout à fait. Moi, quand je l'avais devant moi, je me disais que je ne voulais pas mourir comme elle, entourée par des gens achetés avec des faveurs ou maintenus écrasés par la peur.

Elle me plaît.

Fancy Linderman, paix à son âme, est toujours aussi morte. C'était une grande dame, une de ces bonnes femmes carrées qui portaient des pantalons, avaient des aventures et buvaient du whisky comme les hommes. Elle a mené son mari comme on pilote un yacht vers un mariage d'amour, heureux à tous points de vue, et vers un enfant qui l'était moins. Cet héritier, Desmond, a soldé l'héritage maternel pour partir vivre aux Bahamas. Bizarre, il paraît que c'est un joueur compulsif.

Étant donné que personne n'a passé les menottes à Margery Nicolas, Rose-Marie, craignant encore sa « grand-mère » et ses comparses, a décidé de se mettre en sécurité au Sénégal, où elle enseigne à présent à des orphelins dans un foyer. Certains prétendent que c'est une envie de Cue, car ces deux-là se sont mis ensemble, à ce qu'il paraît, – et pourquoi pas. L'amour. Voilà comment mon oncle Fred est devenu mormon. Le truc, c'est que quand le sentiment se pousse, tu as toujours ta confession, alors gare où vous mettez les pieds en termes de relations.

C'est comme ça que j'avais atterri à Paris : une vraie sentimentale, et la cynique que je suis ne peut plus tout faire dépendre de l'amour, malgré les rencontres formidables que j'ai faites grâce à ça, et les endroits géniaux que ça m'a valu de voir.

Et tant mieux. Parce qu'un jour, avant de quitter Paris, je suis entrée au Blue Highways, où je suis tombée sur Johnny occupé à embrasser une femme – qui se révéla être une avocate ayant deux ans de plus que moi. Voilà comment c'est, la France : les clochards boivent du champagne et un type vous laisse tomber pour une fille plus âgée. Alors, je n'avais pas eu de la chance de ne pas me laisser happer émotionnellement par ce gars, comme j'aurais risqué de le faire par le passé ? La chute aurait pu être rude.

Quand je repassai au bureau vider mes tiroirs, Felicity se pointa pour compatir sur mon licenciement et me dire à quel point elle me respectait «quoi que disent tous les autres gens!» Quelque chose dans sa façon de me sourire laissait penser qu'elle était derrière cette histoire de coups de fil à mon cousin. Mais je suis incapable de le prouver, et c'est sans doute par une coïncidence inouïe qu'elle est devenue chef du bureau parisien de WOW.

Bureau où j'allais à reculons, il faut bien l'admettre. Et je détestais notre émission phare. Felicity, elle, ne tire pas au flanc et adore *Last Girl Standing*. Alors peut-être qu'elle mérite le poste, ou du moins qu'elle va s'y rendre utile.

Piégée comme je l'étais dans ma maison de verre, je devais considérer la situation avec objectivité, ou tâcher de le faire, du moins. Mon existence n'est ni une pastorale, ni une Vie de sainte Anémie (en dépit du fait que j'ai joué le rôle-titre dans le film du même titre, *Notre-Dame d'Anémie [1951]*: celui de la grande bergère rousse quadragénaire, l'un des trois pastoureaux à avoir eu une vision de la Vierge et à être dépositaires de ses secrets).

Et l'enveloppe que m'a donnée Tim à propos de Felicity ? Pendant que j'organisais mon déménagement vers l'Inde, elle est restée rangée dans un coin de mon appartement parisien, dans un carton d'archives, avec mes papiers du travail. Je l'y avais flanquée avec d'autres courriers et un coin dépassait légèrement de travers. Au moment de boucler mes valises, ce bout de papier couleur crème m'a attiré le regard sans arrêt en attisant mon imagination. Fallait-il mettre ce truc tel quel, sans l'ouvrir, dans la capsule temporelle ? Quelle petite vengeance délicieuse ! Que Justice soit faite !

Ou alors... devais-je ôter cette tentation de ma vue, emporter ce truc fermé jusqu'à la Seine un soir, le brûler sur le pont Alexandre III et disperser les cendres dans le fleuve ? Karmiquement parlant, un acte aussi spectaculaire éradiquerait les mauvais esprits de ma vie. Ce serait plus efficace que dix sacrifices de brebis.

Vous vous rendrez compte par vous-mêmes si je l'ai intégré à ce paquet.

Comme Rose-Marie ne voulait pas emmener de chat au Sénégal, Rocambole est resté avec moi. Sa présence me fait apprécier Louise d'autant plus. Certes, Roc est super affectueux, mais aussi très pot de colle. S'il pouvait rester pendu à mon cou toute la journée, il le ferait. Par contraste, Louise est indépendante, pleine d'assurance et très active. Ça me plaît de ne pas lui manquer quand je m'en vais, et qu'elle soit tout de même contente de me voir à mon retour.

Ils se comportent certains jours comme des petits copains chiants : monsieur me serre de trop près tandis que madame m'ignore superbement, mais enfin, ça arrive de moins en moins souvent. Et *ils ont raison**. Enfin, une raison. Ces pauvres chats ne pouvaient aucunement deviner que leur petit paradis parisien, leur Brigadoon, allait soudain disparaître, et qu'ils seraient cat-apultés sur un tout nouveau continent, impliquant un tout nouveau mode de vie. Heureusement, à New Delhi, mes employés les gâtent. Ils sont comme des pachats.

Pour ce qui est d'Yves, ce revenant d'un lointain passé, je suis tombée un jour sur lui alors que je me trouvais à Montréal pour recruter du monde à l'Université McGill. On est allés boire une bière ensuite. Il a encore tous ses cheveux, et sa belle gueule. Il est marié à une Hollandaise – ça remonte à deux ans après nos adieux de jeunesse – et ils ont eu trois enfants, adultes à présent. Il vote à droite et ne croit pas aux bienfaits des subventions culturelles, ce qui ne m'a qu'à peine étonnée. C'est le cas chez tant de gens de ma génération.

On a rigolé de quelques vieilles histoires. Un souvenir cuisant a suscité une brève mimique de colère chez lui et un éclair de regret chez moi. Regret qui répondait à des tas de questions à la fois, parmi lesquelles la plus importante : est-ce que c'était vrai, ce qu'on ressentait à l'époque ?

Oui. À l'époque, ça l'était.

Il a l'air heureux, comme un homme qui se s'est jamais retourné pour regarder derrière lui, qui en près de trente ans ne s'est pas demandé une seule fois : « Et si… ? », donc je ne vois pas comment ça aurait jamais pu marcher entre nous, mais je dois reconnaître que j'ai éprouvé un pincement au cœur en le voyant – mon « et si… ? » à moi. Et si les choses n'avaient pas raté ? Si j'avais passé la soirée avec lui la dernière fois qu'il a appelé, alors que je me préparais à partir à l'université ? Ce jour-là, il venait d'être engagé par l'équipe des North Stars, et il tenait « vraiment » à me voir, à en croire son ami Mike, autre individu remarquable qui jouait souvent les intermédiaires et qui m'avait tenu la jambe une heure au téléphone ce soir-là : « S'il te plaît, Robin, accompagne-le. Il a besoin de te parler. Je t'en prie. Il veut te voir. Je t'en prie. » (D'ailleurs, qu'est-il donc advenu de Mike, de Wayne, et de Paul, de Vince, de Doug, du reste des copains ? C'étaient des gars super.)

Comment suis-je parvenue à résister à l'invitation ? Eh bien, quand Yves puis Mike ont appelé, on ne s'était pas vus depuis deux ans, Yves et moi. Deux années entières – un simple battement de cils désormais, sauf qu'à l'époque, ça faisait l'effet d'une éternité. Je me remettais à peine de cette histoire, j'avais dû faire beaucoup d'efforts pour remonter la pente et pour en finir avec ce traumatisme. Et si... Si j'étais sortie avec lui, si j'avais remis le couvert côté cœur... pour aussitôt qu'il me laisse tomber une deuxième fois ? Yves était une star, un homme adulte, qui me dépassait de loin en tout. Je n'étais qu'une gamine qui s'apprêtait à rentrer à l'université avec pour seul bagage ses petites cellules grises et deux ou trois jolies robes. Je ne connaissais rien à rien. Pour paraphraser Hemingway, c'est mignon de songer au scénario positif, au conte de fées, au Brigadoon : *Si j'étais tout bonnement sortie ce soir-là, on serait retombés dans les bras l'un de l'autre et on aurait eu une vie intéressante ensemble...*

Ou peut-être que si j'étais sortie ce soir-là pour le voir, on se serait tués dans un accident de voiture. Mon refus a donc pu constituer ce que mon ami Phil appelle « un mal contre un pire ».

Et comme pourrait aussi bien le dire Phil, avec des « si », on pourrait mettre Paris en bouteille. À question impossible, réponse impossible.

Demandons-nous juste : « Et maintenant ? »

Ainsi donc, chère promo 2100, mon ex-voisine Sally se maintient toujours dans la même moyenne statistique : sa prédiction s'est à moitié réalisée. Aucun meurtre n'a été commis, mais j'ai bien retrouvé mes premières amours, les vraies : le journalisme, qui m'est revenu grâce à un homme de mon passé, Jack Jackson.

O.K., c'est un peu tiré par les cheveux de faire coller tout ça avec les pronostics de Sally, mais on croit toujours ce qu'on préfère croire et on choisit les faits qui collent avec nos conceptions de départ, telle est la nature humaine.

Qui a remporté la queue du Mickey à *Last Girl Standing* cette saison-là ? Rien à foutre ! Sûr qu'en 2100, ça ne vous fait strictement ni chaud ni froid... Mais bon, entre nous et l'Himalaya, ce fut la fille de l'Iowa.

J'avais promis de m'étendre un peu plus sur le clonage, or, à la réflexion, voilà un point qui a toutes les chances de différencier radicalement ma société de la vôtre. L'assassin ou le coureur de jupons prévoyant pourrait se cloner qui son alibi, qui une armée de criminels tous semblables : les indices ADN n'auraient plus aucun sens. J'imagine donc que vous subissez une vague de criminalité terrible, qui envoie promener la police judiciaire et scientifique.

En tout cas, j'espère sincèrement que ma clone ne prendra pas part à un tel truc. J'imagine que vous lui donnerez ce texte à lire à un moment ou à un autre, quand elle sera suffisamment mûre pour s'intéresser à son original. J'entretiens tant d'espoirs pour elle. Qu'elle soit plus douée, plus fine, plus forte, plus chanceuse et plus amoureuse que je ne l'ai été, que toutes ses erreurs se transforment finalement en triomphes et lui fassent voir de meilleurs horizons qu'à moi, qu'elle vive dans un monde plus juste, où on travaille moins en s'amusant plus, un monde qui ne connaît pas la guerre, qui offre de l'art et de la musique super, des parcs pour pique-niquer et des gens amusants avec qui en profiter.

Rêve, ma fille.

Pour l'instant, je vis dans un univers où la majorité des gens travaillent beaucoup trop ou trop peu, où chacun ou presque baigne dans la terreur, au point de se déclarer nostalgique de trucs comme, disons, la Mafia (le crime organisé!) ou l'Union soviétique – la sécurité relative d'une destruction assurée. Sauf ceux qui se bouchent complètement les oreilles, qui plongent la tête dans le sable ou qui ont les yeux rivés sur *Last Girl Standing*.

Je suis à peu près sûre que, malgré ce qui a changé à votre époque, le gros des choses restera pareil. Si vous nous mettez sur le dos les problèmes dont vous avez hérité : votre esclavage aux mains des transnationales sur Terre ou dans les mines de la Lune, voire de Mars, vos mutations radio-actives à cause des retombées de la prolifération nucléaire, votre enfermement dans vos maisons où vous évitez le moindre vrai contact humain et où vous devenez tous tranquillement fous, gardez tout de même à l'esprit qu'on a fait de notre mieux de mon temps, parfois même au péril de nos vies. Et n'oubliez pas qu'un jour, à des générations d'ici, une promo de jeunes métis utopiques vous regardera au microscope pour vous reprocher toute la merde dans laquelle vous l'avez fourrée. Alors, au travail et tâchez de pas faire trop de bêtises.

Ah, et en ce qui concerne mon épitaphe, j'ai pensé à ça :

Robin Hudson
Une vraie *tailleuse de pipes**

Mais Johnny a fini par cracher le morceau, par me dire ce que ça signifie vraiment, et ce n'est pas « dame adorable ».

Des tas de mystères se sont alors résolus, comme la l'explosion de colère atroce de Pierre après que j'ai servi ce « compliment » à sa mère, et le fait que la caissière me fusillait systématiquement du regard à Monoprix.

J'ai donc décidé d'opter pour ces simples mots :

Merci.

Et maintenant ?

Remerciements

Les personnes dont les noms suivent m'ont énormément aidée en me fournissant conseils, dialogue, remarques, gîte, couvert, inspiration et occasions de boire après le 11-Septembre (et tout ce qui a précédé). Ils m'ont sauvée, en gros.

Merci donc, sans ordre particulier, sinon géographique, à :

Paris

Brigitte Baudinet, Bruno Blum, Buster Burk, Tania Capron, Jennifer Castoldi, Sophie Chedru, Delphine Cingal, Daniel Crowley, Varda Ducovny, Jim Haynes, Yannick Lacoste, Getty Magdeleine, Clara « ces-clochards-boivent-du-champagne ! » McBride, Ryan McGlynn, Jonathan McNamara, Nathalie Mège, Miriam Nelson, Sasha Nouvel, Eleanor O'Keefe, Yannick Panier, Eric Perier, Maxime Petrovski, Jean-Bernard Pouy, Fabienne Reichenbach, Jean-Philippe Raiche, Brian Spence, Simone Suchet, Sylvia Whitman (ainsi que toute l'équipe de Shakespeare and Co), Hilda Woolf et au Dr Maes à Lariboisière.

Ailleurs en France

Stephanie Benson, Julie de Robillard, Jeremy Mercer, Claude Mesplède, Audrey Natalzi, Joëlle Touati et *of course* « Sébastien ».

Grande-Bretagne

Barry Forshaw, Adrian Hornsby, Tim Vincent-Smith, Maxim et Susanna.

Amérique du Nord

Mes agents Russ et Danny, Derek Blackadder, Lisa Campagnolo, Quinn Comendant, Yvonne Durant, Lynn et Ray Fowler, Paulette Fox, Diana Greene, Scott Griffin, Musa Gurnis, Marianne Hallett, Caroline Hansberry et David Remfry, Carolyn Jack, Mary Kaplan et la New York Foundation for the Arts, Lorraine Kelly, Norma Kelly, Felicia Murray, Casebeer et Joe Myers, Peter Palffy-Muhoray, Jed Sutton, Kevin Wilson, Gord Zaft, Ken et Janine de l'Urban Hideaway, ma famille et surtout mon père, Sandra, Nevin, Jennifer, Emerson et Renae. Ainsi que la Robin d'origine, qui ne ressemble que très peu à celle du livre.

Sans compter, toutes catégories confondues (Angliches exceptés), Eva Valenta, Eva Valenta, Eva Valenta, Eva Valenta.

Sur le Net

Les Fortéens, tout particulièrement Bob RicKard et le révérend Joe McNally, ainsi que les Wombats, les Babes.

Quelque part dans le monde

Cesare Battisti, pour son aide et sa gentillesse à mon arrivée en France. *Bon Courage*.*

J'espère n'avoir oublié personne.

INTRODUCTION

Hope's Dwelling Place by Connie St[...]
Amelia Bachman wants no part of [...]
observed growing up in her parents' h[...] [...]ses to
become a schoolteacher since teacher[...] [...]mitted to marry.
Hank Zimmermann hopes to build a successful carpentry business
but discovers what he wants even more is a home of his own and
a family to fill it. If Amelia is to be a part of that family, God will
have to change her mind and turn the Sunday house into a home.

A Shelter from the Storm by Marjorie Vawter
A nurse in World War I Europe, Mildred Zimmermann returns
to Fredericksburg, which is dealing with an outbreak of Spanish
influenza. Drawn into the hometown battle, Mildred opens her
family's Sunday house as an overflow to the small, overcrowded
clinic. Death seems to plague those she loves, and she is determined
not to allow herself to fall in love. . .until war hero Nelson Winters
is placed in her care.

Letters from Home by Lynette Sowell
Trudy Meier has her hands full during the summer of 1943.
While Mama volunteers at a hospital and Papa is away at war,
Trudy watches over the home front, even though she yearns for
adventure. Reporter Bradley Payne rents the Meiers' Sunday
house to write his weekly column and finds the Texas Hill
Country slowing him down and making him imagine what life
would be like with Trudy. But when he hears the call of the open
road again, can he take Trudy's heart with him?

A Hint of Lavender by Eileen Key
Gwendolyn Zimmermann tends the family's peach stand since
her college plans were interrupted by her dad's illness. Her aunt's
consignment shop needs a manager and a steady salary would help
her family, so Gwen leaves the stand, moves to town, and lives in
the loft over her family's Sunday house. But she's surprised when
her aunt asks her to carry meals to injured geologist Clay Tanner.
As Gwen cares for Clay, Clay's faith deepens. Will love also bloom
in the fertile soil of their hearts?

SUNDAYS IN FREDERICKSBURG

SUNDAYS IN FREDERICKSBURG

FOUR-IN-ONE COLLECTION

Eileen Key
Lynette Sowell
Connie Stevens
Marjorie Vawter

BARBOUR
PUBLISHING

HOPE'S DWELLING PLACE

by Connie Stevens

Dedication

To my nieces and nephews: Kris, Brad, Matt, and Esther.
You are all so precious to me.

Chapter 1

Amelia Bachman braced herself against the jarring ride of the stagecoach and peered out the window. The stage was scheduled to arrive in Fredericksburg before dark, but the deepening purple, gold, and magenta streaks in the western sky hinted the sun might be in deep slumber by the time she reached her destination. She'd had no way to notify Mr. Lamar Richter, chairman of the Fredericksburg school board, that her arrival was delayed by a broken wheel. She hoped he didn't interpret her tardiness as a change of mind.

Amelia pulled two letters from her reticule and held them up to the waning sunlight. The well-worn edges and bent corners testified to the number of times she'd unfolded and refolded each one. She'd nearly memorized the first, from her father. His disapproving frown the day she left home to attend Normal School in Austin lingered in her mind. He couldn't understand how she could ignore the opportunity to marry a prosperous rancher in favor of becoming a schoolteacher—a menial occupation at best, and one where she would be required to remain single. Her throat tightened as she read his berating words once again. If she'd followed the same path as her parents, she might live a comfortable life in a fine house with servants to do her bidding. But she couldn't erase the images from her childhood of the misery etched on her mother's face, trapped in a loveless marriage. She'd long ago promised herself she'd never marry for the sake of social status.

She folded the letter and stuffed it resolutely back into her reticule and opened the second letter. The words scrawled in this letter brought a smile to her face.

> *Dear Miss Bachman,*
> *We school board of Fredericksburg, Texas, offer to you teach der school to end of der school year.*

Amelia shifted her position on the hard, dusty seat, thinking of the teacher she was replacing. Mr. Richter had stated in a previous letter that their teacher had turned in her resignation just after Christmas. Seemed the woman was getting married and didn't want to wait until the end of the term. Well, Mr. Richter wouldn't have to worry about Amelia doing such a thing. She squinted at the rumpled paper once again.

> *You must stay at der Richter family Sunday* haus.
> *There is a place for* schlafen *up der stairs side. Stagecoach bring you and der town familys is glad.*

A tiny smile tweaked Amelia's lips when she remembered struggling to recall the little bit of German she knew, relieved to translate *schlafen* to mean there were private *sleeping* quarters for her. She cast another glance out the window at the quickly disappearing sun and imagined Mr. Richter growing weary of waiting for her stage to arrive.

As she feared, darkness shrouded the town when the stage finally drew to a halt amid swirling dust. Amelia brushed the gritty film from her skirt and smoothed her hair the best she could. The driver grunted as he climbed down and opened the door, kicking a wooden crate over for her to step on. He didn't wait to help her down, but rather climbed back up to retrieve the luggage. She unfolded her stiff muscles, closing her lips to stifle an unladylike groan, and disembarked the conveyance. Lanterns flickered on either side of the depot, casting ghostly shadows across the boardwalk. Amelia glanced around but only the stage driver was within sight.

Where was Mr. Richter?

"Oh dear."

The driver lowered her trunk to the ground. "Beg your pardon, miss?"

She turned. "Do you know Mr. Lamar Richter?"

"Nope."

She bit her lip. "I wonder where I might inquire after him."

Her carpetbag plunked at her feet as the driver jumped down. "Iffen you can rattle the depot door loud enough, the old German fella that runs the place might can help ya. Name's Humble, Hurmole, Hummerol. . ." The man knocked his hat askew scratching his head. "It's somethin' like that."

He climbed over the wheel and collected the reins. His

sharp whistle made the horses snort in protest, but they lurched forward, leaving Amelia standing alone in the chilled February night air.

She scanned up and down the street. The whole town seemed to have retired for the night. She longed to do so as well, but first she had to find this Sunday house of which Mr. Richter wrote.

She drew her thin shawl tighter and tapped at the depot door. No lights glimmered from within. She knocked harder, rattling the glass in the door window. "Hello? Is anyone here?"

A faint glow spilled from a back room and moved slowly toward the door. Candlelight never looked friendlier. A wizened old man clad only in a nightshirt shuffled to the door, holding the candlestick aloft.

"*Wer gibt es?*"

Wer? Amelia prodded her brain. . . . *Who.* No doubt he was asking who was knocking on his door in the middle of the night.

"My name is. . .um, *ich bin* Amelia Bachman." What was the German word for *teacher?* "Mr. Richter was supposed to meet me."

"Richter, *ja.*" The man set the candlestick down, gripped Amelia's hand and pumped it. "*Fraulein* Bachman. You am. . . uh, teacher, ja?

Relief rippled through her. "Yes! I mean, ja."

He drew his shoulders back and clapped his hand to his chest. "I is Humbert Schmidt." A beaming smile accompanied Mr. Schmidt's broken English.

"Very nice to meet you, Mr. Schmidt." She pulled the

school board chairman's letter from her pocket. "Mr. Richter says I'm supposed to stay in the Sunday house, er, *Sonntag haus*. Can you tell me—" She furrowed her brow trying to think around the headache that had weaseled its way behind her eyes. "*Wo ist das haus?*"

"Ja, ja—" He pointed and gave her directions, half in English and half in German, but she caught the words *gelb haus*, so at least she knew the house she was looking for was yellow.

"*Sie brauchen*—" Candlelight danced against the elderly man's thick gray eyebrows as he shook his head. "Bah! *Englisch*, Schmidt!" An apologetic smile wobbled across his countenance. "You need lantern. *Hier ist.*" He scurried to a cabinet and returned with a lantern, lighting the wick with his candle.

"Thank you, uh, *dank*, Mr. Schmidt. I'll bring your lantern back in the morning." She picked up her satchel and pointed to the larger trunk. "I will send someone for the trunk tomorrow—*morgen*, all right?"

He nodded. "*Morgen ist fein. Gute nacht.*"

"Good night." Clutching her bag in one hand, she looped her small cloth purse over her arm and picked up the lantern. Its flaming wick cast a swath of light before her.

Unfamiliar with her surroundings and weary from the hours of travel, she couldn't be sure if the shiver that ran through her was from the cold or the eerie shadows. Either way, all she wanted was a warm bed behind a sturdy door.

Mr. Schmidt had told her to take the second street—that much she understood. She held the lantern higher to get a better look at the tiny houses that lined up for her perusal. She trudged on, her carpetbag growing heavier by the minute. Finally, the lantern light fell on a small yellow house. Amelia ventured closer and shone the light on the door. Above the lintel was an ornate sign that read: RICHTER HAUS.

Fatigue wilted her shoulders. "Thank goodness."

She climbed the steps to the narrow porch, but hesitated at the door. It didn't seem fitting to enter the house without knocking. Was the Richter family sleeping inside? She held the lantern up to one window. The light glared off the wavy glass.

She rapped on the door but there was no response. For good measure, she knocked again and listened for stirring from within. Satisfied the house was empty, she gripped the door latch and pushed.

"It's locked!"

Her arrival was expected. Why would Mr. Richter tell her she would stay here, and then lock the door without providing her a key? She worked the doorknob again to no avail.

The frustration of the day crawled up from her gut and she clenched her jaw. Leaving her satchel and reticule by the door, she tried the two front windows. Neither of them budged. She huffed out a breath of annoyance and took the lantern around the side of the house. She held the lantern high and continued to make her way along the side of the house.

Near the back corner, she stumbled into a pile of firewood stacked against the house. "Oh!" Pieces of split stove wood tumbled down with a noisy clatter. A yowling screech split the air as a cat scrambled off the unstable woodpile.

An involuntary scream strangled in Amelia's throat and a stabbing pain shot through her foot. She managed to hang on to the lantern as she hopped on one foot and leaned against the corner of the house.

Her breath heaved in and out as she waited for the pain to subside. Between the stagecoach's delayed journey and the turbulent ride, Mr. Richter's absence, struggling to communicate with Mr. Schmidt, and finding she couldn't gain access to her promised living quarters, seething tears burned behind her eyelids. She squeezed her eyes shut and forced the tears to retreat.

Drawing in a deep, steadying breath, she hobbled around the scattered firewood and found another window on the back wall of the house. She set the lantern on the ground and pushed at the window. It gave a piercing squeak as wood scraped against wood, but at least it opened.

"*Wer sind sie und was machen sie?*" The deep, masculine voice boomed through the still night air.

Amelia squawked and spun around. She understood the first part of the challenge: Who are you? "I'm Miss Amelia Bachman, the new schoolteacher. Mr. Richter?"

Two large, booted feet carried the man out of the shadows and into the lantern light. "You're a woman!"

Under the circumstances, his observation was so ludicrous she didn't know whether to laugh or throw the lantern at him.

He reached for the lantern and drew it up where it illumined both their faces. His disheveled sandy hair flopped in his eye. If this was Mr. Richter, he was a lot younger than she expected.

15

"What are you doing?" His tone lost a bit of its gruff edge, but his dark brown eyes still held an air of suspicion.

She was getting ready to climb through the window. What did it look like she was doing? "Are you Mr. Richter?"

Skepticism flitted across his face. "No. I'm Hank Zimmermann." He jerked his thumb over his shoulder. "My family's Sunday house is next door." He narrowed his eyes. "You didn't answer my question. What are you doing outside the Richter's' Sunday house in the middle of the night?"

Indignation pulled her chin up. She resented Mr. Zimmermann's accusing tone.

"Mr. Richter's letter said I would be staying in the Sunday house belonging to his family. The stage arrived late and nobody was at the depot to greet me. I had to find this house by myself in the dark, and the door is locked." The tears that threatened earlier returned to taunt her but she refused to give in to them.

"Locked?" His frown pulled his eyebrows into a *V*. "Folks around here don't lock their doors."

Her voice cracked with emotion but she latched on to the frayed edges of her composure and hung on. "Well, it wouldn't open and I have no way of getting in. I can show you Mr. Richter's letter if you don't believe me."

Chapter 2

No, no, I believe you."

Hank had never called a lady a liar before, especially not one this beautiful.

"I know Mr. Richter and the school board have been looking for a new teacher since Miss Klein left. But I didn't know. . .that is, I didn't expect—" He couldn't very well say he didn't expect someone as pretty as her to be a schoolteacher. The teacher he'd had as boy was as homely as a mud fence.

"Let me check the front door for you." He stepped back and allowed her to precede him. Before she took three steps, he blurted, "Hey, you're limping. Did you—" He clamped his hand over his mouth while heat filled his face. She might have some physical impairment that caused her to limp.

She lifted her shoulders. "I stubbed my toe on the wood-pile when that silly cat startled me."

"Oh, good. I mean, it's not good that you stubbed your toe, but. . .I thought, that is, I was afraid I'd insulted you."

A befuddled look marred her features. Perhaps he could smooth over his clumsy remark by offering her his arm. To his surprise, she laid her gloved hand on the crook of his elbow while he held the lantern. They picked their way around the house and when he sneaked a peek at her from the corner of his eye, he caught her looking up at him.

"So you speak both English and German?"

He grunted. "Everyone around here speaks German. Most speak English, too. You'll encounter both in the classroom." He handed her the lantern and stepped up on the front porch, certain the door was not locked. He twisted the doorknob and pushed, but the door didn't budge.

"Hmm. The wood is probably swollen." He angled his shoulder and pushed hard against the stubborn door. It popped open. "It was just stuck. I can fix it if you like." He bent to pick up her satchel. "Would you like me to carry this upstairs?" He tilted his head to the side of the house opposite of the way they'd come.

Confusion flickered over her face as she moved the lantern inside the door and perused the small space. "There are no stairs."

He pointed to the end of the porch. "The stairs leading to the sleeping loft are on the side of the house."

She blinked and raised her eyebrows. "Oh."

Even in the dim lantern light, he saw a rosy blush steal into her cheeks and the impact of his statement struck him. "I'll—I'll just put the bag at the top of the stairs for you. If you have any trouble with the door to the sleeping quarters—"

Embarrassment cut off his words and they stuck in his throat. He plowed up the steps two at a time and plunked the satchel on the landing. When he descended the stairs, she finished the sentence for him.

"I'll push it open with my shoulder. Thank you, Mr. Zimmermann."

"Hank."

"Uh, yes, well, good night." She picked up her skirt and scurried up the steps as quickly as one could with a painful toe.

He stood in the shadows and watched until she was safely inside and had closed the door. Wisps of light drifted past the small upper window.

"What are you doing, Zimmermann?" Hank muttered, shaking himself back to consciousness. Sweat prickled out on his upper lip like it was a sultry July night instead of a frigid February eve. He prayed Miss Bachman didn't get the wrong impression of his offer to help with the door.

The front door of the house still stood open. He tried to pull it closed as quietly as possible but the place where it stuck previously hit with a thud. He cringed and strode off the porch before the pretty schoolmarm hollered down, wanting to know what he was doing.

Dawn's first rays had barely broken through the slate sky when Hank's feet hit the floor. He couldn't remember the last time he'd tossed and turned all night, but when he'd climbed into his cot after the encounter with Miss Bachman, he couldn't quiet his thoughts.

Her wide, hazel eyes lingered in his mind. How could a woman with whom he'd spent less than ten minutes drive away sleep and confound his thinking? She wasn't the first pretty woman he'd ever met, but there was something distinctly distracting about her.

He pulled on thick woolen socks and padded to the tiny kitchen. Coals still glowed in the small stove. A few sticks of kindling coaxed them to life. While he waited for the coffeepot to boil he ran his hand over the cabinet he'd spent the past few days working on, the satiny smooth grain of the wood submitting to the will of his fingers. The result of his labor pleased him. He only hoped the customers of Horst Braun's general store agreed. If the samples of Hank's work generated enough interest, perhaps his father wouldn't look on him with disappointment.

Needles of guilt jabbed him. Tradition dictated that the eldest son worked side by side with his father and eventually took over the family business—in this case, their farm. But Hank's heart didn't find contentment in working the soil or growing crops. Instead, his hands itched to create fine pieces of furniture. His brother, George, on the other hand, loved planting and harvesting, and longed for their father's approval. George should be the one to partner with *Vater* on the farm.

He ran one finger along the curved edge of the intricate carving he'd done last night. The pattern mimicked the one on the cabinet in his parents' home, crafted by his mother's grandfather. His father had always admired the piece. Hank prayed for God to help him prove his skill so Vater would be more accepting of his chosen occupation. Would his father ever subscribe to the belief that a son could pursue a different vocation and still adhere to the fifth commandment?

"Must I be a farmer in order to honor my father? Lord God, please guide my hands and help me to show Vater that I can still honor him without following in his footsteps."

The coffee boiled over and hissed as the liquid hit the hot metal plate of the stove. Hank grabbed a towel and moved the pot to the dry sink. What a mess.

After a breakfast of dark bread, cold sausage, and strong coffee, Hank set to work on the cabinet. Thoughts of the pretty, new schoolteacher next door continually distracted his focus and had him peering out the window at the Richter's Sunday house.

He poured another cup of coffee and blew on the steaming liquid before taking a noisy sip. As he set the cup down on the windowsill, he saw her.

Miss Amelia Bachman stepped onto the porch and pulled her shawl around her. When she hesitated a moment, it gave Hank the opportunity to stare at her without her knowledge. Fascination arrested his attention. Even her name sang in his subconscious—*Miss Amelia Bachman.*

She set off resolutely down the street and Hank followed her with his eyes. As he watched, he realized she was headed toward the depot. Consternation filled him. What if she'd decided not to stay? What if she was going to buy a one-way ticket back to where she came from? He hoped she wasn't judging Fredericksburg by the awkward late-night meeting with her neighbor. Admittedly, he hadn't made a very a good impression last night, but Fredericksburg needed a teacher. He couldn't let her leave.

He grabbed his leather jacket and hat and ran out the door after her. By the time he caught up to her, she was knocking on the depot door.

"Mr. Schmidt?"

"*Ja, gut morgen, Fraulein Bachman.*"

"Good morning. I've come to—"

"Miss Bachman."

She turned and the moment she made eye contact with him, her cheeks turned bright pink. "Mr. Zimmermann."

"Miss Bachman, please don't leave. The town needs you. I apologize for surprising you last night and I hope you don't think—"

"Mr. Zimmermann, what are you talking about? I'm not leaving." She cast a dubious look at him. "I'm returning Mr. Schmidt's lantern."

Hank's tongue tangled around his teeth. "Oh." He took a step backward. "I, uh, suppose I should just mind my own business."

The tiniest of smiles twitched across her lips. "That's quite all right. It's nice to know I'm needed." She glanced past him and scanned up and down the street. "I was hoping to meet Mr. Richter this morning."

"*Nien*," Humbert Schmidt spoke up. "Richter don't come. . ." He cast a glance at Hank. "*Stadt?*"

"Town." Hank supplied the English word. "What Mr. Schmidt is trying to tell you is the Richters don't ever come into town except on the weekends."

"But I don't understand." Lines of puzzlement deepened across Miss Bachman's brow. "I sent him my itinerary. He knew I was arriving yesterday." She turned to the depot agent. "You mean Mr. Richter wasn't here waiting for my stage to arrive yesterday?"

The elderly man scratched his head and looked at Hank.

"*Wartete Richter hier gestern?*" Hank translated her question, but he already knew the answer. Richter wouldn't rearrange his weekly routine for anyone.

"Nien." Mr. Schmidt shook his head. "He work at farm. He come. . ." He scowled as if trying hard to think of the word he needed, then brightened. "Tomorrow. Richter come tomorrow. *Samstag.*"

"Saturday?" The schoolmarm aimed her inquiry at Hank. "He wasn't planning on coming to town until Saturday?"

Hank shrugged. "Probably." Clearly, she didn't understand the life of a farmer in this area of Texas. "Most of the farmers live a ways out of town. For some, it's a two- or three-hour journey. So they only come to town on Saturday to do their trading, stay overnight at their Sunday house, attend worship and socialize, and then go back to their farm Sunday afternoon."

Mr. Schmidt nodded even though Hank knew the man only understood about half of what he'd said.

Miss Bachman appeared as if trying to hide her embarrassment. "I see. If I'd known, I wouldn't have made such a fool of myself."

Hank opened his mouth to assure her she had no need to be embarrassed, but Schmidt beat him to it. The older man shook his head so vehemently, his unkempt gray hair flopped over one eye.

"Nien, nien, I know das word, fool. You ain't fool." He patted her hand. "You is. . .*klug.*"

"Smart," Hank supplied.

Schmidt nodded. "Ja, you smart. You teach"—he bounced his hand, palm down, indicating several young ones—"*kinder.*" He poked his thumb into his chest. "Schmidt *dummkoff.*"

He rapped his forehead with his knuckles. "Fraulein Bachman, you *sehr hubscher*. . .teacher."

"Mm." Hank murmured in agreement despite the expression on Miss Bachman's face that indicated she didn't understand the full meaning of Schmidt's statement. He ducked his head to hide the smile he couldn't suppress.

"Mr. Zimmermann, since you're here—"

Hank jerked his head up and met her enchanting hazel eyes.

"Could you give me a hand with my trunk?" She pointed to the battered piece of luggage that sat just inside the depot door.

"Sure." He grabbed one leather handgrip and hoisted the load, clamping his lips on the grunt that tried to escape. The thing must be filled with rocks.

She thanked Mr. Schmidt and led the way back to the Sunday house. Hank followed with the rock-laden trunk.

"I hope it's not too heavy." She glanced over her shoulder. "I packed quite a few books."

That explained why it was pulling his shoulder out of joint.

She tipped her head and looked sideways at him. "May I ask you a question?"

He nodded and hiked the trunk up a tad higher.

"What does *sehr hubscher* mean, and why did you find it amusing?"

Heat raced up Hank's neck. Sehr hubscher meant *very pretty*.

Chapter 3

Saturday morning, Amelia sat at the small table with her books. The *clip-clop* of hooves and jingling harness announced the arrival of a wagon, and moments later the door crashed open. A husky woman with ruddy cheeks nearly fell into the room. Amelia leaped to her feet.

"*Was ist dies?*" The woman's eyes widened. "The door is not stuck?"

"Hank Zimmermann fixed it."

The woman eyed her with suspicion. "You are the new schoolteacher?"

"Y—yes." Amelia didn't know whether to extend her hand or stand there like a statue. "I'm Amelia Bachman. May I help you carry anything?"

"I am Olga Richter." The woman eyes snapped and she pointed to the small table. "You may carry those books upstairs. There is no room for them."

Before Amelia could collect her things, another woman, as wide as she was tall, waddled into the room, fussing over the cluttered table and scolding Amelia in German.

A burly man stepped in behind her. "*Mutter, stoppen sie sich zu beschweren*—stop complaining. Pardon my mama, she speaks no English. I am Lamar Richter. This is *meine mutter*, my mother, Winnie. You are Miss Bachman, ja? So—you

25

are here." The man didn't appear bothered in the least that Amelia had arrived with no one to meet her or escort her to the Sunday house, for he said little else.

Amelia spent the remainder of the day dodging out of the way as Olga and Winnie bustled around, her attempts at conversation rejected. Evening brought the uncomfortable realization that she was expected to share the tiny sleeping loft with the two women, while Mr. Richter slept downstairs on a pallet.

Sunday afternoon as Amelia helped Olga carry things to the wagon, agitated voices carried on the air. Next door, Hank Zimmermann stood beside his family's wagon while his father berated him.

"The Zimmermanns are famers. When will you stop with your playing and come back to the farm where you belong?"

Hank ran his hand through his hair. "Vater, building furniture is not playing. It's my hope that one day you'll respect my choice to be a carpenter."

"Respect! It is you who should respect your father and work the land as you were born to do."

Mr. Zimmermann's harsh tone made Amelia flinch with the memory of her own father's disapproval of her chosen vocation. Empathy trickled through her. Sometime after the Richters left, the Zimmermann wagon pulled out, but Hank wasn't on it.

The first two days of classes required some adjustments. Most of the children were sweet, but some of the older boys attempted to play a prank or two, taking advantage of Amelia's unfamiliarity with the German language and culture. The class snickered when Bernard Braun tried to convince her that Mr. Richter went by the name *alte ziege*. Between the laughter and the devilish smirk in Bernard's eyes, it wasn't hard to figure out the reference wasn't flattering. She knew *alte* meant "old" and she was fairly certain *ziege* was some kind of animal. Bernard and his best friend, Paeter Lange, appeared panic-stricken when she replied that she'd make sure Mr. Richter knew the boys were kind enough to tell her his nickname. She ducked her head to hide her smile.

As she prepared to leave the little house on Wednesday morning, she heard the ring of Hank's hammer. Sending a furtive glance toward the Zimmermann's Sunday house, she caught a glimpse of Hank perched on a ladder, hammering a board into place at the back of the house. She paused and watched for a moment, fascinated by the way Hank's tools seemed an extension of himself. Pieces of wood conformed to the mastery with which he used his skill.

What a wonderful lesson to teach her students—that their hopes and dreams could grow and develop when surrendered to the hands of the Master. She tucked the thought away, but before she stepped off the porch, Hank straightened and looked her way. He tugged the brim of his hat then raised his fingers in a slight wave.

Her heart hiccupped. There was no point in pretending she hadn't been staring at him. She returned a polite nod and scurried down the street.

She'd barely gotten the fire started in the potbellied stove in the middle of the classroom when a wagon rolled into the yard. She cracked open the door to see who was arriving early. To her surprise, Hank's father sat on the wagon seat and three blond heads peeked just above the sides of the wagon bed. The gruff farmer pulled the team to a halt in front of the schoolhouse and barked at the youngsters to get out while he climbed down.

Amelia met him at the door, glancing past his shoulder to watch a little girl with golden pigtails help the two younger ones slide off the end of the tailgate. The oldest child couldn't have been more than seven or eight years of age, yet Mr. Zimmermann left them to fend for themselves. They were undoubtedly siblings, their resemblance being too uncanny to miss.

Amelia disciplined her features to not show disapproval of the man's inconsideration. "Good morning, Mr. Zimmermann."

Instead of returning the pleasant greeting, he merely grunted and gestured to the children. "These are startin' school today. That one"—he pointed to the eldest—"is Elsie. Next is Joy, and the boy is Micah. Last name's Delaney." He almost sneered when the name fell from his lips. "You kinder mind what the teacher tells you, or I'll take a strap to you."

Three pairs of eyes glistened with tears and the little boy's lower lip trembled. Mr. Zimmermann climbed back onto the wagon seat. "You go find your Uncle Hank when school's out." With that Mr. Zimmermann released the brake and whistled to the team.

The trio stood huddled together, eyeing Amelia with fear-filled eyes. Only then did she realize she was scowling, but the children had no way of knowing her displeasure was not aimed at them. She fixed a smile in place and stepped toward them. The little boy started to cry.

"Now there's nothing to be afraid of." She reached to pat Micah's head and the child shrank from her.

She pulled her hand back and tried a different approach. "Elsie? You must be the oldest. It looks like you're doing a fine job of taking care of your sister and brother." She sent the little girl a beaming smile. "Come inside where it's warmer and you can tell me all about yourselves. I brought some sugar cookies to school today."

At the mention of cookies, Micah wiped his nose on his sleeve and followed his sisters into the schoolhouse.

Amelia glanced at the little watch pinned to her bodice. The other students wouldn't begin arriving for at least another fifteen minutes. She directed the three siblings to one of the front benches and retrieved a cloth-covered pail from her desk.

She offered each child a golden-edged cookie. Elsie and Joy whispered a thank-you, but Micah observed her with wide, solemn green eyes, as though weighing her trustworthiness. Her heart twisted within her breast. She wanted to take the little fellow and hug him. Instead, she held out a cookie.

"My name is Miss Bachman, and I'm very happy to meet you." They munched their cookies while Amelia continued. "Elsie, can you tell me how much schooling you've had?"

Elsie wiped crumbs from her mouth. "We ain't never went to school before, but Mama taught us letters and numbers, and I can read."

"I can read, too." Joy lifted her chin and straightened her shoulders.

Elsie clucked like a hen. "No, you can't. You just know all the letters."

Amelia smiled, but in the back of her mind, Elsie's reference to *Mama* intrigued her. Where was their mother and why was Mr. Zimmermann carrying them to school? "Well, that's a very good start. Do you have a paper tablet and pencil?"

Elsie and Joy shook their heads in unison, their yellow braids flopping against their chins.

"That's all right. You can borrow mine today." Amelia's heart lifted just a little when a hesitant smile poked a dimple into Joy's cheek.

"Can I learn to read today?"

Amelia couldn't stay her hand from reaching out to cradle the side of Joy's face. "It will take more than one day, but we'll get started today." The glow in the little girl's eyes reflected her name.

Amelia instructed the three Delaney children to wait until she had cleaned the chalkboard and swept the floor so she could walk them to the Zimmermanns' Sunday house. Mr. Zimmermann's harsh tone and uncaring attitude still irked her, but she wasn't going to allow the children to wander the town searching for their uncle Hank alone.

Elsie wanted to carry Amelia's lunch pail, and Joy begged to carry her paper tablet, while Micah shyly tucked his hand into Amelia's. The four of them walked uptown and turned on Lincoln Street. As they approached the Zimmermann house, Amelia's eyes widened. The few boards and posts that Hank had nailed in place that morning had expanded into an extension off the back of the house. It still lacked a roof and one wall, but the structure was definitely taking shape.

"Mr. Zimmermann." Amelia raised her voice to be heard above Hank's hammering. Instantly, all three children halted and hung back.

When Hank poked his head around the corner to respond, Micah cried out, "Uncle Hank." The child dropped Amelia's hand and raced toward his uncle. The girls also relaxed and ran to claim a hug from the man whose blue-plaid shirt was speckled with sawdust.

Amelia's heart smiled.

Hank squatted to corral all three children in his arms. He tugged on the girls' pigtails and ruffled Micah's hair. "What are you rascals doing here?"

Amelia stepped forward. "Your father dropped them off at the school this morning and told them to *find you* when class was dismissed." She raised her eyebrows in a silent question.

Hank stood and pointed toward the door. "Elsie, there is some bread in the cabinet and a jar of jam on the table." The siblings trotted inside, leaving Amelia waiting for an answer to her unspoken inquiry.

Hank glanced over his shoulder and blew out a stiff breath. "First of all, let me explain. I'm not their *uncle* Hank. They are actually my cousins, but my father thinks it's disrespectful for them to call me Hank without some kind of title in front of it." He brushed sawdust from his sleeve. "My father's baby sister, Laurene, was fifteen years younger than him. My parents disapproved when she married an Irishman about nine years ago. Last week my father got a telegram saying Aunt Laurene and her husband had been killed in a wagon accident and the three children were being sent here."

Amelia's stomach clenched in sympathy for the three orphans, but misgiving filled her as well to think of them growing up under Mr. Zimmermann's harsh hand. "They were very frightened this morning."

"I'm not surprised." Hank muttered the remark that sounded more like he was talking to himself than to her. He shoved his hands in his pockets. "My father doesn't want them. He said he's already raised his children and doesn't intend to raise these. On Sunday, he said he was going to send them to the orphanage, so I'm a little surprised to see they are still here."

The disturbing revelation made no sense to Amelia. "He told me they were starting school today. Maybe he changed his mind."

Hank snorted. "Nothing changes Thornton Zimmermann's mind." Instantly, regret softened his features. "I didn't mean that the way it sounded."

Amelia's insides churned at the uncertainty the children faced. At least they appeared to love their "uncle" Hank, and if the way he greeted them was any indication, the feeling was mutual.

Chapter 4

"Vater, how could you say such a mean thing to those kids?"

Thornton Zimmermann thumped his coffee cup down on the table and turned to face his son with rage in his eyes. "I am the head of this house. I make the decisions. Der kinder are not my responsibility. My sister and her Irish husband whelped them and now I am expected to raise them? Nein! I already raise my kinder." He cast a withering look at Hank. "Ja, I raise my son to be a farmer and he wants to be a *woodcutter*."

Hank sucked in a breath. He would not shout at his father no matter how angry he was or how much he disagreed with him. Instead, he pointed across the room at his brother, who waited in silence for their father to head out to the fields. "Vater, can't you see how much George loves planting and harvesting? He's the one who should take over the farm one day. I came here this morning hoping I could make you understand the gift God has given me to craft things out of wood, but this isn't about me being a craftsman."

"Bah! Craftsman!" The elder Zimmermann turned away. "I have fields to plow."

Hank took three strides and blocked him. He pointed out the door where Elsie, Joy, and Micah huddled together, crying.

"Look at those children out there. They've already lost their parents. We are the only family they have. How could you tell them you're sending them to an orphanage?"

His father's face mottled beet red. "You do not question what I decide. I have fed them for over two weeks. The letter finally comes and says there is no room at the orphanage in San Antonio. The director says he writes to Austin and Abilene. Or maybe kinder will go to Dallas, but they will go! As soon as I have word from the place"—Vater pointed his finger in Hank's face—"they *will* go."

Hank stared at his father. When had the man become so hateful? Was this his fault? Was Vater so angry at him for not following in his footsteps that he'd take it out on innocent children? Hank clenched his fists at his sides as anger boiled within him.

Hank glanced across the room at his mother, but Lydia Zimmermann shook her head at him, a warning in her eyes. There was no point in trying to talk to his father like this. He turned and stalked out the door.

Three tear-stained faces tipped up to look at him when he approached. His heart splintered at the sight of their blotchy cheeks and red-rimmed, swollen eyes. A cool March wind stirred the dust, creating muddy streaks tracing their sorrow.

Hank pulled out his bandanna and dipped it in the horse trough. Lowering himself to one knee, he blotted each child's face, talking in low, soothing tones.

"We can't have you going to school with dirty faces. What will Miss Bachman think? Besides, if you climb up on old Fritz with stripes on your cheeks, he's liable to think you're a tiger and buck you right off." He wiped the last of the dirty tears away from Micah's cheeks and the little boy looked up at Hank.

"Fritz won't buck me off. You said he's too old to buck."

Hank feigned surprise. "Did I say that?" When all three children nodded, he forced a smile he didn't feel and stood. "Well, maybe I did. Now, if we don't hurry, you're going to be late for school."

"I don't want to go to school today." Tears again filled Joy's eyes.

"Here now." Hank bent to cup her chin. "Miss Bachman would miss you something fierce if you didn't go to school. She told me you're learning to read."

Joy nodded.

"How about if you come to the Sunday house after school and read to me what you learn today?"

Joy shrugged. "I guess so."

"All right, then. Do you have the lunch pail Aunt Lydia packed for you?"

Elsie held it up.

"Then we're ready to go." Hank scooped Elsie up and lifted her onto Fritz's swayed back while the gray horse dozed at the hitching rail. He positioned Joy behind her sister, and Micah sat in the front where Elsie could hold on to him.

"Everybody all set?" He swung up onto his own horse. "C'mon, Fritz. It's time to get these kids to school."

Amelia led the first and second graders as they recited their addition tables in unison, but her gaze continually wandered to the three empty seats the Delaney children usually occupied. Although she tried to convince herself not to worry, her heart refused to listen.

"All right, first and second grade. Take out your tablets and copy the addition problems I've written on the chalkboard. Third and fourth graders, come to the front bench for reading. I want the older grades to go to the back corner where you will find some maps of the United States to study. When you've—"

The clopping of hooves cut her instructions short and she glanced out the window. A sigh of relief rippled through her.

"Freda Braun, you will be in charge of the reading group. Page thirty-seven. I must step out for a minute. Everyone has their assignments."

She exited the classroom in time to see Hank help the Delaney children off the swaybacked plow horse. The instant she caught sight of their puffy, red eyes, fear gripped her heart.

Hank bent to tuck Micah's shirt into his pants and smooth the boy's unruly straw-colored hair. "Come to the Sunday house when class is dismissed. I'll see you then."

Amelia touched the top of each child's head and gave them a reassuring smile. "Go on in and find your seats. I'll be there in a minute. I want to talk to your uncle Hank."

Elsie took Micah's hand and led him toward the door, but Joy wrapped her arms around Hank's waist and clung.

"Are you gonna make us go away, Uncle Hank?" A fat tear trickled down her cheek.

Amelia met Hank's gaze, holding her breath and waiting for his answer. His smoky eyes were a study in anger. The fear she felt when she first saw the children doubled. What had transpired to make the children so late and upset them so? She was afraid to ask.

Hank stooped to speak to Joy at her eye level. He brushed loose tendrils of hair from her face. "If it was up to me, you wouldn't have to go anywhere, sweetheart. But it's not my decision to make." He cupped her chin. "Do you remember the Bible story we read last night?"

Joy sniffed and nodded.

Hank thumbed her tears away. "Jesus is the Good Shepherd and He knows His sheep. No matter where His sheep are, He looks after them." He folded her fingers within his. "That means wherever we are, Jesus promises to take care of us, even if we are far away from each other."

The child buried her face in Hank's shirt and mumbled, "But I don't want to be far away. I want to be here."

Amelia gently peeled her away from Hank. "Joy, sometimes hard things happen in our lives and we don't have a choice. But the hard things don't mean that our love for each other goes away."

A twinge of guilt stabbed her. Growing up watching her parents' cold hearts and resentful demeanor was hard, and when she left home she didn't have the love of her parents to take with her. But Joy didn't need to know that.

She pulled the child into a hug. "Suppose you go behind the schoolhouse to the pump and wash your face. Then we will have our reading lesson."

Joy dragged her sleeve across her soggy cheeks and sniffed again. "Yes'm." She trudged away to do her teacher's bidding.

As soon as she was out of earshot, Amelia spun to face Hank. "What happened?"

He turned away as though looking her in the eye was painful. "Micah heard my father say something this morning about an orphanage, and he asked what an orphanage was." The dejection in his tone made Amelia shiver. He removed his hat and fidgeted with the brim. "So my father told him and the girls that they weren't his children and he wasn't going to be saddled with them, and as soon as he could make the arrangements, they were going to live in an orphanage."

Amelia covered her mouth and a gasp slipped between her fingers. "Oh no. How could he be so heartless?" She bit her lip, fearing her outburst may have offended Hank.

He snorted. "I asked him the same thing. He just blustered that it was his decision. We argued—" He shook his head. "I don't know what else to do."

Amelia plunked her hands on her hips. "Couldn't you take the children?"

Hank jerked around to face her. "What?" His eyes widened. "You can't be serious. I don't know anything about raising children."

"What do you have to know?" She cocked her head. "You need to love them and provide for their needs."

Hank's fist crumpled the brim of his hat. "How am I going to do that? In case you haven't noticed, I'm working out of my family's Sunday house and I don't have customers beating down the door."

"But those children need to know they are wanted and loved. Who is going to do that?"

He opened his mouth but apparently changed his mind. He plopped his hat back in place. "Look, I can't do what you're suggesting. How am I supposed to take care of three little kids? Do you really think my father would let me move them into the Sunday house like I owned it? He doesn't even like me using the place for my woodworking." He heaved an exasperated sigh.

Discouragement wilted her posture. She shrugged and turned back toward the schoolhouse. "I just wish. . ."

"I know. I wish the same thing."

She turned to face him. "Wishing won't change a thing, but praying might."

He looped Fritz's reins over a low-hanging branch. "Sometimes I'm not sure God hears my prayers."

Amelia glanced over her shoulder. She needed to return to the classroom, but Hank's remark disturbed her. "Of course, He hears you. Why would you think otherwise?"

He turned to his own horse, gripped the saddle horn, and swung astride. "Sometimes I wonder if God is as angry at me as my father is." He spoke absently, as though more to himself than Amelia. "My father refuses to listen to me because I'm not doing what he wants me to do. Does that mean I'm out of God's will? Wouldn't He refuse to listen as well?"

As if suddenly remembering she was there, he straightened and reined the horse around, tugging on the brim of his hat before nudging the horse into a gentle lope.

Amelia watched him ride away and felt a check in her spirit. Unconsciously, wasn't she doing something similar? She felt like a hypocrite. She'd encouraged her students to trust

God with the new skills and knowledge they were learning, and let Him be the Master of their hopes and dreams. But her own hopes and dreams remained tucked away in a secret place in her heart—like unplanted seeds.

"Lord God, I couldn't do what my father wanted to me to do. I just couldn't." She paused by the schoolhouse door and fingered the pull rope on the bell. Becoming a schoolteacher was a noble occupation, one in which she could influence young lives and mold their character.

And remain single.

She, too, had gone against her father's wishes. Did that mean she was out of God's will, and therefore beyond the reach of His ear?

Chapter 5

Amelia swept her tiny pile of dirt out the back door of the Sunday house, noticing as she did so that Hank was nowhere to be seen. She'd grown so accustomed to hearing the song of his chisel gliding along a length of wood, or his mallet beating out staccato taps, the absence of the sounds felt lonely. The lean-to addition he'd constructed off the back of his family's Sunday house testified to his skill. Amelia paused for a moment and studied the lines of the new space he'd created, and wondered if the inside was as efficient and functional as it appeared from the outside.

Her face warmed with the thought. Why in heaven's name was she so fascinated by this man? She ordered her attention back to her tasks. Now that the sun was up, she wanted to polish the windows before the Richter family arrived for the weekend. The Saturday morning air held a bit of a chill for late March. She propped open the windows so the house would smell as fresh and clean as the spring breeze.

As the sun climbed higher in the eastern sky, Amelia took rags soaked in a vinegar solution to the windows, angling her head to peer sideways, checking for streaks. She wanted to give Olga and Winnie nothing to criticize.

The sounds of wagons arriving to the melody of birdsong, children's laughter, and folks calling out greetings to each other began filling the air. Amelia hurried to finish her preparations. Her final chore was filling the woodbox. She picked up as much stove wood as she could hold, but as she turned to carry it into the house, the breeze blew the door shut.

She stamped her foot. "Drat!"

"Here, allow me."

Amelia jerked her head around. Hank stepped onto the small stoop and reached for the load in her arms.

"When I saw what you were doing, I came to help."

"Oh, th–thank you, Mr. Zimmermann."

"Hank."

"Mr.—Hank. I didn't realize you were. . .your house looked empty."

He cocked one eyebrow and his silent query caused flustered embarrassment to twine up her throat—she'd just told him that she'd been looking for him. She put her composure back in place.

"You don't have to do this."

He shrugged and grinned. "I'm setting a good example for my young cousins."

She allowed Hank to relieve her of the load of wood and she propped the door open.

He tipped his head toward the wood piled in his arms. "Toss me a few more pieces."

She obliged, and he carried the firewood inside and emptied his arms into the box beside the stove, filling it to the brim.

"Thank you, Mr.—Hank."

"My pleasure." He dusted off his hands as he exited, then paused on the stoop. "It's a beautiful day."

She murmured her agreement with his observation.

"Perfect morning for a stroll. If you aren't too busy—"

"Oh but I am." A sliver of guilt over the fib poked her. She ignored it and continued. "The Richters will be here any time, and I still have things to do before they arrive. Thank you for your help. It was very kind of you. Good day." She pasted a polite smile on her face and closed the door on his disappointed expression.

Filling the woodbox was her last chore of the morning, but Hank's warm brown eyes sent strange ripples through her. The inclination to explore the feeling teased, but she purposefully shoved it into submission.

Reverend Hoffman stood at the door of the church and shook hands with the parishioners as they filed out. Amelia fell into line behind the Richters and expressed her appreciation to the pastor for a fine, inspiring sermon.

"I hope my students were listening as you spoke about compassion. It's a virtue I hope to instill in all the children." She didn't add that she hoped Thornton Zimmermann was listening as well. She'd seen the man, three rows ahead of her, thump Micah's head when the five-year-old squirmed.

"Thank you, young lady." Pastor Hoffman grinned broadly. "My daughter loves going to school since you began teaching. Whatever you're doing, don't stop."

The preacher's praise sent warmth scurrying into her

cheeks. "Your Gretchen is a fine student. It's a pleasure having her in my class."

They bid each other good afternoon and Amelia stepped out into the early spring sunshine.

"Miss Bachman!" A joyful chorus of childish voices greeted her. The Delaney children ran to her with smiles. How good it was to see them happy, even if it was for only a few moments.

Elsie, usually the serious one, tugged at Amelia's sleeve. "I learned a Bible verse today."

"Why, that's wonderful, Elsie. I'd love to hear it."

The little girl twisted one braid around her finger and dipped her fair brows in concentration. "For He shall give His angels charge over thee, to keep thee in all thy ways. Psalm ninety-one, verse eleven." A grin filled her face as she finished.

"Excellent, Elsie. I'm very proud of you."

"You are?" The child's eyes widened with wonder.

"I am." Amelia bent and slipped her arm around Elsie's shoulder. "Do you know what the verse means?"

"I think so." The little girl cocked her head. "It means God tells His angels to take care of us wherever we go." She leaned close to Amelia and whispered, "Even if we have to go to the orphanage."

Amelia's throat tightened at the child's courageous spirit. "We're still going to pray that doesn't happen, but if it does, yes, God will take care of you wherever you are."

Elsie fingered the lace edging on the sleeve of Amelia's green, flowered dress. "I ain't never seen such a pretty dress."

She tipped her face up. "Green was my mama's favorite color. She woulda looked beautiful in a dress like this."

Amelia pressed her lips together and forced the corners upward, blinking hard. She didn't dare try to speak.

"Good morning."

Amelia looked up to find Hank Zimmermann's deep brown eyes fixed on her. Had he heard Elsie's heart-wrenching appraisal? She gulped.

"Elsie was just reciting her scripture verse for me." She took Elsie's golden braid between her thumb and forefinger.

"Oh?" Hank bent down, his hands on his knees. "Will you recite it for me, too?"

Elsie leaned to one side and peeked around Hank to where Mr. Zimmermann stood talking with another man. "All right, but just you."

A smile stretched across Hank's face, but an ache invaded Amelia's heart. Elsie and her siblings had only been living with the Zimmermann's for less than a month and already the child knew whom she could and could not trust.

Hank slid the last of the newly finished pieces of furniture through the yawning double doors of the general store and turned to face the proprietor, Horst Braun. The man grinned and slapped Hank's shoulder. "This is good work, ja. You will have many customers when they see this beautiful craftsmanship." Horst ran his hand along the intricate design at the top of the cabinet Hank had labored over for two weeks.

Hank swiped his sleeve over his forehead. "I hope you're

right, Horst." He didn't add that if he didn't get orders for more pieces, he'd find himself back on the farm doing what his father wanted. Doubt swirled in his stomach and he besought God again for direction. A silent prayer ascended from his heart.

Lord God, I want to be certain this is Your will. Why else would You have put the skill in my hands and the desire in my heart if You did not intend for me to use it? Please make peace between Vater and me, Lord. Can I not honor him and still be a carpenter?

Horst positioned the smaller piece, a pie safe with punched tin door inserts and gingerbread trim, near the entrance of the store. "There." Horst turned to Hank and beamed. "The customers can't miss it when they come in."

"Are you sure you have room for the cabinet?"

"Ja, we just move a few things over." Horst's gap-toothed grin stretched the man's beard into a crescent. "You push *der* pickle barrel there, and I move *dies* display of boots."

The two men shoved and maneuvered items here and there, opening up a space into which they slid the cabinet. Hank stepped back to survey the position of the piece at the same moment the front door opened and hit him in the backside.

"Oh, pardon me. I'm so sorry."

Hank turned to see Amelia's contrite expression turn to one of mortification. Her eyes widened and color stole into her cheeks and for the briefest of moments, Hank thought she was prettier than the sunrise he'd admired that morning.

Amelia clasped her hand over her bodice. "Oh dear, I

should watch where I'm going. Do forgive me."

A grin tweaked his face. "No harm done." His pulse quickened. "I didn't realize it was time for school to be out. Are the youngsters at the Sunday house?"

She shook her head and looked out the window. "They were headed out of town on their old farm horse. I believe they call him Fritz." When she turned back around, she'd regained her composure. A polite smile curved her lips.

"Ja, Fritz is too old to pull the plow, but he doesn't mind the kids riding him." Hank shuffled his boot against the rough-hewn floor, trying to find the words to ask Amelia to join him for a stroll. "Vater must have told them to come straight home." Perhaps she'd agree to walk down by the creek with him before going back to. . .

"The children are—"

"Would you have time to accompany—"

Nervous laughter bubbled from Amelia, and Hank gestured with his hand. "You first."

The rosy glow crept into her cheeks again. "I was just going to say the children are doing well with their studies. Joy loves learning to read, and Elsie excels in spelling and vocabulary. Micah needs a bit more help with his letters and numbers, but he's a bright little boy. He'll learn quickly."

Hank shrugged. "They sure seem to like school and I thank you for that, but I don't know how much longer they'll be here. My father is waiting for letters from the orphanages at Abilene and Dallas." He scowled and studied the toes of his boots. "I'm afraid he won't even try to keep the kids together.'

"But the children *must* stay together." Her voice broke.

"They've already been through so much. If they are sent away—all they have is each other."

Her plea carried with it a thread of challenge and Hank gritted his teeth. He would take all three children in a minute if he could, but he'd already told her he didn't have the means to support them.

Distress over the children's future pressed her lips together and tiny lines appeared across her forehead, but she straightened her shoulders and lifted her chin slightly. "You were about to ask me something."

Hank swallowed the sudden dryness in his throat. "Would you consent to walk with me to Baron's Creek? It's not far from the Sunday house and we'd be in plain view for propriety's sake."

Amelia's eyes widened and she blinked twice. Her lips parted but she hesitated to speak, and the same flustered expression he saw when she hit him with the door returned to her face.

"It's very kind of you to ask, Mr. Zimm—I mean, Hank. But I've come to Fredericksburg to teach, and I don't wish to give any other impression. Good afternoon."

She hastened down the steps, apparently forgetting whatever it was she came to purchase.

Chapter 6

Almost a week after Amelia's conversation with Hank in the general store, the words she'd spoken to him still haunted her. She hadn't lied to him—not exactly. Teaching school had brought her to Fredericksburg, but there was no denying the underlying motive. Becoming a schoolteacher afforded her a perfectly reasonable excuse for refusing invitations from would-be suitors, including the prosperous rancher with whom her father had attempted to marry her off.

As evening fell she crossed the small kitchen area to prepare her simple supper. A light winked from the window of the Sunday house next door, testifying to Hank's presence. She fixed her gaze at her neighbor's window and felt a whisper of defiance ripple through her.

"I came to Fredericksburg to teach."

A twinge of foolishness poked her since there was nobody to hear her repeat the declaration she'd already delivered to Hank. If she were honest, she'd admit her decision had as much to do with her desire to control her own destiny as it did with molding the minds and character of children. In the five weeks she'd been in Fredericksburg, she'd thrilled to see her students learn and grow, but Fredericksburg was also a refuge. She was safe here.

She released a soft snort. "Safe from what? Marriage? Or just life in general?"

She lit the oil lamp on the table and cut a thick slice of the dark bread she'd purchased at the German bakery and slathered it with peach preserves. A chunk of cheese and small piece of cold sausage rounded out her supper. She set the kettle on the stove for her tea.

An image tiptoed into her mind. What would it be like to put supper on the table for a husband and children? The silent suppers she'd endured all her life, with her father at one end of the table and her mother at the other, faded from her memory as a fascinating scene unfolded and drew her. Blond-headed children with smiles of anticipation welcomed the culinary offerings she placed before them, and the man at the head of the table beamed at his family and bowed his head to pray. When he said amen and lifted his head—it was Hank Zimmermann's face.

Amelia startled and covered her warming cheeks with both hands. "Mercy!" *Such nonsense.* But the more she tried to push the thought away, the more strongly it insisted on manifesting.

Amelia heaved a sigh. A distraction. That's what she needed. Her canvas satchel sat gaping open on one of the chairs. She dug deep past the books and folders, and felt around the bottom of the bag. Her fingers found the small cloth pouch and she pulled it out. While she waited for the kettle to boil, she untied the strings that held the pouch tightly closed and shook an assortment of seeds into her open palm. A dozen different kinds of wildflower seeds given to her by one of her professors when she graduated—to commemorate her new beginning and opportunity to blossom.

As she rolled the seeds around in her hand, a plan began to form. Why not use the seeds as a science lesson, coupled with an outing for her students before the end of the school year? She glanced at the calendar on the wall. First week of April. Plenty of time to plan. She smiled and slid the seeds back into the pouch, pulling the strings snug. Her thoughts were back where they belonged.

Steam rose from the kettle's spout in lazy wisps that fogged the window. Amelia wiped the condensation away and the lamplight from Hank's window became visible again.

Amelia stepped out the door of the post office clutching two envelopes. The first one bore her mother's distinctive flowing script. The arrival of the letter—the first she'd received from either parent for more than six months—sent hope surging through her. But anticipation over the contents of the letter sparred with dread in her heart. The last conversation she'd had with her mother was not a happy one. She tucked the letter into her satchel along with her books, lesson plans, and papers to be corrected. The privacy of the Sunday house was the place to read the letter, in case her parents' opinion of her career choice had not changed.

She didn't recognize the handwriting on the second letter, and the return address was smudged. Pausing on the boardwalk, she broke the seal on the envelope and extracted the single sheet of paper, scanning downward to the signature.

"Uncle Will?" The corners of her mouth lifted. Her father's brother, widowed a year ago, was her favorite relative. He and his wife had worked together in his medical practice in McAlester, Oklahoma. She read his scrawled words.

> *I hope this letter finds my favorite niece happy and well.*
>
> *It's been difficult for me to continue living and working here in McAlester since your aunt's passing. I can't walk down the street without her presence accompanying me. Everything I see reminds me of her, and while I desire to cling to her memory, I seem to be bogged down in grief.*
>
> *I need a fresh start. After corresponding with a few colleagues, I've made the decision to close my practice here and move to Fredericksburg.*

"Uncle Will's coming here?" Happy anticipation lifted her heart. She read the last line of his missive.

> *It may take some time to finalize everything, but I hope to be there perhaps by late May. Fondly, Uncle Will.*

While she'd been sad for Uncle Will at the passing of her aunt, joy tickled her stomach at the prospect of him coming to Fredericksburg. She slid Uncle Will's letter into her satchel with the one from her mother and hurried toward the general store.

A brisk spring breeze flapped the brim of Amelia's bonnet

as she stepped through the bright blue door. Two ladies stood admiring the pie safe near the entrance of the store while Horst Braun walked over to them, wiping his hands on his apron.

"*Das ist verkauft*—that one is sold, ladies, but I'm sure if you speak with the craftsman, he will be happy to build another for you."

One of the ladies examined the gingerbread trim. "*Wer ist es?* Who does this fine work?"

Horst grinned. "Hank Zimmermann. He is very skilled, ja?"

A swell of pride for Hank danced through Amelia as the ladies exclaimed over the piece of furniture. The instant she recognized the emotion for what it was, heat filled her face. She ducked her head and pretended to examine a bolt of dress goods.

Foolishness.

Certainly Hank would be pleased to know people praised his work, especially in light of the argument she'd overheard between him and his father. She'd caught glimpses of him working hard at his craft, but to experience prideful flutters in her belly over the compliments from Horst and the women was just plain silly. So why did an absurd smile insist on stretching across her face? She shook her head.

"What can I get for you today, Miss Bachman?" Horst's voice boomed directly behind her. Amelia jumped as if he'd read her thoughts and knew why she was smiling.

"Oh, uh. . ." Why *did* she come into the store? She gawked at Horst for a moment. "Thread."

His indulgent smile was punctuated by a slight arch of

his thick eyebrows, and he remained in place. The ends of his mustache wiggled and he pointed to the shelf a foot away from her right elbow. She jerked her head around.

"Oh." Her face burned and she could have sworn it was the middle of summer. "Oh my. I admonish my students about daydreaming and here I am, guilty of the same pastime. Forgive me, Mr. Braun."

The burly man tilted his head back and belly-laughed. "*Es ist gut*—it is good, ja, to daydream sometimes. My little Freda, she likes to watch the clouds. Her mutter grows impatient with her when she imagines stories drifting across the sky instead of doing her chores." A wide grin elongated his mustache.

Amelia imagined her student cloud-gazing with her father. A tiny ache began in the pit of her stomach. She'd never known such frivolity as a child, and especially not with either parent. Amelia hastily chose spools of thread, one of green and one of white. She opened her reticule to pay, but paused and pointed to a glass jar on the counter.

"Please give me two scoops of those gumdrops. I think I'll let my students do some daydreaming and reward their creativity."

Horst shoveled two large scoops into a paper bag. "I won't tell Freda's mutter you let her daydream in school." A twinkle in his eye accompanied his conspiratorial whisper.

Amelia paid for her purchase and dropped the thread and confection into her satchel. She hesitated for a brief moment at the door to take a better look at the pie safe. Horst was right. Hank was a fine craftsman. The silly flutters began again.

Hank couldn't keep the grin from his face three days ago when Horst Braun told him the pie safe was sold and two other women were interested in having one made. But when Mayor Ehrlichmann knocked on the door of the Sunday house and inquired about having a rocking chair crafted for his wife's birthday, Hank's heart soared. This was God's answer. After countless prayers asking for heaven's affirmation of his dream, Hank had cash in his pocket from his first sale, an order in his hand, and the possibility of two more, lending true credibility to the choice he'd made. Gratefulness filled his heart.

A soft spring rain fell outside the lean-to workshop. Hank ran his hands over slabs of burr oak, choosing the best pieces for the rocking chair. Interesting waves and curves flowed along the wood grain, interrupted by an occasional knot. He carefully selected each cut for its beauty and strength. Once the chair was finished, rubbing linseed oil deeply into the grain would enhance its radiance. The classic lines and intricate detail came alive in his mind—a chair to hand down to the mayor's grandchildren and great-grandchildren.

The smile in his heart faded. If his young cousins were split up and sent to different orphanages, they would likely never possess a family heirloom like the one he planned to create for Mayor Ehrlichmann. A scowl tugged on his brow with the disturbing thought. Raising his heart heavenward, he sought God's ear.

"Lord, I know I got angry at Amelia for suggesting I take the children, but how can I do that without a way to support them? I'd have to sell a whole lot more pieces of furniture. Amelia doesn't understand how a man feels about taking care of a family, how he wants to give them everything they need and put a decent roof over their heads, to be able to feed them and clothe them, keep them safe and warm and protected."

He halted his list of things God already knew. Since God was already aware of every desire of his heart, it seemed futile to hide the one thing he'd neglected to mention.

"God, if it's not asking too much, could you send me a helpmate?" The entreaty had barely escaped his lips when he caught sight of Amelia fetching firewood from her back stoop.

Chapter 7

Olga and Winnie Richter each grunted a greeting to Amelia and brushed through the door of the Sunday house. Winnie muttered something in German Amelia didn't catch. Olga turned and sent a sour frown in Amelia's direction.

"She wants to know if you've been cooking on her stove."

Before Amelia could admit to using the stove to heat water for tea or to warm leftover stew, Winnie waved her chubby hand.

"*Sprechen sie auf Deutsch!*" She followed up the challenge with a torrent of German, none of it sounding the least bit complimentary in tandem with her derisive tone.

Amelia understood the first demand. Winnie wanted German spoken and became angry whenever Olga had to translate into English.

Lamar Richter entered, lugging a loaded crate. "*Mutter, beruhigen sie sich.* Calm down." He plunked the crate on the table and faced Amelia. "Der is a matter I must talk to you."

"Yes, sir?"

The school board chairman pointed to the back door. "Outside."

It wasn't a request.

Amelia sucked in a breath. Had she done something

wrong? She hated the way her heart hammered, much the way it used to do when her father berated her for speaking her mind or disagreeing with him.

She exited the back door with Mr. Richter on her heels. He stepped in front of her the moment he closed the door. His bushy eyebrows resembled a fat, gray caterpillar wiggling over his hooded eyes, but she didn't dare smile.

Mr. Richter cleared his throat and thumbed his suspenders. "Some parents complain to me. You do not teach der class in German. This is true?

Was that all? "Yes, it's true." Amelia clasped her hands at her waist. Frankly, she didn't see the problem.

"You know our community is German. All der schools in every district always teach in our mother tongue." Mr. Richter lifted his chin and raised his voice a decibel, injecting a demanding tone into his words as if daring her to state otherwise. "Der parents"—he struggled to find the word—"expect der kinner learn in German. Der young ones must grasp their heritage."

Amelia lifted her shoulders and opened her hands, palms up. "You knew when you hired me that my German was very limited. I didn't make a secret of that fact. Neither do I recall reading anything in my teaching contract about German being mandatory."

"It is who we are." Mr. Richter's voice boomed through the cool spring air, disturbing a few birds in the overhead branches.

Lamar Richter's inflection and the pitch of his voice intensified, but Amelia refused to be bullied. "I agree. But you and your families are living in a country, and in a state, that speaks primarily English. These children will have to learn to function in an English-speaking society. If they don't, some unscrupulous person may try to take advantage of them or cheat them."

The man's face reddened and his jaw worked back and forth. "You refuse to speak German in der classroom?"

Amelia was certain most everyone up and down the street could hear him bellow. "I'm not refusing, and if speaking German is that important to the parents, I will do my best to improve my understanding of the language and conduct classes in both English and German."

"Nien! This is not acceptable."

"And what *is* acceptable, Mr. Richter? That I do exactly what you say, no more and no less?"

If the man's face grew any redder, he'd explode. Judging by his clenched fists and sputtering lips, he obviously wasn't accustomed to his word being questioned.

"Mr. Richter, you must remember, I have some students who do not speak German. All of my German-speaking students understand English. But the ones who speak no German would come to a standstill in their learning. I won't allow that to happen."

"You won't allow—? Who are you to decide what is allowed?"

Amelia lifted her chin and folded her arms across her chest. "I am their teacher. It is my job to see to it that they learn, and I will use whatever means necessary to impart knowledge to them. If that involves teaching in two languages, I'll do it, even though it will require a great deal more lesson preparation time."

Mr. Richter blustered. "You can take some of dat time you use now teaching foolish things and learn better German."

"Foolish things?" Amelia's ire tightened her jaw. "What have I been teaching that you deem foolish?"

"Some parents tell me der kinner must draw maps of der whole United States. And others complain about der kinner reciting poetry." He leaned slightly forward. "Paeter Lange's father say his son must know a long list of many dates. Foolishness!" Richter waved his hands as if erasing a lesson plan from the air. "None of those things teach a child to plant and harvest a better crop."

Amelia plunked her hands on her hips. "Are you suggesting that I don't teach geography or history or literature?"

"Ja! Dat is just what I suggest. The young ones, dey only need to know how to read and write and cipher." Mr. Richter's fingers clutched his waistband and he hiked up his britches and threw out his chest.

"I disagree."

Predictably, the red blotches mottling Mr. Richter's face turned purple. He huffed and stammered, his anger tying his tongue in a knot. Amelia took advantage of his rattled state and continued.

"The children will become much better citizens, and much better people, if they know how our country came to be. Understanding the boundaries and rights of each individual state teaches the children to respect the diversity among us. Literature and science help expand young minds. They are learning to be productive people."

She uncrossed her arms and held her hands out in front

of her, beseeching the man to understand her point of view. "Don't you see? Some of these children will follow in their parents' footsteps and become farmers, and that's wonderful, if it's what they want to do. But some will become merchants or skilled craftsmen. Others will want to go to the university and become doctors or scientists. Some might grow up and learn the law or become part of our system of government. Some may even become teachers."

Mr. Richter started to open his mouth, but Amelia put her hand up. "Yes, teachers, Mr. Richter, because every *parent* should be a teacher."

Checkmate.

Exasperation etched hard lines in the school board chairman's face, and for now, he had no retort. He stared, unblinking, at her for several long moments. Finally, he waved a stubby, sausage-like finger under her nose.

"You think about what I said."

With that, he turned on his heel and returned to the house, slamming the door in his wake.

Amelia shook her head. "I wonder if he will think about what *I* said." She started to follow the man into the Sunday house but caught sight of Hank Zimmermann standing, arms akimbo, by his back door, staring in her direction. Dismay filled her when she realized he must have heard every word.

Hank lingered outside the front door of the church as the parishioners filed out. His three young cousins romped in a circle around him like colts in a spring meadow.

"Catch me, Uncle Hank!" Micah jumped up and down, shrieking with giggles when Hank grabbed the child around the middle and tickled him.

Elsie and Joy dodged out of his reach in a silly game of tag, their laughter spilling out to rival the singing of the birds.

Hank emitted a mock growl. "When I catch you two, I'm going to tie your pigtails together."

The little girls squealed and dashed between the parked wagons. Hank had just crouched behind one of the wagons, lying in wait to jump out and surprise the girls, when Lamar Richter rounded the corner.

"Zimmermann." The school board chairman leveled a glare at Hank crabby enough to wilt the spring flowers. Richter shifted his gaze to the children who stopped short, colliding into one another.

"Good Sabbath to you, Mr. Richter." He glanced down at his cousins. "Laughter is music in God's ears, is it not?"

Richter snorted. "Sacrilegious. Children should be seen and not heard."

"You know, Mr. Richter, I'm glad you brought that up, because there is something I'd like to discuss with you." He turned to the children. "Elsie, you and Joy take Micah and go to the wagon. Uncle Thornton will want to leave soon."

At the mention of his father, the smiles on all three children's faces drooped.

"Are you coming, too, Uncle Hank?" Joy tugged at his hand.

"I'll be along shortly. You three scoot now, and go get into the wagon."

As soon as the children were out of earshot, Hank returned his gaze to Richter. "I heard you yesterday—in fact, I think half the town heard you—bellowing at Miss Bachman for not conducting her classes in German."

Richter scowled. "It is no business of yours."

Hank leveled a steely gaze at the man. "You made it everyone's business hollering at the top of your lungs. And I beg to differ with you." He gestured in the direction the children had gone. "Three of the children Miss Bachman was talking about were my little cousins. Granted, they've picked up a few German words since they've been here, but if classes were taught purely in German, they would cease to learn. I don't think that's what you want, is it?"

"All der school districts teach in German. Der old ways are best." The volume of Richter's voice rose with each word until nearly everyone in the surrounding churchyard stopped what they were doing and stared at the school board chairman.

Hank cocked an eyebrow at the man. "Seems to me your first consideration should be to the children and their education. You have a teacher who is doing an excellent job. The children—*all* the children, are learning."

"*Was es ist*—What is it to you?" The veins in Richter's neck bulged. "You have no children in der school. You have no say in the matter. Mind your own business."

Pastor Hoffman hurried across the yard to where the two men stood toe-to-toe. "Gentlemen, please. It is the Lord's Day and we have just come from worship. Can this not be settled in a Christian manner?"

Hank turned to the preacher. "You're right, pastor. Forgive me. I only meant to clear up a misunderstanding. You see, it is my business to ensure that the children I love get the best education possible."

Richter smoothed one hand through his hair and drew in a deep breath. "Hank Zimmermann is not a parent—"

Pastor Hoffman held up both hands and spoke in a quiet but firm, even tone. "I'll not allow our day of worship to be disturbed by uncontrolled tempers. Both of you go home and examine your own hearts, and let God rule in this issue."

Hank chewed on his bottom lip and gave a curt nod. He turned on his heel and strode across the churchyard past the gawking parishioners. At the edge of the street, Amelia stood with her fingertips covering her mouth, and wide, unblinking eyes fixed on him. His step slowed as their gazes locked and his heart squeezed. He prayed he hadn't made things worse for her by confronting the pigheaded school board chairman, but a small voice within pressed him to take a stand for his cousins. In doing so, he supposed he also stood up for Amelia. The thought caused no small stirring in his heart.

Chapter 8

Hank waited outside the schoolhouse until the children came spilling out the door at the end of the school day. The Braun children, Pater Lange, the Hoffman girls, and the Werner twins chased each other around the yard in a dizzying game of tag, but Hank's cousins were apparently still inside.

"Hope they didn't get into trouble," Hank muttered to himself as he approached the door. Sometimes his father made the children do extra chores in the morning before they left for school, which made them late. The door stood open and Hank peeked in. His three cousins encircled their arms around their teacher in a collective hug.

"G'bye, Miss Bachman."

"See you tomorrow, Miss Bachman."

"I love you, Miss Bachman."

Hank's heart tumbled end over end. A twinge of jealousy nipped at him. The children held no inhibitions when it came to expressing their affection for their teacher. How Hank wished he could do the same.

"Uncle Hank!" Joy and Micah squealed their delight when they spied Hank standing in the doorway. Elsie, more sedate, held Miss Bachman's hand and walked like a little lady. Was it his imagination, or did Amelia's eyes light up when she saw him? Probably just wishful thinking.

He tweaked Micah's nose and tugged on the girls' pigtails as they clamored for his attention. "Did you three rascals behave yourselves today?"

"I learned to read some new words." Joy tugged on his arm.

Micah grabbed his other hand. "I can write the whole alphabet."

Hank raised his eyes and found Amelia's soft smile and tender eyes on him. The moment their eyes met, she dropped her gaze and her cheeks pinked.

He gathered the children and pointed them toward the door. "There is some apple *kuchen* on the table in the Sunday house. You may each have a small piece, but then you must go straight home. Uncle Thornton will expect you to do your chores."

The siblings grabbed their slates and McGuffey's, Elsie snatched the lunch pail, and they skipped out the door, calling out their good-byes to their teacher.

Hank watched them scramble aboard Fritz. "They're very fond of you, Miss Bachman. You've helped ease their grief with your kindness." He turned to face her. "Thank you for that."

She looked past him through the open door. "I have affection for all my students. But those three. . .I suppose as a teacher, I'm not permitted to have favorites, and I try to be impartial, but your cousins are very dear to me." Her voice quavered and she straightened her shoulders and marched back to her desk. "So, what brings you to school today?"

Hank gulped. Her sweet voice and enchanting eyes so

mesmerized him, the answer to her question was momentarily lost in his fascination of her charm.

Why did I come to... "Oh yes. Mr. Richter asked me to see if I could repair a broken hinge."

Amelia's eyes widened. "I wasn't sure Mr. Richter heard me when I mentioned the cabinet hinge needed fixing." She walked to the cabinet in the corner and cautiously opened the door with both hands to prevent it from falling. "See? I hope you can mend it. The door almost fell off and hit Gretchen Hoffman in the head last week."

Hank gave the hinge a cursory inspection, but Amelia's nearness proved quite distracting. Some kind of sweet fragrance clung to her, like a field of wildflowers—those purple ones that bloomed in late May. He drew in a surreptitious breath, hoping she didn't realize he was drinking in her scent.

"Can you fix it?"

Hank startled and the door slipped from his grip onto his toe. He gritted his teeth and bit back the *ouch* that sprang into his throat.

Amelia uttered a soft gasp. "Oh my, are you all right?" She impulsively laid her hand on his arm.

No, I'm not all right, but it has nothing to do with the door falling on my foot. "Sure thing. I'll have to bring some tools back with me to fix this properly, but it shouldn't take more than a few minutes. In the meantime, I suggest you leave the door off."

"Of course. Thank you—Hank." A rosy blush accompanied his name on her lips.

His heart rat-a-tatted like a busy woodpecker. "I'll be back first thing in the morning." He couldn't stop the silly grin that pulled the corners of his mouth at the thought of seeing her again.

He walked the few blocks to his Sunday house with the memory of his cousins hugging their teacher and declaring they loved her. He glanced at the windows of the houses and shops he passed, certain the occupants could hear his heart proclaiming that he loved her, too.

The rocking chair for Mayor Ehrlichmann came to life in Hank's hands. He savored the gratification of watching the grain of the wood take on a character for generations of the Ehrlichmann family. Inhaling the aroma of the freshly sanded burr oak, he stroked his fingers along the satin surface of the armrests. Tomorrow he'd begin coaxing linseed oil into the grain.

"Uncle Hank! Uncle Hank!"

Without pulling out his pocket watch, he knew it was 3:30. Who needed a watch with his cousins around? He wiped his hands on a rag and met the children at the door of the lean-to. Elsie and Joy wore look-alike dresses of green calico he didn't remember seeing before. His mother sewed, but certainly Hank's father wouldn't allow his wife to spend money on yard goods for children that weren't his.

"Look, Uncle Hank." Elsie's eyes sparkled. "Look what Miss Bachman made for us." She held out the edges of her skirt and pirouetted, her straw-colored braids flying and her face beaming as if she'd just been given a precious treasure.

Hank's heart arrested as he gazed from one sibling to the other. There was something familiar about the dresses. "Miss Bachman made them?"

The sisters nodded and Elsie fingered her sleeve. "Green was Mama's favorite color."

Recognition rang in Hank's mind. Two Sundays ago, he remembered Elsie admiring Amelia's green calico dress, telling her teacher that her mama "would have looked beautiful in a dress like that." A tender ache tangled through Hank's chest when he realized what Amelia had done.

Micah sported a new white shirt. The boy tipped his beaming face up to Hank with a gap-toothed grin. "My shirt used to be Miss Bachman's apron."

Hank ruffled the boy's hair. "You look like a fine gentleman in that shirt. Don't get it dirty, all right?"

"I won't, Uncle Hank."

Amelia Bachman was an extraordinary woman. Was there no limit to her giving heart? How could anyone—his father or Lamar Richter or any of the parents who'd complained— doubt her love and compassion for these children? How many of them gave pieces of themselves to enrich a child's life the way Amelia did? Hank's heart groaned within his chest. How he wished he could declare to her the love God had already revealed to him.

Elsie hugged Hank's waist. "We have to get home so Uncle Thornton won't be mad, but we wanted to show you our new dresses." Even the thought of their tardiness stirring their uncle's wrath couldn't erase the smile from her face.

Hank boosted them up onto Fritz's back and made sure Elsie had a firm grip on Micah. "I'll see you tomorrow. Be careful going home."

Three small hands waved as Fritz plodded down the street. Their childish voices created a woven tapestry as they called out to him "Bye, Uncle Hank. I love you, Uncle Hank."

Hank's heart turned over. Those ornery, adorable youngsters had wrapped their fingers around him and there was no escaping their clutches—nor did he want to.

"Oh Lord, I hate the thought of those kids being sent to an orphanage—maybe separate orphanages. Please provide some way for them to stay together with a family who will love them."

Amelia wished she could stamp her foot to express her frustration, but she'd not give Lamar Richter the satisfaction of knowing he'd irritated her. All she wanted was to borrow the man's wagon for the outing she'd planned. Shouldn't the school board chairman be the greatest supporter of the teacher and her efforts to educate the community's children? The man's narrow-mindedness caused her no end of vexation.

"Reading, writing, and ciphering. Dat is all der pupils need to learn." He flipped one hand out in a derisive motion. "Planting flower seeds. Bah! Such foolishness."

"Mr. Richter, planting seeds and nurturing plants is a science. Every time a farmer sows seeds for his crop, the conditions have to be right to ensure a successful harvest. This exercise will show the children how seeds germinate, put down roots, develop into plants, and propagate new seeds." She paused, trying to read his facial expression. Surely he could see how beneficial the planned outing was for the students.

He muttered something in German she didn't understand. She bit her lip. She'd spent more time studying the language like Mr. Richter demanded, but her vocabulary was still lacking.

His thick eyebrows knit together into a deep scowl. "Der kinder learn about planting at home."

Amelia sucked in a breath. "I had planned to combine the science lesson with a picnic to celebrate the end of the school year. It's only for one day, Mr. Richter. Certainly you could spare your wagon for one day."

"Nein." He waved his hand as if shooing away the very idea. "I have no time for picnics. If you must do this, have your picnic in der school yard." A sharp bob of his head punctuated his declaration before he stomped off.

Amelia plopped her hands on her hips. She couldn't remember ever meeting a more stubborn man.

Amelia set the McGuffey Readers on the front bench and then began writing arithmetic problems on the chalkboard, when a soft knock drew her attention. Hank filled the door frame, his toolbox in one hand.

"I've come to fix that hinge before the students arrive." He stepped into the schoolroom and left the door standing open for propriety's sake.

Butterflies danced in her stomach at the sight of his

boyish face. She sent a silent reprimand to her heart and ordered the flutters to cease. They didn't. "Th–thank you, Hank. I appreciate this."

A lopsided smile pulled a dimple into his cheek. "My pleasure." He set the toolbox down and rummaged through it, extracting a chisel and hammer. "I'd like to thank you for what you did for the kids—the new dresses for the girls and the shirt for Micah. That was mighty kind of you."

Warmth skittered up her neck and tickled her ears. "I couldn't help noticing all three of them were outgrowing their clothes. It was nothing."

Hank's hands paused in their task. "I disagree. What you did meant a great deal to them." His eyes smiled at her and a shiver darted up her spine.

Stop that! You're a teacher. You aren't looking for a beau.

He tapped the hammer against the chisel and removed the broken hinge. "I wish there was something I could do to repay you."

"Actually there is." She pressed her lips together. Dare she ask?

He looked over his shoulder at her. "Name it."

She clasped her fingers together to stop their jittery fidgeting. "I'm planning an outing for the children in a couple of weeks to plant some wildflower seeds. It will be a combination science lesson and end of the year picnic."

Hank tipped his head in a most appealing way. "I'm not very good at frying chicken."

A nervous giggle escaped her lips. "No, the children will bring their lunches as always, but I need a wagon to carry all the children out to our picnic spot."

He took on a thoughtful pose. "When is this?"

"Sometime in mid-May."

He fit the new hinge into place. "I don't own a wagon, just a buckboard, but I'll see if I can borrow my father's wagon."

His smile tied her stomach into a knot.

Chapter 9

Hank rubbed linseed oil into the sideboard he'd been working on for Karl and Gerta Schroeder. Since finishing the rocking chair for Mayor Ehrlichmann, four new orders now hung on the workshop wall. Hank sent another prayer of gratitude heavenward for the way God was blessing his business. But in the midst of his joy, a dark cloud of gloom hung about his shoulders like a heavy cloak he couldn't shed.

He glanced at the afternoon sun. Amelia would be arriving home soon. The anticipation with which he normally watched for her was markedly absent today. He dreaded having to tell her about the letters Vater had received.

The linseed oil's pungent odor stung his nose. He watched the intricate detail of the wood grain emerge as he rubbed the oil deeply into the oak, as if the very tree that provided the wood left its fingerprint. He wished God would write His answer to this matter with which Hank struggled as clearly as the oil revealed the wood grain.

"Lord, I need an answer. I don't know what to do."

As if hearing the whisper of God's voice, Hank raised his head and looked out across the narrow expanse of yard that separated the Richter Sunday house from his. Amelia walked up the limestone path to her front door. A groan that started in the pit of his stomach rumbled past his lips.

"God, I'm not ready to face her. I've been turning this over in my mind for two days and I still don't know how I'm going to tell her."

The unmistakable impression of God's Spirit blew across Hank's conscious thought. *"Go tell her. You won't be alone."*

The assurance of God's presence fortified Hank's courage and he set the oil-soaked rag aside. Before Amelia could step inside her door, he jogged across the yard.

"Amelia."

She lifted her eyes in his direction when he called to her. The smile that glowed across her face felt like a punch in Hank's gut. His news would erase that sweet smile.

"Hello, Hank." Her cheeks flushed with pleasure. "My students are excited about the picnic. I'm looking forward to it as much as they are. In fact, we've been studying about—" The delight faded from her expression. "Is something wrong?"

He shoved his hands in his pockets. "I have something to tell you."

A flicker of panic crossed her face and she set down her book satchel. Breathlessness tinged her voice. "What is it?"

This is going to hurt her, Lord. Please comfort her.

Hank drew in a tight breath. "My father has received replies to his letters. The first is from the orphanage in Dallas. They have room for the girls, but their boys' dormitory is already overfull."

As he expected, distress carved furrows in Amelia's brow and she covered her mouth with her fingertips.

Hank went on to deliver the rest of the bad news. There

was no gentle way to say it. "The orphanage in Abilene said they could take Micah."

Moisture glistened in her eyes and she shook her head mutely. She turned away from him. A slight shake in her shoulders defined her sorrow. He longed to wrap her in his arms to deflect the cruelty of his message. A soft sob reached his ears. He could stand it no longer. He reached out and ran his hand up and down her arm, despising his own helplessness.

"I wish I didn't have to tell you this. I know you love those kids as much as I do."

She didn't shrug off his hand so he slid his fingers up to her shoulder and squeezed. "The director of the facility in Dallas said to wait until the school year had ended. My father grumbled about it, but at least the children will be here another month."

She sniffed and wiped her eyes before turning around to face him again. But instead of the despair he expected to see in her expression, her eyes grew dark and stormy.

"Hank Zimmermann, I simply cannot understand why you don't take those children yourself. Even if your father doesn't want them, there's no reason for you to stand by and watch them separated and sent away."

Hank yanked his hand back. His earlier excuse of not having the means to support his cousins wouldn't wash anymore. The furniture orders he'd received the past few weeks kept him plenty busy. He'd even spoken to his father about the possibility of purchasing the Sunday house. Vater hadn't agreed yet, but he hadn't said no. Still, none of that meant he was in the position to take on three children.

"I can't take care of those kids by myself." He blurted out the retort before he could temper his words. "What about you?"

"Me?" Her brow dove downward in disbelief. "What are you talking about?"

Hank thrust his upturned palm in her direction. "How can you do something so loving for those children—making clothes for them out of your own clothing—and then do nothing to try and keep them together?"

She lifted her arms away from her sides. "What can I do? I'm only their teacher."

"You could marry me and then we could take them."

If every muscle in his body hadn't frozen at that moment, he would have turned around to see who had spoken those words. The realization that they'd come from his own lips startled him, but judging by the expression on Amelia's face, she was even more dumbfounded than he.

Her mouth fell open and wavered closed like a fish gasping its last on the end of a hook. Her wide, unblinking eyes nailed him.

"Wh–wha–what?"

Hank grappled with his composure. He couldn't say the idea hadn't crossed his mind before. Imagining Amelia as his bride had caressed his dreams more than once. But his dream hadn't included shocking her by blurting out a clumsy proposal of marriage.

"You've said yourself that you love the kids. We could adopt them, they could stay together, and they wouldn't have to go to the orphanage." The word *we* pushed past the growing lump in his throat and came out unnaturally high-pitched.

He swallowed hard but the lump remained.

Deep red flushed her face and she gasped like she'd just finished a footrace. "Do you have any idea what you're saying? Lifelong relationships must be founded on something greater than good intentions." She leaned down to grab her satchel. "Yes, I love those children, but to make them the basis for a marriage is—it's. . ."

Something painful flashed through her eyes and she took a step backward. When she finally completed her sentence, Hank barely caught her strained whisper. "It's not right."

She turned and marched in the front door.

Anticipation and dread swirled in Amelia's stomach. Her students had enthusiastically prepared for today's outing, but after the heated exchange with Hank over two weeks ago, she now regretted asking him to transport her and the students in his wagon. Since Hank had uttered his "proposal" to her, Amelia avoided making eye contact with him across the yard and at church. She'd tried in vain to dismiss Hank's words from her mind, but her heart refused to comply. She muttered as she slipped her lunch and the wildflower seeds into her satchel.

"Lord, You know I grew up watching my parents endure a loveless marriage. Joining with Hank in such a union for the sake of the children might be unselfish, but they would grow up seeing the same resentment in both of us that I observed in my parents."

A deep sigh whooshed from her lungs. She couldn't

deny her attraction to Hank, beginning with the night she arrived in Fredericksburg. Despite trying to push the unintended feelings away and refuse them acknowledgment, they persisted. Hank occupied her thoughts more than she wanted to admit. She repeatedly asked God to remove this unreasonable captivation, for surely it was nothing more than admiration, or perhaps infatuation. But God allowed the feelings to persist and grow. Certainly her secret feelings for the man didn't mean he reciprocated.

She couldn't shake the nagging prick of melancholy over Hank having asked her to marry him with no expression of tenderness. Not that the children staying together and having two parents who loved them wasn't important, but she refused to become the woman her mother was—trapped in a marriage with a man who would never love her.

"God, I became a teacher so I could remain single." She suspected her adamant statement only caused God to smile. She huffed and snatched her shawl from the peg. "This is foolish. Why am I arguing with God? He knows why I became a teacher." She stepped toward the door, but stopped short. Talking to herself was as foolish as arguing with God.

Hank halted the wagon near the door of the schoolhouse. Amelia had the children lined up by grades. Hank had to admit that, despite their excitement, Amelia maintained order and discipline as she directed one group at a time to the wagon. Hank boosted the younger ones up to the tailgate.

Amelia had avoided him ever since the afternoon of his

awkward proposal and she didn't appear anxious to converse with him now. Once again he berated himself for the bumbling manner in which the words had fallen from his lips. After spending considerable time communing with God, he determined that he didn't regret his suggestion at all, only the way he'd spoken it. In fact, the longer he thought about it, the deeper and more steadfast his conviction that he was in love with Amelia Bachman. He'd spent the last week praying God would grant his petition to make Amelia his bride. The opportunity to speak privately with her today didn't seem likely with twenty-two children listening. If only she'd look in his direction, he could at least offer her a smile.

The last student scrambled into the wagon bed and Hank held out his hand to the teacher to help her up to the front seat. She hesitated momentarily, deep pink flooding her cheeks. She gathered her skirts and accepted his hand to aid her up over the wheel.

He settled himself beside her and picked up the reins. "I'd like to speak with you later, Amelia."

She folded her trembling hands primly on her lap. "As you wish."

He drove out past the edge of town and turned the team northwest toward his parents' farm.

Amelia jerked her head in his direction. "Where are you going?" She pointed northeast. "The spot I found is that way."

He smiled sideways at her. "If you'll allow me—there's a hillside lined with oaks and mesquites about halfway to my folks' place that has a beautiful view of a small lake. I think you'll agree it's a perfect spot to plant your wildflower seeds."

She arched her eyebrows and he half expected her to argue, but she nodded. "All right. I'll concede that you know the area better than I."

Forty-five minutes later the wagon rounded the curve of a hill, bringing into view a little pristine lake reflecting several burr oaks along the water's edge.

"What a beautiful spot." It was the first time he'd seen her smile since he'd told her about Vater's letters. Hank's heart pinched. How he wished she'd smiled in response to his proposal.

He set the brake and aided her down from the wagon seat. The children clambered off the tailgate and began an impromptu game of tag.

Hank cast an eye to the west. A few white puffy clouds gathered on the horizon. He hoped rain wouldn't ruin their outing. "I'll be back to pick you up around three."

"Thank you, Hank." Her hazel eyes fixed him in place. "It was kind of you."

Why did he get the distinct feeling she wasn't talking about driving them to their picnic?

Chapter 10

Hank pushed the plane along the edge of a cedar plank, producing thin curls that reminded him of the tendrils of hair that fell around Amelia's ears. He closed his eyes and invited her image to grace his musings. Her soft voice echoed in his memory.

Perhaps this afternoon—what would he say to her? How should he broach the subject? Certainly he owed her an apology for the tactless way he'd spluttered out his proposal.

He couldn't fault Amelia's statement. A real marriage needed a foundation much stronger than good intentions. Giving the children a home was a fine thing, but he should have told her first how much he loved her. He reckoned most women wanted to be courted and romanced. There just wasn't time. He prayed God would prepare Amelia's heart to hear what he wanted to tell her.

"God, if You'll give me another chance to say it right, and if Amelia says yes, I'll romance her for the rest of my life. Order my words, Lord, so she'll know she's loved."

A rumble of thunder interrupted his prayer. Muted, murky light replaced the earlier sunlight. He poked his head out the door. What happened to the bluebonnet sky and cottony clouds? Angry greenish-gray mounds churned across the sky where the sun should have been. Ominous swirls billowed in from the northwest.

Alarm clenched his stomach and a chill sliced through him. He grabbed his jacket and jogged to the backyard where the horses stamped and snorted in nervous agitation. His fingers flew through the task of hitching the animals to the wagon. The team tossed their heads and whinnied as Hank leapt into the wagon seat. He released the brake and blew a piercing whistle through his teeth, slapping the reins down hard. The horses lurched forward.

"Lord, please protect Amelia and the children until I can get there."

He turned onto the street and met Emil Lange, the father of one of Amelia's students, coming the opposite direction.

"Emil, follow me! I'm going out to get the children. This storm is coming up mighty fast."

The man nodded his head. "Lead the way."

Before Hank reached the edge of town, he heard a sickening shout.

"*Twister!*"

Hank rose up from the seat and hollered at the horses. "Giddyap. Go!" He slung the ends of the reins down across the animals. He didn't know if Emil still followed behind him. He focused solely on Amelia and the children.

The sky unleashed driving rain and crashing thunder. "Oh God, please hedge them about with Your mighty hands." He urged the team on and shouted above the tempest. "Lord Jesus, You spoke peace and the storm stilled. You walked on the water. Overpower this storm with Your might. Protect them, Lord."

He struggled against the buffeting wind to remain in the wagon and the horses slowed to a nervous, high-stepping trot, shying in their traces. Hank forced them forward. "Go! Go!"

Lightning slashed across the sky accompanied by immediate explosions of thunder, shaking the very ground over which he traveled. Air pressure nearly burst his eardrums. Bits of hail now pelted his face, and the wind and rain so hampered his visibility, all he could do was pray he was headed in the right direction.

"Guide me, Lord. Cover Amelia and the children with Your hand and lead me to them." His voice broke as he cried out his gut-wrenching plea. "Oh God, please protect them."

The wind slowed and the rain diminished enough for him to see and he pushed the team to pick up their pace. Thunder rolled through the hills in the wake of the storm.

Broken limbs and uprooted trees littered the landscape. Hank's heart hammered and his lungs heaved in their effort to draw breath. Water dripped from his hair and saturated clothing.

A child's bonnet swung from the ripped branches of a scrub pine. A lunch pail sat upside down in the dirt. One of the quilts Amelia had stacked in the back of the wagon wrapped around the twisted trunk of a mesquite.

His heart in his throat, Hank hauled on the reins and pulled the team to a stop. He jammed the brake lever forward and leapt from the wagon, running through the now-soft rain, shouting Amelia's name.

"Amelia! Where are you?"

Small heads poked upright from a gulley along the base of the hillside.

Elsie and Joy screamed in unison. "Uncle Hank!"

Hank charged in the direction of the children. Others now raised their heads, some crying, some simply staring wide-eyed. A few of the older students comforted the younger ones. Micah scrambled to his feet and launched himself into Hank's arms, sobbing.

"Uncle Hank, I was scared. The wind roared real loud and it almost blowed us away." He looked down at himself and his cries intensified. "The shirt Miss Bachman gave me is all wet and dirty."

"It's all right, buddy. That was a bad storm, but it's gone now." Hank squeezed Micah, but his glance bounced wildly about. "Where is Miss Bachman?"

Elsie's panicked voice reached him. "Uncle Hank, Miss Bachman won't wake up."

He lowered Micah to the ground and ran down the slope where Elsie and Joy sat on either side of Amelia. A violent shudder rattled through him when he caught sight of her motionless form. Bits of leaves and grass clung to her and the stains on her dress testified that she'd crawled through the mud, presumably trying to protect the children.

Hank knelt and brushed tangled hair and debris from her face. "Amelia. Amelia, open your eyes. It's Hank. The storm is over."

The children crowded around their teacher, begging Hank to make her wake up. Behind him, Hank heard the other wagon pull up, and some of the children ran to meet

Paeter Lange's father, but Hank remained in place patting Amelia's face. He slid his fingers around the back of her neck, searching for injury. Inch by inch, his hand traveled upward until he located a large lump on the back of her head. Ever so gently, he parted her hair and found matted blood.

"Der kinder seem to be all right." Emil jogged down the slope, his belly heaving with exertion. "Miss Bachman, she is—"

"She's unconscious." Hank's throat was so tight he could barely push the words out. He indicated the back of her head, and Emil bent to look.

"Ja, she got pretty bad goose egg."

Hank rose. "Let's put her in the back of my wagon. Elsie, see if you can find one of the quilts from the picnic." The little girl ran to do as Hank bid her and Hank turned to Emil.

"Can you take the children back to town?"

Emil bobbed his head. "Ja, I make sure they all get home safe." He paused a moment. "My Paeter, he say Miss Bachman told all der kinner to lay flat, and she keep them down." His voice turned husky. "She save their lives, ja?"

Indeed, when Hank came up on the scene, all the children were in the safest possible place in the gulley at the base of the hill. "I believe so."

"Uncle Hank." Elsie called to him. "I found a quilt, but it's wet and dirty."

"That's all right." He instructed her to spread it in the back of the wagon.

While Emil gathered the rest of the children and directed

them to his wagon, Hank slid his arms beneath Amelia's shoulders and knees, lifting her as if she were made of fragile porcelain. She didn't stir. He carried her to the wagon and laid her gently on the soggy quilt.

He let his fingertips stroke her cheekbone momentarily before securing the tailgate.

God, please let her be all right.

"Uncle Hank, is Miss Bachman gonna die like my mama?"

Hank jerked his startled gaze around to see Elsie, Joy, and Micah standing behind him. He knelt and gathered the children close.

"She just has a bump on her head. We're going to pray and ask God to make her better."

Tears filled Elsie's eyes. "But I prayed for Mama and Papa to get better and they didn't."

Elsie's statement slammed into Hank with a force so intense, he lost his breath for a moment, and his heart ripped in two. How could he make promises to these children he wasn't sure he could keep? They'd already endured much more pain than children ought.

"You three go with Mr. Lange. I'm going to take Miss Bachman to Dr. Keidel."

He hugged each one and nudged them toward Emil's wagon. "Go on, now."

With his heart bleeding for the youngsters and fearful for Amelia, Hank climbed up and whistled to the team, steering them back around toward town.

He held the horses to a less reckless pace, not wanting to jar Amelia any more than necessary. He glanced at her over his shoulder every few minutes, longing to see her eyes flutter open, but they didn't.

Hank lifted his voice to heaven's throne. "Please, God, let her be all right." He repeated the prayer until he pulled up at the doctor's office in town. A small crowd gathered as he gently lifted Amelia into his arms and carried her inside.

Quiet voices pierced through the dull ache in Amelia's head. Fragments of memory slowly came together: the children, the swirling storm clouds, the wind. . . She forced her eyes open despite the pain and she struggled to sit up. Her vision swam and blurred.

"Whoa there, where do you think you're going, young lady?"

"The children—"

"Are safe, thanks to you."

The voice was familiar but the cobwebs in her head prevented recognition. She lay back down and rubbed her eyes. Gradually the face in front of her came into focus.

"Uncle Will?"

Her favorite uncle grinned at her. "It's me. Thought I'd surprise you by coming a couple of weeks early, and you surprised me by being my first patient."

Confusion still spun in her brain. "But when—"

"I arrived on the stage this morning just ahead of the storm. The man at the depot told me the schoolmarm and students were on a picnic today." He leaned closer. "Amelia honey, don't you know you're supposed to pick a sunny day for a picnic?"

The regular town doctor leaned over Uncle Will's shoulder. "Miss Bachman, I'm Dr. Keidel. You gave us a bit of a scare. You have a concussion, but you're going to be all right."

She looked from one to the other. "You're sure the children are all right?"

"They're just fine," Dr. Keidel said. "But you have a very impatient visitor waiting to see you."

Uncle Will winked at her. "I'll bring him in." He shook his finger at her. "But you have to promise to lie still." He followed Dr. Keidel out of the room.

A moment later Hank slipped in. The sight of him set her pulse to dancing. He closed the distance between them in four long strides. The lines across his brow softened as he reached her side. He picked up her hand and held it between both of his own.

"Amelia." His breathless whisper was bathed in relief. "Praise God you're all right."

Hank's nearness coupled with the warmth of his hands enveloping hers drew a perception of safety over her. A tiny smile tugged at the corner of her mouth. "I am now."

Air whooshed from Hank's lips in a deep-throated chuckle. He lifted her hand to his lips.

Her breath caught when he placed his gentle kiss on her fingers. An apologetic prayer formed in her heart, recanting the times she'd asked God to take away her growing feelings for this man. She understood now why God hadn't granted what she thought she wanted.

His eyes glistened. "I begged God for another chance to do this right because I bungled it the first time."

Still holding her hand, he lowered himself to one knee. "Amelia Bachman, I want to spend the rest of my life with you, not just because of the way you love the children, but because of the way I love you. Will you marry me?"

Epilogue

A melia straightened Joy's hair ribbons and smoothed Elsie's dress, while Hank tucked in Micah's shirt. Pastor Hoffman waited patiently in the white gazebo Hank had built in the middle of the field of wildflowers.

The preacher grinned. "It's not every day I get to marry an entire family."

Amelia's bouquet of bluebonnets, daisies, and white dogtooth lilies trembled slightly in anticipation. Her foolish declaration of becoming a teacher so she could remain single echoed in her ears. How silly she'd been to try to limit God. She never dreamed being a teacher would lead her to three precious children and a fine, godly husband who loved her.

Pastor Hoffman smiled as the five of them stepped into the gazebo. Elsie and Joy, the bridesmaids, stood to Amelia's left, and Micah, the best man, stood to Hank's right.

"This gazebo is Hank's wedding gift to Amelia," the pastor announced to all the assembled townsfolk. "The stone foundation is indicative of the faith we have in Jesus Christ." He gestured to the gleaming white gingerbread trim adorning the uprights. "This structure reminds us of how beautiful love is—God's love to us and our love for each other."

Hank smiled down at Amelia and her heart turned over.

Pastor Hoffman continued. "Finally the roof represents

the canopy of God's faithfulness, always sheltering us from the storms of life."

Hank took both Amelia's hands in his and they repeated the ageless vows, pledging themselves to one another and to God. At the pastor's prompting, Hank bent his head toward Amelia's. He paused, an inch away from her lips.

"I love you, Amelia Zimmermann."

Connie Stevens lives in north Georgia with her husband of over thirty-five years, John. She and John are active in a variety of capacities in their home church. One cantankerous kitty—misnamed Sweet Pea—allows them to live in *her* home. Some of Connie's favorite pastimes include reading, sewing, browsing antique shops, collecting teddy bears, and gardening. She also enjoys making quilts to send to the Cancer Treatment Center of America. Visit Connie's website and blog at www.conniestevenswrites.com.

A SHELTER FROM THE STORM

by Marjorie Vawter

Dedication

To my paternal grandparents, the real Nelson and Mildred, from whom I borrowed their first names, portions of their characters, and one small part of their love story. I miss you, and I look forward to the day when we will be reunited in our precious Lord's presence.

Special thanks to Rebecca Germany and Joyce Hart and my own hero, Roger, for believing in me and encouraging me in my writing journey.

For thou hast been. . .a refuge from the storm,
a shadow from the heat.
ISAIAH 25:4

Chapter 1

Hill Country, Texas
December 15, 1918

Mildred Zimmermann looked out the railcar window, vainly searching for a speck of light to indicate home was within reach. Nothing. They had to be getting close. She glanced at her military-issue wristwatch and sighed. Ten thirty. Too late for any of her family to meet her.

But Harold might be there. Surely he was home from the war now.

"Fredericksburg, next stop," the conductor called out as he entered the railroad car.

He shut the door behind him, closing off the cool draft before walking up the aisle toward her. He stopped to speak to a man Mildred had noticed as soon as she entered the car in San Antonio—absolutely the most handsome man Mildred had ever laid eyes on. Not that she was looking. But after serving nearly two years in field hospitals in Belgium and France, she could safely say she'd seen her share of men, good-looking and otherwise.

The train slowed, and steam from the locomotive billowed past her window. Finally home. Excitement tickled her stomach as she reached down to grab her pack—all her worldly goods in one small bag. She hadn't needed much outside of her navy nurse's uniform, but it would be nice to wear something different for a change.

"Excuse me, miss."

A man's rich baritone startled her out of her musings. She looked up into steely blue eyes that contrasted sharply with his dark brown hair. Her handsome fellow traveler. Heat rose from the pit of her stomach, and she prayed it would stop before it reached the top of her high-necked blouse.

Swallowing hard to dispel the rock stuck in her throat, she mentally shook herself for her reaction to this stranger. "Yes?"

"The conductor said you might know if there is somewhere to stay the night, a hotel or boardinghouse? I didn't expect to get in so late."

"You must be new to Fredericksburg not to know that this train never keeps its published schedule." Mildred smiled. "But surely someone is expecting you."

"Dr. Bachman, yes. I am his new assistant."

"Dr. Bachman needs an assistant?" Neither her parents nor her doctor uncle had mentioned it.

The train lurched and slowed as the whistle blew its warning, and the stranger grabbed at the back of the seat to steady himself. Only then did she see his cane. "Oh my." She scooted closer to the window. "How rude of me to make you stand. Please, sit down."

Relief shone in his smile as he sank into the seat next to her. "Thank you. I'm still getting used to this." He raised the cane in the air.

"What happened?" She winced. "I'm sorry. I have no right

to ask. Just my nurse's training."

With more heat radiating from her cheeks, she looked out the window as the train bumped to a stop. A handful of people stood on the platform, but not her parents.

"Oh look." She nudged her companion. "There's Dr. Bachman. You won't need the hotel after all."

"Yes." The man's voice was hesitant. "Are you here to give Dr. Bachman a hand with nursing?"

Mildred lifted her eyebrows. "Why on earth would you think that? As soon as I can get out of this uniform, my nursing career is over."

"Oh, well. . .I thought that in light of. . ."

His hesitation made her stomach clench in unease, and she looked more closely at the elderly doctor on the platform. Now she saw his tired—no, exhausted—stance. Exhaustion etched his wrinkles deeper than she remembered in the beloved face. After seeing so many fatigued military doctors, she hadn't expected to see her uncle in the same state.

Turning back to her companion, she struggled to keep the alarm out of her voice. "Who are you?"

"Dr. Nelson Winters." He stood and held a hand out to help her rise.

But she ignored it. Tightening her grip on her bag, she stood without his assistance. And immediately noticed he was a head taller than she. She'd long ago gotten used to the fact that she was taller than many men. Even Harold, at five foot eleven, looked her straight in the eye.

A blush rose up her neck at Dr. Winter's close scrutiny, and she lowered her gaze and made her way past him, taking care not to knock into his cane.

"Spanish influenza," he said as she started down the aisle to the car door.

She looked at him over her shoulder. "Excuse me?"

"Have you heard of it?"

"Yes, of course. We had several cases at the last field hospital where I worked. But surely that's just in Europe." She stopped and turned toward him, catching his solemn demeanor. "Oh no. . ."

He nodded. "It's here in the States. And here in Fredericksburg." Shrugging, he added, "That's why I'm here and why I thought you. . ."

Mildred forced her feet to move her toward the door and down the steps, wondering at the tingle in her elbow as Dr. Winters steadied her from behind.

"Mildred, *liebchen*. Welcome home." Uncle's gravelly voice greeted her when she stepped onto the station platform, and he wrapped her in a warm hug. "I see you've already met Dr. Winters. I hope he's brought you up-to-date with our current problem."

Clutching her uncle's sleeve, Mildred nodded and looked over his shoulder at the others milling around. "But Uncle Will, Mama and Papa—are they all right?"

"Uncle? Dr. Bachman is your uncle?"

Mildred barely spared a glance for Dr. Winters. "And Harold?"

Her uncle wrapped his arm around her shoulder and pulled her close. "Harold. . .I don't know. We've not seen him. Everyone is fine at the farm, liebchen." A chuckle rumbled in his throat. "Did you not tell Dr. Winters our relationship?"

Mildred shook her head. "There wasn't time. We just. . ."

Uncle hugged her closer and spoke to Dr. Winters, who looked a bit confused. "This is the great-niece I spoke to you about. Mildred Zimmermann."

"Ah."

The syllable held a wealth of meaning that Mildred couldn't fathom. What had her uncle said to the man?

"Pleased to meet you at last, Miss Zimmermann."

Heat rose in her cheeks, making them tingle in the cool night air. "I seem to be always apologizing to you, Dr. Winters. Forgive me for not telling you of our relationship when you first mentioned my uncle."

"No need to apologize. I could hardly expect you to enlighten me at first acquaintance." He turned to her uncle. "I will get my other bags from the baggage car. Where should I have them taken?"

"There's one bed left at my place. It is yours until we can make further arrangements."

As Dr. Winters walked away, Uncle Will said, "Your parents want you to stay at the Sunday house until they can get into town. Do you have more bags? We should have told Dr. Winters to get them with his."

"No." She looked at the bag she'd dropped at her feet. "This is all I have. I'll be fine." She looked around the thinning crowd. "You haven't heard anything from Harold?"

"When did you last hear from him?"

Uncle Will's eyes reflected his weariness, and Mildred

hated to add to his burden. Harold should have been here to meet her.

"He telegraphed a week or so after Armistice Day. Said he was headed home already; he would meet me here." Uncle Will didn't need to know the rest of the message. *Plans have changed. Letter to follow.* Only it hadn't. Mildred swallowed hard.

"*Ach ja.*" Her uncle reached into his coat pocket and drew out a telegram. "This arrived for you today. Maybe it has the answer you seek."

Taking the distinctive Western Union yellow envelope, she ripped it open with shaking fingers.

MISS ZIMMERMANN. YOU ARE LISTED AS CAPTAIN HAROLD BADER'S NEXT OF KIN WITH THE UNITED STATES WAR OFFICE. WE REGRET TO INFORM YOU THAT CAPTAIN BADER DIED NOVEMBER 20. CAUSE OF DEATH—SPANISH INFLUENZA. HIS BELONGINGS WILL FOLLOW.

Her nerveless fingers released the telegram. As it floated to the platform, the words echoed in her head: *Harold. Dead. Spanish influenza.*

Welcome home, Mildred.

Chapter 2

Nelson sat on the edge of the bed and reached for his cane. The pale light edging around the window shade told him morning had finally arrived.

And none too soon. When Dr. Bachman showed him to the small room last night, Nelson had gratefully eased his aching leg under the quilts on the comfortable bed. But instead of the sleep his body so desperately craved, his mind remained alert, his thoughts so jumbled even he couldn't keep them straight.

Nelson sighed and rose, balancing on the cane until his bad leg would agree to carry him across the room to the wash-stand. The cold water on his face startled his muddled thoughts and focused them sharply on one picture. Mildred's face.

She had to be the Millie Harold talked about so much, though she was much prettier in person than in Harold's blurred print.

His heart winced at the thought of Harold. Dr. Bachman had told him of his friend's death last night, after they had seen a very distracted Mildred to her family's Sunday house.

Sunday house. That was one oddity Harold had never mentioned in all his talk about Fredericksburg. He'd have to ask why these people called the small houses by that name. Maybe it would ease his guilty conscience whenever he thought of Harold.

Grimacing at his reflection, Nelson ran a comb through his thick hair. Then, as he finished tying the knot in his tie, a sharp knock on the door startled him. His leg gave way as he turned toward the sound, and he grabbed at the side of the wardrobe to keep himself from collapsing on the floor.

"Dr. Winters?" The elderly doctor's voice sounded strained. "Are you awake?"

"Yes." Nelson gripped his cane. "Come in, sir. And call me Nelson, please."

Dr. Bachman eased the door open but didn't come in. "Didn't you sleep at all, son?"

Nelson shifted his weight and indicated the unmade bed. "Not much." His mouth tightened. "But not because of the bed, sir. Just the leg talking to me."

Dr. Bachman nodded. "I hate to disturb you so early, but we have a problem."

Nelson followed his superior to the kitchen where Dr. Bachman motioned him to a seat at the table.

"Coffee?"

"Please." Nelson sniffed the air. The coffee smelled rich and strong, just the way he liked it.

"Cream? Sugar?"

"No, sir. Thank you. Just black."

Dr. Bachman nodded his approval as he poured coffee into two large mugs and brought them to the table. Then he lowered himself into a chair across from Nelson.

After a cautious sip, Dr. Bachman asked, "Are you ready to get to work?"

Nelson nodded his assent. Anything to keep his mind

occupied and away from the distraction Mildred posed.

"I had planned to ease you into the workload, but this blasted influenza isn't slowing its attack on the people of this town." The older doctor's fingers played with the handle on his coffee cup. "We had five more patients come in last night."

"Where did you put them all?" Nelson knew from the quick tour Dr. Bachman had given him last night that there weren't that many beds in the tiny clinic attached to his home.

Dr. Bachman shrugged. "That's the problem. The men are on pallets in my exam room. The one woman is on the settee in the parlor. And the *kinder*, the children, are on the floor there, too."

"Not ideal, but what else is there?" Nelson couldn't help wondering why this town only had a small clinic. From what Harold and Dr. Bachman had told him, quite a large rural community relied on Dr. Bachman's medical care. There used to be a larger hospital, but it had been abandoned in favor of a smaller clinic. The old hospital building now housed a mercantile.

Dr. Bachman took a large sip of coffee then speared Nelson with his dark chocolate gaze. "We ask Mildred if we can use the Sunday house." He paused, contemplating his next words. "And we need her nursing skills."

"But—" Nelson heard Mildred's words from last night echoing through his head.

"I know." Dr. Bachman nodded sharply. "She's done nursing. But there's no way around it. We need her." Another nod. "And that's where you come in, my boy."

"Me?" Nelson's eyebrows rose.

"*Ja.* You persuade her to be a nurse a little longer, so she can care for patients at the Sunday house."

"Why me?"

Dr. Bachman's eyes twinkled with mischief. "Because you are young, good-looking, and persuasive."

What a joke! He'd virtually run away from Arlington to get out from under his father's insistence he join the family practice. Nothing he said, persuasive or otherwise, changed his father's thinking. And now this man wanted him to use his nonexistent power of persuasion on Mildred?

Dr. Bachman nodded again, confirming his words, and stood. "Right after we eat some breakfast, you go and persuade her, ja?"

Nein. But one look at the man's face convinced him not to express it. The matter was already settled. "Ja."

After a small but substantial breakfast of pumpernickel and ham, and a quick round to see the patients with Dr. Bachman, Nelson found himself standing outside the tiny house they had escorted Mildred to the night before.

In the light of day, he compared the Zimmermann Sunday house with those close by. This one had a lean-to added onto the back, making it larger than most. Still, Nelson wasn't sure it would be big enough to house more than a few patients. And how would they keep everything sanitary? Field hospitals were bad enough, and these houses looked pretty basic without the modern amenities of indoor plumbing.

He edged to the side of the house and located an outhouse

on the back of the property. He grimaced. This didn't look too promising. However, he'd committed to recruiting both Mildred and her family's Sunday house. Dillydallying out here on the walk wouldn't get the job done.

Taking a calming breath, Nelson climbed the two steps to the small porch and knocked on the door.

"Come in," Mildred's soft alto called out.

Come in? She didn't even know who was outside. Surely she locked the door. Nelson hesitated then put his hand to the handle just as it turned.

He snatched his hand back as though it were on fire and gazed at Mildred's beautiful face.

"Good morning, Dr. Winters."

"Uh. . ." All words rushed from his mind.

Pink rose in Mildred's cheeks, and he realized he was staring. *Say something, you idiot.* But still, words wouldn't come.

"Didn't you hear me say to come in?" Mildred motioned him into the room. But his feet had grown roots and anchored him to the porch.

"Uh, no, I mean, yes. . ."

Her smile stretched wider, deepening a dimple on her right cheek.

Nelson closed his eyes. What was he thinking? He was here on business, not pleasure. He would do well to remember Helena. Romance, love, wife, family—all were out of his reach now. Helena and the constant ache in his leg had taken care of that.

Nelson cleared his throat and opened his eyes. "Your uncle sent me to talk to you."

107

Mildred held the door wider. "Okay, but could we do it inside? It's chilly out there. Besides, you can sit down in here."

All his mother's teaching on propriety and what society expected of a gentleman did not include what to do in a small town set in the hill country of Texas. But he hesitated only a moment longer. She was right. He'd be more comfortable sitting, out of the chilly air.

He followed her in the door and eased it shut behind him. Habit had him looking for a lock on the door to click in place...but his fingers searched in vain.

Mildred laughed, a pleasing sound. "Where are you from? A big city is my guess."

What did that have to do with no locks on doors? "Arlington, Virginia. Right outside Washington, DC."

"Well, city boy, we don't lock doors around here." She shrugged and motioned to a small settee for him to sit. "There's no need. We all know each other."

But they didn't know him. He eased himself down on the settee, loosening his coat as he sat. The room was furnished with beautiful wood pieces—a pie safe near the wood cookstove, a lovely mantelpiece surrounding a small fireplace, the settee, a wood rocker.

A door near the cookstove had to lead to the lean-to he'd seen outside.

Mildred's amused voice broke into his perusal of the small living area. "Does the room pass muster, Dr. Winters?" Her eyes twinkled as provocatively as her uncle's had earlier.

He quirked his lips into a smile of appreciation. "Yes. It's lovely. The furniture is very unique. That rocking chair, especially. It's similar to the one in my room at the doctor's."

"It should be." She laughed. "My father built all the furniture. It's what he does."

"But I thought your parents were farmers."

Mildred shook her head. "My father is the oldest son, so when his father died, he inherited the farm. But he was already an established carpenter and furniture maker. They needed a bigger home, so they moved out to the farm where Father now has his workshop. My uncle George, Father's brother, farms the land."

"So, why is this called a Sunday house?"

"When the town's founders came to Fredericksburg from the old country, they settled outside of town. But they didn't want to miss church services, so they built these small houses for the weekends. They would come into town to get supplies on Saturday and then stay overnight, go to church on Sunday, and return to their ranches and farms Sunday afternoon." She shrugged. "At first they all looked alike—one room with a sleeping loft for the kinder. The stairs are outside so as not to take up room inside. Eventually most of them had rooms added on and indoor plumbing installed. Gas lighting replaced kerosene lamps, and now electric lighting is starting to replace the gas."

Nelson's mind grasped onto one of the improvements. "Indoor plumbing? You have it here?"

"Yes, of course." She motioned toward the back of the house. "Father built the lean-to for his first workshop, but today it's a bedroom with a small bathroom partitioned out of it." She stood. "Do you want to see it?"

"Uh, sure." He knew his mother would be cringing at all the "improprieties," but she wasn't here, and this was a different world.

They stepped into a cozy room with a bed, wardrobe, and nightstand. To the right, a door led into a small bathroom containing a sink, a claw-foot tub, and a toilet. All sparkling clean.

Dr. Bachman's idea made more sense now. All he had to do was propose it.

Mildred stood to the side of the bathroom door watching him. He carefully pivoted and led the way back into the main room. "Very nice. Your uncle was talking about the Sunday house this morning."

Mildred reached for a coffee cup on the shelf above the stove. "Really? Why?" She motioned him to a chair at the table then picked up the coffeepot off the back of the stove. "Would you like some coffee?"

"Yes, please. Just black is fine." He settled into the chair and wondered how to ease into his task.

"So what did Uncle Will have to say about the house?" Mildred gave him the coffee then sat next to him, cradling her own cup.

"He would like to use it as an overflow clinic."

"Why?" Mildred's piercing gaze drove the words from his mind again. "What's happened?"

"Five more influenza patients came to the clinic last night. And more arrived just as I was leaving to talk to you. There simply isn't more room."

Her mouth tightened as she took in the implications of

his words. "Is it really that bad?" At his nod, she asked, "Who would care for them?"

Nelson swallowed hard. This was the tricky part. "You."

"Oh no." Mildred set her cup down hard and started to rise.

Nelson put his hand over hers, and she sank back into her chair. "I know what you said last night, but I don't think either of us knew the extent of the influenza here."

She hadn't removed her hand from under his, and he allowed his thumb to caress the soft skin. She still wore her nursing uniform—judging from the size of her small pack, she probably had no other clothes with her. He didn't say anything more, letting her process her uncle's plan while he memorized her features. As if he needed to, judging by the picture in his mind all night and into this morning. He knew he shouldn't even entertain the thoughts being in her presence inspired, but he was unable to check them.

Finally, her chocolate-brown gaze met his and then flicked around the room before settling on him again. "Okay. But we'll have to rearrange this room. Henry can help us."

A flash of jealousy caught his heart. "Henry?"

"My brother. I called out to the farm this morning. He's driving the Model T in to get me." She flashed a small smile, so quick he almost missed it. "At least that was the plan."

Her gaze dropped to their clasped hands. She gently removed her hand, reached for their cups, and stood. "How many do you think we can care for here?"

Chapter 3

Mildred stretched to a full standing position and reached to touch the low ceiling of the Sunday house. Her back ached from bending over the patients in her care. She glanced around the small front room at the beds lined along the right and left walls—five on each side—with a narrow aisle between the feet leading from the kitchen to the front door. A sense of satisfaction rose within her, and she allowed herself to bask in it for a moment.

For the last three days, she'd been busy with the twenty-four-hour care her patients needed, snatching small naps when nothing else demanded her attention. Uncle Will and Nelson—um, Dr. Winters—needed more help, but the demand of the influenza epidemic extended across the country. Even with the doctors and nurses returning from the war, there still weren't enough people to fight this home-front battle.

Mildred eased the front door open and stepped onto the porch, pulling down the mask covering her nose and mouth. Drawing in deep breaths of fresh air, she sank into one of two rocking chairs and absently stroked the silky-smooth wood arms. Her father made these chairs for her mother shortly after they were married. Back when his woodworking barely had enough income to support a wife and three young orphaned cousins. God honored Papa's commitment to fulfilling the purpose He'd intended for him, and now the business continued to thrive, in spite of war and economic hardship.

A flood of grief for *what could have been* washed through Mildred's thoughts, and she laid her head against the high back of the chair, closing her eyes. Harold was dead. It was hard to believe she'd never see him again. She'd planned to return to the farm until her wedding and then settle into married life. But Uncle Will's plea for help couldn't be ignored. So she'd only seen her parents and siblings a brief few minutes on Sunday when they stopped by the Sunday house after church.

Tears seeped out from under her eyelids and slid down her cheeks.

"Are you okay, Millie?"

Mildred startled and opened her eyes. "Clarice!" Her best friend and cousin perched on the bottom step to the porch. "Uncle George told me you were in San Antone."

Clarice hopped up the stairs and held her arms out for a hug. Mildred rose and returned the embrace then held her petite cousin away from her to gaze at her sweet face.

Clarice was her opposite in almost every way: short to Mildred's tall; fair-haired to her own chestnut bob; vivacious and outgoing to her quiet shyness. Mildred couldn't imagine life without Clarice in it.

Pulling her into another hug, Clarice asked again, "Are you okay?"

Mildred released her friend and sank back into the rocker,

indicating the other for Clarice to sit. Fingering the strings to her mask dangling around her neck, she said, "Harold's dead, Clarice."

"Oh honey, I know. Mama told me."

Clarice reached over and covered Mildred's hand with her own, bringing to mind Nelson's touch a few days before. Harold's touch never ignited a fire deep within her like Nelson's did, and try as she might, she couldn't erase that sensation from her mind.

"I am sorry." Clarice gave a final squeeze and let go. "I know you're missing him."

Mildred nodded.

Clarice sat quietly for a moment, but in true Clarice-like fashion, she couldn't stay silent for long. "So who's taking care of the patients while you're out here?"

"No one. Everyone is resting, and Nelson is over at the clinic with Uncle W—"

"Nelson?" Clarice's eyes lit up even more. "Is he the new doctor Mama mentioned?" She leaned forward and lowered her voice. "Is he as handsome as Evie says he is?"

Mildred squashed the unexpected stab of jealousy at hearing Clarice's younger sister's description of Dr. Winters. Accurate, though. It was her first thought of him a week ago. "Evie's right on that count." She smiled.

"So, what's he like otherwise?" Clarice practically bounced in her chair.

Mildred laughed. "Why should you care? What would Thomas say?"

Clarice shrugged. "Just because I'm getting married in

twelve days—but who's counting?—isn't a reason not to scope out a good man for my best friend."

Mildred's humor evaporated.

Clarice slapped her forehead then reached over and covered Mildred's hand with her own. "I know you're grieving, but Millie..."

Mildred sighed and squeezed Clarice's hand. "Go ahead. Spit it out."

"Well, it's just that you and Harold were really good friends, and I know you planned to marry him after the war, but"—Clarice scrunched her pretty little nose—"you know."

Mildred shook her head. "No, I don't know. Not until you tell me, silly."

Clarice took a deep breath. "Okay. You and Harold never had the spark between you. . .you know, like Thomas and me. I mean, I simply melt every time he holds my hand or kisses me. You and Harold were always so. . .um, businesslike when you were together. Not really in love." She let go of Mildred's hand. "Oh, I don't know. I'm afraid I'm not being very clear."

Mildred pulled her lips into a wry smile. "Only too clear, dear cousin."

"I probably said too much." Clarice grimaced. "I'm sorry."

"Don't be. You've said nothing more than what I've already thought." She was sorry Harold was dead. She'd even shed tears. But no matter how she tried, she couldn't conjure up the grief she imagined she should have for the man she expected to marry. Only regret at her own actions. If only she hadn't written that last letter. . .

"Okay then." Clarice's eyes danced again. "What's Dr. Winters like?"

Mildred turned her gaze down the street—toward downtown where Nelson was—as though conjuring him up in her mind. Not that she had to. She shook her head in disgust. What was wrong with her? She couldn't be in love with a man she just met. Even if she had spent more time with him in the last week than would normally be considered proper. Their patients were usually their only chaperones.

Their patients. How long had she been out here? She looked at her watch. "Oh goodness. I only meant to come out here for a quick breath of air." She stood. "I've got to check on the patients and get a meal started."

Clarice stood with her. "I actually came to help you for a bit, and here we sit. . .talking." She pulled a mask from her skirt pocket, looped the strings behind her ears, and tied it into place. "Tell me what you need me to do."

Relief surged through her at her cousin's request. For the first time, Mildred noticed Clarice was dressed in a serviceable gray skirt and white shirtwaist. Almost as severe as her own nurse's garb.

"Are you sure you want to risk it with such a short time before your wedding?"

Clarice fluttered her hands at Mildred's question. "Pooh! I've been helping Dr. Bachman off and on all fall. I'm fine. So quit arguing and tell me what to do."

Mildred shrugged and led the way inside. She knew better than to try to stop Clarice when she had a mind to do something. "First, let's get you an apron to protect your clothes." She headed toward the cabinet next to the stove. Clarice shut the door quietly behind her then followed. Mildred pulled a fresh apron off the middle shelf and handed it to Clarice.

"Where do you wash?" Clarice tied the apron and held her hands up like a doctor preparing for surgery.

Mildred smiled and pointed to the sink on the other side of the stove. "We have running water there, but the water isn't always hot enough. So use some from the kettle on the stove." She lifted a jar from the ledge above the sink. "And Nel—um, Dr. Winters wants us to use the carbolic acid solution to sterilize our hands. Like this."

Setting the jar on the edge of the sink, Mildred turned the spigot for the hot water, lathered her hands with lye soap, and rinsed them in the bowl Clarice filled with hot water from the kettle. Then she poured a little of the solution into her palm and worked it over her hands and up her forearms before rinsing them again.

Clarice nodded her understanding and went through the process as Mildred dried her hands on a clean towel. Coughs and wheezes and the occasional moan punctuated the silence, and her heart stirred once again, thankful for the ability the Lord had given her to ease pain and suffering.

"Is it time for medications?" Clarice's low voice cut into her thoughts, and Mildred turned toward the table. The plain wood kitchen table had been transformed into a laboratory worthy of the finest training hospitals in the East. She smiled, seeing Nelson bent over the petri dishes and medicine components far into the night.

"Nel—Dr. Winters believes in newer methods of treating the influenza." She reached for a green bottle that contained a smelly goo and held it up for Clarice to see. "This Vicks Vapo-Rub helps ease the tightness in their chests from the cough, though Dr. Winters says it does little else."

She motioned Clarice to follow her, and they stopped by the closest bed to the kitchen. "You know Johnny Zuckerman, right?" She waited for Clarice's nod, watching Johnny's gaze dart back and forth between the two of them. "Is it okay for Miss Clarice to help you, Johnny?"

He grinned slightly and nodded a yes. Then coughed.

"Cover your mouth when you cough, please." Even to her own ears, the words sounded rote—spoken without thinking. But Johnny flashed an apology with his eyes as he raised his hand to his mouth.

Mildred handed the jar to Clarice then pulled the sheet and blanket covering Johnny down to his waist. Under his nightshirt, she had placed a padding of cloth on his chest. When she lifted it, the sharp scent of wintergreen wafted to her nose.

"Everyone has a compress like this on their chests." Mildred looked around the room. "You can add another layer of the Vapo Rub and replace the compress."

Clarice nodded.

"Women and children are on this side." Mildred waved toward the other four beds stretching away from Johnny's bed. Then she nodded to the beds across the small aisle, which ran down the middle of the room. "Men are over there."

Not all the beds had occupants. Some had improved

enough to go home. Those beds lay bare of sheets or blankets. After administering aspirin to each patient, she and Clarice would make the beds ready for new patients. Unfortunately they never stood empty for long, and sadly the epidemic didn't look like it was letting go of its grip on Fredericksburg anytime soon.

Sighing, Mildred turned to the table to prepare the next round of medications.

Chapter 4

Nelson rubbed his eyes and then stretched his arms above his head. Silence reigned in the Sunday house as the patients eased into sleep, some deep and healing, others uneasy, still struggling to breathe. He really should take a quick walk around the house to stretch his aching leg. Absently he rubbed the scarring around his wound, wondering if he could talk Mildred into joining him.

He glanced toward the closed door into the lean-to where she had disappeared a few minutes before. Earlier that day, she attended her cousin's wedding, serving as maid of honor, and she'd returned even more subdued than usual. Was she thinking of Harold and their plans for a future? Plans that died with Harold. Plans he had helped destroy.

Sighing, Nelson turned back to the petri dishes and his handwritten notes lying on the table before him. Speculating on Mildred's broken dreams wouldn't get the report to the Public Health Service.

Much as he would like to pursue Mildred, comfort her, hold her in his arms, she would no doubt reject him.

As Helena had done.

Not for the first time he wondered why he had never caught on to her shallow character. Images of Helena as he'd last seen her refused to be squashed. Nelson squeezed his eyes shut, allowing the scene to play again in his mind.

That bright fall day in October, when the doctors told him he'd never walk unassisted or without pain, was the day he lost Helena. Though if he were honest with himself, Helena had been pulling away ever since the navy sent him home for further treatment at the military hospital in DC.

Though she still wore the extravagant ring she'd insisted on when their betrothal was announced before the war, she barely found time for him. Then her grandmother's death in Rochester, New York, took her away for a while. Finally, Nelson received word that Helena and her family had returned and they were receiving visitors. But when Nelson dutifully presented himself, she acted as though he were the last person she wanted to see. And even Nelson's ardor, much as he hated to admit it, had waned.

He'd expressed his regrets over her grandmother's death, but she shrugged it off. *"It's for the best. Grandmama was old."*

Hard. Cold. Bullets of ice pelting his mind. The woman shooting them was not the Helena he knew.

Though she sat in a wingchair to one side of her sitting room fireplace, she didn't offer for him to sit. Only his mother's strict social training kept him upright. "You still have that stupid cane. Isn't it about time you throw it away?" The scorn dripping from her words sizzled into his heart.

"I can't."

Her eyebrows rose into sharp peaks. "Can't? Or won't?" She stood and paced the area between her chair and the door. "I never knew you to back down in the face of a challenge."

"And I'm not backing down now." Nelson placed his hand on

the back of the chair Helena vacated, willing her to sit again. "The muscles are too badly damaged. I'll never be able to walk without a limp. . .or the cane."

That brought her to a standstill right in front of him. She eyed him warily. "Is this a play on my sympathy? Because if it is, I warn you, I'll not put up with it."

He reached for her hand, but instead she jerked the cane from his other hand and threw it across the room. It crashed into an expensive vase, splintering the vessel, before coming to land in the debris.

Involuntarily he took a step or two across the room to retrieve it. And his leg buckled under him, sending him to the floor.

Helena laughed—a high, shrill sound with a touch of hysteria in it. But her words drove themselves into his heart with as much force as the bullet that shattered his leg.

"Surely you don't expect me to marry you now!"

He couldn't answer as he struggled to a sitting position.

Neither did she wait for him to respond. She went on speaking in that bone-piercing pitch. "Look at you! You can't even stand without that horrible cane." A sneer twisted her lips as she yanked the ring from her finger and threw it at him. "I could never love a man who is less than perfect. No matter how rich he is."

It hit him square on the forehead, and he could feel the blood trickle down his nose. He put his hand to the small cut and winced, then picked the monstrosity off the floor.

She turned away. "I'm not willing to be shut up with an invalid the rest of my life."

Helena slammed the door on her way out, leaving him to drag himself across the room to his cane. Using the table the vase *recently occupied, he pushed himself to a standing position. Once he stabilized, he concentrated on getting out of the room and the house where he was no longer welcome, leaving his dreams in the rubble of the vase.*

A soft hand touched his shoulder, pulling him out of his memories, and he looked up into Mildred's face. A question he hadn't heard puckered her forehead.

He blinked. "I'm sorry. Did you say something?"

"I asked if you were okay." Removing her hand, she sat down in the chair next to his. "You looked like you were a million miles away. . .and not in a good place either."

The compassion in her voice soothed his troubled mind, and he smiled. "Neither so far away or as bad as I once thought." Though the sting of Helena's rejection still pricked, it wasn't the heart-stabbing wrench he remembered. Much of that had to do with Mildred's gentle acceptance of his deformity. "I thought you'd gone to bed. You seemed rather tired after the wedding."

Mildred's lips turned up, but the smile didn't go all the way to her eyes. "I was, but more because it wasn't the double wedding Clarice and I had always planned—her and Thomas, me and Harold." She sighed and looked over at the beds lining the walls. "I'd rather be out here than alone with my thoughts." Pulling the sheaf of papers to her, she went on, "Do you need me to help record your notes?"

His heart warmed. Her melodic voice was low, quiet, so as not to disturb any of the sleepers. She was always thinking of others.

"But it's late." She stared into the dim room. Then she

pulled her chocolate gaze back to him. "You look like you could use some sleep."

He massaged his forehead and temples and rolled his shoulders. "It's just a headache." Brought on by reliving his memories, no doubt. "I really need to finish this report before going to bed."

She reached for the pen lying beside the microscope. "You dictate. I'll write. Then you're going to bed." Her voice was firm, her gaze penetrating.

Heat rose to his cheeks under her scrutiny. Would she interpret it as fever? A cough tickled the back of his throat, and he reached for his coffee cup.

Her eyebrows rose. "We can't have you getting sick, too."

Chapter 5

Mildred looked down at Nelson lying in one of the patient beds. She might have avoided the nightmare of the last three days if she'd insisted he go to bed when he admitted to the headache. With his stethoscope extending from his ears, Uncle Will sat beside Nelson on the bed, listening to his heart and lungs.

Finally he pulled back. "It sounds like you're on the mend, my boy." He patted the younger man's shoulder then stood.

Mildred let out a sigh of relief. "Thank God."

Nelson touched her hand. "Yes. Thank Him."

Tears burned her eyes, and she turned to the stove to hide them. What was wrong with her? Except for a few tears, she still hadn't cried over Harold, but she couldn't keep the tears away as she nursed Nelson. She wiped her hands on the towel she'd soaked in the carbolic acid solution, and thought about Nelson's rapid descent into the illness that had killed so many.

While they had worked on Nelson's report for the Public Health Service, he reached for another petri dish to examine under the microscope and brushed her arm. He protested when she pulled a thermometer from the jar of alcohol and forced it between his teeth.

His fever raged at 104. She promptly put him in the closest available bed. . .on the women's side. No matter. They had rigged curtains to surround each bed for privacy. So she kept his pulled, except for the side that faced the kitchen.

Not many patients remained in the Sunday house, so she was free to focus most of her attention on Nelson. Thankful for the telephone her father had installed two years before, she used it to call Uncle Will. He'd come immediately and together they fought Nelson's copious nosebleeds and racking cough.

Now that the initial danger had passed, she would classify that day—the day she'd planned to marry Harold alongside Clarice and Thomas—at the top of her worst-times list. It confirmed what she'd suspected ever since arriving home— God didn't hear her prayers anymore. He'd allowed Harold to die, robbing her of her dreams of being a wife.

"Look at Nelson, My child."

The almost audible voice startled her. Had Uncle Will spoken to her? She turned from the stove where she stirred the savory chicken noodle soup she'd started earlier. But Uncle Will sat on Johnny's bed, laughing at something the boy said.

Nelson lay propped against a mound of pillows, his eyes closed. Though still pale and a little blue around his lips, he was definitely on the mend. A testimony of his own treatment methods, yes. But an answer to her prayers? Nelson's falling ill on her almost-wedding day rankled. No, she wasn't ready to accept that God heard her prayers.

Mildred turned back to the soup, gave it one more stir, and reached for the bowls. "Lunchtime." She spoke over her shoulder, catching her uncle's eye.

He stood, squeezed Johnny's shoulder, and stopped by Nelson's bed. "Well, my boy, God is good to spare your life. Now eat. We need you working."

Nelson quirked his lips and nodded but didn't speak.

Uncle Will came up behind her and placed a gentle hand on her shoulder. "Do you need help, my dear?"

Mildred shook her head. "No, Clarice will be here any minute to help me get lunch out." She nodded at the table. "Sit down. I'll get you a bowl of soup before you leave."

"How long. . .have I been. . .sick?" Nelson's voice, though low naturally, rasped from coughing.

"This is the fourth day." An eternity. After serving Uncle Will, Mildred set a bowl of the steaming broth on the stand next to Nelson's bed then went to the table to retrieve a chair. She would feed him. Clarice could take care of the rest.

Nelson swallowed. "Didn't. . .realize. . ." His words trailed off in a paroxysm of coughing.

Mildred frowned. "Don't try to talk. I won't be able to get any food into you at this rate."

Uncle Will laughed. "Better listen to her, Nelson. A woman needs to fill her man's stomach. It's the way to the heart, you know."

"Uncle Will!" Fire burned her cheeks.

Still chuckling, the old rogue raised his hand in farewell as he walked down the aisle between beds to the front door. He stopped to let Clarice in before he closed the door behind him.

Mildred set the bowl back on the stand and marveled that nothing spilled. The way her hands shook. . .Of course it was only a reaction to seeing Clarice back from her wedding trip, not a result of her uncle's words. Her man, indeed!

Clarice's gasp scattered her thoughts and she jerked to a stand, whirling to face her cousin.

"Nelson?" Clarice's gaze took in Nelson, the curtain shielding him from the other patients, and the soup bowl on the stand. "What happened?"

"He—"

"Influenza." Nelson shrugged and attempted a weak smile. "Didn't know"—he coughed—"you were back from..."

Mildred handed him a clean rag to spit into and pressed his shoulders back down on the pillow then gave her cousin a hug. "How was the trip?"

"Wonderful." The words came out on a sigh, and her face radiated her joy.

Mildred looped her arm through Clarice's, pulling her fully into the kitchen area. "I'll be back in a minute, Nelson." She looked his way but couldn't bring herself to look him in the eye. Her cheeks still burned. Maybe she should take care of the other patients and let Clarice feed him his lunch.

Clarice freed her arm, shrugged off her fashionable outer wrap, and hung it on a hook near the lean-to door then turned to the sink. "As soon as I wash up, I'll get lunch out to the others. Doesn't look like there are as many here."

Mildred shook her head. "There aren't. Most everyone has gone home to convalesce." In fact, only two out of the dozens of patients she'd cared for under Nelson's tutelage died. He said the disease had advanced too far in them to be affected by any kind of treatment.

"So go, before his soup gets cold." Clarice made shooing motions before grabbing a bowl and filling it with Mildred's soup.

"But—"

Mildred slid a glance over to Nelson, and her eyes collided with his. A hint of amusement in the depths of his steely blue eyes rekindled the fire in her belly. She turned away and lowered her voice. "I was going to let you feed Nelson. I can take care of the others."

"Now why would you do that?" Clarice, making no attempt to hide her astonishment, paused ladling soup into the bowls. "I'm fully capable—"

Flustered, Mildred stammered, "I—didn't mean to—" She stopped. Why was everyone pushing her toward Nelson?

Shoulders slumping, she turned back to Nelson's bed and the soup bowl waiting on the stand.

"Is my presence upsetting you?"

She met his gaze briefly before allowing it to skitter away.

"I—no—uh, yes—" Brilliant. That should make him feel better. She swallowed and tried again. "Sorry. No."

He studied her face. "No, what?"

"No, your presence doesn't upset me. In fact, I'm"—she stopped, not sure how to describe her feelings now that he was on the mend—"relieved you're getting better."

Nelson said nothing, but his intense gaze probing deep into her soul did nothing to settle her shaking hand. What was wrong with her? None of her other patients made her quiver with pleasure deep within her, setting every nerve end in her body tingling.

Mildred took another shaky breath, willed her hands to stop shaking, and without another word spooned some soup into Nelson's mouth.

Chapter 6

When Nelson woke, Mildred sat next to his bed, crocheting. Or knitting. He could never tell the difference. Taking advantage of her absorption in her work, he studied her. An occupation he found quite enjoyable.

Her calm spirit wrapped around his, enveloping him with peace. Not passive. Her mind was too quick and intelligent. Over the last couple of months, through the worst of the influenza epidemic, he'd thanked the Lord many times for giving him a nurse who rarely allowed impatience or a ruffled spirit to show to the people in her care. Even when he knew she was exhausted, she calmly pursued her duties, never rushing.

A shadow passed over Mildred's face as she started a new row. What troubled her thoughts, he couldn't imagine. She was much what he'd expected from Harold's descriptions and the portions of her letters he'd read aloud to those who would listen. What Harold hadn't mentioned was her sharp mind, her understated sense of humor, and her ability to laugh at herself.

Except when it came to his "new-fangled" methods of treating the disease. He smiled at the memory. When he first told her what medicines he wanted dispensed, how much, and how often, she'd dug in her heels, certain all her patients would die under his care. Until the evening he'd forgotten to put away his notes on the research he'd been doing for the Public Health Service.

Shortly after they set up the Sunday house for patients, Nelson moved into the upstairs loft, accessible only by the steep staircase attached to the outside wall. One evening a few days later, Nelson had come downstairs to check on the patients and to get the notes he'd left on the kitchen table. When he walked into the main room, he found Mildred reading the pages. Her concentration was so complete, he checked on his patients before disturbing her.

"What do you think?"

Startled brown eyes stared up at him. "Oh, I'm so sorry." She dropped the papers onto the tabletop and rose.

Amusement tickled the corners of his mouth. "For what? Reading my reports?"

Her cheeks sported a lovely shade of pink, leaving him breathless. "I didn't mean to snoop."

"I wouldn't have left them out if it were something I wanted to keep private." He pulled out the chair across from her and sat. "Sit with me a moment. Please."

She hesitated. "But the patients. . ."

"Are fine." His eyebrows rose, challenging her to comply with his request. "I want to hear your opinion."

"Oh." She sank into the chair and met his gaze. "On your research?"

"Yes." He resisted the urge to squirm under her intense scrutiny, as if he were a blob in a petri plate under the microscope.

"In my experience, doctors aren't interested in their nurses' opinions. They want blind obedience." Then the edges of her mouth quirked up and her eyes sparkled. "Except Uncle Will."

When she paused, he held his breath.

"And now you."

The rush of pleasure at being put into the same category as her beloved uncle swamped his mind, blocking any coherent thought.

"After reading your notes everything makes sense. I mean"— she waved a hand at the patients—"you've introduced some interesting methods of treating the influenza. Some things I've never heard of or considered." She stopped and chuckled. "And I've been the silly hen who thinks the sky is falling if we try something new when the old ways aren't working."

He laughed out loud at her analogy. "Go on."

"Well, your methods are born out of your research. I understand why you insisted we follow your somewhat unorthodox treatments. And why they're working—" She broke off, looking dazed.

He couldn't wipe the huge grin off his face. She got it. What would it be like to share his life with a woman like her? One who truly shared in his work?

The next day he moved all his research downstairs and set up his lab on the kitchen table. And she proved to be an able assistant with that as well. He'd never had a better research partner.

Now, Nelson could keep his mouth shut no longer. "A penny for your thoughts?" He kept his voice low for the other sleeping patients, but the words still rasped his sore throat.

Mildred startled, dropping the yarn and hook into her lap. "Oh." The pink rose in her cheeks, making her even more beautiful in his eyes. He shut his eyes against the thought.

When had he gotten so sappy about a woman? Never before. Certainly not with Helena, though maybe he should have.

"How long have you been awake?" Mildred's low voice broke into those unproductive thoughts. "Do you want something to drink?"

"Hot tea? Or coffee?" He hoped the hot liquid would clear some of the raspiness in the back of his throat. He reached out a hand when she started to rise, stopping her. "Tea, I think. If the water is hot."

She glanced at the stove a few feet from his bed. "The coffee is hot and somewhat fresh. Uncle Will was here a bit ago. I made some fresh for him. And the water is hot. Just need to steep the tea, add some honey."

He smiled, delighting in her nervous babble.

Mildred caught his smile and looked away. "I'm babbling." She stood and laid her work on the chair. Hopefully that meant she planned to sit with him a little longer. "I'm sorry. I'll get your tea."

While the tea steeped, Mildred checked on the other patients. When she came back around his curtain, he asked, "How many are here?"

She carefully poured him a cup of tea she'd sweetened with honey and put it on the table beside him. "Besides you, three. Mrs. Klus, Pastor Gloeckner, and Johnny." While she spoke she fluffed the pillows behind him and helped him sit up against them. Then she handed him the teacup. "Johnny and Pastor Gloeckner should be well enough to finish convalescing at home."

"And Mrs. Klus?" She was more at ease talking about her

patients. "How is she? Didn't she come in the day I got sick?"

Mildred picked up the yarn and hook and sat back down. "Yes. She'll be here a couple more days." She refused to make eye contact with him, busying herself with her handwork.

His time was also limited. It wouldn't be right for him to stay at the Sunday house, even in the loft, if there were no patients. Truthfully, he'd be better off in his own room at Dr. Bachman's, away from Mildred's distracting presence.

He snorted. Who was he fooling? She had invaded his thoughts from the moment he met her. Time to change the subject. "So what about that penny for your thoughts?"

Mildred shot a quick glance at him and back to her knitting. Or crocheting. But she didn't reply.

"At least tell me what you're doing. Knitting? Crochet?"

She quirked a smile. "You have a mother and a sister, and you don't know the difference?" The bantering tone matched his own.

"Nope. They only do embroidery."

"Well, at least you know that much." She held up the scarf she was making and showed him the hook. "Crocheting uses a hook. Usually just one." She set them in her lap and rooted in a cloth bag at her feet. She pulled out two long sticks and waved them in his face. "Knitting uses two needles."

"Those are needles?" He studied the two pointed shafts of wood. "Doesn't look like any kind of needle I've ever seen. Where's the eye?"

She laughed, low and melodic. The sound sent shivers of delight to the pit of his stomach. "No eyes. They aren't sewing needles."

"They aren't suturing needles either. Can you imagine sewing up a cut with a needle like that?"

"Knitting uses the sticks to make loops and draw the yarn through them." She reached into the bag again and pulled out another piece of yarn work.

He really didn't care which was which. He only wanted to keep her talking. To keep her near him. Forever.

Mildred held up the yarn patch for his inspection. "This is knitting." She reached for the other, lacier, much larger piece. "This is crocheting."

"So I can tell the difference by how lacy a piece is?"

"Not really." She flashed him a cheeky grin. "Knitting can be lacy, too." She looked down at the smaller piece. "But I'm not very good at knitting, so I usually choose the denser patterns for that. And crocheting can be dense, too, depending on the stitch I choose to use." She looked back at him.

"In other words, it depends on whether you're using a hook"—he pointed to hers—"or n–needles." He stumbled a bit over the word. Still didn't look like any needle he'd ever seen.

Mildred nodded approval, put the knitting away, and picked up the crocheting.

Nelson wasn't fooled. She still hadn't revealed her thoughts in answer to his first question. Determined to get it out of her one way or another, he looked forward to the verbal sparring match. What better time than now to probe into Mildred's thoughts?

But she beat him to it. "Who's Helena?"

He stared. "How do you know about Helena?"

"You had a pretty high fever that first night, and. . ."

Great. "I was delirious, obviously." But since he entertained thoughts of Mildred as his wife, it was much better to learn now whether she would reject him for the same reason. "She was my fiancée."

She met his gaze, studying him. "Was?"

He nodded. "She consented to become my wife after the war. But when I came home wounded. . ." He grimaced. "Then I learned I would always be somewhat crippled, would always have to use the cane to walk. When she found out. . ." He swallowed hard.

"She rejected you because of your war wound?" Mildred's voice rose. She stared at him, wide-eyed. "Why, it's a badge of honor in itself."

His heart warmed. He decided to exorcise Helena, once and for all, from his thoughts. "The actual medal appealed to her more."

"You received a medal? Which one?" Mildred laid down her crocheting and focused all her attention on him.

"The Silver Star."

Her eyes narrowed. "What kind of woman wouldn't want to marry a man of honor, recognized for valor by his country?" She spoke so softly, he leaned forward to hear her. "And recognized by God for his faithfulness."

Shame threatened to smother blossoming hope, and he rubbed his wound. "But I failed God. . .lost my faith."

She gazed at him steadily. "No faith? Then who has prayed with every patient he's seen the last two months? Who prays before eating a meal? Who speaks of Christ to his patients—and to me—and tells of His compassion and love for those who were sick and hungry and. . .lame?" Her voice broke and she swallowed. Her lips set in a thin line, yet respect and loyalty shone in her chocolate eyes, wrapping him in their sweet goodness.

How he loved her—her passion, her loyalty, her commitment to duty and serving others. "But—" Dread boiled in his gut, and he drew in a shaky breath. She had to know the worst about him. "I killed my best friend, your fiancé."

Chapter 7

H arold?" Mildred couldn't believe she'd heard Nelson right. "My Harold?"

Pain radiated from his blue eyes before he hooded them. His fingers plucked at the blanket covering his lap. "Yes." The word came out in a whisper.

"But he died of the Spanish influenza." Mildred couldn't grasp what Nelson meant. He was already home, convalescing from his wounded leg, well before Harold died. "I—I don't understand." Her voice faded to an almost inaudible whisper, and her fingers choked the yarn ball in her lap.

Still, he heard her. But he hesitated. Then he motioned her closer. She dragged the chair forward a few inches, until her knees dug into the bedside table leg.

"Sit here instead." Nelson patted the bed beside him.

Her heart rate sped up. That close? But she pushed her chair out of the way and sat beside him on the bed. She realized then that she still had a death grip on the yarn, so she reached for the bag and emptied her hands.

Immediately she regretted her action. What was she to do with her hands now? She clasped them together and stared at them, not wanting to make eye contact with Nelson. She needed to hear what he said, not distracted by the way his penetrating stare seemed to read her like a book.

She risked a glance and saw that Nelson's eyes were closed again, his lips moving in a silent prayer. Bowing her own head, she breathed her own petition, fully expecting no answer in return. *Oh Father, help.*

"Listen to him, My child."

Mildred's eyes popped open. That voice again. Was it only that morning she'd heard it the first time?

Was that You, Lord?

Nelson's hand covered her clenched fists, drawing her eyes to meet his own. She didn't try to remove her hands from his comforting grasp. It calmed her spirit, warming her from the icy pit in the depths of her stomach all the way to her heart.

"Do you really want to hear this?" Nelson's gaze intensified as he sought his answer in her eyes.

Mildred's nod was more of a jerk. "Yes. Tell me."

"Did Harold ever tell you of the Meuse-Argonne Offensive in September?"

Mildred nodded. "He was sure he would have died if it hadn't been for his best friend. . ." Nels. That was the name he'd written. "Nels? You?"

Nelson closed his eyes against the pain of hearing Harold's nickname for him. "Yes." He let loose a low, bitter laugh and gripped her fists a little tighter.

Mildred loosened one fist, turned her hand palm up, and twined her fingers through his. Surely she felt the electric shock that bolted through his heart. When he dared to look at her again, memories clouded her vision. She said,

"Harold always shortened names."

"Millie?"

Her laugh sounded almost as bitter as his had. "Or Mills." She winced. "I hated that one, and he knew it. For some reason it amused him to see how many ways he could shorten a name."

"Especially when the owner of the name protested."

"But Harold was alive after that battle. I mean, he wrote me afterward."

Nelson shuddered. It wasn't a memory he wanted to dwell on, even if his leg served as a constant reminder of his sin. "His unit was ordered to flank the front line of attack, and to stand ready to charge when the command was given. But their commanding officer was shot and unconscious."

Mildred's fingers tightened around his. Oh, how he would love to raise her hand to his lips. But now was not the time to romance her.

"I was part of the attending medical unit, and when we got the message about the lieutenant, I was sent in to get him out. I had combat training, as well as battlefield medical training." He swallowed. "I worked my way to the front lines without too much trouble. I was armed, of course."

Staring at the wall opposite him, Nelson could recall in vivid detail the horror of that mission. "When I found them, the lieutenant was dead. The rest of the unit had gone to earth in some nearby foxholes—dug by the Germans. But Harold spotted me checking on the lieutenant, and he ordered his unit to retreat." Tears streamed down his face. "I shouted, 'No,' but they didn't hear me. The Jerries opened fire and mowed down the lot of them."

Mildred gasped. "But Harold?"

"I tackled him, sending him back into the foxhole. And took his bullet." He motioned to his leg.

"But how is that killing him?"

"Not then." Nelson felt his chest tightening. Lung spasms. He needed to finish his story before the cough returned.

"We waited for dark. Harold took off his uniform jacket and pressed it against the wound, slowing down the blood flow. If he hadn't, I probably would have died from blood loss." He sighed. "That would have been best in the end."

"How can you say that?" Mildred demanded. "You saved his life."

"In order to take it away from him in the end." More tears trickled down his face, but he didn't try to remove them. "Harold was second-in-command. His orders were to continue the charge if his commanding officer went down. When we got back, I had to report his giving the order to retreat that killed his unit and wounded me." He swallowed hard. "His failure to follow through resulted in the loss of many lives and nearly cost us the battle. He was facing a court-martial."

Mildred's eyes widened and he looked away. He didn't want to see the condemnation he knew he deserved in her eyes.

"That's still not killing him." Her grip on his numb fingers relaxed a little, and they tingled as the blood flow increased.

"I didn't realize his cowardice would result in his going AWOL."

She gasped. "AWOL?"

He nodded. "One more death sentence if he was caught." What was he trying to do? Alienate her completely? He expected her any moment to snatch her hand away from his.

But she didn't.

He could feel her eyes on him, but he refused to meet her gaze. He had to finish this. Then he could sink back into the rising fever and encroaching pneumonia.

"I never saw him again. Didn't know what happened to him until Dr. Bachman told me about your telegram."

Mildred shifted on the bed and brought her other hand up to cup his whiskery cheek. "Those were his choices, Nelson. Not yours. You only did what was your duty."

Nelson shook his head fretfully. How could she be so compassionate when he killed her husband-to-be? She would never be his. She would never—

He heard her gasp of alarm and felt her snatch her hand out of his grip before he sank back into the blessed darkness. *Please, God, take me home.*

Chapter 8

Clarice squeezed Mildred's hand as Uncle Will leaned over Nelson, once again listening to his heart and lungs. The toll of the last twenty-four hours caught up to her, and she clung tightly to Clarice's grasp. Nelson's relapse after telling his story shook her more than the news of Harold's death.

She hadn't had time to examine why. Nelson's fever, which had hovered around 104 all the previous night and that morning, finally broke around midafternoon. She hadn't even thought to get a message to Uncle Will, until he stopped in that morning to check on the patients.

He'd been the one to get Clarice to come care for Mrs. Klus, after he sent Johnny Zuckerman and dear Pastor Gloekner home. The pastor had prayed over Nelson before he left. And then Uncle Will had helped her nurse Nelson. Even though Nelson's temp had come down, he hadn't regained consciousness.

Was God going to take him, too? Despite his confession last evening, she didn't want to let him go. Not with the guilt he carried over Harold's death. Guilt she knew was misplaced. He had relapsed before she could tell him about her last letter to Harold. The guilt was all hers, not Nelson's, and she longed to tell him.

Uncle Will straightened. "He'll do."

Relief surged through her, weakening her knees.

"Careful, honey." Clarice patted her hand.

Mildred caught the meaningful look Clarice and Uncle Will exchanged, and the starch returned to her legs. As she pulled away from Clarice, Uncle Will turned back to Nelson.

Clarice grasped her wrist and tugged her toward the front door. But Mildred refused to budge. "Is there something I can do for him, Uncle Will?"

The fatigue lines in his face gentled when he looked up at her. "Take a break."

"But—"

"Doctor's orders, liebchen." He waved his arms toward the door. "The best thing you can do for your young man is get some fresh air and rest, or you will be the next to join your patients."

When Clarice tugged again, Mildred followed. But it felt as though she moved through quicksand. Outside, the sun shone brightly in a cloudless sky. Mildred sank down into a rocking chair and took in a deep breath.

Clarice took the other rocker. "What an absolutely gorgeous day!" She tipped her head against the back of the chair and took a deep breath.

"Just what the doctor ordered?" Mildred couldn't resist the opportunity to tease her cousin.

Clarice grinned. "You heard what he said. Besides, we haven't had a chance to chat since before the wedding." She winked. "And you obviously have some talking to do, girlie."

"I do?" Mildred knew better than to act as though she

didn't understand Clarice, but her relief brought out her ornery streak. "How was the wedding trip?"

Clarice twisted her features in mock despair. "Don't think you're getting away with that approach."

Mildred's lips turned up at the corners in spite of herself, and she laid her head back and closed her eyes. The sun was bright and the air crisp. Perfect for someone who had stayed inside too long. She closed her eyes. "Well?"

Clarice exhaled loudly. "It was *wunderbar*."

"That good, huh?" Mildred opened one eye and scrutinized her cousin. She only used German to express the highest form of approval.

Clarice's face glowed with contentment and happiness. Mildred's heart twisted and she closed her eye. But the pain she'd expected from the loss of her dreams didn't come.

"Better than good." Clarice giggled. "You'll understand when you have your turn."

Mildred's eyes shot open. "My turn at what?" A wedding trip? "In case it escaped your notice, Harold and my dreams of marriage and wedding trips and children are finished. Kaput."

Clarice arched her eyebrows. "Somehow I don't think the man in the bed in there would say so."

The heat rose in Mildred's cheeks.

"And neither do you really believe it." Clarice laid a deliciously cool hand over Mildred's fiery cheek. "Honey, ignore it all you want. It doesn't change the truth. I only pray you wake up and recognize it before you push it—and him—away."

Clarice broke the connection and Mildred stared into the distance. Surely Clarice was mistaken. Not about her feelings.

She'd known for a few days that she'd fallen for Nelson Winters—hard. But he could never love her back. Not with Helena's name still on his lips. Besides, whatever Clarice said to the contrary, she'd loved Harold.

"I'm not saying you didn't love Harold."

Mildred switched her gaze to her cousin who had the uncanny knack of reading her mind. "I did. I mean, I still do."

"Really? Then tell me, who comes to mind when you think of marriage? Even more, who were you thinking of at my wedding? The day you were to have married Harold?"

Mildred, unable to tear her gaze away from Clarice's knowing eye, desperately wanted to say Harold. But it would be a lie. So she pressed her lips together and said nothing.

"Uh-huh. Just what I thought."

Mildred rolled her eyes and sat back.

"Don't roll your eyes at me, girlie." Clarice smirked. "You never loved Harold more than a brother. You fancied yourself in love with him, and you would have married him, too. You believed it was your duty because that's what everyone expected. But you would have been miserable." She put her hand on Mildred's. "Honey, you have to know. . ."

"Know what?" Mildred forced herself to look Clarice in the eye.

"I prayed every day you were away that the Lord would open your eyes before you married Harold."

"So you prayed him dead?" Clarice's prayers felt like betrayal. Bitterness rose in her like bile, burning her throat.

"Of course not!" Clarice sat up straight. "What are you talking about?"

"You prayed for God to remove Harold from my life. And he died. How can you say you didn't pray him dead? What about me? What about my dreams?" The words spewed from her mouth and flowed over her like hot lava. Yet she found it impossible to stop the eruption.

"I loved Harold. More than a brother. I would have made him a good wife. Yet you prayed him dead." Hot tears flowed over her cheeks. "I thought you loved me."

Clarice stood next to Mildred's chair. She laid a hand on her shoulder, but Mildred shrugged it off, knowing how Clarice would respond. Without a word or a backward glance, Clarice went down the steps, onto the sidewalk. Back to her precious Thomas.

Leaving Mildred to smolder. Why couldn't she keep her mouth shut? Her own words had robbed her of all she held dear.

The door to the Sunday house opened behind her, and Mildred stood to go inside. But Uncle Will blocked the door.

"Liebchen." He stretched his arms toward her. She walked into them and burst into tears against his broad shoulder. His arms wrapped around her, he stood like the rock she needed as she allowed the remorse to drain from her heart.

Remorse for her words to Clarice. Remorse for her last letter to Harold. Remorse for the love she might have had with Nelson but now lay in ruins before it got a chance to build.

All because of words. Her words.

Chapter 9

Mildred woke to silence. Blessed silence. The lean-to's door stood ajar, open to the empty main room.

Uncle Will had sent Mrs. Klus home the day after Mildred's outburst, and then he moved Nelson back to the clinic and his room there. Although Nelson protested having to go the two blocks in a wheelchair, Uncle Will's stubbornness had overruled. Mildred smiled at the memory.

Uncle Will, sensing her discomfort at having to face her patients after her awful explosion, sent her to bed and called for another volunteer to do night duty at the Sunday house. The number of flu patients had decreased to just a handful at the clinic, and Mildred was no longer needed.

She rose from bed, washed her face in the sink in her miniscule bathroom, and dressed. Today her brother Henry was coming to help dismantle the beds and cots and take down the curtains they'd placed between the beds. She would have the Sunday house back in order before the end of the day.

Then what? She could move out to the farm with her family again. But her spirit was restless. They didn't need her either. Maybe she would stay in the Sunday house and work somewhere.

She knew Uncle Will would be glad to have her continue

nursing for him. But now it would be too awkward having to work alongside Nelson.

As she went about preparing a small breakfast of oatmeal and toast, her cheeks burned when she remembered realizing Nelson was awake. She'd caught his gaze for just a moment but long enough to see the compassion in his eyes. Along with the pain.

Her oatmeal ready, Mildred sat at the table, said a quick prayer of thanks, and ate. Or attempted to. Like everything else she'd tried to eat the last couple of days, it tasted like the sawdust that carpeted her father's workroom. She choked down a few bites before pushing the bowl away. Even the toast slathered with her mama's delicious plum jelly was tasteless.

Mildred dumped her uneaten cereal and toast into the slop bucket by the stove and set the dishes on the counter by the sink. She'd wash them up later.

Right now, she needed to get to Clarice's before her courage failed her. It wouldn't be the first time in their long-time friendship that she'd had to apologize. She also knew from experience that Clarice would wait her out. Mildred would have to go to her.

She looked at the time on her watch. Her late start guaranteed she'd find Clarice at home.

Only she wasn't. No one answered the door when Mildred knocked on Clarice's door fifteen minutes later. She walked around the house, thinking Clarice might be hanging clothes. But no one stirred.

Surely Clarice was shopping and would return soon.

Mildred found a bench on the flagstone area and sat. She breathed deeply the balmy air, her back resting against the house.

Spring was just around the corner, but already Mildred could smell jonquils and the agarita bushes by Clarice's porch bore tiny white and pink petals. It wouldn't be long before her favorite bluebonnets were in bloom. Now that her nursing time was over, she could spend time in the wild-flower field her mother had planted so many years ago. There might be a few early bluebonnets already peeking through the grass.

Glancing at the time, Mildred stood, looking both ways along the block. Henry would be at the house soon.

Deciding to take the longer route back to her house, Mildred strolled toward downtown. Maybe she would run into Clarice coming back from shopping.

Mildred greeted several townspeople shopping downtown but still saw no sign of Clarice. She walked by the clinic and thought about stopping to visit with Uncle Will a few moments. But knowing Nelson would be there, too, kept her feet moving.

What a mess her words had created.

As she rounded the corner to her own street, she saw the Model T parked in front of the house and Henry sitting on the porch.

Someone was with him, but she couldn't see whom, since he sat back in the shadows. Her heart raced. Something about him made her think of Nelson. . .again. Truth be told, he was rarely far from her thoughts. But she couldn't imagine any reason he would seek out her company now.

Still, she couldn't stop her heart bursting into song when she turned onto her house's front walk. It was Nelson, watching her approach.

Henry didn't bother with the stairs but bounded up to her and planted a loud smooch on her cheek before she could fend him off. His exuberant approach to life, so different from her own, always brought a smile to her face.

"What are you doing out here, lazy boy?" Looping her arm through his, she forced him to walk her sedately onto the porch.

"Lazy?" He guffawed. "Where have you been? We were waiting for you to supervise the work."

"We?" Mildred smiled a welcome to Nelson. "Surely you're not well enough to—to—" She waved her hand indicating the work. Mercy goodness. Why did words always fail her around this man? Or turn her into a babbling fool?

"Oh but I am." His intense blue eyes twinkled, and he made a small bow toward her. "Just awaiting your command."

Fire burst in her cheeks and, flustered, she turned to open the door. "You don't need me to get started. Why didn't you go on in?"

Henry pushed past her and entered the house first. "I just got here. Dr. Winters, uh, Nelson was already here."

"Why?" Mildred looked over her shoulder at Nelson, who motioned her to enter before him.

"I came to see you." His voice was soft and low, for her hearing only, and her unruly heart leaped into her throat.

"Me?" It came out as a squeak. "Why would you do that?"

She fumbled with the button on her cardigan, and her neck tingled when he put his hand up, ready to help her remove it.

She turned to take the sweater from him, and his gaze trapped her again. Something she couldn't read lurked in the depths.

He cleared his throat. "We hadn't seen you at the clinic the last few days. So I came to see if you were well."

"A house call from my doctor then?" Pushing away her disappointment, she turned away and laid her wrap over the arms of a nearby wingchair.

"No. Not a house call." He paused then laid his hand on her arm, turning her toward him. "Liebchen." The endearment was almost inaudible. "Look at me."

Henry, the beds, the temporary clinic—all vanished from her mind when she met his gaze. "I came to see *you*. To see if you would take a walk with me this afternoon."

She couldn't speak, so she nodded. He wanted to see her. To walk with him. To spend time with him. Her heart burst into a symphony of praise. He didn't abhor her.

"So where were you, sis?" Henry's voice broke into the silent conversation flowing between her and Nelson. She turned toward her brother.

"What?" She swallowed. "Oh. I went to see Clarice, but she wasn't home."

"You shoulda waited for me. She's helping Aunt Leisel. Uncle George has the Spanish influenza."

Dismay clenched her stomach. "Oh no! Is it bad?"

"Naw. He's on the mend now." Henry pulled the mattress off the bed nearest the door. "But Clarice went to help her mom with the younger kids." Another mattress hit the floor.

Mildred's stomach slowly relaxed. "Maybe I should go out to check on them." She glanced at Nelson, who nodded. "How are you transporting these things, Henry? It all goes back to the clinic."

"Yes. That's why I brought the wagon instead of the Model T."

How had she missed the wagon? She stooped to look out the low window. "That's not Papa's automobile?"

"That's your Uncle Will's." Nelson spoke behind her.

"Uncle Will has a Model T?"

"Oh yeah." Henry piled another mattress with the others by the still-open door.

"I believe he said he got it shortly after you left for the war." Nelson sounded amused. "Says he thought it would make the house calls outside of town easier."

Henry paused in pulling a bed apart. "Only he can't figure out how to fix it when something goes wrong." He laughed.

Mildred smiled. Sounded like Uncle Will. Uncomfortable with modern conveniences. "But you can, I assume?" She looked at Nelson.

"Yes." He shrugged and bent to help Henry with the bed deconstruction.

Was there anything the man couldn't do? "Do you want all your lab things to go with the beds?" The paraphernalia still littered her kitchen table, though she'd pushed it together to make a space for her meals. "And the medicines in the cabinet?"

Her father had built a cabinet into the main room wall

next to the fireplace. It had served well as the medicine closet the last three months.

Nelson straightened and stretched his back. He grimaced. "Let's move the medicine back to the clinic. But would it be okay to store the lab stuff here for a while longer?"

"Of course." Mildred looked at the growing stack of bed parts. "We need to start getting some of this out of here, don't you think?"

Henry started for the door. "I'll bring the wagon and horses around." He slammed the back door shut behind him.

Of course. She'd forgotten about the old watering trough at the barn on the back edge of the lot.

Mildred grabbed her cardigan from the chair then headed into the lean-to. She had an empty box stored under the bed she could use for the medicine bottles.

When she came back into the main room, Nelson had shifted some of the mattresses onto the porch. Mildred could see the wagon backed up to the porch and Henry pulling a mattress into the wagon bed. That should keep them busy for a while.

She turned to the cabinet, placing the box on a low table nearby, and started removing the bottles and other medicine-related items. The one part of nursing she really enjoyed was preparing the medicines. It fascinated her how different chemicals and herbs worked together to treat various illnesses and ailments.

Before she'd gone to Europe, she had started a study on the various medicinal qualities of herbs and other plants. She knew many doctors had no use for "medicine women," preferring to rely on new discoveries. But she believed there was a use for both. Maybe she could take up that study again, now that she was no longer needed for nursing.

As she packed the last of the jars into the box, she looked around the room now stripped of hospital beds and nightstands. They would have to get the other furniture in from the barn where they were stored.

She carried the box to the door, intending to give it to Nelson to put in the Model T, and found the furniture crammed onto her porch and front lawn.

"Do you want everything back where we had it before?" Henry paused next to a large buffet.

"That will be fine." Mildred moved out of the way and let the men move the furniture back into place. She would get the doilies and dresser scarves out later, when she was alone.

Once they were done, Henry jumped into the wagon seat and took up the reins. "I'll meet you over at the clinic, Nelson."

"Be there shortly." He waved Henry off then turned to Mildred. "Henry says the jonquils are already blooming in the wildflower field your mother planted."

"Oh good. I thought I smelled some over at Clarice's." Maybe tomorrow she would ask Uncle Will for the use of the car, go see Clarice and her aunt and uncle, and stop by the field.

"Would you like to take a drive this afternoon instead of a walk?" Nelson stood in front of her, clutching his hat. "I'd love to see your favorite place."

A sudden shyness descended between them, almost as tangible as a curtain. Mildred took a deep breath and tried to dispel the awkwardness. "I'd like that." She smiled. "Very much."

Chapter 10

Nelson watched Mildred out of the corner of his eye, managing to keep one eye on the road. More like a cow path. He hoped no other vehicle—wagon or automobile—met them. There was no place to go, except into the ditch that ran on either side of the road. And he didn't want that, especially not at ten miles per hour, the fastest he dared to go.

They didn't speak. The rumble of the motor overpowered all sounds. But as the distance from town increased, Mildred's facial features relaxed until a small, contented smile rested on her lips. Peace rolled off her, bathing him in its blessed calm. He loved discovering there were depths to her that delighted him, though he wasn't sure why it should.

Helena hated the country. As soon as the thought wriggled through his mind, he squashed it. Why did he continue to compare the two women when there was no comparison? He knew he was well rid of Helena, but she crawled into his thoughts at inopportune moments.

Banishing Helena from his mind, he intended to enjoy this day with Mildred. Sweet, quiet, calm Mildred. Even the fiery explosion he overheard last week didn't scare him away. Her feisty spirit brought a grin to his face.

When she told Henry this morning that she'd gone to

see Clarice, he'd rejoiced that she was trying to make amends with her best friend. He knew the ties between them were strong and that Mildred's love for her family ran deeper than most.

Intent on his thoughts, he startled when Mildred's hand rested on his arm for a brief moment. She pointed ahead. A wagon pulled by two huge draft horses rounded the curve in front of them. He braked until the speedometer showed three miles per hour.

But he still didn't see a way out. Casting in his mind for a turnout he might have missed, he realized he'd been so preoccupied with his thoughts that he hadn't taken in much of the countryside.

Mildred touched his arm again and pointed to a grassy area to the side of the road a few yards ahead. He nodded to show his understanding and directed the steering lever in that direction. But as the automobile pulled out of the ruts, the right front tire blew, jerking the lever out of his hand and sending the vehicle back into the rut.

The car ground to a halt a few feet short of the turnout. The farmer with the wagon stopped his horses, and for a moment the two men stared at each other.

"Papa!" Mildred fumbled with the door handle.

Nelson reached across her and opened the door. Mildred leaped onto the grassy verge and ran toward the wagon.

The older man, his tanned, leathery face wreathed in smiles, jumped down to meet her. He caught his daughter up and twirled her around as if she were a young child.

Nelson slid awkwardly across the seat and exited the

passenger door. His usual method of jumping in and out of the automobile over the stationary driver's door was impossible now with his leg. Grasping the cane from behind the seat, Nelson balanced himself before trying to navigate over the uneven ground. He maneuvered to the front of the car and choked the engine.

"Papa." Mildred's sweet voice sounded clear in the sudden quiet. "Come meet Nels—uh, Dr. Winters." She grabbed the older man's hands and pulled him toward Nelson.

Hank Zimmermann stood an inch or two taller than Mildred and had the upper body musculature of a man who wasn't afraid of hard work. The hand that rested on Mildred's shoulder was scarred, and the grip of welcome on Nelson's outstretched hand was strong yet gentle.

"Pleased to meet you, sir."

"And I, you." The older man studied Nelson for a moment or two then nodded. "Young Henry speaks nothing but good of you. As does my wife's uncle Will."

"They are kind." Nelson basked in the secondhand praise and wondered anew at the ready acceptance that characterized all the members of Mildred's family. It was as if they didn't see the cane, his limp.

"Papa, would Clyde and Sam be able to pull the Model T to the turnout?"

Mr. Zimmermann turned toward his wagon. "Sure they can." He reached the horses. "What about it, boys? Ready to take on Uncle Will's automobile?"

The horse closest to Mr. Zimmermann whickered and nuzzled his shoulder as the older man undid the traces. Once they were loosed from the wagon, he led them forward, turned them around, and backed them to the automobile. Nelson eased himself across the passenger seat and positioned himself behind the wheel, pulling the gear lever out of gear.

After harnessing the horses to the front axle of the Model T, Mr. Zimmermann took the reins and gave his horses the command to pull. In short order, and with very little strain that Nelson could detect on the part of the horses, the car came to a stop on the grassy verge, out of the way of the wagon.

Nelson crawled back out of the car. While Mr. Zimmermann and Mildred loosed the horses, Nelson examined the ruined tire and thanked the Lord he'd thought to put a few spares in the trunk.

Well, it wouldn't take long to fix and they would soon be on their way.

Nelson pulled out a spare tire and tried to roll it toward the front of the car. But he hadn't counted on his gimpy leg and the cane. The task proved much more difficult than he'd remembered.

"Here, let me help." Mildred's strong, capable fingers wrapped around the thin rubber tube and carried it to the front of the car.

Nelson's shoulders slumped. Helena was right. He was useless with his injury. A burden on everyone around him. A large, work-worn hand landed on his shoulder, and Nelson looked into the bold-featured face of Mildred's father.

"Son, God never intended for anyone to go it alone. In fact, you have it better than most of us."

Nelson quirked an eyebrow. "How so?"

"You have a tangible reminder to depend on God and the people with whom He surrounds us." He nodded toward Mildred, who had equipped herself with the necessary tools and was very capably changing the tire. "The sooner you allow her to help you, the better off you'll be. She doesn't easily take no for an answer." He grinned. "Just like her mother."

"I heard you, Papa." Mildred winked at her father. Then she grabbed the tools and restored them to the trunk.

With a final slap on Nelson's shoulder and a quick hug for his daughter, Mr. Zimmermann climbed into the wagon seat and took up the reins. "Better get to the river and load up the wood I cut last week." The horses started forward. "Bring the good doctor to supper, sweetie, since you're out this way. It will be a treat for your mama."

Mildred smiled up at him. "I was planning to." She raised her hand in farewell and watched until the team disappeared over the next swell in the road.

Nelson stood beside the open car door, waiting. But Mildred turned away from him and waded out into the fragrant and colorful sea of grass and flowers edging the road.

"Come on, Nelson. I want to show you something."

He shut the automobile door. "What about the wildflowers?"

She grinned and waved her arm across the field. "Right here."

She waited for him to come alongside her, then looped her arm through his and guided him along a narrow footpath he'd not seen from the road.

His heart sang as Mildred pressed in closer and gave him the support he needed to negotiate the rough path with his injured leg. He inhaled the fragrance of the flowers and her hair as her head brushed his shoulder. Not for the first time he wished she could care for him as he did for her. He'd fallen fast and hard.

Mildred stopped to point at a gazebo perched on a foundation of rock in the center of the field. "Here. This is my favorite part."

She moved quickly away from him, and his eyes followed her movements as she stepped from one clump of flowers to the next. She reached down to stroke the petals, breathing deeply of the rich aroma.

When she reached the gazebo in the center, she paused on the bottom step and looked back at him, grinning. "What are you waiting for? We can sit in here."

He moved toward her, leaning heavily on the cane. Then he felt her hand on his arm as it slid down to grasp his free hand. Her father was right. Mildred made a very good partner. With her, he felt whole again.

She led him up the steps and sat next to him on the bench that lined the outside latticework of the building. Absently rubbing his leg, he took in his surroundings.

The wide wood planks of the floor matched the lattice-work of the low walls. Overhead, perched on long spindles stretching toward the sky, a cedar-shingled roof protected them from the sun. The craftsmanship was superb. "Your father built this?"

"Yes. He built it for his and Mama's wedding. I often

dreamed of it during the war." Mildred's voice was hushed, reverent. She made a jerking motion with her free hand. "It's so peaceful. A piece of heaven on earth." Her laugh matched her voice, and she looked at their linked hands. "Sounds kind of silly put that way."

"Not at all." Nelson wished he'd had a place like this to take his mind away from the horrors of war. "A shelter. A refuge from the storm."

Mildred met his eyes, her own shining. "Exactly."

"Your mother planted the seeds?" Nelson was intrigued. "What kind of flowers are these? The blue ones—I've never seen them before."

"Those are Texas bluebonnets. Wait another couple of weeks and the whole field will be blanketed with them. Then there's the Indian paintbrush. Jonquils. Primroses." She pointed to different plants as she said their names. "Mama and her students planted them. She was the town's teacher and planned a day outing near the end of school. Papa drove them out here in wagons. They brought a picnic lunch and the seeds. But before Papa could get back to pick them up, a storm overtook them. By the time Papa found Mama, she was unconscious from a fall. Papa says she scared him so bad that when she finally woke in the clinic, he proposed."

Nelson scanned the sky for storm clouds and laughed at himself. Had he hoped for similar circumstances? He looked down at Mildred's hand, still encased in his. Sure, Mildred patiently assisted him, instinctively understanding when he needed support and when he could manage on his own. But even if she loved him, it would quickly wear thin, and she would soon tire of caring for a cripple.

Galloping hoofbeats pulled Nelson from his troubled thoughts. Mildred jerked her hand out of his and stood at the top of the steps, the better to see the road. He laid his hand on her shoulder as he came up behind her, and she raised hers to cover his.

As the rider came into view, he glanced their way and checked the horse's forward motion. "Millie!" He got the horse under control and trotted the animal through the field, careless of the flowers he trampled.

"Ernie! What's wr—"

"Oh Millie." The boy gulped back a sob. "First Mama. . . then Henry. . . sick. . ."

The color drained from Mildred's face. But she stiffened her back and pitched herself at the horse's bridle.

"Off." Her voice was sharp with command.

"But—"

"No!" She barely waited for Ernest to jump down before flying onto the horse's back. "Come with Nelson."

Chapter 11

Mildred sank into the rocker next to Mama's bed and listened to her labored breathing. How quickly the day had disintegrated into horror. Both Mama and Henry struck down with the Spanish influenza.

Her worst nightmare come true.

She'd allowed herself to think her family was safe, now that the epidemic had slowed in town. Allowed herself to take a day off. Allowed herself to hope Nelson would take a hint from the story she'd told of her parents in that lovely, romantic wildflower field.

She let out a soft snort. As if Nelson would even consider her as a suitable mate. But still she'd hoped. Foolish woman.

Leaning her head back against the rocker, she closed her eyes, letting her thoughts run over the events of the afternoon. After Ernest's interruption of the idyllic afternoon, she arrived at the farm mere minutes before Nelson and her youngest brother. Nelson helped her get Mama and Henry into their beds. Her box with all the medicines was still in the jump seat of the Model T, so she'd wasted no time in getting the proper medications started. A few petri dishes she'd slipped into the box now contained sputum so Nelson could try to isolate a bacteria.

Mildred's heart clenched. The onset was so sudden. But Nelson seemed to think if they made it through the night, they would be out of danger. It would be a long night.

He'd gone back to town to return Uncle Will's automobile. She hoped he'd be back in the morning. Papa and Ernest finally agreed to settle in the front room—Papa on the sofa, Ernest on a pallet on the floor. Much better than having them both pacing between the sickrooms. Her younger sister, Klara, tended to Henry, sponging his hot skin, trying to get his fever to break.

Mildred pushed herself off the rocker and laid a hand on her mother's forehead. Still much too warm. She reached for the washcloth in the basin on the bedside table and started the sponging routine once again.

What would she do without her mother? She wished she could send for Clarice, but she was busy nursing her own family. Besides, Mildred still hadn't apologized.

Please, God, spare Mama. And Henry. Please. But she didn't hold out much hope.

Harold died after her letter containing harsh words for his lack of attention, for the furloughs he'd taken—with other women. She closed her eyes against the pain of that betrayal. It had taken the surprise out of Nelson's revelation of Harold's cowardice. Why had Harold even bothered to telegraph her about coming home and his change of plans?

Then she'd spoken harsh words to Clarice last week, and now her precious mama and brother were near death's door. A verse from her childhood floated into her mind. *"If I regard iniquity in my heart, the Lord will not hear me."* It was her punishment for not controlling her tongue.

"But God isn't like that." Nelson's words from a late-night discussion over the petri dishes on her kitchen table drifted back to her. *"He doesn't exact vengeance on His children. He extends love, grace, and mercy."*

A longing to know this God of whom Nelson spoke—so different from the judgmental, wrathful God she knew—welled up and threatened to drown her in the impossibility of it. Her parents had taught her of the God Nelson talked about, but the war and its aftermath caused her to doubt the truth as they all saw it.

"No man is expected to bear difficulty alone. God allows these things to cause us to depend on Him." Her father's voice from that afternoon was so clear, she glanced at the door, half expecting to see him standing there.

Had she misunderstood God? Had she somehow missed Him in the horrors of the war? *Who are You, God?*

Mama moved restlessly then coughed, a deep, tight sound that told Mildred the influenza was digging its ugly claws into her mother's lungs. She redoubled her efforts to lower the excessively high temperature, wondering if Henry was responding better for Klara. She would need to check on them soon.

Nelson stepped into the kitchen and met Dr. Bachman. "Ah, you have returned." The doctor's gaze sharpened. "What is wrong?"

Nelson eased down into a chair, and Dr. Bachman placed

a plate of scrambled eggs, toast, and bacon on the table. The aroma caused his stomach to rumble, and for the first time realized they had not gotten their promised supper.

"Mrs. Zimmermann and Henry both contracted the Spanish flu." He raised a quick thank-You to the Lord for the food then shoveled the first bite into his mouth.

"Amelia?" Dr. Bachman sat heavily across from him. "When?"

"This afternoon." He knew the older doctor wanted a full report, but his stomach was more insistent at the moment.

As if understanding, Dr. Bachman waited until Nelson pushed away his empty plate. "Did you come back for medicine?"

Nelson shook his head. "Mildred put the medicine from the Sunday house in the car this morning. I didn't unload it before taking her for a drive. So she has all she needs." He took a long swallow of the coffee Dr. Bachman poured for him. "Mildred will call later to report on their condition."

The doctor nodded then reached to the desk behind him and grabbed a distinctive Western Union telegram envelope. "This came this afternoon." His voice sounded tired, resigned. "I hope it isn't bad news."

But it would be, of course. Nelson ripped the envelope open and pulled out the message.

COME HOME. NEED YOU. SPANISH INFLUENZA
RAMPANT. HELENA ILL. CHARLES.

Nelson squeezed his eyes shut, wishing he didn't have to

obey his brother's summons. But it was no use. Duty called.

"What is it, son?" Dr. Bachman's compassion reached into his heart, soothing his troubled thoughts.

"I'm needed at home. The influenza is still raging there." Nelson's fists clenched. Oh, how he wanted to stay.

"I see." Dr. Bachman rose. "When will you leave?"

Nelson stood, too, and met the kind doctor's eyes. "On the first train going East in the morning." At the doctor's nod, he turned toward his room. "I need to pack."

A light knock on her parents' bedroom door roused Mildred from her doze. Fear clutched her heart, and she reached out to touch her mother's hand. Warm, but not hot. Then she heard the breathy rasp in her mother's throat, and she relaxed.

The knock sounded again. "Yes, come in." Her father wouldn't knock. Had Nelson come back? Her heart raced and she stood to greet him.

But the words died before she spoke as the expected tall outline morphed into one much shorter. And feminine.

"Clarice!" Mildred kept her voice low, not wanting to agitate her mother. "What—"

"I heard about Aunt Amelia and came as soon as I could."

"But your father?"

"Is fine. Recovering."

"Then why—I mean, after my—" Mildred shut her eyes. Why couldn't she apologize without stumbling over her words? They were fluent enough other times.

Clarice wrapped her arms around Mildred's waist and squeezed tight. "You need me. I came. You would have done the same for me."

Only she hadn't. She'd allowed Henry to convince her everything was fine.

"What about Thomas?"

Clarice released her and stepped back. "He told me to come." She pushed her light shawl off her shoulders, tossed it onto a small table under the window, and headed for the washbasin. "What do you need me to do? Who's caring for Henry?"

"Klara. I'm sure she'd welcome your help." Mildred watched her in a daze. "How did you find out? Nelson?"

"Nelson? No. Haven't seen him. I thought he'd be here."

Mildred handed Clarice a clean towel. "He returned Uncle Will's automobile. But he said he'd be back in the morning."

"That's fine then." Clarice laid the towel beside the washbasin. "Where's Henry?"

"Upstairs." Mildred started to follow Clarice out of the room, but Clarice put up her hand.

"No. Stay with your mama." She quirked a little grin. "I know what to do."

Mildred responded with a smile of her own. "I know." She leaned down for another quick hug. "Thanks, Clarice." God must be listening after all.

Returning to her mother's bedside, Mildred picked up the stethoscope—the one Nelson left—and listened intently to Mama's lungs. Were they a little clearer than when she listened last? Or was it wishful thinking? She rested the back of her hand against her mother's forehead and cheeks. But they remained cool. The fever had broken.

The bedroom door opened again, but Mildred didn't turn.

"How is she, liebchen?"

"Uncle Will?" She looked behind him for Nelson, but the doorway remained empty. "Mama's past the worst of it, I think."

"And Henry?" Her uncle placed his bag on the bed near her mother's feet.

"Klara was still sponging him down the last time I checked. Clarice is with him now."

"Then I will check him first." Her uncle turned to leave.

"Uncle Will. Wait." Mildred peered hopefully over her uncle's shoulder. "Where is Nelson? Didn't he come with you?"

Uncle's Will's shoulders slumped. "He's on the train going home." He held out a paper. "This came for him last evening."

Mildred moved closer to the gas lamp next to the door as Uncle Will slipped out of the room. As she read, two words seared her mind: *Helena ill*.

Chapter 12

Mildred crossed the road, skirted the turnout, and stopped a few feet into the wildflower field. Bluebonnets vied with primroses and Indian paintbrush as they crowded the dance floor of green foliage and grasses. Everywhere she looked the flowers bent their fragrant petals in the gentle April breeze in a graceful country-dance of bowing and scraping.

She closed her eyes and took in deep drafts of the fragrant air. Mama would have loved to come with her, but Mildred needed to be alone. Besides, Mama hadn't fully recovered from her near brush with death. Which was why Mildred was still on the farm. Caring for her father and younger siblings kept her busy from first light until well past sunset.

Today Ernie and Klara were on a school outing until after supper. Henry was busy with Papa in the furniture workshop. So Mildred took advantage of the break in routine and walked to the field.

She reached into her skirt pocket and pulled out the ragged yellow paper with the message that had called Nelson home. Four long weeks ago. Then, she thought he was beginning to care for her.

But one telegram bearing Helena's name took him

away. And she hadn't heard from him once. Mildred's heart clenched against the familiar ache, and she buried the paper out of sight again. When she got back home, she would put it in the burn barrel. Not that it mattered. The contents were etched into her memory.

Mildred picked her way along the narrow path, wading through the bluebonnets that spread their petals in a purply blue canopy. She stopped several times, reaching down to pinch off dead flowers, making room for more to grow in their stead.

Since that awful night at her mother's bedside, Mildred was learning to take delight in the many ways God showered her with His mercy and grace. He had heard her desperate prayer when all she could do was lean on Him. First Clarice came, without being asked, and then Uncle Will came to aid her.

The Lord even allowed Nelson to stay long enough to see that his patients were stable before going to get Uncle Will. Then Papa and Uncle Will were the towers of strength she needed when she learned Nelson was gone.

But why hadn't he written? Not even to Uncle Will. She could understand Nelson not wanting to write to her. After all, he went back to his Helena. They were probably engaged again and planning their fancy June wedding. But he could have let Uncle Will know what his plans were. She hadn't thought he could be so rude, so uncaring. That wasn't the man she thought she knew. And loved.

Mildred climbed the stairs of the gazebo and gazed toward the river. *Father, why can't I let Nelson go? What purpose does it serve for me to keep dwelling on him? Please, please take my love for him away.* Her decision to follow the God of love Nelson believed in brought her more peace than she'd thought possible. And she reveled in the intimacy of prayer. Still, she didn't understand why He hadn't answered this particular prayer.

A flash of red in the trees near the river caught her attention. Low, just above the blue carpet that continued past the edge of the wooded area. Curious, she left the gazebo and made her way toward the river.

Like a homing pigeon, she tracked her way through the flowers until she saw the object. A man's tie?

She reached to free the fabric from the low branch that had snagged it. Not just any man's tie. She recognized the small blue pattern.

"Nelson?" They'd gotten no farther than the gazebo the last time he was here. Besides, he wasn't wearing his red tie that day.

Crushing the fabric in her fist, Mildred allowed her gaze to dart across the field again. No one there. She turned back to peer into the undergrowth in the trees leading down to the water's edge.

"Father God, what's going on?" This was Nelson's tie. She had no doubt. But what was it doing here?

Shrugging, she turned away from the river and smacked into a man's hard, broad chest. A man who grunted at the impact and wrapped his arms around her, keeping her pinned to him.

Too stunned to fight off the liberties the man was taking,

Mildred inhaled the spicy tang of Nelson's cologne. *Wait.*

She twisted and gazed up into his face. The familiar blue gaze radiated joy and love, and Nelson held her as though he would never let her go.

She closed her eyes, sure that when she opened them he would vanish. Instead she felt the rumble of laughter roll from his chest.

"Nelson?" She jerked from the comfort of his arms. "How—how—despicable—" How dare he laugh at her? He went running back to his Helena. He shouldn't have been holding her in the first place.

"Despicable?" Another shout of laughter echoed through the trees.

Mildred pulled her gaze away from his mouth, along with the thoughts of what it would be like to be kissed with those lips. Ugh! Now who was despicable?

Tears started to her eyes, but she furiously blinked them back. "Why are you here? So you can gloat over your good fortune?"

Confusion clouded the joy still radiating from his eyes. "What?"

She ripped the paper from her pocket and shook it in his face. "Your precious Helena." Her voice made the woman's name sound dirty and twisted, like the crumpled paper in her hand.

Nelson gently grabbed her fist and released the paper. Keeping her hand captured in his, he smoothed out the telegram. A line appeared between his eyes. "Where did you get this?"

"You left it behind in your hurry to get to your ladylove."
Her words pelted him like stones, but they didn't carry the
bitterness he'd expected. Or deserved.

He honestly couldn't remember what he'd done with
the telegram. But he never expected to find it Mildred's
possession. Why she'd kept it. . .

His lips trembled with suppressed mirth. How predictable,
yet so contradictory, she was. And he loved every aspect of
her complicated being.

He knew he'd have his work cut out for him in order to
win her back. She had every right to be angry. He'd wanted to
see her last night as soon as he arrived, but Uncle Will advised
against it. Not until the older man had prepared Mildred for
the shock. But Nelson couldn't resist spending more time
in the wildflower field, recalling the short time they'd spent
together there before their worlds fell apart.

Then, little Ernest's news derailed the words of love he'd
worked up the courage to speak. So when she strolled into
the field this afternoon, he praised God for smoothing the
way before him. He wasn't about to waste any more time.

He crumpled the ragged paper and tossed it toward
the river. She followed the yellow ball with her eyes until it
plopped into the water and disappeared.

He wrapped his arm around her waist. "The cat got your
tongue?"

Her lips firmed into a thin line. He pulled her tight
against his side and tilted her head toward him. "Mildred,

sweetheart, look at me. Please."

Relief flowed through him when she finally raised her gaze to his. Questions, reproach, and something else warred in her eyes. Love? For him?

"I didn't go home because of Helena. How could I when my heart was here?"

"Then why?"

"My brother never, ever asked for my help before. Although his wife, Charlotte, was instrumental in getting navy nurses into the field hospitals in Europe, he never approved of my going to war. Even as a medic."

Nelson tucked Mildred's head under his chin, and she nestled against him, but she didn't relax.

"In fact, it was because of him I decided to accept your uncle's invitation to join him here. I had no plans to return to Virginia for any length of time." He paused. "And I still don't. Fredericksburg is my home."

"But why didn't you write?" The anguish in her tone wrenched his heart.

"I did. Long, long letters every night, describing my days, my nights, working and longing for you. I even wrote to Dr. Bachman telling him when I planned to return."

She pulled back and pinned him with her gaze. "But we. . ."

He sighed. "Two evenings ago, I discovered them in my mother's desk."

"What?" Disbelief and indignation poured out from her. "Your mother took your letters out of the mail?"

"Yes." Once again he felt the sharp pang of disbelief.

His own mother. "Almost every day I asked if any mail had come for me." He shook his head. "Every day the answer was the same. I could understand why you might not want to answer"—he ignored her protest—"but hearing nothing from your uncle bothered me. He'd always been so prompt to reply before."

"So how did you find out?" She snuggled back against him again.

"When I said I was going to check with the post office about the missing mail, Mother finally admitted her interference." Until then, he had no idea that she sided with his brother about Nelson's going to war. Plus she nagged him unmercifully about repairing his relationship with Helena. It would be a long time before he could trust her. If ever.

"Anyway, you can read the letters later. I decided to special-deliver them. But before that, I have something to ask you."

"Hmmm?"

"Can you ever forgive me for killing Harold?"

Mildred jerked away from him. "What? Are you on that again?"

He tottered at her sudden movement and reached for her. But she stepped away and handed him the cane he'd placed against the twisted mesquite next to the path.

"Nelson, you're not the only one who had harsh words with Harold. I found out"—she whirled away from him as her voice cracked. "He—he said, promised, he would spend his last furlough with me."

Nelson touched her shoulder, but she shrugged him off.

She wiped tears from her face with the back of her hand. "He spent his leave with. . ." She gulped in a breath and finally turned back to him. "With another girl." Her mouth twisted into a wry smile. "I'm sure you can imagine that last letter I wrote."

He could, but it made him smile, not shudder. "Maybe he didn't get it before he fell ill."

She gave a short laugh. "I hoped that, too, until I got all of his personal items. The letter was there, opened and well read. He even made notes for his reply." She groaned. "He was going to tell me about you. Said we'd make a good match if you ever got your head on straight about Helena."

Amazement sizzled up his spine and seized his brain. Words failed him.

"Come." Mildred motioned him to follow her. "You need to sit."

No, he didn't. His plans didn't call for sitting, but he followed her to the gazebo. When she sat, she patted the seat beside her. Instead, he leaned his cane against the bench and knelt in front of her.

Her eyes widened when he gathered her hands into his.

"Mildred, when we were here before, certain events— God's timing—prevented me from speaking my love for you. I didn't go home because of Helena. I couldn't when I loved you. In fact, I never saw her." His bad leg protested and he shifted his weight. "After this last month, I knew that I never want to be separated from you again. You complete me as no other thing or person ever has. Please say you care about me. . .at least enough to consider marrying me."

She slipped off the bench and knelt in front of him. "Yes, yes, yes!" She pulled her hands from his and wrapped her arms around his neck. "I love you, Nelson. More than I can say." Her eyes radiated the truth of her words.

His eyes drifted down to her lips that begged to be kissed.

He needed no second invitation as he wrapped his arms around her and sealed their love with a kiss that exceeded his expectations.

Marjorie Vawter is a professional freelance editor who proofreads and edits for CBA publishers, edits for individual clients, and writes. An avid reader, she also judges for several prestigious awards in the inspirational marketplace, and she serves as conference director's assistant for the Colorado and Greater Philadelphia Christian Writers Conferences. She has published several articles and numerous devotionals, many of them in Barbour publications. Mom to two adult children and a daughter-in-love, Marjorie lives with her husband, Roger, and cat, Sinatra, in the Ozarks of southwest Missouri. You may visit her at www.marjorievawter.com.

LETTERS FROM HOME

by Lynette Sowell

Dedication

To Connie, Margie, and Eileen – thanks for grafting me
into "the posse" as we developed our stories together.
It was a joy to research with you as we drifted
from one time period to another.

To those from the "Greatest Generation," example
of tenacity and courage to all who've come after you.
Truly these were your finest hours.

A big thank you to the Pioneer Museum in Fredericksburg
for answering questions during our research trip
to your sweet town.

*My people will live in peaceful dwelling places,
in secure homes, in undisturbed places of rest.*
ISAIAH 32:18 NIV

Chapter 1

Fredericksburg, Texas
1943

C'mon, Trudy! C'mon!" Eric Meier tugged on his sister's arm. "We're going to miss the parade! We can find a good spot to watch if we hurry."

"Hold your horses. I'm right here with you." Trudy didn't mean to drag her feet, because part of her wanted to see the parade and hear the band and some of the Hollywood performers passing through Fredericksburg. Listening on the radio wasn't the same thing, or reading about it in a magazine. Little Fredericksburg wasn't a regular stop for many Texas visitors. Not until their own Chester Nimitz had risen to the top ranks of the navy to show the world that even from landlocked Fredericksburg, someone could go on to do great things.

But today Trudy felt closer to forty-one than twenty-one. Her legs felt like lead weights, her muscles tired from working at the beehives until sundown yesterday. She fought away the fatigue, clutched the Brownie camera that hung from a strap around her neck, and tried to be positive. Maybe today she'd get some good shots. Of course, she'd need to order more photo paper, something at a premium during these lean years.

She paused at her parents' bedroom door. "Mama?" She

heard nothing, so she pushed the door open a few inches. Her mother's low snore filtered through the space. It was best she let her sleep, all worn out from her volunteer work at the hospital. She'd arrived home early that morning.

The front door banged. "Tru–dy! Come *on!*"

Trudy shook her head and closed the door. Eric could tear all over the countryside on his bicycle, yet for some reason he couldn't make it to town without her presence at his side? "I'm coming, Eric."

The May morning sun promised a toasty afternoon. If she had her way, she'd bicycle down to the creek with a book, a pen, and her camera. She'd sit under her favorite live oak tree and watch the wind blow the puffy clouds across the sky. The favorite tree would remind her of Kurt and the promise they'd made to each other under its branches.

Trudy blinked at the momentary pain and let it pass. She closed the front door to the house behind her, as if that could close off the memory. Today, she'd definitely win the bike "race" to town that Eric always tried to egg her to join.

"They have a midget submarine, you know." Eric's voice jolted her. He bent over to check the chain on his bicycle. "All the way from Japan. I wonder if we can touch it."

"I'm sure you'll make it your mission to find out if you can." *Thank You, Lord, that Eric can keep his childlike wonder, even during the war, even with Father away.* It seemed like everyone gave something up once their country had entered the war. A lifetime of days had ticked away since December 7, 1941, a little less than eighteen months ago.

Soon they were off, down the winding road that led into

town. Trudy could close her eyes and feel each curve in the road, anticipate each landmark, no matter how minor. The sameness should comfort her, but instead it itched her like a wool scarf that her grandmother had made.

Trudy thought of the ring that still lay inside the jewelry box on her dressing table. Kurt had released her from her promise to marry him after he returned from the war, before his last letter...

He deserved someone who'd be by his side at the peach farm owned by his family, someone who was satisfied with Fredericksburg, with the small-town routine. Once, she'd shared with him her wild dream of seeing the world. Kurt had blinked and asked, "Why?"

Less than a month later, his orders came and he shipped out, leaving her behind. Jealousy fought against fear inside her.

The town hadn't changed much since her childhood. She caught sight of the first few homes on the outside of town, a snug row of Sunday homes, the middle one owned by her family. Her *oma* had lived there until her passing over the late winter. Trudy slowed down. If things were different, she'd ask her mother if she could stay in the house by herself and have a measure of independence. Of course, her help was needed most at home.

Next door was the Zimmermann family's home. How she'd loved Sundays growing up in Fredericksburg, all the comings and goings and visiting. And the food. *Oma, I miss you, and every time I see the house, it reminds me of what we've all lost.*

Eric left her literally in his dust. He rang the bell on his bicycle and the jubilant sound joined with the sounds of celebration ahead of them on Main Street. The war bond tour had descended on Fredericksburg. It wouldn't surprise her if nearly the whole town assembled along Main Street.

Instead of following Eric, Trudy moved off the road and circled back. She might as well leave her bicycle parked at the Sunday house. She could negotiate any crowd on foot, where a bicycle might get in the way.

"You're just in time for the parade." Her longtime friend Kathe exited the Zimmermann family's Sunday house. Kathe Zimmermann, soon to be Kathe Mueller, grinned.

"Eric made sure." Trudy tried to pop her kickstand down, but the contraption stuck so she leaned the bicycle against the house, just past the porch. "So how are you? I've been such a poor bridesmaid, and I should be helping you prepare for the wedding."

"You've done plenty," Kathe said as she linked her arm through Trudy's. "Peter and I are keeping things simple, especially now. But my cake is going to be made with white sugar, not brown, and have gobs of buttercream frosting."

The thought of a rich, creamy wedding cake with plenty of frosting made Trudy's sweet tooth ache a little. "I'm so happy for both of you."

"Thanks." Her friend's expression fell. "I know this must be hard for you, with Kurt. . ."

Trudy shrugged. "It's all right. Like I said, I'm happy for both of you. The fact that Peter survived, came home to you, and now you get to have your happy ending, I'm just glad someone else is finding some joy in the middle of all this."

She didn't have to mention the Wagner twins who'd perished and now lay buried in a Fredericksburg cemetery. The war had cost Fredericksburg so much already, even with their favorite son, Chester Nimitz, commander in chief over the Pacific theater.

Kathe hugged her. "Thank you. I'm praying you'll have your happy ending, too."

"I hope so, someday." A lump swelled in Trudy's throat. *Gertrude Meier, I see now why you wish to travel the world and see life beyond Fredericksburg. That has never been my desire, and I release you to find your way. Lord willing, once this war is over and you have traveled, maybe we will find our way back to each other again.* Trudy shoved the letter's words away, burned into her memory. "Let's go. I wonder if Mitzie Harmon looks the same in person as she does in the movies."

Kathe laughed and the sound propelled Trudy back to more innocent times, to childhood. She echoed the laugh as they ambled the rest of the way to Main Street.

Bradley Payne stepped off the bus, the dust of Main Street Fredericksburg swirling around him. He slung his duffel bag over his shoulder. The bag contained all his worldly goods—well, everything that he'd been toting since leaving Washington, DC, just over three weeks ago.

He adjusted the brim of his hat as he scanned the street lined with people, its buildings resembling something out of a Wild West show combined with European charm he'd seen in Germany. Fredericksburg. Home of his father's family, the family he never knew. *Father, why did you leave the family who accepted you and took you in?*

Bradley continued to the Nimitz Hotel, a curious-looking, three-story structure on the corner of Main Street and North Washington. A flag flew from the roof, the building resembling a ship. Charles, the old man who'd built the hotel, was once a sea captain. Ironic that he'd build a hotel like this far from the ocean.

Ironic that Bradley's travels should take him here as he and his fellow journalists followed the war bond tour that stopped in the hometown of Admiral Nimitz. Chester Nimitz, grandson of the man who built the Nimitz Hotel, was born right here in a small Texas town hundreds of miles from any body of water large enough to float a battleship, yet he'd risen through the ranks after graduating from the United States Naval Academy to achieve the highest-ranking position in the Pacific theater. Hopefully, Bradley would find someone well acquainted with the Nimitz family, as Chester hadn't been back to Fredericksburg in quite some time.

Growing up in the family's hotel, Nimitz had likely seen a myriad of people pass through its doors. If anyone new came to town, the Nimitz family would know.

Nimitz had grown up without a father, who passed away before Chester was born. At least Nimitz's father hadn't deserted him and he'd had the love and support of his extended family during his childhood. Admittedly, Bradley had had the love of his mother who told him to love his father and pray for him.

A long-ignored bitterness oozed from Bradley's soul

in sharp contrast to the merry tune played by the band on the town square. This was no way to meet the town he'd be exploring during the tour. This was no way to find his story. *Help, Lord,* Bradley prayed silently as he ambled in the direction of the music. The town square lay just past Adams Street, opposite the library and the courthouse.

His editor, Frank McAffrey, had clamored during the entire trip about finding the story everywhere he went. "*Letters from the Homefront is one of our readers' favorite columns. So don't disappoint them,*" Frank had said before Bradley left.

No one ever disappointed Frank McAffrey and kept their job long, or at all. Plus, there were too many other journalists wanting to write for *This American Life*. Bradley had worked hard to get this position, and even harder to convince Frank that following the war bond tour would bring an even more personal touch to his column.

Find the story, find the story, he reminded himself as he studied faces in the crowd. Wherever the tour had gone, they'd encountered a similar atmosphere, yet with a character unique to the people of the local area.

The voices of the crowd rang out in laughter at Mac Mackenzie, the traveling comic's antics on the makeshift stage festooned in red, white, and blue. Bradley allowed himself to remain at the edges of the crowd, close enough to observe but not so close that he'd miss something if not having the eyes of an outsider.

Then he saw a pair of young women that grabbed his attention. A proverbial willowy blond with eyes the color of the waters of the Mediterranean. Now, she was a looker. She chatted with her friend, pushing wayward strands of hair over one ear. But her cool, tall figure didn't keep his attention.

Instead, he focused on her friend, a brunette with dark honey tones in her hair, eyes the color of amber. She bit her full lower lip with her teeth, holding up her camera, her eyes narrowed while she studied the scene through her lens. Her tall skinny friend giggled at the comedian and bumped her shorter friend's elbow.

The brunette murmured something and shook her head, then laughed, lowering the camera. Her gaze traveled across the square and locked with his. She'd caught him staring, and he refused to look away.

A half grin quirked in his direction, and she lifted the camera and pointed it at him.

Chapter 2

"You took his picture?" Kathe glanced at Trudy. "I can't believe it."

"He was staring at us, like he knew what we were thinking." Trudy wound the film in her camera until she felt the familiar click. What on earth had compelled her to snap a picture of the man? Okay, he was handsome enough. He could stand beside any of the silver screen heartthrobs and hold his own. He definitely wasn't from Fredericksburg.

"Now he's coming this way."

"So's your Tante Elsie." Trudy nodded toward Kathe's aunt. "She can set him straight."

"Ha. She can set anybody straight." Kate smiled.

"Girls, hasn't it been a wonderful show?" asked Tante Elsie.

"You couldn't go all the way to Austin to see a finer one at the Paramount," said Trudy.

"Good afternoon." A rich baritone voice tugged Trudy's attention away from the older woman.

Trudy turned to face the man she'd brazenly snapped a photograph of less than two minutes before. The townspeople were used to her bicycling around town during her free moments, photographing this and that, waiting for the correct light conditions. But to photograph a complete stranger?

195

She felt Kathe's elbow in her ribs. "G–good afternoon, Mr.—"

"Ah, so you're going to ask my name, now that you've taken my photograph?" His smile made a bolt of heat shoot through her insides.

"It's only proper that I can identify my subject." She felt a grin tug at the corners of her mouth.

"Bradley Payne." He removed his hat and nodded.

"Trudy Meier." She extended her hand. "And this is my friend Kathe Zimmermann, and her aunt, Miss Elsie Zimmerman."

Mr. Payne hesitated a fraction of a second before putting his hat back on. "Zimmermann, you say. . ." Then he cleared his throat and continued. "It's a pleasure to meet you all while I'm visiting your fine town. I'm here following the tour."

"I assumed as much, since I didn't recognize you." Trudy clutched her camera in front of her.

"You must take some time and get to know our town." Tante Elsie was studying him thoughtfully. "You know that Admiral Nimitz, commander of the entire Pacific theater, comes from Fredericksburg."

Trudy glanced at the older woman. Was that a tear in her eye? She met Kathe's gaze. Kathe shrugged.

"That I do, Miss Zimmermann." He looked at Trudy again with those dark eyes of his. "I actually work for *This American Life* magazine."

"You do?" Trudy's heart beat even faster. "I try to buy it when I can." The name Bradley Payne should have seemed familiar to her, as much as she read the magazine cover to cover.

"That's swell. It's always fun to meet a reader." He eyed her dangling camera. "I take it then you're a camera buff?"

"Yes, yes I am." She clutched her Brownie again. "One day I'd like to get a better camera, but for now, this one does fine." Now she felt like a nincompoop for taking his photograph. He was probably a seasoned traveler, working for such a renowned national magazine.

"Do you do your own developing?"

"I do. My closet doubles as a darkroom, and it works fine as long as my little brother doesn't come charging in." Her cheeks flamed.

"Excuse me," Kathe interjected. "I see Peter's mother over across the way, and I need to ask her a question about the wedding rehearsal."

Sure. Leave her here, floundering as she tried to untangle her snarl. This would teach her to be impulsive. Truly, she would never try anything so foolhardy again.

"We'll see you soon," Tante Elsie said, looking from Mr. Payne to Trudy, then back to Mr. Payne again. "Where are you staying while you're in town, Mr. Payne?"

"At the Nimitz Hotel, of course. Only for tonight, I think. The troupe is moving on in the morning."

"Well, should you need to stay in Fredericksburg longer, you might inquire to see if one of the local Sunday houses is available." Tante Elsie placed her hand on Kathe's arm. "Let's see about talking to Mrs. Mueller."

Trudy watched them leave. Now, how to extricate herself from the conversation. "I hope you enjoy your visit."

"What's a Sunday house?"

"It's a weekend home, here in town," Trudy explained. "Those of us who live on farms outside town, our families built them years ago so we didn't have to travel back and forth on the weekend to do business and go to church. They're generally quite tiny. It's easier to drive back and forth to town now that we have cars. But we've kept our houses. Sometimes now they're rented out, or our grandparents move into them to be closer to town. That's where Miss Zimmermann lives now."

"Ah, I see." Mr. Payne glanced around the town square as the crowd filtered away. "Did you know they're having another performance tonight at the high school?"

"I do. But I only came to see the one today." Trudy bit her lip as reality bit into her. "I'll be needed back at home tonight."

He nodded. "Do...do you know if there is a Sunday house close by that I might rent for a time? The tour will be moving on, but I think I might stay for a while." He slung his jacket over one shoulder.

Trudy thought fast. She'd wanted to escape the conversation, the feelings swirling inside her at merely talking to this handsome stranger, but times were tough and she knew her family's coffers could use the money. "My family has one. It's empty right now. How...how long were you planning to stay?"

"I–I'm not sure. A week or two?" His expression was unreadable.

"We charge twenty dollars for a week, one dollar a day extra if you want us to provide a food basket." She hadn't consulted Mother, but the house had been empty since Oma's passing. Other families rented out their empty homes, why not the Meiers? The food basket was an impulse as well. First, snapping photographs, then renting out the Sunday house. What was with her?

"That's fair enough." He nodded at her, the shadow of his hat brim slanting across his face. "I'll want a food basket, too. I'll be spending my time writing, not hunting down meals."

"All right then, Mr. Payne. It's a deal." She extended her hand and they shook again, their grip lingering. Her breath caught in her throat. Now she needed to explain to her mother what she'd done.

"Deal." Mr. Payne released her hand. "How will I know which house?"

"I—I can meet you with a key at the Nimitz Hotel when you check out tomorrow, and show you the way."

"I'll see you at noon." He smiled again. "And, call me Bradley."

"I'll see you, Bradley." Trudy fled in the direction of the library.

The sun had set on Fredericksburg, not long after 9:00 p.m. That was a switch for Bradley, who was used to the sun setting earlier in the Northeast. He ambled along Main Street, the quiet soaking into him.

Tante Elsie Zimmermann. Tante Elsie. His aunt. Only on his deathbed had his father talked about the kindness shown to him as a child by his cousin and his wife, Hank and Amelia. Hank was his father's cousin, but with the age difference, he'd addressed them as aunt and uncle. He'd left home as soon as he was grown and hadn't looked back. Father never allowed anyone to fill the empty space yawning inside him after his parents' death. As a child, he'd moved on, but as he'd grown older, he'd started questioning the family's love for him. Micah Delaney Zimmermann's scars from nearly being sent to an orphanage by his own grandfather—Hank's father—had never healed. Consequently, Bradley had a close bond with his mother, who had been an only child and had no family close by. The pen name, Payne, came from his mother's side of the family.

He supposed he should introduce himself fully to Tante Elsie and the rest of the family. Would the Zimmermanns acknowledge him as family?

He entered the lobby of the Nimitz and found Heinrich, the concierge, at the desk. "Mr. Payne, I have that line to Washington D.C. you needed."

"Thank you very much." Bradley accepted the telephone receiver from Heinrich. "Frank, are you there?"

"You're calling me from Texas? This had better be good." Frank's voice held an edge to it. "It's after 10:00 p.m. here."

"I want to stay in Fredericksburg for a while instead of heading west with the rest of the group."

"You'd better have a good reason."

"I want to show a different slant, letters from home, but from the hometown of Admiral Nimitz. I want to get to know its people. You know most of them are German. I think they'll have a unique perspective of the war."

"You don't say. Well, I'll give you a week to begin with. Get me some good stories."

"Thank you, sir. I won't let you down."

"Of course you won't. I'll send Briggs to meet the group in New Mexico and we'll see how it goes."

"I'll wire a story to you in a week."

"Have it wired by Friday."

Three days. Bradley sucked in a breath. "You'll have it."

He hung up the phone and glanced at Heinrich. "Thank you, sir."

"You're very welcome, Mr. Payne."

Bradley nodded then strolled out of the lobby and out again into the Texas night. His mind drifted back to Trudy Meier and her funny little camera. She'd been so earnest, and he saw a glimmer of the same curiosity that he had as a writer. She stood on the fringes, like he did, and watched. He understood that.

She liked him, too. Pretty girls were a nice distraction, but that was it. A distraction. Maybe someday, he'd settle down when he met the right girl. Not that he had a family to bring her home to, with Father and now his beloved mother gone.

He'd watched from the edges for most of his life, having worked his way out of high school and then through college, making his mother proud. Most of the other boys had had money. He had a scholarship and hard work. Even there at university, he'd felt on the outside.

But now here he was in Fredericksburg. His father had told him years ago that he was related to Hank and Amelia Zimmermann in Texas, that they'd adopted him after his parents had died. Here he had a pile of family, and all he had to do was make himself known. He realized that Trudy's tall skinny friend was even a cousin of his.

The thoughts swirled in his head. What did he want, here in Fredericksburg? He wasn't sure. But knowing he had a scrap of family here, well, he had to see where this trail led him. Spending some time with Trudy Meier wouldn't be unpleasant, either. Maybe she had someone off fighting in the war. It wouldn't surprise him if she did. He'd follow that trail, too, if only out of his journalist's sense of curiosity, nothing more.

Chapter 3

Trudy parked her bicycle at the front of the Nimitz Hotel and popped the kickstand in place. She was on time to meet Bradley, but she'd had to hurry. Her mother hadn't been terribly pleased about renting their Sunday house to a stranger. Trudy agreed to accept the responsibility if anything went awry. Which, of course, it wouldn't. She'd spent the morning at the house, sweeping and scrubbing and airing the place out. The mustiness was gone, at least. It would be a tragedy if the scent of Oma's lavender disappeared forever. Now the Sunday house was ready for its first tenant. Mother couldn't argue with the extra income Mr. Payne would bring them.

Bradley. One of the last things he'd said was his first name, Bradley. She tried not to fuss over the wisps of hair that pulled out of her headband. Headband. Like a schoolgirl. She stuffed away the thought. She needn't worry about what Mr. Payne thought of her. It was a business transaction with a visitor to town. She knew nothing about the man. But dreams of travel and everything he'd seen followed her home.

Trudy yawned. She'd sat up too late, poring over her old issues of *This American Life*, with its photos of adventures throughout the country. A few articles from Bradley Payne. His head shot looked glamorous, half a grin spread on his face and his jacket slung on his shoulder, as if he'd just returned from a fabulous trip. Now, here he was in tiny Fredericksburg.

"Here I am, Miss Trudy Meier. It *is* miss, or. . . ?"

"Yes, it's miss." So he wondered if she was married. . .but that meant nothing. "But just Trudy is fine."

"You don't seem like a 'just' anyone."

She found no response that would make sense and tried not to stammer as she said, "I—I have the key here, although you shouldn't need to worry about keeping the house locked. We watch out for each other here." Heat rushed through her face.

"That's nice to hear." He shifted a duffel bag on one shoulder. "Lead away."

Trudy nudged her bike's kickstand up into place and pulled it away from one of the pillars. "It's not far, just down a side street and almost at the southern edge of town."

"Have you lived here all your life?"

"Yes, all my life. My parents have a farm, and we keep bees and grow peaches like a lot of people around here do. My father is away, in France the last we heard. I have a younger brother who's twelve and I try to keep him out of trouble as best I can." Her mouth was running along at a steady pace, like the train that chugged into Fredericksburg regularly from Austin.

"So how did you get interested in photography?" Like a gentleman, he slowed his pace to match hers.

"My father. . .he brought home *National Geographic* magazine, and the pictures were so beautiful. Then I got to go on a trip to see Ansel Adams photography in a gallery in Dallas. I knew I wanted to take pictures of anything and everything." Her cheeks flamed. Her photos weren't of any exotic or dramatic subjects, though.

"Of course, you had to try. Did you take photographs when you were in high school?"

"Yes, I did. We even had a small club. I was the president. Everyone else took it for kicks, but. . ." She didn't tell many people she wanted to be a photographer, more than portraits of families and children.

"I'd like to see some of your photographs sometime. I've shot some photos for the magazine before."

"Really? I'd love some pointers. But I know you're here to work."

"I won't be working all the time." His grin made the temperature shoot up at least ten more degrees. *Oh dear. Slow down. He's here now, but he'll be gone soon enough.* She had grown up knowing Kurt Schuler and had loved him once, probably still loved him a little, but the feelings clamoring for attention inside her, well, she'd never experienced these with Kurt.

"All right, then. I'll bring my portfolio." She suddenly felt shy again as she led him down the street. Two more blocks and they'd be at the house. Time to ask him some questions of her own. "So, why Fredericksburg for your magazine?"

"Why anywhere? For one thing, there's Nimitz. What kind of atmosphere did he grow up in that made him the leader he is now? That answer is here in Fredericksburg. Plus, like many small American towns, your town has given a lot."

She nodded. "That it has. . ." The twins. Kurt. Plus

dozens of other fathers, sons, husbands, away without any word of when they would return.

"And then there's the obvious. Most of the town is German. Has that affected the way you're treated, here in Texas?"

"Ah, now that's always a good question." She paused, pondering how best to answer him. She never thought being of German descent would be a problem, but as the war escalated, it didn't seem to matter to some people that her own people were fighting for the right side. "Well, there are some who won't do business with us. But we've been pretty self-sufficient here."

Bradley nodded. "I've seen lots of small gardens in town."

"Yes, the idea of having a victory garden is nothing new to us. We've always grown what we needed." Funny. He'd changed the conversation back to Fredericksburg, away from himself. They approached the first in the small row of houses. Tante Elsie sat on the porch in her rocking chair, fanning herself, a jar of cool tea beside her foot.

"Hello, you two," Tante Elsie called out.

"Hello, Tante Elsie." Trudy smiled at the woman. She treasured the friendship with the Zimmermanns even more now that her own oma had passed on. Even Tante Elsie was almost like an oma to Kathe, with her own grandmother passed away.

"Miss Zimmermann." Bradley tipped his hat to Tante Elsie, an elegant gesture. "We're going to be neighbors for a while." There was something refined about him, yet somewhat unpolished. Trudy glimpsed a dark shade of stubble on his chin. She envisioned him hunched over a typewriter, clacking away at the keys into the night, rubbing his chin as he thought of the right word.

"Ah, so I see." There was a sparkle in the woman's eye. "I'm sure the Meiers will take good care of you."

Trudy dreaded the familiar sensation of blush. She tried to act normally, as if walking with Bradley Payne were something she did every day. She pulled the sack from her bicycle basket. "All right, there's not much to show you here." She balanced the sack on one hip and unlocked the door to the house. "We only kept this locked since it's been empty, but now that you're here, you can leave it unlocked."

She stepped into the familiar space, now clean and swept. The one room contained a narrow bed in one corner, covered. Her dusty sneakers thudded on the wooden floor. Oma's braided rag rug made a circle in the center of the room.

Bradley entered behind her and moved to shut the front door.

"No, please leave it open." Trudy stepped toward him. "It's better that way. People won't, um, talk. . .about us being alone in here, behind a closed door."

A half grin appeared on his lips. "Okay, you've got it. Door open. Nobody talks."

"So," she said, placing the sack on the square wooden table, "in that small cupboard in the corner, you'll find some bowls and cups. The woodstove works, but you likely won't need it. I've brought a few things for you. My mother's biscuits and a jar of peach preserves, as well as a jar of honey. Plus a sandwich. I hope that will do. I can bring more biscuits by tomorrow, plus some of mother's chicken potpie."

"Sounds tasty. This will be fine for now. I have to write, and I don't eat much when I'm on deadline." He paused, the breeze from outside swirling into the small space and lifting the front of his hair. "There's something else I'd like you to bring, though. I'd hoped you would today."

"What's that?"

"Bring some of your photographs. I'd like to see them."

She almost smacked her forehead. "Oh, I did. They're in the sack, in a folder." She pulled it out. Mr. Greiner at the newspaper office didn't care much for her photographs. Maybe Bradley wouldn't either.

He accepted the folder from her and opened it. "The light's not very good in here. I'm heading outside. C'mon."

She followed him and settled onto the swing beside him. The friendly, almost intimate seating arrangement made her heart flutter. That, and the fact her heart was shown through the photos.

"This is beautiful." Bradley held up the print she'd made of a field of bluebonnets and Indian paintbrush, sweeping up to an old barn that filled the sky. She'd lain on her stomach, shooting uphill to get that shot. "When did you take it?"

"That was this spring, in April. I wish you could see the colors."

"You have an eye for composition, and contrast. The lightness of the flowers, with the barn looming at the top of the background." Bradley moved to the next print.

Her throat caught. Oma's hands, kneading out bread dough, the sun slanting into the window. Then a photograph of the schoolchildren of Fredericksburg, linked arm in arm in front of their scrap collection piles, proudly celebrating what they'd done to support the war effort.

"What's this?" Bradley asked. "A scrap king and queen?"

"Sounds silly, but they had a contest at the high school for who could bring in the most scrap metal." Trudy shrugged. "It was newsworthy. Mr. Greiner even bought that photograph for the newspaper."

"Nice job. You're a pro." Admiration filled his voice. Or was that her wishful thinking?

She looked up at him and met his gaze. No, not wishful thinking. "I'm not a real professional."

"You were paid for your work. And that"—he poked her arm—"makes you a pro."

"I sort of always dreamed of being a real photographer, traveling and taking pictures," she admitted. "My former teacher told me I should open a studio and take portraits. But—"

"But you don't want that."

"No, I don't."

He smiled. "I understand. I'd rather be traveling and writing than staying in one place."

"What about your family?"

"My. . .my father left when I was young. He was in and out of my life. A year ago, my mother passed away. I was an only child." A shadow passed across his eyes.

"I'm sorry. What about grandparents, or cousins?" She placed her hand on his arm. "Surely you're not completely alone."

"No, not completely." The shadow grew darker in his eyes. "Well, Miss Trudy, I hope you'll bring me more photographs. Or maybe, we could go for a walk sometime. I'd like to see more of Fredericksburg and it would be nice to see it through a local's eyes."

She nodded slowly. Whatever secrets he held, he was welcome to hold them. "I'm developing a roll from yesterday. I can bring those prints. The good ones, anyway. Sometimes I get some duds."

"I'd like that, Trudy Meier." The shadow in his eyes disappeared with his smile.

"Tomorrow then, Bradley Payne." She returned the grin.

The sun slipped toward the horizon and Bradley watched the shadow of the porch railing stretch longer and longer. He sat at the simple wooden table, writing out his thoughts on the last evening's show.

The small borough of Fredericksburg...

He crossed out *borough* and wrote *town* above it.

The small town of Fredericksburg welcomed the war bond tour with a greeting as big as the Lone Star State.

Not bad. He thought of the Japanese Ha-19 midget submarine they'd wheeled down Main Street, a reminder of the proverbial last straw that had catapulted the United

States into the thick of the Second World War.

> *With the ocean many hours away, the Japanese*
> *Ha-19 midget submarine spurred the people into action,*
> *to give to a cause that lies thousands of miles away,*
> *where many of their men are serving in harm's way.*

Not *spurred*. These people didn't need to be spurred. The town, over seventy miles west of the capital city of Austin, might be far from any typical civilization, but it wasn't immune or isolated from the effects of war. He circled the word. He'd find the right one before he wired his story to Frank.

His thoughts drifted to Trudy. She'd started to pry, gently, and he didn't blame her. He'd quizzed her about her family and the town. Of course she was curious about him. Something about her was comforting, familiar. Maybe it was the photographs, the common wanderlust they shared. He could see it in her eyes.

"Hello there, young Mr. Payne," a voice called out.

Bradley snapped his attention toward the porch. He wasn't a betting man, but a hunch told him it was Miss Zimmermann come calling. He set down his pen and left his papers on the table.

Sure enough, the woman stood beside the single step that led onto the porch. "Miss Zimmermann."

She regarded him with sharp eyes. "I see you've settled in."

"That I have. I'm very grateful to the Meiers for renting me the house while I'm here."

"You look like someone I know, only that was many, many years ago. He left the day he turned eighteen, broke all our hearts." She leaned on her cane as she helped herself onto the porch. "You're the spittin' image of my little brother, Micah Delaney. Our sister, Joy, is going to become a grandmother any day now."

He swallowed around a lump. "Wow, you don't say. It's funny how that happens."

"Becoming a grandparent, or you resembling my brother?"

He wanted to squirm under her look. He'd encountered tough interview subjects, but seldom had found himself under someone else's spotlight.

"Miss Zimmermann," he heard himself say, "I believe you're my aunt. Micah Delaney was my father."

"Of course he was," Tante Elsie whispered. "Was, you say?"

"He. . .he passed away two years ago. But he told me about all of you before he died."

His aunt sank onto the porch swing. "I'm glad he did." She patted the seat beside her. "Sit, sit. We have a lot to talk about."

Bradley complied, not sure what else to add to the conversation.

"Well, you have a large family here, and I know they will all be glad to hear about you. Micah, your father, was the youngest of the three of us. But what you don't know is that our adoptive mother and father had three more children after they took us in. Kathe is Lily's daughter. We lost Lily to sickness and Kathe's father is away fighting, so I've been keeping an eye on her. Kathe and your new friend Trudy are thick as thieves, best friends since they were in pigtails."

"I noticed that the other day."

"We're having a wedding soon, in June, at my parents' house. Your grandfather, Hank, is still alive, too."

Bradley's throat caught. Grandfather. "I'm looking forward to meeting him." So much to take in. He knew his father had family, but to have ignored them for so many years. Bradley realized how much he'd missed out on. *Father, if you'd only told me years ago. . . .*

Tante Elsie patted his arm. "So. Tell me about you. You're a writer. How did you decide to do that?"

"I always wrote from the time I was a kid. Then after high school, I studied journalism at the university in Ohio, where I grew up. Then I got a stringer job in Washington, DC, reporting. A friend helped me get an assignment for *This American Life* magazine and the rest is history."

"What? That's it? Is there a ladylove, someone special waiting for you back in the capital of our country?" She gave him a sideways glance.

"No, no one."

"Why not?"

"Time. It takes time to know someone, time I don't have. Writing sort of takes over everything, and some women don't understand that." Bradley shrugged. He'd been up past midnight, writing out his first piece in longhand, then walking, bleary-eyed, in the morning to the mercantile to wire his story.

"It sounds like it's *time* for you to slow down." Tante Elsie smiled at him. "You're not here by accident. Of course the war bond tour brought you here. But it's your choice to stay and take some time with your family. I think it's a good one. And who knows what can happen in a few weeks?"

He waited for a comment, linking him with Trudy Meier, but none came. "You're right, who knows?"

Chapter 4

The light hanging from a hook inside Trudy's closet glowed red. The aroma of photo processing chemicals filled Trudy's nostrils, and she tried not to sneeze.

"C'mon..." She placed the photo paper into the chemical bath and waited for the exposure to take place. A series of photos hung to dry from a narrow width of clothesline stretched from one side of the closet to the other. She'd clipped each of them to a hanger and in turn hooked the hanger from the line.

The photo of the small Japanese submarine looked pretty swell. Eric would love it. She'd definitely make another copy of the photograph for him, if her chemicals held out. The newest photo image in the chemical bath emerged from the blank paper. A sunlit crowd on the town square, with everyone facing toward the bandstand. Everyone except Bradley Payne.

His smile came to life, lit by the summer sun, the shadow from his hat brim shading one of his eyes. Charming, friendly, curious. Holding secrets. Did she dare ferret them out?

Mr. Payne's assignment here was a temporary one, so what did it matter? A sadness lurked deep in his eyes. Was it her job to help him? Maybe that was someone else's task.

Her mother warned her of strangers, that people weren't always what they seemed. Wolves in sheep's clothing prowled, looking for unsuspecting lambs to devour, or so she'd been told. Trudy would admit that she wasn't worldly wise. But she wasn't quick to trust strangers, either.

Yet there was something in Bradley's eyes, despite how he tried to push people away.

Dear Lord, we've all been through so much. We can use some hope, some joy. It's hard to believe sometimes that You're in control when the news talks about the insanity of war. Trudy slammed the brakes on her thoughts, especially the ones surrounding her doubts. It seemed, though, no matter how much anyone prayed and believed, the longed-for answers didn't come.

Bradley's image shimmered beneath the surface of developer. There. The photo was done. She snatched it out with her tongs then slid it into the water tray. After a rinse, she hung the photo to dry like its companions.

She clung to the faith she'd had since childhood, but as a grown woman, the answers of childhood didn't satisfy her as much. *Some answers I can live with, that's all I ask. And how can I help someone like Bradley Payne, when I don't have answers for myself?*

"Trudy!" Eric bellowed outside the closet door, the shrillness in his voice making her jump.

She bit her lip. "What is it? I'm only in the closet, not hard of hearing."

The door handle jiggled.

"Don't open the door, you'll ruin everything."

"Mama's home early. She's real tired. She wants to know if you picked the vegetables yet."

"No. Tell her I'll be right there." She sighed. Although, she had to admit that she found gardening relaxing. The first few vegetables were maturing now with an early onset of spring back in March.

"Don't be mad, Trudy."

"I'm not mad, Eric." She turned out the light and the closet filled with darkness. She reached with her toes to pull the towel away from the crack between the door and the wooden floor of her bedroom. She pushed the door open.

The room was empty. Evidently, Eric had scampered off to his next adventure. Oh, to be twelve again, when the biggest care was if your friend could come outside to play. She scolded herself. Eric didn't have it easy. A boy needed his father, and their father was an ocean away.

Trudy left her trays of developing solution in the closet and padded barefooted downstairs to find her mother in the kitchen.

"You're home early," she said.

Mother nodded. "They didn't need me today at the hospital. So I thought you and I could pick vegetables."

Of course this meant Mother wanted to talk. It seemed they all had battles with worries and cares since the war came to their doorstep. Within a few minutes, they both carried a basket to the back garden.

The first baby potatoes were ready, along with lettuce and tiny cucumbers. By summertime, they might have enough to put up jars of pickles. The soil felt cool to Trudy's feet as she squatted to pick some tomatoes.

"It's a good garden this year," Mother said. "Your father would be proud of us."

"I—I hope we get another letter soon," Trudy said aloud. "After what happened to Kurt, missing in action..." Missing. Not dead or wounded. But somewhere that no one knew about. And if someone did, they were likely the enemy.

"Are you sure you made the right decision, calling off the engagement?" Mother inspected the tops of the carrots, then passed them by.

"Yes. Not like it matters now."

"He might come back. Would you reconsider?"

"I don't think I would."

Her mother sighed. "Everything has changed. I never imagined this for our family. Here you are, twenty-one, halfway out our door. I just dread the thought of someone coming and taking you away..."

Trudy listened to the sound of the breeze whistling through the branches of the peach trees at the end of the garden. "I don't think anyone will take me away. But if I ever do leave, Fredericksburg will always be my home."

"I—I have a confession to make." Her mother retrieved a narrow envelope from her apron pocket. "Here...this is for you."

Trudy sat in the middle of the row of plants, not caring that her dungarees would get dirty. The return address was for *Texas Wildflowers* magazine. Back in April, she'd sent them a photograph of a field of bluebonnets, the Texas state flower.

Dear Miss Meier,

We find your photograph of the bluebonnet field of great interest to our magazine and intend to use it in our late summer issue. Please find a cheque for three dollars. We will also send you five complimentary copies of the summer 1943 issue of our magazine. If you have more photographs of our lovely wildflower landscape, we would like to see those as well.

Regards,
Terrence Irvine
Editor-in-chief
Texas Wildflowers

"When did this come in?" Three dollars. Someone paid her money for her photograph. Real cash money, once she brought the check to the bank.

"Last week." Mother dipped her head. "I'm afraid you're going to leave, go off hither and yon, taking photographs like you see in those magazines you love so much."

"Mother, I have no plans to leave just yet. This editor invited me to submit more photographs. He likes them. That doesn't mean I'm going to move to Austin or anything. They don't have wildflowers in the city, anyway." Trudy scrambled across the row of plants and hunkered down next to her mother, then embraced her.

"I'm sorry I hid it from you, and I'm sorry you're seeing me like this." Mother looked at the squash as she spoke. "I try to be strong for you, and your brother."

Trudy gave her a hug. "You don't have to be strong for me."

"I know you're all grown up. Just look at you, renting out our Sunday house. I'm not sure what your father will think about it. I'm not sure what I think about it." Mother wiped her brow with the back of her gloved hand. "To be sure, the extra money is nice, but—"

"But what?"

"Be careful, *schatze*. He's a reporter. I don't trust him."

"I'm careful, *Mutti*."

Bradley set his napkin on the table. "Thank you, or should I say, *danke*? I really don't know any German." The smiling faces that lined the dining room held no judgment of his lack of German. This little pocket of society was far from a large city, and its older residents held to their native language. But the younger people his age spoke little German, if any.

"That's all right," said his opa, Hank. He brushed off Bradley's apology with his wrinkled hand, callused from decades of woodworking.

The old man had cried when Tante Elsie introduced him as Micah's only son.

"My Amelia and I loved him as best we could. We built a family together, all of us." Opa shook his head, with the faintest of a tremor accenting his movement. "But my father was harsh. I'm sorry I didn't realize how deeply that affected Micah."

"Now Papa," Elsie interjected. "Don't apologize. Micah knew you loved him as a son. That should have more than made up for what your father tried to do."

Bradley didn't want to share with them about the last conversation he'd had with his father, so he held his tongue. If loose lips sank ships, the hurt that his late father's words could inflict would hurt many assembled at the Zimmermanns' home for supper.

He found himself the guest of honor, and although he was nowhere near a prodigal to this family, they'd killed the fatted calf and embraced Bradley as one of them. That, and there was cause for double celebration with the upcoming nuptials of his second cousin, Kathe, in several weeks.

"Will you still be with us?" Elsie asked.

"I–I'm not sure," Bradley managed to answer. "My job brought me here and is letting me stay on for several weeks. I'm writing a series of articles about Fredericksburg on the home front, actually."

"Please stay," said his cousin Kathe. "You are welcome at my wedding. We need a celebration around here, and having you here will add to it."

"I'll talk to my boss." He took a sip from his coffee cup. Never had he expected his writing journey to take him here.

"Have you ever been to Europe? Did you see any fighting?" asked one of his younger cousins—Walter, Bradley thought his name was.

"Yes, I was in Germany, briefly, as well as France and England. Then the war bond tour brought me here," said Bradley. "When my number came up, they sent me home because of my ear infections. I'm hard of hearing in one ear. They thought that was a liability, I guess."

"I'll be glad when the war ends," said Tante Elsie. "I know we all will."

A whistle echoed outside, followed by a call from a bullhorn in the street. "Lights out, lights out!"

Then, just like in many neighborhoods in many cities across the country, the younger Zimmermanns scampered around, turning light switches off and pulling down shades.

Bradley wasn't sure the little hamlet turning off all their lights and hunkering down would help the war effort, but maybe it made them all feel as if they were doing something instead of watching news reports.

"So, you're renting from the Meiers," Grandfather Hank stated.

"I am. I met Trudy right after the parade yesterday."

"I think she's quite taken with you," said Kathe.

"Kathe," Tante Elsie chided.

"Well, I haven't seen her like this, especially after Kurt." Kathe shook her head.

"What if he comes home? Then she has a choice to make." Tante Elsie rose from the table. "More coffee, anyone?"

"So she has someone, then." Bradley lifted his coffee cup. "I don't mind more coffee."

"No, not exactly." Kathe sighed. "Kurt is MIA, somewhere in France. He's been missing for three months now. His unit thinks he's been captured."

"That's horrible." It definitely gave a personal edge to the news. "His poor family. . ."

"So, I bet you'll want to know more about Fredericksburg's favorite son," said Hank. "I knew the old captain well, Chester's grandfather, Charles."

"You did?" Bradley pulled his notepad from his pocket.

"Put that thing away. Tonight's just for listening, not for working." Hank waved his pointer finger at Bradley.

"Yes, sir." Bradley tucked the notepad away, trying not to smile at the older man's gesture. So this was how it felt, being part of a family.

Chapter 5

Good afternoon," Trudy called into the Sunday house where Bradley sat at the table, pen in hand. She shifted the folder under one arm and tried not to drop the basket she carried in the other hand.

He looked up and a smile spread across his face. "Good afternoon."

"Here's some chicken potpie my mother made." Trudy set the basket on the table.

"A wonderful smell"—Bradley leaned toward the basket, where the pie lay inside, wrapped in a cloth napkin. "I haven't had homemade potpie in. . .a very long time. I miss my mother's cooking."

"Did your mother cook a lot?"

"She did. She was the best. Even though it was just her and I for a long time." Bradley corked the inkwell and set down his pen. "My father left when I was nine. He still came around, though."

"I–I'm sorry." The conversation had taken a more personal turn, but this was what she'd hoped for. Something about him made her want to learn more.

The shadow passed from his face when he looked up at her again. "Enough about that. Did you bring more pictures?"

"That I did. They're the last roll I shot, including the

parade and war bond show." She pulled the photographs from an old school binder. "Here. . ."

Bradley thumbed through the set, nodding as he did so. "Good shots. You might want to up the exposure on the one with the midget submarine. A few of the details are lost."

"Okay." She knew she had much more to learn about photography.

"Do you have plans today?"

"I always have something to do, especially with Father gone. We manage as best we can."

"Will you take me around town and introduce me to people? I want to get a good picture of life here during World War II." The intensity of his tone compelled her to look him straight in the eye.

"I can, today." Spending the afternoon with Bradley? Her heart raced.

"Do you have your camera? Maybe I can see if my editor could use some of your images."

"I always have my camera with me." She was on her last roll of film and didn't know where she'd find some cash for more. Unless that editor of Bradley's would pay for photos.

"Perfect." He stood, picking up a slim notepad. "Where shall we go first?"

"You said that people look differently at us because we're German. We have nothing to do with the actions of that insane man and the people who blindly follow him. People need to see what we've given." Her throat caught. "You need to meet the Wagners. They had twin sons, both killed in the service and both buried in a Fredericksburg cemetery. Mr.

Wagner runs the soda shop in town, and Mrs. Wagner is a seamstress."

"We'll go there, then." He followed her out into the sunlight.

As they left the Wagners' home, Bradley fought the emotions rising inside. Trudy dabbed at her eyes with a handkerchief that she slipped into her pocket. "I don't know what to say," was all he could manage.

"I know." Trudy nodded. She gripped her camera strap, her fingers trembling. "I take my brother to get a soda, and it's hard to watch Mr. Wagner. I can see the memories in his eyes, remembering how his own boys were the same age as Eric once."

He touched her elbow, and she released her hand's grip on the strap and allowed him to take her hand. "May I?"

She studied their hands, fingers interlocked, and nodded. "Can I take you somewhere?"

"All right. Lead the way."

"I want to show you a place of beauty here. It's where I shot some of the pictures you've already seen." Her hands were soft, her fingertips having the tiniest bit of callus from working with chemicals.

He needed to tell her about his ties to the town, that one day he'd be back. Instead, he let her talk, pointing out the landmarks from the creek, to where she completed high school, to the historic school building where her mother and grandmother went to school.

"Here we are," she said, leading him under the shade of a trio of oak trees. "These are live oaks, probably at least one hundred years old."

The trees had massive trunks, so thick that Bradley could wrap his arms around only half of a trunk. Their thick, gnarled branches spread wide before reaching up to the sky. "These are something else. They're not as tall as the redwoods in California, but just as majestic in their own way."

"I'm glad you understand, not being from around here and all."

"Actually, I've been wanting to tell you something." He took her hand again. "It turns out, I do have ties to Fredericksburg. My father, Micah Delaney, is related to your friends, the Zimmermanns."

"Really? You're part of their family then?"

He loved watching a smile bloom on her face. "Yes. He was Tante Elsie's younger brother." Bradley explained about his father leaving Fredericksburg and never returning, then about his parents' untimely deaths.

"I'm so sorry, Bradley." She covered his hand with her other hand. "Your father was so alone, and he had people here who loved him all along."

"His loss, and I wish he'd realized that before it was too late." Bradley shrugged. "I wasn't sure what the Zimmermanns would think, but they've been very accepting. Aunt Elsie recognized me right away, it turns out."

Trudy had a musical laugh. "I'm certain she did." Her eyes held a curious light, with the breeze catching the ends of her hair.

"I haven't felt so at home since. . .ever." His throat tightened and he pulled Trudy close, and kissed her. The rosewater scent she wore surrounded him, and the remainders of the soda they'd drunk at the Wagners' shop were sweet on her lips. She molded perfectly against him. It was as if they'd known each other far longer than two days.

Then she pulled back, giving a little gasp. "Bradley, we hardly know each other."

"Maybe we know each other better than you want to admit. As far as the day-to-day things go, those are things we can easily learn about each other."

"But—"

"Is it Kurt? Well, I'm not Kurt. I'm sorry about what happened to him, and I hope they find him." He allowed himself to touch her chin and raise her gaze to meet his. "You can't let yourself be in limbo. The war will end, we'll start moving on with our lives, and where will you be? I'm thankful and blessed to have a job that somehow makes a difference in people's lives. You have a wonderful talent as well. Are you going to let yourself stay here?"

"Who told you about Kurt?" Trudy stepped back and crossed her arms over her chest. "I should have been the one to tell you. Not someone else."

"So you do have feelings for me."

"Of course I do. I've felt it from the moment we met, and it frightened me. There's so much uncertainty in life right now, I don't see adding to it." Her brow furrowed, and she lowered her arms to fiddle with her camera strap.

"Even without war, life is still uncertain. That's where

trusting God comes in." Unspeakable relief washed over him. She cared for him. She'd felt it, too, that instant connection that neither of them were expecting or looking for.

Trudy nodded. "Of course it does. Without my faith in God, I wouldn't have hope."

"Well, then. Have faith that whatever's happening between us will have a happy ending."

One corner of her mouth twitched. "I'll try." But her eyes held an uncertain expression.

Chapter 6

Trudy couldn't avoid Bradley over the next two weeks. She wanted to know him better, as he'd said. Everyday things were easy to learn about someone else. Likes, dislikes, little annoying or endearing habits.

What she'd intended to be a weekly ritual turned into an everyday happening. She would bring Bradley food, intending to drop it off and leave. She'd tote along either biscuits or rolls from her mother, or leftover meat or something for Bradley to make himself a sandwich. Instead of her heading straight back to the farm, she and Bradley would end up walking the streets of Fredericksburg, occasionally running into yet another friend or a distant cousin of his.

The day before Kathe's wedding, Bradley was grinning when Trudy arrived at the Sunday house. A brown paper-wrapped parcel sat on the table, addressed to him in care of the Nimitz Hotel. "Look what I have here. I was hoping it would arrive."

Trudy studied the parcel, securely tied with string. "A package. Good. You mentioned the other day about waiting for something to arrive."

He tapped the brown paper. "Go ahead, open it. It's for you."

"For me?" She worked at untying the string, which didn't work, so Bradley worked at it with his pocketknife. The paper unfolded to reveal a book, cover side down. She turned the book over.

Photography Fundamentals and Beyond: A Professional's Primer.

"Bradley—" He understood her. It wasn't a romantic gift, by any definition of the word. Any fellow could buy a girl flowers or chocolates, but this, this was personal. "I studied what I could, but I always had to return the photography book to the library."

"Well, now this copy is yours forever." He took her hand and squeezed it.

"Thank you, thank you so much."

"I think you could be a professional photographer, and not just portraits. You could work anywhere."

"It means a lot to have someone believe in me like this, especially you." The air grew thick, just like it did weeks before under the live oak trees.

"I do." He raised her hand to his lips and kissed it.

The memory of his gift followed her through a sleepless night until the following afternoon, when she stood inside her cousin Kathe's bedroom, where the temperature soared with early June heat. Kathe stood in front of a small circular fan, moving as it oscillated.

"I'm melting, Trudy. Oh, why, why didn't Peter and I wait until autumn to marry?" Kathe frowned, but Trudy laughed in spite of her own somber thoughts. "And here you are, my maid of honor, laughing at me."

"It's too late to turn back now," Trudy said. "Besides, Peter is well enough to get married."

Kathe nodded. "He's going to walk me during the recessional—oh dear, I can't cry. Not yet." She fanned her face and glanced at Trudy. "Okay, you. 'Fess up. What's going on with you and my handsome, young journalist cousin from Washington? You've been seen around town nearly every day."

"I don't know. I wish I knew. But"—Trudy shivered at the memory—"he kissed me once."

"No. Scandalous, and him so new in town." Kathe's eyes were wide, but she followed the fish-eyed expression with a smile.

"Don't act shocked." Trudy studied her friend's face. "Wait. Did you tell him about Kurt? Because the other day, he brought up Kurt and knew what happened."

"Um...well, we sort of all did, the first night he had supper with us." Kathe started moving back and forth in front of the fan again.

"I wanted to be the one to tell him. . . ." Trudy sank onto the bed. She should have told him herself, but she hadn't wanted to press the issue as if she were trying to prove to him that she was "available." She picked up the pink gown, simple, with an A-line skirt. The idea of getting into her maid-of-honor gown wasn't pleasant. Although the gown was beautiful and lovingly sewn by Tante Elsie, she'd melt just like Kathe would.

"I'm sorry. Bradley wanted to know, and it all just sort of came out."

A soft knock sounded at the door. "Are you almost ready?

The guests have almost all assembled in the backyard," said Tante Elsie.

"Almost," Kathe called out. Then she continued in a lower tone. "You're not mad at me?"

"Of course not. We—he and I—well, we agreed to continue getting to know each other."

"Why don't you look happy about it?"

Trudy stood and ran her fingers over the fabric of her dress. "For one thing, he's going to leave. That's a given fact. He can't write about Fredericksburg forever and his boss wants him to move on eventually. And another thing, how do I know that this isn't moving so fast? He makes me feel. . ."

"Like you're flying on air, like you've been running for a day and can't catch your breath?" Kathe asked.

"Something like that. . .yet I look at my parents, and I don't think I've ever seen them like that." Trudy frowned. "I don't want to chase some dream that will only leave me heartbroken in the end."

"I'm sure your parents felt that way about each other, as did mine," Kathe said. "We've just never seen them young and in love. Everyone starts somewhere."

"You're right." Trudy nodded.

Kathe took her dress from the hanger and held it up to herself, studying her reflection in the mirror. "I prayed long and hard about Peter. He'd come home injured, and I knew that now was the time for us to marry. But I wanted to be sure that it wasn't just me going all 'hearts and flowers' over the whole thing. One morning I woke up and I just. . . knew. . .beyond a doubt, that Peter was the man for me and I was ready to do everything I could to have a good marriage. And, here we are."

"Here you are." Trudy smiled at Kathe. "Let me help you get dressed. We need to get you downstairs so you can have that long-delayed wedding."

Silently, she added, *Lord, show me the way...*

Bradley watched as Trudy glided down the grassy lawn of the Zimmermanns' main house. Her hair swept up into a pile of curls on her head. Her light pink dress skimmed her knees with a wide skirt, and her bouquet of fresh flowers from the garden made a pretty contrast.

Her eyes met his, and a faint blush swept down her neck and toward her shoulders. What a two weeks it had been since taking up temporary residence in Fredericksburg. His first set of columns had won praises from Frank. That had earned him more time here.

But time here would be coming to an end, regardless of how much Bradley tried to prolong it.

"*There's a war going on, Payne,*" Frank had told him. "*I appreciate the fact you've brought a human interest angle to the stories about Fredericksburg and your family, but our readers always want something fresh and new. If it starts to get stale, I'm pulling you out of there for your own good.*"

"*I understand, Frank,*" Bradley had said.

That conversation came roaring back into his memory as he watched Trudy pass by where he stood. He'd found a treasure here in this Texas town, a treasure of family and the promise of more with Trudy.

The minister asked them to rise as Kathe Zimmermann walked toward the outdoor altar. She leaned on Hank's arm. She made a beautiful bride, her dress simple yet just as elegant as any Bradley had seen in his travels. His grandfather gave him a slight nod as they passed.

Grandfather. Opa. *Thank You, Lord. Please don't let me make the mistake my father did by pushing people away and running from people who love me.* He didn't know how to act with a family. He was used to keeping his own hours, his own time and schedule, without anyone except his editor to give him a timetable for anything. Now people were asking for him, wanting to be involved in his life. He'd never found himself in a family gathering like this.

Kathe had asked if he wanted to read a scripture during the short ceremony. At first he declined, until his grandfather talked him into reconsidering. He could scarcely drag his gaze away from Trudy, who stood at her friend's side. If there was any indication that she had dreary thoughts about this not being her own wedding day, Bradley didn't see it. He did see the woman who'd stolen his heart. First, her talent and sense of adventure inspired him, but then he saw her love for her family and her town.

"And now, a few words from Paul's first letter to the Corinthians," said the minister. He nodded at Bradley, who rose from his chair and walked to the small arbor. He took the open book that the minister held, already turned to the correct passage.

He cleared his throat. "Though I speak with the tongues

of men and of angels. . ." The familiar poetic words of truth came from his lips. "Charity suffereth long, and is kind. . . beareth all things, believeth all things, endureth all things. . ."

He allowed himself a glance at Trudy, whose gaze held his for a millisecond before she lowered her focus to her bouquet. A blush swept over her features.

"When I was a child, I spake as a child, I understood as a child, I thought as a child: but when I became a man, I put away childish things. For now we see through a glass, darkly; but then face to face: now I know in part; but then shall I know even as also I am known. And now abideth faith, hope, charity, these three; but the greatest of these is charity."

Lord, help me, I'm in love with Trudy Meier.

The rest of the ceremony ticked by without his conscious thoughts directed at the newly married couple. This wasn't in his plans. What could he do now that his heart was held by a honey-haired photographer from a tiny Texas town? Certainly she talked about adventure and wanting to see the world. There were drawbacks. He knew them. Tough travel conditions, uncertain accommodations. There was occasionally some danger. He wasn't guaranteed a permanent position at the magazine. What if he ever found himself out of work, with a wife to take care of?

He knew Trudy's mother had expressed a few objections to the idea of her only daughter being paired with a freelance journalist. He didn't blame her. The practical part of him understood all too well. If it were his daughter, he'd want her tucked safely into the shelter of a town like Fredericksburg. But then, Trudy wasn't a child, but a grown woman capable of making adult decisions.

Someone nudged him. Opa Hank. "You going to hang back and not try to get a piece of wedding cake?"

"Huh?"

"You were anywhere but here, young man."

"Sorry. It was a nice ceremony. I'm honored that I was included."

"I know that the young Meier girl had your attention."

"Was it obvious?"

"Of course it was." His grandfather walked beside him in the direction of a long table filled with delectable dishes. Someone had baked a ham, another friend or family member had brought homemade sausage. Plenty of potatoes and garden vegetables. And—the cake.

"Hello." Trudy's voice came from somewhere off to the side, close to his right shoulder.

He turned to face her. "Hello, yourself. You look beautiful."

"Thank you." She colored at his words. "It was a lovely wedding, wasn't it? I'm glad you said yes to Kathe about reading the scripture. I know it meant a lot to her." Trudy waved off a fly, who'd developed an interest in her bouquet.

"It meant a lot to me, too. It'll be one of my favorite memories of Fredericksburg and meeting my family." He took a step closer to her.

"You sound as if you're leaving. . ." Trudy bit her lower lip.

"Eventually, I am." He tried not to put a damper on the day. "Okay, probably sooner than eventually. I knew I would be. . ." He didn't add, *and you did, too.* The pain in her eyes almost made him wince.

"I'd heard the rumors, but didn't want to believe them," a female voice said. Bradley didn't know the woman who'd come to stand beside them. She looked to be a few years younger than Aunt Elsie, and she glanced from Trudy, to him, then back Trudy again.

"What rumors do you mean, Mrs. Schuler?" Trudy asked.

"You've taken to running around town with this man who claims to be a Zimmermann, while my son—my only boy—is somewhere missing in Europe." The woman's eyes crackled with anger, but Bradley saw the fear inside them, too. One of his friends had gone missing after an air raid in London a year ago. No one had heard from him since. Sad, how life kept going even when someone's sudden absence left a gaping hole.

"I miss Kurt, too, and I wish he were here." Trudy stood her ground. The words she said sounded odd. How much did she really miss him? Bradley couldn't guess. Today wasn't the right place or time, but eventually they'd have to square off and face each other, all cards on the table, and both of them would see what the other held.

Chapter 7

"You ready for bigger and better things, Payne?" Frank's voice roared over the telephone line, the Wednesday following the wedding. "Genius, I tell you. Genius, profiling Nimitz and the town that helped him become the man he is now."

"I'm glad you're happy, Frank." Bradley had hunkered down, finishing the last of the series of articles featuring Admiral Chester Nimitz. A feeling like being stuck on the downward turn of a Ferris wheel entered his stomach. The day was coming when he'd be on his way, especially if he wanted to keep his job. Which, he did.

"I've got something coming up, something big that *This American Life* has never tried before. It's one of America's next frontiers, and if all goes well, I'll have you there in less than ten days."

"Ten days?" His own tone surprised him. Usually he was raring to go to the next assignment.

Trudy had barely stopped by the last several days, especially since the Zimmermanns had sent him home well stocked with leftovers from the wedding. He missed her. But considering the latest developments, maybe it was best this way. If she wasn't absolutely sure she could see herself having a traveling life—or even having a husband traveling much of the time like him.

Husband. . .him, a husband? He'd only been here for the story. . .and his family—

"Payne?"

"Yes, Frank?"

"Did you get what I just said? Because I have a feeling you didn't hear me."

"So, you can have me there in less than ten days?"

"Wind up the series. Get some photographs that we can use for a photo page, then hightail it up here to my office. We'll give readers enough to expect that your next setting will be something they've only seen in the news reels. You can cool your heels before you ship out again."

"I understand."

"Don't sound so glum. This is the chance of a lifetime."

"You're right." Bradley ended the call and set the phone back on its cradle.

"Are you okay, Mr. Payne?" asked the shopkeeper.

"Yes, yes I am. I'm going to be leaving sooner than I thought."

"Well, we've enjoyed having you in our fair town."

"Thank you, thank you. I've–I've enjoyed it as well." He slid some cash across the counter to help pay for the long-distance phone call. "I'll be back at some point, to see my grandfather and the rest of the family."

But back for Trudy—he wasn't a hundred percent certain of that. In a perfect world, he would come swooping back and they'd have themselves a grand reunion.

Trudy fumbled with the knife as she sliced the potatoes. Beef stew was the fanciest she could manage for a nice supper. She'd used garden tomatoes for the base and added fresh chopped vegetables from the garden. She'd bartered honey for a small end piece of beef from the butcher. Some people didn't want to buy the cast-off pieces, but others knew how to coax the toughness from the end pieces after cooking the meat for hours.

Bradley would enjoy this stew, or at least she hoped so. After the wedding, Trudy had done some long, hard thinking and praying. She loved Bradley, and it had hurt her the way Mrs. Schuler had talked to them. Yet she didn't want him to misunderstand about Kurt. She realized that loving Kurt had been a first love. She didn't think a first love had to be her only love.

Mrs. Schuler, to give the woman credit, had apologized after the Sunday service. *"I'm sorry for what I said to you at Kathe's wedding, Trudy. You and your family have been a great support to mine. Kurt told me in a letter as well that you both decided not to marry. It's just hard to see other people going on with their lives, when Kurt. . .when Kurt and his father and I have no chance to go on with ours."* Sobbing, she'd embraced Trudy and whispered in her ear, *"I know Kurt will always love you."*

Trudy hadn't known how to answer the woman and even now, had no answer. She'd mumbled that she would be praying for them. All of Fredericksburg did a lot of watching and praying, it seemed.

She gathered the diced potato from the cutting board and dropped it into the bubbling stew. Soon enough, the meal would be done. A fresh loaf of bread, wrapped in a dish towel, waited on the counter. Cookies would round out the meal.

Within thirty minutes, she'd tucked a ceramic covered pot of stew and the bread into the bicycle basket, plus her small battery-operated radio. It would be a clear night tonight, or at least she hoped so. Maybe they'd get a signal and listen to a show from Austin.

It was the least she could do for Bradley, especially after his gift of the beautiful photography book. The gift had touched her to the core. She'd spent her free time studying it, learning where she intuitively made good composition choices, and other places in her developing that she could improve upon. She bumped along the road on her bicycle, her blouse sticking to her back. It had been a silly idea to try to look fancy for him tonight, as if they were going out. As a reward, she'd be hot and sweaty by the time she arrived at the Sunday house.

Trudy pedaled along. The sight of the Sunday house's open door made her heart sing. Good. Bradley was home. Before long, the shadows would be stretching and the sun going down. As if he knew she was approaching on her bicycle, Bradley emerged from the house and squinted. A grin spread onto his face when he saw it was her.

"Hello there," he called out as she glided to a stop on the hard-packed dirt, dust swirling around her tires.

"Hi." She popped the kickstand down, got the bicycle

balanced, and pulled all the food from the bicycle basket. "I hope you're hungry."

"Just a little." He rubbed his stomach as he stepped off the porch. Bradley picked up the pot, while she gathered up the bread and the radio.

"It's beef stew, made with real beef," she said as she followed him into the house. The single, open room felt cozy. They left the front door open and the breeze drifted in.

"Real beef? I'm impressed." Bradley pushed aside a stack of papers and set the pot on the center of the table.

"I know we're in Texas, but our beef has been going elsewhere the past couple of years. And most of us don't ranch around here. We farm. However, I managed to secure some fresh meat." She smiled and patted the top of the pot. "And if you don't mind, I'm inviting myself to stay for supper."

"Of course you can stay." He pulled out a chair for her. "Please, sit down."

"Why thank you." Her heart sang. She knew he'd be leaving. He hadn't mentioned it lately, but his rent was paid up for one more week.

Bradley headed to the corner cupboard. "I must admit, I've missed you the past few days."

"I knew you had plenty of food after the wedding, when I saw Aunt Elsie packing a basket for you." Trudy removed the lid from the stew and inhaled. Hopefully, it was as good as her mother's.

"Here. I have bowls and spoons." He set one in front of her and kept one for himself. "Welcome to Payne's Café, madame."

"Why, thank you, Mr. Payne." She laughed. If only they could pretend there wasn't a war going on. She served them each a bowl of stew, then divvied up the bread.

"Oh Trudy. . ." Bradley reached for her hand. "I'm going to miss you."

"You're leaving soon, aren't you?"

He nodded. "I talked to my boss today. I'm wrapping up the series and heading back to Washington early next week."

She'd been preparing herself for this, but even so, the edges of her heart crumbled. She tried to smile. "We—we can keep in touch."

"Of course we can." Then he cleared his throat. "You know, I'll be back to see my family, when I can."

"But you don't know when that will be." She blinked to clear her burning eyes. No, she wouldn't let him see her tears. Not tonight. Tonight was supposed to be a night to remember.

"You're right, I don't. But you can be sure I'll be back to see my family, when I can."

"If you didn't have family here. . ."

"I'd still come back, somehow."

Trudy nodded. "I'm glad. But—"

"I can't ask you to wait for me, though. That's not fair to you."

"What if I want to wait for you?"

Bradley sighed. "Even after the war, I'll still travel a lot."

"I know." Trudy fumbled with the spoon beside her bowl.

He squeezed her hand. "I'll ask the blessing over our meal."

Trudy nodded and bowed her head.

"Lord, we thank You for this day. I thank You for this food. Bless the hands that prepared it, and strengthen us for Your service. Amen."

"Amen." Trudy pulled her hand away from his. "Here, maybe we can find some music to play for supper, and we can pretend we're somewhere exotic." She almost sounded like a child, acting out make-believe.

"That's a great idea."

The strains of "Taking a Chance on Love" filled the air, with only a hint of static. They ate their stew, talked, and laughed. Trudy imagined that tonight was all they had, and refused to let her mind ponder the fact that Bradley was leaving in four days.

All too soon, the stew was finished and the pot empty. The music kept playing. Thankfully, no news reports broke in to shatter the moment.

"It's probably cooler outside," Bradley said. He stood and gathered the bowls together before she had a chance to reach for them. "I'll clean this up later."

Bradley took her by the hand and led her outside. "Oh, my sweet Trudy. . .this is much harder than I thought it would be."

She wanted to tell him, *Take me with you, please*, but she kept silent. She wasn't going to beg, or plead. Instead, she said, "I know. I feel the same way. . .what are we going to do?"

He pulled her close into the circle of his arms and she responded in turn, listening to his heartbeat through his shirt.

"Would you come with me?"

Trudy opened her mouth, but the roar of a car's engine bit

through the twilight and made them both jerk apart. Trudy glanced toward the road. Her mother, behind the wheel of the family's car.

She honked the horn and the car ground to a halt. "Trudy! There you are." Her mother's tone made her stand bolt upright. Was it Father?

"What's wrong?"

Her mother leapt from the car. "Not wrong—Kurt's mother got a telegram. Kurt's been found, alive, and will be sent to a hospital in Washington in a few days."

Chapter 8

Trudy and her mother hurried, hurried, hurried down the corridor of the army hospital, the scent of antiseptic making Trudy's stomach turn. Kurt...asking for them. For her. Alive. What he must have been through. Of course she had to come. It was the least they could do. Exhaustion pricked her eyelids. They'd taken a train and had sat upright for three days in the car. She wished they'd had the money to get a sleeping car. But at least they were here, now, in the nation's capital.

Kurt's parents had fallen ill suddenly, too ill to travel, so they begged Trudy and her mother to go in their place. "If he can't see us, we know he'll want to see you."

Making the trip with Bradley helped. Neither she nor her mother had traveled this far before, and he made the process smooth. He attended to what they needed, whether it was securing a pillow or a blanket, and helped them connect to the right trains. They laughed when they could. Laughter was an antidote to the pain of war, to the constant reminders from the radio and newspapers. Even Mother relaxed, although she kept worrying that someone was going to steal her purse. That and if Eric was behaving for the Zimmermanns, who volunteered to let him stay with them.

From the taxi, Trudy glimpsed the Capitol building and Washington Monument as they made their way outside the city to the hospital. If her trip hadn't been so urgent, she'd have loved to stop and take photos.

"I'll see you to the hospital," Bradley had promised. He even accompanied them inside the hospital, inquiring at the desk about where to find Kurt. He followed them along the hallway like a silent shadow.

Trudy held his hand, regardless of her mother's opinion at the moment. She smiled at Bradley. "Thank you for everything." He replied by kissing her hand.

Now each step drew Trudy closer to Kurt. For a few moments, she remembered their childhood promises, their romance that seemed so perfect—to everyone else, but not her. What was romance or true love? She knew that bottle rockets and swooning didn't last. But weren't you supposed to feel something for the one you loved? Of course, she felt some affection for him.

But Kurt had never made her feel like Bradley did, like she was on the brink of some discovery or big adventure.

"They said he's in ward two," Mother whispered. Trudy nodded. A nurse passed them, efficient and neat in her crisp, white uniform and cap. Somewhere, a man sobbed about needing more medicine.

Oh Lord, please don't let that be Kurt. But then, she wished it wasn't anyone. This was the side of war she wanted to hide from, the reason she tried not to read the newspaper much, the reason she turned the radio off if it played anything but music. She glanced at her mother. The times her mother had volunteered at the hospital back in Texas. . .what had she witnessed? Trudy had never bothered to ask.

"Here we are," Mother said.

Trudy felt her feet seal themselves to the tile floor. "I—I don't know if I can go in."

"You can do this." Bradley slipped his arm around Trudy's shoulders. "I know you can."

"I—I want to go in by myself first," she said. The Schulers had been vague about his injuries, other than that he was malnourished and had had a fractured leg, and some facial lacerations.

"We'll be right here." Mother gave her a hug before she entered the ward.

Sunlight streamed through the large window at the end of the two rows of beds. Trudy tried not to stare, but some images still seared themselves into her eyes. Bandages, tubes, bruises. Which one was Kurt? It had been well over a year since he'd left Fredericksburg.

"Trudy." One of the figures spoke. But which one? She glanced from face to unfamiliar face. It had been so long, but how could she not recognize him?

One of the men cracked a grin at her. "I wish you were here to see me, doll." His left eye was covered with a bandage, but his right eye, a shade of robin's egg blue, winked at her.

"I—I'm sorry," was all she could stammer to the wounded soldier. She did pause at the foot of his bed and until she found her voice. "I hope you get well soon." Just because she was here to see Kurt didn't mean she had to ignore every-one else.

"Over here." A feeble, bony hand waved from the second bed from the end, then lowered to the starched white blankets.

Trudy willed herself to walk tile by tile to Kurt's bed and stop at the foot, by the arched metal frame of the footboard. She tried not to clamp her hand over her mouth or gasp when she saw him.

Kurt Schuler wasn't the young man she'd once known. Sunken cheeks, skin stretched taut over bones. His hand reminded her of a skeleton, covered with a layer of skin. Scars marred his once clear face. She remembered how she'd liked his strong jaw, his boyish shock of blond hair, now cropped close. Some had fallen out in patches, likely due to malnutrition. One leg was gone, with a stump left that didn't come close to matching the other side. All this she took in within a few seconds that ticked by one painful second after the other.

"Kurt, I—we've been so worried. . .all of us have been." A sob caught her throat. "I'm sorry. I wasn't going to cry. But I'm so happy you were found. . ."

He reached for her hand and she refused to let herself recoil at the boniness of its touch. "I counted every day I was captured. I think. After a while, I lost track. They fed me once a week, twice if they remembered."

"Well, you're here now, and all you have to think about is getting better." She swallowed hard. "My—my mother is here. We came because your family can't right now. . .soon, though. I needed to see you because of your last letter. I hope you got mine. . ."

"I did." She tried not to stare at his bruised face, the

stitches. Her fingers felt numb in the grasp of his hand.

"Trudy, I can't promise you much more than a simple life in Fredericksburg. But even with my leg gone, I plan to walk again. I'm going to farm like my father did. He promised me at least fifty acres of my own, with peach trees, and enough space to build a house and have room for a garden." Kurt sucked in a breath then started to cough.

"Kurt..."

"I know I released you from our engagement, because I knew we were both so young, but now, I can't help but ask again..." He coughed, then spoke in a clear voice that rang out through the ward. "Gertrude Meier, will you marry me?"

"I—I—" Trudy sighed. "Oh Kurt..."

Bradley had heard enough, standing in the hallway opposite Trudy's mother.

"I'm—I'm heading to my office now, Mrs. Meier. Do you think you'll be able to order a taxi to bring you to your hotel? Here." He slipped her some coins for the fare.

She nodded. "I can do that... Mr. Payne, I know you care for my daughter, and I know she cares for you. But right now, with Kurt coming home again, it will be very complicated for her."

He nodded. "I don't know when I'll be back." In fact, he knew he was doing the right thing by leaving for his office immediately. Part of him wanted to march into the ward and talk to the former prisoner of war, now found and returned home. But it wasn't the place or the time. Kurt Schuler wasn't the issue, either. Even without Kurt, they both had difficult decisions to make.

"I understand. It's probably best to give her some time." Mrs. Meier glanced into the ward. "I'll tell her for you."

Bradley tipped his hat to Mrs. Meier. "Thank you, ma'am."

With that, he walked away without a backward glance. Maybe this was a sign that Trudy and Kurt were meant to be together, and his own summertime affection for her had been merely a distraction. Either way, he knew she needed distance now, not two suitors pressing her, one of them barely alive.

Numbly, he took a cab back to the office and headed straight to see Frank.

"Payne, you did amazing work in Texas. I wasn't sure about letting you stay like that, but you captured the hearts of those people and shared them with us." Frank pumped his hand and clapped him on the back. "Phenomenal work. Pulitzer worthy, and I'm not pushing it to say that, either."

You captured the hearts of those people. No, it was his heart that had been captured. Bradley rubbed his stubbled chin. He'd barely been back, only dumped off his rucksack at his desk before speeding off to the hospital with the Meier ladies.

"Thank you, sir." He blew out a pent-up breath. "So, this next frontier. Where am I headed?"

"I hope you like coconuts and pineapple, because you're going to Hawaii." Frank clapped Bradley on the back as if he'd just won a prize. "The housing isn't fancy, but you'll have room to spread out. I want you to cover the Pacific angle of the war. Keep up on the news there. Lucky dog, writing from paradise."

But paradise didn't appeal to him without Trudy by his side.

Chapter 9

Mother, I can't believe you let Bradley leave like that," Trudy said as they entered their hotel room. Small, but tidy. "I wanted to introduce him to Kurt."

"He said he needed to go to the office, and I agreed with him." Her mother set her handbag on the dresser.

"What did you tell him?"

"I told him you needed time."

"Oh Mother. I need to call him as soon as possible." Trudy found the telephone number for *This American Life* and dialed from the hotel room telephone. The efficient-sounding operator put her straight through to the editor-in-chief's office.

"Frank McAffrey's office," a woman said.

"I'm—I'm looking for one of your staff writers, Mr. Bradley Payne," said Trudy. "He's been in Texas, in my town actually, but is now back in Washington."

"Yes, he's been to the office, but he's not here at the moment."

Her hope deflated a little. "Is there a way I can leave a message for him, next time he comes by? I'm Trudy Meier, a photographer from Texas."

"You don't say." The lady rustled some papers. "Well, I'm

not sure when he'll come by again. We've sent him to Hawaii. He's going to lead our Pacific division for the rest of the war."

"I—I see. Thank you anyhow."

"If he calls, I'll tell him you asked about him."

"Thank you." Trudy ended the call. Hope deflated? No, this was hope dashed to pieces. She'd wanted to tell him about Kurt, that there wasn't going to be an engagement, or a wedding. Kurt had been disappointed, but she'd sat with him for hours, talking about the goings-on in Fredericksburg. She left him with a light in his eyes and a promise to always be his friend.

She turned from the phone to see her mother standing there. "Did you reach him?"

Trudy shook her head.

"Maybe it's for the best. You don't want a man who's the leaving kind. He ought to fight for you, to stay around long enough."

"But his job—"

"His job alone means no stability." Her mother hugged her in a warm embrace, but that didn't help ease the sore spot in her heart.

Bradley Payne was gone, and he wasn't coming back.

"I'm going to write every week, Tante Elsie," Bradley said to his aunt.

"I'll hold you to that promise." His voice was warm and soft. "I feel like I have my little brother back again."

"I'm glad I found the family I never knew I had for the

longest time." Bradley's throat caught. He wanted to ask about Trudy, but dared not. He'd thought that he'd found someone, someone who understood what it was like to have wings, yet someone who taught him the importance of having strong roots.

"You know, your Trudy isn't getting married."

"What?"

"No. Kurt will be home in Fredericksburg soon, but Trudy told him no, that she wouldn't marry him. I think some in town were hoping they would make a match of it after all."

"Trudy. . .not married."

Tante Elsie stood and hugged him. "Well, I know you came here just to tell me good-bye, but you do know the way to her house. Go, go after her, Bradley."

"Yes, ma'am." With that, Bradley left his family's Sunday house and stepped into the sunlight.

The small space of the Sunday house felt like a gaping hole that echoed with emptiness. Of course Bradley Payne had left. He'd gone on to his next story, his next big thing. Hawaii, imagine that. Briefly, Trudy had dreamed of traveling at his side as Mrs. Bradley Payne, photographing the world, yet always having Fredericksburg to return home to. He did have her address. Maybe he'd write, or send a postcard. Or something.

Trudy sank onto the bed, covered with her grandmother's quilt. "Oh Lord, I love him. So much. This came as a complete surprise to me, and even better, he's part of the Zimmermann family. . ."

She dashed away a tear. No time for tears. Now was a time to be strong, like her father had always encouraged her and Eric to be. Reality meant that sometimes things turned out, sometimes they didn't.

Enough of feeling sorry for herself. She stood, the floorboards creaking under her feet. She crossed a few steps and stopped at the table. Bradley had left pens and a bottle of ink behind. Trudy picked them up. He'd left that, plus she had a few photographs of them together. Sentimental girl. . . she allowed herself a sigh. She might as well head home.

A shadow blocked the sunlight. "Trudy—"

"Bradley." She dropped the pens and the bottle of ink, which rolled off the table. "You're—you're here? But you're supposed to be going to Hawaii."

"I am. I took a moment to stop here on the way. Out of my way, but I wanted to see Tante Elsie and Opa before I left."

"I'm sure she's happy you did." She wanted to tell him that there wasn't going to be a wedding, that she'd looked for him, and she wanted to ask him why he left that day at the hospital. But she didn't.

"My aunt told me something interesting, though." He stepped inside the Sunday house and closed the gap between them.

"What's that?"

"You're not getting married."

"No, I'm not." She shook her head. "Not to Kurt. He's a good man and has a long road to healing, but. . .but we called off the wedding before he went missing. He needs someone

257

who'll be content to stay here, to be a farmer's wife. And, I'm not..."

A smile bloomed on his face, and Trudy wished she could capture the expression with her camera.

"I know it's been a fast summer for both of us, but when I met you, I felt like for the first time ever, I'd come home." Bradley took her hand. "You're beautiful, sweet, kind, and you have an adventurous spirit that pulls me along. I—I love you, and I want to spend the rest of my life with you, wherever God takes us."

"I love you, too."

He pulled her into his arms and kissed her until she was breathless. Surely, this was a dream. He released her, but still kept her in the circle of his arms. "I think we should talk to your mother."

"She'll be dubious. She thinks you're one who leaves."

"I left because of Kurt. I knew that you both had a lot to talk about, and he's been through a lot. But now that there's no Kurt..."

"You came back."

"I did. . .then when Tante Elsie told me you weren't getting married, I knew I had to find you." He frowned.

"What's wrong?"

"I need to be in Hawaii as soon as possible. Will you wait for me?"

Trudy shook her head. "No, I won't wait for you."

"What?"

"Because I'm coming with you, as Mrs. Bradley Payne." She kissed him back. Truly, he brought out her reckless side.

No proper woman proposed to a man.

"Is that a proposal, Miss Meier?" His eyes twinkled at her.

"Indeed it is, Mr. Payne."

"Actually, I'm thinking of going by Zimmermann."

Epilogue

Trudy would never tire of seeing the ocean, much as she missed the hill country of Texas, and the German accents of her people. The bluebonnets of spring were vivid in her memory. But she wished she could capture the blue of the ocean to show her parents. A letter arrived from Mother every week. She'd heard from Father, who was doing well, but long past ready to return home.

Please forgive me for making things so difficult for you and Bradley. A mother only wants to protect her child. One day, I am sure you will understand, her last letter had read.

Trudy snapped another photo of a palm tree at the edge of a sandy beach, then wound the film. For a wedding present, Bradley had given her a brand-new camera.

"Are you out of film?" Bradley asked.

She nodded. "I can't wait to see how these come out." They'd turned their pantry into a darkroom, much to her delight.

"Frank is pleased as punch with your photographs, as am I." There was talk of eventually bringing *This American Life* into a color print format, one day. There was also talk of Trudy Meier Zimmermann winning a photography award as well, but Trudy wasn't thinking of that overmuch these days.

"I'm thankful that I get to do what I love, and that you and I are together in such a beautiful place like this. Our apartment isn't much to speak of. . ." She didn't mean to sound as if she were complaining, because they were often out and about on their assignments together.

"I wish it were more. . ."

"But I love it because we're together." She smiled at her husband.

Bradley kissed the tip of her nose, then touched her stomach. "Have you felt the baby move?"

"Not yet." She smiled. "It's too early. I think. My mother would know." Sometimes homesickness struck Trudy in waves, but the wonder of discovering the world around her kept that at bay most of the time. Now, she felt sickness for a different reason. Bradley had been over the moon when she told him about the baby.

"Now it's my turn with surprises." Bradley held up an envelope.

"What's that?" She reached for it, and he whipped it away from her grasp, then handed it to her with a smile, the ocean breeze ruffling his dark hair.

Trudy opened the envelope. "Plane tickets? Where are we going?" Their first stop would be Los Angeles. She didn't page through the tickets after that.

"Washington, with a detour by Texas first. I know you've been missing your family." He wrapped his arms around her and she leaned into him as they looked out at the crashing waves.

"That I have. I enjoy reading their letters, but I would

love to visit before I can't travel anymore." A mother. She was going to be a mother.

He nodded. "That's what I thought. And I know just the place we can stay when we get there."

Trudy smiled up at her husband. "Our Sunday house will do just fine."

Lynette Sowell is an award-winning author with New England roots, but she makes her home in Central Texas with her husband and a herd of five cats. When she's not writing, she edits medical reports and chases down stories for the local newspaper.

A HINT OF
LAVENDER

by Eileen Key

Dedication

GOD is bedrock under my feet,
the castle in which I live, my rescuing knight.
2 SAMUEL 22:2 MSG

Special thanks to Rebecca Germany and
Tamela Hancock Murray for believing in my work.
Posse-crit partners, couldn't do without you.
Trevor, Eliana, and Samuel, Nana loves you.

For Matthew, a God-given gift, who is learning to live.
PROVERBS 3:5–6

Chapter 1

Fredericksburg, Texas
Present Day

Gravel spit from under the car's tires as it swung out of the parking lot onto the ribbon of highway away from the peach stand, enveloping Gwen Zimmermann in a cloud of dust. She brushed grit from her eyes, coughed, and leaned against the white wooden counter, bumping the small cashbox with her elbow. Only nine thirty this first day of June, and she already wished for a shower. Heat waves shimmered over the asphalt. The scrub oak and mesquite stood still in the brown fields across the road. Dust hung in the air like an oppressive vapor.

She tightened her scrunchie, moving her ponytail higher on the back of her neck, and flapped her T-shirt against her chest for a breeze. Now that school was out, she'd spend most of her time working at her parents' roadside peach stand—in the heat. She angled the small fan on the countertop toward her.

"Yep, Gwen, cancel those summer-school plans." Perspiration trickled down her forehead. She swiped it away with the back of her hand then shifted ripe peaches into small baskets to replace the ones the last customers purchased. The sweet aroma made her mouth water.

"Morning, Gwennie." Harold Zimmermann strode out from the small store behind the stand carrying a crate tucked against his belly. "Need to set these out." He shoved the box on the counter and lifted a jar, tilting the label in her direction. "Peach salsa. Tried this one yet?" He raised his gray bushy eyebrow.

"Nope. Is it good?" Gwen grinned at her father. He was always eager to showcase a new product from a local farmer. Buy local was her dad's slogan.

His brown eyes twinkled. "Has a kick to it, all right. Good old South Texas style, I'd say." He dusted his hands and surveyed the counters. "Get your mom to bring out a cracker tray and set up a new sampler."

"Outside?" Gwen considered the heat and the possibility of insects. "Sure that's a good idea?"

Her dad laughed. "Okay, maybe you're right. Again. Miss Cautious." He poked at a peach. "Time was we'd eat these straight from the tree, dirt under our fingernails, not a thought to germs." His eyebrows waggled. "But you want to keep things sterile."

"Daddy," Gwen singsonged. "Not sterile, just clean. Safe. No food poisoning." She watched her dad position more jars on an endcap. He looked pale beneath his tanned, wrinkled skin, broad shoulders stooped and customary denim shirt loose across his back. He seemed to have aged since her spring break. "You feeling okay?" She placed one hand on his arm.

"Hmm?" He swiped at his face with a handkerchief, pushing away a fine strand of gray hair until it stuck straight up. "I'm fine. A little tuckered, that's all." His brow wrinkled.

"I'm okay, darling girl. And so grateful you are home to help us. I miss you when you're gone."

Gwen laughed. "San Antonio is an hour away and I come home all the time. I haven't abandoned the orchard in lieu of school." Her heart sped up. That wasn't quite true. She didn't want to return to the orchard, she wanted something new. This summer she could've worked near the college and taken more hours, but her family needed her—money was tight—so she'd foregone the opportunity and come home. She eyed her dad. Did he appear jaundiced or was it the early morning light? "But cautious that I am, I'm thinking you need to see Doc Hawkins if you're tuckered out at this time of day."

"I'm fine." He waved a hand at her.

Standard Dad answer. Gwen watched him walk through the stand displays, rearranging a peach here, a tomato there. The drought had taken its toll on more than fruit and vegetables. He was definitely not himself. She needed to corral her mom and find out more.

A truck turned into the parking lot, kicking up more grit, and the driver honked the horn. Gwen smiled as the red pickup stopped, her brother behind the wheel. Rob parked and slid from the front seat. "Morning, y'all. Got a new batch to sort." He tugged a basket of peaches from over the tailgate and plopped them in front of his sister. "Something for you to do, Peach-girl."

Gwen's lips pursed and she propped her hands on her hips. She glared at her tall, younger brother. A streak of dirt ran down his cheek and his A&M T-shirt clung to his back. A lock of his curly, blond hair drooped over his forehead, outlining a cherubic face. "Do not call me that."

He laughed and went to his truck for another basket. "Whatever you say, sis." Rob returned to the stand and angled his head toward his father. "You okay, Dad?"

Harold sat on the edge of a bench, bent forward, his breath coming in short puffs. "You know, I don't think so."

Gwen raced to her father's side and gripped his trembling hand. Her heart banged against her ribs. "Rob, help me get him into your truck." She braced her father under one arm and helped him stand. Her brother grabbed his other arm and flung it across his shoulders. Neither spoke. Fear rumbled in Gwen's chest and her mouth dried out. They shuffled to the pickup and Harold clambered in the front seat. "Grab me a plastic sack," he wheezed. "Feel kinda punk."

Rob tugged a black garbage bag from behind the seat, handed it to his dad, and then crawled under the steering wheel as Gwen climbed in and shut the door. Her brother darted a glance at her, his mouth a grim line. He started the engine and pulled onto the highway. "Doc or Hill Country?"

Gwen gripped her father's clammy hand. "Hill Country Hospital. Step on it."

How could a day that had started out so exciting morph into such a mess? Clay Tanner braced himself against the side of Larry's SUV. His friend's insistence on a hospital visit was probably smart, but Clay dreaded the idea. He leaned forward and tried to put pressure on his left leg. Pain shot through him. He bit his lip at the deep throb in his knee. Okay, maybe a doctor was in order. He sighed and eyed the sight in front of him.

Enchanted Rock was just that, enchanting. A mound of weathered pink granite some four hundred feet high at its peak, a geologist's dream. He'd promised his parents pictures of everything his team explored, and now this—another disappointment. He jerked at a pocket on his cargo shorts to see if his cell was there.

"I've secured your gear with mine, and Professor Wurst will make sure it's not disturbed." Larry flipped his keys in the palm of his hand. "Let's get you medical attention." Larry opened the passenger door and Clay hitched forward to climb in.

"Man, I'm sorry—"

"Don't start that." Larry shut Clay's door and got behind the wheel. "We're a team, looking out for one another. If I was injured, you'd haul me into town, I presume." A crooked grin crossed his friend's sunburned face.

Clay nodded. "Suppose so." He refrained from crossing his ankles, fearing another jolt of pain. "Although I'd probably leave you hanging for a few hours while I completed my day's work."

"Yeah, right. You're so cold, bro." Larry exited the park and headed toward Fredericksburg. "Just glad you fell early on before we were far into the hike. I wouldn't want to carry your bulky body down a rock."

"Bulky? After P90 workouts?" Clay ran his hand across his chest. "This is pure muscle, my man."

Larry darted a glance at him. "In your dreams."

Clay chortled and settled against the seat, looking for a comfortable position. His long legs were crammed into the SUV's well beneath the glove box. Bending his knee was almost unbearable. He should've grabbed ice from the campsite before his descent. He stared out the window. What did it matter? He'd messed up this golden opportunity. Hiking beautiful countryside and receiving extra credit hours toward his graduate degree—what a perfect plan. He traced a finger along the window edge. Or really his father's plan since he'd paved the way with his longtime friend Professor Wurst from the University of Texas. Roger Tanner, archaeologist, had all the right connections in the world of rocks. Now this. The youngest son blowing such a chance.

The brown landscape offered little to capture his attention and he nearly dozed off to the hum of Larry murmuring into his cell phone. Within a few minutes, they reached the hospital. Larry pulled to the curb and parked. Clay shoved the door open, gritted his teeth, and angled his body around then swung his leg out.

"Dude, let me help you." Larry reached for Clay's elbow.

Clay jerked away but teetered on his right leg. He ducked his head in a nod and Larry grabbed his waist. "Appreciate that." He grasped Larry's shoulder and hobbled with him toward the hospital entrance. A bead of sweat formed on his upper lip. He dashed a hand across his face and inhaled sharply.

Inside, a blast of cold air scented with antiseptic greeted them. A smiling orderly pushed a wheelchair forward. Clay sank into it gratefully. The twinges of pain had fully developed into stabs under and around his kneecap. Worry threaded through his middle.

The young man pushed the wheelchair into a small waiting room and accepted Clay's insurance card. "A triage nurse will see you shortly."

Larry stood in front of Clay, shifting from one foot to the other. Clay massaged his leg. "Hey, go on back. You don't need to stay. It's going to take forever, I'm sure. Most ERs do."

"Can't just dump you and run," Larry said. His face told another story.

"Yeah, you can. Keep your cell turned on and I'll check in when I know something."

"You sure?" Larry frowned. "It's just—hospitals. . .and I have so much. . . Face it, Clay, hospitals creep me out."

Clay sighed. He knew the feeling. "Go on. Seriously."

Larry waved his phone. "This won't leave my side. I'll be back by four, anyway, to check on you." He grinned. "Find a pretty nurse. Don't waste your time." He headed to the exit.

"Yeah, right." With the swish of the doors, a desolate and familiar feeling crept through Clay. Loneliness.

"Mr. Tanner?" A gray-haired nurse stepped into view. "Let's see what's going on here."

After a short interview, she settled him on a gurney behind a green-and-yellow-striped curtain and left him alone to wait for a doctor. Clay stared at the ceiling tiles.

"You're certain it was not a heart attack?" A woman's strident tone carried through the room.

"Miss Zimmermann, I'll run more tests on your father, of course, but so far it looks like angina, not a heart attack."

A man's soothing voice carried across the small space. "He's responded to the nitroglycerin and is resting comfortably. I do want to keep him overnight to complete a battery of tests. He will be back from the CAT scan soon."

Clay heard a shuffle of feet then she spoke again. "Should we go to San Antonio? My mother is on her way."

Then doctor-speak, "I don't believe it's warranted—"

A curtain swished and crepe soles crossed the linoleum floor then he heard a heavy sob. Clay felt for the woman beside him. His grandfather's heart problems had kept his family on edge.

A sudden clatter and a sharp exclamation startled him. The curtains parted and a brown-haired woman's head appeared.

"Um, excuse me. I dropped my phone." She bent her knees and scurried to pick it up.

"No problem." Clay smiled at her. "Hope your dad gets better soon."

She straightened. He gazed at wide brown eyes, a spatter of freckles, and a frown.

"Sorry, miss. I just overheard the doctor—"

"That was a private conversation."

The girl's acerbic words made Clay flinch. He extended a hand. "I said I was sorry."

"Well." She whirled about and bumped into his gurney.

"Look out." Pain radiated up his leg. He shifted on the hard mattress and fought a wave of nausea. He clapped a hand over his eyes and settled against the pillow.

"Take a deep breath and blow it out."

Clay peeked between his fingers.

The woman stood by his bed. "Helps with the pain. Breathe in slowly then exhale completely." She waggled her hand in the air. "They teach that in birthing classes."

"I'm not pregnant." Clay dropped his hand to his side and took a shallow breath.

The woman leaned forward. "Deep breathing helps."

He wondered how many kids she had. Her ponytail drooped, her face was devoid of makeup, tears stained her cheeks, and a grimy film coated her forehead. Probably on welfare.

"Thanks for your concern." He closed his eyes and heard the swish of the curtain as it opened and shut. "Butt-in-ski."

The curtain jerked open again and she glared at him. "Well, excuuuuse me." Another swish and her pounding footsteps faded away.

Chapter 2

Professor Wurst shoved the wooden door open wide so Clay could maneuver into a small, musty-smelling living area. He inched forward on his crutches, the throb of his knee matching the stab of each crutch under his arm. A drop of perspiration trickled down his back.

"I'm glad for you to use our house." The professor brushed past him, set a small sack on the end table, and tugged an old sheet from a faded floral sofa. Dust danced in the air and Clay sneezed. "*Geusundheit.* Sit. Sit. Things here are not fancy, but they serve a purpose."

Clay dropped to the couch, set his crutches on the floor, and sighed. "I'm really grateful for a place to stay, Professor. Mighty kind of you." He peered around the small room, which was probably no more than ten feet wide. He could see all the way to the back door.

"This house is not used much. It was." The older man perched on a wooden stool and faced Clay. " 'Tis called a Sunday house and was in much use during my childhood." He chuckled and pointed to a loft. "Many nights I spent dreaming up there."

"A Sunday house?" Clay looked at the ladder rising to a loft. He raised a brow.

"Early Fredericksburg settlers lived far from town, and

church was their social life. They received a plot of ground to build a small place to spend Saturday night and go to church on Sunday." He waved his hand. "Thus the Sunday house. Small, inexpensive, furnished bare bones, but a place to lay your head and rest. My family owned a homestead many years ago and have since sold it. But we still maintain our little home." His eyes twinkled. "My sisters and I cannot bear to part with the memories that echo inside these walls." He sighed. "The stories they could tell." He clapped his hands on his thighs, rose, and turned on a fan. "But for you, Clay, it's a respite. I know you can't return to the campsite on crutches, and right now there's no one to drive you back to A&M. Here you'll be comfortable until it's time to return home."

A spring stabbed his backside and Clay shifted on the sofa. Comfortable was a relative word. "Thank you, sir, for your kindness."

Professor Wurst walked to the next room and talked over his shoulder. "In here is a small kitchen with a twin bed so you won't have to sleep on"—he pointed at the sofa—"*der plage*. The devil sofa. How I know it is the devil, you have to ask my wife." He laughed. "We have brought things into this century, so you'll find a microwave and a refrigerator. And indoor plumbing. I've left a message with my neighbor, Katherine Zimmermann, explaining the situation. She'll feed you." He rubbed his stomach. "I almost wish I could stay for some of Katie's dumplings." He brushed his hands together. "But I have students—"

"Yes sir. I'm sure I'll be fine." Clay lifted his cell phone. "If they have pizza delivery, it's no problem."

"Then I will leave you." The professor tapped the white sack on the end table by Clay. "Here's your prescription. I'd take the pain pills as directed for the first couple of days. Don't play heroic and tear anything else."

"No, sir. One ACL is enough for me." Clay rubbed the brace over his knee. "I'll be fine."

With a nod, the professor headed toward the door. "Take care, rest, and I'll be in touch soon."

As the door whooshed shut another round of dust motes filled the air, leaving Clay stuck in place. He ran his hand over his face and sighed. "Great. This is just great." He slid his leg up on the cushions and leaned back against the sofa's arm. He tapped the screen on his cell phone to Google his location. "What is there to do in this town? Can't stay cooped up here forever." He yawned and closed his eyes, the effects of the pain medication dragging him down. His phone slid to his chest.

"Mama, what do you need me to do?" Gwen toyed with a black plastic fork on the tabletop. The small bistro on Main Street buzzed with midday diners. The smell of fresh bread wafted through the air but wasn't enticing as it usually was. Worry tempered her appetite.

Hannah Zimmermann turned her red-rimmed eyes on her daughter, her face had been wan in the hospital's fluorescent lighting. "Gwen, what we need now is money." Her voice was tense. She held her hands out, palms up. "There's no other way to say it. I know you gave up school to help at the orchard, but that's work Rob can do. We need cash. Period. This hospital bill and medication will set us back—" Her brows drew together and she shook her head. "The drought's hit the orchard hard and we're already in the pink." Her lips turned up slightly. "Not quite in the red, but really close. And your daddy will worry himself into the grave after he hears the news."

Indeed the thought of her father on bed rest for a month or so made Gwen shiver. She'd never seen her father still. He buzzed with activity.

"Dr. Hawkins said he'd be fine but he did need to slow down. And he needs quiet and rest for a few weeks. How are we going to accomplish that?" Hannah dabbed her eyes with a napkin.

"Guess we can kidnap him." Gwen patted her mother's arm. "You two go to the beach."

"If only that would work. I'd go in a heartbeat." Hannah shook her head.

"You did marry the hardest head in the whole Zimmermann clan, Hannah. You knew that from the start." Katherine Zimmermann pulled out a chair from the table and sat down. She wiggled a cup of orange Jell-O in Hannah's face. "You need to eat a bite of something. This is light. Force it down."

Gwen smiled. "Aunt Katie, Daddy may be hardheaded, but you might reign for bossy."

"Gwendolyn." Hannah gasped.

Katie laughed. "You are so right, Gwennie. And not the first person to tell me so." She propped her elbows on the table. "Let's connive. I have some ideas and opinions, if you want to hear them. If not. . ." She sat straight up, folded her arms across her chest, and said, "I'll keep my mouth shut."

Gwen bit her lip. *As if.* Katie Zimmermann had never kept her opinions to herself.

Hannah opened the Jell-O, took a bite, and swallowed. She cradled the container in her hands and stared at her sister-in-law. "Tell me."

"I need help at the store. You need money, Hannah." Katie pointed at her niece. "Gwen is available to work for me. I can loan you what you need, and she'll work it off."

Gwen's stomach seized. Indentured servant? She closed her eyes for a second.

"Don't worry, honey." Katie patted her hand. "I'll create a paycheck for you, too." She stared into her niece's eyes. "This is the only way my brother will accept help. He's never going to stand for a 'handout' and you know it. If he feels the money's being earned—"

"He'll let me work." Gwen nodded. Summer school had evaporated, would working off a debt to her aunt eat up the fall semester? But what choice did she have? "What time would you like me to report tomorrow?"

Katie laughed. "First let's get you settled in town. While your mom uses your car, you'd be able to walk to work if you stayed in the Sunday house." Her lips tipped up. "A tiny space of your own."

Gwen's pulse tripped. She loved the Zimmermann Sunday house, and privacy—well, it was something she'd seldom been afforded. Maybe she could study or even take an online class since the library was so close. They probably had a hotspot for Wi-Fi.

"I like this plan." She smiled at her aunt then looked at her mother. "What do you think, Mama?"

Hannah pinched the bridge of her nose, her elbow propped on the table. After a deep sigh, she glanced at her daughter, eyes welling with tears. "You'd be okay with this?"

Gwen nodded.

Her mother stared at her for a moment then slapped her hands on the table. "I think we girls might have saved the day." She reached for Gwen's hand. "Thank you, darling girl."

Wi-Fi, privacy, some spending money? "I'm very willing, Mama." She reached out her other hand to her aunt. "Deal, Aunt Katie?"

Katie laughed and squeezed Gwen's fingers. "Deal. Now the bossy aunt is your boss."

Chapter 3

Gwen plopped her loaded suitcase on the white iron bedstead and stepped to open a window. She'd forgotten the lack of air-conditioning in the tiny quarters, which would be brutal during a Texas June. She flipped the switch on a small oscillating fan, stirring the hot air, and pulled her ponytail tighter. "I can do this. I can do this." Perspiration dotted her lip, and she wiped it away with her shoulder.

She'd always loved the loft and chosen it over the small bedroom downstairs. It felt. . .safer upstairs. The loft held three beds. She'd chosen the twin bed closest to the window, despite the lumpy mattress. She eyed the two full-sized beds covered in matching quilts. Wedding ring pattern with faded, yellow backing. "Imagine clumping up in here with the whole family." Gwen frowned. "I'm not so sure I'd enjoy that. Even once a week."

She hung her blouses and jeans in the small armoire and pulled a bag of toiletries from the suitcase to carry downstairs to the tiny bathroom. She thought of her university dorm room and her suite mates. Privacy here—a true luxury—but lonely. She'd have to find something to do in the evenings. With no television, she'd be driven to the library with her laptop. Driven into air-conditioning, too. "Lord, let there be an online class I can take while I soak up cool air."

A loud clatter from outside caught her attention. She peered out the window. The racket came from the small house next door—another Sunday house belonging to a family she hadn't seen in ages. Something moved about inside. Gwen bit her lip. An intruder? She bent low in an effort to see in the kitchen window. A large shadow crossed the floor.

"Someone's definitely in there." Gwen rose on her tiptoes to look at the driveway. No car. Should she call Aunt Katie? The police? "Or mind my own business." She stepped away from the window, tucked her cell phone in her pocket, and climbed down the loft ladder.

Curiosity stirred and she crept onto the front porch. Since the little houses were less than thirty feet apart, she tiptoed across the noisy boards. If it were an intruder, she'd call the police for sure. But how would she know?

Gwen stepped off the porch and sidled up to the window of the Wurst house. She could hear a fan whirring and something clumping about. She tipped her head, her face nearly brushing the stonework between the windows.

"Ridiculous." A deep voice rumbled. "Just stupid."

A stomp and another clatter startled Gwen. She rose to peek inside.

Whump.

Something crashed against the window frame. Gwen jumped backward and fell with a loud *oomph*. She rolled to her side and gasped for air.

"Who's out there?" The voice roared.

Gwen scrambled to her feet and dusted her capris. She stared at the man framed by the window, then tipped her head and glared at him. Where had she seen this guy?

"What are you doing looking in the window?" The man shook his finger at her. "Some kind of Peeping Tom?" His hand stilled and he frowned. "You?" He leaned forward and propped his hands on the windowsill. "You were at the hospital."

"Hospital?" Gwen squeaked.

"Breathe deep. Breathe deep." The guy singsonged in an imitation of Gwen.

"Oh, Mr. Polite." Gwen brushed her hands together, her palms stinging from the fall.

"I see you continue your butt-in-ski ways." He waved his hand toward her.

"I do not." Heat crept up Gwen's cheeks and she floundered for words. "Being a good neighbor, I was—I was—concerned about the Wurst house when I heard all the commotion."

The man sighed and ran a hand through his hair, deflated. "Yeah, well, sorry about that. I'm battling major frustration right now and took it out on this." He raised a crutch. "Launched it farther than I intended."

Gwen swallowed. The man's brown eyes held a hint of sadness. A stick of copper-colored hair formed a definite cowlick. His damp university T-shirt clung to a well-developed set of muscles.

"Really hot today." Gwen swallowed. Interesting topic of conversation. Then again, why did she want a conversation with him? "Are you visiting the Wurst family?"

"Not really." He pointed down. "Tore something in my knee. Can't continue the Enchanted Rock excursion, and right now there's no one to drive me back to College Station, so the professor stuck me here." He rubbed a hand over his face. "And you are right, it is hot." Droopy eyes gazed back at her.

She hesitated. "Would you like something to drink? I have lemonade." *Gwen. Seriously?*

His eyes brightened. "That would rock." He laughed. "Maneuvering about and carrying stuff still isn't in my act."

Gwen smiled. "I'll be over in a second." She wheeled about and jumped onto her porch. Inside the bathroom, she ran a damp washcloth over her face and tightened the scrunchie holding her ponytail. She reached for her makeup bag then stopped. "What am I doing?" She looked at her reflection. "Gwendolyn, do not make a fool of yourself. Just be polite. Neighborly." She blinked. "And overlook the fact that he is a hunk."

Clay hopped on one leg to the bathroom. He washed his face and swiped at the ever-present cowlick. He'd change shirts and freshen up, but in this heat it was pointless. He sniffed an underarm then swiped on another layer of deodorant.

"How did settlers ever stand each other in close quarters?" He eyed his reflection. Would have to do. He wasn't shaving for some welfare woman he didn't even know. But it was company. Someone to talk with. He missed people.

The rap at the front door startled him. "Come in." He

tilted around and hopped through the small kitchen to the living room.

Using her foot, the woman shoved the screen door against its frame with a *pop*, then caught it with her hip to swing it open. She tipped her head. "Way to open the door with no hands." She carried two large mugs. "Frosty lemonade." She waited until he collapsed on the plage—he now understood the nickname devil couch—then handed him a glass.

"Thank you, ma'am."

She held up her glass. "I know these are beer mugs. I don't drink beer. But someone left them in the freezer and I decided they'd be really good with the lemonade. I don't like beer. Tastes nasty. Of course, in this area many people do drink beer, and if someone did, I suppose a glass like this would make it—"

Clay smiled. "I appreciate the lemonade and understand the use of the mug." He pointed to a ladder-back chair. "Won't you sit down?"

She inched toward the chair, her eyes never leaving his face.

He lifted the glass. "I'm Clay Tanner, and I appreciate your thoughtfulness."

"Gwen Zimmermann." She looked past him. "You're welcome."

"Hot, isn't it?"

"Yes." She sipped and nodded toward the small fan. "You need to put that closer to the window."

"Um-hm. Haven't figured out the logistics of moving it yet." He tapped the brace on his knee. "This slows me down."

"Oh." Gwen shot to her feet. "I'll take care of that." She dragged a small TV tray in front of the window, unplugged the fan, and set it where it could catch a good breeze. She pointed it at the sofa. "There. That will help." The breeze lifted hair from her forehead, exposing freckles.

"Thanks."

She glanced at his brace. "How long do you have to wear that?"

"I return to the doctor next week. We'll see." Clay swallowed the sweet, cold lemonade. "How's your dad? Was it a heart attack?"

"No. Thankfully." Gwen rolled her eyes. "He's so ornery. He has to rest for a few weeks and that's like tying a hawk to a post. I'm not envying my mom." She ran her finger through the condensation on the glass. "I'm in town to work for my aunt. She has an antique store on Main."

"Maybe I can visit when I'm more proficient on these sticks." Clay sighed. "I'm bored out of my mind." He lifted his cell phone. "I know this is smart, but it's not a great companion 24-7."

"Won't your family come get you?" Gwen sat down.

Clay bit his lip. "My parents are overseas right now. I'm not even sure where." He watched her eyes widen. "They are archaeologists and travel extensively. Having lived in boarding schools for years, you'd think I'd be happy for solitude."

"You lived in a boarding school?"

"I did. For four years." He smiled as she gaped at him. "It's not *Oliver Twist* or anything. They did feed us more than porridge and I received a great education." A twinge of loneliness swept over him. "And I had some holidays with my parents."

"Wow." Gwen drank deeply from her glass. After a moment she sighed. "I've never ever known someone who went to a boarding school. Sounds so—expensive and fancy. Like on TV or in the movies."

Clay laughed. This girl seemed quite transparent. Whatever entered her brain exited her mouth. He wondered if that was a good trait.

"And you're an Aggie." She pointed at his shirt. "Great school."

"Amazing school." He plucked at the damp fabric. "I've made lasting friendships there." He lifted his head. "And many of my geologist buddies are on Enchanted Rock as we speak."

"Bummer."

"Pretty much sums it up." Clay shifted from the coiled spring stabbing him. He reached for a throw pillow and lifted his leg. Before he could lower it, Gwen was at his side. She tugged the pillow from his hand and placed it beneath his knee. "Thank you." She smelled sweet. He hoped he did, too. He felt his ears redden at the thought. "You're pretty handy."

"I've done some nursing. Can't have a clumsy brother and not do some patching up." She returned to her chair.

"You lived in Fredericksburg your whole life?"

"Um-hmm. But I'm in school now. In San Antonio." She sipped. "Was going to summer school, but then family duty called." She groaned. "Seems like I'm marching in place."

Clay nodded. "I hear you. Feel the same way. Supposed to finish up this project for extra credit and grab my master's degree in August." He shook his head. "Now what? With this setback, I'm not sure."

"Your degree will be in geology? What will you do? Teach?"

A good question. "Have to see what opens up. My parents, of course, want me to join them. Use what I learned about formation of sites through geological processes and the effects on buried artifacts. But I don't know—" Heat crept up his face and his throat tightened. The idea of following in his dad's footsteps always made his throat tighten and pulse race. He sighed.

"Leg feel okay? You need ice?" The girl's piercing brown eyes probed his face.

"Yeah, it's fine. Thanks."

She reached for her half-empty glass. "Guess I should go."

Clay took a swallow of lemonade. "If you have to."

"Well, I don't have to. I mean, I don't go to work until tomorrow." She perched on the edge of the chair and leaned forward. "The store is just a couple of blocks from here. I'll walk over because my mom is using my car, since my brother has to have the truck at the orchard. Rob, my brother, will keep things running while I'm in town. He's Dad's right-hand man, but doesn't like working at the peach stand or the orchard. Me, I always wanted to farm. So I'm learning about horticulture and studying business. I hope, I mean, I'm—" The words stopped. She blushed a deep red. "I talk a lot when I'm nervous."

Clay chuckled. "I noticed."

Her eyes widened. "You don't have to be rude." She started to stand.

"Hey, butt-in-ski, sit down." He grinned. "You're better than TV."

Chapter 4

Gwen leaned against the store counter and watched passersby on the sidewalk, her mind drifting to Clay. Besides being handsome with that copper-colored hair and almost golden eyes, he was good company. After she'd gotten over her aggravation at another nickname, she'd enjoyed their evening of chatter. His love for all things Texas A&M became obvious when he discussed his school.

"I'd never be here without my scholarship." He bragged on the corps of cadets and their service to the country and the football team he'd played on. Since Gwen hadn't followed sports closely other than their local high school, she listened intently. You couldn't live in Texas and not know about the rivalry between his college and the University of Texas. She couldn't wait until he met Aunt Katie, a rabid UT fan. The thought made her chuckle. She wished she could have seen Clay in a football uniform. A flush crept up her cheeks.

An older woman approached the counter, interrupting her daydream. Gwen tallied her purchases and punched the total in the cash register. The golden antique whirred and chimed—a sound she'd loved since childhood. The musty smell in the antique store had never bothered Gwen, though she'd heard some customers complain and march out through the doors. She loved being surrounded by things from days gone by. And she loved hearing the *oohs* and *ahhs* when people recognized items perched on the shelves. So many memories were stirred by the books, lamps, dolls, and clothing her aunt stocked.

"Seventeen seventy-five, please, ma'am." Gwen smiled at the lady.

"Do you know my mama's flour canister was exactly like this? Can't wait to show my sister. This has a name. Can't recall right off. Do you know?"

Gwen lifted the ivory container trimmed in gold and looked at the sticker affixed to the bottom. "German luster." She wrapped it in heavy paper and slipped it inside a bag. "I hope you will enjoy sharing it."

"Thank you, dear." The lady tucked the parcel under her arm and surveyed the bookshelf next to the counter. "Think I'll browse here, too, if you don't mind."

Why would I mind? Gwen smiled. "Enjoy." She grabbed a long-handled feather duster and stepped across the aisle. She flicked the feathers across the top shelf, dust flying from the Radio Flyer wagon on display, the cut-glass candy dish, and a black rotary-dial telephone. A loud sneeze startled her. She swiveled about, the long-handled duster slapping into the woman's elbow. The lady lurched forward, and her package flew from under her arm.

"Oh my word." The woman howled. The antique canister angled for the floor and its demise if Gwen hadn't wrapped it securely. Inches from a crash, a large hand looped through the twine handles and caught the sack.

Clay held up the bag and smiled at the customer. "I believe this belongs to you?"

"Thank you, kind sir." The woman actually batted her eyes at him and simpered, "You have no idea how much I appreciate your kindness. This antique is so special to me."

Gwen stifled a laugh.

"I hope it holds only pleasant memories, ma'am." Clay ducked his head. Gwen realized if he were wearing a hat, he'd tip it. Her chest hurt. She held her breath, and finally let it out in a *whoosh*. Clay looked at her, his eyes twinkling. Then he touched the lady's elbow. "Have you had an opportunity to look at the other priceless antiques in the store? I believe downstairs holds more treasures."

The lady's eyes brightened. "Really? I haven't been down there." She placed her package by the cash register and turned to Gwen. "May I leave this here, dear? And shop some more?"

Gwen nodded, afraid to speak lest her laughter annoy the woman.

The lady's gaze roved over Clay's face and down to his knee. She sighed and turned toward the stairs. "I'm sorry you're injured. I'm sure you'd enjoy seeing the items down here, too."

"Maybe another time." Clay's smile left once the lady disappeared.

Gwen flapped the feather duster. "You made quite the impression. How did you know there were other 'treasures' downstairs? Have you been here before?" She walked behind the counter and tucked the package on a shelf for safety's sake.

"No. But when you go in one antique store after another, you can bet you will find treasures." He chuckled. "Or so my mom always said." Clay swiped at the lock of hair dangling across his forehead. "At least it's air-conditioned in here." He pointed a crutch toward a stool. "May I sit on that? Will it hold me?"

Gwen stepped to the end of the counter and tugged the stool closer to him. "Yes, it will hold your brawn. Sit." He perched on the stool and she leaned against the counter. "You crutched all of three blocks? In this heat? Want some water?"

Clay reached into a fanny pack tucked around his waist. "Got some."

"Nice accessory." Gwen pointed to the fanny pack. "Stylish. At least on the senior citizens and winter Texans."

Clay laughed. "Hey, it's inventive. I need something to carry stuff. Stopped at Dooley's 5 and 10 to purchase this baby." He lifted it from his waist and gave it a pat. "Cost more than five and ten, but it works."

"No maroon for A&M?"

"Nope." Clay watched two ladies enter the store. He bent forward and whispered, "Want me to charm them, too?"

"Work your magic, buddy." Gwen giggled. What was it about this hulking man that brought out the laughter? He was silly and she'd had too little silly in her life lately. The night before he had regaled her with tales of boarding school and college, and she laughed until her sides hurt. Clay was quite the entertainer.

He swiveled on the stool, leaned forward, and waved his hand. "Welcome, ladies. Is this your first time in Fredericksburg?"

"Why, yes, it is." A gray-haired lady, perfectly coifed, and in a stylish jogging suit, which probably never felt a tinge of perspiration, stepped closer to Clay. "It's a lovely town. Are you a local?"

"No, ma'am, but I got here as quickly as I could." He flashed a bright smile. "Please feel free to browse, especially the area downstairs with other treasures from days gone by. However, I'm sure you're too young to recognize most of the—"

The lady's cheeks turned pink and she placed her hand on her face. "Oh my goodness. You are full of smooth talk, young man." Again, a woman simpered in front of Clay. Gwen bit her lip. No laughing at customers allowed. She watched the interaction with amusement until the women trailed down the steps in search of more reminiscences.

"You've got that sales spiel nailed. Guess my aunt will need to hire you as a pitchman." Gwen ran her hand along the glass countertop. "Maybe you could stand outside with placards, like a sandwich man, and advertise."

Clay swept the hair from his face. "Not outside. That's why I'm here. In search of cool." He flapped his T-shirt from his chest. "I can only take so many hours sitting in front of a whirring fan. The white noise makes me sleepy; I topple over on that devil-couch and wake up drenched and wrenched." He glanced at his watch. "You get any break for lunch?"

Gwen nodded. "Aunt Katie will be here soon."

A frown crossed Clay's face. "Katherine Zimmermann?"

"Yep. My aunt."

"She's going to cook for me, Professor Wurst said."

Gwen held out her hands, palms up. "News to me. But for sure I won't be the cook, because that is so not my strong suit."

Clay smiled his bright smile. "Even for poor injured me?"

"Even for poor injured you." Gwen sighed. "My mama had me in the kitchen as a teenager and then finally gave up. Just not something I do well."

The door opened and a *whoosh* of hot air blew in along with Gwen's aunt. She stopped and eyed Clay and his crutch. "Now you wouldn't be the starving, injured college student I'm to feed, would you?"

Gwen laughed. "Does he look like he's starving?"

Clay held out his hand. "Clay Tanner, Miss Zimmermann. I'd be very grateful for a cup of soup or a crust of bread from you."

Katie threw back her head and let out a guffaw. "That's pure blarney. Are you Irish?"

"No, ma'am." He pointed to his T-shirt. "I'm an Aggie."

A frown crossed Katie's face. "Well, you might be getting only a crust of bread then. I bleed orange since I began dating a Longhorn."

"University of Texas is an excellent school, ma'am." Clay's eyes brightened. "I'm sure there are many wonderful reasons one chooses to go there." He bowed his head. "However, football is not one of them."

"Young man, you think you'll want to eat something I cook after that declaration of war?" She shook her finger at Clay. "Best be scared, very scared." A grin crossed her face. "Gwen, get him out of here and go to lunch."

"Will do. Be back shortly." Gwen grabbed her purse and pointed at the steps. "There are three ladies downstairs"—she glanced at Clay—"searching for treasure."

Her aunt's brow furrowed. "Treasure?"

Clay and Gwen laughed. He crutched to the door and opened it. Gwen flashed a look over her shoulder and said, "Explain later, Auntie-dear." She held the door for Clay to exit and followed behind him onto the crowded sidewalk. "Maybe I'd better walk in front and blaze a trail."

"Nah, I'd rather you walk beside me, so we can talk."

A soft glow kindled in Gwen's heart and spread through her middle. She'd not had a gentleman interested in talking with her in a long while. She'd been so focused on school that frivolity and relaxing in the presence of a man had escaped her. She slowed her steps to Clay's pace. "So talk, buddy. What's new this day?"

What's new? Clay wanted to tell her how he'd tossed and turned during the night. Not because of his knee or the heat, but because of a brown-eyed girl next door. He'd been captivated by Gwen's lack of pretense. The college women he'd dated in the last few years had been all about themselves, trying to leave the right impression. Hunters. That's what he had termed them. And he wasn't ready to be bagged by anyone. No. Gwen Zimmermann had plans for the future like he did, so there were no expectations. Clay had relaxed and enjoyed a couple of hours of pure fun. He awoke missing her presence and made a decision to seek her out.

After a cold shower—Professor Wurst needed a new hot-water heater—Clay dressed and headed toward town. He was grateful for benches along the crowded walkway, the open doors of some shops that blasted cold air outside, and made it to the right antique store after he'd dived into three others. Finding Gwen with a feather duster in her hand brought a smile to his face. Domestic? Maybe not. Intriguing? Definitely.

"That place serves wonderful food." Gwen pointed to the Auslander Restaurant. "And we only have to cross one street." Her brows lifted.

"Fine with me."

Inside the restaurant a cacophony of sound met his ears. Music, chatter, a television broadcast, and the clatter of dishes indicated tourists found this restaurant worth visiting. A saucy waitress showed them to a plank table near the wall, where Clay propped his crutches and slid into a chair.

The tantalizing aroma of smoked meat filled the air. "Smells good." A large fireplace centered on one wall held up a deer's head with the largest spread of antlers Clay had ever seen. He spotted another one on the sidewall. Over the bar was a stuffed Longhorn. Definitely not a PETA-friendly place.

"Do you like sauerkraut?"

Clay wrinkled his nose. "I don't think so."

Gwen laughed. "Worth trying, especially here in the heart of German cuisine." She bent over the menu and skimmed the page. "Awesome schnitzel, too."

"Kraut, links, and beer." Clay laughed. "Sounds like a winning combo to me."

"Except for the beer part, you're right." She sighed. "So many choices, so little time. But I think I'll opt for today's special."

The waitress took their order and returned with heaping plates of sausage, fried potatoes, and red cabbage. Clay shoved the red part to one side. He cut into a link and sighed as he chewed.

"Best food I've had since I've been here." He looked up to see Gwen's bowed head and became silent, embarrassed that he'd interrupted.

She didn't seem to notice as she took a bite of cabbage and wiped her mouth on a napkin. "Wait until Aunt Katie starts to feed you." She smiled and her eyes brightened. "Request a peach bread pudding. She makes the best, according to her friend, Phil. He seems to be an expert on bread pudding since he's a world-traveler."

Clay looked around the room. "Do you see our waitress? Think I want her to pull me a pint."

"Beer? " Gwen stiffened in her chair.

He watched her face grow red. "Would you rather I not drink?"

She nodded.

Clay lifted his water glass in a toast. "Then I shall defer to the lady." He continued his meal, but curiosity niggled at him. "Your family teetotalers?"

Gwen's mouth tightened. "Had one in the family who abused alcohol. Just doesn't go with our lifestyle now, let's put it that way."

"And what lifestyle"—Clay drew quotes in the air with his fingers—"would that be?"

She toyed with her knife. "I try to live a Christian life. And I just don't believe drinking fits in." Gwen shook her head. "I'm not saying a bit of spirits every now and then is wrong. It's not my place to judge anyone or tell you what your convictions should be. It's just not something I'd do."

Clay nodded. "I see." He cut into another piece of sausage and chewed slowly. *Christian, praying before meals.* Might draw a line in the sand for their friendship. But who would he talk with during this forced time of rest if he alienated Gwen? He felt his middle tighten. He'd miss her presence too much.

The waitress returned with their bill. Gwen reached for the leather case at the same time he did and their fingers touched. Clay jerked back as though he'd hit an electrical current. He rubbed his hand down his thigh, the tingle still evident.

Gwen tapped the folder. "I'll get this one. You're my guest today."

His dry mouth wouldn't form words. He watched her open her purse, wrinkle her cute nose, and peer into a wallet. She pulled out several bills and stuffed them in the folder.

"You ready?" Gwen slid his crutches within easy reach

and stood. "I'm really glad you were able to lunch with me."

"Sure," he croaked. He wanted to examine his hand and see if it was branded. "Next time's my treat." Was he ready? Clay could hardly wait.

Chapter 5

An annoying chime from Gwen's cell phone jolted her awake the next morning. She groaned and groped about to find it under the bed.

Hey. Can u get car?

A smile tugged at her lips. Why shouldn't she be awakened by the one about whom she'd been dreaming? She rubbed her eyes with the back of her hand and tapped letters. May b. Why? Last night she had pulled wicker rockers from the storage shed to Clay's front porch and heaped Blue Bell Rocky Road ice cream in two bowls. They'd sat in the creaking rockers, eating, and she'd spilled her dreams.

"I've always loved wildflowers, and this area is famous for the Fredericksburg Wildseed Farm." She waved her hands, almost upsetting the bowl in her lap. *"It's gorgeous in spring, every color under the rainbow spread out before you. I'd like to develop the unused property behind our family's orchard. It's already a field of wildflowers, planted by my great-grandmother, but if it were properly cultivated—"*

Clay licked his spoon and pointed it at her. *"You could make a profit."*

"Exactly." She spun to face him. *"Daddy doesn't have time, especially now, and I'd love to put that land to use. Why, we could make good money from just lavender. Think how many*

302

lavender products there are. From lavender baby shampoo to shower gel at Bath & Body Works to natural sleep aids. And it smells so wonderful—imagine a whole field, almost purple in the sunset. I don't think it would be that *difficult. I've been studying horticulture websites about the actual planting and I could use my associate business degree to get the business started. Since the store is already there, the peach stand would be a good place to set up shop. And we could supply worldwide with the use of the Internet. I envision—" She flopped against the wicker rocker out of breath. A flush crept up her cheeks. "Here I go, rattling on." She took a huge bite of ice cream and an immediate brain freeze burned in her head.*

"You aren't rattling." Clay patted the arm of his chair. "You're dreaming big. And that's a good thing." He rocked back and forth. "Maybe I'll dream big someday," he murmured around the chocolate in his mouth.

Gwen ran her hand over her hair and yawned, struggling to wake up. She sighed and glanced at the silent phone. She crawled out from under the sheet and made a trip downstairs to the bathroom, cell at the ready, and picked up her toothbrush. She squirted toothpaste on the brush and stared at her reflection in the mirror.

Never did spill his dreams.

The phone chimed. Gwen rinsed her mouth, dried her hands, and picked it up.

Trip to Ench Rock. Get my equip. Can u?

Enchanted Rock? She glanced at the clock in the living room. No reason they couldn't make it out there and back before she had to go to work. She'd ask Rob to bring her the car. One tap of speed dial and her brother answered on the third ring.

"Seriously, Gwen? I've got work to do," Rob grumbled.

"Please, little brother. You'll get to meet Aggie-guy. You two can talk football."

Silence met her plea. "Rob. Please. It won't take but twenty minutes to get here, and we'll drop you off on the way to the rock." She added a little whine, "I've been stranded for days without wheels."

Rob groaned. "You'll have to use my truck. Dad gets released from the hospital today, and Mom will need the car."

"He's coming home?" Gwen's pulse picked up speed. "Mom didn't tell me that last night."

"She didn't know. Doctor told her this morning." He blew out a breath. "Okay. Let me unload and I'll be there by nine."

"Thanks, little brother." Gwen tapped END and then a 2 to reach her mom. The call went straight to voice mail. "No reception in the hospital, I guess." She rushed to the loft and tugged on clothes then climbed down the ladder and walked to the kitchen window. "Aggie-man," she yelled.

Clay appeared at his window. "Good morning." He lifted a coffee cup in salute. "Hope my text didn't wake you."

"Not really." She'd been in the gray area of sleep, dreaming of him, not wanting to awaken, but she'd never admit that. "My brother's bringing his truck, so we can get your stuff. He'll be here in about thirty minutes."

"Thanks, pal." Clay set the coffee cup on the windowsill and slid a crutch under his arm. "I'll be ready in a few."

Gwen listened to the *thump, thump* of his receding steps

and grinned. She reached into the fridge and grabbed a cola then cut up a peach and nibbled it for breakfast, bent over the sink to catch the juice dribbling down her chin. She wiped her face with a dish towel. "Umm. Nothing like a fresh Fredericksburg peach." Surveying the kitchen counter, she noted only a few were left. She'd have to pick up more when they dropped Rob off.

After washing her hands, Gwen found her flip-flops, purse, and scrunchie. She closed the front door behind her and sat on the front steps. An early morning breeze kissed her cheeks, and a mockingbird chattered at her for invading its space. "Don't worry, buddy, I'm out of here in a minute." She scooped hair from her neck, wound the scrunchie from her wrist, and pulled it into a ponytail.

Clay hitched across the yard and joined Gwen, collapsing on the step and bumping her shoulder. "Who you talking to?"

A subtle hint of cologne tickled her nose. The morning light brought out flecks of gold in his irises and a stubble of red whiskers along his jawline. "Just a bird." Gwen watched as he stretched his long leg out next to hers. She felt heat rush to her cheeks.

"Really appreciate your help. I hate to leave my stuff with the others." Clay sighed. "And there are a couple of books I'd like to retrieve." He ran a finger under the edge of his brace. "Something to read and relieve the boredom."

"How's the leg doing?"

"Okay. Just an aggravation." He huffed. "I'm tired of sitting around, but it's such a hassle to go anywhere."

"I'll keep a mode of transportation, and you can go to

church with us in the morning. Change of pace." Gwen bit her lip. A sudden desire to see Clay at worship services flooded her.

Clay leaned back on his elbows and eyed her. "Church?"

Well, in for a penny, as her dad used to say. "Yes, we go to Fredericksburg Community Church every Sunday morning. I'll keep the truck and we can go. Doesn't start until eleven, so you can get your beauty rest."

Clay fixed his eyes on something across the street. "I haven't been to a church service since I was a kid."

"Really?" Gwen's stomach knotted. Did this man know about Jesus? She winged a prayer heavenward. "Won't you come? Mom and Dad would like to meet you. He comes home from the hospital today."

"And he'll be in church tomorrow after being in the hospital?" Clay's brows lifted.

"Most likely. And we can pick up fried chicken to take home and eat. Surprise my mom. She usually cooks a big dinner, but I imagine she'll have her hands full with Daddy." Gwen bumped Clay's shoulder. "Sound like a plan?"

Clay chuckled. "Maybe so. Again, anything to relieve the boredom."

Gwen pressed her lips together. Getting to know the Lord would surely relieve his boredom. She'd have to talk to Him about how she could help present the plan of salvation.

A horn honked and Rob pulled into the driveway. Gwen slid a crutch toward Clay and he clumped to the passenger door behind her.

"Let me climb in the backseat, and you'll have more room

to stretch out your leg," she said and clambered in. "Rob, this is my neighbor, Clay Tanner."

"Thanks for bringing us a mode of transportation." A sheen of perspiration crossed Clay's forehead after he settled into the seat.

"Not a problem." Rob flipped the air-conditioner switch to high. "Bet you could use some cool air. I don't know how y'all are standing those accommodations." He reversed the truck and pulled onto the street. "Aggie, huh? My dream."

Gwen sat back and listened as the two talked. Rob spilled out college plans she'd never heard. He'd been out of high school a year and she worried he'd not further his education. Such a smart guy, it would be a waste if he didn't. The cool air, drone of their conversation, and the truck's motor soothed her.

From her vantage point, she could see Clay's strong profile, long eyelashes, and crooked grin. Her heart sped up. This sudden attraction to a man surprised her. She'd been so busy with college and her family, there'd been no time to date. And certainly none of her high school classmates who'd labeled her Peach-girl interested her. But Clay certainly did. Yes, he did.

Rob chattered, much to Clay's relief. It distracted him from the throb in his knee. Climbing up into the truck might not have been the best idea of the morning. But here he was. On the way to Enchanted Rock where he'd have to repeat the process. He glanced back at Gwen and gave her a smile.

Her brown ponytail, a bit off center, swung back and forth when she shook her head, feigning chatter and pointing at her brother. Clay stifled a laugh. The Zimmermann kids did have a gift for gab.

Clay shifted and straightened his leg, relieving some of the pressure. He patted his new accessory, the fanny pack, and felt the bottle of pain meds. Might need one of those for the trip back. With thoughts of his brown-eyed neighbor and physical discomfort, he'd not slept worth a flip since his injury.

"—church?" Rob looked at him.

"I'm sorry, what did you say?" Clay suspected the question was the same one his sister had asked a few minutes earlier. How did he feel about attending a church service?

Rob turned from the highway into the parking lot of the Zimmermann Orchard store.

"Our humble home away from home." Rob thrust the gearshift into PARK and turned to face his sister. "Plenty of gas. See y'all in a bit." He opened the truck's door and reached for the cab door to let his sister out. "Hope to see you in the morning, Clay."

Gwen slipped from the truck and into the driver's seat. She pushed a button and arranged the seat to accommodate her small frame. "Thanks, bro."

"Yeah, thanks, Rob. See you later." Clay didn't agree to "in the morning." His stomach churned at the thought of a dreary service, a droning pastor, and a heavy-footed organist. He'd attended services with his grandmother in Connecticut and found little to enjoy. He was sure church in Fredericksburg would be no different.

"All set, buddy?" Gwen grinned at him.

Clay nodded and smiled, her grin infectious. The cool air in the truck's cab was filled with Gwen's sweet scent. Not a heavy perfume, something light. She wore cutoffs, flip-flops, and no makeup and certainly hadn't spent hours before the mirror fixing her hair. Maybe an hour worth of misery in the morning would be time well spent. And it would be cooler. "All set." He'd give her his answer on the way home. This no-frills woman intrigued him.

Chapter 6

Gwen pulled onto the highway for the thirty-minute drive, and a misty rain began to brush the air. She flipped on the wipers and groaned at the muddy mess on the windshield. "Been so long since we've had rain, I'm surprised these even work."

Clay heaved a sigh and stared out the window. "All this means is a slippery slope for me. I don't see how I can climb the rock with crutches and rain." He stomped his good foot against the floorboard. "Makes me furious. Three steps forward and two back."

"Crippled steps at that." Gwen's lips tipped up.

"It's not funny."

"Sorry." She shot him a glance.

His dark eyes clouded with worry. "Dad pulled a lot of strings for me to go on this excursion and now I will tick him off. Again." Clay worried the hem of his shorts. "The story of our relationship, nothing new."

Gwen had no words to add since she was close to her dad. She couldn't imagine being separated from her family for such extended periods of time. Boarding school? She pressed her lips together and steered the truck around a slow-moving tractor on the shoulder of the road.

"Sorry, Gwen." He gave her a quick look. "Sound like a petulant brat."

She shrugged. "You don't owe me an apology."

Relief softened his features.

"Do you think we can still get your stuff or should we wait for another day?"

"No, I texted Larry earlier. He said he'd meet us in the parking lot. I'll send him another one and tell him to lug all my junk with him." Clay shifted in the seat and pulled his phone from his pocket. He tapped the screen then placed it in his lap. "Just disappointing. I thought maybe we could walk a path and I could show you where we'd camped."

"Maybe next time." Gwen grinned at him. "This drive is rather relaxing. We can make it again, maybe have a picnic." She bit her lip, her heart pounding loudly in her ears. Was *she* asking *him* on a date? No, just friends hanging out. *Right, Gwen. Clay Tanner is just a buddy.* Her breath caught in her throat and an unexpected ripple of excitement tickled her stomach.

She made the turn off Highway 16 onto a road leading to Enchanted Rock State Park. The mist had dissipated, leaving bright sunshine bouncing off the arid ground. Cactus, cedar bushes, and mesquite trees dotted the sides of the road. A few cows searched for bits of grass. She hit the brakes to cross a cattle guard just as a jackrabbit darted across the road.

Clay chuckled. "Guess he knew a woman was behind the wheel."

"Watch it, Aggie." Gwen's pulse picked up speed. His attitude had brightened with the morning sun.

Ahead, the amazing pink granite dome rose in splendor.

"Ahem." Clay cleared his throat. "As your official

geologist, here are some facts. The rock is a huge, pink granite exfoliation dome that rises 425 feet above ground, 1825 feet above sea level, and covers 640 acres. It is one of the largest batholiths in the United States."

"A batho—what?"

"Batholith. Means an underground rock formation uncovered by erosion." Clay straightened in his seat. "The guys at the camp are in undergrad—well, most of them—and are here to study the different rock formations. Larry and I are in charge of one group. Part of my last class before graduation." He pointed to the entrance and scooted up to grab his wallet from his back pocket. "I have a pass to allow us in. Just park and hand it to the ranger."

Gwen followed his instructions and carried the pass to a waiting ranger at the desk. "We won't be long."

The ranger extended a map and brochure, which Gwen tucked under her arm. She didn't want to rain on Clay's parade, but she'd explored this rock more than once with her family. However she'd never seen it through his eyes.

Inside the truck, Clay held his cell phone up. "Larry is on his way. Stop over there"—he pointed toward the huge rock—"and we'll meet him partway."

Clay clambered from the truck, his crutches banging the door and fender, hopped on one leg then steadied himself against the truck bed. Gwen circled around to meet him and gave a soft laugh. He looked like a school kid ready for a field trip. He slid on sunglasses. "Let's explore a bit."

The wide walkway before them had subtle steps cut into the ground, each step edged with a mesquite plank.

They crossed a dry creek bed on a wooden bridge. Pink granite bricks ran along the border of the small bridge. In the distance, the pink dome glittered. The jagged rocks in front of them resembled LEGOs randomly stacked, jutting in every direction.

"Cool, huh?" Clay paused for a breath. He pointed a crutch. "Indians thought there were spirits in the rocks because of the noises it makes."

Gwen stopped in her tracks and wrinkled a brow. "A noisy rock?"

He grinned. "Yep. But it's not spirits. They heat by day and cool at night so they contract, thus groaning noises."

Gwen laughed. "Guess these rocks already do cry out to tell of our God."

Clay tilted his head. "What do you mean?"

"Jesus said if His disciples kept quiet about Him, then the rocks would cry out."

"Bible verses." Clay lowered his gaze and sighed. "I think the only one I ever learned was 'Jesus wept.'" He hobbled farther on the bridge. "One summer when I was about six or seven, my grandmother hauled me to a week of church with other kids."

"Vacation Bible School, probably."

He nodded. "Think so. 'Bout the only time I had fun at her church, I promise you that."

Gwen smiled. "Not all churches are boring, Clay. Ours certainly isn't." She followed him on the bridge. "Which I hope you'll find out in the morning."

A tall, trim man clunked down the slope, a backpack

slung over his shoulder. His dark hair, threaded with silver, curled at the back of his neck, and he was in need of a shave. "Looks like you're on the mend." He clapped Clay on the back and extended a hand toward Gwen, his dark eyes twinkling. "Larry Glen. Are you the keeper of this lad?"

"Gwen." She smiled. "Driver at least."

Clay said, "Dude, don't give her any ideas. If she's my keeper, she might dump me out here. As it is, she's trying to haul me to church."

Larry's brows rose. "Not a bad idea. I'm having my own service over there in the morning"—he pointed to the rock's dome—"to be closer to the Lord."

Clay ran his hand over his face. "So you need me to unload that backpack?"

"Nah, I've got another. Just take this one with you. When do you get out of the brace?"

"I see the doctor on Wednesday. Know for sure then if surgery is in the future or not." Clay heaved a sigh. "Man, wish I could be with you."

"No, you don't. Heat, critters, and undergrads. You won't miss a thing. And Professor Wurst went back to campus, so there's nothing to do. The guys are making their own observations for his class and I'm pretty much babysitting." He patted Clay's arm and gave a playful shove. "Go enjoy city life."

"Don't have critters, but Professor's place isn't air-conditioned, so there's heat. Just hate to let people down—"

"Clay, you aren't letting anyone down. You had an accident." Larry leaned forward. "And you're not disappointing your dad. He'll get it—he's in the field enough to know about accidents."

"Haven't even e-mailed them yet."

"Do it." Larry turned to Gwen and handed her the backpack. "Keep this guy out of trouble, will you?" He turned to walk back up the hill. "I'll be in touch." He shook a finger at Clay. "Don't worry." He took a few steps and stopped. "I sent you some good reading material."

"Thanks, man." Clay swung about to face her. "Ready?" He started up the path without her answer.

Gwen silently trailed behind, wondering again about Clay's unusual relationship with his folks.

Clay couldn't summon words to chat with Gwen on the way out of the park. His thoughts were filled with his mom and dad. He had so much he wanted to say to them, but he didn't know how. Here he was, twenty-two, and still concerned he'd hurt them. Why was it so hard to stand on his own two feet? A grown man shouldn't feel the need to please—

"Hungry?" Gwen guided the truck around a curve. "I'm in need of something to drink, at least."

"Yeah, I could eat."

When they reached Fredericksburg, Gwen parked in front of Winslow's. A sign across the window touted BEST HAMBURGERS IN TOWN. Clay's stomach rumbled.

Not many people were inside, so they had their pick of tables. Gwen walked toward the wall and said, "You can prop your crutches here."

Clay slid them from under his arm and leaned them on a chair, then lowered himself into the seat. The waitress took their orders, and within minutes a juicy burger sat in front of him. His stomach growled again and he clapped a hand over it.

Gwen giggled. "Guess this was a good stop."

Clay bit into his burger and swiped juice from his chin with a napkin. "Didn't know how hungry I was." He stopped and peered at her. Frustration bubbled up. He'd interrupted her prayer again.

She raised her head, winked, and chewed a bite of a french fry. She sipped her cola. "Good to know your professor won't be upset about your absence." She peeked up at him. "Sorry you are."

"Yeah. Bummer."

"So your parents don't know you've been hurt?"

Clay sipped his drink and said, "Haven't felt the need to tell them." He ran a hand down the condensation on the glass. "My family's not close like yours. I do good to see my parents a few times a year." His tone was a bit acerbic, but he didn't care. At the moment, anger rose within him and he resented her relationship with her parents. He recognized the unwarranted feeling because he'd had it so many times before and fought to tamp it down.

They ate in silence for a few minutes, then Gwen said, "What do you think about church in the morning?"

"Gwen, I've never—I mean, I'm not against church. It just isn't for me."

Disappointment flashed across her face, but she didn't say anything.

Clay's pulse raced. Here was a beautiful woman, maybe interested in him, and he was turning down an invitation to attend an event, which was an important part of her life. Stupid. He didn't have anything better to do with his time. And a church was bound to be air-conditioned. He cleared his throat. "But I wouldn't mind joining you." Her eyes brightened. "To try it out, I mean. I'd like to visit places in town." What a lame acceptance.

"Awesome. I'll keep Rob's truck, and after church we can grab dinner and take it to my house. I'd like you to meet the family. I'm sure Aunt Katie will be there, too. You can discuss your week's menu with her."

Clay toyed with a pickle spear. Her brown eyes twinkled and her cheeks were flushed a lovely shade of peach. He nodded. "Then it's a date."

Chapter 7

Gwen leaned toward the mirror and flicked mascara along her eyelashes. She blinked, growled, and wiped the smudge away with her finger. One more application then she stared at her reflection. "Best I'm going to do." She stuffed her makeup into a bag and zipped it. "Why should I care, anyway?" A flush crept up her neck. She knew. She'd replayed the words over and over all night long.

"It's a date."

She spun from the mirror and climbed the loft ladder. Selecting a peach-colored blouse from the armoire, she pressed it against her chest. Whirling in front of the mirror, she scanned her face. "Brings out the right color"—she pursed her lips and furrowed her brow—"for a peach girl." She tossed the shirt on the bed and reached for a green dress. "I'm *so* not the peach girl anymore." The high school label made her shudder—she'd been teased enough to last a lifetime.

Gwen stepped into the dress and slid the zipper up her back, almost to the top. "Great. Where's Mom when I need her?" She twisted and turned but no contortion worked, at least an inch remained unfastened. She'd have to find her mom or aunt before service.

All morning she had battled the decision to not wear jeans and dress up. But her desire to look her best in front of

Clay won out. *"It's a date."* Her heart fluttered as she slid on her black sandals.

Running through her thoughts all night had been constant prayers for his salvation. "Lord, I know he seeks his dad's approval"—Gwen clomped down the ladder and gathered her things—"but he needs to know You." She closed her eyes and clutched her Bible to her chest. "Please, Lord. Speak to him this morning."

Her heart thumped in anticipation as she dashed to the truck. She slid her purse and Bible in the front seat and walked next door. "Hey, sleepyhead. You ready to go?"

Clay, wearing dark jeans and a yellow T-shirt, stumbled over the threshold and onto the porch. His dark eyes fastened on Gwen and a flash of uncertainty crossed his face. "I don't have a suit."

Gwen laughed. "Pastor Mike won't even be in a suit. Don't worry, our church isn't formal, you'll be fine."

He shut the front door and hobbled down the steps to the truck. He slid the crutches into the truck bed then climbed inside the cab. "Figured those would be okay back there on a short ride. I'm tired of messing with them."

Gwen turned the key in the ignition.

"Wait." Clay's fingers brushed her neck.

Her ears burned and her heart pounded in her chest.

"Your zipper needs—" He tugged it up. "There."

"Thanks," she whispered and backed onto the street, her pulse racing. What would Clay think of the next few hours? And why did it matter so much to her? Oh, she knew why. This man had wiggled his way into her heart.

The church's parking lot filled up quickly. Gwen spun into a slot, and they walked toward the front doors.

A whistle split the air. "Is that my Gwennie?"

Gwen spun to see her mom and dad behind her. "Dad." She hugged her father tightly, then held him at arm's length to study his face. "You feeling okay? You look good."

"Thanks, daughter. I'm feeling fine." He nudged his wife. "But your mom has me on a tight leash, that's for sure."

"Just for a while, dear." Gwen's mom winked. "Following doctor's orders, you need rest."

Gwen reached out her hand to Clay. "Want you to meet my new neighbor."

Clay lurched toward her parents, clutched a crutch under his arm, and extended his hand. "Clay Tanner."

Gwen's dad smiled, his eyes crinkled. "Heard a bit about you from my sister. She said you have quite an appetite."

"I'm grateful for the meals she's brought me."

"Welcome to church, son. Glad you're here." He clapped Clay's shoulder and steered him around toward the sanctuary. "Let's grab a seat."

Gwen followed her family, a light perspiration dotting her lip, her mouth dry.

A number of friends welcomed them to the service. Gwen's dad motioned to a back row. "You two might be more comfortable here, where he can stretch his leg out." Gwen nodded and slid into the second seat, leaving the aisle seat for Clay.

A young man bounded up, hand extended. "Hey, good to see you. I'm Pastor Mike. Who's the new guy?" After a quick introduction, he headed toward the stage and grabbed a guitar.

Clay's eyes widened and Gwen stifled a grin. Her pastor, Mike Hooper Jr., wasn't a typical minister. Young, fresh, and bold, he believed in meeting people at their point of need. He was all about relationships—with Jesus especially. And he didn't think his church met the suit and tie dynamic.

The worship team began to play and the congregation stood. Gwen leaned toward Clay. "If you get tired, sit. No one cares."

He nodded, a strained look on his face, a muscle in his jaw working.

Okay, Lord. Let's see what You have in store.

Gwen relinquished her spirit to the music, clapping her hands and entering into praise, her heart so full, she felt it would burst.

Clay, leaning on his crutches, peeked at Gwen from the corner of his eye. Hands raised, she sang with gusto, even if it was a tad off-key. In front of them, her parents worshipped the same way. He rolled the picture through his brain. *With abandon.* He'd heard that phrase in a church context. Now he saw it lived out before his eyes.

The words of song after song flickered on the large screen beside the stage. The contemporary music, the band—a guitar-playing preacher—not anything Clay had ever experienced. Certainly no organ. His knee began to throb. Shooting a furtive glance about the room, he noted a number of people had taken a seat, so he dropped into his chair. From that vantage point, he could watch Gwen. Her face—glowed. No other word seemed to fit. She had given herself over to the music and lifted her hands, a sense of awe sparkling in her eyes. Clay was spellbound. This was no act or showing off. He could tell her faith was the real deal.

After the music, introductions, and money collecting, the preacher began his spiel. Clay settled against the back of the chair to tune out, but Mike's words caught his attention.

"Elisha is with his followers near a river to cut down trees for a new meeting place. A guy loses the head of his ax in the water and is distraught. 'Sir, it was a borrowed ax.'" Mike paced the stage. "Poor guy. Freaking out. So Elisha tossed a stick in the water and the axhead floated to the top." He paused. "Imagine that. Do you think it was Elisha's magic or God's power at work?"

Clay shifted in his seat. Such unbelievable tales in the Bible.

"The axhead can represent our dreams in life. Our dream is like the borrowed axhead. God gave us our dream. . ."

Clay sighed. His dream—to work the land, have a place of his own—could never be a reality. He was expected to dig in the dirt all right, but for relics and artifacts with his dad. Not to plant and harvest. His ears perked up.

". . .where did you lose your dream? Whenever you lose the cutting edge, and don't hear God's voice, go back to the last time you obeyed Him and start over. A dream can be restored." Pastor Mike lowered his voice. "The wooden stick Elisha tossed in the water resurrected the axhead. The wooden cross touches our lives and resurrects. Reach today for that wooden cross and let it change your life."

Clay stared at his knee brace, lost in thought. The last time he heard God's voice? Had he ever heard that voice?

A picture of his grandmother floated through his mind. *"I love you and Jesus loves you, I'm praying."* She ended every visit with that statement. He'd rolled his eyes at Gran with her old lady's religion and preaching, because it always made him uncomfortable.

Clay nudged the negative feelings aside and glanced at Gwen. His heart stirred. She certainly didn't exhibit an old lady's religion, and he could tell she cared—about him. He shifted in his seat and realized he'd come to care about her. In just a few short days, this woman had captured his free-roaming heart. He gazed about the room. Church and Christianity would definitely be a hurdle to any relationship with Gwen.

Dinner with the whole Zimmermann family had been a riot. Rob and Gwen's sparring, Aunt Katie ribbing him over their rival football teams, Mr. Z's goofy jokes. Clay had laughed until his sides hurt, and eaten a heap of fried chicken, okra, and mashed potatoes. Comfort food, Mr. Z called it.

Back at the Sunday house, Clay groaned and settled onto the devil couch, the small fan pointed at his face. He wasn't sure comfort was what he felt at the moment. He shifted against the springs and straightened his leg to relax muscles. That helped.

But he couldn't rearrange the inner convictions roiling in his middle. He'd never experienced a service like today—witnessing Gwen's obvious joy at being in God's presence made him uneasy.

He dug into Larry's backpack and pulled out an assortment of notebooks and three paperbacks. He dumped the lot on the floor, tugged a textbook into his lap, and thumbed the worn pages.

Rocks. Escarpments, anthracites, fossils. All interested him, but none was his passion. He scooted lower on the sofa and closed his eyes. A tractor, a fertile field, a small farmhouse. . .

An ache, a longing, started under his breastbone. Gwen's face flitted into his dream—a purple haze surrounded her. Lavender. Gwen Zimmermann's lavender fields.

Clay's eyes popped open and a sudden realization raced through him. He and Gwen shared the same passion. Planting and harvesting. He swung his good leg to the floor, grasped the couch arm, and stood. He pinched the bridge of his nose. Another vision filled his senses. A wooden cross.

Tears flooded Clay's eyes and a sense of loneliness tore through his middle. He couldn't have his dream. His dad helped so much with the expenses of his education, Clay had to fulfill his father's expectations.

And Gwen? He heaved a sigh because he did not fit into the church mold—not any church, even in Fredericksburg. Same routine everywhere he turned. Round peg, square hole.

Clay closed his eyes and silently voiced his first prayer. "God, if You're there, I think we need to meet. I really do care about this woman." He heaved a sigh and slumped on the devil couch. No lightning bolts or whispered words from above, but his heart felt lighter. What was the possibility he could gain his dream?

And become one step closer to Gwen.

Chapter 8

Gwen's heart sang Monday morning, despite her lack of sleep. Her night had been filled with Clay dreams. She'd enjoyed the time with him and her family—he had fit in like fingers in a glove. Her daddy's teasing hadn't seemed to faze him, and he'd won over her mother after his third helping of peach cobbler. Rob already raved about the Aggie scholar.

To top it off, he'd gone to church. She giggled. Clay Tanner had gone to church.

And what a sermon Pastor Mike had preached. One of those pastor-read-my-mail kind. Surely Clay's heart had been touched. She didn't open her eyes during the closing invitation, but her fervent prayer had been for Clay's salvation. God must've heard her pounding on the door.

Gwen sank on the stool behind the counter, her heart sinking, too. She could pound all she wanted, but unless Clay knocked and asked Jesus into his heart—

Wednesday, Clay had a doctor's appointment. What if he left after that? She mindlessly doodled on a scratch pad then noted the intertwined hearts. She groaned. That's how she felt. Like they'd become intertwined. Yet she didn't know if he was a Christian. And she knew she didn't want to be married to an unbeliever.

Gwen propped both elbows on the counter and placed her head in her hands. "Lord, lead Clay to Your feet if he didn't go yesterday. Please. Even if he leaves Fredericksburg and I never see him again, he needs to know You." Gwen brushed tears from her eyes with her thumbs. "And Father, give him peace with his mom and dad."

The door opened and a man and woman trooped inside. Gwen pasted a smile on her face. "Good morning, welcome to Katie's Kupboard. If there's anything you need, let me know."

"Thank you." The lady waved her delicate hand, a large diamond sparkling on her finger. "My husband and I always appreciate the welcome in this friendly town."

Gwen's lips tipped up. "Glad you feel that way."

The lady strolled about the store and stopped with a gasp in front of a piece of furniture. "David, look at this pie safe. Don't think I've seen anything like it before." The woman pulled the doors open and peered inside. "Clean as a whistle, too." She fingered a price tag and glanced at Gwen. "When could you ship this?"

"Today, most likely. Are you interested?"

"Oh my, yes." She glanced toward her husband, her hazel eyes twinkling. "Aren't we, dear?"

David gave a crooked grin and nodded.

Gwen jerked an order form from under the counter and peered at the lady. "Where will it go?"

"San Antonio. My name is Jo Ann," she recited her full name and address. "My husband remodeled our kitchen for our fortieth anniversary and this will finish it perfectly." She beamed at her husband and interlocked fingers with his. He leaned forward and gave her a peck on the cheek.

Gwen's throat tightened as she watched them. Forty years. She longed for a husband with whom she could share a lifetime love. "You seem so happy." Gwen clapped a hand over her mouth after she blurted out the words.

David leaned on the counter. "We're very happy. God's blessed us." His brow wrinkled. "Don't get me wrong, life's handed us trials"—he squeezed his wife's fingers—"but with Jo Ann and God on my side, there's nothing I couldn't handle."

Jo Ann winked at him. "Back atcha, Papa."

Gwen giggled and completed the paperwork. David wrote a check and the couple left. Gwen watched out the window as he slung an arm over Jo Ann's shoulders and gave a squeeze.

"See, Lord. That's what I want."

"What do you want?" Aunt Katie asked. She climbed up the last step and walked behind the counter next to her niece. "Some chocolate?" She handed Gwen four M&M's.

Gwen popped them in her mouth, chewed, and swallowed. "Yum. I always want chocolate." She scooted the form toward Katie. "Sold that pie safe, so it needs to be delivered."

"Hooray." Katie beamed. "You're doing one fine job, Ms. Zimmermann." She flicked her nails on the glass countertop. "What were you and the Lord discussing?"

Gwen felt a flush creep up her cheeks. "Nothing much."

"Ha. Only a muscle-bound Clay Tanner, I betcha."

"Maybe." Gwen ducked her head and toyed with her ponytail.

Katie patted Gwen's hand and circled around a bookshelf

toward the back of the store. "Be careful, sweetie. Don't want you to follow in my footsteps."

Gwen watched her aunt and swallowed hard. "I'm praying for God's direction for everything in my life. Including Clay."

"Including me in what?"

Gwen froze. She hadn't heard the front door open. She swiveled around and stared at his sweaty T-shirt, which clung to hard biceps and a broad chest. He swept his cap off and the ever-present cowlick stood at attention.

A boyish grin crept across his face. "Can you ditch this place?"

"Already?" Gwen pointed to the black kitty-cat clock. "I've only been here an hour."

Clay shrugged. "Thought I'd give it a try." He chuckled. "You still have the truck."

"Um-hmm." Gwen crossed her arms over her chest. "Where do you want to go?"

"Zimmermann Orchards."

Gwen straightened. "Why?" She stepped around the end of the counter. "What do you need to do out there?"

He shrugged again. "We don't have to go right now. I'd just like to return while you have transportation."

Curiosity nibbled at her brain. "What's the mystery, Aggie-man?"

"No mystery. I'd just like to look at the field behind the orchard." Clay shuffled forward. "The one for lavender."

Gwen started. "Lavender?" she squeaked. "You want to look at my field of dreams?"

Clay pointed a finger at her, pistol-style. "Bang. You're on target." He parked on the stool and surveyed the room. "I can feather dust if you want me to while you work."

Aunt Katie approached the two. "No need. Gwen's earned a day off since she sold one big piece of furniture today. Shoo. Go." She flapped her hands.

Gwen raised a brow. "Are you sure?"

"Positive." Katie grabbed Gwen's purse and tugged her toward the exit. "Get a move on it, both of you. I've got work to do." She laughed and opened the door.

Clay smooched Katie on the cheek. "Thanks, Chief Chef. Appreciate it. And thanks for the potpie last night. Grateful for all this food you've sent my way."

Katie waved a hand and Gwen scooted out the door, not sure what adventure lay ahead. Whatever it was, she would be with Clay another day.

They climbed in the pickup and drove toward home, and Clay wouldn't answer one question.

Clay smiled as he surveyed the acreage behind the Zimmermann orchard. Left unattended, scrub oak, mesquite, and cactus dotted the landscape. Patches of brown grass swayed in the breeze.

"Want to tell me why we're here?"

Clay shoved his sunglasses on his cap, knelt, and fingered the soil. "Wildflowers take hold pretty fast, huh?"

Gwen's eyes sparkled and she dropped beside him. "Oh Clay, you should see it after a rainy season. Bluebonnets and Indian paintbrush. Greenthreads, yellow flowers like this one, cover the ground." Gwen fingered a lone flower. "We've taken more than one family portrait plopped in the middle of this field." Her tone softened. "Can't you just see it? A money-making project with just a small amount of effort. I mean, it would take irrigation, because in Texas we sure can't depend on rain. Have no clue how I'd be able to afford that. And then there's—"

"You'd need a bank loan."

"Now that would take a miracle. But then, He's in that business." She stood, lifted her eyes heavenward, and hollered, "Lord, if I'm to create a lavender field, You'll have to figure out a way." Gwen stomped on a clump of dirt, raising a powdery dust. "I know He heard that one."

Clay sneezed then coughed.

"Oops. Sorry." Gwen giggled. "Didn't mean to choke you."

"Gwennie?" Mr. Zimmermann's voice echoed across the field. "What you doing? Need anything?"

"No, Daddy. We're fine. Be there in a few." Gwen waved and her dad retreated into the store.

Clay pushed up and settled his crutches under his arms, sweat trickling down his back. He swiveled about, and on the turn, his crutch stuck. He jerked it free and stumbled forward, crashing down onto the edge of a large flat rock with his good knee. Pain jolted through him and he squeezed his eyes shut.

"Are you all right?" Gwen knelt beside him, concern etched across her face.

Clay stared into her brown eyes, the simple prayer she'd voiced piercing his heart. "I bet you prayed for a pony when you were a kid."

"What?"

He rubbed his knees and rose. "Never mind. Let's get something to drink."

The two ambled through the peach trees to the store. Mr. Zimmermann held a small box, pulled out two jars of peach goods, and set them on a shelf. "What y'all up to, out there in the back forty in this heat? Water bottles and sodas in the fridge. Best drink up and rehydrate after all your sweating, I can smell you from here." He grinned.

"Daddy, that's rude." Gwen lifted her ponytail and stood in front of a small oscillating fan. "Ahhhh."

Her father laughed, then a frown crossed his face. "Young fella, your good knee is bleeding." Mr. Zimmermann pulled a napkin from a dispenser and held it out toward his daughter. "Wet this so he can clean that cut, then we can see about a bandage. What happened, Clay?"

"Met up with a huge rock, Mr. Z." Clay took the napkin from Gwen and dabbed the blood away.

"Probably the gazebo." Mr. Zimmermann handed each of them a bottle of water. "Too hot to be wandering around outside." He pointed to the box. "If you need something to do, you can always help me stock the store."

"On my day off?" Gwen popped her dad on the arm. "I'm going to show Clay the sights, play tourist. We're headed to the pioneer museum. He's experiencing a Sunday house, might as well see how our peeps lived long ago."

Clay tossed the napkin into the trash. "What gazebo?"

Mr. Zimmermann leaned against the counter and folded his arms across his chest. "When my great-grandpa, Hank

Zimmerman, married, he built a gazebo in a field of wildflowers for his bride. That rock is the foundation symbolizing their faith in Jesus Christ." Mr. Zimmermann's eyes locked with Clay's. "And though the winds came and took down the gazebo, the solid rock is still there. Just like Jesus."

Clay ducked his head, he couldn't hold the gaze, and murmured, "I see." He didn't see—this blind faith of Gwen's family baffled him, and he didn't see how he could fit in. The gnawing on his insides intensified, making him jittery. "Guess we'd better go, Miss Tourist Guide." He gulped out a thanks to Mr. Zimmermann and hobbled toward the door as though he were being chased.

Chapter 9

A tall, heavyset nurse led Clay to Dr. William's exam room after his X-ray. Clay perched on the paper-covered metal table and nervously picked at the brace wrapped about his knee. Waves of acid welled up from his stomach and sweat prickled his brow. Would surgery be necessary? He longed for Gwen to be at his side and hold his hand. She'd offered to bring him, but he'd chosen to grab a taxi. She also said she'd pray.

Prayer. The foundation of the Zimmermann family. Mr. Z's explanation of the rock on which he'd stumbled three days ago haunted him. Why did faith seem easy to them? They struggled for money, Mr. Z had health problems, Rob wanted college but seemed locked to the orchard, and Gwen—

Gwen. Beautiful brown eyes, freckles peppered across a turned-up nose, and a smile that lit up his heart. She was a giver who seemed to expect nothing in return. Such a lack of pretense. He thought of the few girls he'd dated in college. What a difference. Not only was Gwen Zimmermann beautiful, she was a true believer.

His throat constricted. A woman who'd never choose him because of his obvious lack of belief.

Clay pictured his father and mother in the Fredericksburg Community Church and he pressed his lips together. Roger and Evelyn Tanner prided themselves on their modern-day opinions. He'd heard his mother expound more than once when, as a youngster, he'd questioned why they didn't go to church. "Man is incapable of providing sufficient, rational grounds to justify God exists, so why would we bother?"

His grandmother shook her head at her daughter and wiped away a few tears. She assured Clay God loved him. "Faith, my dear child, is the substance of things hoped for, the evidence of things not seen." Clay's pulse picked up speed.

Larry had included a Bible called *The Message* in his pile of books, and Clay tugged it from the fanny pack while he waited for the doctor. He thumbed the pages. It wasn't like any he'd seen before.

Larry had highlighted many passages but circled and starred Romans 10.

Clay read it again.

> The word that saves is right here, as near as the tongue in your mouth, as close as the heart in your chest.
> It's the word of faith that welcomes God to go to work and set things right for us. This is the core of our preaching. Say the welcoming word to God—"Jesus is my Master"—embracing, body and soul, God's work of doing in us what he did in raising Jesus from the dead. That's it. You're not "doing" anything; you're simply calling out to God, trusting him to do it for you. That's salvation. With your whole being you embrace God setting things right, and then you say it, right out loud: "God has set everything right between him and me!"

Was it really that simple?

The exam-room door swung open. "Mr. Tanner?" Dr. Williams strode into the room, an air of confidence swirling in with him. He shook Clay's hand, perched on a small stool, and scanned the reports. After poking and prodding the injured knee, Dr. Williams fastened the brace and gave a reassuring smile. "Things look good. From what I see, surgery won't be needed at this time. However, you will need some physical therapy. We can have the girls up front schedule it here in town or back in College Station. I think you'll be fine in the long run. Do start out easy."

A *whoosh* of air left Clay's lungs and they both laughed. The doctor clapped him on the arm. "I'd be holding my breath, too. See you in two weeks or"—he handed Clay a slip of paper—"here's the name of a doctor in Aggie-land, if you trust those kind of guys." He raised a brow, laughed, and exited as quickly as he'd arrived.

Clay sagged with relief. The nurse handed him the crutches and he hobbled to the front desk. "I'll call and let you know my plans if I need another appointment. Thanks so much."

He lurched into the waiting room and jerked around at the sound of his name.

Gwen reached out her hand and he clasped it. "Will you need surgery?"

"Why aren't you at work?"

Her eyes narrowed. "Will you need surgery?"

He shook his head.

"Praise the Lord." Gwen laced her arm about his waist and

pulled him close. With one arm and a crutch, he attempted to return the hug.

He stepped back and stared into those big brown eyes, a flood of tears welling up, nearly choking him as he held them back. "What are you doing here?" he whispered.

She pursed her lips and shrugged. "Did you really think I'd let you go through this all by yourself? You don't have family in town, so I figured I'd come."

Relief coursed through his middle, along with another feeling he'd come to recognize. A desire for her presence. He longed for Gwen Zimmermann to share his days. Clay felt a flush sweep up his cheeks and his mouth went dry. Suddenly he realized he had fallen in love.

Gwen turned the key in the ignition and headed toward Enchanted Rock, her chest heavy. Clay wanted to return to the team since the doctor had given such a good report. He hadn't emptied the Sunday house, but she felt sure Larry would help him do so pretty soon. His eagerness reminded her of the family's Lab. Clay wasn't panting and bobbing about, but he might as well have been. And she felt lower than a snake's belly.

"Can't do much climbing, that's for sure"—Clay beamed at her when they turned in to the state park—"but I can help the guys catalog and answer questions. It's going to be great to feel useful again."

"Um-hmm." Gwen nodded at the ranger and pointed to the parking lot. "Just be a few minutes." The ranger waved her through.

Gwen swung into a parking slot and swiveled to face Clay. "Well, Aggie-man, here you be. Back with the menfolks." She struggled for a smile, blinking back tears.

"Larry's coming down to grab my gear." Clay swung the door open and dropped a backpack on the ground. He slid out and pulled the crutches from the truck's bed, then leaned inside the cab. "Come with us so you can see the campsite."

"I need to get back to work, Clay. Maybe another time." When the dull gnawing inside of her subsided.

"Come on, Peach-girl." He stuck a crutch inside and poked her ribs.

A flush crept up her cheeks. "Peach-girl?" she squeaked. "Peach-girl? I am so out of here." She shifted into REVERSE.

"Gwen." Clay squinted at her as though to say something then tugged his sunglasses on and backed up. "I'll call you." He slammed the truck door and tugged two backpacks over his shoulder.

Gwen caught sight of his wave as she pulled out, tears blurring her vision. She drove up the road, out of sight of the park's entrance, pulled to the side of the road, and cried.

Exhausted, she slumped in the seat and surveyed the bleak surroundings. As dried-up and barren as her spirit. A guy she'd known a week had worked his way into her heart and life, and now he was gone. Oh sure, she might see him when he moved out. Or he might breeze through town to visit the doctor one more time. But he wouldn't be her next-door neighbor, the guy who sat on the front porch munching ice cream and sharing dreams. That pocket of time had dissolved.

Gwen sat forward, glanced in the mirror, and groaned.

She rubbed her eyes and jerked her scrunchie tighter, then ran her fingers across her lips, the desire to kiss Clay so strong she almost turned the truck around. She closed her eyes and breathed deeply. Feeling calmer, she turned onto Highway 16 and headed toward Fredericksburg.

"Enough moping. Back to work. Guess you had a summer romance, Zimmermann." If only summer lasted forever.

Chapter 10

With a click of the mouse, Gwen sent her final online essay to the professor, completing the last of her three summer courses. If she could take twelve hours on campus in the fall, she'd graduate in December. "And haul that diploma to the peach stand."

She sighed and slapped the laptop closed without checking her Facebook or e-mail. Clay had disappeared, just as she knew he would, without a face-to-face good-bye, but she heard from him online constantly. Her heart had shriveled once he left, and she poured herself into work and school for the rest of the summer. Now it had been ten, long, grueling days of silence. "But who's counting?"

Her words echoed in the quiet room of the Gillespie County Library. She stared at the tall shelves jam-packed with books and the lovely antique tables and chairs. How many high school book reports and research papers had she completed in this room? And here she was at twenty, still in the same place with the same people and the same books. "I did finish college-level work, though." She shook her head. This internal battle longing for more resulted from frustration stirred up by one Aggie-man. She had to move on. Question was, move on where?

Gwen slid the laptop into its case, gathered her purse and

papers, and plopped it all in the front seat of her car on her way to Greater Grace Christian Coffeehouse to celebrate with a latte and a muffin. Aunt Katie and her friend, Phil, sat on the huge back deck, cups in hand.

"You done, girl?" Phil grinned, his long, gray ponytail blowing in the breeze.

"Yep, I'm a done girl." Gwen slid onto the redwood bench beside her aunt, toying with the giant chocolate muffin. "Now if I can get to San Antonio and finish—"

Katie grasped her niece's hand. "We were just discussing that, honeybunch. I have an opinion, want to hear it?"

Gwen laughed. "Auntie-dear, when have you ever kept an opinion to yourself? You ask that question and dish it out. So, yes, I want your opinion."

Phil leaned forward. "Actually, it's my idea, so I want credit." He raised a gray eyebrow.

"Duly noted." Katie tugged a sheet of paper from her purse and flattened it with the palm of her hand. "*Phil the philanthropist* wants to pay for you to finish your degree. In turn, you will keep the books on his irrigation business for a year." She pointed to a column of figures. "Once your 'indentured servant-hood'"—Katie fashioned air quotation marks—"is paid off, and if he's satisfied with your work, he's offering to pay off any outstanding college debts." Katie's eyes twinkled. "Think that's a pretty good deal?"

Gwen stared at her aunt then shifted her gaze to Phil. "Why?" she gasped.

"Because I can." He sipped his coffee and smiled. "It's a win-win. I need the help and so do you."

"I'm speechless." Gwen scanned the paper, her pulse racing. "Mr. Mitchell, I don't know what to say."

He tipped his head. "I've watched you diligently work for Katie this whole summer, knowing you gave most of your paycheck to your family. That kind of selflessness is unusual, Gwen, in these times. Especially with your age group. You never let your family down and I think it's time you were blessed." Phil settled his elbows on the table. "Let me bless you."

Tears welled in Gwen's eyes. "Thank you," she whispered. "I appreciate your offer." She faced her aunt. "What about Mom and Dad? They still need income—"

Katie extended a hand with a flourish in her friend's direction. "Fill her in on that idea, Mr. Mitchell."

Phil swung his long legs astride the bench and beamed. "Your dad and I've discussed my investing in the orchard. I like his storefront idea, and with extra capital, he could certainly expand. Gwen, the burden for extra financing won't be on your shoulders any longer."

A tight band around Gwen's middle loosened at the same time a niggling worry began. To accept this offer meant staying in Fredericksburg. Earlier in the summer, the lavender fields permeated her thoughts—as long as she discussed them with Clay. Now her dream felt empty, hollow. But debt-free? She couldn't pass that up.

"Mr. Phil Mitchell, I think this is a fine idea and I am ever so grateful." Gwen reached out a hand. "Shake?"

He enveloped her hand with both of his in a warm clasp. "Bless you."

A warmth ran through Gwen and she felt lighter. A blossom of hope took root, defrosting her heart. Summer's end and a fresh start. She raised her latte. "A toast. To new beginnings."

Clay's mother held his diploma at arm's length. "I'm quite proud of you."

"Thank you, Mother." He forced a smile.

"About time you joined up on our next expedition." Clay's father nodded to a colleague and turned back to his son. "We'll leave in September."

Clay pressed his lips together and closed his eyes. A featherlight touch caught his attention. "I've sensed a change in you, Clay." His diminutive grandmother tilted her head and looked into his eyes. "And I like what I see. Would a certain young lady have anything to do with this glow?"

"Partly, Grandmother. She's the one who got the ball rolling again." Clay clasped her hands. "You are the one who started it." He drew her close and whispered into her ear. "Your prayers have finally paid off. I know Jesus loves me and I love Him, too."

His grandmother threw her arms about his waist. "Oh Clay. If only you knew how long I've waited to hear those words." Tears soaked Clay's shirt. "I'm blessed and thrilled beyond description."

Mrs. Tanner closed in on them. "What are we celebrating, Clay?"

Clay leveled a look at his mother and father, wet his lips,

and said, "My decision to accept Jesus as my Lord and Savior."

"Posh. What nonsense." Mrs. Tanner dismissed the idea with a flutter of her hand.

"No, Mom, it's not. I learned God has a purpose and a plan for me"—he faced his father—"and it doesn't include archaeology. I am going to farm. Maybe even raise lavender."

Grandmother Tanner giggled. "I knew it, I knew it. She must be one special young lady. I can't wait to meet her."

"What young lady?" Clay's mother frowned. "A girl has made you change your entire vocation?"

Clay threw back his head and laughed. "No, Mother. Jesus has. Come on, Gran, let's grab a cup of coffee. I've so much to tell you. How you planted the seed, Gwen and her church watered, and my buddy, Larry, helped me harvest." Clay pulled her along and spoke over his shoulder to his parents, "If you want to know more, you'll need to follow and just. . .listen."

Gwen slid into her jeans and pulled a blouse over her head. She swiped her hair into a ponytail and stepped into flip-flops. She should be excited about leaving for school next week, but a cold fist gripped her heart. Yesterday a young man had entered the shop wearing an Aggie T-shirt, and she'd left the counter to Aunt Katie before she burst into tears. Despite numerous e-mails and Facebook pictures to keep her updated, Gwen ached to see Clay—ached to hold his hand, to hear his voice. She clutched her stomach. Ached to have him embrace her. Ached for a kiss.

"Peach-girl, get a move on it." Her brother clattered

about downstairs, closing windows and locking up the Sunday house. She choked back tears, fastened the clasp on her suitcase, and walked to the loft ladder.

Rob peered up at her. "Toss that down."

"Oh sure, I'll gladly give you a concussion." Grasping the suitcase handle and the ladder, Gwen descended from her tower for the last time this summer.

"Come on. Church starts in a few minutes."

"Did you get the peaches from the fridge?" Gwen turned the fan off.

Rob pulled her suitcase from her hand and shook his head. "Nope. I'll wait in the truck."

She walked to the kitchen and pulled the sack of peaches and an apple from the refrigerator. She opened the freezer and spotted an almost empty carton of rocky road ice cream sitting on the middle shelf.

Gwen burst into tears. She sank into a chair at the kitchen table, scratching frost from the carton. Tears trickled down her cheeks. "Clay, I miss you so much. Do you miss me at all?"

She shuddered and stood. Time to get moving. She emptied the ice cream into the sink and tossed the carton into the trash bag Rob would collect later. She ran water and rinsed her face, then dried it with a paper towel. She surveyed the little bungalow one last time, thanking the Lord for the special summer then closed the front door.

The band had already begun when Gwen and her brother arrived at church. She slipped in beside her mother and tried to sing. Words lodged in her throat.

"Lord, give me a heart of worship. Wherever Clay Tanner

is, bless him, watch over him, and fill him with Your Spirit." Her whispered words mingled with the band's music. With a lighter heart, she began the next song and was soon lost in worship.

Pastor Mike had read her mail, too, because he spoke on awakening the spirit, and hers felt long dead. "Develop a spirit of expectation and belief. Hebrews 11:6 says He diligently rewards those who seek Him..."

Gwen stared at her folded hands in her lap. She'd thought so much about Clay, had she lost sight of diligently seeking the Lord? "Forgive me. Help me in my unbelief."

The worship band returned to the stage and music stirred her heart. She raised her hands and sang, "Holy, holy, holy, Lord God—"

She froze and closed her eyes. A familiar rich baritone caught her attention. She whirled around.

Clay winked at her and never missed a beat. Gwen stepped between the chairs and stood beside him, squeezing herself to quell the banging of her heart. He glanced down at her and pointed to the screen.

Gwen turned and joined in the song.

Their voices blended—"Holy, holy, holy..."

Epilogue

"Gwennie, Clay needs you." Mr. Zimmermann shouted through the kitchen door.

"Coming." Gwen hop-skipped through the living room, weaving around boxes of jellies and jams from local farmers.

Phil grinned at her. "This last shipment should be done soon. Then I'll be out of your hair while Katie and I take our cruise." To Gwen's astonishment, Phil and Aunt Katie had married, purchased a yacht, and made plans to sail the ocean's blue, as her aunt put it.

Gwen smooched his weathered cheek. "Promise me a postcard from every port. I love you." She fluttered her fingers and headed toward the store.

"There you are." Her father propped his hands on his hips. "Clay's waiting."

She looked around the store. "Where?"

Her dad pointed to the orchard. "Outside, back of the orchard."

Gwen's eyes lit up. "Did he and Phil get the last of the irrigation pipes in?"

Mr. Zimmermann shrugged, his eyes twinkling.

"Daddy"—Gwen giggled—"you men are keeping way too many secrets."

347

Her mother popped up from behind a counter. "Just happy your daddy feels well enough to have a secret or two. Now scoot. Geologists are often impatient."

Gwen dashed out the door, letting the screen slam behind her. "Clay?" She bent forward and scanned beneath peach trees for his lanky legs. "Come out, come out, wherever you are." Her heart swelled at the words. After his graduation, Clay had returned to Fredericksburg and worked alongside her father and Phil to build Zimmermann Orchards business. He'd visited her every weekend in San Antonio while she finished her degree.

"This way, Peach-girl."

She bit back a retort and followed the sound of his voice, weaving between peach trees in full bloom, the sweet scent of their blossoms tickling her nose. "Are you irrigating? Did you get the pipes finished? I saw Phil and he said they were about to sail. If you have any questions, you might want to address them now, before they leave. No telling when we'll make contact. Of course we can Skype, but you know how he likes to sketch out details—"

Gwen's breath caught in her throat. Clay stood beneath a rough-hewn gazebo, the boyish grin she loved so much spread across his face.

"What—what—" she sputtered and stepped onto the rock, her hand covering her mouth.

Clay reached out his hand and tucked a strand of hair behind her ear. "Miss Gwendolyn Constance Zimmermann, I wondered if next spring, when the wildflowers and lavender are in full bloom, if you'd do me the honor of marrying me?"

He glanced at the partially built roof. "Under this roof"—he looked down—"and on this foundation. An age-old foundation created by love and built on Jesus Christ." He held out a red velvet box, the lid tipped open. A burst of rays spread forth from the sun-kissed diamond.

Tears streamed down Gwen's cheeks and she nodded, too breathless to speak for a moment. She cleared her throat. "Mr. Clay Scott Tanner," she choked out, "I would be honored."

Clay slid the ring on her finger and clutched her to his chest. She leaned back and gazed into dark brown eyes full of promises for a lifetime. He cupped her face with his hand. She stroked his strong jawline, the diamond glistening, and smiled.

Gwen slid her hand around the back of his neck, pulled his face closer, and whispered, "Thank You, Lord."

Her lips met his.

London

for Children

timeout.com

Time Out Guides Ltd

Universal House
251 Tottenham Court Road
London W1T 7AB
United Kingdom
Tel: +44 (0)20 7813 3000
Fax: +44 (0)20 7813 6001
Email: guides@timeout.com
www.timeout.com

Published by Time Out Guides Ltd, a wholly owned subsidiary of Time Out Group Ltd.
Time Out and the Time Out logo are trademarks of Time Out Group Ltd.

© Time Out Group Ltd 2011
Previous editions 2001, 2002, 2003, 2004, 2005, 2006, 2007, 2008, 2009, 2010

10 9 8 7 6 5 4 3 2 1

London 2012 emblems © The London Organising Committee of the Olympic Games and Paralympic Games Ltd
(LOCOG) 2007. London 2012 mascots © LOCOG 2009-2010. London 2012 Pictograms © LOCOG 2009.
All rights reserved.

This edition first published in Great Britain in 2011 by Ebury Publishing.
A Random House Group Company
20 Vauxhall Bridge Road, London SW1V 2SA

Random House Australia Pty Ltd 20 Alfred Street, Milsons Point, Sydney, New South Wales 2061, Australia

Random House New Zealand Ltd 18 Poland Road, Glenfield, Auckland 10, New Zealand

Random House South Africa (Pty) Ltd Isle of Houghton, Corner Boundary Road & Carse O'Gowrie,
Houghton 2198, South Africa

Random House UK Limited Reg. No. 954009

Distributed in the US and Latin America by Publishers Group West (1-510-809-3700)
Distributed in Canada by Publishers Group Canada (1-800-747-8147)

For further distribution details, see www.timeout.com.

ISBN 978-1-84670-237-2

A CIP catalogue record for this book is available from the British Library.

Printed and bound by Firmengruppe APPL, aprinta druck, Wemding, Germany.

The Random House Group Limited supports The Forest Stewardship Council (FSC), the leading international
forest certification organisation. All our titles that are printed on Greenpeace approved FSC certified paper
carry the FSC logo. Our paper procurement policy can be found at www.randomhouse.co.uk/environment.

Time Out carbon-offsets its flights with Trees for Cities (www.treesforcities.org).

MIX
Paper from
responsible sources
FSC™ C004592
www.fsc.org

Published by
Time Out Guides Limited
Universal House
251 Tottenham Court Road
London W1T 7AB
Tel +44 (0)20 7813 3000
Fax +44 (0)20 7813 6001
email guides@timeout.com
www.timeout.com

Editorial
Editor Emma Perry
Copy Editor Dominic Earle
Listings Editors William Crow, Jamie Warburton
Proofreader Mandy Martinez
Indexer William Crow

Managing Director Peter Fiennes
Editorial Director Sarah Guy
Series Editor Cath Phillips
Business Manager Daniel Allen
Editorial Manager Holly Pick

Design
Art Director Scott Moore
Art Editor Pinelope Kourmouzoglou
Senior Designer Kei Ishimaru
Guides Commercial Designer Jodi Sher

Picture Desk
Picture Editor Jael Marschner
Acting Deputy Picture Editor Liz Leahy
Picture Desk Assistant/Researcher Ben Rowe

Advertising
New Business & Commercial Director Mark Phillips
Magazine & UK Guides Commercial Director St John Betteridge

Account Managers Jessica Baldwin, Michelle Daburn, Ben Holt
Production Controller Chris Pastfield
Copy Controller Alison Bourke

Marketing
Senior Publishing Brand Manager Luthfa Begum
Marketing Manager Colette Whitehouse
Group Commercial Art Director Anthony Huggins
Circulation & Distribution Manager Dan Collins
Marketing Co-ordinator Alana Benton

Production
Group Production Manager Brendan McKeown
Production Controller Katie Mulhern

Time Out Group
Chairman & Founder Tony Elliott
Chief Executive Officer David King
Group Financial Director Paul Rakkar
Group General Manager/Director Nichola Coulthard
Time Out Communications Ltd MD David Pepper
Time Out International Ltd MD Cathy Runciman
Time Out Magazine Ltd Publisher/MD Mark Elliott
Group Commercial Director Graeme Tottle
Group IT Director Simon Chappell

Sections in this guide were written by
Air Today, Gone Tomorrow Emma Perry. **Den of Equity** Emma Perry. **Trips & Tours** Elizabeth Winding. **Festivals & Events** William Crow. **Everyone's a Winner** Emma Perry. **Explore** Simon Coppock, Hugh Graham. **Attractions** Ronnie Haydon, Emma Perry, Tom Howard (*Neighbourhood Watch: South Bank, Westminster, Covent Garden* Dominic Earle; *View from the Crypt* Emma Perry; *All Hands on Deck* Dominic Earle; *Ride the River* Dominic Earle; *My Sport: Cricket* Emma Perry). **Museums & Galleries** Ronnie Haydon, Emma Perry, Meryl O'Rourke, Peter Watts, Elizabeth Winding, Simon Coppock (*Neighbourhood Watch: Bloomsbury, Docklands, South Kensington* Dominic Earle; *Night at the Museum* Dominic Earle; *Culture Shop* Sara O'Reilly; *My Sport: Paralympic Athletics, Kung Fu, Diving, Sailing* Emma Perry; *My London 2012* Emma Perry) **Parks & Gardens** Emma Perry; *Up the Creek* (*Neighbourhood Watch: Chelsea, Greenwich, Camden* Dominic Earle; *Queen Elizabeth Olympic Park* Emma Perry; *Up the Creek* Elizabeth Winding; *My Sport: Judo* Emma Perry; *My London 2012* Emma Perry). **Meet the Animals** Emma Perry (*Neighbourhood Watch: Marylebone* Dominic Earle; *Interactive Fun* Emma Perry *My Sport: Tennis, Boxing* Emma Perry; *My London 2012* Emma Perry). **Sport & Activities** Dominic Earle, Emma Perry (*Swimming Tips* Rebecca Adlington Emma Perry; *Capital Growth* William Crow; *Horse Play* Kate Miller; *My Sport: Wheelchair Rugby, Swimming, Football, Gymnastics* Emma Perry; *My London 2012* Emma Perry). **Arts & Entertainment** Elizabeth Winding, Emma Perry, Dominic Earle (*On the Waterfront* Dominic Earle; *My Sport: Ballet, Capoeira* Emma Perry). **Parties** Meryl O'Rourke, Emma Perry (*Sport Parties* Emma Perry; *My Sport: Hockey* Emma Perry; *My London 2012* Emma Perry). **Eating** Contributors to Time Out's *London's Best Restaurants* (*The Big Breakfast* Emma Perry and contributors to Time Out's *London's Best Restaurants*; *Chain Reaction* Emma Perry and contributors to Time Out's *London's Best Restaurants*; *Anyone for Tea?* Emma Perry; *Bouled Over* William Crow). **Shopping** Emma Perry, Dominic Earle, Elizabeth Winding (*Kids Corner: Hampstead, Northcote Road, Stoke Newington, Crouch End, East Dulwich, Notting Hill; London 2012 Souvenirs* Simon Coppock; *Get Fitted for London 2012* Emma Perry; *Added Extras* Emma Perry; *Clothes & Toys on the Web* Emma Perry).

Maps john@jsgraphics.co.uk

Front cover photography Ben Rowe

Back cover photography Christina Theisen, Jonathan Perugia, Heloise Bergman

Photography by pages 3, 251 Tricia de Courcy Ling; pages 5, 6, 78, 90, 93, 96, 97, 102, 118, 126, 193, 213, 222, 223, 225, 234, 235 Christina Theisen; pages 9 (centre), 58, 81, 106, 193 (top right) Tove K Breitstein; pages 9, 51, 75, 113 (left), 184 Elisabeth Blanchet; page 10 Miriam Douglas; page 11 Alistair Hall; page 11 (top right & bottom) Yemisi Bake; pages 13, 47, 152, 226 Jonathan Perugia; page 16 (top) Briony Campbell, (bottom) Alex Simons; page 19 The Kennel Club Picture Library; pages 20, 68, 140, 210, 240, 273, 295, 299 Heloise Bergman; page 20 (top right) Martyn J Brooks; pages 26, 27 LOCOG; page 29 ODA 2008; page 27 Jorge Herrera for the National Portrait Gallery, London; pages 32, 33, 36, 40 ODA; page 37 ODA/2008; pages 48, 49, 114, 224 (bottom) Andrew Brackenbury; pages 54, 243 Britta Jaschinski; page 61 Graham Lacdao/St Paul's Cathedral; pages 65, 248, 265 Michelle Grant; page 71 Wilkinson Eyre Architects Limited; pages 73, 86, 89, 99, 100, 103, 108, 110, 113 (right), 128, 135, 149, 152 (top left), 157, 165, 177, 187, 190, 199, 214, 228, 233 Ben Rowe; Wishart; pages 121, 196 Susannah Stone; page 95 Ian Enness; page 105 Ed Marshall; pages 117, 194, 252, 268 Scott page 83 David Moore; page 85 Paula Glassman; page 95 Ian Enness; page 105 Ed Marshall; pages 117, 194, 252, 268 Scott Jack Boothby, (bottom) Ross Paxton; page 195 Floating Cinema designed by Studio Weave for Portavilion 2011, an UP Projects production; pages 200, 255 Michael Franke; page 206 Chris Christodolou; page 209 Johan Persson © Disney; pages 230, 262 Ming Tang-Evans; page 231 Emma Gay; page 245 Rob Greig; page 247 Nicholas Harvey; page 257 Alys Tomlinson; page 275 LOCOG, (top & bottom) Getty Images for LOCOG; page 276 David Jensen; page 278 Marzena Zoladz; page 285 Sue Barr; page 288 Habermaaß GmbH.

The following images were supplied by the featured establishments/artists: pages 8, 9 (top), 23, 63, 67, 83, 95 (left), 136, 154 (top right), 167, 174, 205, 224 (top), 272, 287.

Contents

Introduction

TIME OUT LONDON FOR CHILDREN GUIDE

This is the 11th edition of the Time Out *London for Children Guide*, produced by the people behind the successful listings magazines and travel guide series. It is written by resident experts to provide you with all the information you'll need to explore the city, whether you're a local or a first-time visitor.

THE LOWDOWN ON THE LISTINGS

Addresses, phone numbers, websites, transport information, opening times, admission prices and credit card details are included in the listings. Details of facilities, services and events were all checked and correct as we went to press.

Before you go out of your way, however, we'd advise you to phone and check opening times, ticket prices and other particulars. While every effort has been made to ensure the accuracy of the information contained in this guide, the publishers cannot accept any responsibility for any errors that it may contain.

FAMILY-FRIENDLY INFORMATION

Having visited all the places with our children, we've added essential information for families. Where we think it's important, we've stated whether a building can accommodate buggies, or if there's a place to change a nappy. We've also listed the nearest picnic place.

Attractions are required to provide reasonable facilities for disabled visitors, although it's best to check accessibility before setting out.

PRICES AND PAYMENT

We have noted where venues accept the following credit cards: American Express (AmEx), MasterCard (MC) and Visa (V).

THE LIE OF THE LAND

Map references are included for each venue that falls within the area covered by our London street maps, starting on page 326. We would recommend that you also use a standard A-Z map of the city.

PHONE NUMBERS

The area code for London is 020. All phone numbers given in this guide take this code unless otherwise stated, so add 020 if you're calling from outside London; otherwise, simply dial the number as written. The international dialling code for the UK is 44.

LET US KNOW WHAT YOU THINK

We hope that you enjoy this book and we'd like to know what you think of it. Email us at guides@timeout.com.

Out & About

Air Today, Gone Tomorrow

The new atmosphere gallery at the Science Museum explores the past, present and future of climate change science.

The floor of the Science Museum's futuristic new atmosphere gallery represents the land and water masses on Earth, while the installation hanging from the ceiling plays the part of the atmosphere. The blue-hued design isn't purely decorative, though, and both floor and ceiling form a giant board for Interconnected Earth, an interactive game hub introducing the subject of climate change to visitors. Interactivity is key inside this visually striking gallery aimed at children aged eight and above (and, of course, adults), who will be able to make the most of the exhibits and written material.

The gallery is split into five zones. Zones A-D look at the history and development of climate change science, while Zone E asks what scientists are doing to combat the unprecedented changes in temperature and CO_2 levels.

Although it's not immediately obvious where to start, head for the left hand side

as you go in, and progress in a clockwise direction. Otherwise, it's all too tempting to be drawn straight to the arresting hydrogen-powered urban car on the right hand side (part of Zone E).

Starting at the beginning, Zone A asks how scientists know what the Earth's climate was like in the past. Exhibits include an interpretation of data provided by tree rings, sediment samples and stalagmite slices, as well as a time-travelling game. Zone B looks at some of the pioneering scientists

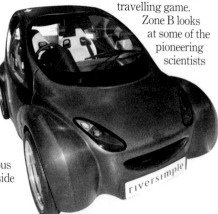

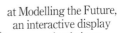

involved in the development of climate change – from Joseph Fourier (1768-1830), who suggested the atmosphere could regulate the Earth's surface temperature, to Guy Callendar (1898-1964), who established the link between fossil fuel energy and rising carbon dioxide levels in the atmosphere.

Zone C has the most exciting exhibit of all. A metre-long ice core from Antarctica (the only one on display in the UK) that can tell us exactly what the air was like in the year 1410, thanks to the bubbles trapped inside the ice. Quite apart from its scientific usefulness, it's a beautiful sculptural object.

Zone D asks how scientists know that the Earth's climate is changing and explores the many instruments used across the globe to collect data. From radiosondes to argo floats and satellite altimeters, this part of the gallery will appeal to budding inventors and gadget freaks of all ages. Once you've checked out the hardware, there's a chance to have a go

at Modelling the Future, an interactive display that brings home the drastic effects of emission changes and temperature rises around the globe. The atmosphere gallery isn't all doom and gloom, though.

Yes, it provokes some serious thought about the sort of energy we use in our cars and homes, but it also offers news of some radical and exciting developments in combating climate change. For optimism and a dose of childish wonder, move forward to Zone E. Here you'll find artificial trees that collect CO_2, paving slabs that generate energy as people walk across them, domestic energy monitors that encourage individual families to cut their energy use, solar reflection devices that deflect heat from the Earth's surface, and the aforementioned hydrogen-powered car. Also look out for the series of contemporary art commissions created for the atmosphere gallery. The first is by David Shrigley and uses the metaphor of a house of cards to represent the fragility of the Earth's environmental balance. Children will also enjoy the four Tell stations, which allow them to ask further questions online, read updated news reports and email articles to themselves for further study.

Out & About

Den of Equity

A monster supplies shop has recently opened up in Shoreditch, but what lies behind the secret door?

At 159 Hoxton Street, the sign hanging on the shop door says: 'Official notice: the proprietor is hereby licensed to sell items including, but not limited to, malodorous gases, children's ears, gore, fear (tinned only), pencils, and other items as specified in the monster retailer's act of 1827, clause 14, subsection 5, revision (b).'

It's not kidding, either. Through the door is a new shop full of freshly extracted nails, zombie mints, thickest human snot, fang floss, neck bolt tighteners, tins of fear, unease and panic, an invisible cat, a monster hotline and

a door beyond which no one can go without a magic password.

The Hoxton Street Monster Supplies shop was set up by Co-Directors Lucy Macnab, who used to work in the Southbank's Learning and Participation Department, and theatre writer and director Ben Payne, with help from Nick Hornby. The model was based on a project run by Dave Eggers in the US that offered underprivileged inner-city children a chance to explore their literary creativity – behind that secret door lies the Ministry of Stories, a writing centre

for local kids, many of whom have no quiet space at home to call their own.

'A lot of people in London had heard about Dave Eggers' 826 Valencia project in San Francisco,' says Macnab. 'I was doing a course with Ben and we started talking about it over lunch. We applied for some funding and found a graphic designer, but it wasn't until Dave Eggers came to town and did a shout out for volunteers after a reading that it became concrete. It took us a long time to find the right premises in a suitable location. There were loads of empty shops but not many landlords who were keen on what we were doing. Everything has been made by volunteer architects and designers, and most things, including the carpet, were donated for free.'

The Ministry of Stories offers a project room and a quiet study room for budding local writers aged eight to 18. It aims to act as a drop-in centre for children after school and on Saturdays. Kids can bring in their own project and get one-to-one help

from volunteer mentors, or be guided, using the Ministry's prompts, exercises and workshops, to find inspiration.

'We consulted local children at the planning stage,' says Macnab, 'and what they said they wanted was exciting things to write with, to be able to write on the walls, and to have a space to call their own. Children of all ages responded really well to the idea of it being a secret place behind a shop.'

The Ministry's volunteers include writers, artists, designers, editors, teachers and locals who want to help out. 'The important thing for the children is to get individual help from an adult mentor, even if it's just someone who says: "Wow that's a great idea, what happened next?" But it has also proved to be a great experience and community for the volunteers,' says Macnab.

Check the website for news of upcoming events open to all or explore the shop. For full listings details, see p297.

Indispensable for London living…

Now available as a free download for Android

timeout.com/mobileapps

Trips & Tours

London's landmarks by bus, boat, bicycle or black cab.

Trafalgar Square.

Getting around

If speed is of the essence, it's generally best to hop on the tube (*see p336*), but taking the bus is far more scenic. Good routes for city sightseeing are the 7, 8, 11 and 12 (all double-deckers) and, along the South Bank, the single-decker RV1. A couple of old-style Routemaster buses – numbers 9 and 15 – now run as Heritage Routes: the 9 runs from Aldwych via the Strand, Trafalgar Square and Piccadilly Circus to the Royal Albert Hall; and the 15 from Trafalgar Square to Tower Hill. Normal fares apply.

Tourist information

To get the most from the capital, a tourist information office is an essential port of call. **Visit London** (7234 5800, www.visitlondon.com) is the official tourist information service, with its main office in Lower Regent Street. There are also outposts in Greenwich, Leicester Square and just by St Paul's Cathedral.

If your programme takes in some of the pricier sights, a London Pass (01664 485020, www.londonpass.com) gives you pre-paid access to over 50 attractions.

In our listings, the initials 'EH' mean that English Heritage members, and their kids, get in free. 'NT' means National Trust members get free admission.

Britain & London Visitor Centre *1 Lower Regent Street, SW1Y 4XT (7808 3800, www.visitbritain.com). Piccadilly Circus tube.* **Open** *Summer* 9.30am-6.30pm Mon; 9am-6.30pm Tue-Fri; 9am-5pm Sat; 10am-4pm Sun. *Winter* 9.30am-6pm Mon; 9am-6pm Tue-Fri; 10am-4pm Sat, Sun.
London Information Centre *Leicester Square, WC2H 7BP (7292 2333, www.londontown.com). Leicester Square tube.* **Open** *Phone enquiries* 8am-10pm Mon-Fri; 10am-8pm Sat, Sun. *In person* 10am-6pm Mon-Fri; noon-6pm Sat, Sun.

Moving experiences

On the river

City Cruises *7740 0400, www.citycruises. com.* **Departures** check website for details. **Tickets** vary. **Credit** MC, V.

City Cruises' handy Rail River Rover ticket (£14.50; £7.25 5-16s, reductions; free under-5s) combines hop-on, hop-off travel on any of its regular cruises (pick-up points: Westminster, Waterloo, Tower and Greenwich piers) with unlimited travel on the DLR.

London Duck Tours *7928 3132, www. londonducktours.co.uk.* **Tours** daily; phone for details. *Pick-up* Chicheley Street, behind the London Eye. **Fares** £20; £16 reductions; £14 1-12s; £58 family (2+2). **Credit** MC, V.

Climb aboard one of these yellow amphibious vehicles for a thrilling road and river trip, lasting 75 minutes. Starts at the London Eye and plunges into the Thames at Vauxhall.

London RIB Voyages *7928 8933, www.londonribvoyages.com.* **Departures** check website for details. **Tickets** £32.50-£45; £19.50-£28 under-16s. **Credit** MC, V.

RIB's speedboat trips power passengers from the London Eye to Canary Wharf (50mins) or the Thames Barrier (80mins). Book in advance.

London Waterbus Company *7482 2660, www.londonwaterbus.com.* **Departures** check website. **Fares** *Single* £6.70; £5.50 3-15s, reductions. *Return* £9.70; £7.70 3-15s, reductions. Free under-3s. **Credit** MC, V.

Navigate Regent's Canal in a narrowboat. Trips run between Camden Lock and Little Venice, stopping off at London Zoo.

Thames Clippers *0870 781 5049, www.thamesclippers.com.* **Departures** 6am-midnight Mon-Fri; 8.30am-midnight Sat, Sun. **Tickets** vary. **Credit** MC, V.

Equipped with a River Roamer ticket (£12; £6 5-15s; free under-5s) you can hop on and off along the Thames between Millbank Pier and Royal Arsenal Woolwich pier, with stops at Waterloo, Embankment, London Bridge, Tower, Canary Wharf, Greenwich and the O2. The Family Roamer costs £25 (2+3).

On the buses

Big Bus Company *0800 169 1365, 7233 9533, www.bigbustours.com.* **Departures** every 10-20mins. *Summer* 8.30am-6pm daily. *Winter* 8.30am-4.30pm daily. *Pick-up* Green Park (near the Ritz); Marble Arch (Speakers' Corner); Victoria (outside Thistle Victoria Hotel, 48 Buckingham Palace Road, SW1W 0RN). **Fares** £26; £10 5-15s; free under-5s.

Tickets valid for 24hrs, interchangeable between routes. **Credit** AmEx, MC, V.

These open-top buses, with commentary, stop at the major tourist sights, where customers can hop on and off at will.

Original London Sightseeing Tour
8877 1722, www.theoriginaltour.com. **Departures** *Summer* every 10-15mins, 8.30am-8pm daily. *Winter* every 15-20mins, 8.30am-5.30pm daily. *Pick-up* Grosvenor Gardens; Marble Arch (Speakers' Corner); Haymarket (Piccadilly Circus); Trafalgar Square. **Fares** £25; £12 5-15s; free under-5s. **Credit** AmEx, MC, V.

Another open-top bus operation, taking a circuit of the sights. The Kids' Club tours include a special activity pack.

Pedal power

London Bicycle Tour Company *1A Gabriel's Wharf, 56 Upper Ground, SE1 9PP (7928 6838, www.londonbicycle.com).* *Waterloo tube/rail.* **Open** 10am-6pm daily. **Hire** £3.50/hr; £20/1st day, £10/day thereafter. **Credit** AmEx, MC, V.

Bike and tandem hire; children's bike seats are free with an adult bike. There are guided tours covering major sights beginning at 10.30am.

London Pedicabs *01737 812268, www.londonpedicabs.com.* **Fares** from £3 per person per mile. **No credit cards.**

Hard-working cycle rickshaws, based in Covent Garden and Soho.

Take a hike

Guided walking tours are also offered by **And Did Those Feet** (8806 4325, www.chr.org.uk), **Performing London** (01234 404774, www.performinglondon. co.uk) and **Silver Cane Tours** (07720 715295, www.silvercanetours.com).

Original London Walks *7624 3978, www.walks.com.* **Tours** £8; £6 reductions; 1 free under-15 per adult. **No credit cards.**

These themed walks criss-cross the capital. Plenty appeal to kids, not least the Harry Potter walk (6.30pm Mon, adults only; 2pm Sat, Sun) and Ghosts of the Old City (7.30pm Tue, Sat).

'Taxi!'

Black Taxi Tours of London *7935 9363, www.blacktaxitours.co.uk.* **Cost** £100-£115. **No credit cards.**

This company runs two-hour tours by taxi for up to five people.

Festivals & Events

Big fun for little people.

London always has something to celebrate, whether it's the thoroughly traditional delights of Trooping the Colour (*see below*) or the eccentric pleasures of Chap & Hendrick's Olympiad (*see p17*). There's something to suit all ages and tastes all year round: what's more, most of it won't cost you a penny.

While we've included the regular events and festivals that keep the city in a giddy social whirl, there's always more going on: check *Time Out* magazine for the latest one-off celebrations and cultural happenings. We've given exact dates for events where possible; phone or check websites nearer the time for unconfirmed timings.

SUMMER

Coin Street Festival
Bernie Spain Gardens, next to Oxo Tower Wharf, SE1 9PH (7021 1686, www.coin street.org). Southwark tube or Waterloo tube/rail. **Date** June-July 2011. **Map** p334 N7.
This welcoming, family-friendly summer shindig brings a series of culturally themed weekday and weekend events that celebrate different communities in the capital. Festivities take place in the open spaces around Bernie Spain Gardens, Gabriel's Wharf and the South Bank and include music, dance and performances, as well as craft and refreshment stalls and workshops. Check the website for more information nearer the time.

Beating Retreat
Horse Guards Parade, Whitehall, SW1A 2AX (booking 0844 847 2435). Westminster tube or Charing Cross tube/rail. **Date** June. **Map** p333 K8.
Held on two June evenings, this spirited, stirring ceremony kicks off at 9pm, with the 'Retreat' beaten on drums by the Mounted Bands of the Household Cavalry and the Massed Bands of the Guards Division.

Trooping the Colour
Horse Guards Parade, Whitehall, SW1A 2AX (7414 2479). Westminster tube or Charing Cross tube/rail. **Date** 2nd Sat June. **Map** p333 K8.
The Queen was actually born on 21 April, but this is her official birthday celebration, for practical reasons. At 10.45am, Her Majesty

makes the journey from Buckingham Palace to Horse Guards Parade, then scoots home to watch a Royal Air Force flypast and receive a formal gun salute from Green Park.

Open Garden Squares Weekend
Various venues (www.opensquares.org). **Date** 2nd weekend June.
For one weekend a year, the London Parks & Gardens Trust opens locked and gated green spaces to one and all. Tickets allow entry to all participating gardens, which range from secret 'children-only' play areas to allotments and exclusive garden squares. Many are wheelchair-accessible and host activities and plant sales; if you're lucky, there might be home-made cakes to munch on as you admire the greenery. Check online for the full list.

City of London Festival
Venues across the City, EC2-EC4 (7583 3585, www.colf.org). St Paul's tube or Bank tube/DLR or Cannon Street, Farringdon or Moorgate tube/rail or Blackfriars rail. **Date** 26 June-16 July 2011.
Founded in 1962, with the aim of revitalising the City's cultural life, this summer festival stages indoor ticketed concerts and free outdoor events in and around some of the Square Mile's finest historic buildings. Outdoor events, including walks, street theatre, jazz concerts and dance performances, run until early August.

Wimbledon Lawn Tennis Championships
All England Lawn Tennis Club, PO Box 98, Church Road, SW19 5AE (8944 1066, 8946

Watch This Space.

2244 info, www.wimbledon.org).
Southfields tube, Wimbledon tube/rail.
Date 20 June-3 July 2011.
To nab tickets for this prestigious tennis tournament, you'll need to plan ahead. For Centre Court and Court Number One seats, request an application form from the All England Lawn Tennis Club between August and mid December the year before; you'll then be entered into the public ticket ballot. Queuing on the day should gain you entry to the outside courts. In the afternoon, returned show-court tickets are available from the booth opposite Court One, so it may be worth hanging about to see the stars slicing, serving and mopping their perspiring brows on one of the world's most famous courts.

Greenwich & Docklands International Festival

Various venues (8305 1818, www.festival. org). **Date** 23 June-3 July 2011.
With its vibrant mixture of theatre, music and spectacle, this free festival has been bringing spectacle and colour to the varied backdrops of Maritime Greenwich, the Isle of Dogs, Canary Wharf and Woolwich since 2007. The 2010 theme was Earth (drawing on Greenwich's Prime Meridian fame), and the 2011 and 2012 editions will focus on Fire and Air respectively.

Henley Royal Regatta

Henley Reach, Henley-on-Thames, Oxon RG9 2LY (01491 572153, www.hrr.co.uk). *Henley-on-Thames rail.* **Date** 29 June-3 July 2011.
First held in 1839, and under royal patronage since 1851, Henley is still going strong; it's now a five-day affair. Boat races range from open events for men and women through club and student crews to the Princess Elizabeth race for juniors (boys under the age of 19). Straw boaters and blazers are de rigueur, as is bringing a picnic.

Watch This Space

Theatre Square, outside the National Theatre, South Bank, SE1 9PX (7452 3400, www.nationaltheatre.org.uk/wts). *Waterloo tube/rail.* **Date** July-Sept 2011.
Map p334 M7.
This superb free festival brings all manner of entertainment to an artificial lawn laid out on the South Bank. Lounge in the sunshine and catch the best street theatre, circus, cinema, music, art and dance from all over the world.

London Youth Games

Various venues (7717 1570, www. londonyouthgames.org). **Date** (finals) 2-3 July 2011.
In 2010 this mini-Olympics attracted more than 50,000 sporting hopefuls, all of them under 17, representing their London borough in 30 different sports – including archery, fencing, canoeing, cycling, rugby and athletics. The finals weekend takes place at Crystal Palace Sports Ground, while other competitions are held at venues around the capital throughout the summer. Extra entertainment includes dance performances, DJs, street sport demonstrations and graffiti art.

Underage

Victoria Park, Old Ford Road, E3 (0844 477 1000 tickets, www.underagefestivals.com). *Mile End tube or Cambridge Heath or Hackney Wick rail or bus 8, 26, 30, 55.* **Date** 5 July 2011. **Tickets** from £25.
Strictly for 14- to 18-year-olds, Underage attracts an enviable line-up of alternative, rock and electro bands. In 2010, hipper-than-thou acts included the Horrors, Santigold, Little Boots and Ladyhawke. The ban on alcohol (and adults) is firmly enforced.

Chap & Hendrick's Olympiad

Bedford Square Gardens, WC1 (www.hendricksgin.com). Tottenham Court Road tube. **Date** 16 July 2011.
Map p331 K5.
Expect a surreally splendid afternoon out at this terribly silly, terribly English event, where children can watch adults engage in all manner of tomfoolery. Events kick off with the lighting of the Olympic Pipe, with 'sports' including umbrella jousting, freestyle trouser gymnastics and synchronised hat doffing.

BBC Sir Henry Wood Promenade Concerts

Royal Albert Hall, Kensington Gore, SW7 2AP (7589 8212 box office, www.bbc.co.uk/ proms). Knightsbridge or South Kensington tube or bus 9, 10, 52. **Date** 15 July-10 Sept 2011. **Map** p329 D9.
While plenty of the concerts are broadcast on the radio or TV, there's nothing like seeing them in person. Choose carefully and you should find something in the main programme that will appeal to children; there are also special family events, and a young composers' competition. Under-16s get half-price tickets to every prom, bar the legendary Last Night.

Out & About

Lambeth Country Show
*Brockwell Park, SE24 0NG (7926 7085,
www.lambeth.gov.uk). Brixton tube/rail,
then bus 2, 3, 196 or Herne Hill rail.*
Date 16-17 July 2011.
Hankering for the countryside, and an escape
from the urban grind and grime? No need to
leave town; instead, head down to Brockwell
Park's free country show. Aside from meeting
and greeting assorted farmyard beasts,
children can cheer on horse and dog shows,
watch sheep-shearing and birds of prey
demonstrations, and have fun on numerous
bouncy castles and fairground rides. An
international array of food stalls keep the
masses well fed (don't miss the jerk chicken),
while the strains of brass bands fill the air.

Carnaval del Pueblo
*Finsbury Park, N4 (7928 4277,
www.carnavaldelpueblo.co.uk). Finsbury
Park or Manor House tube.* **Date**
24-25 July 2011.
The UK's largest Latin American festival
attracts up to 60,000 people and includes over
100 food and crafts stalls, a children's zone and
four stages; the live Brazilian samba, Latin hip
hop, Mexican mariachi and Colombian salsa
soon gets everyone dancing. The festival is
scheduled to move venue from Burgess Park to
Finsbury Park in 2011.

Sundae on the Common
*Clapham Common, SW4 (www.benjerry.
co.uk/sundae). Clapham Common tube.*
Date late July 2011.
A family-friendly mix of fairground activities
and live music, last year's Sundae featured
banana jousting (Fairtrade, of course) and toe
wrestling – not to mention free ice cream all
day. You can pet farm animals, make cookies,
scoot down the helter-skelter, pelt the coconut
shy and have your fortune told by Mystic Moo.
See the website for the latest musical line-up;
in previous years, headline acts have included
the the likes of Doves and Idlewild. Tickets go
on sale in June.

Kidsweek
*Various venues (0844 248 5151,
www.kidsweek.co.uk).* **Date** Aug 2011.
It's called Kidsweek, but this festival actually
runs over a fortnight as part of the West End
Festival. The idea is to encourage families to
get to London's great theatre shows, and with
this in mind, they offer one under-16 ticket free,
and up to two additional children's tickets at
half price, when you buy a full-price adult
ticket. There are accompanying workshops,
Q&As and other activities.

Notting Hill Carnival
*Notting Hill, W10 & W11 (7727 0072,
www.thenottinghillcarnival.com). Ladbroke
Grove, Notting Hill Gate or Westbourne
Park tube.* **Date** 28-29 Aug 2011.
Held over the August bank holiday weekend,
the annual Notting Hill Carnival is as loud,
colourful and chaotic as they come – and the
Sunday is traditionally decreed to be children's
day. Masquerades, steel bands, decorative
floats and ground-shaking sound systems take
over the streets of Notting Hill, and there's
curried goat, roti and fried plantain to sample.
Its reputation for bringing short, sharp spikes
to the annual crime rate continues to court
controversy, but increasing commercialism and
a strong police presence have made the carnival
safer than ever.

AUTUMN

Mayor of London's Skyride
www.goskyride.com. **Date** early Sept 2011.
Each year since 2007, this cycling festival has
encouraged around 50,000 people to don
branded flourescent vests and ride a traffic-free
route from Buckingham Palace to the Tower of
London, as well as any number of subsidiary
routes. Enjoy music, car-less roads and the
chance to meet sports stars along the way.

Great River Race
*River Thames, from Docklands, E14
to Ham House, Richmond, Surrey (8398
9057, www.greatriverrace.co.uk).* **Date**
17 Sept 2011.
Vessels of every shape and size compete over a
22-mile (35km) course in this traditional boat
championship, from Viking longboats to
Hawaiian war canoes. The race begins at 11am
and reaches the finish at around 3.30pm. The
best viewing points are at Richmond Bridge,
along the South Bank or on the Millennium
and Hungerford Bridges.

Regent Street Festival
*Regent Street, W1 (7038 3715, www.regent
streetonline.com). Oxford Circus or Piccadilly
Circus tube.* **Date** 25 Sept 2011. **Map** p332 J7.
All traffic is banned from Regent Street for this
annual event; in its place, fairground rides,
storytellers, street entertainers and musicians

Discover Dogs. *See p22.*

take over the tarmac for a day of fun. There's usually plenty of input from Regent Street's resident toy emporium, Hamleys.

Mayor's Thames Festival
Between Westminster & Tower Bridges (7983 4100, www.thamesfestival.org). London Bridge or Waterloo tube/rail or Blackfriars rail. **Date** 10-11 Sept 2011.
This jolly celebration of the Thames brings a weekend of riverside stalls, performers, sand sculptures, environmental activities and creative workshops. A lantern procession and dramatic fireworks display bring proceedings to a close on Sunday evening.

Spitalfields Show & Green Fair
Allen Gardens & Spitalfields City Farm, Buxton Street, E1 (7375 0441, www.alternativearts.co.uk). Whitechapel tube. **Date** 11 Sept 2011. **Map** p335 S5.
Oodles of own-made produce, handicrafts, Fairtrade goods and healing therapies are on offer at this east London horticultural show, along with plenty of advice on growing your own, composting, and other ways to go green.

City Harvest Festival
Capel Manor Gardens, Bullsmoor Lane, Enfield, Middx EN1 4RQ (0845 612 2122, www.capel.ac.uk). Turkey Street rail (closed Sun) or bus 217. **Date** 17 Sept 2011.
Every year, London's city farms and community gardens gather in the grounds of Capel Manor College to hold a harvest festival. Events and activities include an animal show, milking and shearing demonstrations, vegetable and plant sales, crafts displays and food stalls.

Horseman's Sunday
Church of St John's Hyde Park, Hyde Park Crescent, W2 2QD (7262 1732, www.stjohns-hydepark.com). Edgware Road or Lancaster Gate tube or Paddington tube/rail. **Date** 18 Sept 2011. **Map** p329 E6.
The first Horseman's Sunday was held in 1967, when local stables, threatened with closure, held an outdoor service to protest. Since then, it's become an equine institution: at noon, after morning service, the vicar of St John's rides out to bless and present rosettes to a procession of horses and riders, then delivers a short service. There are children's activities and games.

Out & About

Chinese New Year Festival. *See p23.*

Story of London
*Various venues (7983 4000, www.london.
gov.uk/storyoflondon).* **Date** Oct 2011.
Story of London is a month-long festival
of events and activities, celebrating the
city's past, present and future. Involving a
collaboration of institutions from all over the
capital, led by the Mayor's office, the ambitious
programme incorporates music, history, film,
walks and architecture. Check online for the
full list of events.

Big Draw
*Venues across London & nationwide (www.
thebigdraw.org.uk).* **Date** 1-31 Oct 2011.
Pencils at the ready – this brilliant annual event
aims to bring out the inner artist in everyone,
with imaginative free events running in
libraries, community centres, shopping centres,
gardens and cultural institutions across the
country. London's big museums and galleries
always come up with some excellent offerings.

Punch & Judy Festival
*Covent Garden Piazza, WC2 (0870 780
5001, www.coventgardenlondonuk.com).
Covent Garden tube.* **Date** early Oct
2011. **Map** p331 L6.
That's the way to do it! Slapstick humour and
violent altercations between Punch and his
missus hold kids enthralled, with performances
taking place around the market building. Call
nearer the time to confirm this year's date.

Children's Book Week
8516 2977, www.booktrust.org.uk.
Date 3-9 Oct 2011.
This festival aims to encourage children of
primary school age to get reading – and enjoy
it. Hands-on activities and author visits take
place across the country, and there's always
plenty going on in London's schools and
libraries. National Poetry Day (www.national
poetryday.co.uk) takes place during the festival.

Pearly Kings & Queens Harvest Festival
*St Paul's Church, Bedford Street, WC2E
9ED (8778 8670, www.pearlysociety.co.uk).
Covent Garden tube.* **Date** 9 Oct 2011.
Map p333 L7.
Pearly kings and queens – so named because
of the shiny white pearl buttons sewn in
elaborate designs on their dark suits – have
their origins in the 'aristocracy' of London's
early Victorian costermongers, who elected
their own royalty to look after their interests.

Now charity representatives, today's pearly
monarchs gather in their resplendent garb an
hour before the 11am thanksgiving service.

The Baby Show
*Earl's Court Exhibition Centre, SW5 9TA
(0870 122 1313 booking, www.thebaby
show.co.uk). Earl's Court tube.* **Date**
28-30 Oct 2011. **Map** p328 A11.
Earl's Court overflows with all manner of baby-
related paraphernalia, with a mind-boggling
array of pregnancy gear, nursery equipment
and stimulating toys. Consult the website to
search for your area of interest.

Trafalgar Day Parade
*Trafalgar Square, WC2 (7928 8978,
www.ms-sc.org). Charing Cross tube/rail.*
Date 23 Oct 2011. **Map** p333 K7.
Over 500 sea cadets parade with marching
bands and musical performances, in celebration
of the British victory at Trafalgar. Events
culminate in a wreath laying ceremony at the
foot of Nelson's Column, in honour of the
mortally wounded admiral.

London to Brighton Veteran Car Run
*Start at Serpentine Road, Hyde Park, W2
(01327 856024, www.lbvcr.com). Hyde
Park Corner tube.* **Date** 6 Nov 2011.
Map p327 F8.
There's no time for lie-ins if you want to see this
parade of gleaming vintage motors leaving
London, or join the crowds lining the route. The
buffed-up fleet sets off from Hyde Park at 7am,
with the first cars reaching Brighton around
10am. The rest arrive by 4pm; bear in mind that
the average speed is a stately 32kph (20mph).
The vehicles are on display in Regent Street the
day before (11am-3pm, Saturday 5 October).

Bonfire Night
Date 5 Nov.
The weekend nearest to 5 November sees
numerous public pyrotechnic displays
commemorating Guy Fawkes and his ill-fated
Gunpowder Plot. Those at Battersea Park,
Alexandra Palace and Crystal Palace are
among London's best; for an overview, book a
late ride on the London Eye (*see p46*).

Lord Mayor's Show
*The City, EC2-EC4 (7332 3456, www.lord
mayorsshow.org). Mansion House, St Paul's
or Temple tube or Bank tube/DLR or
Blackfriars rail.* **Date** 12 Nov 2011.

This is the day when, under the conditions of the Magna Carta, the newly elected Lord Mayor is presented for approval to the monarch, or his or her justices. Amid a procession of around 140 floats, the Lord Mayor leaves Mansion House at 11am and travels through the City to the Royal Courts of Justice on the Strand, then receives a blessing at St Paul's Cathedral before returning to Mansion House. The procession takes around 75 minutes to pass by. At around 5pm, fireworks are set off from a barge moored on the Thames between Waterloo and Blackfriars Bridges.

Discover Dogs

Earl's Court 2 Exhibition Centre, entrance on Lillie Road, SW5 9TA (7518 1012, www. discoverdogs.org.uk). West Brompton tube/ rail. **Date** 12-13 Nov 2011. **Map** p328 A11.
They say every dog has its day – and this is a chance for mutts that don't quite fit Crufts' criteria to take centre stage. Visitors can meet around 190 pedigree pooches and their breeders, watch Heelwork to Music displays and see husky team and police dog agility demonstrations. Competition categories might include 'dog that looks most like a celebrity' or Scruffts (family crossbreed dog of the year).

Children's Film Festival

Main venue: Barbican Centre, Silk Street, EC2Y 8DS (7638 8891 Barbican box office, www.londonchildrenfilm.org.uk). Barbican tube. **Date** Oct & Nov 2011. **Map** p334 P5.
This annual festival proves that kids are interested in more sophisticated film fare than big blockbusters. The line-up features foreign language films, documentaries and animations; seven- to 12-year-olds are invited to join a jury and become film critics. Check online for workshops and events, many of which are free.

State Opening of Parliament

House of Lords, Palace of Westminster, SW1A 0PW (7219 4272, www.parliament. uk). Westminster tube. **Date** Nov 2011.
Map p333 L9.
In a ceremony that has changed little since the 16th century, the Queen reopens Parliament after its summer recess. Watch Her Majesty arrive and depart in her Irish or Australian State Coach, attended by the Household Cavalry.

Christmas Lights & Tree

Covent Garden (0870 780 5001, www.covent gardenlondon.com); Oxford Street (7462 0680, www.newwestend.com); Regent Street

(7038 3715, www.regentstreetonline.com); Bond Street (www.bondstreetassociation. com); Trafalgar Square (7983 4234, www.london.gov.uk). **Date** Nov-Dec 2011.
The glittering lights on St Christopher's Place, Marylebone High Street, Bond Street and Kensington High Street add a magical touch to grey winter days. The giant fir tree that stands in pride of place in Trafalgar Square is an annual gift from the Norwegian people, in gratitude for Britain's role in liberating their country from the Nazis during World War II.

WINTER

London International Horse Show

Olympia Exhibition Centre, Hammersmith Road, W14 8UX (01753 847900, www.olympiahorseshow.com). Kensington (Olympia) tube/rail. **Date** Dec 2011.
Enthusiasts of all things equestrian can enjoy dressage, show-jumping, dog agility contests and a Shetland Pony Grand National. The grand finale features Father Christmas (with a sledge pulled by horses), and there are over 200 trade stands, so you can also do some seasonal shopping.

Peter Pan Swimming Race

The Serpentine, Hyde Park, W2 (7298 2000, www.royalparks.gov.uk). Hyde Park Corner tube. **Date** 25 Dec. **Map** p327 E8.
Established in 1864 by *Peter Pan* author JM Barrie, this chilly 100-yard race draws intrepid swimmers (Serpentine Swimming Club members only) and spectators every Christmas morning, competing for the Peter Pan cup. However mild the weather is, the Serpentine always looks less than inviting.

New Year's Eve Celebrations

Date 31 Dec.
London's New Year revelry has traditionally been concentrated around Trafalgar Square; the fireworks on the South Bank are a more recent draw. Both attract huge crowds, and can be nightmarish with younger children in tow.

London International Mime Festival

Various venues (7637 5661, www.mimefest.co.uk). **Date** 14-29 Jan 2012.
An international array of companies and artists perform visual theatre of every genre: circus skills, mask, mime, clown and visual theatre shows appeal to audiences of all ages.

Out & About

Chinese New Year Festival

Around Gerrard Street, Chinatown, W1, Leicester Square, WC2 & Trafalgar Square, WC2 (7851 6686, www.londonchinatown.org). Leicester Square or Piccadilly Circus tube. **Date** 23 Jan 2012. **Map** p333 K7.

Riotous celebrations to mark Chinese New Year begin at 11am with a children's parade that weaves its way from Leicester Square Gardens to Trafalgar Square, where lion and dragon dance teams entertain the masses.

National Storytelling Week

Theatres, museums, bookshops, arts centres, schools, libraries & pubs (8866 4232 Del Reid, www.sfs.org.uk). **Date** 27 Jan-4 Feb 2012.

This annual celebration of storytelling, which has been around for over a decade now, sees theatres, bookshops, community centres and schools across the country hosting events for tellers and listeners.

Imagine Children's Festival

Southbank Centre, Belvedere Road, SE1 8XX (0844 875 0073, www.southbankcentre.co.uk). Embankment tube/Waterloo tube/rail. **Date** mid Feb 2012. **Map** p333 M8.

The Southbank Centre's inspirational kids' festival brings together two weeks of family-friendly activities on the banks of the Thames, with everything from readings and film screenings to stand-up comedy and rock concerts for tots, along with free exhibitions and a children's poetry lounge.

Great Spitalfields Pancake Day Race

Dray Walk, Old Truman Brewery, 91 Brick Lane, E1 6QL (7375 0441, www.alternative arts.co.uk). Aldgate East tube or Liverpool Street tube/rail. **Date** 21 Feb 2012. **Map** p335 S5.

Relay teams of four toss pancakes as they race along Dray Walk, with heats starting at 12.30pm; all proceeds go to the London Air Ambulance charity. Register in advance if you fancy taking part and bring your own frying pan (pancakes are provided); everyone races together, so it isn't suitable for younger children. It's fun to go along as a spectator though, as fancy dress-clad teams get flipping and pancakes hit the pavement.

SPRING

National Science & Engineering Week

Various venues (0870 770 7101, www.britishscienceassociation.org). **Date** mid Mar 2012.

Great Spitalfields Pancake Day Race.

Out & About

A week of scientific shenanigans, hosted by the British Association for the Advancement of Science. From hands-on shows, workshops and guided nature walks for youngsters to a series of in-depth discussions for adults, each event celebrates different aspects of science, engineering and technology. Check the website for more details.

St Patrick's Day Parade & Festival

Trafalgar Square, Leicester Square & Covent Garden (7983 4000, www. london.gov.uk). **Date** 17 Mar. **Map** p333 K7.

This good-natured, raucous parade departs from Hyde Park Corner at noon and continues to romp through the streets until 6pm. Expect lively performances of traditional Irish music in Trafalgar Square, a Covent Garden food market, ceilidh dancers in Leicester Square and lots of other activities for all ages.

Kempton Park Family Fun Days

Kempton Park, Sunbury-on-Thames, Middx TW16 5AQ (01932 782292, www.kempton.co.uk). Kempton Park rail. **Date** Apr & May 2012.

Take the train from Waterloo for a day at the races. Free entertainment (simulator rides, crafts, soft play area, face painting, balloon modelling) is laid on and previous years have seen lavish concerts to keep the youngsters happy while you blow their university fees on the gee-gees.

Shakespeare's Birthday

Various venues around South Bank & Bankside (7902 1400, www.shakespeares-globe.com). **Date** 23 Apr 2012.

Celebrations of the Bard's birth date centre around Shakespeare's Globe and Southwark Cathedral, with all sorts of performances, music, readings and walks marking his contribution to literature.

London Marathon

Greenwich Park to the Mall via the Isle of Dogs, Victoria Embankment & St James's Park (7902 0200, www.virginlondon marathon.com). **Date** 22 Apr 2012.

Completing this 26.2 mile (42km) marathon course is no mean feat, so the runners need all the support they can get. Energetic 11- to 17-year-olds can compete in the three-mile Mini London Marathon – check online for details of time trials.

Canalway Cavalcade

Little Venice, W9 (01494 783453, www.waterways.org.uk). Warwick Avenue tube or Paddington tube/rail. **Date** 5-7 May 2012.

Decked out in bunting and flowers, more than 150 colourful narrowboats assemble in the pool of Little Venice to celebrate this three-day Bank Holiday boat bash. Stalls line the area, and events include a teddy bears' picnic, Punch and Judy shows, music and (of course) boat trips. The beautiful lantern-lit boat procession on Sunday evening is a must-see and will enchant youngsters.

May Fayre & Puppet Festival

St Paul's Church Garden, Bedford Street, WC2E 9ED (7375 0441, www. alternativearts.co.uk). Covent Garden tube. **Date** early May 2012. **Map** p333 L7.

Marking the first recorded sighting of Mr Punch in England (by Pepys, in 1662), this free event offers puppetry galore from 10.30am to 5.30pm. A brass band procession around Covent Garden is followed by a service at 11.30am in St Paul's Church, with Mr Punch in the pulpit. Then there are puppet shows, booths and stalls, plus workshops for puppet-making and dressing-up. Folk music and maypole dancing, clowns and jugglers add to the mayhem.

Museums at Night

Various venues (www.culture24.org.uk/ museumsatnight). **Date** mid May 2012.

Since 2009, there has been an annual awakening of museums around the country at night. More than 50 London venues take part in the celebrations and offer all sorts of fantastic events across the capital. For more details of planned events, visit the website. *See also p95* **Night at the Museum**.

Kew Summer Festival

Royal Botanic Gardens, Kew, Richmond, Surrey TW9 3AB (8332 5655, www.kew. org). Kew Gardens tube/rail or Kew Bridge rail. **Date** May-Sept 2012.

Each season at Kew Gardens brings a new and varied programme of events and family activities. Last year saw the temporary Plantastic Play area, where children could explore the inner workings of a plant by tunnelling through gigantic roots and up through the stem and flower parts of a plant – learning all about photosynthesis and pollination along the way.

London 2012

Everyone's a Winner

The London 2012 Festival will open up the arts to all.

This year, *London for Children* celebrates a whole spectrum of youthful sporting endeavour in the run-up to the London 2012 Olympic and Paralympic Games. But the main event isn't just about sport. The London 2012 Festival will run from 21 June 2012 until the last day of the Paralympic Games on 9 September 2012, and will feature leading arts figures in an exciting programme of music, dance, theatre, film and art events across the UK.

Events in the capital include an outdoor music event in east London hosted by BBC Radio 1; Big Dance 2012; a new work by Damon Albarn, Rufus Norris and Jamie Hewlett; *Gross und Klein*, a new theatre production at the Barbican from the Sydney Theatre Company starring Cate Blanchett; *Metamorphosis: Titian 2012*, a collaboration between the National Gallery and the Royal Opera House responding to works by

Renaissance master Titian; and the Southbank Centre's Poetry Parnassus with Simon Armitage. On the eve of the Olympic Games Opening Ceremony in July 2012, Rivers of Music will feature free music events at various key sites along the Thames for 500,000 spectators.

High-profile art exhibitions will include David Hockney at the Royal Academy, Lucian Freud at the National Portrait Gallery, Damien Hirst at Tate Modern and Rachel Whiteread at the Whitechapel Gallery.

The Festival website goes live in summer 2011, giving away a million free tickets. The remainder of the tickets for over 1,000 Festival events will go on sale in October 2011. Keep up to date at www.london2012.com/festival.

You don't have to wait until 2012 to join in. There are opportunities for kids of all ages to contribute creatively right now through the Cultural Olympiad.

Make a short film

Fourteen- to 25-year-olds are invited to make a short film celebrating the values of the Olympic and Paralympic Games and exploring the theme of 'Truce'. The winning films will be screened at venues during London 2012. *www.filmnation.org.uk.*

Sing for the Games

Youth Music Voices is a new project gathering 14-to 19-year-old singers to perform during the Cultural Olympiad. *www.youthmusic.org.uk/voices.*

Create a community project

The Inspire Programme was created to encourage everyone to feel part of London 2012. Non-commercial cultural, sporting and education projects and events can receive the official London 2012 Inspire mark. *www.london2012.com/beinspired.*

Become a curator

Stories of the World encourages 14- to 24-year-olds to explore their local museums. In London, 23 museums are involved, offering film-making, pottery and more. *www.mla.gov.uk.*

Join in with Open Weekend

Open Weekend 2011 (22-24 July) will celebrate one year to go to the Games. As in 2010, it will encourage people to try something new – from the arts to sport. *www.london2012.com/openweekend.*

Open Weekend.

Stories of the World.

London 2012

Open Weekend.

Explore

What's where for the London 2012 Games.

An extraordinary transformation has been made to the mostly derelict, former industrial land around Stratford and the River Lea. In just a few years, a cluster of remarkable venues have sprung up – all due for completion in summer 2011 and all impressive in scale and design.

Unless you're lucky enough to get a place on a guided tour of the site, there's no access to the **Olympic Park** (*see p32*) until the London 2012 Olympic and Paralympic Games are under way, but its riverside location makes for a fascinating day out on foot or by bicycle.

You can, of course, already visit the several historic venues that are also to be used in the 2012 Games. **Horse Guards Parade** (*see p36*), **Hyde Park** (*see p36*) and **Greenwich Park** (*see p37*), **Wimbledon** (*see p39*), **Lord's Cricket Ground** (*see p36*) and **Wembley Stadium** (*see p39*) are among them.

The lie of the land

The London 2012 Games are divided into three principal areas – the Olympic Park, the Central Zone and the River Zone – with a number of satellite venues around them.

The **Olympic Park** (*see pp32-35*) is quite staggering – as an architectural, environmental and logistical achievement, for sure, but also in its sheer scale as you walk or cycle beside it. More than half the bridges were complete by summer 2010, and planting in the parklands was well under way – the 'golden meadow', carefully planted to flower in July and August 2012, first bloomed in summer 2010. In this chapter, we list the sporting venues and the events they will host in 2012, but there are many other significant structures in the Park. The innovative, eco-friendly Energy Centre is now operational, while the 'brown roof' of the Main Press Centre

is being made out of wood and seeds recycled from the developing parkland habitat around it. In Stratford City, to the east of the Olympic Park, Phase I of the development of the vast Westfield shopping mall should be complete in 2011, while the apartment blocks that will house some 17,000 athletes and officials during the Games have taken shape in the Athletes' Village. It is a rare boon for competitors that they'll be staying within walking distance of the major competition venues for London 2012. Everything will be connected to central London by the new Javelin® shuttle service, promising journey times of just seven minutes to St Pancras International come the Games.

The **Central Zone** (*see pp35-36*) brings events for the 2012 Games into the heart of 'tourist London': **Horse Guards Parade** is just down the road from Buckingham Palace (*see p57*), while **Hyde Park** is handy for the posh shops of Mayfair. People interested in getting a flavour of London 2012 venues prior to the events themselves are able to explore all of these and more – given good weather, a day spent watching a

Olympic Stadium. *See p32.*

Indicative map of the Olympic Park at Games time

Waltham Forest

Athletes' Village

Stratford International station

Loop Road

BMX Track

Basketball Arena

Eton Manor

Velodrome

North-East Concourse

River Lea

Temporary Northern Spectator Transport Mall

Entrance

North-Wes

Hockey

Hockey warm-up area

Handball Arena

Ene Cer

International Broadcast Centre/ Main Press Centre

Hackney

> Entrance point

░░░ Trees

■ Competition venues
■ Non-competition venues
░ Back of house
░ Spectator services
░ Entrance area
░ Loop road
░ Transport malls

Metres

0   200   400   N

Stratford station

Newham

Stratford City

Stratford
High Street

Temporary Southern
Spectator
Transport Mall

West Ham station

Entrance

Sponsors'
Hospitality
Zone

Aquatics
Centre

Entrance

Water Polo

The Orbit

Central Concourse

Olympic
Stadium

Concourse

Warm-up
area

The Greenway

Loop Road

Tower Hamlets

cricket match at **Lord's Cricket Ground**, for example, is a great treat for young sports fans.

The Olympic Park has transformed a vast, once-decrepit area of east London, but the **River Zone** (*see pp36-37*) may prove to have a subtler long-term influence on how Londoners understand their city. Locals generally conceive of London as divided by the River Thames into south and north, but infrastructure improvements linking south bank venues such as **Greenwich Park** and the **North Greenwich Arena** (*see p37*) to **ExCeL** (*see p36*) on the north bank may encourage people to consider the Thames as less of an absolute barrier, especially when the proposed cross-river cable car (*see p71*) cranks into action. Whatever your level of interest in the Games, the UNESCO World Heritage Site of Maritime Greenwich (*see pp132-133*), is a must-see sight.

Beyond these three major zones, the 2012 Games will visit two further historic London venues – **Wembley Stadium and Wimbledon** (*see pp37-39*), respectively the heart of English football and the centre of world tennis – along with a number of improved or purpose-built sites **outside London** (*see pp39-40*).

For succinct advice about planning your trip, *see p43* **Visit**. For details on general transport around London, *see p302* **Getting Around**.

OLYMPIC PARK

Stratford tube/DLR/rail or West Ham tube/rail. **Map** pp30-31.

The centre of the Games is the combination of permanent stadiums and temporary venues that make up the **Olympic Park** in east London. This has already become a major destination for both locals and tourists. A self-guided tour is the best way to enjoy the last stages of the Park's development. The raised Greenway foot- and cyclepath, and towpaths north and south along the River Lea, make casual viewing from outside the perimeter fence a pleasure, with the **View Tube** (*see p245*) near Pudding Mill Lane DLR supplying fine vistas over the Park and good-quality café food.

Olympic Stadium

On Stadium Island, in the south section of the Park, across the Central Concourse from the Aquatics Centre.

The focal venue in the Olympic Park – host to the Opening and Closing Ceremonies, as well as both the Olympic and Paralympic Games Athletics – looks like a kind of giant

Aquatics Centre.

Basketball Arena. *See p35.*

mechanical lotus flower, especially when you see its 14 stanchions of floodlights, open like 60m-long petals, reflected in the junction of the Lea Navigation and Hertford Union Canal. It sits on an island between three rivers, crossed by a total of five bridges. When the stadium is complete, its top layer will be covered by material stretched over a cable-net roof to provide perfect conditions for the competitors and shelter for two-thirds of the 80,000 seats.

Within the Stadium, there are 700 rooms (medical facilities, changing rooms, toilets) and a 60m warm-up track, but most of the normal stadium functions have been moved outside: refreshments, merchandising and information desks are to be stationed in a 'village' around the perimeter, giving the Park a festival feel.

This – and the division of seating into 25,000 permanent seats below temporary stands for a further 55,000 – has allowed the weight of materials to be kept low, reducing the carbon footprint created by their manufacture and transport.

🏃 *Athletics*
🏃 *Paralympic Athletics*

Aquatics Centre & Water Polo Arena

In the south-east of the Park, between the Olympic Stadium and Stratford City.
Another of the Olympic Park's iconic buildings, the Aquatics Centre will be the first building many spectators see – it's on the approach from Stratford station, with visitors crossing a vast bridge that conceals the training pool, a river and a railway line. The Aquatics Centre was designed by Iraqi-born architect Zaha Hadid in typically uncompromising style. Its talking point is the huge, wave-shaped roof – steel and glass on the outside, treated timber within – that is flanked by 42m-high temporary stands on either side. These will accommodate the majority of spectators, with a smaller number seated on permanent concrete terracing. Inside, there are a 50m competition pool, 25m competition diving pool and a 50m warm-up pool. The first of 180,000 pool tiles was laid by world record-holding swimmer Mark Foster on 23 September 2010; the venue as a whole will use more than 800,000 ceramic tiles.

Located next door to the Aquatics Centre, the 5,000-capacity Water Polo Arena is to be one of several temporary structures in the Olympic Park. Work on it began in spring 2011.

🤿 *Aquatics – Diving*
🏊 *Aquatics – Swimming*
🤽 *Aquatics – Synchronised Swimming*
🤽 *Aquatics – Water Polo*
🏊 *Modern Pentathlon – Swimming*
🏊 *Paralympic Swimming*

Velodrome & BMX Track

At the northern end of the North-East Concourse, between the Basketball Arena and Eton Manor.
Until the Olympic Park opens to ticket-holders, the Velodrome will remain the least accessible of the three key venues to curious onlookers: the Stadium (*see p32*) and Aquatics Centre (*see left*) can be admired from the riverbank, but the Velodrome is set back from the river beside a major arterial road. It's a shame, because this 6,000 capacity venue, shaped like a Pringle crisp, is a stunner. Sir Chris Hoy – four career golds and a major part of the UK's cycling

London 2012

Explore

London 2012

London 2012 venues: Greater London area

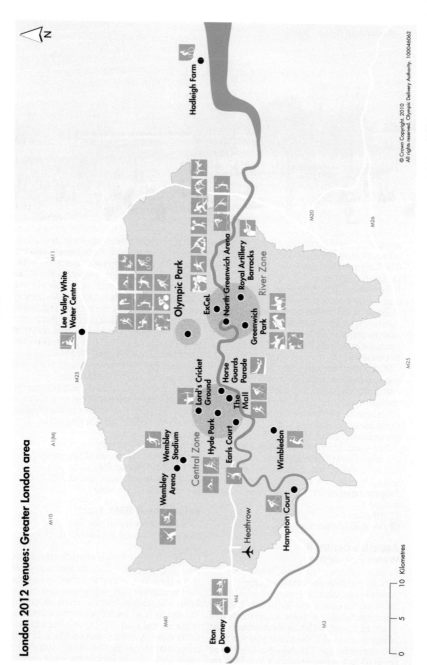

- Hadleigh Farm
- Lee Valley White Water Centre
- Olympic Park
- ExCeL
- North Greenwich Arena
- Royal Artillery Barracks
- Greenwich Park
- River Zone
- Lord's Cricket Ground
- Horse Guards Parade
- The Mall
- Hyde Park
- Central Zone
- Wembley Stadium
- Wembley Arena
- Earls Court
- Wimbledon
- Heathrow
- Hampton Court
- Eton Dorney

N

0   5   10 Kilometres

M11 M25 A1(M) M40 M4 M3 M25 M26 M20

triumph at Beijing 2008 – helped to select the winning design team for the Velodrome. Inside, the slope of the track and the best temperature have been carefully worked out to produce the optimal conditions for fast rides. The track is made of sustainable Siberian pine wood and the whole structure built from lightweight materials (including another cable-net roof) to keep transport and manufacture emissions low. Great pains have been taken to use daylight, rather than artificial lighting, and natural ventilation. The Velodrome even catches rainwater for recycling. Unimpressed by the engineering? Aesthetes will get great views of east London via a glass wall between upper and lower seating.

Work started on the BMX Track, right next door, in spring 2011. There will be temporary seating during the Games, and afterwards the track is to be relocated to form part of the VeloPark.

Cycling – BMX
Cycling – Track
Paralympic Cycling – Track

Basketball Arena
In the north-east of the Park, between the Velodrome and the Athletes' Village, on the North-East Concourse.
It will have a capacity of 12,000 , making it the Olympic Park's third-largest venue, and is going to be one of the busiest parts of the Park, with events happening daily throughout the Games, but the Basketball Arena is only temporary. In fact, it's one of the largest impermanent structures built for any Games. Erected in only three months, it is covered with a stretched white material that will be used for light projections during London 2012, in a style perhaps reminiscent of the Beijing 2008 Water Cube.

Basketball (preliminary rounds; women's quarter-finals)
Handball (men's quarter-finals; men's & women's semi-finals, finals)
Wheelchair Basketball
Wheelchair Rugby

Eton Manor
In the most northerly section of the Olympic Park.
Perhaps the lowest profile of the Park's new, permanent constructions, this venue is on the site of the early 20th-century Eton Manor Sports Club, which had fallen into disuse by 2001. For the Games themselves, it will contain three 50m training pools for the Swimming

and smaller pools for the other Aquatics disciplines, as well as a 5,000-capacity show court set aside for the Wheelchair Tennis. Memorials to sportsmen from the original club who died in World War I and II, moved off-site during construction, will return once the work is complete – and remain here after the Games, when Eton Manor will become a sports centre with facilities for Tennis, Hockey and 5-a-side Football.
Wheelchair Tennis

Handball Arena
On the west side of the Park, just off the North-West Concourse, between the Olympic Stadium and the Hockey Centre.
The Handball Arena is a sleek, boxy modernist structure, but its appearance is designed to change over time: the exterior is adorned with around 3,000sq m of copper cladding that is intended to age and weather. Green initiatives include 88 pipes through the roof to let in natural light and reduce the need for artificial lighting, and rainwater pipes for recycling water. The athletes might be more excited about the sprung wood floor in the competition area. After the Games, a combination of permanent and retractable seating will enable the venue to be converted into a flexible indoor sports centre.
Handball (preliminary rounds; women's quarter-finals)
Modern Pentathlon – Fencing
Goalball

Hockey Centre
At the north end of the North-West Concourse, west of the Velodrome.
The Hockey Centre will have two pitches: the main one will have a capacity of 16,000, while the smaller will be principally intended for warming up. It is hoped that, after the Games, both pitches will be moved north to Eton Manor (*see left*).
Hockey
Paralympic 5-a-side & 7-a-side Football

CENTRAL ZONE

Taking the 2012 Games right into the very heart of tourist London, the Central Zone mixes sightseeing (**Horse Guards Parade**, **Hyde Park**) and sporting history (**Lord's Cricket Ground**, **Earls Court**).

London 2012

Olympic Park. *See p32.*

Earls Court

*Warwick Road, SW5 9TA. Earl's Court
or West Brompton tube.* **Map** p34.

Usually associated with trade shows and concerts (this is where Pink Floyd built *The Wall*), the concrete Exhibition Centre has a strong Olympic past: it hosted the Boxing, Gymnastics and Wrestling for the 1948 Games. Built in 1937, the building has a certain retro flair: its architect also designed 1920s movie palaces. It will have a capacity of 15,000.

Volleyball

Horse Guards Parade

*Horse Guards Road, SW1A 2BJ. Charing
Cross tube/rail or Westminster tube.*
Map p34.

Best known for the Changing of the Guard and Trooping the Colour, this large parade ground is open along its eastern side to sleepy St James's Park (*see p144*). For London 2012, a temporary venue for Beach Volleyball will have a capacity of 15,000 – which might even manage to bring a smile to the lips of the legendarily deadpan Horse Guards.

Volleyball – Beach

Hyde Park

*Hyde Park, W2 2UH. Hyde Park Corner,
Lancaster Gate, Knightsbridge or
Queensway tube.* **Map** p34.

London's largest Royal Park (*see p143*) will provide one of the most scenic backdrops for London 2012. Triathletes will swim 1,500m in the Serpentine boating lake, cycle 40km over seven laps of the park's perimeter, taking in Constitution Hill and Buckingham Palace, and then run 10km around the lake in four equal laps. A 3,000-seat grandstand will have a clear view of the finish line. The Marathon Swimming 10km event will see athletes complete six laps of the Serpentine.

*Aquatics – Swimming (Marathon
Swimming)*

Triathlon

Lord's Cricket Ground

*St John's Wood Road, NW8 8QN.
St John's Wood tube.* **Map** p34.

Established in 1814, Lord's is the spiritual home of cricket (*see p163*). But, while much of the world remains immune to the charms of our summer sport, the 2012 Games will use this splendid setting instead to showcase a sport of far longer pedigree: Archery. The juxtaposition of the regal Victorian pavilion and the strikingly modern white pod of the media centre should be enjoyed by all spectators.

Archery

RIVER ZONE

This selection of venues is scattered north and south across the divide of the River Thames, with **Greenwich Park**, **North Greenwich Arena** and the **Royal Artillery Barracks** on the southern side, and **ExCeL** among the docks to the north.

ExCeL

*1 Western Gateway, Royal Victoria Dock,
E16 1XL. Custom House or Prince Regent
DLR.* **Map** p34.

Located between Canary Wharf and London City Airport, this convention centre is right on Royal Victoria Dock. For the London 2012 Games, ExCeL's 45,000sq m and two halls will be divided into five arenas accommodating 13 sports – it is to host the largest number of events of any venue outside the Olympic Park.

Boxing
Fencing
Judo
Table Tennis
Taekwondo
Weightlifting
Wrestling
Boccia
Paralympic Judo
Powerlifting
Paralympic Table Tennis
Volleyball – Sitting
Wheelchair Fencing

Greenwich Park

Greenwich Park, Greenwich, SE10 8XJ. Cutty Sark DLR or Greenwich DLR/rail. **Map** p34.
Greenwich Park (*see p143*) was, appropriately enough, a former royal hunting ground. Spectators will pack an arena set behind the National Maritime Museum (*see p119*) and the grand colonnades of the Old Royal Naval Hospital (*see p101*).

Equestrian – Dressage
Equestrian – Eventing
Equestrian – Jumping
Modern Pentathlon – Riding, Combined Event
Paralympic Equestrian

North Greenwich Arena

Millennium Way, North Greenwich, SE10 0PH. North Greenwich tube. **Map** p34.
Derided as an exorbitant New Labour vanity project when it opened in 2000, Lord Rogers' striking Millennium Dome has made a major comeback. As the North Greenwich Arena, it will play a major role in London 2012. A proposed cable car link with ExCeL (*see p71*) looks set to become reality.

Basketball (men's quarter-finals; men's & women's semi-finals, finals)
Gymnastics – Artistic
Gymnastics – Trampoline
Wheelchair Basketball

Royal Artillery Barracks

Greenwich, SE18 4BH. Woolwich Arsenal rail. **Map** p34.
Built in 1776, the Royal Artillery Barracks has the country's longest Georgian façade. To convert the area for Shooting and Paralympic Archery, a 62ft-high safety screen will be erected. Outdoor ranges are being built for Trap and Skeet; the Pistol and Rifle shooting will be held indoors. Grandstands, seating 7,500 spectators, will be built for each range.

Shooting
Paralympic Archery
Paralympic Shooting

WEMBLEY & WIMBLEDON

Providing a counterweight to the east London focus of the 2012 Games, these

London 2012

Wembley Stadium. *See p39.*

London 2012

Wimbledon.

iconic venues are in the city's north-west (**Wembley**) and west (**Wimbledon**).

Wembley Stadium
Stadium Way, Wembley, Middx HA9 0WS. Wembley Park tube or Wembley Stadium rail. **Map** p34.
Lord Foster's reworked Wembley Stadium (*see p172*) will be a grand setting for several games during the London 2012 Football competition, including the finals. With a capacity of 90,000, it is Europe's second-largest stadium, and its 317m arch became an instant landmark when the new stadium opened back in 2007.
🔹 *Football*

Wembley Arena
Arena Square, Engineers Way, Wembley, Middx HA9 0DH. Wembley Park tube. **Map** p34.
Most Londoners know Wembley Arena as a music venue, but it was originally built in 1934 to host the Empire Games (forerunner of the Commonwealth Games). It has good Games credentials, having been the location for the Swimming in the 1948 Games. For London 2012, the Arena will have a capacity of 13,800.
🔹 *Badminton*
🔹 *Gymnastics – Rhythmic*

Wimbledon
All England Lawn Tennis Club, Church Road, Wimbledon, SW19 5AE. Southfields tube. **Map** p34.
There could only be one setting for the London 2012 Tennis competition: the world's only world-class grass-court venue, home of the game's most prestigious Grand Slam tournament (*see p15*). The revamped Centre Court, first used in 2009, seats 13,800 spectators.
🔹 *Tennis*

OUTSIDE LONDON

The following venues range from those on the fringes of London (**Hadleigh Farm**; **Eton Dorney**; **Lee Valley White Water Centre**) to the south coast, a hundred miles away (**Weymouth & Portland**). The Olympic Football competition might take you further yet: portions of the event will take place in Scotland (**Hampden Park**, Glasgow) and Wales (the **Millennium**

Factfile 2012
Some things you might not know.

The Games
10,500 Olympic athletes competing for 205 nations
4,200 Paralympic athletes competing for 162 nations
302 Olympic events over 19 days
503 Paralympic events over 11 days
34 venues, with five new permanent venues within the Olympic Park
70,000 volunteers
10.8 million tickets available for the Olympic and Paralympic Games, 75% of which are available to members of the public

The venues
More than 10,000 workers involved at the peak of construction on the Olympic Park and Athletes' Village
1mm – the accuracy to which the Olympic Stadium running track will be laid
723 inches – size of the two Panasonic TV screens inside the Olympic Stadium
More than 800,000 tiles used in the Aquatics Centre
26°C – the temperature (plus or minus 1°C) of the Aquatics Centre pools
28°C – the temperature at track level during races at the Velodrome

The equipment
510 adjustable hurdles
600 basketballs, **800** Water Polo balls and **2,400** footballs
270,000 clay targets (Shotgun)
1,630 metal discs (Weightlifting)
150 sets of Paralympic black-out goggles
200 gate poles for the Canoe Slalom

The Olympic parklands
250 different species in the London 2012 Garden
300,000 wetland plants and more than
30 bridges to span the rivers and railways in the Olympic Park
100 hectares of open space
1.8m tonnes of material delivered to the Olympic Park by rail
98% of construction waste has been reused, recycled or recovered

The coverage
4 billion potential global audience
20,000 accredited media, to be served around **50,000 meals** a day

London 2012

Olympic Park. *See p32.*

Stadium, Cardiff), as well as the north of England (**Old Trafford**, Manchester; **St James' Park**, Newcastle) and the Midlands (**City of Coventry Stadium**).

Eton Dorney

Dorney Lake, off Court Lane, Dorney, Windsor, Berks SL4 6QP. Maidenhead, Slough or Windsor & Eton Riverside rail (approx 15-45mins from London Paddington station).

The 2012 Games should liven things up at Eton College, posh alma mater of Prime Minister David Cameron and London Mayor Boris Johnson. The lake, set in 400 acres of park, had a dry run for the Games when it hosted the 2006 Rowing World Championships, but subsequent improvements to the eight-lane, 2,200m course and the warm-up lanes were completed in summer 2010, along with a new cut-through and two bridges. The venue is expecting 30,000 visitors daily.

🛶 *Canoe Sprint*
🚣 *Rowing*
🚣 *Paralympic Rowing*

Hadleigh Farm

Castle Lane, Benfleet, Essex SS7 2AP. Leigh-on-Sea or Benfleet rail (approx 45-50mins from London Fenchurch Street station).

Hadleigh Farm is a mix of woodland, pasture, hay meadow and marsh, with glorious views of the Thames Estuary and a ruined 13th-century castle. The hilly terrain is ideal for hosting the

Mountain Bike competition and will have a temporary stadium for spectators.
🚴 *Cycling – Mountain Bike*

Lee Valley White Water Centre

Station Road, Waltham Cross, Herts EN9 1AB. Waltham Cross rail (approx 30mins from London Liverpool Street station).

The brand-new White Water Centre is located at the far northern end of Lee Valley Regional Park (*see p146*). The first new London 2012 venue to open to the public in spring 2011, it has two white-water courses. The 300m competition course and 160m training course are both fed from a starting lake filled with 25,000 cubic metres of water – enough to fill 5,000 Olympic-sized swimming pools. The lake pumps 15 cubic metres of water per second down the course, with parts of the course reaching 7mph.
🛶 *Canoe Slalom*

Weymouth & Portland

Weymouth & Portland National Sailing Academy, Osprey Road, Portland, Dorset DT5 1SA. Weymouth rail (approx 2hrs 40mins to 3hrs from London Waterloo station).

Improvements to the Weymouth & Portland National Sailing Academy were ready for competition by 2008 – making this the first London 2012 venue of any type to be finished. The new slipway, moorings and other facilities have already been used for several international events.
⛵ *Sailing*
⛵ *Paralympic Sailing*

London 2012 Olympic Games Schedule

SPORT	VENUE	W 25	Th 26	F 27	Sa 28	Su 29	M 30	Tu 31	W 1	Th 2	F 3	Sa 4	Su 5	M 6	Tu 7	W 8	Th 9	F 10	Sa 11	Su 12
		JULY							AUGUST											
Opening Ceremony	Olympic Stadium p32			•																
Closing Ceremony	Olympic Stadium p32																			•
Archery	Lord's Cricket Ground p36				•	•	•	•	•	•	•									
Athletics	Olympic Stadium p32										•	•	•	•	•	•	•	•	•	
Athletics – Marathon	The Mall													•						•
Athletics – Race Walk	The Mall											•					•			
Badminton	Wembley Arena p39				•	•	•	•	•	•	•	•								
Basketball	Basketball Arena p35					•	•	•	•	•	•	•	•	•	•					
	North Greenwich Arena p37															•	•	•	•	•
Beach Volleyball	Horse Guards Parade p36				•	•	•	•	•	•	•	•	•	•	•	•				
Boxing	ExCeL p36				•	•	•	•	•	•	•	•	•	•	•	•	•	•	•	•
Canoe Slalom	Lee Valley White Water Centre p40					•	•	•	•	•										
Canoe Sprint	Eton Dorney p40													•	•	•	•	•	•	
Cycling – BMX	BMX Circuit p33															•	•	•		
Cycling – Mountain Bike	Hadleigh Farm p40																		•	•
Cycling – Road	London				•	•			•											
Cycling – Track	Velodrome p33									•	•	•	•	•	•					
Diving	Aquatics Centre p33					•	•	•	•		•	•	•	•	•	•	•	•	•	
Equestrian – Dressage	Greenwich Park p37									•	•				•		•			
Equestrian – Eventing	Greenwich Park p37				•	•	•	•												
Equestrian – Jumping	Greenwich Park p37											•	•	•		•				
Fencing	ExCeL p36				•	•	•	•	•	•	•	•								
Football	City of Coventry Stadium, Coventry	•	•		•	•		•		•							•			
	Hampden Park, Glasgow	•	•		•			•		•										
	Millennium Stadium, Cardiff	•	•		•			•		•	•						•			
	Old Trafford, Manchester		•			•		•		•	•			•	•					
	St James' Park, Newcastle		•			•		•		•	•			•	•					
	Wembley Stadium p39					•		•		•	•				•		•			
Gymnastics – Artistic	North Greenwich Arena p37				•	•	•	•	•	•				•	•	•				
Gymnastics – Rhythmic	Wembley Arena p39																•	•	•	•
Gymnastics – Trampoline	North Greenwich Arena p37										•	•								
Handball	Handball Arena p35				•	•	•	•	•	•	•	•	•	•	•					
	Basketball Arena p35															•	•	•	•	•
Hockey	Hockey Centre p35					•	•	•	•	•	•	•	•	•	•	•	•	•		
Judo	ExCeL p36				•	•	•	•	•	•	•									
Modern Pentathlon	Handball Arena p35, Aquatics Centre p33 & Greenwich Park p37																		•	•
Rowing	Eton Dorney p40				•	•	•	•	•	•	•	•								
Sailing	Weymouth & Portland p40					•	•	•	•	•	•	•	•	•	•	•	•	•		
Shooting	Royal Artillery Barracks p37				•	•	•	•	•	•	•	•	•	•						
Swimming	Aquatics Centre p33				•	•	•	•	•	•	•	•								
Swimming – Marathon	Hyde Park p36																	•	•	
Synchronised Swimming	Aquatics Centre p33													•	•	•		•	•	
Table Tennis	ExCeL p36				•	•	•	•	•	•	•	•	•	•	•	•				
Taekwondo	ExCeL p36															•	•	•	•	•
Tennis	Wimbledon p39				•	•	•	•	•	•	•	•	•							
Triathlon	Hyde Park p36											•			•					
Volleyball	Earls Court p36				•	•	•	•	•	•	•	•	•	•	•	•	•	•	•	•
Water Polo	Water Polo Arena p33					•	•	•	•	•	•	•	•	•	•	•	•	•	•	•
Weightlifting	ExCeL p36				•	•	•	•	•	•	•	•	•	•	•					
Wrestling – Freestyle	ExCeL p36															•	•	•	•	•
Wrestling – Greco-Roman	ExCeL p36													•	•	•				

NOTES
For more information, see www.london2012.com.

London 2012

The London 2012 Shop

Make it a great day out in London

With fun toys, gifts, books and accessories from The London 2012 Shop, located conveniently at St Pancras International, Paddington Station, Heathrow Terminal 5 and John Lewis Oxford Street.

Visit

TICKETS

Regular ticketing updates about the London 2012 Olympic Games and Paralympic Games are available at www.tickets.london2012.com. There are special prices for young people and seniors across all 26 Olympic sports; tickets for the 20 sports of the Paralympic Games are priced to encourage families and groups to attend. Spectators with tickets for Games events in London will receive a Games Travelcard to use on public transport in London on the day of their event (*see below*).

GETTING AROUND

If you're planning your visit for 2012, you will need to think carefully about your travel arrangements. London is a big and busy city and lots will be going on during the Games, so you may need to travel differently to other visits to the capital. Follow these top tips when planning your travel:

● You will receive a one-day Games Travelcard with your event ticket for events in or around London. The Games Travelcard will entitle you to travel within zones 1-9 in London and by National Rail between London and the recommended stations for venues in London, and venues near London (Eton Dorney, the Lee Valley White Water Centre and Hadleigh Farm). Games events include all ticketed sporting events and the Opening and Closing Ceremonies.

● Allow plenty of time to travel to and between venues, because London's transport system will be much busier than usual. Remember to allow for queuing times and walking within large venues, particularly with small children. When applying for tickets to events in London, make sure you allow two to three hours to travel between venues on the same day.

● Children aged ten and under travel for free within London. There are concession fares for 11- to 15-year-olds, 16- to 18-year-olds and students aged 18+. More information is available at www.tfl.gov.uk.

● Travelling by the 2012 Games coach service avoids passengers needing to interchange in central London, as coaches drop off and pick up at London 2012 venues. This may be a good option if you are travelling with younger children.

● Park-and-ride is a good, easy and reasonably priced way to attend events at the Olympic Park, ExCeL and venues on the outskirts of London, particularly if you're coming from outside London. Most park-and-ride sites are close to venues and transfers by shuttle buses will be short. Park-and-ride services must be reserved in advance, so book early to make sure you get a parking space. However, do not drive to venues. There is no public parking available at, or near, any of the Olympic or Paralympic venues.

● Cycling to venues is much easier than you may think, and offers an easy and fun way of getting to your event. You could make a day of it by combining a cycle trip to visitor attractions on the way to or from your event. Cycle parking at each venue will be suitable for both adults' and children's bicycles.

● Visit www.london2012.com/travel for more information and advice on travelling to your event. London 2012 has produced travel tools and tips to make planning your travel easier.

ACCOMMODATION

New hotels are starting to appear near the Olympic Park – and there are plenty of business chains around Greenwich. If you are staying in central London, plan your journey carefully and allow plenty of time for travelling around the city. For more information on hotels, visit www.timeout.com/london.

London 2012

London 2012

My London 2012
Matt, 16

How will you be participating in the London 2012 Olympic and Paralympic Games?
As part of the London 2012 Young Leaders Programme, 100 young people from disadvantaged areas will have the opportunity to take a volunteering role during the Games. I'm hoping to be one of them.

How did you come to be involved?
The school thought I would benefit from being involved.

Tell us about what you have been working on as part of the Young Leaders Programme?
I've painted a mural for the London 2012 Games which I'm taking around local primary schools to inspire children to take part in sport and London 2012.

What do you hope your involvement in London 2012 will inspire you to achieve after the Games have finished?
I'd definitely like to work on another Olympic Games. Before taking part in the Young Leaders Programme, I wouldn't have dreamed of leading a project. But now my project management skills have improved immensely.

Which events would you like to see during London 2012?
Hockey – I used to play and now I coach hockey. I'd like to take my team to one of the events to see the sport at the highest level. I'd also love to see the Boxing.

London 2012

Sightseeing

Attractions

Take your pick from a cornucopia of capital treats.

Seeing the sights in London is a truly exciting prospect. Many of its buildings and attractions – from the very old to the very new – are world-famous, but there are lots of secret gems to be discovered too. From big-hitters like **Buckingham Palace** (*see p57*), the **Tower of London** (*see p60*) and **St Paul's Cathedral** (*see p51*) to the lesser known delights of **Dennis Severs' House** (*see p50*) and the **Centre of the Cell** (*see p60*), there is something for everyone in the capital.

Many of London's top tourist attractions charge high entry fees, so pick and choose carefully to make sure your child gets the most out of each experience. To help you along the way, we've looked at how they can be best enjoyed from a child's perspective, marking our recommended age ranges for each attraction in green.

ASTRONOMY

Royal Observatory & Planetarium

Greenwich Park, SE10 9NF (8312 6565, www.rog.nmm.ac.uk). Cutty Sark DLR or Greenwich DLR/rail. **Open** 10am-5pm daily (last entry 4.30pm). *Tours phone for details.* **Admission** free. *Space Safari* £6.50; £4.50 3-16s, reductions; free under-3s; £17.50 family (2+2). *Tours* free. **Credit** AmEx, MC, V. **3+ (5+ for shows)**

The start of each new day, and each new year, begins here. In the courtyard is the Greenwich Meridian Line, where visitors can stand with one foot in the Western Hemisphere and one in the Eastern, although from March 2011 it will cost £10 per person to do so. This imposing set of buildings is part of a World Heritage site and grouped in with the National Maritime Museum (*see p119*). The observatory, which was originally built for Charles II by Wren in 1675, underwent a £15m refurbishment in 2007. The Peter Harrison Planetarium is the impressive result. Inside, shows about the stars are presented by a Royal Observatory astronomer who tailors the material to the audience. A Space Safari lets under-sevens follow Ted the Teddy Bear into the galaxy; a Sky Tonight show lets over-fours explore the sky.

Neighbouring galleries chart timekeeping since the 14th century, and the observatory's dome houses the largest refracting telescope in the country. In the courtyard is a summerhouse, home to London's only public camera obscura.

The moving, real-time view of Greenwich and the Thames is best seen on a bright day. *See also p132* **Neighbourhood Watch**. *Buggy access (courtyard only). Café. Nappy-changing facilities. Nearest picnic place: Greenwich Park. Shop.*

BIRD'S EYE VIEWS

London Eye

Riverside Building (next to County Hall), Westminster Bridge Road, SE1 7PB (0870 990 8883, www.londoneye.com). Westminster tube or Waterloo tube/rail. **Open** *Sept-June* 10am-8.30pm daily. *July, Aug* 10am-9.30pm daily. **Admission** £18.60; £15 reductions (not offered at weekends, or July & Aug); £9.54 4-15s; free under-4s. Fast Track tickets £28.50. **Credit** AmEx, MC, V. **Map** p333 M8. **All ages**

The London Eye has become a firm favourite with Londoners and visitors alike. The majestic circle rising above the Thames can be glimpsed from all corners of the capital, from Tottenham Court Road to Parliament Hill. It's very near the top of every child's must-do list. Some kids, expecting a more white-knuckle affair, express disappointment that it turns so slowly, but there's no other view in London like it. Each ride (or flight, as the ticket office has it) is one complete revolution and takes half an hour – long enough to have a good look at the Queen's back garden and trace the snaking Thames.

The queues for tickets can be long, especially on clear days, but you can book a Fast Track ticket online which allows you to turn up just 15 minutes before the ride (there's a hefty tariff for the convenience). Night flights provide a twinkly experience, and the Eye gets festive with fairy lights at Christmas. You can also host a kids' party onboard with face painters, party hats and a birthday cake. Visit the website for special Eye and river cruise packages.
Buggy access. Café. Disabled access: toilet. Nappy-changing facilities. Nearest picnic place: Jubilee Gardens. Shop.

Monument

Monument Street, EC3R 8AH (7626 2717, www.themonument.info). Monument tube. **Open** 9.30am-5pm daily. **Admission** £3; £2 reductions; £1 5-15s; free under-5s. **No credit cards. Map** p335 Q7. **6+**
The tallest freestanding stone column in the world was designed by Christopher Wren and is a monument to the Great Fire of London of 1666. It is 61m (202ft) high, and located 61m (202ft) west of the exact location of the bakery in Pudding Lane where the fire broke out. The Monument won several architectural awards in 2010 for its recent refurbishment; the stone has been cleaned, the golden orb re-gilded and there's an improved viewing gallery at the top. Children who make it up the 311 steps can expect two treats: spectacular views and a commemorative certificate for the climb.
Nearest picnic place: riverside by London Bridge.

Tower Bridge Exhibition

Tower Bridge, SE1 2UP (7403 3761, www.towerbridge.org.uk). Tower Hill tube or Tower Gateway DLR. **Open** *Apr-Sept* 10am-6.30pm daily (last entry 5.30pm). *Oct-Mar* 9.30am-6pm daily (last entry 5pm). **Admission** £7; £5 reductions; £3 5-15s; free under-5s; £16 family (2+2). **Credit** AmEx, MC, V. **Map** p335 R8. **6+**
Tourists often refer to this bridge as London Bridge, but the two enormous towers offer some clue as to its proper identity. Its majestic structure (formed to support the bascules that raise when a ship needs to come through) is expecting 22,000 litres of blue paint to be aimed at it over the next four years in a programme of conservation. A lift takes you to the walkway foyer, 42m (138ft) above the Thames, where you watch a short film on the history of the bridge, then pass through both walkways to catch the stupendous views to the east and west. Large aerial photographs pinpoint famous landmarks (kids can take a playsheet and tick them off), and there are photo points where you can slide open the windows to get an unimpeded shot. Ring for details of children's events in the school holidays and for when the famous bascules will next be raised. From the walkways, it's a short stroll along to the south tower and the Victorian engine rooms, for a more thorough explanation of the hydraulics involved.
Buggy access. Disabled access: lift, toilet. Nappy-changing facilities. Nearest picnic place: Potters Field, Tower of London Gardens. Shop.

Sightseeing

London Eye.

Neighbourhood Watch
South Bank & Bankside

Skateboarders, street entertainers sky-high ferris wheels and sublime theatre, music and art combine to make the South Bank London's cultural capital par excellence. Add in the mighty Thames and the traffic-free views of a succession of city landmarks (Big Ben, St Paul's, the Tower of London) on the other side of the water, and you have all the ingredients for a brilliantly vibrant family day out. The wide, riverside promenade makes the ideal track for wheels of any sort (scooters, bikes or skates), while the concrete steps, slopes and drop-offs are a daredevil's dream – children of all ages will be impressed by the skate skills on display at the skateboarders' pit underneath the Hayward Gallery.

BFI IMAX

And if you fancy getting to know London's river a little better, there are countless boat trips from the London Eye pier, or grab a pair of walking boots and set off east or west on the long-distance **Thames Path**, which follows the river for 184 miles from its source in the Cotswolds, through the heart of London, to finish at the Thames Barrier in Greenwich.

The arts

The 2,900-seat **Royal Festival Hall** (*see p192*) is home to the prestigious London Philharmonic Orchestra, which organises three hugely popular FUNharmonics concerts each year – a wonderful introduction to classical music for youngsters, who also have the opportunity to try out some of the instruments before and after the concerts. Another surefire winner is the Southbank Centre's Imagine children's festival in February, featuring everything from dance to stand-up comedy. The RFH also hosts lots of free dance, music and poetry performances and events for families in the foyer or out on the terrace; check online for details. Since 2009, a large purple cow known as **Udderbelly** has squatted just the other

side of Hungerford Bridge from the RFH during May, June and July, hosting a preview of Edinburgh Festival treats including comedy, music, circus and theatre, along with lots of children's shows and workshops.

The light, bright **Hayward Gallery** (*see p77*) is free for under-12s and exhibitions here often succeed in engaging both adults and children, such as Antony Gormley's Blind Light show a few years ago. Further east is the **BFI Southbank** (*see p195*); on Saturday mornings, junior film screenings bring a mix of current and classic hits. You can also book a viewing station in the mediathèque and choose from over 1,000 films and TV programmes from the BFI archive.

The **BFI IMAX** (*see p195*), with its 20-metre-high screen, is just around the corner. Kids enjoy wearing the special glasses, and the current fad for 3D films means the storylines no longer play second fiddle to the fantastic effects.

Strolling past the **National Theatre** – home to the free **Watch This Space Festival** (*see p17*) every summer – will take you to **Gabriel's Wharf**, where arts and crafts shops sit alongside cafés and restaurants. This area is always bustling, but never more so than during the **Coin Street Festival** (*see p15*), when it's overtaken by performers celebrating different communities in the capital.

All the events are free, taking place in and around the green spaces of Bernie Spain Gardens.

Head under Blackfriars Bridge, along Queen's Walk. Next stop for the arts is **Tate Modern** (*see p85*), once Bankside Power Station. Children absolutely love this vast gallery, which plans to expand dramatically by 2012 with a new Thameside construction that will soar above the original, increasing gallery space by some 65 per cent. For now, though, even the sloping entrance to the Turbine Hall is exciting to young eyes, and once inside, the sheer scale of the hall gives them pause for thought.

Further along Bankside is the distinctive **Shakespeare's Globe** (*see p213*), which offers guided tours of the building and seasonal performances of the bard's classics, interspersed with other works.

History writ large

At Southwark Bridge, one wall is covered with an etching depicting the frost fairs when the Thames was 'frozen o'er'. Walk as far as you can by the river until you are diverted past the Vinopolis wine museum, down Clink Street and straight to the **Clink Prison Museum** (*see p113*), where unsettling exhibitions reveal what life was like for the prisoners incarcerated here from 1247 to 1780.

Straight ahead, in Pickfords Wharf, is a replica of the **Golden Hinde** (*see p50*), the tiny vessel in which Sir Francis Drake circumnavigated the globe in the 16th century. Just around the corner is **Southwark Cathedral** (*see p53*); its gardens are great for a picnic. Turn left at the cathedral, taking the pavement studded with blue and green lights that

goes under London Bridge (Montague Close). Keep walking until you emerge on Tooley Street, not far from the **London Dungeon** (*see p70*), where London's great disasters and grisly murders are brought garishly to life. Those needing a pit stop and some 21st-century materialist diversions should follow the signs to **Hays Galleria**, a touristy enclave with shops and restaurants. It also houses a ship-like sculpture by David Kemp called *The Navigators*. A rather more substantial vessel looms up ahead, though. Rejoin the Thames footpath to see **HMS Belfast** (*see p117*), a floating wing of the Imperial War Museum that gives a fascinating insight into the cramped conditions on board a World War II warship. Carry on eastwards until you reach **City Hall**, the odd-shaped, glass-sided headquarters of Mayor Boris Johnson, the London Assembly and the Greater London Authority. This is part of a 13-acre development known as More London, which has some sculptural fountains that children love to play in. **Potters Fields Park** is next door, and a great place for a picnic with views of **Tower Bridge** (*see p47*) and the **Tower of London** (*see p60*), across the river.

Refreshments

Also in the area: Giraffe, Nando's, Pizza Express (four branches), Strada, Wagamama.
fish! *Cathedral Street, Borough Market, SE1 9AL (7407 3801, www.fishkitchen.com).* Posh fish and chips.
House of Crêpes *56 Upper Ground, SE1 9PP (7401 9816).* Flippin' lovely pancakes in sweet and savoury forms.
Riverside Terrace Café *Royal Festival Hall, Southbank Centre, SE1 8XX (0871 663 2501).* Arts centre café.
Table *83 Southwark Street, SE1 0HX (7401 2760, www.thetablecafe.com).* Superbly inventive salads, sarnies and hot meals.
Tate Modern Café 2 *2nd Floor, Tate Modern, SE1 9TG (7401 5014, www.tate.org.uk).* Highly recommended for children (*see p241*).

HMS Belfast.

Sightseeing

Sightseeing

LIVING HISTORY

Dennis Severs' House

18 Folgate Street, E1 6BX (7247 4013,
www.dennissevershouse.co.uk). Liverpool
Street tube/rail. **Open** noon-2pm 1st & 3rd
Mon of mth; Mon evenings (times vary;
booking required); noon-4pm Sun.
Admission £8 Sun; £5 noon-2pm Mon;
£12 Mon evenings. No under-10s. **Credit**
MC, V. **Map** p335 R5. **10+**
This is history as art installation, with a side
order of atmospheric storytelling. Dennis
Severs (1948-1999) was the artist son of a
garage owner from California, who came to
Spitalfields and fell in love with the area and
this house. He restored the house to its original
splendour (living day-to-day sans bathroom,
electricity or modern cooking facilities), created
a fictional Huguenot silk-weaving family to live
in it and opened the doors to the public. Each
of the ten rooms is the scene of a drama, set
between 1724 and 1914. Visitors make their
way from the cellar to the kitchen, and on to the
grander entertaining rooms above, hearing
footsteps, whispers and doors closing, smelling
the scent of pomanders and seeing strewn
clothes and half-eaten meals. It's as if the
inhabitants deserted the rooms seconds before;
Severs called it a 'still life drama'. No museum
can provide an experience quite like it.
Nearest picnic place: Broadgate Circus
(Liverpool Street Station), Elder Street
Gardens. Shop.

Golden Hinde

Pickfords Wharf, Clink Street, SE1 9DG
(7403 0123, www.goldenhinde.com).
Monument tube or London Bridge tube/rail.
Open daily; times vary. Phone for details.
Tours phone for times. **Admission** £6; £4.50
reductions, 4-16s; free under-4s; £18 family
(2+3). **Credit** MC, V. **Map** p335 P8. **4+**
London's Tudor period is brought to life aboard
this seaworthy replica of Sir Francis Drake's
warship, the first ship to circumnavigate the
globe (in a voyage that began in 1577). It's
surprisingly small, and looks almost like an
expensive model toy. Take a self-guided tour or
join one of the costumed curators for a more
informative visit. Occasional Pirate Fun Days
offer storytelling, a treasure hunt and prizes for
the best pirate costume. Families can also
attend sleepovers, in which participants dress
in period clothes, eat Tudor food, learn ancient
seafaring skills and sleep next to the cannons.
These take place on Saturdays and cost £39.95

per person (minimum age for would-be recruits
is six years old). Costumes and entertainment
are provided; book ahead and bring a sleeping
bag. During the school holidays there are
storytelling sessions, craft activities and special
workshops every weekend. You can also have
a party here; ring or check online for details.
Nearest picnic place: Southwark Cathedral
Gardens, riverside benches. Shop.

Houses of Parliament

Parliament Square, SW1A 0AA (7219
3000 Commons info, 7219 3107 Lords info,
7219 4206 tours, www.parliament.uk).
Westminster tube. **Open** (when in session)
House of Commons Visitors' Gallery 2.30-
10.30pm Mon, Tue; 11.30am-7.30pm Wed;
10.30am-6.30pm Thur; 9.30am-3pm Fri.
Closed bank hols. *House of Lords Visitors'*
Gallery 2.30-10pm Mon, Tue; 3-10pm Wed;
11am-7.30pm Thur; 10am until close of
business Fri. Check website for debate times.
Tours summer recess only; phone for details
for other times. **Admission** *Visitors' Gallery*
free. *Tours* £15; £10 reductions; £6 5-15s;
free under-5s; £37 family (2+2). **Credit** MC,
V. **Map** p333 L9. **10+**
Built on the site of the Palace of Westminster,
the magnificent structure we see today, with its
1,100 rooms and three miles of corridors, was
rebuilt by Charles Barry and Augustus Pugin.
The coalition government in residence might
make a visit even more interesting for any
youngster learning about politics. Tours run all
year round for UK residents (overseas visitors
must wait until summer opening), when
Parliament is not sitting; visitors can also
attend debates and watch committees in
session. Children are usually satisfied by the
mere proximity of the big old bell known as Big
Ben, but only UK residents over 11 can climb
the Clock Tower to take a closer look. All visits
must be booked ahead through your MP.
Buggy access. Disabled access: lift, toilet.
Nappy-changing facilities. Nearest picnic
place: Victoria Tower Gardens. Shop.

Linley Sambourne House

18 Stafford Terrace, W8 7BH (7602 3316
Mon-Fri, 7938 1295 Sat, Sun, www.rbkc.
gov.uk/linleysambournehouse). High Street
Kensington tube. **Open** *Tours* (groups
only; max 12 people. Pre-booking essential)
11.15am, 2.15pm Wed; 11.15am, 1pm, 2.15pm,
3.30pm Sat, Sun; also by appointment.
Admission £6; £4 reductions; £1 under-18s.
Credit MC, V. **Map** p330 A9. **5+**

Golden Hinde.

As one of the best examples of a late Victorian middle class home still in existence, this 3D illustrated history lesson is great for children of all ages. Edward Linley Sambourne was a cartoonist and contributor to *Punch*, but it's his wife's diaries that form the basis for the eccentric and enjoyable costumed tours on Saturdays and Sundays offering glimpses into the upstairs-downstairs life of the Sambournes and their servants. There's also a visitors' centre, where children can take part in craftwork sessions relating to objects in the house. *Shop.*

St Paul's Cathedral

Ludgate Hill, EC4M 8AD (7236 4128, www.stpauls.co.uk). St Paul's tube. **Open** 8.30am-4pm Mon-Sat. *Galleries, crypt & ambulatory* 9.30am-4.15pm Mon-Sat. Closed for special services, sometimes at short notice. *Tours* 10.45am, 11.15am, 1.30pm, 2pm Mon-Sat. **Admission** *Cathedral, crypt & gallery* £14.50; £5 7-16s; £13.50 reductions; free under-7s; £34.50 family (2+2). *Tours* £3; £1 7-16s; £2.50 reductions; free under-7s. Audio guide £4; £3.50 reductions. **Credit** MC, V. **Map** p334 O6. **5+**

Despite the sophistication of modern building techniques, none of the high-rise upstarts jutting into the sky near St Paul's can hold a candle to the majesty of the cathedral's dome. You get some idea of the enormity of it from the cathedral's floor, but it's only when you climb the hundreds of winding steps to the top that the sheer scale of the place really hits you (that golden ball just beneath the cross on the dome is big enough to fit ten people inside). The present building is the fourth to sit on the site (on top of Ludgate Hill – the highest point in the City) and was designed by Sir Christopher Wren after the previous incumbent was burned down in the Great Fire of London. Wren had to campaign vociferously to get it built to his specifications – it was nearly vetoed on several occasions as being too ambitious and expensive. The cathedral was thoroughly cleaned for its 300th birthday in 2008, as part of a £40 million restoration project that also included a complete rebuild of the organ and the creation of a new set of ecclesiastical robes by Royal College of Art designer Marie Brisou.

The cathedral recently began offering a children's audioguide, which recounts quirky facts about everything from the organ pipes (some big enough to crawl through) to the unusual events held in the nave (including a cattle market). During Christmas and Easter holidays, there are trails that are rewarded at the end with a small prize; parents who need ideas for a self-guided tour can download the activity sheets for schools. Most fun of all is the Whispering Gallery, 259 steps up from the ground, whose acoustics simply have to be heard to be believed. From there, it's a few more steps up to the Stone Gallery for an amazing 360° view of London. If you're likely to have the energy to ascend further to the Golden Gallery, go early or you may find yourself jostled by boisterous teens on the cramped balcony.

Down in the crypt are the tombs of historical figures such as Nelson, Wellington and Wren; Lawrence of Arabia and Florence Nightingale are honoured with memorials. In 2010, new exhibition Oculus joined the list of underground entertainments (*see p61* **View from the Crypt**). At the back is the shop and Crypt Café. And if you want to experience the true spirit of St Paul's, come for evensong, held every day at 5pm.

Buggy access. Café. Disabled access: lift, ramp, toilet. Nappy-changing facilities. Nearest picnic space: garden. Restaurant. Shops.

Shakespeare's Globe

21 New Globe Walk, Bankside, SE1 9DT (7401 9919, 7902 1500 tour information, www.shakespeares-globe.org). Mansion House tube or London Bridge tube/rail. **Open** *Box office theatre bookings* 10am-6pm daily.

Sightseeing

St Paul's Cathedral. *See p51.*

Sightseeing

Tours 9am-5pm daily. May-Sept afternoon tours only visit the Rose Theatre, not the Globe. **Tickets** £5-£33. *Tours* £11.50; £10 reductions; £7 5-15s; free under-5s; £32 family (2+3). **Credit** AmEx, MC, V. **Map** p334 P7. **8+**

Historically authentic performances of Shakespeare's plays make up the bulk of the programme at this riverside reconstruction of the Bard's own theatre, but new theatre also gets a showing. The season runs from late April to early October and in 2011 includes *Hamlet, All's Well That Ends Well* and *Much Ado About Nothing*, as well as a world premiere of Chris Hannan's *The God of Soho*. But there's more to visiting this theatre than watching a play. Tours take place all year, and include the UnderGlobe exhibition on the reconstruction, Elizabethan theatres and Shakespeare's London.

There's fun for all around the time of Shakespeare's birthday (23 April) and at the drama sessions for eight to 11s that accompany the theatre season; see the website or ring 7902 1433 for details. The remains of the Rose Theatre (www.rosetheatre.org.uk), where many of the Shakespeare's works were staged, are located around the corner in the basement of an office block.
Café. Disabled access: lift, toilet. Nappy-changing facilities. Nearest picnic place: South Bank benches. Restaurant. Shop.

Southwark Cathedral

London Bridge, SE1 9DA (7367 6700, 7367 6734 tours, www.dswark.org/cathedral). **London Bridge tube/rail. Open** 8am-6pm Mon-Fri; 8.30am-6pm Sat, Sun. *Restaurant* 9am-6pm Mon-Fri; 10am-6pm Sat, Sun. Closed 25 Dec, Good Friday, Easter Sunday. *Services* 8am, 8.15am, 12.30pm, 12.45pm, 5.30pm Mon-Fri; 9am, 9.15am, 4pm Sat; 8.45am, 9am, 11am, 3pm, 6.30pm Sun. **Admission** *Guided Tour* £5; £2.50 1-11s; £4 reductions. **Credit** MC, V. **Map** p335 P8. **5+**
Unusually for an English cathedral, it's hard to get a clear view of this 1,000 year-old place of worship, crammed as it is between the Thames, Borough Market and a major railway line coming out of London Bridge. Once inside, though, its simplistic beauty quickly makes an impression. The church fell into disrepair after the Reformation (one part was used as a bakery, another as a pigsty), but in 1905 it became a cathedral and now has a visitor's centre, a shop and a refectory. The only remaining medieval sections are the choir, lady chapel and north transept. The cathedral's popular, charismatic

and liberal Dean, Colin Slee, died in late 2010 and is replaced by the Rt Rev Christopher Chessun. His memorial will no doubt join existing tributes devoted to the 51 people who drowned in the 1989 Marchioness accident; Shakespeare (and Sam Wanamaker who persevered for over 20 years to get the Globe Theatre built nearby); John Gower; and John Harvard. The windows show images of Chaucer, who set off on a pilgrimage to Canterbury from a pub in Borough High Street, and John Bunyan, who preached locally. In the churchyard, hunt for the flattish, ribbed stone monument to Mahomet Weyomon, a Mohegan chief buried in the churchyard in 1735. He died of smallpox after travelling to London to state his case in the Mohegan Land Dispute.

The cathedral choir is one of the UK's best, and families cram inside to hear it at Christmas. You can also hear the choir sing evensong on Mondays and Thursdays (girls) and Tuesdays, Fridays and Sundays (boys). Joining the choir gives kids a fantastic musical education; phone for audition dates.
Buggy access. Disabled access: lift, ramp, toilet. Nappy-changing facilities. Nearest picnic place: gardens. Restaurant. Shop.

Westminster Abbey

20 Dean's Yard, SW1P 3PA (7222 5152, 7654 4900 tours, www.westminster-abbey.org). St James's Park or Westminster tube, or bus 11, 12, 24, 88, 159, 211. **Open** *Westminster Abbey* June-Sept 9.30am-3.30pm Mon, Tue, Thur, Fri; 9.30am-6pm Wed; 9.30am-3.30pm Sat. Oct-May 9.30am-3.30pm Mon, Tue, Thur, Fri; 9.30am-6pm Wed; 9.30am-1.30pm Sat. *Abbey Museum & Chapter House* 10.30am-4pm daily. *Cloisters* 8am-6pm daily. *College Garden* Apr-Sept 10am-6pm Tue-Thur. Oct-Mar 10am-4pm Tue-Thur (last entry 1hr before closing). *Tours* phone for details. **Admission** £16; £6 11-18s, reductions; free under-11s with adult; £32 family (2+1). *Chapter House* free. *Abbey Museum* free (audio guide free). *Tours* £3. **Credit** AmEx, MC, V. **Map** p333 K9. **5+**
Westminster Abbey is back in the limelight as the venue of choice for William and Kate's recent wedding. It has always had close links with royalty, not least because it has been the Coronation Church since 1066. It was also the scene of the Queen's wedding and Diana's funeral. The body of Edward the Confessor, who built the first church on the site, is entombed in the abbey, though no one knows exactly where: it was removed from its

Neighbourhood Watch
Westminster

Westminster is London's epicentre of political power, home to the PM's Downing Street digs, the extravagant neo-Gothic Houses of Parliament, the Treasury, the Foreign Office and a hundred minor government sub-offices in between. It is also home to Buckingham Palace and Westminster Abbey, which has hosted every coronation since William the Conqueror. The iconic sights and sounds are endless, from the distinctive peal of Big Ben to the lions in Trafalgar Square, to the scarlet-clad Guards at Buckingham Palace.

National Gallery.

Nelson's patch

Although the official centre of London is just south of here (marked by a small plaque behind the equestrian statue of Charles I), tourist-thronged **Trafalgar Square** is the city's symbolic heart. Laid out in the 1820s by John Nash and once surrounded by busy roads, the square was improved markedly by the pedestrianisation in 2003 of the North Terrace, right in front of the National Gallery. Its delights are timeless: the great lions at the base of **Nelson's Column** are often overrun with children, who shelter between their massive paws or try to clamber astride their surprisingly high sun-warmed backs. Above the throng, Admiral Nelson gazes across the city from atop his 150-foot granite column.

There's plenty going on at his feet, with all manner of protests, performances and free festivals held here throughout the year. Dance a jig to lilting Irish fiddles in celebration of **St Patrick's Day** (*see p24*), see the famous fountains filled with floating lanterns for **Diwali**, or gawp at a fiery-mouthed dragon weaving its way through the revellers welcoming in **Chinese New Year** (*see p23*).

While George IV and two Victorian military heroes occupy three stone pedestals around the perimeter of the square, the fourth plinth showcases contemporary artworks. In 2012,

the plinth will host duo Elmgreen and Dragset's *Powerless Structures, Fig.101*, a bronze sculpture of a boy astride his rocking horse. Katharina Fritsch's *Hahn/Cock*, a giant cockerel in ultramarine blue, will follow in 2013.

Art for all

At the northern edge of Trafalgar Square, follow the broad flight of stairs up to the splendid **National Gallery** (*see p78*). You can pick up various audio tours and trails around the glorious artworks, or design and print out your own bespoke route in the Sainsbury Wing's ArtStart room. Sundays and school holidays are our favourite times to visit, with free art workshops for five to 11s and story sessions for under-fives; enquiring minded toddlers can squeeze on to the magic carpet to learn about a selected painting.

Alternatively, scoot up past the National Gallery and on to the **National Portrait Gallery** (*see p79*), where all sorts of famous faces peer down from the walls. Although the likes of Brunel and Darwin might not hold the kids' attention for long, the promise of David Beckham, Lily Allen and Roald Dahl should help. Afterwards, you can head to the rooftop Portrait Restaurant for a posh afternoon tea and some truly magnificent views.

Sightseeing

For more down-to-earth grub and prices, take the kids to the excellent Café in the Crypt in nearby St-Martin-in-the-Fields – also home to the low-key but lovely **London Brass Rubbing Centre** (*see p218*).

All the queen's horses
Another option is to head down Whitehall, keeping your camera at the ready. Why? Well for a start, the dashing chaps of the **Household Cavalry** – and their trusty steeds – are headquartered here. At **Horse Guards Parade**, you can watch the mounted regiment change the Queen's Life Guard at 11am (10am on Sundays). With their shiny coats and well-polished hooves, the horses are every bit as dapper and professional as their riders; for a glimpse of them when they're off duty, visit the **Household Cavalry Museum** (*see p118*), which offers a sneaky peek into the stables. During the **London 2012 Olympic Games**, Horse Guards Parade will play host to an equally photogenic event – it is the venue for the Beach Volleyball competition.

Halfway down Whitehall, **Downing Street** is guarded by a phalanx of policemen. Though the road is closed to the public, you can peep through the heavy iron gates to see No.10. The road leads on to **Parliament Square**, **Westminster Abbey** (*see p53*), and the **Houses of Parliament** (*see p50*) – home, of course, to **Big Ben**.

A palatial park
The Abbey and the home of British politics are interesting for older children, but on a sunny day we'd be tempted to forgo its suits and seriousness in favour of a stroll and a nice ice-cream in **St James's Park** (*see p144*), and a quick peek at **Buckingham Palace** (*see p57*). The Changing of the Guard, as witnessed by Alice and Christopher Robin in AA Milne's famous ditty, takes place in the palace forecourt. The ceremony begins at 11.30am, and is held every day from May to July, then on alternate days for the rest of the year.

Crowds start to build behind the railings around half an hour before the start, and it can get very busy; if all you're really after is a spot of military marching and a gander at the famous bearskin hats, you might be better off mooching up to **St James's Palace** at elevenish. Here, you can get an unobstructed view of the Old Guard setting off along the Mall towards Buckingham Palace.

A no less august ceremony in these parts is the daily feeding of the pelicans at St James's Park. At 2.30pm, the hungry birds gather by the lake to feast on fresh fish; in 2006 one of them managed to swallow a live pigeon, but hasn't been seen to repeat the alarming feat since. They're friendly creatures (so long as you're not a tasty-looking pigeon); if you sit on one of the benches by the lake, you might find one alighting next to you. Afterwards, take the bridge across the lake for a fairytale view of Buckingham Palace, beautifully framed by the trees.

Refreshments
Also in the area: Pizza Express.
Café in the Crypt *St-Martin-in-the-Fields, Duncannon Street, WC2N 4JJ (7736 1158, www.smitf.org).* Wholesome comfort food and nursery puds, with child-sized portions of main courses available on request.
Inn the Park *St James's Park, SW1A 2BJ (7451 9999, www.innthepark.com).* Expensive but appealing back-to-British fare, in a sylvan setting; the self-service café area is cheaper than the proper restaurant (*see p250*).
Jom Makan *5-7 Pall Mall East, SW1Y 5BA (7925 2402, www.jommakan.co.uk).* Noodles, curries and Malaysian street food for daring eaters, plus bite-sized side dishes and satay for cautious kids to try.
National Café East Wing *National Gallery, WC2N 4DN (7747 5942, www.thenationalcafe.com).* Classic brasserie fare in smart but unstuffy surrounds, plus a simple kids' menu (*see p241*).
Thai Square *21-24 Cockspur Street, SW1Y 5BL (7839 4000, www.thaisquare.net).* Hot and spicy fare, just off Trafalgar Square.

Discover the best of Britain...

elaborate shrine and reburied in an unmarked spot during the Reformation. Henry III was responsible for the Gothic splendour of the current building, which was heavily influenced by the French architectural style of the period. Poets' Corner is the final resting place of Geoffrey Chaucer, and you can also see the graves of Dickens, Dryden, Johnson, Browning and Tennyson. Statues of several 20th-century martyrs (including Martin Luther King) occupy 15th-century niches above the west door.

It is a busy place at any time – during a typical year it can hold up to 1,500 services and worship sessions. You can escape the crowds in the 900-year-old College Garden, one of the oldest cultivated gardens in Britain. The Abbey Museum (Broad Sanctuary; free if you have a ticket to the Abbey, £1 otherwise) is in the vaulted area under the former monks' dormitory, in one of the oldest parts of the Abbey. Here you'll find a collection of effigies and waxworks of British monarchs such as Edward II and Henry VII, wearing the robes they donned in life; the Queen's Coronation robes are also on show. The Choir School is the only school in Britain exclusively for the education of boy choristers from eight to 13; voice trials are held twice a year. Its Christmas services are magnificent. Next door is St Margaret's Church, where the weddings of Samuel Pepys and Winston Churchill (in 1655 and 1908 respectively) took place; Sir Walter Raleigh is buried here.

Buggy access. Café. Disabled access: toilet. Nearest picnic place: College Garden (10am-6pm Tue-Thur), St James's Park. Shop.

PALACES & STRONGHOLDS

Buckingham Palace & Royal Mews
SW1A 1AA (7766 7300, www.royal collection.org.uk). Green Park or St James's Park tube, or Victoria tube/rail. **Open** *State Rooms* 1 Aug-25 Sept 9.45am-3.45pm daily. *Royal Mews* 3 Jan-25 Mar 11am-3.15pm Mon-Fri; 26 Mar-31 Oct 11am-4.15pm daily; 1 Nov-22 Dec 11am-3.15pm Mon-Sat. *Queen's Gallery* 10am-4.30pm (closes 5.30pm) daily. Closed during Ascot & state occasions. **Admission** *State Rooms* £17.50; £10 5-16s; £16 reductions; free under-5s; £46 family (2+3). *Royal Mews* £7.75; £5 5-16s; £7 reductions; free under-5s; £20.50 family (2+3). *Queen's Gallery* £8; £5 5-16s; £7.25 reductions; free under-5s; £21.25 family (2+3). *Joint ticket* (Royal Mews and Queen's

Gallery) £15.50; £8.75 5-16s; £14 reductions; £40 family (2+3). **Credit** AmEx, MC, V. **Map** p332 H9. **All ages (Royal Mews)**.
5+ (Queen's Gallery)
While Buckingham Palace is not the world's most beautiful palace, it is probably the most famous, drawing millions of visitors every year. John Nash was originally employed to create a majestic frontage, but his designs were dismissed by Parliament as too expensive. Edward Blore, known at the time as 'Blore the Bore', was given the task of finishing the job after Queen Victoria moved in. She was the first monarch to make Buckingham Palace her home and it has remained the premier residence of the reigning monarch ever since. The famous Changing of the Guard takes place daily in the palace forecourt at 11.30am from May to July, and on alternate days the rest of the year.

The State Rooms were first opened to the public in 1993 (the fire at Windsor Castle the previous year meant the Queen had to raise some cash for reconstructions) and can be seen during August and September, while the Queen is at Balmoral. There are 19 rooms to see in all, including the White Drawing Room. Designed by John Nash and furnished in opulent luxury with treasures from the Royal Collection, this will set the children's imaginations spinning. The Queen's Gallery, open all year round, has changing exhibitions from the Royal Collection. 'Dutch Landscapes' runs until October 2011, and 'The Heart of the Great Alone: Scott, Shackleton and Antarctic Photography' runs from October 2011 to 15 April 2012.

In the gardens, there is a nature trail as well as a new café and family activity room, open during August and September. At the Royal Mews, children can watch the horses being groomed, fed and exercised, and examine the royal Rolls-Royces and the Gold State Coach, last used for the 2002 Golden Jubilee. *See also p54* **Neighbourhood Watch**.
Buggy access. Café. Disabled access: lift, toilet (Buckingham Palace). Nappy-changing facilities (Buckingham Palace). Nearest picnic place: Green Park. Shop.

Eltham Palace
Court Yard, SE9 5QE (8294 2548, www.elthampalace.org.uk). Eltham rail. **Open** *Apr-Oct* 10am-5pm Mon-Wed, Sun. *Feb, Mar, Nov, Dec,* 11am-4pm Mon-Wed, Sun. Closed week before Christmas-31 Jan. **Admission** *House & grounds* (incl audio tour) £9.30; £8.40 reductions; £5.60 5-15s; £24.20 family (2+3); free

under-5s. *Gardens only* £5.80; £5.20 reductions; £3.50 5-15s; free under-5s.
Credit AmEx, MC, V. **5+**

Eltham Palace was a favourite with the royal family until Henry VIII decided he preferred nearby Greenwich. The palace went into rapid decline, and became a rather grand-looking tenanted farm. The remains of the Tudor palace include a bridge over the moat, as well as the impressive Great Hall. The biggest draw now, though, is the art deco beauty (one of London's architectural treasures) erected adjoining the Great Hall in 1936 by textiles heir Stephen Courtauld. Like his more famous brother Samuel (who founded the Courtauld Institute of Art in 1932), he was a collector of the arts. Stephen and his wife Virginia created a masterpiece, and the house was the scene of many a lavish party before World War II broke out and the building was commandeered by the War Office.

The furniture and fittings look like a film set – check out the pink leather chairs, ornate black and silver doors and moulded maple veneer in the dining room, or the onyx and gold-plated taps in Virginia's glamorous vaulted bathroom. The house was way ahead of its time when it came to mod cons, including underfloor heating, ensuite bathrooms and a quirky vacuum-cleaning system. Upstairs there's a chance to look at the Courtauld family's photos and

artefacts, and enjoy a home movie of Stephen and Virginia with their pet lemur, Mahjong (who had his own, specially designed quarters).

The beautiful grounds are the setting for various summer events, like an art deco fair and Tudor trails for kids. The quaint tearoom and shop have a distinctly 1930s flavour.
Café. Disabled access: lift, toilet. Shop.

Fulham Palace & Museum

Bishop's Avenue, off Fulham Palace Road, SW6 6EA (7736 3233, www.fulhampalace. org). Hammersmith or Putney Bridge tube, or bus 220, 414, 430. **Open** 1-4pm Mon-Wed, Sat, Sun. *Tours* phone for details.
Admission *Museum* free; under-16s must be accompanied by an adult. *Tours* £5; free under-16s. **No credit cards. 3+**

This was once the largest moated site in England – the official residence of the Bishops of London from 704 until 1975. Somewhere with this much history doesn't give up its secrets readily, so a tour is a good way to get the most out of a visit. The main house – more manor than palace – is Tudor (try out the echo in the courtyard), with significant Georgian and Victorian additions. Refurbishment has left the East Quadrangle looking beautiful, and the café is a particularly pleasant place to sit. The museum has plenty of new interactive features, lots more room to display treasures dug up in

Tower of London. *See p60.*

the grounds (including a mummified rat found in the roof space of the Tudor courtyard), and a programme of theatre, exhibitions and activities for families: music workshops for nippers between two and five, for example, or craft sessions where over-fives turn out hobby horses or soldier skittles. All activities must be pre-booked; most cost £5-£10 per head. Leave time to admire the gorgeous gardens and make sure the children look out for the Holm Oak, which would have been visible to Elizabeth I when she visited, and the Bishop's Tree, a sculpture on one of the cedar of Lebanon trees on the North Lawn.

Buggy access. Café. Disabled access: toilet (in palace). Nearest picnic place: grounds. Shop.

Hampton Court Palace

East Molesey, Surrey KT8 9AU (0844 482 7777, www.hrp.org.uk). Hampton Court rail/riverboat from Westminster or Richmond to Hampton Court Pier (Apr-Oct). **Open** *Palace* Mar-Oct 10am-6pm daily. Nov-Feb 10am-4.30pm daily. Last entry 45mins before closing. *Park* dawn-dusk daily. **Admission** *Palace, courtyard, cloister & maze* £15.40; £12.65 reductions; £7.70 5-15s; free under-5s; £41.80 family (2+3). *Gardens only* £5.10; £4.40 reductions; free under-16s. *Maze only* £3.85; £2.75 5-15s; free under-5s; £11 family (2+3). **Credit** AmEx, MC, V. **6+**
Henry VIII is always a favourite monarch with children, who are fascinated by his large girth, eccentric ways and habit of having his wives executed. He had many homes, but this one positively oozes historical drama. Shakespeare performed here and Cromwell made it his home after the Civil War. The ghost of Henry's fifth wife, Catherine Howard, who was executed for adultery at the Tower of London, is said to shriek around in the Haunted Gallery.

But although Henry VIII has a reputation as a tyrant, Hampton Court was for the most part a pleasure palace. Archeologists recently found the remains of a wine fountain in the largest of the courtyards, and a lovingly crafted four-metre-tall reconstruction started serving wine from spring 2010. In Henry's time, there were tournaments and feasts, musical entertainment, plays, dances and more. The world famous gardens are truly wonderful, with the maze taking centre stage in any child's itinerary. It's the oldest in the country, having been planted between 1689 and 1694.

You can get to the palace by boat from Westminster, or by train (which is considerably quicker). It's worth the trek. The various Tudor and Baroque buildings sprawl across six acres, with costumed guides adding a lively dimension to the state apartments, courtyards and cloisters. Themed activities are plentiful during the school holidays, and on selected bank holidays and weekends Tudor cookery demonstrations take place in the huge kitchens, where children love the bubbling cauldrons and game bird carcasses (see the website for dates). *Buggy access. Café. Disabled access: lift, toilet. Nappy-changing facilities. Nearest picnic place: palace gardens/picnic area. Restaurant. Shops.*

Kensington Palace

Kensington Gardens, W8 4PX (0844 482 7777, www.hrp.org.uk). Bayswater or High Street Kensington tube, or bus 9, 10, 49, 52, 70. **Open** *Mar-Oct* 10am-6pm daily. *Nov-Feb* 10am-5pm daily. Last entry 1hr before closing. **Admission** (incl audio guide) £12.50; £11 reductions; £6.25 5-15s; free under-5s; £34 family (2+3). **Credit** MC, V. **Map** p326 B8. **7+**
The original mansion was turned into a palace by Christopher Wren, as commissioned by William III and Mary II when they came to live here in 1689. Mary died of smallpox here in 1694, Queen Victoria was introduced to her beloved Albert here in 1836 and Princess Diana lived here before her death in 1997. Kensington Palace is undergoing a major refurbishment. When it's completed in 2012, this Jacobean mansion will have a new suite of rooms at the entrance that visitors can explore for free. The Gardens are also being reinterpreted to allow easier access from Kensington Gardens, and there will be a new café to take some of the pressure off the lovely Orangery (*see p255*). For now, though, the palace has an exciting exhibition to enjoy until January 2012. 'The Enchanted Palace' is a dazzling multimedia interpretation of the history of the palace and its inhabitants. At first the exhibition seems confusing – it's dark and hard to navigate – but you soon realise this is part of the thrill. Visitors are ushered up a back stairwell adorned with doodles and echoing with whispering voices. Taking on the quest of finding the hidden names of the palace's princesses is a brilliant way to keep older children occupied, although younger siblings will be equally diverted by the atmosphere, interactive throne and roaming theatre company Wildworks, who pop up in monk-like uniforms when you least expect it. *Buggy access. Disabled access: toilet. Nappy-changing facilities. Nearest picnic place: grounds. Restaurant. Shop.*

Sightseeing

Tower of London

*Tower Hill, EC3N 4AB (0844 482 7777,
www.hrp.org.uk). Tower Hill tube or Tower
Gateway DLR, or Fenchurch Street rail.*
Open *Mar-Oct* 10am-5.30pm Mon, Sun;
9am-5.30pm Tue-Sat (last entry 5pm). *Nov-
Feb* 10am-4.30pm Mon, Sun; 9am-4.30pm
Tue-Sat. *Tours* (outside only, weather
permitting) every 30mins until 3.30pm
(2.30pm in winter). **Admission** £18.70;
£10.45 5-15s; £15.95 reductions; free under-
5s; £51.70 family (2+3). Audio guide £4;
£3 reductions. *Tours* free. **Credit** AmEx,
MC, V. **Map** p335 R7. **5+**

This solid stone building is an iconic London
landmark and a distinctive presence on the
Thames. Since the early years of the 11th
century, the Tower of London has made itself
useful to King and country as a fortress, palace,
prison, execution ground (two of Henry VIII's
wives got the chop here) and tourist attraction.
You can easily spend a whole day within its
walls. The Medieval Palace, where kings and
queens stayed until the reign of Elizabeth I, has
recently been restored, and uses smells and
sound effects to whisk you back in time.
Interactive displays reveal the ordeals of life as
a prisoner, while outside, Tower Green is the
place where unfortunates such as Anne Boleyn
and Lady Jane Grey were beheaded; a glass
pillow sculpted by artist Brian Catling marks
the spot. Battle nuts love the gleaming
armoury on show in the White Tower; the
presentation was reinterpreted in 2010 as the
'Fit for a King' exhibition.

The crown jewels are the Tower's biggest
draw, with 23,578 gems on display. Highlights
include a model of the uncut, fist-sized Cullinan
I – the largest diamond in the world – and an
illustrated description of how it was cut into
nine smaller diamonds. You can't miss the two-
metre-wide Grand Punch Bowl – it's big enough
to bathe in. The beautiful vaulted chamber of
the Bowyer Tower has been open to visitors
since 2007. Legend has it that the Duke of
Clarence met a grisly fate here in 1478,
drowning in a barrel of malmsey wine. The
most entertaining way to hear such stories is to
join one of the free tours, led by a Yeoman
Warder (Beefeater). The Warders, photogenic
in their black and red finery, are genial hosts
and a mine of information.

Children's trails and quizzes tackle different
themes, including Knights and Princesses and
the Peasants' Revolt. Check the website for
details of daily special events and temporary
exhibitions. A new exhibition opening in

May 2011 looks at the exciting range of animals
that have been housed in the Tower over the
centuries as part of the royal menagerie,
including elephants, leopards, tigers and
grizzly bears.

*Buggy access (Jewel House). Café. Nappy-
changing facilities. Nearest picnic place:
riverside benches, Trinity Square
Memorial Gardens. Shops.*

SCIENCE

Centre of the Cell

*4 Newark Street, E1 2AT (7882 2562,
www.centreofthecell.org). Whitechapel tube.*
Open *Sessions* 10-11.30am, noon-1.30pm,
2-3.30pm, 4-5.30pm, 6.30-8pm Mon-Wed,
Fri; 10-11.30am, 11.30am-1pm, 3-4.30pm Sat.
Session times may vary; phone to check.
Admission free. **9+**

The RIBA award-winning Blizard Building,
which opened late in 2009, is the home of an
exciting educational resource for school-age
children that might just get them excited about
maths and science. Politicians and businessmen
regularly complain that our school children
aren't going into these subjects in sufficient
numbers. Within the medical centre, a glass-
walled walkway takes visitors over the labs
and their 400 white-coated occupants to a large
multimedia 'pod' (designed to take 40 people),
which is where the fun takes place. A film
introduces children to the amazing work going
on around them, then a huge silver tube opens
up to reveal more audio-visual magic and
interactive jollies illustrating different aspects
of biomedical science for key stages 2, 3 and 4.
One game compares the size of a cell to a five-
pence piece (a quarter of the size of one of the
little dots around the coin edge), another charts
the growth of an embryo. Other features show
how to repair a damaged spinal cord, or grow
real skin for grafts; there are even (oo-er!) real
body organs. The pod is intended to be
regularly updated in line with the discoveries
of the boffins in the labs below.

The whole experience lasts around 90
minutes; thanks to the unique setting and the
theatricality of the presentation, young 'uns will
be entertained throughout – and hardly aware
that they're learning things. School holidays see
a variety of special events including Family
Science Days and various workshops.

*Buggy access. Disabled access: lift; toilet.
Café. Nearest picnic place: Whitechapel
hospital grounds. Shop.*

Sightseeing

View from the Crypt

Fancy a trip to the top of St Paul's Cathedral? It's now a virtual reality.

For those who can't make it up the 257 steps to the Whispering Gallery of St Paul's Cathedral – never mind the extra 119 steps to the Stone Gallery and the further 152 steps to the Golden Gallery – there is now a chance to see something of the infamous view from Christopher Wren's iconic dome from beneath the cathedral floor. Oculus is a new exhibition in a quiet room in the Crypt. A 270° film projection takes viewers on a virtual journey up the steps, through the Whispering Gallery and onwards up to the Golden Gallery to spit them out at the top to 'look' at the views. If you stand so that the projection takes up the whole of your vision, it's a giddy experience, producing actual queasiness. A neat trick, but the film doesn't stop at the top for long, plunging instead into a potted history of the

cathedral's many stages of evolution. This content is impressionistic and fleeting, so don't expect a thorough history lesson, but it would make a good springboard from which to explore building's rich and varied cultural, architectural and political story.

STATELY HOMES

Chiswick House

Burlington Lane, W4 2RP (8995 0508, www.chgt.org.uk). Turnham Green tube, then bus E3, or Hammersmith tube, then bus 190, Chiswick rail. **Open** *Apr* 10am-5pm daily. *May-Oct* 10am-5pm Mon-Wed, Sun. Last entry 30mins before closing. Closed Nov-Mar. *Tours* by arrangement; phone for details. **Admission** *House* (EH) (incl audio guide) £5; £4.30 reductions; £2.50 5-16s; free under-5s; £12.50 family (2+3). *Gardens* free. **Credit** MC, V. **5+**

At a 'once in a lifetime' attic sale at Chatsworth in 2010, seven lots were bought by Chiswick House thanks to money from the Art Fund. From spring 2011, the earliest known design drawings for Chiswick House, one of the finest examples of neo-Palladian architecture in England, will be on display, along with the writing desk used by Georgiana, Duchess of Devonshire, a famous socialite and active campaigner on behalf of womens' rights.

The fifth Duke of Devonshire commissioned this grand manor to sit on the site of an old Jacobean mansion, and illustrious house guests have included Alexander Pope and Jonathan Swift (in more recent times, the Beatles filmed

the video for *Paperback Writer* in its gardens). The house was built more as a private art gallery than a home, and exhibits aren't especially child-friendly – although eagle-eyed kids could look out for two sculptures of the Green Man and a lead Sphinx.

Children of all ages will love the grounds, which were renovated during 2009 and 2010. A walk through the gardens makes you feel as if you've stepped into a classical landscape painting – there are obelisks among the trees, an exquisitely domed temple, a lake and a cascading waterfall. The 96-metre-long conservatory has also been saved from dereliction and houses Chiswick House's collection of rare camelias, many of which have survived since they were planted in 1828 (they flower in March). The House Festival and kitchen garden activities for children take place during the summer months, and the café has reopened in a new contemporary building with fine views over the grounds.

Buggy access. Disabled access: stairlift, toilet. Nearest picnic place: Chiswick Park. Shop.

Fenton House

3 Hampstead Grove, NW3 6SP (7435 3471, 01494 755563 information, 0844 249 1895 box office, www.nationaltrust.org.uk).

Sightseeing

Hampstead tube or Hampstead Heath rail.
Open *Mar-Oct 11am-5pm* Wed-Sun, bank
hols. *Tours* phone for times. **Admission**
(NT) £6.50; £3 5-17s; free under-5s; £16
family (2+2). **Credit** MC, V. **5+**
When Hampstead was a small village in the
countryside near the city of London in the 17th
century, this was one of its earliest large houses.
What's intriguing is how little the house
changed during 300 years of continuous
occupation. It's best known for the impressive
Benton Fletcher collection of early keyboard
instruments, including spinets, harpsichords,
clavichords and virginals. Instruments were
donated on the condition that professional
musicians be allowed to play them; check the
website for details of concerts.
   There is also a collection of paintings and
drawings by the Camden Town Group and
many fine examples of English and Continental
porcelain from George Salting (who donated
his amazing Chinese pottery collection to the
V&A). Children particularly enjoy the Meissen
Harlequins and the 'curious grotesque teapot'.
Outside, they can run around the carefully
tended vegetable garden, herb garden, lawns and
orchard, whose 30 varieties of old English apples
can be sampled on Apple Day (24-25 Sept 2011).
Occasional garden trails are available.
Buggy access. Disabled access: ramp.
Nappy-changing facilities.

Guildhall

Corner of Gresham Street & Aldermanbury,
EC2P 2UJ (7606 3030, 7606 3030 ext 1463
tours, www.corpoflondon.gov.uk). St Paul's
tube or Bank tube/DLR, or Moorgate tube/
rail. **Open** *May-Sept* 9.30am-5pm daily. *Oct-*
Apr 9.30am-5pm Mon-Sat. Last entry 4.30pm.
Closes for functions; phone ahead to check.
Tours by arrangement; groups of 15 or more
only. **Admission** free. **Map** p334 P6. **8+**
London can't compete with Rome for sheer
depth of antiquity, but the Guildhall is one of
the City of London's oldest intact buildings,
thanks to the Great Fire of London. It was built
between 1411 and 1440 and is now used as the
seat of local government: the Court of Common
Council meets at 1pm on selected Thursdays
each month in the Great Hall (visitors are
welcome; phone for dates). The Hall is also open
when it's not being used for official business.
The impressive space has a vaulted ceiling,
marble monuments, and banners and shields of
100 livery companies on the walls; every Lord
Mayor since 1189 is named on the windows.
Two large wooden statues of Gog and Magog,

carved in 1953 to replace the pair destroyed in
the Blitz, stand in the West Gallery. They
represent the mythical conflict between Britons
and Trojan invaders; the result of this struggle
was the founding of Albion's capital city, New
Troy, on whose site London is said to stand. On
the north wall hangs a fascinating list of trials
and grisly executions.
   You can only nose round the Guildhall's
enormous medieval crypt on a pre-booked
group tour; tours last half an hour and are free.
In the absence of an on-site café, packed lunches
can be scoffed in the cloakroom area, which is
equipped with a water cooler.
Buggy access. Disabled access: lift, ramp,
toilet. Nappy-changing facilities. Nearest picnic
place: grassy area by London Wall. Shop.

Ham House

Ham Street, Ham, Richmond, Surrey TW10
7RS (8940 1950, www.nationaltrust.org.uk).
Richmond tube/rail, then bus 371. **Open**
House Apr-Oct noon-4pm Mon-Thur, Sat,
Sun. *Gardens* Jan-Early Feb, Nov-mid Dec
11am-4pm daily. Mid Feb-Oct 11am-5pm
daily. Closed 1 Jan, 25, 26 Dec. *Tours*
(pre-booking essential) phone for details.
Admission (NT) *House & gardens* £9.10-
£10.90; £4.85-£6.05 5-15s; free under-5s;
£23.05-£27.90 family (2+2). *Gardens only*
£1.85-£3.65; £1.25-£2.45 5-15s; free under-5s;
£4.90-£9.75 family (2+2). **Credit** AmEx,
MC, V. **5+ (house). All ages (gardens)**
Ham House sits on the River Thames in
gorgeous landscaped grounds, which include
the Cherry Garden, with its central statue of
Bacchus and lavender parterres, and the maze-
like Wilderness, as well as the oldest thorn
bush and orangery in the country. Inside, very
little has changed since it was built and
furnished in the 17th century by William
Murray (whipping boy to James I) and his
descendants. Many of the original interiors
have been lavishly restored, offering a rare
chance to see the bold colour schemes of the
day – strong, contrasting colours in damask,
velvet and satin. Television drama *Elizabeth*
was filmed here, and there are extensive
collections of period furniture, art and textiles.
Children tend to get more excited by Ham
House's reputation as one of the most haunted
buildings in Britain: ghostly visitors are said to
include William's daughter, the Duchess of
Lauderdale, and her pet dog. Regular family
events include entertaining Ghost Tours, which
are suitable for over-fives; a torch-lit adult
version is also available.

Sightseeing

Legoland. *See p69.*

Sightseeing

Open-air theatre takes place in the garden in summer, and there are egg trails for Easter, art and craft days for the August bank holiday weekend, more spooky tours for Hallowe'en and all manner of carols, feasts and craft events for Christmas. A ferry crosses the river to Marble Hill House (*see below*) at weekends year round, and daily during the summer.
Café. Disabled access: lift, toilet. Nappy-changing facilities. Shop.

Marble Hill House
Richmond Road, Middx TW1 2NL (8892 5115, www.english-heritage.org.uk). Richmond tube/rail or bus 33, 90, 290, H22, R70. **Open** *Apr-Oct* 10am-2pm Sat; 10am-5pm Sun. Closed Nov-Mar. **Admission** (EH) £5.30; £4.80 reductions; £3.20 5-15s; free under-5s; £13.80 family (2+2). Price includes tour. **Credit** MC, V. **5+**
Marble Hill House was built in the 1720s for Henrietta Howard, George II's mistress before he became King. In the days when Marble Hill House was constructed, Twickenham was a country retreat, fashionable for weekend salons. It's a superb Palladian villa packed to the brim with Georgian antiques and paintings, but the star of the show is the Honduran mahogany staircase, whose construction nearly sparked a war with Spain. Marble Hill House

hosts special events throughout the year, including Easter trails and open-air concerts; guided tours can be taken of the house and its surrounding parkland, and there's a ferry across the Thames to Ham House (*see above*). *Café. Disabled access: toilet. Nearest picnic place: Marble Hill Park. Shop.*

19 Princelet Street
19 Princelet Street, E1 6QH (7247 5352, www.19princeletstreet.org.uk). Aldgate East tube or Liverpool Street tube/rail. **Open** check website or phone for occasional open days. *Tours* groups by appointment. **Admission** free; donations appreciated. **Map** p335 S5. **3+**
This 18th-century house, just around the corner from Brick Lane, looks ordinary enough from the outside. Inside, though, it's rather special. Shabby and beautiful, melancholic and atmospheric, the interior has changed little since it was built in 1719 and a family of refugee Huguenot weavers moved in. In 1869, Polish Jews built an Ashkenazi synagogue in the garden, and it's been housing London's newcomers ever since. It is now home to a museum devoted to immigration and cultural diversity and extensive restorations are planned – although until the £3 million funding is raised, it's quite difficult to visit the fragile

Neighbourhood Watch
Covent Garden

As you wander through the bustling streets around Covent Garden, doing your best to dodge the tourists snaking their way around the Piazza, it's hard to believe the area was nearly flattened in the 1970s to make way for a masterplan of modern hotels and conference centres. Thanks to determined locals, who campaigned to save the market that had served the area with fresh produce and flowers for over three centuries, Covent Garden retained its soul and is now a major attraction, day and night. Whether you fancy riding back in time at the excellent London Transport Museum, trawling round the boutiques, taking in some street theatre or coughing up for an evening of high culture in the hallowed surrounds of the Royal Opera House, this buzzing corner of WC2 has got it all.

The name is most likely drawn from the 'convent garden' that once surrounded the historic abbey of St Peter. The land that belonged to the Convent of St Peter at West Minster was handed over by the Crown to John Russell, the first Earl of Bedford, following Henry VIII's dissolution of the monasteries.

In the 1630s, the Earl commissioned master architect Inigo Jones to design a series of Palladian arcades. These wonderfully elegant terraces, opening on to a central courtyard, constituted the first public square in the country and proved popular with wealthy tenants, until the fruit and vegetable market expanded on to their exclusive patch.

These days, the stalls are full of gifts and souvenirs (Londoners have to travel to Vauxhall to find the original market), but the fruity theme lives on in the shape of a shiny new Apple store, which became the largest in the world when it opened in 2010.

Going underground

Weekdays in term time are best for exploring this area. Head straight down James Street from the tube exit, cut through the market, and start off at one of London's most fun museums, the **London Transport Museum** (*see p98*), which benefited hugely from an airy renovation a few years ago. Inside, children tend to steam past the historic timeline that puts London's travel achievements in context with other major cities, straight on to the interactive rooms. For the under-sixes, the All Aboard! Gallery has climb-on model vehicles and soft play. The Interchange Gallery is for older children (seven to 11s), who have train carriages and buses to explore (from the horse-drawn Shillibeer's model to a sliced-through modern bus), tricky computerised driving games to play, costumes to try on, mystery objects to guess at and – the ultimate excitement – the possibility of driving a bus. There's also a fantastic shop with imaginative themed gifts. With Boris about to launch the new 21st-century breed of red Routemasters on to the city's streets, this is a great place to indulge the kids in a bit of old-fashioned time travel.

Afterwards, you can nip upstairs to the friendly **Upper Deck café** (*see p254*), overlooking Covent Garden Piazza. In addition to the Upper Deck café, the museum also has a modest picnic area where visitors can tuck into their packed lunches.

The Piazza and beyond

Designed in the 19th century by architect Charles Fowler, the covered central market (0870 780 5001, www.coventgardenmarket.co.uk) is a mix of cool and quirky shops (toy shop Eric Snook, antiques seller Nauticalia) and upmarket chains (Hobbs, Crabtree & Evelyn and the like). The **Apple Market** in the North Hall is where you'll find antique stalls on Mondays, a general market Tuesday to Friday and hand-made crafts at weekends. **Jubilee Hall Market** is a bit tackier, flogging novelty T-shirts and other tat.

London Transport Museum.

Outside in the **Piazza**, usually in front of the portico of St Paul's Church, comedians, musicians and living statues perform for the amusement of tourists and families. It was under this portico that Samuel Pepys observed what is thought to have been Britain's first Punch and Judy show ('an Italian puppet play', as he described it) on 9 May 1662; fittingly, the **Punch & Judy Festival** (*see p21*) is held here on the first Sunday in October. You can also catch Punch and Judy's slapstick at the annual May Fair in St Paul's churchyard.

Every summer there are open-air operatics courtesy of the **Royal Opera House** (*see p197*). The Royal Opera House itself is a beautiful space, and has an upstairs café with wonderful views over the Piazza. Guided tours give the curious a glimpse into working dressing rooms and rehearsal studios; if you have enough time to take in a performance, there are free lunchtime recitals on Mondays.

Out of the market, head towards the river and down to the Strand. In the 14th century, this was a swanky residential street that stood right on the riverbank. Gradually, the overflow of hoi polloi from Covent Garden threatened to overwhelm the narrow strip; by 1600 the wealthy folk had run away, and the Strand had a reputation for poverty and bawdiness. Sir Christopher Wren suggested the creation of a reclaimed embankment to ease congestion and house the main sewer, and by the mid 19th century the area's respectability was restored. Respectability further increased in late 2010 with the reopening of the iconic **Savoy Hotel** after a three-year, £220m refit. At the Strand's eastern end is the **Aldwych**, a grand crescent that dates to 1905 – although the name, 'ald wic' (old settlement), has its origins in the 14th century. On its south side stands the imposing bulk of **Somerset House** (*see p84*).

Refreshments

Also in the area: Pizza Express, Strada, Wagamama.
Café Pasta *2-4 Garrick Street, WC2E 9BH (7497 2779, www.cafe pasta.co.uk)*. Straightforward pasta, pizza and grills.
Christopher's *18 Wellington Street, WC2E 7DD (7240 4222, www.christophersgrill.com)*. A smart, upmarket restaurant with American cuisine and hearty brunches.
Upper Deck *London Transport Museum, WC2E 7BB (7379 6344, www.ltmuseum.co.uk)*. Enjoyable museum café (*see p254*).
Wahaca *66 Chandos Place, WC2N 4HG (7240 1883, www.wahaca.co.uk)*. Delicious Mexican street food at affordable prices.
World Food Café *1st Floor, 14 Neal's Yard, WC2H 9DP. (7379 0298, www.worldfoodcafe nealsyard.co.uk)*. Homespun, tasty vegetarian platters.

Sightseeing

space. Still, it's worth making the effort to experience the haunting atmosphere and fascinating stories of its past inhabitants – Jewish scholar David Rodinsky simply disappeared one day from here (Iain Sinclair and Rachel Lichtenstein wrote *Rodinsky's Room* based on the story). Check website for open days. *Buggy access. Nearest picnic place: Christ Church grounds.*

Osterley Park & House

Osterley Park, off Jersey Road, Isleworth, Middx TW7 4RB (8232 5050, www.national trust.org.uk). Osterley tube. **Open** *House* Mar-Oct noon-4.30pm Wed-Sun. Nov-mid Dec noon-3.30pm Sat, Sun. *Gardens* Mar-Oct 11am-5pm Wed-Sun. Nov noon-3.30pm Sat, Sun. *Park* Jan-Mar, Nov, Dec 8am-6pm daily. Apr-Oct 8am-7.30pm daily. *Tours* by arrangement; min 15 people. **Admission** (NT) *House & garden* £9.20; £4.60 5-18s; free under-5s; £23 family (2+3). *Garden only* £4; £2 5-18s; free under-5s. *Park* free. **Credit** MC, V. **3+**
Osterley House is a red-brick stately home whose Tudor beginnings were remodelled by Robert Adam for self-made banking magnate Sir Francis Child in the 18th century. No expense was spared during this transition and the house is incredibly grand. It was largely unchanged by Childs' descendants before being donated to the National Trust in 1949; the splendour of the state rooms alone makes the house worth a visit. Children will enjoy exploring 'below stairs' and discovering what life was like as a servant, before visiting the horses in the Tudor stables; there's also a resident spectre, said to lurk in the basement. Outside, Mrs Child's flower garden is still delightful, and the rest of the 357 acres are a pleasure to explore. Regular events include tours of the house, bluebell walks, outdoor performances and the annual (free) Osterley Day, full of arts and fun.
Buggy access (not when busy). Café. Disabled access: stair climber, toilet. Nappy-changing facilities. Nearest picnic place: front lawn, picnic benches in grounds. Shop.

PM Gallery & House

Walpole Park, Mattock Lane, W5 5EQ (8567 1227, www.ealing.gov.uk). Ealing Broadway tube/rail or bus 65. **Open** *May-Sept* 1-5pm Tue-Fri, Sun; 11am-5pm Sat. *Oct-Apr* 1-5pm Tue-Fri; 11am-5pm Sat. Closed bank hols. *Tours* by arrangement; phone for details. **Admission** free; audio guide £1. **Credit** AmEx, MC, V. **5+**

Ealing isn't brimming with architectural gems, but this one is interesting. Anyone who has visited the Sir John Soane's Museum in Lincoln's Inn Fields (*see p94*) will know about the architect's wonderfully eccentric use of light and space. Soane built Pitzhanger Manor as his weekend country retreat and it is now, along with the PM Gallery, Ealing's flagship cultural centre.
Among the exhibits is the Hull Grundy Martinware pottery collection, and there's a workshop programme for all ages; special events for kids include half-term craft sessions and 'clay play'. Soane's ornamental gardens are now known as Walpole Park, Ealing Borough's rose-scented pride and joy, which hosts jazz and comedy in summer.
Buggy access. Disabled access: lift, ramp, toilet. Nappy-changing facilities. Nearest picnic place: Walpole Park.

Syon House

Syon Park, Brentford, Middx TW8 8JF (8560 0881, 8847 4730 Tropical Zoo, 8847 0946 Snakes & Ladders, www.syonpark.co.uk). Gunnersbury tube/rail, then bus 237, 267, or Kew Bridge rail. **Open** *House* mid Mar-Oct 11am-5pm Wed, Thur, Sun, bank hol Mon (last entry 4pm). *Gardens* Mar-Oct 10.30am-5pm daily. Nov-Feb 10.30am-4pm Sat, Sun. *Tours* by arrangement; phone for details. *Tropical Zoo* 10am-5.30pm daily. *Snakes & Ladders* 10am-6pm daily (last entry 5.15pm). **Admission** *House & gardens* £10; £8 reductions; £4 5-16s; free under-5s; £22 family (2+2). *Gardens only* £5; £3.50 5-16s; free under-4s; £11 family (2+2). *Tropical Zoo* £6.50; £5.50 3-15s; free under-3s; £22 family (2+3). *Snakes & Ladders* £5.30 under-2s; £6.30 under-5s; £7.30 over-5s; free over-16s. Reduced rate after 4pm. **Credit** MC, V. **5+**
Syon House is the last ducal residence complete with country estate in Greater London, the seat of the Duke of Northumberland for over 600 years. The magnificent turreted pile looks out over the Thames towards Kew. It was built on the site of a medieval abbey that was brutally dissolved by Henry VIII, and it was here that Henry's fifth wife Catherine Howard awaited her execution. Henry's coffin was later brought here in transit to Windsor Castle; as if by divine retribution, it mysteriously burst open during the night and the king's remains were found being licked by dogs. It was here, too, that the doomed Lady Jane Grey reluctantly accepted the crown and became queen for nine days. In short, it's bursting with history.

All Hands on Deck

The Cutty Sark will soon be ready for boarding again.

The Cutty Sark, which has seen several million little landlubbers climb aboard since it first pitched up at Greenwich Dry Dock in 1956, is set to reopen in spring 2012 following the devastating fire that ripped its heart out one night in May 2007. This famous tea clipper was built in 1869 in Dumbarton, Scotland, and launched in 1870 to tout for business on the vastly competitive tea trade run between China and London. Speed was of the essence, with huge bonuses for the ship arriving back with the first tea consignment of the year, and the Cutty Sark was one of the quickest on the circuit. Unfortunately for her, though, the Suez Canal opened the same year she was built, and before long steam rather than sail became the preferred mode of tea transport.

After a spell bringing wool back from Oz, she was sold to a Portuguese firm until eventually limping into dry dock retirement in the 1950s – where she has sat ever since as a star tourist attraction at the heart of the UNESCO World Heritage Site of Maritime Greenwich.

The fire which struck the ship in 2007, apparently caused by a vacuum cleaner overheating, was hugely devastating, but it could have been even worse – thankfully the ship was undergoing conservation work at the time, and about half of the fixtures and fittings had been removed, including the iconic figurehead, the masts and rigging, the coach house, and a significant amount of planking.

When the covers finally come off again, the restored vessel will be shipshape, 90 per cent original and, for the first time, raised ten feet above the ground, ready to receive the flood of new visitors expected to arrive on the shores of SE10 during summer 2012. For an update on the restoration and opening dates, visit www.cuttysark.org.uk.

Sightseeing

Sightseeing

Madame Tussauds. *See p70.*

The rooms, designed by Robert Adam, are breathtaking (John Betjeman described Syon as 'the grand architectural walk'), from the grand Roman hallway in black and white marble to the Red Drawing Room, with its crimson silk walls and Roman statues. Its magnificently preserved grandeur has made it a popular filming location: *The Madness of King George* was filmed here, as were scenes from *Gosford Park* and Stephen Poliakoff's *The Lost Prince*. Outside, children will love the restored 19th-century Great Conservatory, with its huge iron and glass dome – and if the extensive Capability Brown-landscaped gardens aren't enough for a run around, there's also indoor adventure playground Snakes & Ladders (an extra charge applies). Then there's the London Tropical Zoo enclosure, full of endangered animals that live in or near water, such as piranhas, snakes, crocs and poison tree frogs.

A programme of family-friendly events includes demonstrations, re-enactments and after-dark walks in winter, when the woods are illuminated with dazzling light displays (check the website for details). In summer, movies are screened in the gardens (bring a picnic to consume on the lawns before the film begins) and local craft fairs are occasionally set out on the front lawn.

Café. Nappy-changing facilities. Nearest picnic place: Syon House Gardens, Syon Park. Shop.

THRILLS & CHILLS

Chessington World of Adventures

Leatherhead Road, Chessington, Surrey KT9 2NE (0871 663 4477, www.chessington.com). **Getting there** *By rail* Chessington South rail, then bus 71 or 10-min walk. *By car* J9 off M25. **Open** Check website for timetables. **Admission** (online advance price) £27.60; £20.40 3-15s; annual pass £70.20; £52.20 3-15s. Free under 1m tall. Check website for on-the-day prices & other annual passes. **Credit** AmEx, MC, V. **All ages**

Chessington Zoo was opened by animal enthusiast Reginald Goddard in 1931 – he had been looking for a site to show off his exotic animal collection for some time. It wasn't until 1987, long after Reginald's death, that the adventure park opened, with its list of exciting rides. The zoo is still keeping its end up and has ten Western Lowland gorillas, two Sumatran tigers, two Asiatic lions and a family of Persian leopards, as well as smaller animals. In the recently opened Wanyama Reserve, there are zebra, antelopes and oryxes. Chessington has taken a leaf out of London Zoo's book and introduced child-friendly animal antics presentations (2pm & 4pm). At the new Sea Life aquarium, a walk-through ocean tank offers a chance to get close to the sharks, while the Amazonian display includes piranhas.

Many of the adventure rides are geared towards families with young children, unlike the more extreme offerings at nearby stablemate Thorpe Park (*see p72*). There's lovable Beanoland with dodgems and foam ball firing, a large soft play area for younger tots, plus an extreme games area and more challenging white-knuckle rides for older kids, like the Vampire rollercoaster and Rameses Revenge water plunge. Guides dressed up as fun characters help families on their way round.

Buggy access. Café. Car park (free). Disabled access: toilet. Nappy-changing facilities. Restaurant. Shops.

Chislehurst Caves

Old Hill, Chislehurst, Kent BR7 5NB (8467 3264, www.chislehurstcaves.co.uk). **Getting there** *By rail* Chislehurst rail. **Open** 10am-4pm Wed-Sun. *Tours* phone for details. **Admission** £5; £3 5-15s, reductions; free under-5s. **Credit** MC, V. **8+**

These man-made caves lie 30 metres below the woodlands of Chislehurst. They were carved out of the chalk by Druids, Saxons and Romans, and since then the caves have been turned to all sorts of purposes, including an ammunition dump in World War I and a mushroom farm; during World War II, they acted as Britain's largest bomb shelter. Most of the underground scenes in the TV series *Merlin* were filmed here. The 45-minute lamplit tour covers a mile of the tunnels; children will enjoy locating the Druid Altar, the Caves Church and the Haunted Pool. *Restaurant. Shop.*

Legoland

Winkfield Road, Windsor, Berks SL4 4AY (0870 504 0404, www.legoland.co.uk). **Getting there** *By rail* Windsor & Eton Riverside or Windsor Central rail, then shuttlebus. *By car* J3 off M3 or J6 off M4. **Open** *Mid Mar-Oct* times may vary, check website for timetables. **Admission** *One-day ticket* £41.40; £31.20 3-15s, reductions; free under-3s. *Two-day ticket* £81.60; £61.20 3-15s; free under-3s. *Shuttlebus return* £4.20; £2.10 3-15s; free under-3s. **Credit** AmEx, MC, V. **All ages**

Fifty-five million Lego bricks have been used to create this themed adventure park, which gives you some idea of the sheer scale of the place. Visitors first glimpse what they're in for from the car park; the site cascades, ride after ride, down a steep hill with Berkshire's rolling countryside in the distance. Legoland remains an incredibly popular family day out – though

while it's suitable for all ages, even hard-to-please early teens, adults may occasionally struggle to see the appeal. That's largely because of the queues, which can be particularly testing for toddlers' tempers. The best advice is to come early and make a beeline for the rear of the site first, or rent a Q-Bot (£10-£40 per person). This small hand-held device allows you to reserve a virtual place in the queue for some of the most popular rides – not cheap, but well worth it on a busy weekend.

Queues aside, there are some brilliant attractions. Driving School puts six- to 13-year-olds behind the wheel of whizzy electric cars, amid roundabouts, traffic lights and much confusion; there's also a scaled-down version for tots. Other star turns include the twisting Dragon rollercoaster, Miniland's scaled-down London landmarks and the Imagination Theatre. Legoland is also 15 years old in 2011, so check the website for special events.

There's plenty to see while you wander from queue to queue, but those with preschool children should seize the chance to go in term time. It's also a good idea to take activities to keep the kids amused while they're waiting, and to draw up a hit list of the rides your children want to try; call the day before to check your chosen attractions will be running.

Buggy access. Cafés. Disabled access: toilet. Nappy-changing facilities. Nearest picnic place: grounds. Restaurants. Shops.

London Bridge Experience

2-4 Tooley Street, SE1 2SY (0844 847 2287, www.londonbridgeexperience.com). London Bridge tube/rail. **Open** 10am-5pm Mon-Fri; 10am-6pm Sat, Sun. **Admission** £23; £21 reductions; £17 under-16s; free under-5s; £74 family (2+2). **Credit** MC, V. **Map** p335 Q8. **All ages (Bridge Experience). 11+ (London Tombs)**

The experience is a split-level one. The first part is a fun-for-all-the-family history lesson that engages all five senses and serves the choicest cuts from the crossing's 2,000-year history. The second takes you underground to the 'London Tombs' – a former plague pit – and frightens the pants off you. We like the first bit best, where actors appear at every turn. In a cobwebbed replica of a Victorian study, we meet the ghostly portrait of Sir John Rennie, who designed the 1831 bridge and whose ravings are translated by a dusty butler; through heavy doors and along dank passages we're shown Boudicca's sacking of London, narrated by a bloodied Roman soldier amid

Sightseeing

disembowelled corpses. Next up is the Russell Crowe-like viking, who asks his guests to help pull down the bridge's wooden piers. After that, we're introduced to William Wallace's ghost and taken into a chamber of gore run by the chap in charge of heads on sticks, once proudly displayed on London Bridge. Each period involves interaction with the key players, who also include a garrulous lighterman's widow, the American who bought the bridge in 1970 (it's a myth that he thought he was buying Tower Bridge, he insists), and the Queen. It's all quite entertaining; the shocks and horrors come downstairs in the dark and threatening Tombs, where zombie actors show little mercy. *Buggy access. Café. Disabled access: lift; toilet. Nearest picnic place: South Bank. Shop.*

London Dungeon

28-34 Tooley Street, SE1 2SZ (7403 7221, www.thedungeons.com). London Bridge tube/rail. **Open** times vary, phone or check website for details. **Admission** £23.10; £21 reductions; £17.10 4-15s; £21 for registered disabled; free carers, under-4s. **Credit** AmEx, MC, V. **Map** p335 Q8. **10+**

Not many of London's attractions use smell as an integral part of their exhibits, but the London Dungeon thoroughly exploits the power of nasty aromas to disturb. Everything is set in thrillingly dark surrounds that leave visitors delightfully disengaged from their everyday life – all the better to be scared out of their wits. The London Dungeon concentrates on the more gruesome episodes of London's history. Costumed actors bring the city's characters and disasters to life, often pretending to be one of the waxwork models and frightening kids into delighted squeals by suddenly moving. There's a gruesome section devoted to Jack the Ripper, one for demonic 18th-century barber Sweeney Todd, and another for the operating room of Tooley Street's butcher surgeon. New in 2010 was 'Bloody Mary: Killer Queen' devoted to the deaths commissioned by Henry VIII's daughter.

Guaranteed to provoke even more high-pitched exclamation is 'Labyrinth of the Lost', the largest horror mirror maze in the world. If that's not enough depravity for you, there's the Traitor Boat Ride to Hell (visitors play the part of condemned prisoners, death sentence guaranteed), and Extremis: Drop Ride to Doom, which aims, charmingly, to recreate at least part of the experience of being hanged.

The Dungeon is clearly on to a winner, judging from the length of the weekend queues outside the Victorian railway arches that are its

home. There are always plenty of small children standing in line, where gorily made-up Dungeon staff work the crowds, but we'd advise against taking anyone younger than ten. Tours last around 90 minutes; you can purchase fast-track tickets on the website. *Buggy access. Disabled access: toilet. Nappy-changing facilities. Nearest picnic place: Hay's Galleria. Shop.*

Madame Tussauds

Marylebone Road, NW1 5LR (0871 894 3000, www.madame-tussauds.co.uk). Baker Street tube or bus 13, 27, 74, 113, 159. **Open** 9am-6pm daily (last entry 5.30pm). Times vary during holiday periods. **Admission** £28.80; £24.60 4-15s; free under-4s. £99 family (2+2 or 1+3). **Credit** AmEx, MC, V. **Map** p330 G4. **3+**

Madame Tussaud first opened her exhibition near Baker Street in 1831. In many ways, it's incredible that nearly 200 years later, with advances in visual technology being what they are, a collection of static waxwork models is still such a popular tourist attraction. But the queues down Marylebone Road never dwindle. That's in part a testament to the efforts put in to ramp up the excitement. As you enter the Music Zone, you're dazzled by paparazzi flashbulbs; starry-eyed kids can then join in with Lady Gaga, Beyoncé, Amy Winehouse and Leona Lewis. New figures are constantly added – Russell Brand and Cheryl Cole have recently joined the throng – and old favourites updated: Kylie Minogue and the Queen have been recast no less than four times. There's a *Pirates of the Caribbean* diorama in the hull of the Black Pearl, staffed by Keira, Orlando and Johnny; the World Stage hall is an interactive room split into zones for sports, culture, politics, popular music, royals and history. Holographs and touch screens add pizzazz. Nobody prevents visitors hugging the stars (or pinching their bottoms, if so inclined).

Elsewhere, the kitsch Spirit of London ride takes you through 400 years of London life in a taxi pod. Children love this, and always want to ride again to spot the historic figures around them. Below stairs lurks Scream – the Chamber of Horrors, which isn't child-friendly at all. It surrounds you with corpses and eviscerated victims of torture, with a truly terrifying 'live' experience (actors dressed up as psycho killers jump out and stalk you; unsurprisingly, it's over-12s only). Such morbid thrills chime with the work of Marie Tussaud (1761-1850), who made death masks out of wax in the French

Ride the River

A cross-Thames cable car looks set to make waves in 2012.

Sightseeing

First there were Boris bikes and now it looks like there might be a Boris cable car strung up across the Thames to help Londoners on their daily commute and give them a more attractive view than the inside of the Greenwich Foot Tunnel along the way. This mayoral flight of fancy now looks set to become a riverside reality as the two councils at each end of the cable, Greenwich and Newham, both approved the scheme in January 2011.

The new project will provide a direct transport link between two major London 2012 venues – the North Greenwich Arena on the south side of the Thames and Royal Victoria Dock on the north bank, handy for ExCeL – as well as a cut-price theme park ride for young Londoners. Each of the 34 gondolas will be able to carry up to ten people at a time and will travel 50 metres above the murky depths on the five-minute crossing. It's an undeniably exciting prospect, especially if you've got kids in tow, and in light of all the development at this end of the Thames over the last few years it's a much neeeded new pedestrian river crossing.

The height of the crossing means it won't interfere with shipping and it's also much cheaper and quicker to build than a bridge or tunnel, although projected costs have already risen from £25 million to £40 million. A fare structure has not been devised yet, but Transport for London plans to integrate the service into the Oyster system and is forecasting single fares at £2.50 for Oyster pay-as-you-go users and £3.50 for others. Whether the contraption actually sees the light of day remains to be seen, but Boris seems to have faith and is even rumoured to fancy a second route linking the North Greenwich Arena and Canary Wharf if this one is a soaring success. Perfect for big fish and small fry alike.

Revolution. Her cast of the mask of Marie-Jeanne du Barry, Louis XV's mistress, is the oldest work on display: it's now used as the face of the reclining, animatronic Sleeping Beauty. *See also p152* **Neighbourhood Watch.** *Café. Disabled access: lift, toilet. Nappy-changing facilities. Nearest picnic place: Regent's Park. Shop.*

Ripley's Believe It or Not!
1 Piccadilly Circus, London, W1J 0DA (3238 0022, www.ripleyslondon.com). Piccadilly Circus tube. **Open** 10am-10.30pm daily. **Admission** £23.25; £20.50 reductions; £17.95 4-15s; free under-4s. £73.60 family (2+2). **Credit** MC, V. **Map** p333 K7. **All ages**
The five-floor London Ripley's has plenty of oddities to make your eyes pop; we particularly enjoyed the two-way gurning mirror, which has unsuspecting visitors trying out seemingly impossible facial contortions, unaware they're being watched by everyone else. The matchstick Tower Bridge fascinates children, as do the freak show exhibits, like two-headed calves and shrunken skulls.

A more dizzying delight is the Topsy Turvy Tunnel, which is like a bridge through a kaleidoscope that has you staggering drunkenly about while attempting to cross it. It's near the Mirror Maze, which engendered mutiny in the ranks when we learned you had to pay £4.95 extra to get lost in it. The admission price is high enough, without hidden extras. Still, Ripley would no doubt say that you have to go past a load of boring stuff in a regular museum before meeting things that make you say 'I don't believe it!' every time, which is what we said when we saw Leonardo da Vinci's *Last Supper* painted on a grain of rice. You'd better believe it.

Thorpe Park
Staines Road, Chertsey, Surrey KT16 8PN (0871 663 1673, www.thorpepark.com). **Getting there** *By rail* Staines rail, then 950 shuttlebus. *By car* J11 or J13 off M25. **Open** times vary, check website for timetables. Height restrictions vary, depending on rides. **Admission** £39.60; £26.40 under-12s; free under 1m tall; £105.60 family (2+2). Check the website or phone for advance bookings; allow 24hrs for processing. **Credit** MC, V. **5+**
Thorpe Park is a perfect place for adolescents to wander free, bonding good-naturedly in the long, long queues (coming in wet weather and on school days is one way to avoid them). The staff, for the most part, are young and extremely friendly, so the atmosphere in the park is surprisingly pleasant.

Many of the rides here are designed for teens and older children, and have height restrictions. That said, parents with young (or short) children will find plenty to do at Neptune's Beach (a big paddling and sunbathing spot), Octopus Garden (little, friendly rides) and the delightful Mr Monkey's Banana Ride, with its slightly sinister commentary.

Teenagers, meanwhile, will love the horrifyingly fast Stealth (standstill to 80mph in two seconds, plus a hideous vertical drop), the gore of horror-themed white-knuckler Saw, and the spiralling water drop raft ride Storm Surge (new for 2011). Saw is quite shockingly awful, but you're a wuss if you don't give it a go: this is, after all, Europe's most extreme G-force experience. Unless you make a beeline for it on entering the park at 10am, you'll have to be prepared to queue for up to two hours to experience the dark, blood-stained slasher movie build-up, the initial drops in pitch blackness, the climb to the top of the loop that has you looking at the sky dry-mouthed while you wait for the vertical downward rush. The screams are in earnest and the eyes are best kept tight shut; unsurprisingly, it's not recommended for under-12s (you have to be over 1.4 metres tall too). In 2010, the 'Saw Alive' horror maze (with six 'live action' rooms) was opened next door.
Buggy access. Café. Disabled access: toilet. Nappy-changing facilities. Restaurants. Shops.

Trocadero
Coventry Street, W1D 7DH (7439 1791, www.londontrocadero.com). Piccadilly Circus tube. **Open** 10am-midnight Mon-Thur, Sun; 10am-1am Fri, Sat. **Admission** free; individual attractions vary. **Credit** varies. **Map** p333 K7. **5+**
Inside Funland (some would beg to dispute this title), there is a vast arcade of coin-in-the-slot video games, simulator rides and dance machines. The noise and disorientating lights are a fast track to tantrums and headaches – and still they come to spend all their pocket money. There's a seven-screen cinema, dodgem track, ten-lane bowling alley, American pool lounge and various fast-food outlets. The sports bar is for grown-ups only.
Buggy access. Cafés. Disabled access: lift, toilet. Nappy-changing facilities. Nearest picnic place: Leicester Square, Trafalgar Square. Restaurants. Shops.

My Sport Cricket
Matthew, 12

What inspired you to take up cricket?
My dad is a coach at the club I go to.
He took me along and I liked it.

What do you like about cricket?
I just really like playing, and I've made
new friends there.

What level are you at?
I've played for my county before, but
then I broke my ankle. I've just had
my Essex trial to see if I can get back
in again and I think it went well. I play
on Tuesday and Wednesday evenings,
and on Saturday mornings, and I also
play indoor cricket on Friday evenings.

What's next for you in your sport?
I want to play for Essex again, then
keep going up to the next level.

**Which events would you like to see
at the London 2012 Olympic Games
and Paralympic Games?**
I'd like to see the Athletics, Basketball
and Tennis.

Sightseeing

Museums & Galleries

Lots of things to discover and do.

London has a lot to thank the Victorians for. Led by Queen Victoria and her influential consort Albert, the philanthropists and activists of the day fought for enlightenment and knowledge for all. The Victorian era gave us the great trio of museums on Exhibition Road – the **V&A** (*see p86*), the **Science Museum** (*see p112*) and the **Natural History Museum** (*see p104*) – as well as the underground trains on which to travel to them. These wonderful museums are constantly evolving, and there are lots of new openings to enjoy in 2011: the Darwin Centre at the Natural History Museum; the China and Medieval galleries at the Victoria & Albert Museum, and the revamped Wellcome Wing at the Science Museum.

You can see what life was like for Victorians in this great city at the new galleries at the **Museum of London** (*see p100*). The galleries took three years to complete, at a cost of £20 million, and the imaginative exhibits, touch screens, audio-visual installations and exhibitions set underneath glass flooring will appeal to children's sense of fun.

Greenwich also has a new attraction at the Old Royal Naval College. **Discover Greenwich** (*see p101*) is a visitor centre with a permanent gallery telling the story of Greenwich's illustrious 500-year history. Up in Camden, the **Jewish Museum** (*see p108*) has reopened its doors after expanding into the building next door and has put a lot of thought into making its exhibits child-friendly.

New openings aside, you'll find most of the capital's museums and galleries put considerable effort into making their exhibits accessible to children. The **British Museum** (*see p90*) may be more than 250 years old but the extraordinary collections aren't in the least bit stuffy, and the museum's trails really capture the attention of small minds.

There are all kinds of fantastic activities and workshops going on at venues listed in this chapter, but bear in mind that it's usually best to book ahead. Our top tip for a successful day out is to arrive early, pack lots of snacks and avoid trying to do too much in one day.

ART & DESIGN

Camden Arts Centre

Corner of Arkwright Road & Finchley Road, NW3 6DG (7472 5500, www.camdenartscentre.org). Finchley Road tube or Finchley Road & Frognal rail. **Open** 10am-6pm Tue, Thur-Sun; 10am-9pm Wed. **Admission** free. **Credit** MC, V. **5+ (parental advisory)**

Nowhere near Camden Town, but worth seeking out. This is a sleek contemporary arts centre hosting regular exhibitions in its three galleries, with a state-of-the-art ceramics studio attached. Half terms bring four-day courses in clay, mixed media, photography and sculpture for five to sevens and eight to 11s (£140; £70 reductions). The café is a gem, with a spacious terrace, daily specials, hearty sandwiches, great coffee and stripey marshmallow-topped hot chocolate.

Buggy access. Café. Disabled access: lift, toilet. Nappy-changing facilities. Nearest picnic place: gallery garden. Shop.

Design Museum

Shad Thames, SE1 2YD (7940 8790, www.designmuseum.org). Tower Hill tube or London Bridge tube/rail, or bus 47, 188. **Open** 10am-5.45pm daily. **Admission** £11; £7-£10 reductions; free under-12s. **Credit** MC, V. **Map** p335 S9. **5+**

This stylishly converted Thameside warehouse full of inspiring design is a surprisingly child-friendly sort of place: young visitors are given a Family Trail worksheet to doodle on, while acclaimed Get Creative! sessions usually run once a month. Here, creative five- to 11-year-olds can dabble in arty activities: the monthly-changing themes range from modern millinery to furniture design and architecture. The cost is £4.50 per child, though participants must be accompanied by a paying adult (£10); fees also cover admission to the museum's current crop of exhibitions.

Buggy access. Café. Disabled access: lift, toilet. Nappy-changing facilities. Nearest picnic place: Butler's Wharf riverside benches. Shop.

Dulwich Picture Gallery

Gallery Road, SE21 7AD (8693 5254, www.dulwichpicturegallery.org.uk). North Dulwich or West Dulwich rail. **Open** 10am-5pm Tue-Fri; 11am-5pm Sat, Sun, bank hol Mon. **Admission** £5; £4 reductions; free under-18s. **Credit** MC, V. **6+**

This tiny gallery, built by the eccentric, energetic Sir John Soane in 1811, punches well above its weight with its outstanding collection of 17th- and 18th-century old masters. They include paintings by the likes of Rembrandt, Tiepolo, Rubens, Van Dyck and Gainsborough, while temporary exhibitions romp across the centuries, including a Cy Twombly and Nicolas Poussin joint show in 2011 (until 25 Sept). It's also a community hub of arty activity. Tuesday's Evening Art School gives 15 to 18s the chance to develop their portfolios, Wednesday's quirkily themed after-school creative sessions are aimed at seven- to ten-year-olds, while there are six-week art courses on Thursday nights, devoted to different media (silk screen printing, paper cut-outs) for 11 to 14s; prices range from £50 and £60.

Holidays bring yet more activities, often involving making things along a seasonal theme; Art in the Garden gatherings are on Wednesdays in the summer hols and cost £2

per child. Artplay afternoons, which are held on the first and last Sunday of the month, invite parents and over-fours to partake in artist-led activities, from making sock puppets to designing African masks (£2; free with gallery ticket). Check online for details and fees of all courses and classes; booking is generally essential, although Art in the Garden and Artplay are drop-ins.

Buggy access. Café. Disabled access: toilet. Nappy-changing facilities. Nearest picnic place: gallery gardens. Shop.

Fashion & Textile Museum

83 Bermondsey Street, SE1 3XF (7407 8664, www.ftmlondon.org). London Bridge tube/rail. **Open** 11am-6pm Tue-Sat. Last entry 5.15pm. **Admission** £7; £4 reductions; free under-12s. **Credit** MC, V. **8+**

Founded by flamboyant British fashion designer Zandra Rhodes and now run by Newham College, this colourful museum showcases fashion, textiles and jewellery, with temporary exhibitions to supplement the permanent collection. We don't just mean colourful on the inside: there's no missing its bright orange premises (with flashes of take-no-prisoners pink and electric blue), which were designed by Mexican architect Ricardo

Geffrye Museum.
See p77.

Sightseeing

National Gallery. *See p78.*

Sightseeing

Legorreta. Inexpensive, inspiring children's workshops run in half term and the summer holidays, often led by industry professionals. Temporary exhibition From Catwalk to Cover runs from 18 November 2011 to 26 February 2012, perfect for fledgling fashionistas.
Buggy access. Café. Disabled access: lift, toilet. Nearest picnic place: Bermondsey Square.

Geffrye Museum
136 Kingsland Road, E2 8EA (7739 9893, www.geffrye-museum.org.uk). Hoxton rail. **Open** 10am-5pm Tue-Sat; noon-5pm Sun, bank hol Mon. **Admission** free; donations appreciated. *Almshouse* £2; £1 reductions; free under-16s. **Credit** AmEx, MC, V. **5+**
Set in one of the most urban sections of London, The Geffrye Museum is a strange oasis. The rooms within the attractive 18th-century almshouses recreate interiors from different periods, from the Elizabethan era to the present day. Visitors walk past in a roped-off corridor, admiring – or deploring – the tastes and styles of the past. It's like time-travelling without the Tardis. On the first Saturday of the month there are free quizzes and craft activities for five to 16s, while half terms bring hands-on workshops for all ages. In summer, there's an eclectic array of garden parties and family days; kids might learn bhangra dancing, make masks or listen to a Caribbean steel band. Events often spill into the glorious gardens, so bring a picnic to eat on the grass. In winter, the Christmas Past exhibition sees each room decorated for the festive season according to its period; the museum also holds an outdoor Twelfth Night ritual, with singing, holly- and ivy-burning and a taste of traditional Twelfth Night cake for the kids (and mulled wine for grown-ups). Temporary exhibitions are housed in the second, newer, half of the museum, along with the airy, inviting restaurant. At Home in Japan (until 29 Aug 2011) takes a peek behind the doors of modern urban homes in Japan.
Buggy access. Disabled access: lift, toilet. Nappy-changing facilities. Nearest picnic place: museum grounds. Restaurant. Shop.

Guildhall Art Gallery
Guildhall Yard, off Gresham Street, EC2V 5AE (7332 3700, www.guildhall-art-gallery.org.uk). Mansion House or St Paul's tube, or Bank tube/DLR, or Moorgate tube/rail, or bus 8, 25, 242. **Open** 10am-5pm Mon-Sat; noon-4pm Sun. **Admission** free. **Credit** (over £5) MC, V. **Map** p334 P6. **6+**

Perhaps the most exciting exhibit here for children is the Roman amphitheatre that lies under the courtyard. The remains are fairly scant and only the foundations of the walls and entrance survive – but the site does an excellent job of suggesting how the amphitheatre would have looked, with staggered seats printed on a screen, dynamic illustrations of gladiators and sound effects. Up in the Main Gallery is the vast *Defeat of the Floating Batteries at Gibraltar* by John Singleton Copley, the largest painting in Britain. The City of London's gallery has some gems, with works by Constable, Reynolds and the Pre-Raphaelites, and absorbing depictions of London through the ages. In October the gallery takes part in the annual Big Draw (*see p21*), and there are pre-bookable half-term workshops; every Friday, four free tours (hourly from 12.15pm, no booking needed) take in the highlights of the collection.
Buggy access. Disabled access: toilet. Nappy-changing facilities. Nearest picnic place: Finsbury Circus.

Hayward Gallery
Belvedere Road, SE1 8XX (7921 0813, www.southbankcentre.co.uk). Embankment tube or Waterloo tube/rail. **Open** 10am-6pm daily; call to check for late night openings. **Admission** Prices vary; phone for details. **Credit** AmEx, MC, V. **Map** p334 M8. **7+ (parental advisory)**
The Hayward Gallery's position within the Southbank Centre makes it popular with families on a day out. The light, bright pavilion by Daniel Graham was added in 2003; children enjoy watching cartoons on the touch screens or just wandering around the visually confusing space created by curved, two-way mirrors. There are no permanent collections on display; instead, three or four major temporary exhibitions are staged through the year. Older children might enjoy 2011's major blockbuster retrospective, Tracey Emin: Love is What You Want (under-16s must be accompanied by an adult), which runs from 18 May to 29 August. *See also p48* **Neighbourhood Watch**.
Buggy access. Café. Disabled access: lift. Nappy-changing facilities. Nearest picnic place: Jubilee Gardens/riverside benches. Shop.

Kenwood House
Hampstead Lane, NW3 7JR (8348 1286, www.english-heritage.org.uk). Archway tube, then 210 bus. **Open** 11.30am-4pm daily. **Admission** free. **Credit** MC, V. **5+**

Saatchi Gallery. *See p82.*

Sightseeing

English Heritage runs this majestic 17th-century mansion perched at the north end of Hampstead Heath. Your children are likely to ignore the house and instead go fizzy at the great rolling expanse of green in front that leads down to the lake, where there are a couple of excellent climbing trees to be found. They'll also like hide-and-seek in the rhododendrons, the posh ice-creams, lunch or (especially) breakfast in the Brew House (*see p244*), and the fact that the site provides a superb jumping-off point for all things Heathly. After letting off steam, they might be persuaded inside the house to see the paintings: Gainsborough, Vermeer, Reynolds, Van Dyck, Hals, Turner and a great Rembrandt self-portrait.
Buggy access. Café. Disabled access: toilets. Nappy-changing facilities. Nearest picnic place: House grounds, Hampstead Heath. Restaurant.

Museum of Brands, Packaging & Advertising

2 Colville Mews, Lonsdale Road, W11 2AR (7908 0880, www.museumofbrands.com). Ladbroke Grove or Notting Hill Gate tube or bus 23. **Open** 10am-6pm Tue-Sat; 11am-5pm Sun. Last entry 45mins before closing. **Admission** £6.50; £4 reductions; £2.25 7-16s; free under-7s; £15 family (2+2). **Credit** MC, V. **Map** p326 A6. **6+**
Spanning some 200 years of brands, the vast collections in this museum cover Victorian leisure pursuits, the advent of radio, the chirpy

thrift of wartime Britain and the liberal revolution of the swinging '60s. The displays, originally collected by consumer historian Robert Opie, who started his obsession at 16 when he decided to keep a Munchies wrapper rather than throw it in the bin, are geared towards nostalgic adults, but historically minded children may be amused by the antiquated toys, magazines and comics on show – not to mention old versions of all their favourite chocolate wrappers.
Buggy access. Café. Disabled access: toilet. Nappy-changing facilities. Nearest picnic place: Kensington Gardens. Shop.

National Gallery

Trafalgar Square, WC2N 5DN (7747 2885, www.nationalgallery.org.uk). Charing Cross tube/rail or bus 24, 29, 176. **Open** 10am-6pm Mon-Thur, Sat, Sun; 10am-9pm Fri. *Tours* 11.30am, 2.30pm daily. **Admission** free. *Temporary exhibitions* prices vary. *Tours* free. **Credit** MC, V. **Map** p333 K7. **5+**
There are 2,300 paintings to see here, all free of charge, which makes it a good idea to 'manage' a visit if accompanied by children, lest they get overwhelmed. The gallery is great at providing ways of doing this, and the latest innovation is the Artstart Interactive Guide, which can be found in the Sainsbury Wing and the East Wing's espresso bar. Choose a preselected tour, or design one of your own then print it out. Alternatively, children can guide their parents thanks to the Teach Your Grown-ups About

Art audio tour, which equips kids with a map and audio guide, then asks them to relay choice snippets to their elders. Other audio guides ask children to follow secret agents or hunt for kings and queens, learning about various paintings as they go. Printed trails – designed for specific age-groups and printable from the website – also help navigate the collections, which include many a masterpiece: Turner's *The Fighting Temeraire*, Botticelli's *Venus* and Jan Van Eyck's *Arnolfini Portrait* among them. Pick up a floorplan at the information desk before you set off. Major exhibitions for 2011 include the most complete display of Leonardo da Vinci's paintings ever held (9 Nov 2011-5 Feb 2012).

Family events include the magic carpet storytelling sessions for under-fives on Sunday mornings, plus two-hour art workshops for five to 11s (11am-1pm, 2-4pm); you can't book ahead, so turn up well in advance of start times (detailed on the website). The school holidays also bring a healthy spread of free activities, led by painters and sculptors.

Come lunchtime, Oliver Peyton's National Café (*see p241*) offers simple, sustaining fare to fuel the children's creativity: a boiled egg with soldiers, perhaps, or lovely creamy macaroni cheese. *See also p54* **Neighbourhood Watch**. *Buggy access. Café. Disabled access: lift, toilet. Nappy-changing facilities. Nearest picnic place: Trafalgar Square. Restaurant. Shop.*

National Portrait Gallery

2 St Martin's Place, WC2H 0HE (7306 0055, 7312 2483 tours, www.npg.org.uk). Leicester Square tube or Charing Cross tube/rail, or bus 24, 29, 176. **Open** 10am-5.50pm Mon-Wed, Sat, Sun; 10am-8.50pm Thur, Fri. *Tours* times vary, phone for details. **Admission** free. *Temporary exhibitions* prices vary. *Video guide* £3. *Tours* free. **Credit** AmEx, MC, V. **Map** p333 K7. **5+**

Likenesses of Britain's great and good make up the NPG's tremendous collection, from Tudor royalty to modern-day actors, writers, politicians and academics. Children will particularly enjoy the gory provenance of recent acquisition *Self* by Marc Quinn, a sculpture made out of the artist's own blood. The third Saturday of the month brings free storytelling for over-threes and crafts activities for over-fives, while school-holiday workshops might range from making clay portrait mugs to sketching oil-pastel portraits. *See also p54* **Neighbourhood Watch**.

Buggy access. Café. Disabled access (Orange Street entrance): lift, toilet. Nappy-changing facilities. Nearest picnic place: Leicester Square, Trafalgar Square. Restaurant. Shops.

Orleans House Gallery

Riverside, Twickenham, Middx TW1 3DJ (8831 6000, www.richmond.gov.uk/orleans_house_gallery) St Margaret's, Richmond or Twickenham rail, or bus 33, 490, H22, R68, R70. **Open** *Apr-Sept* 1-5.30pm Tue-Sat; 2-5.30pm Sun, bank hols. *Oct-Mar* 1-4.30pm Tue-Sat; 2-4.30pm Sun, bank hols. **Admission** free; donations appreciated. **Credit** MC, V. **5+**

This elegant Thames-side gallery is on top form thanks to a recent Lottery cash injection, and was selected in 2010 to take part in museumaker. This is a project that teams craft makers with galleries to create new site-specific commissions. Upbeat children's workshops run year-round: the after-school Art Club caters for five- to ten-year-olds, while 10:15 entertains ten to 15s. All need to be booked in advance and are very popular (visit the website or phone the gallery). The Coach House education centre hosts holiday art workshops, using the gallery's exhibitions as a starting point. The team also co-ordinates the annual summer Larks in the Parks children's theatre festival, with performances in parks across the borough. *Buggy access. Café. Disabled access: toilet. Nappy-changing facilities. Nearest picnic place: Orleans House Gallery grounds, Marble Hill Park or riverside benches. Shop.*

Queen's House

Romney Road, SE10 9NF (8312 6565, www.nmm.ac.uk). Cutty Sark DLR or Greenwich DLR/rail. **Open** 10am-5pm daily. Last entry 4.30pm. *Tours* times vary; call for details. **Admission** free; occasional charge for temporary exhibitions. *Tours* free. **Credit** (over £5) MC, V. **4+**

The first house to be built in Britain in a consciously Classical style was designed in 1616 by Inigo Jones and lived in by successive queens. It's now home to the National Maritime Museum's art collection, which includes all sorts of pictures of naval heroes, battles, uncharted lands and stormy seascapes. For a cherry-picked selection of its treasures, explore the second-floor Art for the Nation exhibition. An exhibition on the ground floor charts the house's former life as a naval boarding school (the timetable revolved around lessons in

Neighbourhood Watch
Bloomsbury

Bloomsbury was one of London's first planned suburbs and its handsome squares still retain a refined air, despite its location just a short hop from the melee of Oxford Street. Blue plaques dotted around the area's grand squares attest to its popularity with literary and arty types (before a time when they could no longer afford to live here). WB Yeats lived at 5 Upper Woburn Place, Edgar Allan Poe at 83 Southampton Row and TS Eliot at 28 Bedford Place; 6 Store Street was the birthplace of Anthony Trollope; and Dickens lived at 48 Doughty Street, now the **Charles Dickens Museum** (*see p93*). It remains a pleasantly bookish, cultural sort of place, thanks to its fine clutch of museums – headed up, of course, by the mighty British Museum, officially the country's most popular tourist attraction – and specialist book and art supply shops.

Bloomsbury is also home to Lamb's Conduit Street, a Dickensian-looking thoroughfare that's become a bastion of independent traders. The bike shop, grocer's, bookshops and boutiques ooze character; happily, it's too compact to strike fear into shop-resistant children's souls. The perfect reward for good behaviour is just around the corner: the park, pets' corner and playground at Coram's Fields.

Welcome to the Ancient World
Step into the **British Museum** (*see p90*), and you're whisked into all sorts of weird and wonderful ancient civilisations. Star exhibits include the Rosetta Stone, the Parthenon (Elgin) Marbles and Lindow Man, so perfectly preserved in peat you can see his beard. Pick up activity backpacks and trails from the Paul Hamlyn Library or join a free eyeOpener tour. The tours, led by volunteers, are designed to introduce visitors to individual parts of the collection. There are 15 tours daily, lasting 30-40 minutes.

In one room, graceful Grecian youths strike nonchalant poses; in the Africa gallery on the floor below, you might find a defiantly bristling two-headed dog named Kozo (Room 23). On the upper floor, the Egyptian mummies in rooms 62 and 63 will send a delicious thrill down your spine, as the unseeing eyes of long-dead priests and pharoahs stare back at you; the first century AD mummified cat looks far friendlier.

Don't try to cram it all into one visit – and if the kids need a break from statues and sarcophagi, head to the vast glass-roofed Great Court, which surrounds the domed Reading Room. Below here, the Clore Education Centre and Ford Centre for Young Visitors host weekend and holiday activity sessions: mummy-making is an eternally popular offering.

For earnest Egyptologists, the **Petrie Museum of Egyptian Archaeology** (*see p91*) is also close by. The Petrie's recent reburbishment includes 3D image kiosks, which help to bring the treasures to life, but it's still a delightfully old-fashioned sort of establishment, run by enthusiastic staff; thrillingly, you can request a wind-up torch with which to explore the murkier recesses. Peek at the skeleton in a pot, write your name in hieroglyphs, and admire the eclectic array of beads, tools, pots and textiles, all displayed in rows of Victorian glass cabinets.

Have a field day
Seven acres of lawns, football pitches, sandpits, swings and slides await at **Coram's Fields** (*see p134*) – sheer heaven for space-starved city kids, who run rampant around the grass or splash around in the paddling pool. As a sign on the gate firmly states, unaccompanied adults are banned, giving parents extra peace of mind. Older kids can swoop along the flying fox or zoom down the helter-skelter while tinies potter around the ample sandpit or fearlessly ascend

Sightseeing

Coram's Fields.

the climbing frame. Smell a certain fruity something in the air? That'll be the petting zoo – a whiffy but happy home to goats, geese, ducks, guinea pigs and other docile mini-beasts.

Bring a picnic to spread out on the grass, or eat at the on-site café. It's run by the Kipferl team, who also own a great little Austrian deli/café in Smithfield, so expect bretzels and sachertorte alongside open sarnies, hot dishes and soups.

By comparison to Coram's Fields, Bloomsbury's other squares are more sedate. Just north of Coram's, the tranquil, plane tree-shaded **St George's Gardens** (www.friendsofstgeorges gardens.org.uk) were a burial ground in the 18th and 19th centuries. Children can decipher the crumbling inscriptions on the tombs that dot the gardens, or hunt for the final resting-place of Oliver Cromwell's granddaughter, Anna Gibson; those who like their history dark and gory may be interested to learn that this was the site of the first recorded attempt at body-snatching, in 1777.

Past the uncompromising, concrete bulk of the Brunswick Centre (home to a massive Waitrose that's good for picnic provisions, along with various shops) lies **Russell Square** – a jewel among Bloomsbury's garden squares. It's a sun-dappled, quietly dignified expanse, with a water-jet fountain at the centre that cries out to be scampered through; at its northern end, the café

has a lovely terrace and does a fine trade in ice-cream cornets as well as more substantial sustenance.

Find out about the foundlings

In the 18th century, Coram's Fields was the site of the Foundling Hospital. A home for abandoned and destitute children, it was established by a kindly sea captain, Thomas Coram. Returning to England from America, Coram was appalled by the number of abandoned children he saw. Though the orphanage was demolished in the 1920s, its small inhabitants – and the adults who campaigned on their behalf – are remembered at the **Foundling Museum** (*see p87*) on Brunswick Square, overlooking Coram's Fields. The little love tokens left by the poverty-stricken mothers who abandoned their babies at the hospital would touch the hardest of hearts: a key; a button; a scrap of poetry; letters; a hazelnut shell. Look out for special family days, when activities might include making a family tree hanging mobile or a flower bouquet for Mother's Day.

Also in the area: ASK, Carluccio's Caffè, Giraffe, Hummus Bros, Pizza Express, Tas, Yo! Sushi, Wagamama.
Court Café *British Museum, Great Russell Street, WC1B 3DG (7323 8990).* A handy pit-stop for sarnies and cakes.
Fryer's Delight *19 Theobald's Road, WC1X 8SL (7405 4114).* Glorious fish and chips (some say London's finest), served in kitsch surrounds.
Garden Café at Russell Square *Russell Square Gardens, WC1B 5EH (7637 5093).* Sun yourself on the patio while scoffing ice-creams.
Kipferl Coram's Fields *93 Guilford Street, WC1N 1DN (www.kipferl.co.uk).* A summer-only joint offering superior light lunches and cakes, overlooking the playground; the café is closed on Mondays.
La Porchetta *33 Boswell Street, WC1N 3BP (7242 2434, www. laporchettapizzeria.co.uk).* This busy pizzeria and pasta joint doesn't stint on portion sizes.

Sightseeing

seafaring and lashings of cocoa), while first floor galleries are devoted to the Tudors and early polar photography. On the Trail of the Stuarts is a 'detective notebook' that leads children around the building, while a trail for younger children tests out their observational skills; you can download them from the website before you go.

The Tulip Stairs was the first self-supporting spiral staircase to be built in the country: while adults admire its elegant lines and wrought iron fleurs-de-lys, children are advised to keep a watchful eye out for the resident ghost. It was supposedly captured on film by a couple of Canadian visitors in 1966 as it ascended the staircase, and it was spotted again in 2002 by a spooked gallery assistant, who saw it vanish through a wall. A colonnade connects the building to the National Maritime Museum (*see p119*).

Buggy access. Café. Disabled access: lift, toilet. Nappy-changing facilities. Nearest picnic place: picnic area on grounds, Greenwich Park. Shop.

Royal Academy of Arts

Burlington House, Piccadilly, W1J 0BD (7300 8000, www.royalacademy.org.uk). Green Park or Piccadilly Circus tube. **Open** *Temporary exhibitions* 10am-6pm Mon-Thur, Sat, Sun; 10am-10pm Fri. *John Madejski Fine Rooms* Tours only 1pm Tue; 1pm, 3pm Wed-Fri; 11.30am Sat. **Admission** *Fine Rooms* free. *Exhibitions* prices vary; free under-7s. **Credit** AmEx, DC, MC, V. **Map** p332 J7. **7+**
George III established Britain's first art school in 1768. It moved to its present location at Burlington House a century later, and there's a real sense of occasion as you walk under the arches into its impressive courtyard. Works by British artists from the 18th century to the present day (Constable, Reynolds, Turner, Millais, Waterhouse, Hockney among them) are on permanent, free display in the John Madejski Fine Rooms – but the main focus is on the major temporary exhibitions. Who could forget Charles Saatchi's 1997 YBA show, Sensation? The annual Summer Exhibition, held from June to August, is incredibly popular; children will probably find the endless and unstructured rooms of work submitted by the general public overwhelming, although there are some interactive family workshops and gallery talks on offer. At other times, you can grab an activity sheet for 'art detectives' from reception. The fountains in the Burlington Courtyard (designed by the architects who brought us similar watery pleasures at Somerset House) provide a welcome distraction on all but the frostiest of days.

Buggy access. Café. Disabled: lift, toilet. Nappy-changing facilities. Nearest picnic place: Green Park, St James's Square. Restaurant. Shop.

Saatchi Gallery

Duke Of York's HQ, Duke of York Square, King's Road, SW3 4SQ (7811 3085, www.saatchi-gallery.co.uk). Sloane Square tube. **Open** 10am-6pm daily (last admission 5.30pm). **Admission** free. **Map** p329 F11. **7+ (parental advisory)**
After a stint in County Hall, the Saatchi Gallery moved to its current home off the King's Road in 2008, and immediately struck a resonant note with its inaugural exhibition: emerging young artists from China. The gallery's self-ascribed brief is to exhibit work by innovative, as-yet-unrecognised artists or by international artists with no real profile in this country, and this summer sees Shape of Things to Come: New Sculpture, which runs until 16 October 2011 and should help to fire the imagination. You'll need to do your 'suitability' homework before you go (best achieved through the Saatchi's extensive website as well as independent reviews). When you get there you'll find an open, airy, elegant set of conjoined spaces, which amount to just the right size for small legs to manage. An adventure in art – and best of all it's free. *See also p126* **Neighbourhood Watch**.

Buggy access. Disabled access: lift, toilets. Nappy-changing facilities. Nearest picnic place: Duke of York Square.

Serpentine Gallery

Kensington Gardens (near Albert Memorial), W2 3XA (7402 6075, www.serpentine gallery.org). Lancaster Gate or South Kensington tube. **Open** 10am-6pm daily. **Admission** free; donations appreciated. **Credit** AmEx, MC, V. **Map** p327 D8. **7+ (parental advisory)**
Summer 2011 sees the 11th annual Serpentine Pavilion, a top-notch architectural commission; Jean Nouvel got the job last year. The permanent gallery may be housed in an unlikely looking 1930s park building, but it maintains a high profile in the art world with a rolling two-monthly line-up of exhibitions. The bonus of a family day trip here is the gallery's location in the middle of Kensington Gardens, which means that when the fidgets set in, families can

Sightseeing

My Sport Paralympic Athletics
Nikki Emerson, 22

What inspired you to take up athletics?
I was always sporty and used to play lacrosse to a high standard, but then I had a car accident two years ago. While I was in hospital, I watched the Beijing 2008 Paralympics and I thought I'd like to get involved with sport again. I met Tanni Grey-Thompson (one of Britain's most successful Paralympians), and she was brilliant.

What do you like about your sport?
It involves lots of travel, which I love, and I get to meet really inspiring people.

What level are you at?
I spend 12 hours a week at athletics, and three to four hours cross training.

I'm taking part in the 2011 London Marathon and I came first in the Ladies Marathon Open in the Outeniqua Wheelchair Challenge, which was held in South Africa in February.

What's next for you in your sport?
I'm looking to qualify for the 400m, the 800m and the Marathon at the Paralympic Games in 2012.

Which events would you like to see at the London 2012 Olympic Games and Paralympic Games?
I'd love to watch Jessica Ennis in the Athletics events and some Gymnastics, as well as the Paralympic Rowing, Athletics and Cycling.

Sightseeing

decamp straight on to the grass expanses outside the door. The events programme includes family days, artist-led drawing and painting courses, and trails relating to the current exhibitions; check the website for dates. A brand new gallery space, the Serpentine Sackler Gallery, should be up and running in 2012 on the north side of the Serpentine Bridge. *Buggy access. Disabled access: toilet. Nappy-changing facilities. Nearest picnic place: Hyde Park. Shop.*

Somerset House & Galleries

Strand, WC2R 1LA (7845 4600, www.somersethouse.org.uk). Embankment or Temple tube or Charing Cross tube/ rail. **Open** 10am-6pm daily. *Courtyard* 7.30am-11pm daily. *River terrace* 8am-6pm daily (extended hours apply for restaurant). *Embankment Galleries* 10am-6pm Mon-Wed, Fri-Sun; 10am-9pm Thur. *Courtauld Gallery* 10am-6pm daily. *Tours* 1.15pm, 2.45pm Thur; 12.15pm, 1.15pm, 2.15pm, 3.15pm Sat.* **Admission** *Parts of South building, courtyard & river terrace* free. *Tours* free. *Temporary exhibitions* prices vary; phone for details. **Credit** MC, V. **Map** p333 M7. **8+ (galleries), 5+(courtyard)**

This one-time Tudor palace became a royal residence (Elizabeth I often stayed here before she was crowned) before it was remodelled into neo-classical splendour and used as offices by various public bodies (all gone, bar the Inland Revenue). These days it houses some of the UK's finest small galleries, although children will be equally enamoured of the enchanting courtyard with its ice-rink in winter and play fountains in summer; kids love running down the ever-shifting corridors of water as the jets dance up and down. The Courtauld Gallery has a huge collection of Impressionist and post-Impressionist paintings as well as older works, which are on permanent display. It also stages temporary exhibitions throughout the year. The Embankment Galleries, which opened in April 2008, focus on photography, design, fashion and architecture. London Fashion Week will return here in 2011.

There are imaginative free family workshops on Saturdays for six to 12s (2-3.30pm) and occasional Studio Days for 13- to 18-year-olds, themed around the art in the galleries; these must be booked ahead and cost £15. *Buggy access. Cafés. Disabled access: lift, toilet. Nappy-changing facilities. Nearest picnic place: courtyard. Restaurant. Shops.*

South London Gallery

65 Peckham Road, SE5 8UH (7703 6120, www.southlondongallery.org). Peckham Rye rail or bus 12, 36, 171, 345. **Open** 11am-6pm Tue, Thur-Sun; 11am-9pm Wed. **Admission** free. **Credit** AmEx, MC, V. **5+ (parental advisory)**

A major extension of this Camberwell gallery opened in June 2010, incorporating the neighbouring Victorian house, which was converted into extra gallery space, a new café and a resident artist's flat. The gallery is known for its forward-thinking approach. In the 1990s, it was one of the main showcases for Young British Artists, giving shows to Marc Quinn, Gavin Turk and Tracey Emin; it was the first gallery to exhibit Emin's famous appliquéd tent. It remains one of the capital's foremost contemporary art galleries, with exhibitions that comprise installations, performance pieces and film, as well as paintings and sculpture. Inventive family workshops tie in with the current exhibitions: check online for details. *Buggy access. Disabled access: lift, toilet. Nappy-changing facilities. Nearest picnic place: gallery garden.*

Tate Britain

Millbank, SW1P 4RG (7887 8888, www.tate.org.uk). Pimlico tube, or bus 77A, 88, C10. **Open** 10am-6pm daily; late opening 6-10pm first Fri of mth. *Tours* 11am, noon, 2pm, 3pm Mon-Fri; noon, 3pm Sat, Sun. **Admission** free. *Temporary exhibitions* prices vary. *Tours* free. **Credit** MC, V. **Map** p333 L7. **5+**

Downriver from its younger sister, Tate Britain possesses a princely collection of British fine art, sweeping from 1500 to the present day. It's an extraordinary spread, with something for everyone: from Constable's placid landscapes to Blake's apocalyptic visions; the Turner collection is magnificent. Every year, four shortlisted contenders for his namesake award (the Turner Prize) exhibit here, in a flurry of controversy and media hype. Tate Britain's temporary exhibitions are also a big draw, and children should enjoy Watercolour (until 21 Aug 2011), which presents a fresh assessment on the history and future of watercolour painting with rarely displayed works by artists ranging from JMW Turner and Thomas Girtin to Anish Kapoor and Tracey Emin.

A children's discovery trail, available from the information desks, explores the 'secret' Tate, and there's a cosy family reading area in the Rotunda outside Room 17 that offers tips on getting the most out of a visit. The venerable art trolley is wheeled out at weekends and during school holidays (10am-3pm), laden with activities. Check the website for more family and kids' goings-on. When you've finished here, you can cruise swiftly to Tate Modern for another art fix, on the Damien Hirst-decorated Tate to Tate boat.

Buggy access. Café. Disabled access: lift, toilet. Nappy-changing facilities. Nearest picnic place: lawns, Riverside Gardens. Restaurant. Shop.

Tate Modern

Bankside, SE1 9TG (7887 8000, www.tate. org.uk). St Paul's tube or Blackfriars rail. **Open** 10am-6pm Mon-Thur, Sun; 10am-10pm Fri, Sat. Last entry 45mins before closing. **Admission** free. *Temporary exhibitions* prices vary. **Credit** AmEx, MC, V. **Map** p334 O7. **5+**

Tate Modern isn't just a gallery, but a day out in its own right. Even getting here along the South Bank is an event. Then comes the excitement of reaching the doors of Turbine Hall via a wide dramatic slope. And once inside, the sheer scale of the gallery's major exhibition space is enough to give most children a sensory hit. This is where, each year, a large-scale, specially commissioned work is installed in the autumn and stays until April (Tacita Dean is the artist behind the 2011-12 installation). Another highlight for 2011 is the first major

Joan Miró retrospective (until 11 Sept) in the capital for nearly 50 years. The permanent collections are shown in four wings on Levels 3 and 5, guided by themes such as Cubism, Futurism and Vorticism, Surrealism, Abstract Expressionism and European Informal Art and Minimalism. Grand expansion plans are under way and due for completion in 2012, with a vast new exhibition and performance space inside the power station's old oil tanks, as well as a new structure on the south side of the gallery.

Early art appreciation is encouraged by the family activity packs available from Level 3. The Start team will help you choose which art materials, puzzles or architectural trails are suitable for your brood (available at weekends, noon-4pm, and in school hols). Family trails (free) and a kids' multimedia tour for the over fives (£3) are available anytime. On Level 5, the Bloomberg Learning Zone offers educational attractions for under-fives, including games, multimedia activities and a short film. *See also p48* **Neighbourhood Watch**.

Buggy access. Café. Disabled access: lift, toilet. Nappy-changing facilities. Nearest picnic place: grounds. Restaurant. Shops.

Vestry House Museum

Vestry Road, E17 9NH (8496 4391, www.walthamforest.gov.uk/rd/vestry-house). Walthamstow Central tube/rail. **Open** 10am-5pm Wed-Sun. *Tours* groups only, by prior arrangement. **Admission** free; donations appreciated. **No credit cards. 6+**

Ragged School Museum. *See p88.*

Vestry House became a museum in 1932, but it was once a workhouse; look out for the stone plaque above the entrance, which decrees: 'if any would not work, neither should he eat' – one to remember when the kids won't tidy their rooms. It's an engaging little museum devoted to local history. One room displays vintage toys and games; another is done up as a Victorian parlour. On the ground floor you can see a reconstructed police cell (the building served a stint as a police station in the late 19th century), complete with amusing wax figures dressed as village bobby and drunkard. You can also walk through the workhouse garden, admire a reconstructed Bremer Car (London's first petrol-driven vehicle), and learn about the housewife's lot with a display of labour-intensive domestic paraphernalia (carpet beaters, flat irons, and other antiquated devices). Temporary exhibitions run for one to two months at a time and there are family workshops every third Sunday of the month and during school holidays.
Buggy access (ground floor). Disabled access: toilet (ground floor). Nappy-changing facilities. Nearest picnic place: museum garden. Shop.

Victoria & Albert Museum

Cromwell Road, SW7 2RL (7942 2000, www.vam.ac.uk). South Kensington tube. **Open** 10am-5.45pm Mon-Thur, Sat, Sun; 10am-10pm Fri. *Tours* hourly 10.30am-3.30pm daily. **Admission** free. *Temporary exhibitions* prices vary. **Credit** AmEx, MC, V. **Map** p329 E10. **5+**

The V&A's Future Plan has been a revelation. Much of its incredible collection of sculpture, ceramics, textiles, jewellery and decorative arts of every description is being displayed in dramatically fresh ways. The Medieval and Renaissance Galleries opened in December 2009 and show 1,800 objects in chronological order; the Gilbert Collection of silver, gold and gemmed ornaments has arrived from Somerset House; and the Ceramics Galleries have been renovated and supplemented with an eye-catching bridge.

Children will particularly like the pottery studio, where they can sometimes watch demonstrations. The British Galleries are good for hands-on exhibits: kids can squeeze into a corset and crinoline, try on an armoured gauntlet or construct the Crystal Palace; other interactive displays are marked on the museum's floorplan with a special symbol. Family trails (designed for seven to 12s) can

V&A Museum of Childhood. *See p88.*

also be picked up from the information desk. On Saturdays and school holidays, over-fives can take their pick of various activity backpacks, then delve in to find puzzles, games and challenges linked to the displays.

There's also lots going on in the art studios and media labs at the museum's Sackler Centre. Sunday's Drop-in Design events bring all sorts of arts and crafts, from making extravagant accessories to designing crazy cups for the Mad Hatter's tea party, and there are also some brilliant holiday sessions on offer. The café (*see p254*) offers high chairs, and under-tens can order half-price portions of adult main courses. Give the children a run around in the grassy courtyard (they can even paddle in summer) then check out the Theatre and Performance galleries – a visual feast of costume, puppets and stage sets, which might inspire the kids to stage a show of their own back at home. *See also p120* **Neighbourhood Watch**.
Buggy access. Café. Disabled access: lift, toilet. Nappy-changing facilities. Nearest picnic place: basement picnic room (weekends & school holidays), museum garden, Pirelli Gardens. Restaurant. Shop.

Sightseeing

Wallace Collection

Hertford House, Manchester Square, W1U 3BN (7563 9500, www.wallace collection.org). Bond Street tube or bus 2, 10, 12, 30, 74, 113. **Open** 10am-5pm daily. **Admission** free. **Credit** MC, V. **Map** p330 G5. **6+**

An important collection of 18th- and 19th-century art lies in this London townhouse, once the city residence of the Marquesses of Hertford, the Wallaces. There are paintings by great masters like Titian, Rembrandt and Velázquez as well as a series of grand, irresistibly opulent rooms showcasing Sèvres porcelain, Louis XIV and XV furnishings and other fabulously costly trinkets. The biggest draw for most youngsters, though, is the magnificent armoury; regular events invite kids to handle some of the collection's treasures, while would-be gallant champions can stagger under the weight of a replica suit of armour in the Conservation Gallery. The house oozes grandeur – but stately demeanour belies the gallery's welcoming, family-friendly approach. All sorts of trails and artist-led activity sessions help children relate to its priceless collections of paintings, porcelain and furniture, as well as weaponry, and small visitors often go home clutching their own masks, collages, hats and watercolours. Award-winning artists are often in charge of the Little Draw sessions, held on the first Sunday of the month from 1.30pm.

In the glass-roofed courtyard, which is also a sculpture garden, is an Oliver Peyton-run French brasserie; children's mains feature organic meat and fish, and there's a two-course deal for kids for just £9.50. *See also p152* **Neighbourhood Watch**.

Buggy access. Disabled access: lift, toilet. Nappy-changing facilities. Nearest picnic place: courtyard benches. Restaurant. Shop.

Whitechapel Gallery

77-82 Whitechapel High Street, E1 7QX (7522 7888, www.whitechapelgallery.org). Aldgate East tube. **Open** 11am-6pm Tue, Wed, Fri-Sun; 11am-9pm Thur. **Admission** free. **Credit** MC, V. **5+**

This East End favourite looks comfortable inside its expanded space, having appropriated the old Whitechapel Library next door. Whatever you think about the library having being relocated and renamed the Idea Store, the gallery has certainly benefited. The light and airy spaces created by the expansion are beautiful, and host a number of temporary exhibitions. Especially lovely is the Clore Creative Studio right at the top. This is where children's drawing workshops for ages ten to 16 are held on Saturdays, 11.30am-1pm (£50 for five sessions). Family art workshops, trails and activity packs are also available; see website for details.

Buggy access. Café. Disabled access: lift, toilet. Nappy-changing facilities. Nearest picnic place: Christ Church Spitalfields. Restaurant. Shop.

CHILDHOOD

Foundling Museum

40 Brunswick Square, WC1N 1AZ (7841 3600, www.foundlingmuseum.org.uk). Russell Square tube. **Open** 10am-5pm Tue-Sat; 11am-5pm Sun. *Tours* by arrangement. **Admission** £7.50; £5 reductions; free under-16s. **Credit** MC, V. **Map** p333 L4. **3+**

'Foundlings' was the affectionate name for the residents of London's Hospital for the Maintenance and Education of Exposed and Deserted Children. Founded in 1739 by retired sea captain Thomas Coram, it was largely funded by donations from the painter William Hogarth and the composer George Frideric Handel. Over the next 215 years, the hospital provided education for 27,000 children who had been abandoned by their mothers.

As well as paintings by Hogarth and other artists, the museum has a second-floor room dedicated to Handel. Kids love the 'musical chairs', with hidden speakers playing excerpts from the composer's works. The best time to visit the museum is on the first Saturday of every month, when activities are laid on for children: dressing up, listening to stories, becoming a curator for the day or designing cards might feature on the agenda. Extra family fun days and storytelling sessions take place on Thursdays during the school holidays. Brilliant backpacks for three to fives and five to eights can be borrowed for free at any time; they're stuffed to the hilt with games, puzzles, dressing-up gear, finger puppets and more; themes include the sea, transport and time with the foundlings. There is also a range of trails to follow.

The bright, spacious café is worth visiting too. An antique tavern clock counts the hours and classical music hangs in the air. It's a peaceful place to lunch thanks to its relatively reclusive location, and the menu features innovative sandwiches, pies and salads.

Sightseeing

There's also a good range of cakes and a cream tea. *See also p80* **Neighbourhood Watch**. *Buggy access. Café. Disabled access: lift; toilet. Nappy-changing facilities. Nearest picnic place: Brunswick Square, Coram's Fields. Shop.*

London International Gallery of Children's Art

Waterlow Park Centre, Dartmouth Park Hill, N19 5JF (7281 1111, www.ligca.org). Archway tube. **Open** 10am-4pm Fri-Sun. **Admission** free; donations appreciated. **No credit cards. 5+**

LIGCA has moved from the O2 Centre to this much more pleasant location in Highgate's Waterlow Park (*see p142*). The gallery celebrates the creativity of children all over the world with temporary exhibitions that change every few months. Art materials are left out for any young visitor who might want to get creative; staff also offer children's birthday parties. The gallery is manned by volunteers, so phone before setting out.

Buggy access. Disabled access: lift, toilet. Nappy-changing facilities. Nearest picnic place: Waterlow Park.

Pollock's Toy Museum

1 Scala Street (entrance on Whitfield Street), W1T 2HL (7636 3452, www.pollockstoy museum.com). Goodge Street tube. **Open** 10am-5pm Mon-Sat. **Admission** £5; £4 reductions; £2 3-16s; free under-3s. **Credit** AmEx, MC, V. **5+**

In a quiet corner of Fitzrovia, occupying two townhouses, this museum is a warren of wonderfully atmospheric rooms and creaky, narrow staircases. It's named after Benjamin Pollock, the last of the Victorian toy theatre printers: to see examples of his tiny tableaux, visit room six. Elsewhere, there are treasures gathered from nurseries across the world, from delicate china dolls to mechanical tin toys and dapper lead soldiers. Adults are more likely to appreciate the nostalgia value of the old board games and playthings, but the museum shop has child appeal, with its reproduction cardboard theatres, wind-up music boxes, animal masks and tin robots.

Nearest picnic place: Crabtree Fields, Colville Place. Shop.

Ragged School Museum

46-50 Copperfield Road, E3 4RR (8980 6405, www.raggedschoolmuseum.org.uk). Mile End tube. **Open** 10am-5pm Wed,

Thur; 2-5pm 1st Sun of mth. **Admission** free; donations appreciated. **No credit cards. 6+ (during term time), 2+ (school holidays)**

Thomas Barnardo arrived in London to train as a doctor in 1866. But when he came face to face with the poverty, overcrowding, disease and lack of provision for poor children to get an education, he jettisoned his plans and set up his first Ragged School. The largest of these was established here, just by Regent's Canal, ten years later. The buildings have now been converted into a fascinating museum, with gallery areas revealing what life was like in the Victorian East End. There's also a mock-up of a classroom where mock lessons – complete with slates, dunce hats and a costume-clad teacher – are staged for today's children; they're open to people of all ages on the first Sunday of the month. The 45-minute lessons start at 2.15pm and 3.30pm; book on arrival at the museum, as places are limited. In the holidays, special events run on Wednesdays and Thursdays (check the website for details). There's also a Victorian kitchen and displays on local history and industry.

Buggy access. Café. Disabled access: toilet. Nappy-changing facilities. Nearest picnic place: Mile End Park. Shop.

V&A Museum of Childhood

Cambridge Heath Road, E2 9PA (8983 5200, 8980 2415 recorded information, www.vam.ac.uk/moc). Bethnal Green tube/rail or bus 8. **Open** 10am-5.45pm daily. **Admission** free. Under-12s must be accompanied by an adult. **Credit** MC, V. **1+**

When this iron building was first erected here in 1872 its purpose as a museum was pretty vague. Exhibits were mainly those left over from the Food and Animal Products collections of the Great Exhibition. Its development into the Museum of Childhood was almost an accident; when post-World War I curator Arthur Sabin noticed that many of the museum's visitors were bored-looking children, he decided to pepper the galleries with child-friendly objects and toys. These days, it's a real treasure trove. The well-stocked shop and Benugo café are on the ground floor; note the 19th-century black and white mosaic floor tiles, made by female prisoners in Woking jail. The mezzanine and upper floors are configured to house the permanent collections, alongside temporary and touring exhibitions. From The Tiger Who Came to Tea to Mog and Pink

My Sport Kung Fu
Ethan, 8

What inspired you to take up kung fu?
My brother goes to capoeira and I thought I'd like to try something else. Dad took me to watch a karate class and a kung fu class and I liked the kung fu best. I thought the karate teacher was a bit shouty.

What do you like about your sport?
I like the rolls best – my favourite is a diagonal front shoulder roll. I've made new friends there too. There's a boy called Sebastian who I really like.

What level are you at?
I just started recently. My teacher always encourages us to try our best. He shows us new moves in slow motion.

What's next for you in your sport?
I'd like to get better at the rolls I know already and learn some more.

Which events would you like to see at the London 2012 Olympic Games and Paralympic Games?
The Pole Vault.

Sightseeing

Rabbit (until 4 Sept 2011) is a retrospective of children's author and illustrator Judith Kerr, featuring original illustrations from *The Tiger Who Came to Tea*, *Mog* and *Pink Rabbit*. Kerr's first picture book, *The Tiger Who Came to Tea*, was written as a bedtime story for her own children and was published in 1968. It soon became a classic and by the time it celebrated its 40th anniversary in 2008, it had been translated into 11 languages and sold over five million copies. Alongside original artwork, notes and sketches from the book, children can enjoy stepping into Sophie's kitchen to have tea with a life-size tiger.

A lot of thought has gone into making this museum child-friendly; after all, it's a tease to see so many toys and not be able to play with them. To compensate, there are activity stations in each area with Lego, stickle bricks, a sandpit, board games, rocking horses, a book corner and many other treats. In the high-ceilinged, open gallery space, the encouragement to play means the din inside is redolent of an indoor playcentre. It's not conducive to studying what's inside the cases, which is a shame for adults; some of the exhibits – like the 1780s models of a Chinese rock garden and the 1825 Viennese model theatre – merit a bit of contemplation.

Buggy access. Café. Disabled access: lift, toilet. Nappy-changing facilities. Nearest picnic place: basement, museum grounds. Shop.

ETHNOGRAPHY

British Museum

Great Russell Street, WC1B 3DG (7323 8000, 7323 8299, www.britishmuseum.org). Holborn, Russell Square or Tottenham Court Road tube. **Open** *Galleries* 10am-5.30pm Mon-Thur, Sat, Sun; 10am-8.30pm Fri. *Great Court* 9am-6pm Mon-Thur, Sun; 9am-11pm Fri, Sat. *Tours* Highlights 10.30am, 1pm, 3pm daily; phone for details. Eye Opener tours, phone for details. **Admission** free; donations appreciated. *Temporary exhibitions* prices vary. *Highlights tours* £8; £5 under-11s, reductions. *Eye Opener tours* free. **Credit** AmEx, DC, MC, V. **Map** p333 K5. **5+**
The British Museum opened its doors to the public in 1759 and was free even then to 'all studious and curious persons' who wanted to take advantage of its collections. Visitors have now reached six million per year and for good reason: there's an incredible array of treasures from across the globe. Other museums would give their eye teeth for a fraction of its priceless relics, which include the Rosetta Stone, the Lewis Chessmen, the Anglo-Saxon helmet from Sutton Hoo and the Parthenon (Elgin) Marbles. Rooms 62 and 63 of the Roxie Walker galleries are top of most children's agendas; it's here that the mummies reside, exerting an eerie spell over visitors. The Africa galleries, full of vivid

Petrie Museum of Egyptian Archaeology.

colours and spooky masks, and Living & Dying – a surreal collection of tribal objects relating to death and mortality from the collection of the Wellcome Trust – are also atmospheric.

Norman Foster's two-acre covered Great Court was an inspired idea, and equals Tate Modern's Turbine Hall (see p85) for vast indoor spaces that children love to feel tiny in. The café at the far end is overpriced, but it's a lovely light place to sit, and no one seems to mind if you bring a picnic.

Plans were passed in December 2009 for a large expansion of the building on its north side. A new conservation wing (much of it underground) will allow the museum's staff more opportunity to save ancient treasures, while above ground, a large new exhibition space will take the pressure off audience crushes for temporary exhibitions. Meanwhile, children can enjoy the walk-through Australian Landscape curated by Kew Gardens on the west lawn of the museum forecourt until 16 October 2011. Saints, Relics and Devotion in Medieval Europe (until 9 Oct 2011), a major exhibition looking at some of the finest sacred treasures of the medieval age, might also interest budding historians.

Inventive and free family events run on Saturdays, ranging from Islamic tile-painting workshops to creating a manga comic, while digital photography-based sessions are held on selected Sundays at the Samsung Digital Photography Centre. Handling sessions take place daily in various galleries and there are some fantastic trail booklets available in the Paul Hamlyn Library that help children of different ages get the best out of the museum. See also p80 **Neighbourhood Watch**.
Buggy access. Cafés. Disabled access: lift, toilet. Nappy-changing facilities. Nearest picnic place: Russell Square. Restaurant. Shops.

Horniman Museum

100 London Road, SE23 3PQ (8699 1872, www.horniman.ac.uk). Forest Hill rail or bus 122, 176, 185, 312, 356, 363, P4, P13. **Open** 10.30am-5.30pm daily. **Admission** free; donations appreciated. **Credit** MC, V. **3+**
This has to be one of the most child-friendly museums in all London. The Horniman Museum was founded by Victorian tea trader Frederick John Horniman, an inveterate collector of all sorts of curios. As his worldwide travels continued, his collection grew far too large for the family home in Forest Hill; undaunted, he commissioned a new museum to

contain it, which opened to the public in 1901. It's not so much what's here as how it's presented. Head straight to the Hands On Base, where there are boxes of puppets and masks to try out and all sorts of other objects to handle. The Natural History Gallery has skeletons, fossils, pickled animals, stuffed birds and insects in glass cases, presided over by an overstuffed walrus (never having seen such a beast before, the taxidermist didn't realise it ought to have thick folds of skin).

There's an aquarium, and the Nature Base, which has lots of enticing interactive exhibits about the natural world. But whatever you do, save time for the wonderful Music Gallery, where 1,600 instruments are displayed in floor-to-ceiling glass cases. What excites children are the two large, white touch-screen 'tables' in the middle of the room that enable them to choose and listen to pieces of music featuring the different instruments. Adjoining the gallery is a Hands On room, this time giving young visitors carte blanche to bash away at world instruments – including little hollow wooden frogs from South-east Asia, Tibetan singing bowls and a 'flip-flop-o-fone'. Outside, the 16-acre gardens have an animal enclosure with rabbits, goats and chickens, an elegant conservatory and a picnic spot with superb views. Bali – Dancing for the Gods (until 8 Jan 2012) is a blockbuster exhibition looking at Balinese culture and dance.
Buggy access. Café. Disabled access: lift, toilet. Nappy-changing facilities. Nearest picnic place: museum gardens. Shop.

Petrie Museum of Egyptian Archaeology

University College London, entrance through DMS Watson Library, Malet Place, WC1E 6BT (7679 2884, www.petrie.ucl.ac.uk). Goodge Street or Warren Street tube, or bus 29, 73, 134. **Open** 1-5pm Tue-Sat. Closed Easter hols. **Admission** free; donations appreciated. **No credit cards**. **Map** p333 K4. **7+**
This museum was originally set up as a teaching resource for the lecturers and students of UCL. William Flinders Petrie was a professor at the University and this collection was amassed partly from his own excavations at sites around the world and partly from a large bequest from 19th-century collector Amelia Edwards. In this age of touch-screen technology and interactive bells and whistles, the museum's old-fashioned glass cabinets are practically a museum piece in their own right.

Sightseeing

Its eccentricity imbues the museum with an inimitable charm: some corners are so dimly lit, staff lend out torches. They're also endearingly keen, and happy to talk about the collection. As one chap charmingly explained to us, Amelia Edwards was 'more interested in how ordinary Egyptians lived from day to day than in bling' – which means the collections are focused on everyday minutiae such as beads, tools, amulets and clothes. Children can write their name in hieroglyphs, make a pot, or dress like an Ancient Egyptian; it's simple stuff, but great fun. The skeleton in a pot, dating from around the third millenium BC, also enthralls saucer-eyed small fry, along with a mummified head and various fragmentary remains. There are also family activity days; see the website. *See also p80* **Neighbourhood Watch**.
Buggy access. Disabled access: lift, toilet. Nearest picnic place: Gordon Square. Shop.

EMERGENCY SERVICES

London Fire Brigade Museum

Winchester House, 94A Southwark Bridge Road, SE1 0EG (8555 1200, www.london-fire.gov.uk). Borough tube or Southwark tube/rail or bus 344. **Open** by appointment 10.30am, 2pm Mon-Fri. **Admission** £3; £2 7-14s, reductions; £1 under-7s. **Credit** MC, V. **Map** p334 O9. **5+**
Winchester House was where London's chief fire officers worked until 1937. Now it's a museum dedicated to the history and ongoing work of the capital's mighty Fire Brigade. Any child with a fire engine fixation will relish the chance to come here. Visits are by appointment only, which means an expert guide will take you round the collection, comprising memorabilia, photos, uniforms, paintings and equipment, showing how firefighting has changed since the Great Fire of 1666. Small children are most smitten with the shiny fire engines, ranging from an 1830s model to red and brass beauties. Although they're not allowed to touch the fire engines, kids are given fireman uniforms to try on, as well as colouring materials. Booking is essential.
Buggy access. Disabled access: toilet. Nearest picnic place: Mint Street Park. Shop.

Museum & Library of the Order of St John

St John's Gate, St John's Lane, EC1M 4DA (7324 4005, www.sja.org.uk/museum). Farringdon tube/rail, or bus 55, 63, 243.

Open 10am-5pm Mon-Sat. Closed bank hol weekends. *Tours* 11am, 2.30pm Tue, Fri, Sat. **Admission** free; suggested donations for tours £5; £4 reductions. **Credit** MC, V. **Map** p334 O4. **5+**
The St John Ambulance organisation has a long history of training older children in the skills of first aid. The museum devoted to the Order of St John's history has been undergoing a major Heritage Lottery-funded redevelopment and reopened in November 2010. A double-height Link Gallery with an interactive timeline now compliments existing exhibits: bandages printed with first aid instructions, first-aid kits and archaic-looking ambulances, along with archaeological finds, armour, coins and seals dating back to the Order's earliest years. The redevelopment also includes a children's trail and a learning space, along with a new entrance through the 16th-century gatehouse. Family activities include trails, gallery actor sessions, family tours and activity packs. Keep an eye on the website for more details.
Buggy access (ground floor). Disabled access: lift (limited access), toilet (ground floor). Nearest picnic place: Clerkenwell Close. Shop.

GREAT LIVES

Apsley House

149 Piccadilly, W1J 7NT (7499 5676, www.english-heritage.org.uk). Hyde Park Corner tube. **Open** *Apr-Oct* 11am-5pm Wed-Sun & bank hols. *Nov-Mar* 11am-4pm Wed-Sun. Last admission 30 mins before closing. *Tours* by arrangement. **Admission** £6 (includes audio guide if available); £5.10 reductions; £3 5-16s; free under-5s. *Joint ticket with admission to Wellington Arch* £7.40; £6.30 reductions; £3.70 5-16s; free under-5s; £18.50 family (2+3). *Tours* phone for details. **Credit** MC, V. **Map** p332 G8. **5+**
This imposing mansion was once known as Number 1 London, because it was the first house visitors passed after going through the toll gates. It's still one of London's most impressive addresses, lording it over Hyde Park Corner. It was the family home of Arthur Wellesley, the first Duke of Wellington, who defeated Napoleon at Waterloo. His descendants still live in the building, but some of it has been given over to a museum about the duke, his campaigns and the fine art and precious antiques he brought back from his travels. Pieces include Canova's enormous marble statue of Napoleon in his birthday suit,

as well as paintings by Rubens and Van Dyck. The anniversary of the battle of Waterloo, in June, brings a weekend of soldierly activities, and there's an action sheet families can pick up anytime.
Buggy access. Nearest picnic place: Hyde Park. Shop.

Benjamin Franklin House

36 Craven Street, WC2N 5NF (7930 9121, 7925 1405 bookings, www.benjamin franklinhouse.org). Embankment tube or Charing Cross tube/rail. **Open** 10.30am-5pm Mon, Wed-Sun. **Admission** £7; £5 reductions; free under-16s. *Tours* noon, 1pm, 2pm, 3.15pm, 4.15pm Mon, Wed-Sun. Booking advisable. **Credit** MC, V. **Map** p333 L7. **6+**

The founding father of the United States lived just around the corner from Trafalgar Square in this 18th-century house for 16 years before the American Revolution. Here, he performed the fraught diplomatic job of 'mediating unrest' between his homeland and its colonial rulers. The house opened to the public in 2006 on Franklin's 300th birthday. It's not a museum exactly, but more of a historical experience enjoyed during guided tours led by actors who bring the history of the place to life. Projections and recorded sound recreate Franklin's London years and recount his many achievements, which include conceiving the

ideas of lightning conductors, bifocal specs and fire insurance, identifying the Gulf Stream and coining enduring aphorisms such as 'early to bed and early to rise, makes a man healthy, wealthy and wise'.
Buggy access (ground floor). Nearest picnic place: Victoria Gardens, Embankment. Shop.

Charles Dickens Museum

48 Doughty Street, WC1N 2LX (7405 2127, www.dickensmuseum.com). Russell Square tube. **Open** 10am-5pm daily. **Admission** £7; £5 reductions; £3 5-15s; free under-5s. **Credit** AmEx, DC, MC, V. **Map** p333 M4. **8+**

Dickens wrote *Oliver Twist* and *A Christmas Carol* in this house, his home for three years. The writer has given us a vivid picture of Victorian London through his work and the building is crammed with memorabilia and artefacts; in the basement, visitors can see a 25-minute film on Dickens's life in London. Weekly children's 'handling sessions' let young visitors write with Dickens's pen and hold various other possessions. These take place most Wednesdays, but call ahead as they are run by volunteers. There are two mini-trails for children, based on Dickens's stories, plus walking tours of Dickensian London. Great Expectations is a new £3.1m project to restore, redevelop and improve the museum, timed to coincide with the bicentenary of Dickens's birth

Benjamin Franklin House.

in 2012. At the heart of the project is the museum's expansion and the redisplay of rooms at 48 Doughty Street, returning them to their traditional Victorian-era appearance. *Buggy access (ground floor). Café. Nearest picnic place: Coram's Fields, Russell Square. Shop.*

Dr Johnson's House

17 Gough Square, off Fleet Street, EC4A 3DE (7353 3745, www.drjohnsons house.org). Chancery Lane or Temple tube, or Blackfriars rail. **Open** *May-Sept* 11am-5.30pm Mon-Sat. *Oct-Apr* 11am-5pm Mon-Sat. *Tours* by arrangement (groups of 10 or more). **Admission** £4.50; £3.50 reductions; £1.50 under-16s; £10 family (2+ unlimited children). *Tours* free, booking essential. *Evening tours* by arrangement; phone for details. **No credit cards.** **Map** p334 N6. **6+**

Preserved in an atmospheric little square off Fleet Street is this four-storey Georgian house, which was home to Dr Samuel Johnson, author of the *Dictionary of the English Language*. He lived here with his cat, Hodge – described by his master as 'a very fine cat indeed'. Johnson fed his beloved moggie on oysters; hence the oyster shells at the foot of the bronze statue of Hodge outside the house. It's one of the few items that will really interest children, although they might enjoy trying on replica Georgian costumes in the garret or watching the ancient film playing on a loop of actors embodying the doctor and friends. There is also a children's mini guide and trail available from the front desk. *Buggy access. Nearest picnic place: Lincoln's Inn Fields. Shop.*

Florence Nightingale Museum

St Thomas's Hospital, 2 Lambeth Palace Road, SE1 7EW (7620 0374, www.florence-nightingale.co.uk). Westminster tube or Waterloo tube/rail. **Open** 10am-5pm daily. **Admission** £5.80; £4.80 5-15s, reductions; free under-5s; £16 family (2+5). **Credit** AmEx, MC, V. **Map** p333 M9. **5+**

This museum reopened in 2010, after a £1.4 million refurbishment for the centenary of Florence Nightingale's death. The story of the Lady with the Lamp is told afresh in three pavilions located in the grounds of St Thomas's Hospital on the South Bank. The new exhibits are eye-catching, with imaginative interactive features, including an audio tour listened to on stethoscopes. Florence Nightingale's important

status in Key Stage One and Two of the National Curriculum means school holidays are always busy at the museum dedicated to her life. Among the objects on display are her beloved, hand-reared pet owl, Athena (stuffed, and looking slightly wild of eye) and the medicine chest she took to Turkey. Trails for children are available, and art and history activities run during school holidays. *Buggy access. Disabled access: toilet. Nappy-changing facilities. Nearest picnic place: benches by hospital entrance, Archbishop's Park. Shop.*

Sherlock Holmes Museum

221B Baker Street, NW1 6XE (7935 4430, www.sherlock-holmes.co.uk). Baker Street tube or bus 74, 139, 189. **Open** 9.30am-6pm daily. **Admission** £6; £4 6-16s; free under-6s. **Credit** AmEx, MC, V. **Map** p327 F4. **6+**

Rarely has a fictional address had more resonance. The house is set up as if the fictional master detective and his amiable sidekick are in situ. So, too, is their long-suffering landlady, Mrs Hudson, who can tell you all you need to know about the great man. Nose about Holmes's study, take a seat in his armchair by the fireplace and investigate his personal effects: the deerstalker cap, pipe, violin and magnifying glass are all present and correct. Upstairs is the room belonging to his associate, Dr Watson, while the third-floor exhibit rooms contain wax models of scenes from the stories; Holmes and his dastardly arch-enemy, Professor Moriarty, can be seen in the same room. *Nearest picnic place: Regent's Park. Shop.*

Sir John Soane's Museum

13 Lincoln's Inn Fields, WC2A 3BP (7405 2107, www.soane.org). Holborn tube. **Open** 10am-5pm Tue-Sat; 10am-5pm, 6-9pm 1st Tue of mth. *Tours* 11am Sat. **Admission** free; donations appreciated. *Tours* £5; free under-16s. **Credit** MC, V. **Map** p331 M5. **7+**

When Sir John Soane was Professor of Architecture at the Royal Academy, he was already opening his house and collections to students on a weekly basis. After his death in 1837, the house was turned into a museum – kept, as Soane had asked, as near to how he had left it as possible. The collections reflect his passion for an eclectic mix of artefacts and paintings, but the joy is not just in what is here, but also how Soane chose to present it; there are all sorts of ingenious nooks and crannies. It's particularly atmospheric if you visit on the first

Night at the Museum

During daylight hours, London is awash with brilliantly child-friendly museums. From the murky re-creation of 19th-century Wapping at the Museum of London Docklands' Sailortown to the quaking, shaking Kobe supermarket at the Natural History Museum in South Kensington, kids can be entertained and educated in one fell swoop. And since 2009, the opportunities for edutainment have continued after dark during the annual three-day Museums at Night festival.

An offspring of Nuit des Musées, the festival has quickly established itself as a cultural calendar favourite, and in the last few years the nationwide campaign has seen everything from film nights and children's sleepovers to discos at numerous venerable institutions. In May 2011, major events in the capital included a Renaissance Night at the National Gallery featuring drawing from a life model, Renaissance music by candlelight and a spooky storytelling session for kids; a chance to sneak an after-hours peek behind the palace gates at the Enchanted Evening at Kensington Palace; and a chilling but child-friendly

demonstration of the 19th-century anaesthetic-free amputations performed in Victorian times during Surgery by Gaslight & Other Medical Tales at the Old Operating Theatre Museum. Meanwhile, Apsley After Dark provided a rare opportunity to wander the more civilised surroundings of Apsley House, also known as No.1 London, with curtains drawn and chandeliers lit.

With almost 300 museums and galleries taking part in the festival, and some 345 events to choose from, there's plenty on offer around the city for night birds of all ages, but perhaps the star of the show for youngsters is the Royal Observatory, Greenwich, which hosted a Cosmic Family Fun Night in 2011 with a whole galaxy of activities, family workshops and special planetarium shows, along with Q&A sessions with resident astronomers during which visitors could quiz the experts on space exploration and the stars – enough to fire the imagination of even the most reluctant mini museum-goer. For more details on events for Museums at Night 2012, go to www.culture24.org.uk/museumsatnight.

Sightseeing

Tuesday of the month, when it stays open late and is lit by candlelight; there can be lengthy queues for admission.

The old kitchen is used for holiday workshops for children of seven and above (£18 whole day/£10 half day, book in advance): youngsters learn how to make a mosaic, create a relief sculpture, paint a self-portrait and frame it, or get stuck into plaster moulding. There are also free drop-in family sessions on the third Saturday of the month (1.30-4.40pm). Children aged seven to 13 can sign up to the Young Architects Club, which meets on the first Saturday of the month. Note that buggies cannot be accommodated.

Opening up the Soane is a new, £7 million project to restore, refurbish and improve the museum, opening up Soane's top-floor 'private apartments'. Phase I of the project is due to be completed by 2012.

Nearest picnic place: Lincoln's Inn Fields. Shop.

LONDON & LOCAL

Bruce Castle Museum

Lordship Lane, N17 8NU (8808 8772, www.haringey.gov.uk). Wood Green tube then bus 123 or 243, or Seven Sisters tube/rail then bus 123 or 243, or Bruce Grove rail. **Open** 1-5pm Wed-Sun. **Admission** free; donations appreciated. **No credit cards.** 4+

This splendid, Grade I-listed 16th-century mansion is a delightfully unexpected find in an otherwise unremarkable-looking suburban street. When the mansion's gardens were opened as a park, it was the first public one of its kind in Tottenham. Inside the house, displays are devoted to the history and achievements of Haringey and its residents – more interesting than you might think, as the borough was home to both madcap illustrator William Heath Robinson and Rowland Hill, the inventor of the Penny Post.

The museum's Inventor Centre has numerous buttons to press and levers to pull. There are black-and-white photos dating back to the days when the area was open countryside and White Hart Lane a sleepy country track. Football fans should keep an eye out for the displays on Tottenham Hotspur and read the surprising history of Walter Tull, one of the first black football players in Britain. There are free activity sheets for kids, including a nature trail that rambles around the pleasant park outside,

Florence Nightingale Museum. *See p94.*

plus free art and craft sessions for families from 2pm to 4pm on Sundays year-round, with extra school holiday sessions.

Buggy access. Disabled access: lift, toilet. Nappy-changing facilities. Nearest picnic place: museum grounds. Shop.

Brunel Museum

Brunel Engine House, Railway Avenue, SE16 4LF (7231 3840, www.brunel-museum.org.uk). Rotherhithe rail. **Open** 10am-5pm daily. **Admission** £2; £1 reductions; free under-16s. **No credit cards.** 5+

The Thames Tunnel, created by the Brunel father and son team Sir Marc and Isambard Kingdom, was the first underwater tunnel in the world. The Brunels worked from 1825 until 1843 to create the underwater passageway running from Rotherhithe to Wapping; young Isambard nearly drowned in the process. The story of what the Victorians hailed as 'the eighth wonder of the world' is told in this museum in the original engine house, while the tunnel itself is now used by the East London overland rail line. A major new refurbishment was completed in late 2009, giving the museum a tea room with views over the river, an activity centre and also access to the Grand Entrance Hall for special events once a month. There's

Sightseeing

plenty for children to do, with a special wipe-clean drawing table in the award-winning sculpture garden and craft activities at weekends. There's also a popular summer play-scheme; in 2011 a blacksmith will again be working with children to create a permenant piece of sculpture to sit in the grounds. The giant figure of Brunel that is owned by the museum is always a big player in the Bermondsey and Rotherhithe carnivals.

Buggy access. Café. Disabled access: toilet. Nappy-changing facilities. Nearest picnic place: museum gardens & riverbank. Shop.

Crystal Palace Museum

Anerley Hill, SE19 2BA (8676 0700, www.crystalpalacemuseum.org.uk). Crystal Palace rail. **Open** *Summer* 11am-4.30pm Sat, Sun, bank hols. *Winter* 11am-3.30pm Sat, Sun, bank hols. **Admission** free. **7+**

Housed in the old engineering school where John Logie Baird invented television, this 'exhibition of an exhibition' tells the story of the majestic, glittering glass hall that moved from Hyde Park to give this area its name. It's a friendly, if rather old-fashioned museum, with artefacts and photos in glass cases, although there are some video and audio presentations about the great glass building, which burned to the ground in November 1936. A small Logie Baird display marks the birth of home entertainment; from June 1934 the Baird Television Company occupied four studios at Crystal Palace. Note that opening hours are limited, as the museum is run by volunteers.

Buggy access. Nearest picnic place: Crystal Palace Park. Shop.

Hackney Museum

Technology & Learning Centre, 1 Reading Lane, off Mare Street, E8 1GQ (8356 3500, www.hackney.gov.uk/cm-museum.htm). Hackney Central rail. **Open** 9.30am-5.30pm Tue, Wed, Fri; 9.30am-8pm Thur; 10am-5pm Sat. **Admission** free. **No credit cards. 3+**

This lively museum is a community-focused affair, with plenty to keep kids busy. Displays include exhibits on immigration in the area and a re-creation of Cooke's pie and eel shop, plus activity stations and touch-screen interactive exhibits that tie into the history of the borough. Other highlights include a re-created Saxon boat that kids can pile up with goods (the original is displayed under glass in the floor) and a section on the Matchbox car factory, founded in Hackney in 1952. Toddlers can settle into the reading corner while older kids dress up in Victorian clobber and try making matchboxes – an industry that employed countless children in Victorian times.

Sightseeing

London Canal Museum. *See p98*.

Interactive art and role-playing workshops take place on Wednesday and Thursday afternoons, while the temporary exhibition changes every four months.
Buggy access. Disabled access: toilet. Nappy-changing facilities. Nearest picnic place: benches in square, London Fields. Shop.

Islington Museum

Finsbury Library, 245 St John Street, EC1V 4NB (7527 3235, www.islington.gov.uk/museum). Angel tube or Farringdon tube/rail, or bus 153. **Open** 10am-5pm Mon, Tue, Thur-Sat. **Admission** free. **No credit cards. 5+**

Islington Museum's collection sits under the Finsbury Library, where it was rehoused in purpose-built galleries in 2008, after a funding injection from the Heritage Lottery Fund. Exhibits are organised into nine themes including Wartime, Childhood and Leisure, and the displays span centuries of local history, from the days when Islington dairies provided the milk for medieval London (check out the centuries-old cow's skull) to the rise of the mighty Arsenal football club. Children will enjoy the sections on Edwardian school life, and the special activity desks and quiz screens. Call or check online for half-term and summer holiday events.
Buggy access. Disabled access: lift, toilet. Nearest picnic place: Northampton Square. Shop.

Kew Bridge Steam Museum

Green Dragon Lane, Brentford, Middx TW8 0EN (8568 4757, www.kbsm.org). Gunnersbury tube, then bus 237 or 267, or Kew Bridge rail, or bus 65, 391. **Open** 11am-4pm Tue-Sun, bank hols. **Admission** (annual ticket, allows for multiple visits) £9.50; £8.50 reductions; £3.50 5-15s; free under-5s. Under-16s must be accompanied by an adult. **Credit** MC, V. **5+**

The museum inside this Victorian riverside pumping station celebrates the golden age of steam. At weekends, selected steam engines – the pumping variety, as well as the locomotive sort – burst into life, powered by a 1920s Lancashire boiler. The fascinating Water for Life gallery saturates you with facts about the history of water supply and usage in London, including information on the spread of cholera, while Down Below takes you down the sewers to learn about the work of their creator, Joseph Bazalgette, and the whiffy world of toshers (sewer scavengers). *Thomas Wicksteed*, a narrow-gauge steam locomotive, gives rides on Sundays between April and October; family activities are also held during the holidays.
Buggy access. Café (Sat, Sun). Disabled access: lift, toilet. Nappy-changing facilities. Nearest picnic place: Kew Green. Shop.

London Canal Museum

12-13 New Wharf Road, N1 9RT (7713 0836, www.canalmuseum.org.uk). King's Cross tube/rail. **Open** 10am-4.30pm Tue-Sun, bank hols. Last entry 4pm. **Admission** £3; £2 reductions; £1.50 5-15s; free under-5s. **Credit** MC, V. **Map** p331 M2. **5+**

This charming museum is housed in what was once the ice warehouse of Italian-Swiss ice-cream entrepreneur Carlo Gatti. It chronicles the history of everything canal-related, as well as exploring the once highly lucrative ice trade. Kids can clamber aboard the narrowboat, *Coronis*, and get a taste of life on the waterways; an activity corner has books and building blocks to create your own tunnel; and there's the chance to learn how to tie a sheepshank and clove hitch. Most atmospheric is the ice well, once used to store imported ice from Norway; it could be kept here for months before being delivered around London. Visitors have taken to tossing coins into the cool, dark space; extra points if you can hit the bucket. Upstairs, a life-size model horse makes convincing horsey noises in his stable, while there are four videos on canal life to watch and regular temporary exhibitions. The back of the museum leads on to Battlebridge Basin, once a grimy industrial wharf, now lined with pretty residential canal boats and converted warehouses. For those with the energy, the shopping hubs of Camden and Islington are within walking distance along Regent's Canal.
See also p140 **Neighbourhood Watch**.
Buggy access. Disabled access: lift, toilet. Nappy-changing facilities. Nearest picnic place: museum terrace, canal towpath. Shop.

London Transport Museum

The Piazza, WC2E 7BB (7379 6344, www.ltmuseum.co.uk). Covent Garden tube. **Open** 10am-6pm Mon-Thur, Sat, Sun; 11am-6pm Fri. **Admission** £13.50; £10 reductions; free under-16s. **Credit** AmEx, MC, V. **Map** p333 L7. **2+**

Londoners are reminded every time there's a tube strike that the capital would grind to a halt without its sophisticated travel system. This much-loved museum does a sterling job of presenting a fascinating and entertaining

My London 2012
Barbara, 24

How will you be participating in the London 2012 Olympic Games and Paralympic Games?
I don't know yet. Obviously, I'd like to be part of the Torch Relay! I helped to decide what music will be played during the ceremonies.

How did you come to be involved?
I heard about the Inspire Programme through the British Council – I was there doing some work as a Global Changemaker for Diversity and Inclusion. I'm not particularly sporty but I'm really passionate about youth projects.

Tell us about what you have been working on as part of the Inspire Programme?
I'm one of the co-ordinators of the Young Leaders Programme. I have championed youth participation in the Games at board meetings and I organise local events that promote the Olympic Values of inclusion, diversity and inspiration.

What do you hope your involvement in London 2012 will inspire you to achieve after the Games have finished?
I'd like to build on some of the skills I've learned in marketing and communications.

Which events would you like to see during London 2012?
Athletics would be the one for me. I'd also like to see any dance-related Cultural Olympiad events.

Sightseeing

Free
Museum of London Docklands.

history of transport in the capital, with 20 vehicles to explore along the way. The posters are glorious too – particularly the stylised, often wonderfully avant-garde designs of the 1920s and '30s. The museum's temporary exhibitions are usually worth making a special visit for. Sense and the City (until March 2012) explores how people in the past imagined the London of the future and how new technology will influence city living over the next ten years. The exhibition has been developed in partnership with the Royal College of Arts and will be accompanied by a lively talks and events programme. *See also p64* **Neighbourhood Watch**.
Buggy access. Café. Disabled access: lift, toilet. Nappy-changing facilities. Nearest picnic place: museum picnic room, Piazza. Shop.

Museum of London
150 London Wall, EC2Y 5HN (7001 9844, www.museumoflondon.org.uk). Barbican or St Paul's tube, or Moorgate tube/rail. **Open** 10am-6pm daily. Last entry 5.30pm. **Admission** free. **Credit** MC, V. **Map** p334 P5. **6+**
The £20 million redevelopment of the lower galleries of this excellent museum opened in May 2010. Anyone who calls themselves a

Londoner should make a visit one of their top priorities. It's all massively appealing to children thanks to some highly imaginative exhibits that put interactivity and discovery at the forefront of their design. Visitors enter the new galleries through the Sackler Hall, where a specially commissioned LED art installation by the Light Surgeons, LDN24, an ever-changing picture of London over 24 hours that stretches right around the walls, has pride of place.

Once inside the galleries, the first thing you notice is the sleek design of the new interiors. Glass panels in the floors reveal collections underfoot. Cubby holes in the walls are stuffed with interesting objects. Interactivity features strongly, and touchscreens allow visitors to ask questions about life expectancy during Hogarth's time, say, or to explore Charles Booth's poverty maps or find out what's in the water of a London well. Memorable exhibits include the original (and magnificent) Selfridges lifts, and the wall panels from an 18th-century debtor's prison featuring some interesting graffiti.

By comparison, the upstairs galleries now look a bit old-fashioned, but children will still enjoy the attempts made to get them involved in the history of London, from dressing-up

clothes, to a stylish video presentation about the Black Death to a walk-in reconstruction of a Saxon hut.
Buggy access. Café. Disabled access: lift, toilet. Nappy-changing facilities. Nearest picnic place: Barber Surgeon's Garden. Shop.

Museum of London Docklands

West India Quay, Hertsmere Road, E14 4AL (7001 9844, www.museumoflondon.org.uk/ docklands). Canary Wharf tube or West India Quay DLR. **Open** 10am-6pm daily. Last entry 5.30pm. **Admission** free.
Credit MC, V. **4+**
The Museum of London's Docklands sister is just as fascinating as its older sibling, and since April 2010 is free for anyone to get in. It lies in a beautiful converted warehouse overlooking a large wharf and has a wealth of absorbing exhibits. Displays devoted to migration and river trade explore the history of how 'the world came to the East End', with plenty of nautical relics and atmospheric recreations. Must-sees for kids include Sailortown, a murky, full-size recreation of 18th-century Wapping (look out for the wild animal emporium), the gibbet cage (where captured pirates met their end) and the Mudlarks Gallery, crammed with interactive exhibits and with a soft play area for under-fives. The galleries on the modern history of the docks are more interesting for adults than children, but everyone can learn something from the London, Sugar & Slavery and Docklands at War exhibitions. Many of the displays come with an entertaining audio commentary, voiced by *Time Team*'s Tony Robinson.

Temporary exhibition Pirates: The Captain Kidd Story (until 30 Oct 2011) traces the story of the real pirates who ruled our seas over 300 years ago. Original artefacts, archaeological finds and interactive displays reveal London's links with piracy, including the capital's gruesome history as a place of execution for pirates. Follow the true story of the infamous Captain Kidd, who met his end at Wapping's Execution Dock.

Costumed storytelling sessions and craft workshops take place at the museum on some Saturdays (check website for dates), with extra sessions held during the school holidays. The line-up has plenty to interest younger children, including storytimes and Monday play sessions for under-fives. *See also p106* **Neighbourhood Watch**.
Buggy access. Café. Disabled access: lift, toilet. Nappy-changing facilities. Nearest picnic place: quayside benches, refectory. Restaurant. Shop.

Museum of Richmond

Old Town Hall, Whittaker Avenue, Richmond, Surrey TW9 1TP (8332 1141, www.museumofrichmond.com). Richmond tube/rail. **Open** 11am-5pm Tue-Sat.
Admission free. **No credit cards**. **4+**
Leafy Richmond is an area with abundant royal connections, from the 12th-century Henry I to Elizabeth I, 400 years later; fittingly, the town's museum was opened by Queen Elizabeth II. There are permanent and temporary displays on its illustrious residents of days gone by, plus a gallery of work by local artists. Engaging family workshops run during the school holidays – discovering one of the beautiful painted tiles in the museum, say, before creating your own.
Buggy access. Disabled access: lift, toilet. Nearest picnic place: Richmond Green, riverside. Shop.

Old Royal Naval College
& Discover Greenwich

King William Walk, SE10 9LW (8269 4747, 8269 4799 tours, www.oldroyalnavalcollege. org). Cutty Sark DLR or Greenwich DLR/rail. **Open** 10am-5pm daily. *Tours* 2pm daily.
Admission free. *Tours* £5; free under-16s.
Credit MC, V. **5+**
A new £6 million development opened in March 2010 at the Old Royal Naval College. Discover Greenwich is a brand new visitor centre designed to introduce visitors to the Greenwich story before they go on and visit its individual world-famous attractions. The central exhibition space in the centre tells 500 years of fascinating history using interactive models and some previously unseen artefacts. There's also a space for temporary exhibitions, the Clore Learning Centre, a shop, a Tourist Information Centre, plus a new restaurant with micro brewery. In short, it's the place to come if you're planning a family day out in Greenwich and don't know quite where to start.

Sir Christopher Wren drew up the plans for the Old Royal Naval College, a show-stopping Baroque masterpiece all the lovelier for its riverside location. Originally it was a shelter for retired seamen, who were given bed and board, plus a shilling a week. In the late 19th century, the buildings were occupied by the Royal Naval College, before passing into the hands of the Greenwich Foundation. The University of Greenwich and Trinity College of Music are now in residence, but the exquisite neo-classical chapel and Painted Hall are open to the public. The hall is an outstanding feat of trompe l'oeil,

Sightseeing

and it took 19 years to paint; see if the kids can spot the Pocahontas-like figure who represents the Americas on the Upper Hall's central ceiling panel. Check the website for seasonal events such as the Big Draw or the May Fair. *See also p132* **Neighbourhood Watch**.

Buggy access. Café. Disabled access: toilet. Nappy-changing facilities. Nearest picnic place: Naval College grounds. Restaurant. Shop.

Wimbledon Windmill Museum

Windmill Road, Wimbledon Common, SW19 5NR (8947 2825, www.wimbledonwindmill. org.uk). Wimbledon tube/rail. **Open** *Apr-Oct* 2-5pm Sat; 11am-5pm Sun, bank hols. School groups by appointment only. **Admission** £2; £1 under-16s, reductions; £5 family (2+4). **No credit cards. 5+**

Wimbledon Common's windmill was built in 1817 by carpenter Charles March, at the request of locals who wanted to grind their own wheat. Having been a private residence for some years, these days it's a small museum, run by volunteers and open weekends only. On the ground floor, there's a film about how windmills work, a display showing how the windmill was built, and a collection of woodworking tools used in its restoration. The first floor is more hands-on, with a working model of the windmill in action, the chance for children to have a go at grinding wheat with a saddle-stone or hand quern, and commentaries at the push of a button. Climbing the ladder takes you up to the

tower, where you can see the sails' operating machinery turning on blusterous days.

Buggy access (ground floor). Nearest picnic place: Wimbledon Common. Café. Shop.

MUSIC

British Music Experience

O2 Bubble, Millennium Way, Greenwich, SE10 0BB (8463 2000, www.britishmusic experience.com). North Greenwich tube. **Open** 11am-7.30pm daily. **Admission** £11.50; £9.25 reductions; £6.75 6-17s; free under-6s. **Credit** MC, V. **Map** p332 H6. **5+**

Memorabilia from pop and rock stars from 1945 to the present day is only the start of things at this most modern of museums. Interactivity is key, and kids of all ages will have a ball as they learn how to throw some shapes from the last 60 years in the Dance the Decades booth. Hey DJ is a virtual record box where you can listen to a catalogue of singles, learning about their significance in the annals of rock history along the way. Where It's At is an interactive map of the country revealing where British talent emerged from. There's also a chance to have a go at singing, playing guitar, keyboards and drums and using a mixing desk in the Gibson Interactive Studio.

Buggy access. Disabled access: lift; toilet. Nappy-changing facilities. Nearest picnic place: riverside. Shop.

Discover Greenwich. *See p101.*

My Sport Diving
Daniel, 14

Who inspired you to take up diving?
My older brother.

What do you like about your sport?
The achievement of getting a new dive right and performing in competitions. My favourite dives are the Front Forward 2.5 Somersault Pike or the Back 1.5 Somersault 1.5 Twist off a 3m springboard.

What level are you at?
I started when I was seven and was performing by the time I was nine, then I was competing at a national level by the time I was ten. I train four times a week for a total of 17 hours.

What's next for you in your sport?
I want to get to Elite level by the time I'm 16 or 17, then British Championship level as soon as I can.

Which events would you like to see at the London 2012 Olympic Games and Paralympic Games?
I'd like to see the Men's 3m and 10m Diving Finals. Also, I was talking to my dad and we'd like to see the Basketball and 100m Final for the atmosphere.

Sightseeing

Handel House Museum

25 Brook Street (entrance at rear), W1K 4HB (7495 1685, www.handelhouse.org). Bond Street tube. **Open** 10am-6pm Tue, Wed, Fri, Sat; 10am-8pm Thur; noon-6pm Sun. **Admission** £6; £5 reductions; £2 6-16s (free Sat); free under-6s. **Credit** MC, V. **Map** p332 H6. **5+**

This Georgian townhouse was Handel's home from 1723 until his death in 1759. The permanent collection at the Handel Museum includes paintings, letters, scores and a reproduction of his harpsichord. The house interiors have been painstakingly restored but children are encouraged to visit, with free entry on Saturdays, plus the odd family-friendly musical event (the Thursday evening recitals are aimed more at adults). The child-friendly ethos extends to trails, quizzes and activities to go with the displays.

Buggy access. Disabled access: lift, toilet. Nappy-changing facilities. Nearest picnic place: Hanover Square. Shop.

Musical Museum

399 High Street, Brentford, Middx TW8 0DU (8560 8108, www.musicalmuseum. co.uk). Kew Bridge rail. **Open** 11am-5.30pm Tue-Sun, bank hols. Last entry 4.30pm. **Admission** £8; £6.50 reductions; free under-16s. **Credit** MC, V. **5+**

Children who find themselves all thumbs when it comes to music lessons will be deeply impressed by the ingenious self-playing pianos and violins on display at this museum of automatic instruments. Other exhibits include clockwork musical boxes, orchestrions (a mechanical instrument that sounds like a large ensemble), musical toys and barrel organs. Most are in working order and are demonstrated by the staff, with their functions fully explained. Upstairs is a concert hall with an orchestra pit from which a Wurlitzer console slowly rises, as it did in cinemas in the 1930s; check the online events diary for performances and films.

Buggy access. Café. Disabled access: lift, toilet. Nappy-changing facilities. Nearest picnic place: riverside. Shop.

NATURAL WORLD

Garden Museum

Lambeth Palace Road, SE1 7LB (7401 8865, www.gardenmuseum.org.uk). Lambeth North tube or Waterloo tube/rail, then bus 507, or bus C10, 77. **Open** 10.30am-5pm Mon-Fri, Sun; 10.30am-4pm Sat (closed 1st Mon of mth). **Admission** £6; free-£5 reductions; free under-16s. **Credit AmEx, MC, V. Map** p333 L10. **6+**

At first glance, a museum about gardening perhaps wouldn't have obvious appeal for most children, but step into this tranquil setting – a deconsecrated church by the Thames – and it's surprising how enticing it can be. Inside, the collection of tools and gardening paraphernalia has some unexpected oddities, including a weird-looking 'vegetable lamb' (believed for centuries to be half lamb, half plant), a set of pony boots (worn by lawnmower-pulling horses to prevent their hooves from marking the grass) and a cunning, cat-shaped bird scarer.

Outside, the old graveyard has some distinguished residents: the Tradescants, a pioneering family of gardeners and botanists; Captain William Bligh, of *Bounty* fame; and half a dozen archbishops of Canterbury. The wild garden is awash with valerian, poppies, harebells and cow parsley, while the 17th century-style knot garden is a riot of colour in summer, enclosed in neat box-hedge borders.

Buggy access. Café. Disabled access: toilet. Nappy-changing facilities. Nearest picnic place: Archbishop's Park. Shop.

Natural History Museum

Cromwell Road, SW7 5BD (7942 5000, www.nhm.ac.uk). South Kensington tube. **Open** 10am-5.50pm daily. **Admission** free; charges apply for special exhibitions. **Credit** MC, V. **Map** p329 D10. **4+**

What kids always remember about the Natural History Museum isn't the grace of the museum's stately façade but the moving dinosaurs inside. In 2011, new exhibition Age of the Dinosaur (until 4 September) will reinterpret the museum's popular dinosaur specimens and animatronic beasties.

The museum splits its exhibits into four colour-coded zones, each with its own marvels. In Blue Zone, inside the mammals gallery, the sabre-toothed tiger skeleton elicits a delicious shudder, while a life-size model of a blue whale quietens all but the loudest of children. The Green Zone encompasses the child-friendly and fiendishly popular Creepy Crawlies exhibit: watching leaf-cutter ants at work, exploring a termite mound and gawping at the world's longest stick insect (a twiggy, leggy 56.7cm beast) are among its attractions. Geology takes centre stage in the Red Zone, which you can

Culture Shop

In days gone by, it was almost impossible to take the kids round a museum without going away with a bag of overpriced and nigh-on useless gadgets to remember the day by. But even these were better than the alternative onslaught of tears if you dragged them straight through the shop towards the exit instead. So, what's changed? Well, museum shops are still annoyingly located within eyeshot of children as they leave, but the difference now is that the pocket money dross and dodgy reproductions have been replaced with stuff you might actually want to buy for your little darlings.

The best options in South Kensington's museum cluster are at the V&A and the Science Museum. The V&A offers gifts themed around current exhibitions. So, to tie in with Peter Rabbit: the Tale of the Tale, you could pick up anything from a set of mounted prints (£6) to a flatpack birdhouse (£7). Over at the Science Museum, meanwhile, the shop is almost as impressive as the museum itself, with a vast floor space stacked with all manner of buzzing, whirring, glowing treats, from potato-powered clocks to full-scale chemistry laboratories, plus plenty of wallet-friendly pocket puzzles and torches.

The Museum of London is sparkling after a £20 million refurbishment. Its thrilling lower ground floor gallery is the perfect place to take the kids, and the shop's not bad either with a kitsch selection of capital treats, from build a London taxi kits to a solar-powered waving Queen. Along similar lines, the London Transport Museum stocks all manner of

souvenirs based around the capital's iconic tube logo and map. Transport of a different kind fills the shelves of the National Maritime Museum's excellent shop in Greenwich, with a vast fleet of naval knick-knacks to float your kids' imagination.

If you're pressed for time, all these museums have online shops, but a personal expedition is much more fun – and you can even take in an exhibition while you're at it.

Neighbourhood Watch
Docklands

Cesar Pelli's dramatic **One Canada Square**, set at the centre of a veritable mini-Manhattan of commercial skyscrapers at the northern tip of the Isle of Dogs, was built in 1991. It held the title of the UK's tallest habitable building until it was overtaken in late 2010 by the Shard, over at London Bridge, which is set to top it by several hundred feet when finished. With its distinctive pyramid roof, flashing aircraft warning beacon and wispy plume of steam at its apex, One Canada Square remains an iconic symbol, although unfortunately you have to work in the building to enjoy the views from within.

Docklands is the semi-official name given to the massive redevelopment of this eastern stretch of the Thames. And here on the Isle of Dogs (more of a peninsula, actually), where great ships once lined up in impressive docks, there are now shiny office blocks, luxury flats and the biggest cluster of high-rise buildings in Europe. That said, a day out here makes a surprisingly pleasant family excursion – the land around the buildings is essentially a very large and well-tended garden with no traffic to worry about.

These days, the area is easily accessible from the centre of town. The **Docklands Light Railway** (7363 9700, www.tfl.gov.uk/dlr) zips along raised tracks and gives great views over the area. Children will be fascinated by the driverless trains and can even pretend they're in control of the train if you travel outside peak time and manage to nab seats in the glass-fronted lead carriage.

The area is now also served by the Jubilee line. Visitors disembark in the sleek, cavernous Canary Wharf underground station, which was designed by Norman Foster; the area around the curved entrances has been made into a pretty Japanese garden.

But perhaps the most scenic way to travel here is by boat, aboard one of the scheduled Thames Clippers services

Mudchute City Farm.

(0870 781 5049, www.thamesclippers. com), which ferry commuters up and down the Thames between Embankment and Canary Wharf. If you want to combine Canary Wharf with some more traditional sightseeing, then consider buying a Rail & River Rover ticket (£13.50, £6.75 children, free under-5s, £33 family), which allows a day's travel on the DLR with unlimited trips on the City Cruises sightseeing boats that run between Greenwich Pier, Tower, Waterloo and Westminster. But don't be too quick to leave. This centre of commerce has its tourist attractions too.

Trails and sails

With its clean lines and neat landscaping, Docklands is a bit like a model town, and children will enjoy exploring the bridges, pathways and open stretches of water. To give some purpose to your roaming, tackle one of the three excellent walking trails (entitled Transitions, Open Spaces and Architecture & Design) downloadable at www.canarywharf.com (click on the 'arts and events' link). The first tackles the rich history of Docklands, while the second leads you around the area's various gardens. The third has all sorts of facts about the buildings (existing and planned) and leads visitors past various artworks and sculptures that are dotted around. Our favourites are Ron Arad's red spike Windwand and his Big Blue at Westferry Circus, and Lynn Chadwick's Couple on Seat in Cabot Square.

Emma Biggs's wonderfully intricate mosaics, embedded into the floor of Jubilee Place shopping centre, evoke the area's past ('London used to be a city of ships. A thousand vessels a week passed through the docks').

For some idea of what this city of ships once looked like, head for the thoroughly enjoyable **Museum of London Docklands** (*see p101*). Follow the bouncing bridge (it's supported on floats) from Cabot Square; the museum is in a row of converted 19th-century warehouses on the edge of West India Quay. Inside, there are some fantastically evocative photographs, paintings, prints and models of the bustling docks as they would have been when this area was London's industrial heart. The museum's three jam-packed floors tell the story of the Thames, the port of London and its people, from Roman times up to the Docklands redevelopment, including the chance to walk through a full-scale mock-up of a dingy riverfront alley during the mid 1800s (Sailortown).

Children will be rewarded for their learning when they get to the Mudlarks Gallery, with all its hands-on discovery games. It's so popular that entry is by timed ticket. There's also a great café where for every adult meal bought a child eats for free.

Great escape

If all this talk of industry and business is making the children feel old before their time, it might be the moment to grab some fresh air and a spot of country life

in the heart of east London. A short south-bound DLR ride from Canary Wharf takes you to Mudchute. Here, in the shadow of Docklands' high rises, lies **Mudchute City Farm** (*see p155*).

From Mudchute station, take the raised path past the parkland and allotments, where you can play spot-the-llama as you make your way towards the farm entrance. The closer you get, the more audible the resident ducks, chickens, pigs, goats, donkeys and horses become. Inside sprawl acres of fields and pastures; this is one of the largest city farms in Europe. If helping to feed the animals makes you a bit peckish, head for the farm's acclaimed café, Mudchute Kitchen, for a scrumptious farmhouse breakfast or slab of cake.

If animals aren't the order of the day, there's always Island Gardens (cross the main road from the eponymous station), with its beautiful view of Greenwich on the other side of the Thames. Cross via the spookily drippy Victorian foot tunnel that runs below the river; the attendant-operated lifts (7am-7pm Mon-Sat, 10am-5.30pm Sun) are big enough for a fleet of buggies. You're not allowed to cycle through the tunnel, though, so any bike-riders will have to dismount and push their trusty steeds.

Also in the area: Nando's, Wagamama, Pizza Express.
1802 Museum In Docklands *No.1 Warehouse, Hertsmere Road, West India Key, E14 4AL (7538 2702, www.museumindocklands.org.uk).* Great food and plenty of atmosphere.
Carluccio's Caffè *Reuters Plaza, E14 5AJ (7719 1749, www.carluccios.com).* Child-friendly and reasonably priced.
Gun *27 Coldharbour, E14 9NS (7515 5222, www.thegundocklands.com).* A smart gastropub that does great chips and welcomes nippers.
Mudchute Kitchen *Mudchute Farm, Pier Street, E14 3HP (7515 5901, www.mudchutekitchen.org).* Fresh, flavoursome farm grub.
Smollensky's *1 Reuters Plaza, E14 5AJ (7719 0101, www.smollenskys.com).* Great steaks and very popular with kids. *See p269.*

Sightseeing

Jewish Museum.

access directly from the museum's Exhibition Road entrance. It's a dramatic, dark escalator ascent through the centre of the earth. At the top you'll find the ground-shaking earthquake simulator – a reliable source of giggles (and a few shrieks of alarm). Finally, the Orange Zone comprises the wildlife garden and the new Darwin Centre buildings, where children can spy on scientists as they go about their work. They'll also enjoy the giant touch screens exploring the specimens inside the glass display cases.

If seeing the scientists at work inspires the kids to get hands-on, take them down to the Investigate Centre in the main museum's basement (open weekday afternoons and weekends; call ahead to check times). Here, seven to 14s can study specimens (some living) through a microscope, and note their findings. Temporary exhibitions are also worth keeping an eye on; 2010's Butterfly Explorers was so popular, it's back for summer 2011 as Sensational Butterflies and runs until 25 September 2011. It allows visitors to walk among hundreds of butterflies and witness the extraordinary stages of their metamorphosis from caterpillar to butterfly.

The museum has a restaurant, a café and a sandwich bar, and there are also indoor and outdoor picnic areas if you'd rather bring your own grub. Since January 2010, the museum has run a monthly sleepover. Children taking part must be aged eight to 11 and accompanied by a parent (groups must be a minimum of five children and one adult, £45 per person). Night activities include a torchlit adventure around the museum, plus a live show about beasties and the creation of an enormous paper and clay dinosaur. *See also p120* **Neighbourhood Watch**.

Buggy Access. Cafés. Disabled access: lift, toilet. Nappy-changing facilities. Nearest picnic place: basement picnic room, museum grounds. Restaurant.

RELIGION

Jewish Museum
129-131 Albert Street, NW1 7NB (7284 7384, www.jewishmuseum.org.uk). Camden Town tube. **Open** 10am-5pm Mon-Thur, Sun; 10am-9pm Thur; 10am-2pm Fri. **Admission** £7; free-£6 reductions; £17 family (2+4). **Credit** MC, V. **4+**
The Jewish Museum has been in Camden since 1992, in a Victorian house on Albert Street, just off Parkway. In 2010, it reopened its doors to reveal a £10 million expansion, into the building behind – a former piano workshop. The first impression is of light and space in the area that leads out from the original house, now home to the ticket and information desk and shop. The Welcome Gallery hosts a permanent

exhibition designed to shoot down any pre-existing stereotypes visitors may have of the Jewish community in London today. Videos play on screen strips hanging from the ceiling and introduce us to an Indian-born grandmother, a taxi driver, an ex-army engineer and a smoked salmon manufacturer. Then it's straight to the medieval mikveh – a ritual bath found in the City of London and rehoused here – before going up the stairs.

Exhibitions have been designed with imagination and a keen desire to appeal to all ages. There is lots for children to enjoy while they learn (including various trails). In the permanent exhibition History: A British Story, they can play the Great Migration boardgame, try on some traditional wedding clothes, smell chicken soup, plait some challah bread, play Yiddish karaoke, and listen to first-hand stories of those who lived in the crowded East End. The Judaism: A Living Faith gallery exhibits beautiful ceremonial objects alongside videos of families celebrating the important annual festivals like Purim, Hanukkah and Passover. The gallery documenting the Holocaust is small and very moving, but can be avoided if parents think their children are too young to be introduced to the subject. Back downstairs is the inviting café with its bleached-wood tables and high ceilings; try a rougalach (like a dense croissant with chocolate between the folds), or some classic chicken soup with dumplings.
Buggy access. Café. Disabled access: toilets. Nappy-changing facilities. Nearest picnic place: Regent's Park. Shop.

Museum of Methodism & John Wesley's House
Wesley's Chapel, 49 City Road, EC1Y 1AU (7253 2262, www.wesleyschapel.org.uk). Moorgate or Old Street tube/rail. **Open** 10am-4pm Mon-Sat; 12.30-2pm Sun. **Admission** free, donations appreciated. **Credit** MC, V. **Map** p335 Q4. **8+**
This lovely chapel was built by John Wesley in 1778, and is known as the cathedral of world Methodism. The chapel and surrounding buildings form a surprisingly quiet corner for contemplation just behind the busy City Road. Wesley called it 'perfectly neat but not fine', although there are many more adornments now than in his day. Down in the crypt, the museum has a permanent display charting the history of Methodism, while Hogarthian prints depict poverty, alcoholism and moral degradation in 18th-century England. Look out for lunchtime recitals making use of the chapel's organ.

Wesley's neighbouring house has been restored to 18th-century simplicity; much of the furniture is of the period, although the tiny four-poster in the bedroom is reproduction, as is the curious 'chamber horse' in the study – an early form of home-gym equipment.
Buggy access. Disabled access: lift, toilet. Nappy-changing facilities. Nearest picnic place: enclosed courtyard at entrance, Bunhill Fields. Shop.

SCIENCE & MEDICINE

Alexander Fleming Laboratory Museum
St Mary's Hospital, Praed Street, W2 1NY (7886 6528, www.imperial.nhs.uk/stmarys). Paddington tube/rail or bus 7, 15, 27, 36. **Open** 10am-1pm Mon-Thur; also by appointment. Closed bank hols. **Admission** £4; £2 5-16s, reductions; free under-5s. **No credit cards. Map** p329 D5. **8+**
In the era of the superbug, this shrine to antibiotics is both increasingly relevant and a relic from a simpler time. Visitors explore a re-creation of the laboratory where Alexander Fleming discovered penicillin back on 3 September 1928. Exhibits and a video celebrate Fleming's life and the role of penicillin in fighting disease. Staff run tours for family and school groups; note that the museum is not accessible to the disabled.
Nearest picnic place: canalside, Hyde Park. Shop.

Hunterian Museum
Royal College of Surgeons of England, 35-43 Lincoln's Inn Fields, WC2A 3PE (7869 6560, www.rcseng.ac.uk/museums). Holborn tube. **Open** 10am-5pm Tue-Sat. **Admission** free; donations appreciated. **Credit** MC, V. **Map** p334 M6. **4+**
The museum's namesake, John Hunter (1728-93) was a pioneering surgeon and anatomist, appointed physician to King George III. He amassed thousands of medical specimens; after he died, the collection was enhanced and expanded by others. The Hunterian is quite possibly the weirdest museum in all of London – and the most wonderful, some would say. Its gleaming glass cabinets are filled with row upon row of specimen jars, containing human and animal remains of every description in various states of disease and dissection: brains, hearts, hernias, big toes, paws and jaws, all spookily suspended in formaldehyde. Children

Sightseeing

My Sport Sailing
Berry, 10

What inspired you to take up sailing?
Me and my friend did a course one summer holiday. My friend gave up because she didn't like getting wet, but I really liked it. Then I heard there was a youth club so I started going every Saturday, and I've made new friends there.

What do you like about your sport?
I just love going out on the reservoir in the open space and controlling the boat. Mostly you can do anything you want, except on days when there's lots of algae.

What level are you at?
I've got up to level three, which is rigging the boat.

What's next for you in your sport?
Mostly I go out on a Fun Boat or a Topaz, but I'd like to try taking out one of the bigger boats like the Zephyr.

Which events would you like to see at the London 2012 Olympic Games and Paralympic Games?
I would love to see the Swimming and Athletics.

(and grown-ups) of a grisly bent will be gripped by the exhibits, but more sensitive souls and younger kids should probably steer clear.

The most famous pieces in the collection are the brain of mathematician Charles Babbage and the towering skeleton of 'Irish Giant' Charles Byrne, who stood a towering 2.2m (7ft 7in) tall in his socks. There are trails for children to complete, along with a skeleton suit to try for size and a fabric body part game; medically themed events for fives to 12s take place during school holidays, led by costumed actors (booking is essential). Free tours take place at 1pm on Wednesdays.

Buggy access. Disabled access: lift, toilet. Nearest picnic place: Lincoln's Inn Fields. Shop.

Old Operating Theatre, Museum & Herb Garret

9A St Thomas's Street, SE1 9RY (7188 2679, www.thegarret.org.uk). London Bridge tube/rail. **Open** 10.30am-5pm daily. Closed 15 Dec-5 Jan. **Admission** £5.90; £4.90 reductions; £3.40 6-15s; free under-6s; £13.80 family (2+4). **No credit cards.** **Map** p335 Q8. **7+**

This museum is a real one-off. Each step up the narrow, rickety, wooden spiral staircase leads you further from present-day London, and towards the quiet ghosts of the past. The Herb Garret smells pungently of fennel and other herbs and contains a jumble of ghoulish exhibits packed under its dark eaves. Nineteenth-century amputation kits and terrifying obstetric implements jostle with bits of Victorians preserved in jars and early anatomical charts.

Go through a narrow antechamber to find Europe's oldest operating theatre, perched rather incongruously and incredibly inside the roof of St Thomas's Church (St Thomas's Hospital was on this site until it moved to Lambeth in 1862), where re-enactment demonstrations at 2pm every Saturday bring the traumas of pre-anaesthesia surgery gorily to life. On Saturday mornings at 11.30am there are children's workshops exploring 18th- and 19th-century medicine, while at 2pm on Sundays there are lectures about how herbs were used as drugs.

Nearest picnic place: Southwark Cathedral Gardens. Shop.

Royal London Hospital Museum

St Philip's Church, Newark Street, E1 2AA (7377 7608, www.bartsandthelondon.nhs.uk/ museums). Whitechapel tube. **Open** 10am-

4.30pm Tue-Fri. **Admission** free, donations welcome. **Credit** MC, V. **7+**

The Royal London Museum lies in the former crypt of St Philip's Church; its entrance is down an unprepossessing side street, at the bottom of an unlikely set of steps. Inside, exhibits chronicle the history of what was once the biggest general hospital in the UK: the Royal London opened in 1740, so there's a lot of history to explore.

The museum devotes a section to each century, with special displays relating to the hospital's most famous patients and staff, including Thomas Barnardo, Florence Nightingale, John Merrick (the Elephant Man) and Edith Cavell. The development of nursing and childcare is traced through displays of starchy uniforms, and there's a forensics case with a copy of Jack the Ripper's notorious 'From Hell' letter. Most entertaining, however (and a welcome respite if you've been dragging children about all day), is the 1934 X-ray control unit that could have been created by a mad inventor from a sci-fi B-movie, and the plummily narrated documentaries, dating from the 1930s to the '60s. These show, for example, children wearing pilot's goggles receiving doses of ultraviolet light at a time when London smog prevented the natural synthesis of vitamin D.

Buggy access. Café (in hospital). Disabled access: lift, toilet. Nappy-changing facilities (in hospital). Nearest picnic place: hospital garden. Shop.

St Bartholomew's Hospital Museum

West Smithfield, EC1A 7BE (7601 8152, www.bartsandthelondon.nhs.uk/aboutus/ st_bartholomews_hospital.asp). Barbican or St Paul's tube. **Open** 10am-4pm Tue-Fri. *Tours* (Church & Great Hall) 2pm Fri. **Admission** free. *Tours* £5; £4 reductions; free under-16s accompanied by adult. **No credit cards. Map** p334 O6. **12+**

The museum is located in the North Wing of this famous London hospital, an institution that's been part of the city's landscape since the 12th century. A video relates the story of the hospital's origins as a refuge for chronically sick people hoping for a miraculous cure. Audio loops give a flavour of what it was like to work here as a 13th-century sister, say, or a 15th-century apprentice surgeon. The exhibits include 19th-century watercolours and sketches of various diseases, leather lunatic restraints, a wooden head used by medical students to practise their drilling techniques on and

Sightseeing

photographs documenting the slow progress of nurses from drudges to career women. Don't miss the two huge paintings by local lad William Hogarth.

Café (in hospital). Nearest picnic place: hospital grounds.

Science Museum

Exhibition Road, SW7 2DD (7942 4000, www.sciencemuseum.org.uk). South Kensington tube. **Open** 10am-6pm daily. **Admission** free; charges apply for special exhibitions. **Credit** MC, V. **Map** p329 D9. **4+**

This venerable museum celebrated its centenary in 2009 and kicked off a period of extensive development. By 2015, there will be a new façade, a massive rooftop extension devoted to cosmology and astronomy, and two new permanent galleries. The brand new atmosphere gallery exploring climate change is now open (*see p8* **Air Today, Gone Tomorrow**). Meanwhile, the existing attractions remain just as much fun as they've always been. No one's too young or old to get a kick out of a visit here: the Science Musuem is a temple to scientific knowledge and discovery that welcomes inquisitive visitors of all ages. Icons of science (Stephenson's Rocket locomotive, Crick and Watson's DNA model) are treated with due respect, but this place couldn't be less stuffy with its games, simulators and interactive exhibits.

The jewel in its crown is the Launchpad, where 50 hands-on exhibits and experiments keep kids agog; here, they can make a rainbow, check out their chilly noses on the thermal imaging screen, attempt to run a radio on pedal-power or take a dizzying turn on the rotation station. It's aimed at eight to 14s, but appeals to all ages. Other areas cater to younger children: five to eights can explore the Pattern Pod, while under-sixes race around the magical, multi-sensory Garden play areas, whose marvels include computerised flowers and giant building blocks. Extra charges apply for the IMAX cinema and the third-floor motionride simulator – though both are free for members. If you're planning to eat here, the Deep Blue Café is a reliable bet (*see p248*). It's in the Wellcome Wing, which reopened in 2010 after an extensive refurbishment.

As you'd expect, the museum attracts hordes of visitors during the school holidays. Book ahead if you want to catch a film, and try to arrive at Launchpad at 10am to avoid lengthy queues. Free half-hour tours on different themes are held throughout the year, while Science Night sleepovers (eight to 11s) are another big draw. It's £45 well spent, as kids get the chance to take part in hands-on science activities and explore the galleries before hunkering down for the night: you need to book well in advance, and the minimum group size is five children and one adult. During school holidays workshops and storytelling sessions are also on offer. *See also* *p120* **Neighbourhood Watch**.

Buggy access. Cafés. Disabled access: lift, toilet. Nappy-changing facilities. Nearest picnic place: Hyde Park, museum basement and 1st floor picnic areas. Restaurant. Shop.

Wellcome Collection

183 Euston Road, NW1 2BE (7611 2222, www.wellcomecollection.org). Euston Square tube or Euston tube/rail. **Open** 10am-6pm Tue, Wed, Fri, Sat; 10am-10pm Thur; 11am-6pm Sun. **Admission** free. **Credit** MC, V. **14+ (parental advisory)**

The man behind this collection was Sir Henry Wellcome, a pioneering 19th-century pharmacist, philanthropist and entrepreneur, who amassed an idiosyncratic selection of artefacts relating to the medical profession, a tiny proportion of which is displayed in the permanent Medicine Man section of the museum. Unlike many of London's medical museums, the Wellcome Collection displays its exhibits in modern, airy galleries that are well laid out and stuffed to the brim with eye-opening curios. Sensitive children might find some of the items too grisly (the vicious, bladed torture chair; the slips of real human skin) or too saucy (Japanese sex aids, phallic amulets), but older children will get a kick out of seeing a religious mendicant's nail sole sandals, a mummified body from Peru, Napoleon's toothbrush and a lock of George III's hair.

Medicine Now presents exhibits on the themes of genomes, malaria, obesity and the body. The permanent sections are bolstered by a programme of excellent temporary exhibitions that examine various aspects of life and death. Dirt (until 31 Aug 2011) examines the filthy reality of everyday life, from a Victorian London street to a New York landfill site in 2030. The events programme, suitable for teenagers, includes talks and microscopy workshops. There's also a good bookshop, and a superb Peyton & Byrne café, serving meals, fabulous cakes and a good selection of teas.

Buggy access. Café. Disabled access: lift, toilet. Nappy-changing facilities. Nearest picnic place: Gordon Square. Shop.

Science Museum.

SPECIALIST

Bank of England Museum

Entrance on Bartholomew Lane, off Threadneedle Street, EC2R 8AH (7601 5491, 7601 5545 cinema bookings, www. bankofengland.co.uk/education/museum). Bank tube/DLR. **Open** 10am-5pm Mon-Fri. Closed bank hols. **Admission** free. **Credit** MC, V. **Map** p335 Q6. **5+**

Visitors walk first into Sir John Soane's beautiful 18th-century banking hall (restored to its original mahogany splendour) where the bewigged and bestockinged mannequins instantly appeal to younger visitors' imaginations. Permanent displays of notes, coins and early handwritten cheques illustrate a chronological history of banking, which is summed up in an educational film. There are lots of terribly impressive paintings, cartoons and pieces of furniture on display, but children will be much more excited by the everyday tools of the banking trade like calculators, weights, inkwells and the interactive foreign exchange desk.

One consistently popular exhibit is the gold bar: put a hand into a perspex case and try to lift the bar encased within. Its weight – 12.7kg (28lb) – will come as a shock to anyone who has ever fantasised about scarpering with a sack full of bullion. Activity sheets and quizzes for different age groups can be downloaded from the website before setting off, or picked up from the museum on arrival.

Buggy access. Disabled access: toilet. Nappy-changing facilities. Nearest picnic place: St Paul's Cathedral Garden. Shop.

Clink Prison Museum

1 Clink Street, SE1 9DG (7403 0900, www.clink.co.uk). London Bridge tube/rail. **Open** *June-Sept* 10am-9pm daily. *Oct-May* 10am-6pm Mon-Fri; 10am-9pm Sat, Sun. **Admission** £6; £5.50 3-15s, reductions; free under-3s; £14 family (2+2). **No credit cards. Map** p334 P8. **6+ (parental advisory)**

Borough Market and Bankside look neater and sleeker every year, but for a reminder of the area's murky past, look no further than this museum. The clinking of inmates' manacles, fetters and chains is what gave this former prison its name. In operation from 1247 until 1780, it was the place where thieves, prostitutes, debtors and – after the Reformation – priests were incarcerated. The list of allowed punishments included scourging with rods, the rack, breaking on the wheel and being crushed under heavy weights. Jailers were not paid well, so provided small creature comforts to rich

Sightseeing

inmates, at a price, and allowed whorehouse madams to carry on the trade for which they were imprisoned in return for a cut of the takings. The museum tries to recreate the atmosphere of the prison with candlelight, sawdust on the floor and moans and groans coming from the waxwork prisoners. Brave visitors can 'try on' some of the torture devices, such as a scold's bridle. Children of a sensitive disposition may be scared – particularly at the entrance, where a waxwork man in a cage whimpers as you descend the stairs. *See also p48* **Neighbourhood Watch**.

Buggy access. Nearest picnic place: Southwark Cathedral Gardens. Shop.

SPORT

London's big four – Arsenal, Chelsea, Tottenham and West Ham – all offer stadium tours that take fans behind the scenes. So does Wembley Stadium (*see p172*), home of the England team and host of cup finals in several sports and major pop concerts. Arsenal and Chelsea have also made space for club museums. Largely speaking, these appeal to partisan supporters, but London's football scene has a fascinating history and the museums have plenty to interest fans of rival teams as well.

Arsenal Museum

Northern Triangle Building, Drayton Park, N5 1BU (7619 5000, www.arsenal.com). Arsenal or Holloway Road tube, or Drayton Park rail. **Open** 10am-6pm Mon-Sat; 10am-5pm Sun. *Match days* 10am until 30mins before kick-off. **Admission** £6; £3 under-16s, reductions; free under-5s. *Tour & museum* £15; £8 under-16s, reductions; free under-5s. *Legends tour* £35; £18 under-16s, reductions; free under-5s. No tours match days. **Credit** MC, V. **7+**

There is plenty of room for a museum in the vast Emirates Stadium. Fans will find it housed in the North Triangle building, directly opposite the north entrances. It offers a lavish celebration of all things Arsenal. Fans of the team will be thrilled by all the exhibits, but there's also plenty to appeal to the visitor with a more general interest, particularly in the sections that deal with how the club developed. Visitors can pick up a phone to hear an account of the club's early days, initially as Dial Square FC, after its formation by workers at the Woolwich Arsenal munitions factory. The club's more recent triumphs are marked with audio-visual displays, signed shirts, medals and other memorabilia. There are also sections on the Gunners' all-conquering women's team and on the club's FA Cup and European adventures.

Buggy access. Disabled access: lift, toilet. Nearest picnic place: Finsbury Park. Shop.

Guards Museum. *See p117.*

Chelsea Museum

*Stamford Bridge, Fulham Road, SW6
1HS (0871 984 1955, www.chelseafc.com/
tours). Fulham Broadway tube.* **Open**
10.30am-4.30pm daily. *Tours* every 30mins
11am-3pm daily. Closed match days
& day before Champions League game.
Admission £6; £4 under-16s. *Tour
& museum* £15; £9 under-16s. **Credit**
AmEx, MC, V. **7+**

Chelsea are often mocked by other clubs for
having no history, but they've still managed to
put together a cracking museum. Appropriately
enough, it's located in the stand that occupies
what was once the club's most notorious asset,
the Shed, a crumbling terrace of matchless
notoriety. These days, fans have more to shout
about and the museum gives pride of place to
recent acquisitions, such as José Mourinho's
moody overcoat. There's also plenty on the
club's history of glorious inconsistency, terrible
away kits and affinity with celebrity – this is
probably the only museum in the country that
features a photograph of Raquel Welch (in a
Chelsea kit and gun holster, no less). Kids
will love the two huge scale models of the
ground, and the chance to see the kits belonging
to icons like Frank Lampard and Didier
Drogba. They can also star in their own
Chelsea-themed newspaper headline. Entry
comes with an excellent tour that takes in the
dressing room and dugouts.

*Buggy access. Café. Disabled access (call
ahead): lift, toilets. Nappy-changing
facilities. Nearest picnic place: Brompton
Cemetery. Shop.*

Lord's Cricket Ground
& MCC Museum

*St John's Wood Road, NW8 8QN (7616
8595, www.lords.org). St John's Wood
tube or bus 13, 46, 82, 113, 274.* **Open**
Tours Apr-Oct 10am, noon, 2pm daily.
Nov-Mar noon, 2pm Mon-Fri; 10am,
noon, 2pm Sat, Sun. Closed some match
& preparation days; phone for details.
Admission £15; £9 5-15s, reductions;
free under-5s; £40 family (2+2). **Credit**
AmEx, MC, V. **8+**

The museum at Lord's Cricket Ground is the
oldest sporting museum in the world and
probably best enjoyed as part of one of the
tours, which take place twice daily Monday to
Friday, and three times a day at weekends.
Though relatively small, the museum is a
treasure trove of artefacts, from early bats,
balls, paintings and scorecards – some going

back more than 200 years – to mementoes of
modern times; there is also footage of some of
the best moments in cricket's history.

The must-see exhibit, of course, is the original
Ashes urn. This was first presented following
what a *Sporting Times* reporter called the
'death of English cricket', when the Australian
tourists condemned the England side to their
first ever defeat at the Oval in 1882. When
England went 2-0 up in the four-match series in
Australia, a group of Melbourne society women
burned a bail from the top of some cricket
stumps, placed the ashes inside the urn and
presented them to the visiting captain.

The ground tour also offers visitors a look
around the famous pavilion, its Long Room
and committee rooms and, of course, the home
and away dressing rooms and their balconies,
as well as the media centre, the grandstand and
cricket centre. Tours do not take place on
match days.

*Buggy access. Disabled access: toilet, lift.
Nearest picnic place: St John's churchyard
playground. Shop.*

Wimbledon Lawn Tennis Museum

*All England Lawn Tennis Club,
Church Road, SW19 5AE (8946 6131,
www.wimbledon.org/museum). Southfields
or South Wimbledon tube, then bus 493.*
Open 10am-5pm daily. Spectators only
during championships. *Tours* phone for
details. **Admission** *Museum* £11; £9.50
reductions; £6.75 5-16s; free under-5s.
Museum & tour £20; £17 reductions; £12.50
5-16s; free under-5s. **Credit** MC, V. **8+**

A visit to the museum is included in a tour of
the grounds. It's a high-tech shrine to all things
tennis and worth a visit for anyone with even
so much as a passing interest in the game. In
the cinema (with 200° screens), a film of a game
between Maria Sharapova and Nuria
Llagostera Vives allows visitors to see each
move from five different camera angles,
illustrating the body science of the game.
Meanwhile, in a mock-up of a 1980s changing
room, three-time Wimbledon champ John
McEnroe (well, in hologram form at least) is
waiting to take you on a tour behind the scenes
and share his reminiscences.

Visitors are guided through Wimbledon's
history, decade by decade, as it developed into
a British sporting institution. You can also try
on tennis outfits from different ages (and feel
the weight difference between court outfits for
men and women from 1884), test your reflexes
on interactive consoles such as Reaction Station

Sightseeing

and You Are the Umpire, and listen to broadcast snippets and interviews from significant final matches. Audio and visual guides are also available. Recommended.
Buggy access. Café. Disabled access: lift, toilet. Nappy-changing facilities. Nearest picnic place: venue grounds. Shop.

World Rugby Museum, Twickenham & Twickenham Stadium

Twickenham Stadium, Rugby Road, Twickenham, Middx TW1 1DZ (8892 8877, www.rfu.com/museum). Hounslow East tube, then bus 281, or Twickenham rail. **Open** *Museum* 10am-5pm Tue-Sat; 11am-5pm Sun. Last entry 4.30pm, ticket holders only match days. *Tours* 10.30am, noon, 1.30pm, 3pm Tue-Sat; 1pm, 3pm Sun (no tours match days). **Admission** *Combined ticket* £14; £8 under-16s, reductions; free under-5s; £40 family (2+3). Advance booking advisable. **Credit** AmEx, MC, V. **7+**

Fascinating for anyone interested in rugby, this museum boasts the largest collection of memorabilia in the world. With elegant presentation, it charts the history of the game from – and indeed before – William Webb Ellis famously picked up the ball and ran with it during a football game at Rugby School in 1821. Visitors learn how a proper set of rules was developed, about the split with northern clubs that led to the emergence of rugby league, and about the spread of the game throughout the country and overseas. Displays include strange-shaped early rugby balls, a jersey from the first-ever rugby international between Scotland and England in 1871, signed shirts from down the decades and a timeline of the history of the game, alongside major world developments. The upper floor has a library and temporary exhibition room. The museum can sometimes be closed after match days; phone to check.
Buggy access. Disabled access: toilet. Nearest picnic place: benches around stadium. Shop.

WAR & THE ARMED FORCES

Churchill War Rooms

Clive Steps, King Charles Street, SW1A 2AQ (7930 6961, www.iwm.org.uk). St James's Park or Westminster tube, or bus 3, 12, 24, 53, 159. **Open** 9.30am-6pm daily. Last entry 5pm. **Admission** £15.95; £12.80 reductions; free under-16s (incl audio guide). **Credit** MC, V. **Map** p333 K9. **7+**

Just beneath Whitehall sits a time capsule of World War II that is part of the impressive Imperial War Museum group. The nine cramped rooms of the Churchill Suite were where Britain's leaders conducted wartime business, while bombs exploded in the streets overhead. With its low ceilings and concrete bomb protection, it's an atmospheric (if slightly stifling) installation that brings the wartime period vividly to life. The map room is particularly evocative. Another, larger space in the warren of tunnels houses the multimedia Churchill Museum. Its centrepiece is a large timeline; an award-winning digital archive that chronicles every major incident of Churchill's life, from the Boer War to his long twilight as an after-dinner speaker and recipient of awards. There's also a kind of virtual peepshow of Churchill's home in Chartwell, Kent. The great man's voice, face and words come at you from all sides, and in every possible format. It's far from stiff and stuffy, and will appeal to most children – even if they end up simply playing around with all the technology. Staying here too long, though, would drive you mad: it's like being inside Winston's mind.

The temporary exhibition Undercover: Life in Churchill's Bunker opened in 2009 and has been so successful it is being extended until 2013. Family workshops linked to the exhibition will continue to take place in the school holidays; check the website for more details.
Buggy access. Café. Disabled access: lift, toilet. Nappy-changing facilities. Nearest picnic place: St James's Park. Shop.

Firepower Royal Artillery Museum

Royal Arsenal, SE18 6ST (8855 7755, www.firepower.org.uk). Woolwich Arsenal DLR/rail. **Open** 10.30am-5pm Wed-Sun & daily during school hols. Last entry 4pm. **Admission** £5; £4.50 reductions; £2.50 5-16s; free under-5s; £12 family (2+2 or 1+3). **Credit** MC, V. **7+**

Lots of children remain fascinated by warfare, artillery and soldiers despite parents and teachers discouraging too much active celebration. Occupying a series of converted Woolwich Arsenal buildings close to the river, the Gunners Museum is dedicated to the soldiers of the Royal Artillery (not the north London Premier League team). There is a footballing connection, though, which is remembered in the touching introductory film in the Breech Cinema: Arsenal FC started out as Woolwich Arsenal, when a group of armaments workers had a kickabout. After the

Imperial War Museum. *See p119.*

film, brace yourselves for the Field of Fire audio-visual display, where four massive screens relay archive film footage of very loud warfare (dry ice included).

Even more appealing to youngsters is the Camo Zone, where they can get their fingers on a trigger at the firing range, using sponge balls. There's also a bungee run and the chance to drive some radio-controlled tanks (activities cost £1.50 each and are supervised by friendly soldiers in fatigues). There are war game events recreating major battles with model soldiers on many weekends, so check the website for dates. The on-site Gun Pit café is a reasonably priced place for rations, although if the weather's good, bring a picnic and enjoy the Thameside vista.

Buggy access. Café. Disabled access: lift, toilet. Nappy-changing facilities. Nearest picnic place: riverside. Shop.

Guards Museum

Birdcage Walk, SW1E 6HQ (7414 3271, www.theguardsmuseum.com). Victoria tube/rail. **Open** 10am-4pm daily. Last entry 3.30pm. **Admission** £4; £2 reductions; £1 ex-military; free under-16s. **Credit** (shop) AmEx, MC, V. **Map** p332 J9. **7+**
This small museum is dedicated to the history of Her Majesty's five foot regiments – the Scots, Irish, Welsh, Grenadier and Coldstream Guards. It houses military relics – flags, medals, uniforms, drums and weapons – covering every campaign in the regiments' histories. Children will probably get the most out of it as a follow-up to seeing the Changing of the Guard at nearby Buckingham Palace (*see p57*). Highlights include the Grand Old Duke of York's bearskin (he commanded in peacetime, hence the nursery rhyme), plus assorted military medals, uniforms and personal effects. Worksheets for eight- to 14-year-olds add an extra dimension to a visit, and staff let kids try on bearskin hats and regimental tunics: they can have their photo taken for £5. The museum shop has an impressive collection of toy soldiers. *See also p54* **Neighbourhood Watch**.

Buggy access. Disabled access: lift. Nearest picnic place: St James's Park. Shop.

HMS Belfast

Morgan's Lane, Tooley Street, SE1 2JH (7940 6300, www.iwm.org.uk). Tower Hill tube or London Bridge tube/rail. **Open** Mar-Oct 10am-6pm daily. Nov-Feb 10am-5pm daily. Last entry 1hr before closing. **Admission** £13.50; £10.80 reductions; free under-16s. **Credit** MC, V. **Map** p335 R8. **4+**
HMS *Belfast* is another member of the impressive Imperial War Museum family. The vessel itself is the only surviving large light cruiser to have served in World War II. She went on to active service in Korea, before taking on peace-keeping duties in the 1950s and '60s.

Belfast has been preserved to reflect the different decades of her service and the various campaigns she served in.

With her nine decks, the ship is a vast playground of narrow ladders, stairs, cabins and walkways. There are guided tours, but it's just as much fun to scramble around the ship at random, from bridge to boiler room, galley, sick bay, dentist's, NAAFI canteen and mess deck; there's even an operating theatre on board. Models of sailors chatting, eating, cooking and having their teeth drilled add to the entertainment.

Drop-in family activities take place during the holidays (check the website for details), which might involve crafts, music or dance.
Buggy access. Café. Disabled access: toilet. Nearest picnic place: Potters Fields Park. Shop.

Household Cavalry Museum

Horse Guards, Whitehall, SW1A 2AX (7930 3070, www.householdcavalrymuseum. org.uk). Embankment or Westminster tube, or Charing Cross tube/rail. **Open** *Mar-Sept 10am-6pm daily. Oct-Feb 10am-5pm daily.* **Admission** £6; £4 5-17s, reductions; free under-5s; £15 family (2+3). **Credit** MC, V. **5+** There are all sorts of curios in this museum, including a cork leg, some silver kettledrums and a deadly pistol ball. There are also, as you'd expect, lots of regimental uniforms, medals and tack. The Household Cavalry comprises the oldest and most senior regiments in the British Army and, as well as enjoying a display of their ceremonial role (detailed below) visitors can watch video diaries of serving soldiers. The museum is separated from the stables by a glass wall, so you can sometimes see the magnificent horses being rubbed down after their official duties.

The Cavalry mounts the guard on Horse Guards Parade every day at 11am (10am on Sunday): this is actually a better place to see them in action than Buckingham Palace (*see p57*), since the crowds are thinner here, and you're not held far back from the action by railings. After the old and new guards have stared each other out in the centre of the parade ground for a quarter of an hour, if you nip through to the Whitehall side, you'll catch the departing guard's hilarious dismount choreography, which involves a synchronised, firm slap of approbation on each horse's neck before the gloved troopers all swing off. During school holidays, children can settle down to listen to a story in the museum, follow detective trails or join craft workshops. *See also p54* **Neighbourhood Watch**.
Buggy access. Disabled access: toilet. Nearest picnic place: St James's Park. Shop.

National Maritime Museum.

Imperial War Museum

*Lambeth Road, SE1 6HZ (7416 5000,
www.iwm.org.uk). Lambeth North tube
or Elephant & Castle tube/rail.* **Open**
10am-6pm daily. **Admission** free; charges
may apply for special exhibitions. **Credit**
MC, V. **5+**

Military exploits couldn't be less fashionable,
but the Imperial War Museum still has an
important role to play. Expecting a child to
engage with the concept of a moral war might
be too much to ask, but they can certainly begin
to understand the effects of conflict on civilian
life. Of course, there will be some guilty
voyeurism too. There are guns, planes (some
hanging from the ceiling), submarines,
cannons, tanks and paintings of war in the main
galleries. But there's far more to the museum.
The collection covers conflicts, especially those
involving Britain and the Commonwealth, from
World War I to the present day. A clock (which
was set running at midnight on 1 January 2000,
when the number of lives lost during the wars
of the 20th century stood at 100 million)
continues to count those dying in conflicts –
calculated to be two per minute.

Family-friendly temporary exhibitions
include the Children's War (until Feb 2012),
which looks at rationing, evacuation, air raids
and blackouts from a child's perspective; and
Once Upon a Wartime: Classic War Stories for
Children (until 30 Oct 2011), a major new
exhibition that delves into the pages of well-
loved books, bringing five stories of war – *War
Horse, Carrie's War, The Machine Gunners,
The Silver Sword* and *Little Soldier* – to life.
Wander through life-size sets, peer into intricate
scale models and explore themes of loyalty,
separation, excitement, survival and identity.

The unflinching Holocaust Exhibition, which
traces the history of anti-semitism and its
shameful nadir in the death camps, is not
recommended for under-14s. Upstairs, Crimes
Against Humanity is a minimalist space in
which a film exploring genocide and ethnic
violence rolls relentlessly; it's also unsuitable
for under-16s.

The museum is housed in what was once the
Bethlehem Royal Hospital (better known as
Bedlam) on Lambeth Road, and really needs a
whole day to explore. Luckily, the café is good
and the grounds are perfect for a picnic, so pace
yourselves. Check for one-off family-friendly
events on the museum's website.
*Buggy access. Café. Disabled access: lift, toilet.
Nappy-changing facilities. Nearest picnic
place: museum grounds. Shop.*

National Army Museum

*Royal Hospital Road, SW3 4HT (7730
0717, 7881 2455 recorded information,
www.national-army-museum.ac.uk).
Sloane Square tube or bus 11, 137, 239.*
Open 10am-5.30pm daily. **Admission**
free. **Credit** (shop) AmEx, MC, V.
Map p329 F12. **3+**

The history of the British Army as told by this
museum will satisfy a child's love of all things
gruesome (notices alert parents if there's
anything unsuitable for younger children
coming up). There are lots of permanent
galleries as well as temporary exhibition hall
the White Space, so don't try and see everything
in one go. Most appealing to children will be the
English Civil War helmet that they can try on;
the chainmail armour they can gasp at the
weight of; the immense model of the Battle of
Waterloo, with 75,000 toy soldiers; and the
skeleton of Napoleon's horse. The Redcoats
Gallery shows how Brits conquered the world,
while Nation in Arms covers both World Wars,
with a reconstruction of a World War I trench
and a particularly good jungle area. We also
liked the way we were exhorted to join the 1914
army by a virtual recruiting sergeant as soon
as we stepped through the door.

The Kids' Zone and regular themed weekend
events have gone a long way to broadening the
museum's appeal. The Kids' Zone is a free,
interactive learning and play space for under-
tens, with a castle and a cavalry charge of
rocking horses, and opportunities to join in art
activities, play board games or read; it can be
booked by the hour for birthday parties.
There's also a soft play area for babies. *See also
p126* **Neighbourhood Watch.**
*Buggy access. Café. Disabled access: lift, toilet.
Nappy-changing facilities. Nearest picnic
place: museum benches, Chelsea Hospital
grounds. Shop.*

National Maritime Museum

*Romney Road, SE10 9NF (8858 4422,
8312 6565 information, www.nmm.ac.uk).
Cutty Sark DLR or Greenwich DLR/rail.*
Open 10am-5pm daily. **Admission** free;
donations appreciated. **Credit** MC, V. **4+**

As a World Heritage site, it's no wonder the
attractions at Greenwich are being targeted for
inclusion in the Olympic hoo-ha of 2012. The
new Sammy Ofer Wing at the National
Maritime Museum is due to open in summer
2011 and will include a new interactive gallery
for younger visitors, among other things.
Expect some upheaval in the meantime, with

Sightseeing

Neighbourhood Watch
South Kensington

Bringing up children in traffic-clogged London can be difficult at times, but when you visit South Kensington, you realise that the pros vastly outweigh the cons – where else in the world could you wander between three world-class museums, a cutting-edge art gallery and probably the capital's best playground, all without opening your purse?

With the culture come the crowds, of course, and the Science Museum, Natural History Museum and Victoria & Albert Museum attract millions of visitors each year to gawp at rockets, blue whales and ancient carpets. Most arrive via Exhibition Road, which until recently was an unpleasantly traffic-clogged artery. But now it is changing for the better, with an innovative shared use redesign, with a kerb-free single surface and a minimum of street furniture and barriers.

Weather permitting, it's traditional to make for the green swathes of **Hyde Park** after a morning's museum-strolling for a picnic. At one and a half miles long and about a mile wide, you should be able to find somewhere to lay out the cucmber sandwiches.

Dem bones

The **Natural History Museum** (*see p104*) is a big place, so start by picking up a free map from one of the information desks. Upon production of a parental credit card (a £25 refundable deposit is required), under-sevens can be kitted out with an Explorer backpack, with a pith helmet and binoculars. Themed Discovery Guides for five to 12s cost a pound. Now you're all set to go.

Generations of children have stood in the lofty central hall and gazed up at the mighty diplodocus cast, which has stood here for over a century. He was a vegetarian – unlike the animatronic T-Rex. Bravado runs high in the long, snaking queue that leads to his lair, though his swishing tail, baleful eyes and low growl strike fear into the

stoutest of hearts – and can be too much for smaller children.

Solace can be found in the creepy crawlies gallery, where even toddlers can tower over the mini-beasts; watching the leaf-cutting ants toiling away is strangely therapeutic. If your offspring are more in the mood for destruction, head for the Power Within gallery, devoted to volcanoes and earthquakes. Step inside the 'quake simulator, which recreates the effects of the 1995 Kobe earthquake, and prepare to be all shook up in a mocked-up supermarket.

Not tired yet? Good, because there's plenty more to see – the gleaming new Darwin Centre for starters. Make sure you check out the programme of Nature Live talks, too; many are aimed at families, with topics ranging from carnivorous plants to bats or jungle beetles. And if a day isn't long enough here for the kids, book them a place on one of the monthly sleepovers (8-11s), including a torchlit dino discovery tour and a kip beneath the diplodocus.

Super science

For an all-round top day out, it's hard to beat the **Science Museum** (*see p112*), with its boy's own galleries chock full of cars, rockets, trains and ships. And it's not all 'look, don't touch' – the gloriously interactive Launchpad gallery is bursting with levers to pull, bridges to build and bubbles to blow. For proper explanations of why and how, children are advised to collar one of the museum's Explainers: walking, talking mines of information, clad in bright orange T-shirts.

Under-eights may have some trouble reaching and operating some of the exhibits in Launchpad; they can get hands-on in the Pattern Pod (suitable for over-fives). Younger ones can explore the Garden play zone down in the basement, donning orange waterproofs to mess about with boats and floats and constructing wobbly edifices from huge building blocks.

A right royal collection

It might seem like a less than obvious place to take the children, but that's precisely the appeal of the august **Victoria & Albert Museum** (*see p86*). The galleries are dotted with oddities that hold an unexpected appeal for children: Tippoo's Tiger, a bizarre, life-size 18th-century automaton depicting a man-eating tiger in the middle of his dinner, is always a hit. Then there are the impossibly tiny miniature portraits, towering platform shoes, impassive golden deities and swashbuckling samurai swords.

Though most of the priceless pieces are safely stowed behind glass, you can poke and prod certain exhibits: pick up a map and look for the hands-on symbols. A range of themed backpacks are also available to borrow, full of hands-on activities, including jigsaws, stories, puzzles, construction games and things to handle. If you're visiting on a Sunday, the new Drop-in Design events send children off around the V&A to hunt for design clues and ideas, before heading back to the Sackler Centre to create imaginative new designs using a range of materials. Themes might include choosing your favourite outfit from the V&A collection and designing a fancy accessory to complete the costume.

Diana, Princess of Wales Memorial Playground.

Pirate ships & pedalos

After a morning in your museum of choice, an afternoon in Hyde Park and **Kensington Gardens** (*see p143*) is just the job. A ten-minute walk away, over 300 acres stretch before you. Horse-riders trot briskly along Rotten Row, in-line skaters speed past, and picnic-toting families hike across the grass in search of a scenic spot. Stroll up to the Serpentine, London's biggest boating lake, and take to the water in a pedalo; cheats can catch the eco-friendly solarshuttle across.

Head over to the southern side of the Serpentine for the Diana, Princess of Wales memorial fountain; sit on the edge and cool your toes; proper dips are best taken in the park's **lido and paddling pool**.

North of here, in Kensington Gardens, is a tribute to the princess that children will enjoy even more: the vast and vastly entertaining **Diana, Princess of Wales Memorial Playground** (*see p143*), although queues can build up on warm summer days. Another draw is the famous statue of Peter Pan, on the west bank of the Long Water. It appeared on May Day morning, 1912, accompanied by a brief announcement in the Times: 'There is a surprise in store for the children who go to Kensington Gardens to feed the ducks in the Serpentine this morning.' Pay your respects to Peter, then head off to search for fairies in the flowerbeds.

Also in the area: Carluccio's Caffè, Gourmet Burger Kitchen, Paul.
Café Crêperie *2 Exhibition Road, SW7 2HF (7589 8947, www.kensington creperie.com).* Bustling joint that serves up sweet and savoury crêpes.
Le Pain Quotidien *15-17 Exhibition Road, SW7 2HE (7486 6154, www.lepainquotidien.co.uk).* Pricey but tasty tartines, salads and cakes.
Lido Café on the Serpentine *Hyde Park, W2 2UH (7706 7098).* Down-to-earth, delicious grub in a splendid spot.
Orangery Kensington Palace *Kensington Gardens, W8 2UH (7376 0239, www.hrp.org.uk).* Afternoon tea and light lunches served in stunning surrounds.

Sightseeing

the outdoor play area and several galleries closed at the time of writing. Britain's seafaring heritage takes centre stage at this vibrant, appealing museum. Themed galleries address everything from the perils faced by early explorers to the slave trade. In the Ships of War gallery, doll's house owners will dream of getting their hands on the impossibly intricate model ships that were built for the Royal Navy in the 17th and 18th centuries; the Royal George is a beauty. In the All Hands gallery, kids can have a go at loading up a cargo ship or sending a semaphore signal, while the Bridge Gallery has a simulator where they can attempt to steer a ferry into port.

The Museum Highlights trail takes children through the galleries in search of golden mermaids, the fatal bullet hole in Nelson's blood-stained jacket and, best of all, a real-life pirate's sword, while weekends and school holidays bring a good assortment of activities to get stuck into. Up the hill, the Royal Observatory and Planetarium (see p46) are also part of the NMM complex. See also p132 **Neighbourhood Watch.**
Buggy access. Café. Disabled access; lift, toilet. Nappy-changing facilities. Nearest picnic place: Greenwich Park, museum grounds. Shop.

Royal Air Force Museum Hendon
Grahame Park Way, NW9 5LL (8205 2266, www.rafmuseum.org). Colindale tube or Mill Hill Broadway rail, or bus 303. **Open** 10am-6pm daily. *Tours* daily; phone for details. **Admission** free. *Tours* free.
Credit MC, V. **3+**
Hendon Airfield has existed here since 1910, hence its claim to be the birthplace of aviation in Britain. Hangers full of over 100 aircraft form the main attraction of this museum. They include a Camel, Tempest, Tiger Moth, Mosquito and Harrier – all parked at ground level or hung in dogfight poses from the rafters of the ultra-modern Milestones of Flight building. Excitingly, helicopters jut above your head as you sit in the café. Don't miss the miniature parachutists going up and down in a tube or dropping off a wire into the hands of kids eager to learn about the laws of gravity.

Plenty of other interactive games are available in the Aeronauts gallery, many in the guise of pilot aptitude tests. Only the flight simulator (over-eights only) carries an extra charge: everything else is gloriously free, so don't exhaust the kids with a full tour; you can come back as often as you like. More low-key than the Milestones of Flight gallery are the atmospheric, dimly lit Battle of Britain building and the restored Grahame-White Factory.

There is plenty of lethal hardware on display, from World War II doodlebugs to modern cluster bombs and cruise missiles, so be ready to field questions about man's inhumanity to man as you walk around the galleries. Special activity days take place throughout the year, particularly on military holidays; older kids can learn the principles of rocket science, while youngsters build their own cardboard flying machines. See the website for upcoming events.

Activities for children and adults take place all year, with a cluster in the summer holidays. The ever-popular workshops (book ahead) can include activities like hot-air balloon making, rocket science, and Search and Rescue role-play. Quizzes, Pulsar Battlezone interactive laser games, face-painting, aircraft displays and giant garden games might also be on the cards. *Buggy access. Café. Disabled access: lift, toilet. Nappy-changing facilities. Nearest picnic place: on-site picnic area. Restaurant. Shop.*

Winston Churchill's Britain at War Experience
64-66 Tooley Street, SE1 2TF (7403 3171, www.britainatwar.co.uk). London Bridge tube/rail. **Open** *Apr-Oct* 10am-5pm daily. *Nov-Mar* 10am-4.30pm daily. **Admission** £12.95; £6.50 reductions; £5.50 5-15s; free under-5s; £29 family (2+2). **Credit** AmEx, MC, V. **Map** p335 Q8. **8+**
This museum is small and cramped, but that's part of the point. The first excitement is the descent from the street into the museum, via an original London Underground lift. Once below, visitors are delivered straight into a mocked-up Blitz-era Underground shelter, with sounds of an air raid rumbling overhead. The convincing set includes bunks, a temporary kitchen and library, original posters and newsreel clips from the time. Other displays explore the roles of women at war, the life of evacuated children and rationing. An ex-evacuee is on hand to show you his childhood photos, there's a BBC broadcasting room and a pub, and children will enjoy trying on tin helmets and gas masks in a dressing-up corner. The visit ends in a full-size street, where a bomb has just exploded – all chillingly staged to make you think the action occurred moments before. An hour or so probably suffices for the whole place.
Buggy access. Disabled access: toilet. Nearest picnic place: Southwark Cathedral gardens. Shop.

Museums & Galleries

Sightseeing

Parks & Gardens

Head for the open air.

Londoners owe a great debt to royalty and philanthropists over the centuries. Both parties may have been a lot more privileged and wealthy than the average Joe, but they have been responsible for creating and preserving some of London's best open spaces. And as any Londoner knows, the sheer variety is thrilling. As well as ancient trees, well-stocked borders and beds, and landscaping to rival any rural stately home, there are often plenty of other attractions.

On top of finding somewhere for the children to run wild and explore, you'll discover great cafés and restaurants – **Holland Park** (*see p137*), **St James's Park** (*see p144*), **Coram's Fields** (*see p134*); galleries – **Dulwich Park** (*see p134*), **Hyde Park** (*see p143*); zoos – **Regent's Park** (*see p143*), **Battersea Park** (*see p129*); city farms – **Crystal Palace Park** (*see p134*), **Lee Valley Park** (*see p146*); open-air theatres – **Regent's Park** (*see p143*); and open-air swimming pools – **Hampstead Heath** (*see p136*), **Brockwell Park** (*see p130*). What's more, most of them are free to get into.

In these pages, we've listed Royal Parks, wild urban spaces, local parks, adventure playgrounds and the surprising large open spaces reserved for Londoners by forward-thinking planners over the centuries.

BOTANIC GARDENS

More botanic beauties can be found in **Chumleigh Gardens** (Burgess Park; *see p130*), the herb garden at the **Geffrye Museum** (*see p77*), **Ham House** (*see p62*), **Hampton Court Palace** (*see p59*) and **Syon House Gardens** (*see p66*).

Chelsea Physic Garden
66 Royal Hospital Road (entrance on Swan Walk), SW3 4HS (7352 5646, www.chelsea physicgarden.co.uk). Sloane Square tube or bus 170. **Open** *Apr-Oct noon-5pm Wed-Fri; noon-6pm Sun, bank hol Mon. Tours times vary, phone to check.* **Admission** £8; £5 5-15s, reductions; free under-5s. *Tours free.* **Credit** MC, V. **Map** p329 F12.
A working garden since 1673, the Chelsea Physic has long been at the vanguard of botanical research. The Pharmaceutical Garden is planted out according to medical specialisms including oncology, cardiology, dermatology and psychiatry; the Garden of World Medicine is planted by geographical area. Perfumery and Aromatherapy borders are full of plants which yield scents and oils, while the vegetable and fruit garden specialises in rare varieties. Bees in the Mediterranean Garden provide honey for the shop and there's also a café that serves light snacks and lunches (plus some evening meals in high summer). Come during school holidays for the Family Activity Days, including in 2011 Lotions and Potions – an Introduction to Herbal Medicine for over-sixes, a Forensic Biology Workshop for over-eights, and Paper Making for beginners for over-sixes.
Buggy access. Café. Disabled access: toilet. Nappy-changing facilities. Shop.

Royal Botanic Gardens (Kew Gardens)
Richmond, Surrey, TW9 3AB (8332 5655, 8940 1171 information, www.kew.org). Kew Gardens tube/rail, Kew Bridge rail, or riverboat to Kew Pier. **Open** *Apr-Aug 9.30am-6.30pm Mon-Fri; 9.30am-7.30pm Sat, Sun. Sept-Oct 9.30am-6pm daily. Late Oct-early Feb 9.30am-4.15pm daily. Early Feb-late Mar 9.30am-5.30pm daily. Last entry 30mins before closing.* **Tours** 11am, 2pm daily. **Admission** £13.90; £11.90 reductions, late entry (after 4.45pm); free under-17s. **Credit** AmEx, MC, V.

Sightseeing

Kew Gardens may be famous for its rich botanical heritage, but it has countless other attractions more suitable for exciting younger visitors. First stop for the little ones is the Climbers & Creepers adventure playground. Here, kids can clamber into a flower and dig for 'fossilised plants', while real insects buzz amid see-through habitats. This is also the base where eight- to 11-year-olds and their guardians can come for a Midnight Rambler sleepover, which offers the chance to track local wildlife and earn prizes (£40 per person, April to October; book well in advance). Right next door is new outdoor play area Treehouse Towers, which is full of scramble nets, slides, giant swings, zip wires and towers.

Second favourite, particularly on a freezing winter's day, is the lush, tropical Palm House, where children love climbing the spiral staircases to the upper walkways, and are delighted by the discovery of the Marine Display tanks in the basement. Don't forget the outdoor Treetop Walkway, 60ft up in the air. The rest of Kew's 300 acres has an amazing array of monuments, gardens and landscapes. The famous Pagoda is one of 40 Grade II-listed structures within Kew's walls (although you can no longer climb to the top and enjoy the views), while the Minka House was originally a farmhouse outside Okazaki City in Japan. The scaled-up badger sett is also brilliant fun.

If you're walking around the gardens on foot, pick up a free map at the ticket office. Smaller children might prefer to ride the Kew Explorer people-mover, which plies a circular route around the gardens (£4; £1 reductions). There are cafés and restaurants dotted here and there, but on a fine day you can't beat a picnic. Summer art shows, live music and a winter ice rink in front of the Temperate House (check website for dates) make Kew a year-round treat. *Buggy access. Cafés. Disabled access: toilet. Nappy-changing facilities. Restaurants. Shop.*

CEMETERIES

Abney Park Cemetery & Nature Reserve
Stoke Newington High Street, N16 0LN (7275 7557, www.abney-park.org.uk). Stoke Newington rail or bus 73, 106, 149, 243, 276, 349. **Open** *Cemetery* dawn-dusk daily. *Visitors centre* 10am-2pm Mon-Fri. **Admission** free.
Abney Park is one of London's 'Magnificent Seven' garden cemeteries. Laid out in 1840, it was a model of non denominational tolerance

whose chapel welcomed allcomers. The chapel is currently in a tumbledown state, but funds have been raised to reroof and repoint before the whole thing collapses. There's also money for a fence around the children's garden and to repair the old iron gates at the main entrance. Abney Park is just as winsomely decayed as Highgate Cemetery but without the entry fee or Marx pilgrims. It's a chaotic jumble of Victorian graves, trees, and blind corners. The slowly decaying monuments – urns, angels, Celtic crosses, saints and shepherds – add romantic interest to what's now a local nature reserve (it was Hackney's first), where birds, butterflies and bats make their home.

There's an environmental outdoor classroom at the Stoke Newington High Street entrance, which hosts free workshops for children and adults: go on a mini beast hunt, examine beetles and bugs at close quarters, or take a tree tour and learn about the hundreds of different varieties on site. The visitors' centre doubles as a shop for guides to green London and other environmentally aware literature. From the Church Street entrance path, avoid turning left if you want to steer clear of men seeking men. *Buggy access. Disabled access: toilet (visitors centre). Shop.*

Brompton Cemetery
Fulham Road, SW10 9UG (7352 1201, www.royalparks.org.uk). West Brompton tube/rail. **Open** *Summer* 8am-8pm daily. *Winter* 8am-4pm daily. **Admission** free.
This is one of the finest Victorian cemeteries, and with its formal layout, grand central avenue, and chapel based on St Peter's Basilica in Rome, one of the most distinctive. It has more than 35,000 monuments to the dead, commemorating the famous and infamous, including suffragette Emmeline Pankhurst, shipping magnate Sir Samuel Cunard and boxer 'Gentleman' John Jackson, who taught Byron to box; his grave is marked by a lion. The peace is regularly disturbed by Chelsea FC's home games at neighbouring Stamford Bridge. Bond fans might also like to know that the cemetery was used as a set in *GoldenEye*. *Buggy access. Disabled access.*

Highgate Cemetery
Swain's Lane, N6 6PJ (8340 1834, www.highgate-cemetery.org). Highgate tube. **Open** *East cemetery* Apr-Oct 10am-5pm Mon-Fri; 11am-5pm Sat, Sun. Nov-Mar 10am-4pm Mon-Fri; 11am-4pm Sat, Sun. *West cemetery* by tour only; phone for

details. **Admission** *East cemetery* £3; £2 reductions. *West cemetery tours* £7; £5 reductions; £3 8-16s. **No credit cards.**

In 2009, Highgate Cemetery was upgraded to a Grade I-listed park. Not bad for somewhere that, as recently as 1981, was thoroughly neglected, with a tangle of brambles, overgrown self-sown trees and crumbling exterior walls and buildings. The cemetery is most famous for housing the grave of Karl Marx (East cemetery), and you'll often see pilgrims making their way to it through neighbouring Waterlow Park (*see p142*).

Children love the wild wood feel of the place; thanks to its angels, shrouded urns and broken columns, this beautiful boneyard has a romantic atmosphere of ivy-covered neglect. Officially, youngsters are discouraged from visiting, unless they're coming to see the grave of a relative – but if you long to pay your respects to Marx, Mary Ann Evans (aka George Eliot), Christina Rossetti, scientist Michael Faraday, or any of the other eminent figures who now repose in the East cemetery, you can bring children along, as long as they behave well. The atmospheric West cemetery, with its Lebanon Circle Vaults, Egyptian Avenue and Terrace Catacombs, is out of bounds to casual visitors; adults and children aged eight and over can take a guided tour. Both sites close for funerals, so phone before you visit.
Buggy & disabled access (East cemetery only).

Kensal Green Cemetery

Harrow Road, W10 4RA (8969 0152, www.kensalgreencemetery.com). Kensal Green tube/rail or bus 18, 52. **Open** *Apr-Sept* 9am-6pm Mon-Sat; 10am-6pm Sun. *Oct-Mar* 9am-5pm Mon-Sat; 10am-5pm Sun. *All year* 10am-1pm bank hols. *Tours* 2pm Sun. **Admission** free. *Tours* £5; £4 reductions.

This was the first commercial cemetery in London when, during Victorian times, the population grew too fast to be served by the city's existing churchyards. Behind an impressive neoclassical gate lie 72 acres of trees, shrubs, graves and monuments between the Grand Union Canal and Harrow Road – there's a contemporary art gallery on site too. Kensal Green is one of London's 'Magnificent Seven' garden cemeteries and was divided into a consecrated section for Anglicans and an unconsecrated alternative for dissenters. Various 19th-century greats repose here, including Isambard Kingdom Brunel, William Thackeray, Anthony Trollope and Wilkie Collins, but the most impressive monuments are the ornate mausoleums of lesser names. There's also a Greek Revivalist chapel and mysterious catacombs, which you can visit on the two-hour guided cemetery tours that take place on Sunday afternoons (over-12s only). The annual Open Day is usually held on the first Saturday in July (check the website for details), and has a village fête atmosphere with face painting, stalls, dressing-up and a motorcade of hearses.
Buggy access. Disabled access: toilet.

West Norwood Cemetery

Norwood Road, SE27 9JU (7926 7999, www.westnorwoodcemetery.com). West Norwood rail or bus 2, 68, 196, 315, 322, 432, 468. **Open** *Summer* 8am-6pm Mon-Fri; 10am-6pm Sat, Sun. *Winter* 8am-4pm Mon-Fri; 10am-4pm Sat, Sun. **Admission** free.

Another of London's 'Magnificent Seven' Victorian garden cemeteries, West Norwood has more listed monuments than any other English cemetery – look out for Mrs Beeton and Sir Henry Tate (the man behind the creation of Tate Britain after his proposed donation of British art to the National Gallery was refused in the late 19th century). For a place associated with death, there's a lot of life going on. The cemetery is a green haven where a great variety of wildlife chirps, slithers and scampers amongst the gothic grandeur. Look out for kestrels and tawny owl, who use the place as a hunting ground, and enjoy the bluebells, wild primroses and daffodils in spring. Managed by Lambeth Council, this sloping 40-acre site includes habitats such as planted flower beds and shrubbery, scrub, vegetated walls and tombstones. In the highest part of the cemetery, there's also an area of ancient trees, possibly a fragment of the original Great North Wood from which Norwood gets its name.
Buggy access.

CITY SPACES

The Greenway

0870 240 6094, www.walklondon.org.uk.
Who would have thought a sewage pipe could make such an interesting day out? The Greenway is a three-mile walking trail and cycleway that has been fashioned along the embankment of a large pipe that carries you-know-what from north London to the works at Beckton. It's part of the Capital Ring circular

Neighbourhood Watch
Chelsea

Saatchi Gallery.

Originally a fishing village, Chelsea was a 'village of palaces' by the 16th century as large mansions sprang up along the picturesque riverfront to house the likes of Sir Thomas More. Artists and poets (Whistler, Carlyle, Wilde) followed from the 1880s, before the Swinging Sixties and punk made the area synonymous with new culture revolutions.

Nowadays, though, the mohicans and revolutionary culture are long gone, replaced by mochachinos and rarefied couture. That said, it's an attractive area for a stroll with the kids in tow, from the Bugaboo-filled aisles of department store Peter Jones to the mercilessly modern art of the new **Saatchi Gallery** (*see p82*) You may not be able to afford to move to SW3, but there's no reason not to sample the high life for a bit.

Shopping vs culture
At Sloane Square, named after Sir Hans Sloane who provided the foundation collections for the British Museum, you could pop into the **Royal Court**, the stylish home of cutting-edge theatre. Check out the website for occasional backstage tours (www.royalcourttheatre .com). Alternatively, browse the stylish home of middle class retail, aka Peter Jones, set in a refurbished 1930s building with excellent views from its top-floor café. More smart shopping prospects loom at the pedestrianised

Duke of York Square, which also makes a relaxing post for an al fresco lunch stop for hungry kids. Also here is the **Saatchi Gallery** (*see p82*). It holds envelope-pushing temporary exhibitions, many of which appeal to children.

Continue the upscale shopping opportunities on the King's Road. The western end – known as World's End – was once the home of Vivienne Westwood's shop at no.430, with its backwards-spinning clock. If you've walked all the way here, you deserve to rest your tired legs in Cremorne Gardens, a riverside park with uplifting views east to Old Ferry Wharf and west to exclusive Chelsea Harbour.

War – what is it good for?
The 500-year history of the British Army is told at the **National Army Museum** (*see p119*). Don't be put off by the rather severe modern exterior of the museum; some eccentric exhibits and displays, together with an exciting programme of family events, make this friendly museum far more entertaining than you might think.

Sure, there are a number of dry displays of regimental items – old uniforms (including the kit of ex-army athlete and Olympic medallist Dame Kelly Holmes), kit bags and the like – but there are also fascinating highlights: a model of the Battle of Waterloo, starring 75,000 toy soldiers; the skeleton of Napoleon's beloved mount, Marengo; and Florence Nightingale's lamp. Children love the more bizarre exhibits, such as the frostbitten fingers of Major 'Bronco' Lane, conqueror of Mount Everest. The Redcoats Gallery starts at Agincourt in 1415 and ends with the redcoats in the American War of Independence; Nation in Arms covers both World Wars, with reconstructions of a trench in the World at War (1914-1946) exhibition, and a D-Day landing craft. There's more military hardware, including a hands-on Challenger tank simulator, up in the Modern Army exhibition. (Note that certain exhibitions are not suitable for younger children. Faces of Battle includes previously unseen photographs and footage of Britain's faceless war wounded, displayed alongside contemporary uniform sculptures tracing their surgery, rehabilitation and recovery.)

WAACS at War looks at the role of the women who 'did their bit' for the WWII war effort. Their roles included cooking and waiting on officers, serving as clerks, telephone operators, store-women, drivers, printers, bakers and cemetery gardeners. There is also information on the women who disguised themselves as men to go and fight.

Themed weekend events (check the website for details), which usually involve costumed interpreters and craft activities, have gone a long way to broadening the museum's appeal, as has the Kids' Zone – a free interactive learning and play space. It's the sort of place you can bring all your troops to, as its attractions include construction, reading and art activity and board-game areas tailored for under-tens, including a soft-play area for babies.

Gardeners' world

This area is famous for its annual Flower Show held towards the end of May, and the Chelsea Royal Hospital, just around the corner from the Army Museum, is where it's held. The show is an awesome sight and the intricate, colourful displays and show gardens will enthrall children, although it's over-fives only – toddlers are, understandably, deemed too much of a risk. Tickets need to be booked way in advance for the three public days. Also in the neighbourhood are the year-round delights of the **Chelsea Physic Garden** (*see p123*). London's oldest botanic garden can be reached via Flood Street, one of the many attractive side roads branching off King's Road. The garden was set up in 1673, but the key phase of development was under Sir Hans Sloane in the 18th century. Its beds contain healing herbs and rare trees, dye plants and medicinal vegetables; plants

are also sold. Public opening hours are restricted because this is primarily a centre for research and education. There are two deep ponds and poisonous plants, so it's not suitable for very small children, and there must be two adults for every two children under 18.

That said, the education department organises activity days for older children on themes such as Gardening for Beginners or Gardening Photography over the Easter and summer holidays. Activity days should generally be pre-booked, and are suitable for seven- to 11-year-olds (although there are some for four- to six-year-olds and nine-to 13-year-olds). For a full list of dates, visit the website (www.chelsea physicgarden.co.uk). Educational visits and teacher-training days can also be arranged.

Refreshments

Also in the area: Pizza Express.
Benihana *77 King's Road, SW3 4NX (7376 7799, www.benihana.co.uk).* Japanese teppanyaki, with highly entertaining chefs.
Big Easy *332-334 King's Road, SW3 5UR (7352 4071, www.bigeasy.uk.com).* Cajun fare for sharing: steaks, sticky ribs, crab and the like.
Gelateria Valerie *Duke of York Square, King's Road, SW3 4LY (7730 7978).* Enticing Italian-style *gelato* in 24 scrumptious flavours.
Itsu *118 Draycott Avenue, SW3 3AE (7590 2400, www.itsu.com).* Polished Japanese fare.
Left Wing Café *9 Duke of York Square, SW3 4LY (7730 7094, www.patisserie-valerie.co.uk).* Part of the Patisserie Valerie cake-and-café chain.
Manicomio *85 Duke of York Square, King's Road, SW3 4LY (7730 3366, www.manicomio.co.uk).* Pasta, pizza and a shaded terrace.
National Army Museum Café *National Army Museum, Royal Hospital Road, SW3 4HT (7730 0717, www.national-army-museum.ac.uk).* Think solid, sturdy grub: meatballs, fish, chips.
Paul *134 King's Road, SW3 4X8 (7581 9611, www.paul-uk.com).* An outpost of the ever-reliable French bakery chain.

Sightseeing

My Sport Judo
Duncan, 14

What inspired you to take up judo?
I went to watch my dad and the man who is now my coach fight in a competition. My dad passed away a few years ago, but he started judo at school, so he'd been doing it for 40 years.

What do you like about your sport?
I like the competing best. I wouldn't want to participate in a sport that didn't have a competitive element.

What level are you at?
Just below British Squad standard.

There's not really a term for it, but I'm above County level. I'm a blue belt, so I've got the brown and black belts to go.

What's next for you in your sport?
I'd like to get to British Squad standard and then compete at Olympic level. I think the 2016 Olympics might be too close, but I'm hoping for 2020 if not.

Which events would you like to see at the London 2012 Olympic Games and Paralympic Games?
Athletics and Judo.

Sightseeing

walk around London's suburbs, and the wide, bonded gravel track lifts intrepid urban explorers above the surrounding cityscape.

Great views of Canary Wharf and the Millennium Dome were already a draw, along with architectural curiosities such as the Byzantine-style Victorian Abbey Mills Pumping Station (known as the Cathedral of Sewage). But every month, the views from this raised walkway get more exciting. The Greenway skirts the Olympic Park, so walkers and cyclists can see the mass of cranes and builders at work as they construct venues for the London 2012 Olympic and Paralympic Games.

There's also a community art and education centre called the View Tube to visit, and the lovely Container Café (*see p245*) is a pleasant place to sit and watch the progress down below. Two distinctive new gates at the Wick Lane and Canning Town entrances have been commissioned by the Olympic Delivery Authority by artist group the Klassnik Corporation. Bikeworks (8980 7998, www.bikeworks.org.uk) hires bikes out at £6 per hour, and also offers guided bike rides of the nearby developments. For further details of the Capital Ring route, visit www.walklondon.org.uk.

Postman's Park

Between King Edward Street & Aldersgate Street, EC1R 4JR (7374 4127). St Paul's tube. **Open** *Summer* 8am-7pm daily. *Winter* 8am-4pm daily. **Admission** free. **Map** p334 O6.

This park was opened in 1880, and is made up of bits of several former churchyards. It acquired its name after becoming the lunchtime favourite of postal workers from a nearby sorting office (long since demolished). The park is a lovely curio, especially for children of reading age, as it is best known for the Watts Memorial to Heroic Sacrifice. The memorial is a canopy-covered expanse of ceramic plaques, inscribed in florid Victorian style, that pay tribute to ordinary people who died trying to save others. 'Frederick Alfred Croft, Inspector, aged 31', begins one typical thumbnail drama. 'Saved a Lunatic Woman from Suicide at Woolwich Arsenal Station, But was Himself Run Over by the Train, Jan 11, 1878'. Many of the dead heroes were children, who tried to rescue drowning companions; their fates make gruesome lessons for their latter-day counterparts. In late spring, the handkerchief tree is also spectacular.
Buggy access.

LOCAL PARKS

Alexandra Park & Palace

Alexandra Palace Way, N22 7AY (8444 7696 park, 8365 2121 information, www.alexandrapalace.com). Wood Green tube or Alexandra Palace rail; or bus W3, 144. **Open** *Park* 24hrs daily. *Palace* times vary, depending on exhibitions. **Admission** free.

It's not the prettiest of London's palaces, and there's something soulless about a building that has never been lived in, but Alexandra Palace continues to serve the purpose for which it was built… Pleasure. It was constructed as 'The People's Palace' in 1873, with the intent of providing affordable entertainment for all, although the original building burned down just 16 days after its opening. (It was speedily rebuilt, and re-opened two years later.) Inside, Ally Pally is mainly used for exhibitions, fairs and gigs, but there's also an ice-skating rink that reopened in January 2011 after a £2.3 million refurbishment. Outside, the views over London are spectacular and almost worth the trip on their own. But there's plenty more to do than just gawp at the city below. The children's playground behind the palace is a well-equipped and wholesome place in which to take the air, with a café next to the boating lake and a skateboard park for older kids. The pitch-and-putt course is down the hill towards Alexandra Palace station and popular with older children, and there's a farmers' market at the Hornsey Gate Entrance on Sundays (10am-3pm). The Grove is the more sheltered area of the park (between the Palace and Muswell Hill) and is very popular for family picnics; a lovely new indoor play centre called Little Dinosaurs (*see p178*) opened here in late 2009. Annual visits from the funfair and circus are popular, as is Bonfire Night in November, which brings stunning pyrotechnics that can be seen for miles around (although it had to be cancelled in 2010 due to lack of funds).
Buggy access. Café. Disabled access: lift, toilet. Nappy-changing facilities (ice rink).

Battersea Park

SW11 4NJ (8871 7530, 8871 7539 adventure playground, www.wandsworth. gov.uk). Sloane Square tube, then bus 19, 137, or Battersea Park or Queenstown Road rail. **Open** 8am-dusk daily. **Map** p329 F13.

Many of London's parks are very well established, but that doesn't mean they never change. Battersea Park opened a new Winter

Garden in March 2011 which has transformed a neglected area next to the Sun Gate into a haven of sights and smells designed by Dan Pearson to be full of colour and interest from autumn to spring. This is a continuation of the splendid restoration projects that began in 2004. Battersea Park was originally laid out in 1858 on land which was once a popular spot for duelling (the Duke of Wellington fought an abortive duel here in 1829, deliberately aiming wide of his opponent, the Earl of Winchilsea, who for his part shot his pistol into the air). Facilities range from fun water features (a boating lake, elegant fountains and a riverside promenade) to state-of-the-art sporting facilities and play areas, including a toddlers' playground and a challenging adventure playground for five to 16s. Bikes can be hired out from London Recumbents next to the Millennium Arena (7498 6543, www.london recumbents.com; open at weekends, bank holidays and during school holidays Easter to August); there are rowing boats and a land train in July and August, and open fishing is available from mid June to mid March; for permits, call 8871 7530. Battersea Park is also home to a rich array of wildlife, and the London Wildlife Trust has nature reserves here.

The Gondola al Parco café (7978 1655) serves Italian food, with tables overlooking the boating lake and live music on summer evenings. The prettiest landmark, though, is the Peace Pagoda, donated in 1985 by Japanese monks and nuns to commemorate Hiroshima Day. It stands serenely opposite the Children's Zoo (see *p158*) on the park's northern edge. *Buggy access. Café. Disabled access: toilet. Nappy-changing facilities.*

Brent Lodge Park

Church Road, W7 3BL (07940 021183, www.ealing.gov.uk). Hanwell rail or bus E1, E2. **Open** *7.30am-dusk daily.* **Open** *Maze & animals times vary, phone for details. Indoor centre 1.30-3pm Sat, Sun.* **Admission** *free.* **No credit cards.**
This delightful local park is known as the Bunny Park, thanks to the rabbits that inhabit the Animal Centre, alongside sheep, goats, monkeys, mongooses, birds and reptiles. There's a café and a good playground, plus a maze with a look-out tower in its centre that was planted to mark the Millennium. The centre organises children's activity days in summer; phone the number above for details. *Buggy access. Café. Disabled access: toilet. Nappy-changing facilities.*

Brockwell Park

Dulwich Road, SE24 0PA (www.brockwell park.com). Herne Hill rail. **Open** *7.30am-dusk daily.* **Admission** *free.*
When Lord Roseberry declared this park open in 1892 he said, 'whatever happens, this is preserved for you and your descendents forever as an open space'. He hadn't reckoned on Lambeth Council, who recently shaved off a corner of the park to make way for a new road junction. Luckily, it would take more than that to spoil this lovely park. Tucked away behind the grassy slopes on the Tulse Hill side is one of south London's best playgrounds, which has recently had a refurbishment. There's an aerial slide, a massive sandpit and sections for different age groups; nearby are the duck ponds and the huge new paddling pool.

There's lots to do besides, with the community greenhouses offering digging pits and planting workshops, plus a long-established BMX track and all-weather tennis courts. The beautiful walled garden is also worth seeking out, especially in summer, when you can try a mulberry from the tree inside. On the Herne Hill side, the 1930s lido has been restored to its former pomp and is open from May to September; it's packed on sunny days. Whippersnappers (7738 6633, www.whipper snappers.org) runs kids' music classes at the lido complex year-round. The new Lido Café (*see p251*) is proving popular with locals.

It's a steep walk to the top of the hill, but worth it for the view north over the city. Take a breather at the late Georgian Brockwell Hall country house, now a café serving great wedges of lasagne and other pasta dishes, plus own-made cakes. The park also hosts lots of events throughout the year, including the popular country show every July (*see p18*). *Buggy access. Café. Disabled access: toilet. Nappy-changing facilities.*

Burgess Park

Albany Road, SE5 0RJ (7703 4275, www.southwark.gov.uk). Elephant & Castle tube/rail, then bus 12, 42, 63, 68, 171, 343. **Open** *24hrs daily. Lake area 8am-dusk daily.* **Admission** *free.*
Burgess Park is one of the largest in south London, but it's not one of the best known. It was formed during the 1950s clear-up of World War II Blitz damage by demolishing 30 streets, filling in a canal and clearing several derelict factory buildings. Since then the park has grown in stages, but never with an overall plan; luckily, in an area that sorely needs community

Sightseeing

Queen Elizabeth Olympic Park

A new green space for London.

Following the 2012 Games, the Olympic Park will officially be reopened as the Queen Elizabeth Olympic Park in 2013. Visible for miles around will be the Orbit, Anish Kapoor's towering art sculpture. It will remain part of the London skyline indefinitely, as will the sporting venues within the park: Zaha Hadid's Aquatics Centre (with its two 50m pools and diving pool) plans to have a family-friendly café and crèche, and the Velodrome and BMX Track will be developed into a VeloPark suitable for all ages and abilities, with the addition of a road cycle circuit and mountain bike course.

If you and the children want to see some of these as they go up, head along to the Container Café (*see p245*) or take a bike ride along the fringes of the park on the three-mile Greenway trail (*see p125*).

The Queen Elizabeth Park will also retain the artworks commissioned by the Olympic Delivery Authority. These include decorative bridges by Martin Richman and Jason Bruges Studio, and wildflower meadows designed by the Klassnik Corporation.

spaces, it's about to get a £6 million overhaul. Locals have asked for a cultural hub, cycle tracks, a café with outdoor seating, more benches along the old towpath and a complete renovation of the existing playground, games room and kart and bicycle track (7525 1101). The work is due to be finished in March 2012.

At present, most community activities are based in the Chumleigh Gardens section of the park, which is home to the Southwark Rangers Football team, a great little café with fry-ups, quiches, salads and jazz on sunny Sundays, and a thriving Peckham Sure Start scheme. Various garden styles are employed in the series of interconnecting plots; English country garden, fragrant Mediterranean, meditative Islamic and a splendid Caribbean garden. The Heart Garden is a fruit and vegetable patch planted, tended and harvested by people with long-term illnesses. There are also lots of community allotments. *Buggy access. Café. Disabled access: toilet.*

Clissold Park
Stoke Newington Church Street, N16 5HJ (7923 3660 park ranger, www. clissoldpark.com). Stoke Newington rail

or bus 73, 149, 476. **Open** 7.30am-dusk daily. **Admission** free.

The landscaping of this park has never been its strong point – Clissold Park is almost totally flat and you can see traffic from most sightlines – but it's mightily popular with Stoke Newington families. An £8.9 million Lottery-funded refurbishment was finished off in spring 2011 which has improved on an already successful formula. The popular animal enclosures have a new butterfly dome and an aviary; the lakes have been drained and replanted; there's a new multi-use Games Area and Wheels Park, and Clissold House has had some much needed TLC – let's hope the new café is more exciting than the old one.

There's a paddling pool in summer, while the large playground has a good choice of activities for all ages. Younger children love scaring themselves on the wobbly bridge, while older kids favour the aerial four-way see-saw. Next to the playground, the tennis courts are home to the Hackney wing of the City Tennis Centre (7254 4235), offering family tennis evenings, coaching, junior clubs and tournaments. The One O'Clock club is near the duck ponds.

Neighbourhood Watch
Greenwich

Greenwich is an irresistible mixture of maritime, royal and horological history, a combination that's earned it recognition as a UNESCO World Heritage Site. Isolated from the capital's main attractions in the deepest reaches of south-east London, Greenwich's historical significance belies its backwater location, not least because it's where the Prime Meridian lies (every map reference point in the world is measured from here).

When the Thames was the beating heart of London, Greenwich became a place of world renown, with a Royal Palace built on its slopes in the 15th century (Henry VIII and Elizabeth I were both born here). It is also famed for its maritime links and the National Maritime Museum, the world's largest, showcases all sorts of nautical knick-knacks in a wonderfully accessible display.

Behind the riverside attractions, the green expanse of Greenwich Park rises up steeply to the domed Royal Observatory, perched on its lofty hilltop. This capacious former royal hunting ground will fittingly host the Equestrian events during the London 2012 Games.

Greenwich may be a trek, but with so much fresh air, beautiful architecture and educationally improving sights packed into a small suburban enclave, it's no wonder that weekending families flock here for an action-packed day out.

A life on the ocean wave

The Thames has always been the lifeblood of Greenwich, and there is no more fitting way to arrive in SE10 than aboard a smart Thames Clipper (www.thamesclippers.com), which you can catch from Waterloo, Embankment or Blackfriars piers. You'll come ashore right by the **Cutty Sark** (www.cuttysark. org.uk). This plucky little tea clipper embarked on her maiden voyage in 1869, and sailed all over the world; in 1954 she retired to Greenwich's dry docks. She's currently in the midst of

Royal Observatory & Planetarium.

a huge renovation project (which faced a severe setback when a fire broke out in May 2007, apparently caused by a vacuum cleaner overheating), and is due to reopen in 2012 (*see p67*).

Begin the day at the new visitor centre, **Discover Greenwich** (*see p101*), which opened in 2010 and combines a permanent exhibition on the history of Greenwich with a Tourist Information Centre and other amenities. It's a short stroll upriver, on the site of Sir Christopher Wren's **Old Royal Naval College** (*see p101*). The Baroque College is an imposing affair, set in splendid gardens. It's free to peek at the chapel and magnificent Painted Hall – though the latter's lofty depictions of allegorical scenes may not appeal to children. Weekend and school holiday 'Tactile Tales' sessions bring the stories to life, though, with the help of a special storytelling rug. Costume-clad historical figures also pop by at weekends, so you might meet a loquacious Samuel Pepys or a 19th-century Greenwich pensioner.

Just across Romney Road, the **National Maritime Museum** (*see p119*) is a tribute to the nation's rich seafaring history, with vast collections of maritime art, maps, instruments and naval attire. Loading cargo, firing cannons and steering a ferry safely into port in the All Hands and Bridge galleries sorts out the salty sea dogs from the cack-handed landlubbers (check opening hours before you turn up). After a quick foray to see the highlights of the collection (the blood-stained jacket complete with bullet-hole in which Nelson met his end, for instance, or Prince Frederick's gorgeously gilded State Barge), it's time to press on.

Toe the line

North from here, past rusting piers and boarded-up factories, lies Greenwich Peninsula, dominated by the **O2 Arena**. The fortunes of this once-maligned structure have improved considerably since a change of name and use, and it is set to be a key London 2012 venue, when it will be known as the North Greenwich Arena. As a sign of its success, planning permission has been granted for a cable car that would link the O2 with the Royal Victoria Dock across the Thames (*see p71*).

There's no cable car to tackle the steep ascent across Greenwich Park to the **Royal Observatory & Planetarium** (*see p46*), but it's well worth the effort. The Observatory is topped by an onion-shaped dome that houses the world's seventh largest telescope, and the mysterious-looking Time Ball – a red bobble, on top of a pole – that was first erected in 1833. Every day it rises to the top of its mast then falls at precisely 1pm; in the days before clocks and watches were common, the ships that plied the river relied on it.

After admiring the view, head for the courtyard. The Meridian Line that marks the place where the eastern and western hemispheres meet is set in the flagstones; posing for a picture with one foot on each side is de rigueur (although will now cost you £10, since they began charging in March 2011). At night, a dramatic green laser beam is projected into the sky to mark the line.

Inside, the star turns are the Weller Astronomy interactive galleries (where you can touch a four-and-a-half-million-year-old meteorite) and the spectacular Planetarium. Be engulfed in dust storms on Mars or swoop over earth's polar ice caps before re-emerging, blinking, into the daylight.

The green, green grass of Greenwich

Sprawling across 183 acres, **Greenwich Park** (*see p143*) is the area's crowning glory. It's big enough to accommodate all sorts, from entwined lovers to frisbee- and ball-chasing kids and families.

The boating lake is at the Greenwich end of the Park, to the left from Park Row; there's also a decent playground by the Maze Hill entrance, with storytelling sessions, puppeteers, dance and crafts in the summer holidays. Summer Sundays also bring trumpet trios and brass bands to the bandstand, which is towards the Blackheath end of the park.

The park's teeming with wildlife, too – not least the herd of red and fallow deer that roams the enclosed Wilderness area, which has hides for nosy humans dotted around its perimeter (it's in the south-eastern corner of the park). You can also take a gander at the Secret Garden Wildlife Centre, which runs wildlife-related activities and tours of the nature trail on its once-monthly drop-in days. If you're lucky (and very quiet) you might hear a woodpecker at work in the trees. Bring a picnic, or try one of our suggestions below.

Refreshments

Also in the area: Pizza Express.
Gourmet Burger Kitchen *45 Greenwich Church Street, SE10 9LB (8858 3920, www.gbkinfo.com).* Towering burgers, cooked to order, with scaled-down versions for smaller appetites.
Greenwich Union *56 Royal Hill, SE10 8RT (8692 6258, www.greenwich union.com).* Superior pub grub; there are child-sized portions of fish and chips and roasts on Sundays.
Observatory Café *Royal Observatory, Blackheath Avenue, SE10 8XJ (8312 8639).* A scenic sun terrace and decent food.
Pavilion Tea House *Greenwich Park, Blackheath Gate, SE10 8QY (8858 9695, www.pavilionteahouse.co.uk).* Quality café fare in gracious park surroundings. *See p253.*
S&M Café *Peninsula Square, SE10 0PE (8305 1940, www.sandmcafe.co.uk).* Everyone loves bangers and mash in a retro British caff.

Sightseeing

The first Lollibop festival took place in 2010, and other events, like a visit from Carter's Steam Fair, take place in the summer. *Buggy access. Café. Disabled access (not café): toilet. Nappy-changing facilities (on request).*

Coram's Fields

93 Guilford Street, WC1N 1DN (7837 6138, www.coramsfields.org). Russell Square tube. **Open** *Summer* 9am-7pm daily. *Winter* 9am-dusk daily **Admission** free. **Map** p333 L4.

Thomas Coram established the Foundling Hospital for abandoned children on this spot in 1747. Part of the old estate now houses the Foundling Museum (*see p87*), a thoughtful retelling of the story of Thomas Coram and his charity's vast achievements. The Foundling Hospital itself was demolished in the 1920s, when its operations moved out to the countryside. Newspaper proprietor Lord Rothermere donated funds to create a children's park on the site, which is simply the best for miles around with an adventure playground, small animal enclosure and café. *See also p80* **Neighbourhood Watch**.

Buggy access. Café. Disabled access: toilet. Nappy-changing facilities.

Crystal Palace Park

Thicket Road, SE20 8DT (8778 9496 park ranger, www.bromley.gov.uk). Crystal Palace rail or bus 2, 3, 63, 122, 157, 227. **Open** 7.30am-dusk daily. **Admission** free.

Joseph Paxton's Crystal Palace, from which this park takes its name, is long gone. The glittering glass structure, originally created to house Hyde Park's Great Exhibition of 1851, was moved here after the exhibition; in 1936, it burned down in a devastating fire. The park, though, remains – and recently changed hands. The London Development Agency has taken over from the local council, and has big plans for its future, including five new gateways and improvements to the National Sports Centre, café and community facilities. Proposals also include a treetop walk, a maze and a boating lake. But there's a trade-off which isn't delighting the locals – the LDA says the improvements must be funded by selling off part of the park for housing development.

Let's hope the campaigning groups win the fight – once it's gone, it's gone. As it is, Crystal Palace Park is an atmospheric place, enshrined in local folklore. A beautifully landscaped lake complex is home to Benjamin Waterhouse Hawkins' Victorian dinosaur sculptures, which caused outrage by backing up the theory of evolution, yet continue to give pleasure to kids – especially the T-Rex, who recently got a new arm (the tree he was gripping grew, and snapped off the old one). This was also the site where the Girl Guide movement was born, when a group of determined girls faced down Baden Powell at a Scout rally and demanded to join. The park's city farm reopened in 2008, and is still expanding its opening hours and programme of activities (*see p130*).

Buggy access. Café. Disabled access: toilet. Nappy-changing facilities.

Dulwich Park

College Road, SE21 7BQ (7525 2000, www.southwark.gov.uk). North Dulwich rail or bus 12, 40, 176, 185, P4. **Open** 8am-dusk daily. **Admission** free.

Dulwich Park got a gold award in 2010's RHS London in Bloom awards. It's partly thanks to the concerted efforts of the monthly Dig the Park sessions during which volunteers, organised by the Friends Association, planted 500,000 bulbs and seeded the wildflower meadows. But Dulwich Park – landscaped on the 'Five Fields' meadows that lay here before – isn't just a pretty face. The locals adore it, and are even more proud after 2010's anniversary improvements. These include an outdoor gym for anyone aged 11 and above (situated near the playground); the return of boats and pedalos on the lake (and a new boating house); and a table tennis table in the playground (bats and balls will be available to borrow free of charge from the park manager's office). Being a fan of Dulwich Park is not a new thing though; Queen Mary was a regular visitor (one of the park's four gates is named after her), and was particularly fond of the spectacular American Garden, whose rhododendrons and azaleas bloom in May. Today's visitors can also enjoy the exceptionally child-friendly Pavilion Café (*see p252*), Whippersnappers toddler classes in College Lodge, a super playground, novelty bike hire (8299 6636, www.londonrecumbents. com) and a Barbara Hepworth sculpture, Divided Circle Two Forms.

The playground is one of the best in the area, with web-like climbing facilities, swings, slides and the Ability Whirl, a safe, robust roundabout that can be used by able-bodied and disabled children. A community officer runs a programme of children's activities from the Francis Peek Centre (phone for details).

Buggy access. Café. Disabled access: toilet. Nappy-changing facilities (café).

My London 2012
Sophie, 18

How will you be participating in the London 2012 Olympic Games and Paralympic Games?
I've registered to volunteer during the Games. I want to help out at the pool because I love the Aquatics Centre.

How did you come to be involved?
When I was in year ten, I was asked to be Young Ambassador for my school.

Tell us about what you have been working on as part of the Young Ambassadors Programme?
I've been helping to organise events in local primary and secondary schools which promote sport and healthy lifestyles. We also teach children about the Olympic and Paralympic values – determination, excellence, equality, respect, friendship and courage.

What do you hope your involvement in London 2012 will inspire you to achieve after the Games have finished?
I really enjoy volunteering. The more I do, the more I want to do. I hope I can also inspire others to do the same.

Which events would you like to see during London 2012?
The 100m and 200m Butterfly. I used to train competitively until I hurt my knee. I also want to see the Boccia at the Paralympic Games and watch my second cousin Jessica Hunter compete.

Sightseeing

Up the Creek

Wading in the Thames at Deptford.

Set on an unremarkable south-east London street, the entrance to **Deptford Creekside Centre** (*see p145*) comes as something of a surprise. Inside and out, shelves are stacked with treasures from the creek's muddy depths: floral-sprigged tea cups, rusty tools, broken toys, a medley of bones from an old slaughterhouse and even a forlorn-looking old typewriter, with gravel and moss wedged between its keys. There's no time to dawdle if you're here for the centre's speciality, though: low-tide creek walks along the riverbed, led by Nick Bertrand – an affable chap with a biblical beard, and an expert raconteur. The centre has all the necessary gear: enormous thigh-high waders (wear old clothes), wooden poles and, for rainy days, a rail of ancient yellow oilskins. Once you're in the river, the pole comes into its own, both for balance and for testing the way ahead.

The riverscape changes all the time depending on the light, tide and season. 'The creek's mud is just donkey brown in winter,' says Nick, 'but in the spring it will start to green. By autumn it goes the colour of baked custard.'

It's perfectly easy to avoid getting stuck in the mudflats if you follow Nick's instructions, though he has had to fish the odd malefactor out over the years: 'It's a messy, wet experience,' he says.

Messy and wet is just how some of the creek's inhabitants like it. Take a closer look and it's teeming with life, from dragonflies, crabs and grey wagtails to the odd kingfisher. Nick comes armed with a net and tray, and turns up goby, flounders and translucent gammarus shrimp. Eagle eyes can spot all manner of flotsam and jetsam, too. Afterwards it's time for a thorough hosing down, and a fortifying mug of tea.

Hampstead Heath

NW5 1QR (8348 9908, www.cityoflondon. gov.uk/openspaces). Kentish Town tube or Gospel Oak or Hampstead Heath rail, or bus 214, C2, C11. **Open** dawn-dusk daily. **Admission** free.

Hampstead Heath is actually several parks rolled into one, and the variety of its landscaping keeps Londoners endlessly enthralled with its beauty. It's less than four miles from Trafalgar Square, but up here, it's possible to believe that you are in the deepest reaches of the countryside. At the north end there's the Hill Garden and Pergola (the listed pergola, which was built in the 1920s by Lord Leverhulme to join together two parts of his estate, is free to enter and fun to explore) and Golders Hill Park, which includes a small zoo. There's also the Hampstead Heath Extension which by itself is 125 acres. South of Hampstead Lane is the Kenwood Estate, run separately by English Heritage, which retains the feel of a country estate and houses an art gallery in the main house (*see p77*) and the fantastic Pavilion Café in the former outbuildings (*see p253*).

The wild heathland in the middle is full of magnificent trees and places to get lost in. It's about as far from the manicured flowerbeds of the Royal Parks as you could hope to find. Fishing is available in six of the ponds (though you need a rod licence and a free Heath fishing permit). There are also tennis courses, bat walks, nature trails, a 'secret garden' and a wildlife pond. Clowns, magicians, musicians, storytellers and puppeteers perform in various locations throughout the year, with more appearances in summer. The Rookie Rangers wildlife club is for eight- to 12-year-olds, and meets once a week in the spring and summer holidays and once a month during term time (for information call 7482 7073). Check the website and local press for news of the Hampstead Heath consultation and management plan, and for details of family events.

Down on Parliament Hill Fields to the south, facilities include an imaginative playground and paddling pool, still looking spanking new after its award-winning refurb, and packed with state-of-the-art equipment designed to challenge children rather than keep them boringly safe. There's a superb One O'Clock Club, a running track and a lido down here too, though families might want to try a more adventurous swimming experience in the open-air swimming ponds. Also look out for the Stone of Free Speech, which was here in the 17th century and marked the place where open discussion of all subjects was permitted.
Buggy access. Cafés. Disabled access: toilet. Nappy-changing facilities.

Highbury Fields

Highbury Crescent, N5 1RR (7527 4953, www.islington.gov.uk). Highbury & Islington tube/rail or bus 19, 30, 43, 271. **Open** *Park* 24hrs. *Playground* dawn-dusk daily. **Admission** free.
The Borough of Islington has 127 parks and open spaces, but none of them are very large. In fact, this 29-acre park is as big as they get, and much needed by the families who live nearby. Get the children to imagine the scene when, in 1666, 200,000 Londoners fled here to escape the Great Fire. Hidden behind Highbury Pool and a series of high bushes is an unusual playground that combines old-fashioned thrills (such as a circular train requiring Flintstones-style propulsion, and an excitingly long, steep slide) with more recent additions, such as the flying fox and giant, web-like climbing frames. The outdoor tennis courts have been refurbished, and are used by the excellent Islington Tennis Centre. There's also a swimming pool, football and netball pitches and the Oasis café. A stroll across Highbury Fields takes you from busy Upper Street past imposing period terraces to Highbury Barn, a trendy enclave with several excellent food shops, restaurants and child-friendly cafés.
Buggy access. Café.

Holland Park

Ilchester Place, W8 6LU (7938 8170, www.rbkc.gov.uk). Holland Park tube or bus 9, 27, 28, 49. **Open** 7.30am-30min before dusk daily. **Admission** free. **Map** p330 A9.
The largest of Kensington and Chelsea's parks takes in 55 classy acres. There are so many beautiful nooks and crannies to explore that it's worth a day trip in its own right. Children over five will want to start with the many and varied excitements on offer at the adventure playground (there's an alternative playground for under-fives too). After that, the paths take you past formal gardens and fountains, imperious peacocks and plenty of squirrels and rabbits. Visitors may even have see some pigs rooting around in the undergrowth in the early months of 2010 (used here instead of pesticides to clear scrub from the woodland areas). In 2011 a wildflower meadow will be planted on the area the pigs cleared.

Also of interest in Holland Park is its open-air theatre, peaceful Japanese Garden with a pond full of colourful koi carp, and Ecology Centre which provides information, site maps and nets for pond-dipping. Whippersnappers (7738 6633, www.whippersnappers.org) puts on weekly musical and puppet workshops in the Youth Hostel, and the Friends of Holland Park organise holiday activities for five- to ten-year-olds. Also in the park are tennis courts, sports fields and two art spaces, the Ice House and the Orangery. Take public transport unless it's a Sunday, as parking is expensive.

Come lunchtime, there's the smart but surprisingly child-friendly Belvedere (*see p258*) for special occasions, or an Italian café and ice-cream kiosk for everyday treats. On sunny days though, well-to-do families from the rather chichi surrounding neighbourhoods lay out their rugs and hampers for all-day picnics.

Leighton House Museum, on the edge of Holland Park, has just reopened after a major refurbishment, and although there are no children's activities planned at present, anyone with a passing interest in stunning Islamic tiles or in seeing the opulent Arab Hall should make a diversion.
Buggy access. Café. Disabled access: toilet. Nappy-changing facilities. Restaurant.

Mile End Park

Locksley Street, E14 7EJ (7364 4147, 7093 2253 children's park, www.tower hamlets.gov.uk). Mile End tube. **Open** 24hrs daily. *Children's park* 10am-dusk daily. **Admission** free.

Sightseeing

Richard II met the angry peasant army led by Wat Tyler in 1381 just south of Mile End Road to promise an end to serfdom and feudalism. These days, people gather here for more recreational purposes. Mile End Park was a long time in the making, and it is still developing. The idea for it was first mooted in the 1940s, but it took 50 years for the various strips to emerge as parkland. It comprises 90 acres of reclaimed industrial land, which runs south of Victoria Park in a long strip alongside Regent's Canal. For many Londoners it is the quintessential modern urban park, divided into dramatically different sections. The south end of the park has a great playground, with a rope slide, scrambling wall, complicated climbing frame, swings and a see-saw, as well as a dedicated area for under-fives that includes a vast sandpit. New apparatus installed in the playground is designed to appeal to children with disabilities as well as to their able-bodied playmates, with a huge, bird's nest-style swing and a ramped bridge. A new skateboard park arrived in 2009.

There's also the Ecology Park, with its large climbing wall; the site-specific works and pavilion of the Arts Park; the Terraced Garden; the Sports Park (including Mile End Stadium); the canalside Kirk's Place, which is good for picnics; and an electric go-kart track. Structured events for children expanded during 2009 (the year of the 'Playful Park') and now there are plenty of clubs and activities during term time and in the holidays. There's also a green-fingered club started up in the six new children's gardens. In the middle of the park, the café and Palm Tree Pub provide refreshments.
Buggy access. Café. Disabled access: toilet. Nappy-changing facilities.

Morden Hall Park

Morden Hall Road, Morden, Surrey SM4 5JD (8545 6850, www.nationaltrust.org.uk). Morden tube. **Open** 8am-6pm daily. **Admission** free.
The main attraction here is the 125 acres of uncommonly beautiful National Trust parkland, which is perfect for family picnics and cycle rides. The park sits on the floodplain of the River Wandle, creating marshy wetlands that shelter a whole host of birds (look out for leggy herons and the bright blue flash of a kingfisher), and the restored Rose Garden is a fragrant diversion in summer. In October 2010, the Heart of the Park project began the renovation of the 19th century stable block. Visitors will be able to view the progress from

October 2011 – plans include an Archimedes screw (a modern waterwheel) that will generate electricity for the new café and exhibition space Morden Hall itself is run as a private restaurant, but there's the wonderful Snuff Mill watermills to enjoy and the existing Environmental Centre, which runs children's activities on the first and third Sundays of the month. Craftspeople, furniture restorers and artists occupy many of the old estate buildings, and the Riverside Café (inside the old walled Kitchen Garden) is a relaxing place to take stock of the lovely surrounds (there's a second hand bookshop too).
Buggy access. Café. Disabled access: toilet. Nappy-changing facilities. Shop.

Queen's Park

Kingswood Avenue, NW6 6SG (8969 5661, www.cityoflondon.gov.uk/openspaces). Queen's Park tube/rail. **Open** 7.30am-dusk daily. **Admission** free.
Oddly, this park is managed by the City of London, even though its borders are a long way from the Square Mile. It's been this way since the 1879 Royal Agricultural Exhibition. It's an appealing park, well used by locals, and another example of the way in which a great park can transform the urban area around it. Queen's Park's playground already has a giant sandpit, a paddling pool (resurfaced in 2010) and patrolling wardens, and plans are afoot to give it a naturalistic makeover. Four new pygmy goats have joined the rabbits, chickens, ducks and guinea pigs in the small animal enclosure. At the northern end is a wild, overgrown area, where a nature trail displays pictures of the small beasts you might encounter. The café serves own-made cakes and local Disotto's ice-cream. There's also a lovely ornamental garden, a pitch-and-putt area, a pétanque pitch and six all-weather tennis courts. Children's entertainment takes place at the bandstand during the summer holidays. Each September, the annual Queen's Park Day brings fancy dress competitions, face painting, a dog show and puppetry.
Buggy access. Café. Disabled access: toilet. Nappy-changing facilities.

Ravenscourt Park

Ravenscourt Road, W6 0UL (www.lbhf. gov.uk). Ravenscourt Park tube. **Open** 7.30am-dusk daily. **Admission** free.
This decent local park was a little scuffed around the edges until a Friends of Ravenscourt Park association was set up in 2008 and in 2009 the park was given a Green Flag Award for the

first time. Nestling between the messy bustle of Hammersmith and the quiet splendour of Chiswick, it's a hidden oasis of bucolic tranquility. The first mention of Ravenscourt Park was in the 14th century; documents record the existence of a manor house, surrounded by a moat that was fed by Stamford Brook. Disaster struck during World War II, when the house was devastated by an incendiary bomb. Only the stable block survived, and is now home to the park café. It's conveniently close to the adventure playground.

There are three other play areas which feature a paddling pool, a nature trail, passable tennis courts, a bowling lawn and a pitch-and-putt course. Bonfire night is the biggest date in the diary, as enormous crowds gather to 'ooh' and 'ahh' over spectacular rockets that bathe the park in an ethereal glow. In April, the ever-popular Carter's Steam Fair rolls into the park. *Buggy access. Café. Disabled access. Nappy-changing facilities.*

Southwark Park

Gomm Road, SE16 2UA (7237 1230 art gallery, www.southwark.gov.uk). Canada Water tube. **Open** *Park* 7.30am-1hr before dusk daily. *Gallery* (during exhibitions) Summer noon-6pm Wed-Sun. Winter 11am-4pm Wed-Sun. **Admission** free.

This was one of the first parks to be opened by the Metropolitan Board of Works in the 19th century. In 2001, a pretty new bandstand and a decent children's play area were added; over a decade later the whole place is still looking shipshape, thanks to the efforts of the energetic Friends of Southwark Park committee and the vandal-busting wardens. There is plenty to encourage older children to take up sports, with an athletics track (often used by Millwall Football Club, along with the astroturf pitches) and free tennis courts. There's also a Young Friends of Southwark Park group for eight- to 14-year-olds that has started a community allotment scheme and completed a colourful mural (call 7525 2000 for details). The park also has a thriving arty scene, the hub of which is the Café Gallery Project. It holds frequent exhibitions and workshops on Saturdays and during summer holidays, called the DIY Family Art Club; check online at www.cafegallery projects.com for details of the club, and the summer Children's Exhibition and winter Open Exhibition. Parkside Café & Bar, across from the gallery, serves hot meals and sandwiches. *Buggy access. Café. Disabled access: toilet. Nappy-changing facilities (in gallery).*

Thames Barrier Park

North Woolwich Road, E16 2HP (7476 3741, www.thamesbarrierpark.org.uk). Pontoon Dock DLR. **Open** 7am-dusk daily. **Admission** free.

After the London 2012 Olympics, the Queen Elizabeth Park will be the capital's newest major green space. Until then, the Thames Barrier Park holds the title, and was London's first new park in half a century when it opened in 2000. Its lush sunken gardens and undulating topiary, coupled with views over the fabulously sculptural silver fins of the Thames Barrier, means visitors don't forget the experience in a hurry.

The Barrier's visitors' centre is on the south side; the tea pavilion serves excellent coffee. A concrete and granite channel the width of a small motorway, called the Green Dock, is filled with fragrant honeysuckle and wavy yew hedges: it has superb hide-and-seek potential, with the two pedestrian bridges overhead adding an extra dimension to the game. The kids will also want to go wild at the fountain plaza, where 32 vertical jets beg to be played with. On the riverfront is the Pavilion of Remembrance, erected to remember local victims of the Blitz. The manicured, flat lawns are perfect for picnics and games; there's also a playground packed with apparatus, plus a basketball hoop and five-a-side court.

The park is fantastic for waterfowl-watching too: ducks, geese, swans and oyster catchers pick around on the gleaming mudflats, herons feed along the shore at low tide, and large numbers of teal, shelduck and cormorants enjoy the river's bounty. *Buggy access. Café. Disabled access: toilet. Nappy-changing facilities.*

Victoria Park

Old Ford Road, E3 5DS (8985 1957, www.towerhamlets.gov.uk). Mile End tube or Cambridge Heath or Hackney Wick rail, or bus 8, 26, 30, 55, 253, 277, S2. **Open** 8am-dusk daily. **Admission** free.

Victoria Park sits in the borough of Tower Hamlets, one of the five host boroughs to the London 2012 Olympics. So it's no surprise that the park has secured £12 million for improvements. These will include a new skate park, an improved model boating lake and better sports facilities.

Queen Victoria opened this park in 1845 when thousands of Eastenders signed a petition asking for a public park in the area (it's often referred to as 'The People's Park'). It was laid

Sightseeing

Neighbourhood Watch
Camden

Camden Market.

Despite efforts at gentrification, much of Camden Town still has a grungy vibe. But the grime is part of the charm of an area that is seen by many as the cradle of British rock music, an image that reached its peak during the Oasis/Blur rivalry in the mid 1990s.

Apart from dragging the kids around on a nostalgia-fuelled tour of the area's rock 'n' roll drinking haunts, there's plenty to interest youngsters of all ages, including the newly expanded Jewish Museum, the iconic Roundhouse, gorgeous Regent's Canal and ever popular (and improving) London Zoo. Older children and teenagers, meanwhile, will love the famous market, with its colourful, chaotic mix of street food vendors, stalls touting vintage clobber, cheap accessories and incense sticks.

On the waterfront

Cutting through the market is Regent's Canal, which opened in 1820 to provide a link between east and west London for horse-drawn narrowboats loaded with coal. Join the canal at Camden Lock, where the manually operated twin lock is the first stopping point. It's particularly exciting if a boat happens to be coming through.

The towpath in either direction leads to some great finds; note that although it is a designated cycle route, the path is too narrow for all but the most proficient of cyclists (scooters should be fine). To the east, a decent stroll away, are the bucolic delights of **Camley Street Natural Park** (*see p144*), a small but thriving nature reserve run by the London Wildlife Trust. A little further along, just past the tunnel under York Way, in the Battlebridge basin, lies the **London Canal Museum** (*see p98*), an old-fashioned but homely shrine to life on Britain's canals; there's a children's corner and a real narrowboat to explore, along with the ice house used by enterprising ice-cream maker Carlo Gatti, who imported enormous blocks of ice from the frozen lakes of Norway.

From Camden Lock going west, families can stop off at the exclusive enclave of **Primrose Hill**, where kite flying and picnics in the park are popular pastimes and the cafés and shops have a chichi villagey feel. Carry on a little further, and you will begin to hear the strange grunts, squeals and squawks emanating from one of the capital's biggest attractions; **London Zoo** (*see p158*), a great day out in itself. The expanse of **Regent's Park** (*see p143*) is just beyond, with a very good playground at the Gloucester Gate entrance.

Of course, you don't have to content yourself with merely walking alongside the water. The London Waterbus Company (www.londonwaterbus.co.uk) runs canal boat trips to Little Venice, where families could stop and see a performance at the **Puppet Theatre Barge** (*see p207*). If you want to go through the lock on a boat, the Jenny Wren goes from Walker's Quay (7485 4433, www.walkersquay.com) and heads to Little Venice on a round trip.

Market value

Camden Market is absolutely heaving at weekends (it's one of the top five tourist attractions in London), so try to come on a weekday if you don't want to lose sight of small children; most shops and stalls are open all week long. Also be aware that Camden Town tube station is exit-only on Saturday and Sunday, which means a fairly long walk to Chalk Farm or Mornington Crescent for the tube if you don't want to catch the bus.

There are several different markets and hundreds of stalls to browse here, so pace yourself and be picky. Discerning shoppers tend to bypass the first market you reach after turning north from the tube station – the one at Buck Street bearing the legend 'Camden Market' – unless their party includes a teenager who is desperate for goth T-shirts, stripey tights and cheap tat.

North of the road bridge on Chalk Farm Road is the former Canal Market. Closed after a fire in February 2008, it reopened in May 2009 with a new name, the **Canal Lock Village**, and an eclectic assortment of stalls, plus some groovy seats that look like mopeds. Alternatively, head straight for **Camden Lock Market**. Launched in 1975, this is where the whole thing began. There is a lovely open-air square of stalls and shops selling good quality crafts, jewellery, textiles, alternative fashion and accessories.

The extensive **Stables Market**, just north of Camden Lock, is the latest and largest addition. Small children will enjoy the large bronze statues of horses and workers, although parents might be scared of losing their little darlings in this warren of blind corners. There are plenty of jumbled displays of ethnic doo-dads, vintage clothes and furniture, and lots of child-friendly novelties and stalls that will intrigue older kids.

Something for the grey matter

If all that shopping gets tiring, you could always incorporate some culture into your Camden experience. On the road north towards Chalk Farm is the hugely atmospheric **Roundhouse** (*see p203*), famed for its groundbreaking gigs in the 1960s and '70s (the Doors, Hendrix and Bowie all took to the stage here). Reopened in 2006, it offers an avant-garde programme of music and theatre, including a successful RSC season in 2010/11. The Roundhouse Studio also runs excellent radio, film and music workshops for teenagers in the school holidays. Courses (minimum age is 14) are dirt cheap and include the likes of Sound Engineering.

South of here, just off Parkway, is the **Jewish Museum** (*see p108*), which reopened in 2010 after a major refurbishment project, and explores Jewish life in Britain since 1066.

Refreshments

Also in the area: Belgo Noord, Fresh & Wild, Pizza Express, Strada, Wagamama. **Diner** *2 Jamestown Road, NW1 7BY (7485 5223, www.goodlifediner.com)*. Burgers, hotdogs, fries and milkshakes delight the kids.
InSpiral *250 Camden High Street, NW1 8QS (7428 5875, www.inspiralled.net)*. Kids will love the seats overlooking the canal in this vegan and raw food café.
Marine Ices *8 Haverstock Hill, NW3 2BL (7482 9003, www.marineices.co.uk)*. A classic Italian that hasn't changed in years. *See p260*.
Tupelo Honey *27 Parkway, NW1 7PN (7284 2989, www.tupelo-honey.co.uk)*. A homely café, serving solid, healthy grub and cakes.
Yum Cha *27-28 Chalk Farm Road, NW1 8AG (7482 2228)*. Flawless dim sum that appeal to all ages.

Sightseeing

out by Sir James Pennethorne – a pupil of John Nash, who designed Regent's Park – and has been much loved ever since. You can see the influence of the grand master in the landscaping of this gracious green space, and by 2012 it will look even better, thanks to a lottery grant of £4.5 million being awarded in early 2010. Restoration of the Burdett-Coutts Fountain, Chinese Pagoda, Old English Garden and the stone sculpture of the Dogs of Alcibiades are planned.

With its imposing, wide carriageways, ornate lampposts and wrought-iron gates, Victoria Park is the only place out east where you can pretend you're in the countryside. There are fish in the Western Lake (you can help deplete the stock by applying for a free fishing licence); Britain's oldest model boat club convenes around the other lake, near Crown Gate East, every second Sunday. The Pools Playground, with its landscaped paddling pools, is a real favourite with all ages, and there's a fallow deer enclosure on the east side, tennis courts and a bowling green, plus football, hockey and cricket pitches. The jolly Lakeside Pavilion Café is packed to the rafters by families enjoying great organic food, sausages from Marylebone's famous Ginger Pig butchers and memorable coffee.

Buggy access. Café. Disabled access: toilet. Nappy-changing facilities.

Waterlow Park

Highgate Hill, N6 5HG (8348 8716 Lauderdale House, 8341 4807 café, www.waterlowpark.co.uk). Archway tube or bus 143, 210, 271, W5. **Open** 7.30am-dusk daily. **Admission** free.

Waterlow Park isn't one of London's most famous, but it should be. The beautiful landscaping, and its position on a hillside overlooking Hampstead Heath to the west, makes it one of the prettiest parks in the capital. Once it was the garden of charming, 16th-century Lauderdale House, but it was donated to the public by low-cost housing pioneer Sydney Waterlow, who saw it as a 'garden for the gardenless'. With its majestic vistas, mature trees, formal gardens, tennis courts and beautiful seasonal planting, it's a delightful spot all year round.

Lauderdale House has a café on its west-facing terrace, and runs a year-round programme of kids' activities that includes music, dance and drama classes, and lively children's theatre events every Saturday morning. Until recently, a small toddlers' area

was the only formal playground, but a new adventure playground, built from natural materials, was opened in early 2009. Aimed at six to 13s, it can be found to the west of the lowest pond. In the old depot building, Waterlow Park Centre houses exhibitions and has an activities room available for hire. Of late, there has been talk of restoring the aviary, but a final decision has not yet been reached.

Buggy access. Café. Disabled access: toilet.

West Ham Park

Upton Lane, E7 9PU (8472 3584, www.cityoflondon.gov.uk/openspaces). Stratford tube/rail or bus 104, 238. **Open** 7.30am-30mins before dusk daily. **Admission** free.

Newham's largest park has been maintained by the City of London since locals persuaded the corporation to buy what was then a private botanic garden for the public in 1874. Its ornamental gardens and established trees are glorious; as one of the few London parks to have its own plant nursery, it also has spectacular border planting. The growing collection of Liquidambar trees are a blazing mass of reds, oranges and purples in the Autumn. Full time park attendants make it feel safe, while the playground has plenty of colourful climbing apparatus. Highlights include a wooden prairie locomotive to clamber on, a Wendy house corner and the pre-war paddling pool, open from late May to August, while in March 2011, a swing and roundabout for wheelchair users were installed. The Wildlife Education Garden that opened in early 2010 now has a pond-dipping platform and an insect hotel.

More unusually, some community vegetable plots have recently been established here to encourage locals to grow their own. There are 12 tennis courts (lucky locals have access to the annual tennis clinic, which is held in June), three cricket nets (Essex CCC runs free training for under-16s in July), two match-quality cricket tables, two football pitches (one all-weather), a running track and a rounders area. From late July to August, free children's events are held at the bandstand on Monday and Friday afternoons (3-4pm); a very popular bouncy castle (also free) appears on Wednesdays (noon to 5pm); and there are occasional Sunday concerts. The only thing missing is a café, though an ice-cream van takes up position near the playground from Easter to October.

Buggy access. Disabled access: toilet. Nappy-changing facilities.

Wimbledon Common

Windmill Road, SW19 5NR (8788 7655,
www.wpcc.org.uk). Putney rail, then bus 93
bus, or bus 85. **Open** 24hrs daily.
Admission free.
With more than 1,000 acres of woodland,
scrubland and heathland, the Common is a
haven for joggers, walkers and anyone who
loves the outdoors. There are cricket, football
and rugby pitches, a golf course, a bog, nine
ponds, and around 16 miles (over 25km) of
bridleways. There's also a windmill, which is
now a museum (*see p102*). The common is
patrolled by rangers, on horseback and on foot,
who are a mine of information about the
common and nearby Putney Heath, both of
which are designated SSSIs (Sites of Special
Scientific Interest). They're based in the
Information Centre, which also provides leaflets
on the plant and animal life on the common, as
well as the history of the area; it's open seven
days a week. Best of all is a video microscope
showing insects and other flora and fauna in
minute detail; specimens are changed regularly,
and you can insert your own for display. Every
Saturday at 9am, there's a free park run
organised by volunteers; the Wildlife Watch
Club for eight- to 14-year-olds takes place on
the first Sunday of the month (10am-noon, £2).
Buggy access. Café. Disabled access: toilet.
Nappy-changing facilities (café).

ROYAL PARKS

Bushy Park

Hampton Court Road, Hampton
Court, Surrey TW12 2EJ (8979 1586,
www.royalparks.org.uk). Hampton Wick,
Hampton Court or Teddington Rail, or bus
111, 216, 265, 411, R68. **Open** *Pedestrians*
Jan-Aug, Oct, Dec 24hrs daily. Sept, Nov
8am-10.30pm daily. *Vehicle access* 6.30am-
dusk daily. **Admission** free.
This is the second largest of the Royal Parks,
but perhaps one of the least familiar to
Londoners. It sits right next to its more famous
neighbour, Hampton Court Park; its central
attraction, the majestic, mile-long Chestnut
Avenue, was designed by Christopher Wren as
a grand driveway to Hampton Court Palace.
During World War I and II, much of the park's
open land was dug up to grow vegetables, and
Eisenhower (who didn't fancy being in the
centre of town), made his base here – hence the
memorial near the Warren Plantation. The last
few years have seen the park enhanced in

myriad small ways, including extra planting,
improved paths and the renovation of the Diana
fountain, thanks to an injection of lottery cash.
The Pheasantry Welcome Centre opened in
2009 and has a café with terrace, loos and an
education and community room.
Buggy access. Café. Disabled access: toilet.

Greenwich Park

Blackheath Gate, Charlton Way, SE10 8QY
(8858 2608, www.royalparks.org.uk). Cutty
Sark DLR or Greenwich DLR/rail, or Maze
Hill rail, or bus 1, 53, 177, 180, 188, 286,
or riverboat to Greenwich Pier. **Open** 6am-
dusk daily. **Admission** free.
The oldest of the Royal Parks is part of the
Greenwich World Heritage Site. It's a lovely,
hilly stretch of green affording wonderful views
over the Thames, to Docklands and the City.
There's a deer park, boating lake, playground,
community orchard and tennis courts. *See also*
p132 **Neighbourhood Watch**.
Buggy access. Cafés. Disabled access: toilet.
Nappy-changing facilities.

Hyde Park & Kensington Gardens

W2 2UH (7298 2100, www.royalparks.
org.uk). Hyde Park Corner, Knightsbridge,
Lancaster Gate or Marble Arch tube, or
bus 2, 8, 10, 12, 23, 73, 94. **Open** *Hyde*
Park 5am-midnight daily. *Kensington*
Gardens 6am-dusk daily. **Admission** free.
Map p327 E7.
London's largest central park makes for a
fantastic family excursion, but don't expect to
see all its attractions in one day. In Hyde Park,
there's the famous Serpentine, with its rowing
boats, pedal boats and solarshuttle. There's
also an education centre where children can
learn about wildlife. In Kensington Gardens,
don't miss the fantastic Diana, Princess of
Wales Adventure Playground with its
imaginative pirate ship and treetop walkways.
A new allotment[o] opened in 2010. Check online
for up-and-coming events, which include some
brilliant guided walks: bats, autumn leaves and
tree identification are among the themes. *See*
also p120 **Neighbourhood Watch**.
Buggy access. Cafés. Disabled access: toilet.
Nappy-changing facilities. Restaurant.

Regent's Park

NW1 4NR (7486 7905, 7724 4069 boating
lake, www.royalparks.org.uk). Baker Street,
Camden Town, Great Portland Street or
Regent's Park tube. **Open** 5am-dusk daily.
Admission free. **Map** p330 G3.

Sightseeing

This grand circular park was designed by John Nash as the Prince Regent's garden for a summer house that was never built. With its sports fields, boating lake, several playgrounds, rose garden and the star attractions of London Zoo and the Open Air Theatre within its boundaries, this is a park with something for everyone. *See also p152* **Neighbourhood Watch**.
Buggy access. Cafés. Disabled access: toilet. Nappy-changing facilities. Restaurant.

Richmond Park

Richmond, Surrey TW10 5HS (8948 3209, www.royalparks.org.uk). Richmond tube/rail or Norbiton rail. **Open** *Summer* 7am-dusk. *Winter* 7.30am-dusk. **Admission** free.

The largest of London's Royal Parks is known for its herds of red and fallow deer that roam freely across the land, a source of endless fascination for children. The deer have been here since Charles I brought his court here in 1625 to avoid the plague. The park is also home to two shire horses called Billy and Massey and all sorts of birds and insects. Children who don't get out of town much should be taken straight to the Isabella Plantation, a tranquil 40 acre woodland garden that's dotted with streams and bridges. Planted with azaleas, magnolias and rhododendrons, it's best seen in all its glory in early summer or late September. The Isabella Plantation was granted a slab of Heritage Lottery Fund money in December 2010, and plans to use it to start a programme of community activities.

There are plenty of places to picnic, and the park's Petersham Gate has a playground. From the top of nearby King Henry VIII's mound (the hot-tempered king had a hunting lodge here), you get a spectacular view right across London (you can even spot the dome on St Paul's Cathedral on a clear day). Alternatively, you could stroll along Terrace Walk, a Victorian promenade that runs from philosopher Bertrand Russell's childhood home, Pembroke Lodge (now a licensed café, and a good lunch spot), and beyond the park to Richmond Hill. A well-kept cycle path follows the perimeter; hire kids' bikes and adult bikes with tag-alongs or kid's seats from Roehampton Gate (7581 1188). There are several good spots for kiting and lessons in power kiting are available (www.kitevibe.com). Like all the Royal Parks, Richmond hosts a summer events programme for families. For details, consult the notice at the gate lodge or check out the website.
Buggy access. Disabled access: toilet. Café. Restaurant.

St James's Park

SW1A 2JB (7930 1793, www.royalparks. org.uk). St James's Park tube or bus 3, 11, 12, 24, 53, 211. **Open** 5am-midnight daily. **Admission** free. **Map** p333 K8.

St James's is the park that keeps closest to its royal connections, with the Changing of the Guard and the Trooping of the Colour taking place on Horse Guards Parade. It's also surrounded by three palaces; Westminster (the Houses of Parliament), St James's and Buckingham. There's a rich array of birdlife to spot, from pelicans and black swans to ducks. Watch out for the grey squirrels who are tame enough to eat from your hand but can suddenly turn aggressive. There's a playground up near the Buckingham Palace end, and some allotments where demonstration gardeners offer advice from May to September. *See also p54* **Neighbourhood Watch**.
Buggy access. Café. Disabled access: toilet. Nappy-changing facilities. Restaurant.

WILDLIFE SANCTUARIES

Camley Street Natural Park

12 Camley Street, N1C 4PW (7833 2311, www.wildlondon.org.uk). King's Cross tube/rail. **Open** 10am-5pm daily. **Admission** free. **Map** p331 L2.

Incredibly, this small nature reserve, created from an old coal yard in 1984, has survived the massive redevelopment of King's Cross and St Pancras International. Its two acres sit on the banks of Regent's Canal, and are run by the London Wildlife Trust. Enter the wrought iron gates and you will soon notice that the air is filled with butterflies and bees as you explore the winding nature trails, ponds and lovingly-tended wildflower meadows. The creatures that rely on the park range from kestrels and kingfishers to bats and bloodworms. The reserve has lots to offer in terms of children's activities, particularly during summer, when the peaceful atmosphere is punctured by the clamour of kids tearing about during the weekday and weekend playschemes trying out pond-dipping and mini-beast hunting. Family volunteering schemes offer the chance to grow your own vegetables, and conservation skills training is available to young people. If it weren't for the St Pancras train announcements floating across the boundary fences, you could almost imagine you were anywhere.
Buggy access. Disabled access: toilet. Nappy-changing facilities.

Creekside Centre
14 Creekside, SE8 4SA (8692 9922,
www.creeksidecentre.org.uk). Deptford Bridge
or Greenwich DLR, or bus 53, 177, 188.
Open call for details. **Admission** free,
walks vary check for details.
Deptford Creek is a tributary of the Thames
and this centre allows visitors to explore its
diverse wildlife and rich heritage. Low tide
walks take place on selected weekend days for
accompanied nine-year-olds and above and
there's also a programme of puppet theatre.
See also p136.
Buggy access. Disabled access: toilet.

Greenwich Peninsula Ecology Park
Thames Path, John Harrison Way, SE10
0QZ (8293 1904, www.urbanecology.org.uk).
North Greenwich tube, bus 108, 161, 422,
472, 486. **Open** 10am-5pm Wed-Sun.
Admission free.
Once known as Greenwich Marsh, when this
area was mostly agricultural fields, it became
heavily industrialised in the 19th century. Now
this small corner of the peninsula has reversed
the process. The Ecology Park is a pond-
dipping, bird-watching paradise. The park is
reserved for school visits on Mondays and
Tuesdays; the rest of the week, you'll have this
wetland area, with its woodland, marsh,
meadowland, lakes and streams, all to yourself.
Buggy access. Disabled access: toilet.
Nappy-changing facilities.

Highgate Wood & Queen's Wood
Muswell Hill Road, N10 3JN (8444 6129,
www.cityoflondon.gov.uk/openspaces).
Highgate tube, bus 43, 134, 263. **Open**
7.30am-dusk daily. **Admission** free.
Best known of the two is popular Highgate
Woods on the north side of Muswell Hill Road,
where the wide paths suit buggies and budding
cyclists. For families, the centrepiece of
Highgate Woods is its large, well-equipped
playground, complete with sandpits, climbing
equipment of various levels of difficulty and a
flying fox ride that gets very busy at peak times.
Great thought has gone into providing fun and
challenges for the various age groups, and
there's a separate area for the under-fives to call
their own. The playground is pleasantly shady
in summer – cooler for all concerned, as well as
making hats and sun cream less of a repetitive
chore. Highgate's other great asset is its café (*see*
p253), reached by crossing the cricket pitch. The
food is the usual park fare – soups, pasta dishes
and cake predominate – but the quality is a cut

above what you'll find elsewhere. Throughout
the year, an imaginative set of activities is
offered in the woods, from outdoor storytelling
sessions to evening bat watches, beetle safaris
and treasure hunts. These should encourage
your youngsters to explore the less well-trodden
areas of the woods for a proper adventure.
Consult the website before setting out, as some
events require pre-booking.
Queen's Wood is the quieter section of this
vast woodland park – originally part of the
ancient Forest of Middlesex – perhaps because
it offers some very steep climbs. Its dense oaks
and hornbeams drown out traffic noise, giving
the impression that you're rambling through a
wild wood miles from the city. Listen out for the
woodpeckers, whose pecking reverberates
around the sun-dappled glades. There's also a
deeply thrilling rope swing, if you can find it.
Buggy access. Café. Disabled access: toilet.
Nappy-changing facilities.

London Wildlife Trust Centre
for Wildlife Gardening
28 Marsden Road, SE15 4EE (7252 9186,
www.wildlondon.org.uk). East Dulwich rail.
Open 10.30am-4.30pm Tue-Thur, Sun.
Admission free.
Nestling off an unassuming residential street in
Peckham, this was once a grubby council bus
depot, but the London Wildlife Trust took it on
in the late 1980s and now it's a demonstration
garden loved by local families. There's a herb
garden, pond area, summer meadow, bog
garden, chalk bank, stag beetle sanctuary and
mini-beast village, not to mention a nursery
where visitors can pick up plants for their own
gardens. For children, there's a play area,
sandpit and parent-and-toddler group, and the
visitors' centre has tanks of fish and stick
insects to peep at. The local community tend
the raised beds and the garden's beehives
produce the centre's 'Peckham Honey'.
Buggy access. Disabled access: toilet.
Nappy-changing facilities. Shop.

Parkland Walk
NE London (Finsbury Park, Stroud Green,
Crouch End, Highgate Muswell Hill) N4, N8,
N6, N10 (www.parkland-walk.org.uk).
Finsbury Park tube, Highgate Tube, Crouch
Hill BR. **Open** 24hrs daily. **Admission** free.
The longest nature reserve in London forms
part of the Capital Ring walking and cycling
route and runs the length of the disused
Northern Heights railway line that links
Finsbury Park with Highgate, and Highgate

Sightseeing

with Alexandra Palace. It cuts through the terraced backs of Stroud Green, Crouch End and Muswell Hill on the way. The path was resurfaced in 2009, so it's less muddy than it used to be, but retains a hint of wilderness you won't find in most of London's parks.

Highgate to Finsbury Park is the longer and more interesting stretch, and a gentle downhill stroll all the way; it's also a popular cycle route that's a safe ride for kids. Just after the disused platforms of the old Crouch End Station, look out for the Spriggan climbing out of one of the arches – a disconcerting sculpture by Marilyn Collins that's said to have inspired Stephen King to write his short story 'Crouch End'.

The Parkland Walk heads into Finsbury Park at the Oxford Road Gate; straight ahead, weary walkers can seek refreshment in the café by the boating lake. Finsbury Park's fantastic playground, built with a £5 million Heritage Lottery Fund, is also close by. Local kids are disappointed that the playground halfway down the walk with its rope swings, wooden walkways and slides down the steep bank has been largely closed off and partially dismantled.

WIDE OPEN SPACES

Epping Forest

Information Centre, High Beech, Loughton, Essex IG10 4AF (8508 0028, www.cityof london.gov.uk/openspaces). Loughton or Theydon Bois tube, or Chingford rail.
Open *Information Centre* Summer 11am-6pm daily. Winter 10am-3pm daily.
Forest 24hrs daily. **Admission** free.
A day out in the country within easy access of the city. Epping Forest is 12 miles (19km) long and several miles across. Commoners still have grazing rights and, each summer, English Longhorn cattle can be seen chewing the cud. For most visitors, it's the walking, horse riding or cycling opportunities that are the biggest draw. The forest contains Iron Age earthworks and two listed buildings – the Temple in Wanstead Park and the 16th-century Queen Elizabeth's Hunting Lodge (Rangers Road, E4 7QH, 8529 6681; under-16s must be accompanied by an adult). The latter has a quiz trail, weekend craft activities and Tudor-themed dressing up; in the kitchen area, you can smell food made from 400-year-old recipes.

Work on the Branching Out Project began in 2009 and will take five years to complete. Using Heritage Lottery money, there are plans for a new Interpretation Centre next door to Queen

Elizabeth's Hunting Lodge; an education programme; improved trails and a visitor hub to encourage visitors to go deeper into the forest.

If you're coming by public transport, be prepared for some exercise. Chingford railway station gives access to the Hunting Lodge and some lovely strolls at the south end. Loughton and Theydon Bois (Central line) are the forest's nearest tube stops, though it's a two-mile uphill walk from both. The best advice is to get a map and plan your route in advance – or take the car. At High Beech car park there's a small tea hut, as well as the Epping Forest Field Centre. *Buggy access. Disabled access: toilet. Nappy-changing facilities. Shop.*

Lee Valley Park

Hackney, Walthamstow, Waltham Abbey, Cheshunt, Broxbourne, Hoddesdon, E10-EN11 (01992 717711, www.leevalleypark. org.uk). **Open** 24hrs daily. **Admission** varies; phone or check website for details.
After London 2012, another two miles of open parkland will be added to what's already a 26 mile-long park straddling the river Lee. It has a network of lakes, waterways, parks and countryside areas, and there's plenty to do. A gentle guided walk is a good way to start; the well-signposted park is ideal for picnics, walking or fishing. It's also a nature lover's paradise. Some 32 species of mammals are said to make their home in the park. Waymarked walks, some providing easy buggy access, take you to see orchids, grasshoppers and waterlilies. The birdwatching is excellent too.

Other attractions include the Lee Valley Riding Centre and Lee Valley Ice Centre (for both, *see pp161-190*), which offers family sessions at the weekends and during school holidays. The erstwhile Eastway Cycle Circuit has been rebuilt into the Velodrome and BMX Track (*see p131* **Queen Elizabeth Olympic Park**). Lee Valley Boat Centre (Old Nazeing Road, Broxbourne, Herts EN10 7AX, 01992 462085, www.leevalleyboats.co.uk) hires boats by the hour and organises narrowboat holidays. There's also the brand new Lee Valley White Water Centre (www.leevalleypark.org.uk).

The town of Waltham Abbey, which borders the park, has plenty of cafés and shops and an Augustinian abbey. The Royal Gunpowder Mills (Beaulieu Drive, Waltham Abbey, Essex EN9 1JY, 01992 707370, www.royalgunpowder mills.com) and Epping Forest (*see left*) are also just a ten-minute drive from the town. *Buggy access. Disabled access: toilet. Kiosk. Nappy-changing facilities.*

Meet the Animals

Go wild with an urban safari.

Animals may be two a penny in the countryside, but they rarely come with added attractions. London's nature reserves, aquariums, zoos and city farms know that variety is key to a great day out and provide all sorts of extra entertainment, from playgrounds and carousels to giant snakes and ladders and horse rides. The sheer range of exotic animal species in the capital is enormous – where else can you see gorillas, lions, giraffes, locusts, Cuban crocodiles, giant turtles, Komodo dragons and white-faced whistling ducks all within a ten-mile radius of each other?

If simplicity is the order of the day, it's just as easy to feed a goat, stroke a sheep, hold a rabbit or watch a cow being milked. You just need to know where to look. Below we list the best places to see all these amazing creatures, but it's worth also worth having a look through the **Parks & Gardens** chapter (*see pp123-146*), as some of the capital's parks feature well-stocked animal enclosures.

AQUARIUMS

Horniman Museum

100 London Road, SE23 3PQ (8699 1872, www.horniman.ac.uk). Forest Hill rail or bus 176, 185, 197, 356, P4. **Open** 10.30am-5.30pm daily. **Admission** free; donations appreciated. **Credit** MC, V.

This wonderful museum (*see p91*) just got a little more accessible for east and north Londoners thanks to the new overground line from Dalston to Croydon. It has an amazing aquarium, which houses hundreds of species of aquatic animals and plants across seven distinct zones. Recent additions include some postman butterflies in the Iwokrama rainforest display, and a specialist jellyfish tank where these stunning critters can be viewed at close range. As visitors work their way around, they explore the diverse nature of ecosystems across the globe and read about the threats such fragile environments face. Ecosystems covered include British pond life, Devonshire rockpools, Fijian coral reefs and mangrove swamps. Check the website for details of events and activities. *Buggy access. Café. Disabled access: lift, toilet. Nappy-changing facilities. Nearest picnic place: museum gardens. Shop.*

Sea Life London Aquarium

County Hall (riverfront entrance), Riverside Building, SE1 7PB (0871 663 1678, www.visitsealife.com). Westminster tube or Waterloo tube/rail. **Open** 10am-6pm Mon-Fri (last entry 5pm); 10am-7pm Sat, Sun (last entry 6pm). *Tours* (groups of 10 or more) phone for details. **Admission** £18; £12.50-£16.50 reductions; £12.50 3-15s; £55 family (2+2); free under-3s. **Credit** MC, V. **Map** p333 M9.

Not the cheapest family day out in London, but once inside the aquarium itself it's hard to remain peeved at the price. Last year's addition – the Rainforests of the World area – is deservedly popular; its collection of crocodiles, poison arrow frogs and piranhas (best seen at feeding time) keep children fascinated, and woodchip underfoot is a nice atmospheric touch. New to the area this year is a pair of Cuban crocodiles (which you won't see anywhere else in the UK). Only a few thousand of these intelligent crocs remain in the wild (these were bred in captivity). Another favourite attraction is the Shark Walk, where a floating glass platform allows visitors to walk just above the circling sharks. Around the aquarium, there are hundreds of varieties of fish and sea life from all over the world, including stingrays, Californian cownose rays and sea scorpions. We like the tunnel constructed from a 25-metre-long whale skeleton, beneath which visitors can view a tropical ocean of fish, coral and green turtles.

To get the best value, time your visit to coincide with feeding times (check the website for the day's schedule); the sharks are usually fed at 2.30pm. If you're pushing a buggy, enter and leave from the London Eye side; you'll avoid McDonald's and the tricky steps up to Westminster Bridge.

Buggy access. Disabled access: lift, toilet. Nappy-changing facilities. Nearest picnic place: Jubilee Gardens. Shop.

BUTTERFLY RESERVES

Butterfly World

Miriam Lane, Chiswell Green, Herts AL2 3NY (01727 869 203, www.butterflyworld project.com). **Open** *Apr-June, Sept* 10am-5pm daily. *July, Aug* 10am-6pm daily. **Admission** £8; £7 reductions; £5 3-16s, free under 3s; £23 family (2+2).

In an unlikely setting, just minutes from the M25, lies the largest hommage to the butterfly in the UK. The site is designed to look like an enormous butterfly head from the air and has been set up by property tycoon and butterfly obsessive Clive Farrell (he even has his own butterfly farm in Belize). Until Autumn 2011 when the 100m diameter walk-through biome opens, the butterfly tunnel here is a sneak preview of what's to come. Also already open is the butterfly breeding house, where kids can see first hand all the incredible stages of a butterfly's life cycle from egg to caterpillar to pupae to butterfly. The Insect Study Centre is often used by school groups during the week, but casual visitors are welcome to observe the specimens inside the transparent containers. The 20 acres of wildflower meadows (designed to attract and support native butterflies and insects) are a blaze of colour during summer, and the specialist gardens that stretch down one side of the site are also lots of fun. There's a playground under construction and the new café has a sheltered terrace that will prove popular with families on sunny days. What's more they don't make you walk through the well-stocked shop on your way out. It's an educational and fun day out.

Buggy access. Café. Disabled access: toilet. Nappy-changing facilities. Nearest picnic place: gardens. Shop.

FARMS

Belmont Children's Farm

The Ridgeway, Mill Hill, NW7 1QT (8959 3308, www.belmontfarm.co.uk). Mill Hill East tube, then bus 240. **Open** *Mar-Oct* 8am-6pm Mon-Fri; 9am-6pm Sat, Sun.

Nov-Feb 8am-5pm Mon-Fri; 9am-5pm Sat, Sun. **Admission** £4.50; free-£2 reductions; £12 family (2+2). **Credit** MC, V.

This new farm, set just beyond the North Circular, opened in 2009. It's green and leafy and looks very pretty. A walk down the slope from the car park brings you to the central buildings, which house small animals, rodents and birds – watch ferrets and chinchillas (like giant mice) race along tunnels. There are two small circular walks. The first takes you past the aviary, where rare breed poultry cluck and scrape, then past pigs and goats in pretty fenced enclosures. The second takes you past some owls and the farm's more exotic animals – the wallabies. The enclosures are clearly marked with information about individual species (factsheets can also be downloaded from the website in advance). Even parents might learn something: that goats have square pupils rather than round ones, for example, or that it takes three times as long to digest cow's milk as goat's milk. Children can join in at daily feeding sessions (11am-noon) or pet the smaller animals (11am-noon, 4-5pm). Tractor and trailer rides take place at noon, 2.30pm, 3.30pm and 4.30pm (adults £2; children £1). At the centre of the site, the spacious café specialises in waffles. There's a range of savoury and sweet options, with wholemeal and wheat-free waffles also available. All-day breakfasts are popular with everyone, and kids get their own menu, with a drink and a main course for £4.25. The farm also hosts children's parties.

Buggy access. Disabled access: toilet. Nappy-changing facilities. Nearest picnic place: farm picnic area.

Crystal Palace Park Farm

The Croft, Ledrington Road, SE19 2BS (8778 5572, www.crystalpalacepark farm.co.uk). Crystal Palace rail. **Open** noon-4pm Mon, Tue, Thur-Sun. **Admission** free.

Thanks to the opening of the new London Overground line from Dalston to Croydon (with Crystal Palace on a branch line that breaks off after Sydenham) it's now much easier to visit this farm. Crystal Palace Park Farm is very much a community-focused centre and well used by local schools, who get guided tours with an education officer. In the small yard and paddock, there are kune pigs, alpacas, goats and Shetland ponies, while the smaller animals are up a steep ramp. Children are always fascinated by the reptile room too. In the afternoons, casual visitors can often handle the smaller animals, if there's a free member of staff

My Sport Tennis
Oskar, 9

What inspired you to take up tennis?
It was my mum's idea, but I thought it was a good one. Tom, my best friend from school and from my street, also goes.

What do you like about tennis?
I like the challenges of playing, and it's great to be outdoors on a court all year round. My favourite shot is the serve.

What level are you at?
I started three years ago. I'm in the top group for my age – it's a mixed group, but there are more boys than girls.

What's next for you in your sport?
I'd like to be able to slice the ball.

Which events would you like to see at the London 2012 Olympic Games and Paralympic Games?
I'd love to see the Tennis, the Long Jump and High Jump events in Athletics, and the Equestrian Jumping.

Sightseeing

handy. The neighbouring Capel Manor College (8778 5572, www.capel.ac.uk) runs full-time animal care courses for 16- to 18-year-olds. There's no café on site, but the surrounding park is perfect for leisurely family picnics. *Buggy access. Disabled access: ramp, toilet. Nappy-changing facilities. Nearest picnic place: Crystal Palace Park.*

Deen City Farm & Community Garden

39 Windsor Avenue, SW19 2RR (8543 5300, www.deencityfarm.co.uk). Colliers Wood tube, then bus 200. **Open** 10am-4.30pm Tue-Sun, bank hols. **Admission** free; donations appreciated. **No credit cards.**
Set on beautiful National Trust land within the Morden Hall Park Estate, Deen City Farm is noticeably more rural than London's other city farms. The farm is home to a wide range of unusual species – it's a member of the Rare Breeds Survival Trust. There are Shetland sheep, pigs, cows, ducks, chickens, geese, turkeys, peacocks, alpacas and a huddle of rabbits and guinea pigs that you can handle at certain times (check when you arrive). There's a generous area used for pony rides – it's £1 per ride for the under-eights on Wednesdays (noon), weekends (3pm) and school holidays – and the sandwiches and cakes in the cheerful café are refreshingly cheap (children's lunch packs are £3.50). There's also a pretty growing garden run by volunteers (children must be over 12 to secure a volunteer placement) and a grass maze. *Buggy access. Café. Disabled access: toilet. Nappy-changing facilities. Nearest picnic place: Morden Hall Park. Shop.*

Freightliners City Farm

Paradise Park, Sheringham Road, off Liverpool Road, N7 8PF (7609 0467, www.freightlinersfarm.org.uk). Caledonian Road or Holloway Road tube, or Highbury & Islington tube/rail. **Open** *Summer* 10am-4.45pm Tue-Sun, bank hols. *Winter* 10am-4pm Tue-Sun. **Admission** free; donations appreciated. **No credit cards.**
When this farm was set up behind King's Cross station in 1973, the animals were housed in old railway goods vans – hence the name. The farm moved to its current position behind the busy Holloway Road later in the decade. The half-hectare site is as much a community hub as a working farm with cookery lessons running in the café, volunteer bee-keeping activities, an Adopt an Animal scheme and a very busy timetable of events throughout the school holidays (check the website for details).

Freightliners is home to Olivia and Matilda the dexter cows, sheep, goats, Berkshire and British middle white pigs, as well as all kinds of poultry. The collection of animals, many of them rare breeds, is impressive. Giant Flemish rabbits are the biggest you'll see anywhere, while exotic cockerels with feathered feet squawk in your path. You can buy hen and duck eggs of all hues in the shop, plus seasonal, own-grown fruit, vegetables, plants and honey, all produced on the farm. The café, built by volunteers out of green oak and straw bales, is open on Friday, Saturday and Sunday and serves homemade soup, salads, sandwiches and cakes; it offers a healthy children's menu too. *Buggy access. Café. Disabled access: toilet. Nappy-changing facilities. Nearest picnic place: farm picnic area. Shop.*

Hackney City Farm

1A Goldsmiths Row, E2 8QA (7729 6381, www.hackneycityfarm.co.uk). Bethnal Green tube or Cambridge Heath Road rail. **Open** 10am-4.30pm Tue-Sun, bank hols. **Admission** free; donations appreciated. **Credit** MC, V.
Some people come for the award-winning onsite Frizzante café (*see p249*), others for the tiny patch of bucolic calm within a dense urban environment. Some come for the craft-based activities like pottery, upholstery, felt-making, mosaics and bee-keeping, others for the chance to get close to some live animals. Around the small courtyard, outbuildings house some very pretty golden Guernsey goats, sheep, pigs, Larry the donkey, chickens, geese and ducks, along with some smaller, fluffier animals, including rabbits and guinea pigs. The larger animals get to frolic in a small field out back during the day. The farm does a healthy trade in eggs, and has also started pig production by bringing in Tamworth pigs from Mudchute City Farm. The farm garden has raised beds full of seasonal vegetables, a plant nursery and a play area with a sandpit, wigwams and trails. Check the website for weekly activities aimed at children and parents; popular pottery drop-in sessions cost £5 for two hours. And there's always a lot going on in the school holidays. *Buggy access. Café. Disabled access: toilet. Nappy-changing facilities. Nearest picnic place: gardens. Shop.*

Hounslow Urban Farm

A312 at Faggs Road, Feltham, Middx TW14 0LZ (8831 9658, www.hounslow.info). Hatton Cross tube, then 15min walk, or bus 90, 285,

Sightseeing

490. **Open** *Summer* 10am-5.30pm daily
(last entry 4.30pm). *Winter* 11am-4pm Sat,
Sun (last entry 3pm). Times & days may
vary, phone or check website for details.
Admission £4.25-£5; £3.50-£4.25
reductions; £2.75-£3.50 2-16s; £12-£15 family
(2+2); free under-2s. **No credit cards**.
Now here's something you don't see at many of
London's city farms – pig racing. It's held every
weekend, along with animal handling sessions.
Bags of feed are on sale at the shop, which also
sells cuddly toys, peacock feathers and all
manner of animal-themed souvenirs, as well as
giving shelter to the farm's parrot and its
lounge of lizards. Hounslow Urban Farm is one
of London's largest, with 29 acres to play with.
The farm rears rare, endangered and historic
breeds as part of a conservation programme,
and houses British saddleback pigs, goats,
ducks, Shetland ponies, alpacas, chipmunks
and a donkey. Turn up at the right time of year
and you could be lucky enough to feed the
orphan lambs and peek at the piglets. You can
even buy a small animal – such as a rabbit or
a guinea pig – and get some helpful care advice.
Activities are held during school holidays, with
a children's entertainer promised on bank
holiday Mondays and every Tuesday during
the holidays. There is a picnic area and a shop,
plus a brace of pedal tractors in the playground.
*Buggy access. Disabled access: toilet. Nappy-
changing facilities. Nearest picnic place:
farm picnic area. Shop.*

Kentish Town City Farm

*1 Cressfield Close, off Grafton Road, NW5
4BN (7916 5421, www.ktcityfarm.org.uk).
Chalk Farm tube or Kentish Town tube/rail
or Gospel Oak rail.* **Open** 9am-5pm daily.
Admission free; donations appreciated.
No credit cards.
London's oldest city farm may have changed
its name since it was set up in 1972, but the
ethos remains the same. This was the model for
London's other community-led city farms, and
provides much more than a chance to gawp at
some livestock. The site is far larger than first
appearances suggest, stretching way beyond
the farmyard into fields and well-tended
vegetable gardens. There's also a frog-filled
pond with a dipping platform to investigate.
Livestock includes farmyard ducks, goats, pigs,
horses, cows, chickens and sheep, with some
rare breeds. As well as petting the animals,
children can get involved with their care by
mucking out (arrive by 9am), feeding them
(with supervision) and taking care of the site.

During the holidays, a host of activities are
held in the farm centre and children's parties
can be held here at weekends (hire includes use
of the kitchen). Drop-in play sessions for under-
fives take place on Tuesday and Wednesday
mornings (10am-noon; £1) and there's a sing-
song class on Mondays (9.30-10.30am; £3, concs
£2). For older children, there are after-school
clubs like practical city farming, pottery and
cookery classes. There's a three-year waiting
list to join the Camden Pony Club, which is
based here, but the Riding School offers pony
rides on Saturdays from March to September,
weather permitting (1.30pm, £1). The farm
welcomes school visits from all boroughs, and
holds May Day celebrations, a summer horse
show, an Easter egg hunt, Apple Day activities
and a Christmas fair.
*Buggy access. Disabled access: toilet. Nappy-
changing facilities. Nearest picnic place:
Hampstead Heath.*

Lee Valley Park Farms

*Stubbins Hall Lane, Crooked Mile, Waltham
Abbey, Essex EN9 2EF (01992 892781,
www.leevalleypark.org.uk). Broxbourne or
Cheshunt rail.* **Open** *Mid Feb-Oct* 10am-5pm
daily. Closed Nov-mid Feb. **Admission**
£7; £5.60 reductions, 2-16s; free under-2s;
£28 family (2+3). **Credit** MC, V.
Not the cheapest of city farms, but you do get
two farms for the price of one. Hayes Hill is a
traditional farm and rare breeds centre, while
Holyfield Hall is its commercial neighbour. At
Hayes Hill, try persuading your children that
the animals are more exciting than the pedal
tractors, Bundle Barn soft play feature or new
Hilltop Adventure Zone (featuring a giant
jumping pillow and a 20ft climbing tower).
They can also meet Tallulah the Tamworth and
Barbara the Berkshire pig, as well as some
Essex pigs (a seriously endangered species).
Also in residence are Ella and Evie the goats,
sheep, llamas, water buffalo and chickens. In
the spring, visitors are encouraged to bottle-
feed the new lambs. Stroking Rex the 'therapy'
rabbit is another draw – but watch out for
Newton the bearded dragon. If this all seems a
bit cosy, then go and watch the cows being
milked over at Holyfield Hall (from 2.30pm
daily) and learn about large-scale dairy
production. There are guided tours for school
parties, tractor-trailer rides and pig races at
various times in the year (weather permitting).
*Buggy access. Café. Disabled access: toilet.
Nappy-changing facilities. Nearest picnic
place: farm picnic areas. Shop.*

Sightseeing

Neighbourhood Watch
Marylebone

ZSL London Zoo.

Hemmed in by relentlessly busy Oxford Street to the south and relaxed Regent's Park to the north, Marylebone is a fashionable district that has become a magnet for moneyed Londoners. Its leafy squares, terraces of Georgian townhouses and boutique-lined high street – home to a slew of fancy family favourites such as Little White Company, Cath Kidston and chic French label Bonpoint – are perfect for a leisurely stroll, particularly on Sundays when one of London's largest farmer's markets sets up shop here.

Once the children's tolerance for shopping has worn off, Regent's Park is a hop, skip and a jump away, while for rainy days, the Wallace Collection is a little-known treasure. Kids may be unmoved by the promise of Old Masters and 18th-century porcelain, but the magnificent armoury is another matter entirely. And if you really want

them to wax lyrical about their day out in Marylebone, then cough up for a celebrity-filled photo frenzy at legendary Madame Tussauds.

Up in arms

Entrance to the **Wallace Collection** (*see p87*), a grand, 18th-century townhouse-turned-museum, is absolutely free; inside, all sorts of treasures await. Anyone with a penchant for chivalry, derring-do and gory battles will be enraptured by the array of armour and weaponry, ranging from gold-inlaid scimitars and creepy, beak-fronted helmets to mighty cannons and gleaming suits. Elsewhere, you can gawp at Frans Hals' *Laughing Cavalier* (neither laughing nor a cavalier, but sporting a magnificent moustache), marvel at Louis XV's commode and admire Catherine the Great's lovely Sèvres porcelain ice-cream cooler.

Sightseeing

Kids can try the weighty suits of armour on for size in the Conservation Gallery, or pick up a free Warrior Kings trail – which takes you round all manner of jewel-encrusted weaponry. Visiting on the first Sunday of the month? Then prepare to get sketching at one of the Little Draw drop-in workshops. There are also armour-handling, hat-designing and watercolour-painting sessions on the busy events calendar; most of them cost a mere £4.

Wax lyrical

If all that sounds terribly serious and you've got cash to burn, you could head down to the gaudy attractions of **Madame Tussauds** (*see p70*). Where else could you have your picture taken next to Amy Winehouse, Johnny Depp and the Queen in one afternoon? Yes, when it comes down to it they're just waxwork models, but Madame Tussauds isn't world famous by accident; a lot of effort has been put in to contextualising the figures and providing interactive excitement. The Spirit of London ride in a small version of a London taxi is our personal favourite.

Head upmarket

Marylebone is a mecca for foodies, thanks to fine food emporiums such as La Fromagerie and the Ginger Pig (both on Moxon Street), and a host of swish restaurants. More exciting to children is the vibrant **Marylebone Farmer's Market** (www.lfm.org.uk), where grown-ups can sample slivers of whiffy cheese and compare olive oils while kids eye up the slabs of home-made cake. It's held on Sunday mornings in the Cramer Street car park, which is just off the high street. If you're around on Saturday, head for the chichi **Cabbages & Frocks** (www.cabbagesandfrocks.co.uk) market, in the grounds of St Mary's Parish Church. Friendly stallholders sell jewellery and clothes alongside salamis, artisan breads and all sorts of on-the-spot little somethings to keep you going until lunch. Topped with pastel swirls of icing and covered with pretty handmade sugar flowers, Peggy's Cupcakes are irresistible.

Coming up roses

To work off your foodie excesses in the fresh air, head for **Regent's Park** (*see p143*), one of London's most genteel patches of green. In early summer, the breeze is particularly fragrant, as the Inner Circle's magnificent rose gardens come into bloom. There's plenty of resident wildlife, too, particularly around the lakes (where you can take a boat out for half an hour or more). In summer, families might want to plan ahead and see a puppet show or family-friendly Shakespeare at the **Open Air Theatre** (*see p212*), but there's always plenty of sport to watch as well, on the many pitches up on the north side.

Also at the north end of the park, the famous **ZSL London Zoo** (*see p158*) awaits. Though entrance charges are substantial, the zoo does offer 36 acres to explore filled with more than 600 species. There are far too many attractions to list – though we've got a soft spot for the gorillas, the tireless ants in B.U.G.S., the Komodo dragon in the reptile house, and the incredible tigers. Loads of special events run throughout the day, too, from storytelling sessions in the brilliant Animal Adventure children's zoo and play area or meet-the-spider events, to Animals in Action and the classic penguins' feeding time.

Refreshments

Also in the area: Ask, Carluccio's Caffè, Paul, Ping Pong, Pizza Express, Giraffe, Wagamama.
Boathouse Café *The Boating Lake, Hanover Gate, Regent's Park NW1 4NU (7724 4069).* Survey the boating lake from the terrace at this family-friendly joint, serving pizza, pasta and snacks.
Fishworks *89 Marylebone High Street, W1U 4QW (7935 9796, www.fishworks. co.uk).* The £5 kids' menu includes fishfingers, fishcakes and mussels, with ice-cream to follow.
Golden Hind *73 Marylebone Lane, W1U 2PN (7486 3644).* Proper fish and chips, and a warm welcome for families.
Honest Sausage *Inner Circle, off Chester Road, Regent's Park NW1 4NU (7224 3872, www.honestsausage.com).* Bacon butties or free-range bangers.

Sightseeing

Interactive Fun

Education and entertainment combined at the Wetland Centre.

Birdwatching is just the start of a day out at the **WWT Wetland Centre** in Barnes (*see p156*). In the latter half of 2010, a series of new interactive exhibits opened that explore different environmental

concerns. The beautiful Rain Garden encourages visitors to make the most of rainwater supplies in their own gardens and the emphasis on recycling is also revealed by the pavilion, which is made out of an old shipping container adorned with a grass roof (you can observe the flowers on top through a periscope). Children love the paths between the ponds (leather shoes beware), and using the foot pumps to channel water along the mini viaducts.

Also launched in summer 2010 beside the Discovery Centre was Pond Safari, an exhibit allowing kids to look at what's in the ponds, courtesy of an underwater camera. The picture quality isn't great, but kids love the fact that they can control the camera with a joystick and zoom buttons. They'll also enjoy the new digital pond inside the Discovery Centre, which offers several games, the best of which is 'Feed the Dragonfly'. And to top it all off, the new Down the Plughole exhibit, mounted inside an actual sewage pipe (never used for the purpose), does the simple job of reminding us what not to put down the plughole.

Sightseeing

Mudchute City Farm

Pier Street, Isle of Dogs, E14 3HP (7515 5901, www.mudchute.org). Crossharbour, Mudchute or Island Gardens DLR. **Open** 9am-5pm Tue-Sun, bank hols. **Admission** free; donations appreciated. **No credit cards**.

Views of Canary Wharf's towers reminds visitors to this 27-acre farm that they are not far from civilisation, but clever landscaping creates a touch of bucolic peace in the middle of the urban Isle of Dogs. The Pet Corner has been revamped, with cute, brightly painted wooden houses built for the smaller animals (petting sessions are available 9.30am to 4pm on request). Once the kids have seen the smaller animals, there are lots of paths through well-established woods and hedgerows to explore, past fields of donkeys, goats, pigs, sheep, cows and llamas. Families can join a duck walk at 9am and 3pm (4pm in summer) and also help to feed the larger animals, which adds to the excitement. A new farm shop started trading in August 2010, stocking toys, plants, edible treats and local produce. Mudchute Kitchen (the farm's respected café) was taken over by new management in 2010, but the catering has lost none of its appeal. The facilities are available for hire for private parties. There's an after-school club for five- to 12-year-olds.
Buggy access. Café. Disabled access: toilet. Nappy-changing facilities. Nearest picnic place: farm picnic area. Shop.

Newham City Farm

Stansfeld Road, E6 5LT (7474 4960). Royal Albert DLR or bus 262, 300, 376. **Open** *Summer* 10am-5pm Tue-Sun. *Winter* 10am-4pm Tue-Sun, bank hols. **Admission** free; donations appreciated. **No credit cards**.

Newham has been here for over 30 years now. Alongside the usual farmyard poultry, sheep, pigs and goats is the largest animal on the farm: Blaze, a shire horse, who pulls a dray cart that visitors can ride in. There are also some smaller, furrier chaps (rabbits, guinea pigs and two ferrets), a twittering house of finches and Sarah the barn owl (named after one of the siblings in the Owl Babies children's book). The visitors' centre runs plenty of holiday activities, such as the ever-popular 'Be a Farmer for a Day' sessions (you will need to book these in advance) and various other drop-in activities. Fun Days offer the likes of sheep-shearing demonstrations and felt-making, and visitors can also taste the honey produced by bees from the farm's own hives. There's a new play area for toddlers with ride-on toys and a recently

built covered outdoor learning space that doubles up as a picnic area. As we went to press, the café was relocating to a larger space.
Buggy access. Café. Disabled access: toilet. Nappy-changing facilities. Nearest picnic place: farm picnic area. Shop.

Spitalfields City Farm

Buxton Street, off Brick Lane, E1 5AR (7247 8762, www.spitalfieldscityfarm.org). Whitechapel tube. **Open** *Summer* 10am-4.30pm Tue-Sun. *Winter* 10am-4pm Tue-Sun. **Admission** free; donations appreciated. **No credit cards**.

This compact community farm is a world away from the encroaching towers of the Square Mile. There's a full complement of pigs, sheep and poultry, plus donkeys and a pony. Outside the farmyard, there is much to see in the gardens, including unusual vegetables in the growing plot. Children will love the large treehouse, which is as good as anything in London's more formal adventure playgrounds. In spring, the Wildlife Garden is gorgeous, as bluebells, snowdrops and foxgloves nod in the pungent breeze, scented by wild garlic. Keen eight- to 12-year-olds can join the Young Farmers' Club, which runs a play scheme on Saturdays from 10.30am to 3.30pm. Activities include looking after the animals and cooking over an outdoor fire. There's also an after-school club on Thursdays. Vegetables, fruit and plants are on sale and annual events include the Sheep and Wool Fayre in May, Spitalfields Show and Green Fair in September, Apple Day in October and Christmas Fair.
Buggy access. Disabled access: toilet. Nappy-changing facilities. Nearest picnic place: farm picnic area.

Surrey Docks Farm

South Wharf, 309.5 Rotherhithe Street, SE16 5ET (7231 1010, www.surreydocks farm.org.uk). Surrey Quays or Rotherhithe rail. **Open** 10am-5pm Tue-Sun. **Admission** free; donations appreciated. **No credit cards**.

When this community farm was dreamt up in 1975, the surrounding area looked very different. These days, the site is bordered by the gated developments and luxury flats of Docklands, but inside the farm gates the ethos remains much the same. Sheep, goats and chickens mooch around a central farmyard, while out in the pens there are organically reared cows, pigs, horses and a donkey, fenced in by delightful wrought-metal railings – handiwork of resident blacksmith Kevin Boys

Sightseeing

(a working forge on the premises offers classes to local schoolchildren). Kids can also learn about food production from the dairy, milking barn, bee room, orchard, herb garden and vegetable plots. If the kids seem inspired, they can return on the third Saturday of every month for Young Farmers' Club (eight- to 13-year-olds).

A new manager arrived on site in 2010 and improvements are already in evidence. The farm café is now run by Frizzante (which also runs the highly successful café at Hackney City Farm); there's a monthly market on the first Saturday of the month selling local produce, arts, crafts and more; and there's also a raft of new yoga classes available in the refurbished Riverside Room.
Buggy access. Café. Disabled access: toilet. Nearest picnic place: riverside. Shop.

Vauxhall City Farm
165 Tyers Street, SE11 5HS (7582 4204, www.vauxhallcityfarm.info). Vauxhall tube/rail or bus 2, 36, 44, 77. **Open** 10.30am-4pm Wed-Sun. **Admission** free; donations appreciated. **No credit cards.**
Vauxhall's answer to the countryside is this tiny spot of mud, muck and enthusiasm. Many of the animals – the rare breed pigs and cows, alpacas, goats and sheep – inhabit a specially constructed straw-bale animal house, built by Barbara Jones in 2001, with sedums on the roof to attract bees. Start here and then wander through to the duck pond and community garden. There's no café, but you can picnic undercover near the rabbit and chicken enclosures. The farm runs pony-riding lessons in nearby Spring Gardens for children and riders with disabilities, hosts a weekly Ruby Rhymes under-fives singing group, and holds classes in art, spinning, dyeing and weaving (plants for natural dyes are grown in a special garden, along with vegetables). The ecology garden was refurbished in 2010 and now hosts pond-dipping sessions and mini-beast hunts.
Buggy access. Disabled access: toilet. Nappy-changing facilities. Nearest picnic place: Spring Gardens.

WETLAND RESERVES

Greenwich Peninsula Ecology Park
Thames Path, John Harrison Way, SE10 0QZ (8293 1904, www.urbanecology.org.uk). North Greenwich tube or bus 108, 161, 422, 472, 486. **Open** 10am-5pm Wed-Sun. **Admission** free; donations appreciated.

This site was a former gasworks, but is now the only significant patch of green on the peninsula. It underwent a huge regeneration project in 1997 to become a freshwater habitat for frogs, toads, newts and many species of bird. Take to the hides to watch the birds without disturbing them, or borrow the necessary equipment to get up close and personal with the wildlife (the visitors' centre provides pond-dipping nets, trays, magnifiers, bug jars and binoculars). There are themed quiz trails and word searches, and children can collect the materials to make paintings, collages or sketches. Look at the website for details of drop-in activities during the school holidays.
Buggy access. Disabled access: toilet. Nappy-changing facilities. Nearest picnic place: Southern Park.

WWT Wetland Centre
Queen Elizabeth's Walk, SW13 9WT (8409 4400, www.wwt.org.uk/london). Hammersmith tube then bus 33, 72, 209 (alight at Red Lion pub) or 283 (Duck Bus direct to Centre). **Open** *Summer* 9.30am-6pm daily. *Winter* 9.30am-5pm daily (last entry 1hr before closing). *Tours* 11am, 2pm daily. *Feeding tours* 3pm daily. **Admission** £9.95; £7.40 reductions; £5.50 4-16s; free under-4s; £27.75 family (2+2). *Tours* free. **Credit** MC, V.
This wetland reserve is one of London's best-kept secrets, probably because it's just outside the centre. If you can get children past the giant snakes and ladders game (with giant dice), there are 104 acres for them to stretch their legs in, along paths that take them past the main lake, reed beds, ponds and wetland meadows. The big draw here is the birdlife. Every season brings new migratory visitors such as New Zealand's beautiful black swans. Our favourites were the white-faced whistling ducks, who break into a chorus if you whistle to them in the right tone. There's a bat house, plus six observation hides; the largest is the three-storey Peacock Tower. A series of new exhibits exploring the environment was added in 2010 (see *p154* **Interactive fun**). Visitors can take free guided tours with well-informed, friendly bird-watchers every day at 11am and 2pm, or feed the birds with a warden at 3pm. At weekends there's also a noon walk around the World Wetlands section. Children aged three to 11 will happily ignore the birds and play for hours in the adventure playground, shooting through the water vole tunnels, tackling the climbing walls and flying through

Sightseeing

My Sport Boxing
Viddal, 13

What inspired you to take up boxing?
I watched it on TV with my dad, and I loved seeing boxers like Roy Jones fight in competitions. Dad first took me down to the club when I was six.

What do you like about boxing?
It teaches you discipline and how to handle yourself in and out of the ring. I also like it when you win and everyone praises you.

What level are you at?
I won the National Final last year, and I'm in it again this year. I know I can beat my opponent. I train two hours a day, every day. It's school. Come home. Change.

Go boxing. Come home. Eat. Sleep. And I run on Saturdays and Sundays.

What's next for you in your sport?
I'd like to get to Rio in 2016, but unfortunately I'm going to be too young to compete at London 2012. By the time I'm 18, I'd like to turn professional.

Which events would you like to see at the London 2012 Olympic Games and Paralympic Games?
I'd like to watch the people I've sparred with before, like Charlie Edwards and Andrew Selby, compete at Boxing. Also, I'd love to see some of the Football and the Athletics events.

Sightseeing

the air on the zip wire. There's a self-service restaurant with views over the main lake, serving hot meals and snacks.

Buggy access. Café. Disabled access: lift, toilet. Nappy-changing facilities. Nearest picnic place: centre picnic areas. Shop.

ZOOS

Battersea Park Children's Zoo

Queenstown Road, Battersea Park, SW11 4NJ (7924 5826, www.batterseazoo.co.uk). Sloane Square tube then bus 137, or Battersea Park or Queenstown Road rail, or bus 156, 345. **Open** *Summer* 10am-5.30pm daily (last entry 4.30pm). *Winter* 10am-4.30pm daily. **Admission** £7.50; £6 reductions, 2-15s; free under-2s; £25 family (2+2). **Credit** MC, V. **Map** p329 F13.

Battersea Children's Zoo is a much smaller outfit than London Zoo and the entry price reflects this. Here they can watch a coati snuffling in the undergrowth, squirrel monkeys and brown capuchins prancing about, mice running around in their own doll's house and tortoises munching through salad. The more adventurous can crawl down a pair of tunnels, popping up in a bubble in the meerkats' den. Toddlers love the New Zealand kune pigs, who provide top vocal entertainment with their snorting and snuffling. At weekends and holidays, visitors can watch the animals being fed (feeding time for meerkats and otters is 11am and 2.30pm; for monkeys it's 11am and 3pm) and get friendly with the farm animals at Barley Mo Farm at noon and 3.30pm. Look at the website for one-off themed events during the school holidays. The Lemon Tree café provides basic lunch fare, and there's a pretty good playground for all ages.

Buggy access. Café. Disabled access: toilet. Nappy-changing facilities. Nearest picnic place: zoo picnic area. Shop.

ZSL London Zoo

Outer Circle, Regent's Park, NW1 4RY (7722 3333, www.zsl.org). Baker Street or Camden Town tube, then bus 274. **Open** *Mar-June, Sept, Oct* 10am-5.30pm daily. *July, Aug* 10am-6pm daily. *Nov-Feb* 10am-4pm daily. Last entry 1hr before closing. **Admission** (including £1.80 voluntary contribution) £20.50; £19 reductions; £16.40 3-15s; free under-3s; £65 family (2+2 or 1+3). **Credit** AmEx, MC, V. **Map** p330 G2.

Quite simply, a brilliant family day out. London Zoo continues its transformation year on year, with its animals rehoused in imaginative enclosures and interactive elements introduced successfully across the site. The most exciting addition in recent years is Gorilla Kingdom, where visitors can get within a foot of three adult gorillas – albeit separated by a sheet of reinforced glass. A baby gorilla was born to one of the females in October 2010 and he's become a star attraction. In line with the 'natural habitat' philosophy of zookeeping, the lovely beasts also have a large area of landscaped greenery to explore. There's so much to do and see at the zoo that the best way to enjoy it is with an annual pass (which also gains a discount on rides and in the cafés, and offers members free parking on weekdays in termtime). Otherwise get here early if you want to see everything. By the canal, Into Africa has giraffes displaying their magnificently long tongues, and the strange Okapi looking on stoically as the zebras prance around in the next enclosure. Try and spot a cheeky monkey in the Meet the Monkeys walkthrough and marvel at the extraordinary natural world inside the B.U.G.S insect extravaganza. The Butterfly Paradise tunnel is always a favourite, as are the aquarium and penguin pool (which was undergoing major refurbishment as we went to press). Between these attractions lurk lions, tigers, hippos, camels and flamingos: all impossible to walk past quickly.

Daily events include the entertaining Animals In Action display at noon, which has the audience ducking as hawks, vultures, owls and parrots soar millimetres above their heads for strategically placed titbits while a keeper relays amusing anecdotes. Better than a science lesson any day. One of our favourite attractions is Tim Hunkin's charming clock, just outside the Blackburn Pavilion bird house, which grinds into mechanical action every half hour. The Children's Zoo was designed for children by children. Here, kids can groom goats and sheep, meet the llamas, climb with coatis, explore the tunnels in the Roots Zone or listen to a story in the tipi. The Splash Zone is a great diversion on warm days, but take spare clothing. There's also a playground, bouncy castles and two carousels. For those who want to get really close to the animals, the zoo holds Junior Keeper for the Day events for 11- to 15-year-olds. *See also p152* **Neighbourhood Watch**.

Buggy access. Café. Disabled access: toilet. Nappy-changing facilities. Nearest picnic place: zoo picnic areas. Restaurant. Shop.

Sightseeing

Activities

Sport & Activities

Faster, higher, stronger.

When London was awarded the right to host the 2012 Olympic and Paralympic Games, the bid's success owed much to the emphasis placed on the importance of youth participation in the future of sport. And the post-2012 future looks bright for east Londoners, as venues such as the Aquatics Centre, the Handball Arena and the Velodrome gear up to serve the local community with world-class facilities after the record breakers have all gone home.

Luckily, the capital wasn't in bad shape, sports-wise, before London 2012. There's a wider choice of sports facilities than elsewhere in the country, with plenty of pools, tennis courts, cricket pitches and climbing walls to go round. And that's not to mention all those gorgeous free green spaces listed in **Parks & Gardens** (*see pp123-146*) for an ad hoc kickabout.

There are also plenty of professionals to help make exercise fun. Organisations running activity clubs for toddlers include **Tumbletots** (www.tumbletots.com) and **Crechendo** (www.crechendo.com), while local councils run affordable (often free) sports camps in the school holidays. On top of that, many independent schools host a variety of private youth sports organisations that put on intensive rugby, football, tennis and cricket coaching when term ends. So there really is no excuse – get out there!

ACTIVE PLAY

Indoor play centres

Bramley's Big Adventure

136 Bramley Road, W10 6TJ (8960 1515, www.bramleysbig.co.uk). Latimer Road tube. **Open** *Term-time* 10am-6pm Mon-Fri; 10am-6.30pm Sat, Sun. *Holidays* 10am-6.30pm daily. **Membership** £20/yr. **Admission** *Members* £2.95 under-4s; £4.75 over-4s; free adults. *Non-members* £3.95 under-4s; £5.75 over-4s; 60p adults. **Credit** AmEx, MC, V.

Organised chaos reigns at Bramley's, tucked beneath the Westway flyover. The centrepiece is a giant three-level play frame, incorporating slides, ball pools, swings and dens, with separate areas for less rambunctious under-fives and babies. There's no time limit on play sessions during the week, so children can play all day; free Wi-Fi lets parents catch up on work while their offspring tear about. Commendably, the café offers organic and fair trade grub. Children's parties include meals and party bags. *Buggy access (must be locked up outside). Café. Disabled access: toilet. Nappy-changing facilities.*

Eddie Catz

68-70 High Street, SW15 1SF (0845 201 1268, www.eddiecatz.com). Putney Bridge tube. **Open** 9.30am-6pm Mon-Sat; 10am-6pm Sun. **Admission** £4.50 under 90cm; £5.50 90cm-1.55m; £1 over 1.55m; free babies under 8mths. **Credit** MC, V.

For tinies, Eddie Catz offers a soft play area and movement and music classes (for which an extra charge applies). Toddlers and older children, meanwhile, can enjoy a modestly sized adventure play frame, as well as a dressing-up area, video games and air hockey. Membership deals are available (from £65 for six months), as are birthday parties; the Wimbledon branch also offers laser tag parties for six to 12s. *Buggy access. Café. Disabled access: lift, toilet. Nappy-changing facilities. Shop.* **Branch** 42 Station Road, SW19 2LP (8288 8178).

Gambado

7 Station Court, Townmead Road, SW6 2PY (7384 1635, www.gambado.com). Fulham Broadway tube or bus 391. **Open** 9.30am-6.30pm daily. **Admission** £7.75 1-2s; £9.75 3-12s; £2.50 adults; free under-1s. **Credit** MC, V.

Activities

Cheery staff and masses of things to do mean Gambado is eternally popular, despite the hefty entry fee. Kids soon vanish into the depths of the thrilling multi-level climbing frame, which incorporates ball ponds, slides (enclosed twirly tunnels plus bumpy ones large enough for parents to join in), trampolines, assault courses and mini dodgems. Tinies get a soft-play section with big Lego bricks and face painting. You can refuel on healthy fare at the café, and there's free internet access for the adults. At weekends, it's usually full of birthday parties. *Buggy access. Café. Disabled access: toilet. Nappy-changing facilities.*

Little Dinosaurs

The Actual Workshop, The Grove, Alexandra Park, N22 7AY (8444 1338, 07957 457771 mobile, www.littledinosaurs.co.uk). Alexandra Palace rail. **Open** 9.30am-5.30pm Mon-Fri; 10am-5.30pm Sat; 10am-5pm Sun. **Admission** £3.50-£4.50; adults & under-1s free. **Credit** AmEx, MC, V.

Indoor adventure play centres are loved by kids and tolerated through gritted teeth by adults in a fix on a cold or rainy day. Little Dinosaurs is a thoroughly pleasant venue for all the family, whatever the weather. Inside is the usual playframe with slides, tunnels, mats and padded obstacles, but Little Dinosaurs has plenty of windows and it's also in the middle of a lovely park. On warmer days, the doors are thrown open to the air and guests can venture out into the grassy outdoor area (fenced off securely from the park), where there's a terrace with tables and chairs and toys to amuse smaller children, plus a bouncy castle. The café serves good coffee, children's and adults' meals and snacks. *Buggy access. Café. Children's menu. Disabled: toilet. High chairs. Nappy-changing facilities.*

Tumble in the Jungle

245 Wood Street, E17 3NT (0870 626 0710, www.tumbleinthejungle.co.uk). Walthamstow Central tube or Wood Street rail. **Open** 9.30am-6pm Mon, Wed-Fri; 10am-6pm Tue, Sat, Sun. **Admission** £3.50 (£2.50 before 11am); £1 adults; free under-1s. **No credit cards.**

Walthamstow's indoor play centre is designed on a jungle theme, with separate areas divided by age group. There's a soft play area for babies, a small playframe for toddlers to test their muscles on, and a larger frame for older kids to run riot around. Staff provide extra entertainment and activities from time to time; look out, too, for the water sensory room, the interactive dance mats and the sports arena. As these things go, Tumble in the Jungle's prices are pretty reasonable, and there's a café for the adults to escape to for a bit of peace and quiet. *Buggy access. Café. Children's menu. Disabled access: toilet. High chairs. Nappy-changing facilities.*

ARCHERY

Archery first developed as a sport during medieval times, but today bowmen fire arrows at the boss (target) at more than 150mph. The London 2012 competition will take place at Lord's cricket ground, but budding Robin Hoods can fire off a few arrows at the venues listed below.

2020 Archery

7515 4944, www.2020archery.co.uk. 2020 Archery is based at the T47 sports centre near London Bridge and runs a junior Young Archers club every Saturday morning for over-sevens (10-11.30am). Sessions cost £10 each. For more information, contact Aisha (youngarchers@live.co.uk).

Experience Archery

07961 870 170, www.experiencearchery.com. This mobile, London-based outfit organises 90-minute 'have-a-go' sessions for complete beginners over eight (£25), along with birthday parties for over-sevens (max 10 children).

BADMINTON

Kids always love whacking a shuttlecock on the beach, and there are plenty of courts to carry on the fun in London.

David Lloyd Leisure

0844 543 9783, www.davidlloydleisure.co.uk. There are several David Lloyd centres doted around the capital, and they are designed to be very family-friendly. The courts and equipment are generally excellent. Check out the website or phone for your nearest venue.

Michael Sobell Leisure Centre

Hornsey Road, N7 7NY (7609 2166, www.aquaterra.org). Finsbury Park tube/rail. This leisure centre near the Holloway Road has up to 12 badminton courts to hire on a pay-and-play basis (£8-£12.50/55mins). There's also a

Activities

Saturday badminton clinic for youngsters (10am-noon, £4.50), featuring coaching and games. Players of all standards are welcome.

BOXING

Boxing London
Left Hook, Unit 1, 1 Martha Street, E1 2PX (07956 293768, www.boxinglondon.co.uk). Shadwell DLR.
The bags may be well punched, but the tuition with former super-middleweight contender Enzo Giordano is excellent and the atmosphere good-humoured. Kids are welcome from seven upwards with their parents, or from ten on their own. Classes (noon-1.30pm daily, 7-8.30pm Mon-Fri) cost £5 each plus £30 annual membership. A new space in north London is opening in 2011.

Islington Boxing Club
20 Hazellville Road, N19 3LP (07920 280230, www.islingtonboxingclub.org). Archway tube.
This friendly, down-to-earth boxing gym runs both recreational and academy sessions for under-16s. Membership fees are £20 per year and classes cost £3 per session.

CIRCUS SKILLS

Not perhaps a traditional sport, but you have to develop fitness, flexibility and physical skill to be any good at it.

Albert & Friends Instant Circus
8237 1170, www.albertandfriends instantcircus.co.uk.
Held at two west London venues, Albert's marvellous after-school and holiday circus workshops teach three to 16s skills such as juggling, diabolo, unicycling and stilt-walking – and how to assemble a human pyramid. Over-eights can attend aerial sessions and learn corde lisse, static trapeze and other daredevil feats.

Circolombia
Roundhouse, Chalk Farm Road, NW1 8EH (0844 482 8008, www.roundhouse.org.uk). Chalk Farm tube. **Admission** £2.
This youth circus troupe from Colombia holds drop-in Circus Skills classes for 14- to 19-year-olds. The programme is a mix of street dance, acrobatics and circus tricks, and the team will teach flips, jumps and tumbles as well as juggling, stilt walking and diabolo.

Circus Space
Coronet Street, N1 6HD (7729 9522, www.thecircusspace.co.uk). Old Street tube/rail.
Accompanied by their intrepid parents, under-eights can enrol for a term of Tiny Tops circus skills and games. The Sunday morning 'Circus Fusion and Circus Focus classes introduce eight- to 11-year-olds to acrobatics, juggling, static trapeze and more; once tutors think kids are ready, they can join the Big Tops. Gifted over-11s can try out for the London Youth Circus.

CLIMBING

Castle Climbing Centre
Green Lanes, N4 2HA (8211 7000, www.castle-climbing.co.uk). Manor House tube, bus 141 341.
This climbing centre is splendidly housed in an old Victorian pumping station. Classes for nine- to 14-year-olds are held on Monday and Tuesday, and during the holidays; over-14s may climb unsupervised, with parental permission, once they have passed an assessment. For private tuition, the Gecko Club (www.geckos.co.uk) is based here (£40/hr plus £12.50 admission). Call for details of the party service.

Mile End Climbing Wall
Haverfield Road, E3 5BE (8980 0289, www.mileendwall.org.uk). Mile End tube.
Eight- to 16-year-olds can attend beginner sessions on weekday evenings and Saturday and Sunday mornings at this popular east London wall. Action-packed birthday parties for over-sevens can be held here, and there's a busy summer holiday programme.

Swiss Cottage Climbing Wall
Swiss Cottage Leisure Centre, Adelaide Road, NW3 3NF (7974 2012, www.climb london.co.uk). Swiss Cottage tube.
This impressive leisure centre is home to a 14-metre wall and bouldering area, and offers a Junior Rock Club (7-16s) on weekday evenings and Sunday mornings, and Pebbles (4-7s) on Monday and Friday afternoons and Saturday mornings. Birthday parties can also be booked.

Westway Climbing Centre
1 Crowthorne Road, W10 6RP (8969 0992, www.westwaysportscentre.org.uk). Latimer Road tube.
There are 120 lines and 350 routes to explore at Westway's impressive climbing centre. The cheapest way to get on the wall is to queue up

for one of the drop-in sessions on Monday and Wednesday afternoons for five- to six-year-olds (4-5pm; £5.50), and seven- to 14-year-olds (4.30-6pm; £4.50), or the family session for over-fours on Sunday mornings (10-11.30am; £5.50 juniors, £10 parents). There are also bookable classes throughout the week, and birthday parties for over-fours can be held here too.

CRICKET

Kia Oval
Kennington, SE11 5SS (7820 5700, www. surreycricket.com). Oval tube. **Admission** *Surrey matches* £15-£96; £7.50-£48 under-16s. **Credit** MC, V.
Surrey's homely – but still Test-class – cricket ground in Kennington offers an admirable youth programme.

Lord's Cricket Ground
St John's Wood Road, NW8 8QN (7289 1300 Middlesex, www.middlesexccc.com/ 7432 1000 MCC, www.lords.org). St John's Wood tube, or bus 13, 46, 82, 113, 274. **Admission** *Middlesex matches* £15-£20; £5-£8.50 under-16s, reductions. **Credit** MC, V.
Even the youngest of fans will have heard of Lord's, the home ground of Middlesex and main ground for England. Tours allow visitors a glimpse behind the scenes and access to the Long Room, where a gallery depicts the great and good of the sport. Fans can also peek at the players' dressing rooms and the MCC Museum, where the Ashes urn is stored. For more details, *see p115*. Lord's is hosting the Olympic Games Archery competition during London 2012.

Playing cricket

Cricket is still associated with toffs – an image not helped by a sharp decline in cricket-playing in state schools. Various initiatives have been launched to raise the profile of the national summer sport.

In 1990, a group of volunteers formed Capital Kids Cricket (www.capitalkids cricket.co.uk) to promote cricket for children in the inner city; the website has a 'where to play' section.

Ken Barrington Cricket Centre
Brit Oval, Kennington, SE11 5SS (7820 5739, www.surreycricket.com). Oval tube.

MCC Indoor School
Lord's Cricket Ground, St John's Wood Road, NW8 8QN (7616 8612, www.lords. org/kids). St John's Wood tube or bus 13, 46, 82, 113, 274.

Middlesex County Cricket Club
East End Road, N3 2TA (8346 8020, www. middlesexccc.com). Finchley Central tube.

Cricket Coaching Excellence
www.coachingcricketexcellence.co.uk.
Based in Ealing, west London, Coaching Cricket Excellence is run by ex-Middlesex all-rounder Peter Wellings and offers a vast range of holiday courses, weekend nets, children's parties and academies for both softball and hardball practice. Winter courses take place at indoor sports centres in Ealing/Acton, while the summer courses take place outdoors in the handsome surroundings of Ealing Cricket Club.

CYCLING

British children still fall behind their continental peers when it comes to taking the bike to school. In Britain, 90 per cent own bikes, but fewer than three per cent cycle to school.

In 2008, the government pledged £55 million to train pupils to ride safely. Safe Routes to Schools supports projects that encourage cycling and walking to school, by improving street design, calming traffic and linking with the National Cycle Network. Most local authorities include Safe Routes to Schools schemes in their local transport plans. Sustrans (www.sustrans.org.uk) is the pressure group that is working to create a safer environment for cycling.

Check out Bike to School Week (www.bikeforall.net) and the London Cycling Campaign (www.lcc.org.uk).

Bikeability
www.bikeability.org.uk.
A nationwide scheme, designed to give young cyclists the skills and confidence to ride their bikes on the roads. Kids are encouraged to achieve three levels of cycling proficiency, and can begin learning the skills as soon as they start riding a bike.

Activities

A celebration of great sporting moments

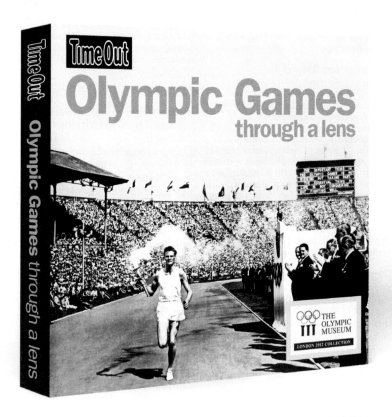

My Sport Wheelchair Rugby
Matthew, 11

What inspired you to take up wheelchair rugby?
The fact that it's the best sport ever and I might get the opportunity to travel the world.

What do you like about your sport?
It's fun and exciting.

What level are you at?
I started about a year ago and I now do training practice twice a week.

What do you think is next for you in your sport?
I'll see how it goes.

Which events would you like to see at the London 2012 Olympic Games and Paralympic Games?
I don't know a lot about the Olympics. Perhaps I'll go along and see what happens. I'd like to see some of the Rugby events and also some of the Basketball matches.

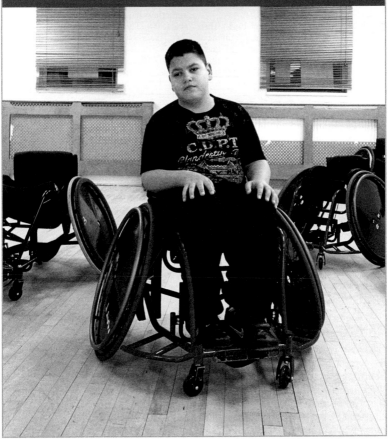

Activities

Capital Sport – Gentle Cycling

01296 631671, www.capital-sport.co.uk.
Gentle cycling holidays and bike tours through London and along the River Thames. The Thames and Royalty Tour and day tours from London Bridge are ideal for families and take in palaces, royal parks and riverside cycling.

Cycle Training UK

7231 6005, www.cycletraining.co.uk.
Instructors offer individual tuition and accompanied journeys to school anywhere in Greater London. Of its participants, 81 per cent have said they cycle more often and more confidently. The website has details of London boroughs offering free or subsidised training.

Herne Hill Velodrome

Burbage Road, SE24 9HE (www.hernehill velodrome.com). Herne Hill rail.
Many south London children begin their cycling careers here at the venerable home of track cycling, founded in 1892 and still going strong. The VC Londres club was set up to encourage children on to bikes, and holds weekly Friday evening sessions.

London Recumbents

7498 6543 Battersea Park, 8299 6636 Dulwich Park, www.londonrecumbents.co.uk.
London Recumbents offers an enormous range of bikes for hire and sale at Dulwich and Battersea Parks. There are various trailer attachments, tandems and child seats to accommodate children, plus high-quality kids' bikes (including the low-lying, head-turning recumbent trikes, which kids adore).

London School of Cycling

7249 3779, www.londonschool ofcycling.co.uk.
The London School of Cycling offers private tuition for all ages and abilities, as well as cycle maintenance workshops for beginners with small class sizes.

DANCE

Dance is a great way to keep fit, and with the popularity of TV shows like *Strictly Come Dancing* and *Got to Dance*, it's a sport that is cloaked in glamour. London is a great place to get the best out of dance classes as it's full of talented teachers from an eclectic range of disciplines.

Discos & clubs

Start them early with toddler dance classes that are as fun for the adults as the kids. The following events take place at various venues across town; check online to find out where the next disco will be.

Baby Loves Disco

www.babylovesdisco.co.uk.
An import from the US, BLD is thriving on these shores. Sunday afternoon discos take place in a handful of venues, accompanied by choice 1970s and '80s tunes.

Planet Angel

www.planetangel.net.
Planet Angel's Sunday afternoon 'Chilled' gatherings have been running in north London since 2001. They aim to create a positive, safe, social environment for children of all ages.

Whirl-Y-Gig

www.whirl-y-gig.org.uk.
This long-established collective welcomes families to its events – they're a joyous mix of carnival and alternative clubbing, with some eclectic tunes. A favourite venue for events is Jacks (7-9 Crucifix Lane, SE1 3JW). Under-18s must be accompanied by a parent, and you have to call ahead.

Tuition

For all things dance-related in the capital, including children's classes for all abilities, visit www.londondance.com.

Amici Dance Theatre

Various venues around London (8964 5060, www.amicidance.org).
This organisation runs weekly dance and creative movement classes for all abilities and ages 7+ to adults on Wednesday evenings (7-9pm) at the Lyric Hammersmith. The sessions result in a touring show every two years and aim to integrate performers with and without disabilities. There's a long waiting list, but Amici also run occasional open workshops.

Barking and Dagenham Youth Dance

Abbey Sports Centre, Axe Street, Barking, Essex IG11 7NX (8270 8373, www.barking anddagenhamyouthdance.co.uk). Barking tube/ rail. **Fees** £3 per session. **No credit cards.**

Swimming Tips Rebecca Adlington

Where did you learn to swim and at what age?

I started learning to swim when I was four at Sherwood swimming pool in Mansfield, Nottingham. When I was 12, I joined the Nova Centurion swimming club in Nottingham.

Who was the biggest influence on you becoming an Olympic champion?

Bill Furniss, who has been my coach since I was 12. Bill recognised my potential and encouraged me through my teenage years up to Olympic gold. When I was younger, I didn't really have any heroes. Today, I respect and admire people like Chris Hoy.

What is the best way to learn to swim – with parents or at lessons?

Both have their benefits. It's great for parents to introduce their babies to the water at an early age and build their confidence in the water. However, lessons can help improve technique.

What is a good age to start?

As soon as possible. Introduce your baby to the water at an early age. Babies and children who have taken to swimming classes have been shown to do better in gripping, reaching and balance tests than those who haven't. Making water fun is really important, so splash and play with toys in the bath to help build up water confidence.

How would you encourage a child who is scared of water to learn to swim?

It's important to encourage your child to be adventurous in the water and the best way to do this is by making it fun! There is a wide range of games and toys, including dive rings and water balls, to get them excited about swimming.

What equipment is helpful to children learning to swim?

Kickboards are great for helping to develop breathing and kicking technique. There's a lot for kids to concentrate on when they first start learning. By using a kickboard, they have one less thing to worry about.

Rebecca Adlington is Ambassador of Speedo's Learn to Swim Initiative. For more details, visit the website at www.speedo.co.uk.

Activities

Weekly open street dance classes take place during term time. One-hour classes for six- to 11-year-olds are at noon, while 12- to 19-year-olds get a two-hour class from 1pm to 3pm. The current teacher is Claudimar Neto, finalist on *So You Think You Can Dance.*

Chisenhale Dance Space

64-84 Chisenhale Road, E3 5QZ (8981 6617, www.chisenhaledancespace.co.uk). Mile End tube. **Fees** £36 2-8s, £24 reductions; free 12-17s youth group. **Credit** MC, V.
This Bow-based dance studio offers creative dance courses for two to eights, plus a Saturday

youth group where 11 to 17s are taught a blend of street, contemporary, jazz and creative dance. Guest choreographers from other disciplines, from ballet to Bollywood, have been known to drop in to share their wisdom.

Coconut Grove

336 Ladbroke Grove, W10 5AH (8969 8371, www.coconutgrovestudios.com). Ladbroke Grove tube. **Fees** £180-£900/yr. **No credit cards.**
These sleek, light-filled studios are busy all day and evening with a varied timetable of classes. Babies and toddlers can try out Maestro Music,

Sport & Activities

where they're introduced to musical instruments and singing, or Jumping Jacks, which combines singing with movement. Classes for older children are divided by age (four to sevens; eight to 11s; 12 to 17s) and range from ballet and street dance to musical theatre dance.
Buggy access. Café. Children's menu. Nappy-changing facilities. Play area.

Dance Attic

368 North End Road, SW6 1LY (7610 2055, www.danceattic.com). Fulham Broadway tube. **Fees** £2/day; £40/6mths; £70/yr; £15/6 mths, £25/yr 13-16s. **Classes** £5-£7. *Children's ballet* £50-£62/11wk term. **Credit** MC, V.
Ballet classes for over-threes go up to intermediate level, with RAD exams at each grade. There's also a shop stocking leotards, ballet shoes and other dance essentials.
Shop.

Danceworks

16 Balderton Street, W1K 6TN (7629 6183, www.danceworks.net). Bond Street or Marble Arch tube. **Classes** times vary; phone for details. **Fees** *Membership* £2-£5/day; £80-£180/year. *Classes* £4-£11/class. **Credit** AmEx, MC, V.
Six studios occupy Danceworks' stately Victorian premises, offering a vast array of adults' classes. For kids (two to 18s), there's ballet, jazz and tap, plus drop-in street dance for 11 to 16s with the Impact Youth Academy.
Nappy-changing facilities.

Diddi Dance

07973 982790, www.diddidance.com.
Exuberant dance and movement classes for two to fours. Try a free taster sessions before committing to a four- or eight-week block. Themed birthday parties can also be arranged.

East London Dance

Various venues around east London (8279 1050, www.eastlondondance.org). **Classes** times vary; phone for details. **Fees** free-£1. **No credit cards**.
Brazilian samba, street dance and creative, contemporary styles are favoured by this creative community. Check out the upcoming programme of free On the Move dance classes for young people. Brink Open Company Dance is for 11 to 16s.

Funky Chicks Academy

Various venues around south London (8302 6992, www.funkychicksacademy.com).

Classes times vary; phone for details. **Fees** £7-£10. **Credit** MC, V.
This all-female group of performers is taking the junior dance scene (over-threes) by storm. There are now six Funky Chicks Academies dotted around south London and Kent with classes ranging from street dance to funky ballet. Pupils begin by learning the steps to the tracks from the Funky Chicks' new album (www.funkychicks.co.uk), and every year there's a big stage production which gives everyone a chance to show off their moves.

Greenwich Dance Agency

Borough Hall, Royal Hill, SE10 8RE (8293 9741, www.greenwichdance.org.uk). *Greenwich rail.* **Classes** times vary; phone for details. **Fees** *Drop-in* £4 0-2s; £3 13-20s. *Courses* £40-£48/term 6-12s. **Credit** MC, V.
A packed programme has something for children of all ages, starting with relaxed drop-in classes for under-threes. At the other end of the spectrum, 13 to 20s can work with professional choreographers, fusing multiple styles and techniques. In all age groups, the focus is on creativity and having fun.
Buggy access. Disabled access: toilet. Nappy-changing facilities.

Impact Dance

Lime Door, Unit 9, 11 Plough Yard, EC2A 3LP (07500 115206, www.impact dance.co.uk). **Classes** 12.15-1.30pm Sat (12-19s); 2.30am-3.30pm Sat (7-11s); 1.30-2.30pm Sat (Creative training; 7-19s). **Fees** £5 per class; £4 creative training. **No credit cards.**
Impact Dance aims to teach street dance moves, while encouraging self-confidence, self-esteem and teamwork. Open training sessions take place on Saturday mornings and are split into two age groups – seven to 11s and 12 to 19s. Those that show flair and dedication might be picked by the teachers to join the Impact Dance Youth Company on Saturday afternoons, which leads to performance opportunities as well as more focused tuition.
Buggy access.

Laban

Creekside, SE8 3DZ (8691 8600, www.laban. org). Cutty Sark DLR or Deptford rail. **Classes & fees** vary; phone for details. **Credit** AmEx, MC, V.
Deptford is the slightly unlikely home to this stunning contemporary dance conservatoire, designed by Herzog & de Meuron. Children's movement, contemporary dance and ballet

Activities

lessons run throughout the week, though many have a sizeable waiting list. Once your child is in a class, however, the experience is fantastic; the annual Children's Show, presenting work by students aged four-14, showcases the kids' talents – and is packed with proud parents. *Buggy access. Disabled access: toilet. Café. Nappy-changing facilities.*

Pineapple Performing Arts School

7 Langley Street, WC2H 9JA (8351 8839, www.pineapplearts.com). Covent Garden tube. **Classes** *Drop-in* 1-2pm (under-13s), 2-3pm (12-16s) Sat; 1-2pm (12-16s), 2-3pm (under-13s) Sun. *Term classes* 11am-noon (3-4s), 11am-1pm (4-5s); 11am-2pm (5-12s), 2-5pm (13-17s) Sun. **Fees** £90/12wk term 3-4s; £295/12wk term over-4s; £6 drop-in session; £195 holiday course. *Trial class* £25. *Registration fee* £30-£35. **Credit** MC, V. **Map** p331 L6.

Drop-in musical, theatre, dance, ballet and street dance classes are held at these legendary Covent Garden studios every weekend; just turn up, hand over your £6 and dance. Those prepared to commit to 12-week terms can sign up for the lively Sunday School, comprising 'Pineapple Chunks' sessions for tinies, junior classes for kids and early teens, and senior classes for 13- to 17-year-olds. Intensive musical theatre and street dance courses are offered during the Easter and summer holidays. *Café.*

The Place

17 Duke's Road, WC1H 9PY (7121 1100 box office, 7121 1090 classes, www.theplace. org.uk). Euston tube/rail. **Classes** times vary; phone for details. **Fees** £90-£99/11wk term; £5 discount for 2nd or subsequent class taken by same student or a sibling. **Credit** MC, V. **Map** p331 K3.

The ethos at this contemporary dance hub is that anyone can learn to dance; the centre is accessible to all ages, as well as to the disabled. There is, however, a waiting list. A steady stream of parents and kids head here on Saturdays, when classes for five- to 18-year-olds range from playful, free-form First Moves sessions to contemporary dance. More unusually, there are choreography classes for children, and all-boys 'Energiser' sessions. Shift, a company for talented 13- to 19-year-old dancers, meets twice weekly during term time to perform work by a range of choreographers; hotly contested auditions are held in September. *Bar. Buggy access. Café. Disabled access: toilet.*

Royal Academy of Dance

36 Battersea Square, SW11 3RA (7326 8000, www.rad.org.uk). Clapham Junction rail or bus 170. **Classes** times vary; phone for details. **Fees** £6.50-£12.50/class; £65-£150/term. **Credit** AmEx, MC, V.

The Academy's studios are a hotbed for all sorts of dance styles. Popular classes include West End jazz, tap and contemporary, with various offerings for different age groups and abilities. The ballet department accepts pupils of three and above, and there are all-boys' ballet lessons for six to nines and eight to 11s. Summer schools and workshops keep dance-mad children busy during school holidays. *Buggy access.*

PARALYMPIC SPORT

The London 2012 Paralympic Games will see the largest ever team of British Paralympians take on the world's best in front of a home crowd. The 11 days of competition will see almost 4,200 athletes battling it out across 20 sports in 15 different venues. Such exposure is great news for Paralympic sport in general, and many mainstream sports clubs are now offering classes specifically tailored towards disabled people in everything from tennis to sailing. The Parasport website (www.parasport.org.uk), a joint initiative between the British Paralympic Association (BPA) and Deloitte, allows users to search a comprehensive database of clubs.

FENCING

Central London Fencing Club

Ground Floor Gym, Greycoat Hospital School, St Michael's Building, 98 Regency Street, SW1P 4GH (07765 181659, www. centrallondonfencingclub.com). Pimlico tube. This club welcomes over-fives to learn fencing at its weekly children's sessions, held on Wednesdays (6.30-7.30pm). Children learn how to hold a weapon, footwork, bladework, how to attack, how to defend, fencing tactics and international rules. All fencing equipment is provided initially. The monthly fee for the classes is £38 per child.

Activities

Activities

Little Kickers.

Fencing Academy

Seymour Leisure Centre, Seymour Place, W1H 5TJ (07779 123715, www.musketeers club.co.uk). Edgware Road tube.
The Musketeers' Club, the Fencing Academy's club for young Zorros, runs weekly Friday evening sessions for 6-7s (Mini Musketeers), 8-9s and 10-12s. Fees are approx £55 per month for over-eights, but there is an introductory four-session beginner course (£45) too.

FOOTBALL

Playing football

Boys and girls over six can learn football skills on coaching courses, fun days and clinics at all of London's professional clubs, staffed by FA-qualified coaches. For venues and dates, check the club websites (details are generally listed on the 'Community' pages).

Football Academy

Langston Road, Loughton, Essex IG10 3TQ (8502 8950, www.footballacademyuk.com). Debden tube.
This centre has ten all-weather, floodlit, five-a-side pitches for hire. Holiday and weekend sessions are led by FA-qualified coaches under the guidance of former West Ham player Kenny Brown and other ex-professionals.

Goals Soccer Centres

www.goalsfootball.co.uk.
There are 12 of these centres in London. Each has all-weather, floodlit pitches with junior leagues, birthday parties and coaching at weekends and school holidays.

Lambeth Dribblers

8835 9570.
Part-funded by Chelsea, this project provides free coaching for young children on the astroturf at Brixton Recreation Centre, while enabling enthusiastic dads (it's specifically aimed at fathers, not mothers) to have an enjoyable kickaround with their kids.

Little Foxes

7376 0006, www.thelittlefoxesclub.com.
These very popular training sessions take place at a number of west London parks and indoor centres, and usually feature some skills training followed by a 'proper' game. Coaches are enthusiastic and engaging, and kids can enrol at 18 months to 12 years, with groups divided into petite, tiny, cheeky and super.

Little Kickers

01235 859250, www.littlekickers.co.uk.
Hugely popular classes developed by a group of FA-qualified coaches and nursery-school teachers for pre-schoolers (18 months and up) as a gentle introduction to football. The programme operates all over London.

London Football Academy

8882 9100, www.londonfootball academy.co.uk.
Holiday courses, skill schools, birthday parties and inexpensive Saturday morning soccer school sessions in Alexandra Park.

Peter Hucker Soccer

8536 4141, www.peterhucker-soccer.com.
Former Queens Park Rangers goalkeeper Peter Hucker runs this highly rated scheme. Based in Barking and Wanstead, this organisation offers weekly pay-and-play coaching sessions, and matchplay. It can also arrange footballing parties for five- to 16-year-olds. Hucker was also responsible for founding the East London & Essex Small-Sided Soccer League (07961 867501, 01375 650833, www.eleleague.com).

Powerleague

www.powerleague.co.uk.
There are 13 Powerleague centres dotted around the capital, each providing all-weather, floodlit pitches. Most centres offer coaching, mini matches at weekends and during the school holidays, as well as junior leagues. You can also book a pitch for a birthday party.

Sharpshooters Football

07873 583366, www.sharpshooters football.co.uk.
Tooting Bec Common and other venues in south-west London host Sunday pay-and-play sessions for four- to 11-year-olds, plus holiday courses and footie-themed birthday parties. Talented youngsters can join 'Sharp Shooter Select' sessions.

South East London & Kent Youth Football League

www.selkent.org.uk.
Leagues for young players, from mini soccer for under-sevens to 11-a-sides for under-16s. The website includes a useful 'players wanted' page, including a section on girls' football teams.

Activities

South London Special League

8319 8111, www.sl-sl.co.uk.
This league helps players with special needs to participate in football. The London FA website (www.londonfa.com) has an extensive section devoted to opportunities for children with physical and learning disabilities, and many of the community programmes run by London's professional clubs cater for special needs.

Watching football

The football season runs from August to May, and club websites include regularly updated ticket information. Ticket prices and membership packages are far too numerous to list for each club; as a rule, Premier League match seats are £30-£60 for an adult, but are reduced by up to half for kids and members (if discounts are offered) for some cup fixtures. Coca-Cola Championship and Coca-Cola League prices are around £15-£40, with reductions for children and members.

Wembley Stadium

Wembley, HA9 0WS (0844 980 8801, www.wembleystadium.com). Wembley Park tube or Wembley Central tube/rail, or Wembley Stadium rail.
Wembley Stadium is a cracking ground that's built on an epic scale; the top tier is up in the clouds and the overhead arch is a suitably iconic replacement for the famous twin towers. You can also take excellent tours of the stadium that explore everything from the press box to the tunnel. The tours end in the royal box, where fans get to brandish a battered FA Cup to the piped cheers of the crowd. Wembley may be grand, but it can be surprisingly easy to procure a ticket for less distinguished fixtures.

Barclays Premier League

Arsenal

Emirates Stadium, Ashburton Grove, N7 7AF (7619 5000, www.arsenal.com). Arsenal or Holloway Road tube.
For the club's museum, *see p114.*

Chelsea

Stamford Bridge, Fulham Road, SW6 1HS (0871 984 1955, www.chelseafc.com). Fulham Broadway tube.
For the club's museum, *see p115.*

Fulham

Craven Cottage, Stevenage Road, SW6 6HH (0870 442 1222, www.fulhamfc.com). Putney Bridge tube.
Stadium tours are available.

Tottenham Hotspur

White Hart Lane, Bill Nicholson Way, 748 High Road, N17 0AP (0844 844 0102, www.spurs.co.uk). White Hart Lane rail.
Tours 11.30am, 2pm Mon-Fri; 10am, noon, 2pm non-match Sats. **Admission** *Tours* £15; £8 under-16s, reductions. **Credit** MC, V. Book in advance for tours of pitchside, tunnel, changing rooms, boardroom and press room. Don't turn up on spec, as they don't always run.

West Ham United

Boleyn Ground, Green Street, E13 9AZ (0871 222 2700, www.whufc.com). Upton Park tube.
Tours take place during school holidays, for which you must book in advance.

Coca-Cola Championship

Crystal Palace

Selhurst Park, Whitehorse Lane, SE25 6PU (8768 6000, www.cpfc.co.uk). Selhurst rail.

Queens Park Rangers

Loftus Road, South Africa Road, W12 7PA (08444 777 0777, www.qpr.co.uk). White City tube.

Watford

Vicarage Road, Watford, Herts WD18 0ER (0844 856 1881, www.watfordfc.com). Watford High Street rail.

Coca-Cola League

Barnet

Underhill Stadium, Barnet Lane, Herts, EN5 2DN (8441 6932, www.barnetfc.com). High Barnet tube.

Brentford

Griffin Park, Braemar Road, Brentford, Middx TW8 0NT (0845 345 6442, www.brentfordfc.premiumtv.co.uk). Brentford rail.

Charlton Athletic

The Valley, Floyd Road, SE7 8BL (0871 226 1905, www.charlton-athletic.co.uk). Charlton rail.

Activities

My London 2012
Bonnita, 19

How will you be participating in the London 2012 Olympic Games and Paralympic Games?
I hope to be working in catering onsite during the Games.

How did you come to be involved?
I was studying at my community college and I was recommended because I work hard.

Tell us about what you have been working on as part of the Young Ambassadors Programme?
I went over to the Vancouver Winter Olympics with two others from my college to volunteer – we cooked for local celebrities and others at Games-related shows and events, and we won a teamwork award.

What do you hope your involvement in London 2012 will inspire you to achieve after the Games have finished?
I want to set up my own catering business and bring more young people into catering. I'm working in a children's play centre at the moment, but I'm looking at business plans.

Which events would you like to see during London 2012?
During London 2012 I'd like to see the Opening Ceremony and some of the Swimming events.

Activities

Central London Junior Golf Academy.

Leyton Orient
Matchroom Stadium, Brisbane Road, E10 5NE (0871 310 1881, www.leyton orient.com). Leyton tube.

Millwall
The Den, Zampa Road, SE16 3LN (7232 1222, www.millwallfc.co.uk). South Bermondsey rail or Surrey Quays tube.

GOLF

Golf isn't the easiest sport for kids to pick up, so the English Golf Union (*see p175*) has developed Tri-Golf for six- to 12-year-olds, and is introducing the game in primary schools. Discover the basics at one of London's driving ranges. The TopGolf system (www.topgolf.co.uk) is a point-scoring game using balls with a microchip inside. TopGolf is played at its centres in Addlestone (01932 858551), Chigwell (8500 2644) and Watford (01923 222045).

Central London Junior Golf Academy
Burntwood Lane, SW17 0AT (8871 2468, www.clgc.co.uk). Tooting Bec tube or Earlsfield rail, or bus G1.
Junior membership of the academy (£35 annual fee) gets children priority booking and a discount on after-school sessions (£85 with discount for an eight-week course) and Easter and Summer camps (£175 per week with discount for six- to eight-year-olds; £225 per week with discount for nine to 16s). Individual lessons are £20/30min and £40/hr.

Duke's Meadows
Dan Mason Drive, W4 2SH (8994 3314, www.dukesmeadows.com). Hammermith tube, then 190 bus.
This nine-hole pay-and-play course on the banks of the Thames at Chiswick operates one-hour after-school and weekend coaching sessions (Wed, Sat, Sun) for over-fours (£80 for a six-week course), along with full-day holiday camps, with all equipment supplied. Individual lessons are £22/30mins. It costs £13.50 to play a round at weekends, £10 on weekdays.

Urban Golf
Kensington Shopping Mall, 125 Kensington High Street, W8 5SF (7248 8600, www.urbangolf.co.uk). High Street Kensington tube.
If you fancy a round of golf without having to leave the city, then Urban Golf operates three indoor golf venues kitted out with state-of-the-art simulators loaded with 52 of the world's most famous courses. At the Kensington branch, six- to 12-year-olds can join a four-week course (£80, 10-11am, 11am-noon Sun) to grasp the fundamentals of the game, with all equipment supplied.

GYMNASTICS

BackFlip Performers
Venues throughout London (8940 7998, www.backflipperformers.com).

BackFlip Performers was launched by five-time British aerobics gymnastics champion Katie Cannon in 2008. Groups are divided into Little Flippers (2-4s), Flippers (4-6s) and BackFlippers (7-12s), and as they move up, kids will master everything from handstands to backflips. There are also loads of week-long camps on offer that end in a performance for parents.

Governing Bodies

Amateur Boxing Association of England
0114 223 5654, www.abae.co.uk

British Rowing
8237 6700, www.britishrowing.org

British Swimming
01509 618700, www.swimming.org

Badminton England
01908 268400,
www.badmintonengland.co.uk

BaseballSoftballUK
7453 7055, www.baseballsoftballuk.com

British Canoe Union
0845 370 9500, www.bcu.org.uk

British Dragon Boat Racing Association
www.dragonboat.org.uk

British Fencing Association
8742 3032, www.britishfencing.com

British Gymnastics
0845 129 7129, www.british-gymnastics.org

British Mountaineering Council
0161 445 6111, www.thebmc.co.uk

British Orienteering Federation
01629 734042,
www.britishorienteering.org.uk

British Tenpin Bowling Association
8478 1745, www.btba.org.uk

British Waterski
01932 560007, www.britishwaterski.org.uk

England Squash & Racketball
0161 231 4499,
www.englandsquash.com

England & Wales Cricket Board
www.ecb.co.uk

England Basketball
0114 284 1060,
www.englandbasketball.co.uk

English Golf Union
01526 354500,
www.englishgolfunion.org

English Table Tennis Association
01424 722525,
www.englishtabletennis.org.uk

Football Association
7745 4545, www.thefa.com

Interactive
7717 1699, www.interactive.uk.net

Lawn Tennis Association
8487 7000, www.lta.org.uk

London Baseball
www.londonsports.com/baseball

London Windsurfing Association
01895 846707,
www.lwawindsurfing.co.uk

National Ice Skating Association
0115 988 8060, www.iceskating.org.uk

Royal Yachting Association
0845 345 0400, www.rya.org.uk

Rugby Football Union
0871 222 2120, www.rfu.com

Ski Club of Great Britain
8410 2000, www.skiclub.co.uk

Wheelpower
01296 395995, www.wheelpower.org.uk
The umbrella body for 17 wheelchair sports, from archery to rugby.

Activities

Sport & Activities

The Little Gym
Venues throughout London,
www.thelittlegym.co.uk.
The first Little Gym opened in 1976, and since then it has expanded into a global enterprise. All ages are covered, from parent/child classes at four months up to primary gymnastics (6-12s), when the mat, vault, bar and beam all start to make an appearance. Birthday parties can be arranged at the weekends, while themed holiday camps cover any remaining spare time.

KARTING & MOTOR SPORTS

Karts exceed speeds of 30mph (50kph) and are suitable for over-eights: there are two pedals (stop and go) and no gearbox. These venues welcome children and can be booked for parties.

Brands Hatch
Fawkham, Longfield, Kent DA3 8NG (01474 872331, www.motorsport vision.co.uk). Swanley rail, then taxi.
The biggest motor racing venue in the area, Brands Hatch has loads of things to do on two and four wheels, including YoungDrive!, which puts over-13s in control of a BMW 1 series.

Playscape Racing
390 Streatham High Road, SW16 6HX (8677 8677, www.playscape.co.uk). Streatham rail.
Bookable for children's parties (over-eights only) or half-hour taster sessions. Enthusiasts can join the Kids' Racing Academy, on the first Saturday of each month (8.30am-1pm, £40).

MARTIAL ARTS

Training in martial arts imparts body awareness, assertiveness and resilience. Most local sports centres will be home to at least one martial arts club; many more are based in church halls and community centres. Try to find a club with a lively but disciplined atmosphere, and well-organised and age-appropriate teaching. Ask instructors about their qualifications: the grading systems in judo and karate, for example, help ensure teachers are of a suitable standard. Note, however, that a black belt is not a teaching qualification. Ask for proof of insurance cover: martial arts usually involve physical contact, and accidents can happen.

Budokwai
4 Gilston Road, SW10 9SL (7370 1000, www.budokwai.co.uk). South Kensington tube.
The Budokwai was founded in 1918 and is one of the oldest martial arts clubs in Europe. Based in South Kensington, the club offers judo classes for five-year-olds and upwards, with karate starting from the age of six.

Hwarang Academy
Swiss Cottage Community Centre, 19 Winchester Road, NW3 3NR (0845 094 3978, www.taekwondo-london-2012.com). Swiss Cottage tube.
Tae kwon do, a Korean martial art, is now an Olympic sport. These classes are for four-year-olds and upwards.

London School of Capoeira
Units 1 & 2, Leeds Place, Tollington Park, N4 3RF (7281 2020, www.londonschool ofcapoeira.co.uk). Finsbury Park tube/rail.
Capoeira is a Brazilian martial art, combining acrobatics, music and dance, in which creative play is a strong element. Classes at the London School of Capoeira are for six- to 16-year-olds, and are suitable for complete beginners.

Moving East
St Matthias Church Hall, Wordsworth Road, N16 8DD (7503 3101, www.movingeast. co.uk). Dalston Kingsland rail.
Judo and aikido (as well as dance and capoeira) classes for children are held at this friendly centre devoted to Japanese martial arts.

Shaolin Temple UK
207A Junction Road, N19 5QA (7687 8333, www.shaolintempleuk.org). Tufnell Park tube.
Shi Yanzi, a 34th generation fighting monk, and other Shaolin masters teach traditional kung fu, Chinese kick-boxing, meditation and t'ai chi at this temple. Weekly classes for children (fives and above) are also offered.

PARKOUR

Also known as free-running, the sport is best seen as a sort of urban ballet in which practitioners use the furniture of

Activities

My Sport Swimming
Flora, 6

What inspired you to take up swimming?
I wanted to learn how to swim so that
I could go underwater.

What do you like about your sport?
I like my teacher a lot and I like being
able to swim from one side of a pool to
the other without touching the floor.

What level are you at?
I'm at level 2B – I've just moved up
a class.

What's next for you in your sport?
I want to learn how to jump into the
pool without getting water up my nose
and how to swim underwater with my
eyes open.

**Which events would you like to see
at the London 2012 Olympic Games
and Paralympic Games?**
I'd really love to see any of the
Equestrian, Gymnastics and
Swimming events.

Activities

the street – bollards, rooftops, railings etc – to get themselves from place to place as gracefully and athletically as possible.

Parkour Generations
07825 410134, www.parkour generations.com.
Information on classes, coaching and events.

RIDING

Riding is one of the most rewarding sports going (as well as one of the most expensive). Greater London is full of riding stables, some in unexpected places: the Isle of Dogs and Catford both boast their very own riding schools. The back of a horse is a great vantage point from which to view London's stunning greenery, from **Richmond Park** (*see p144*) to **Epping Forest** (*see p146*). If you ring in advance, some places will happily let you watch a lesson; ask the stables if they run taster sessions.

Riders must wear a BSI-approved hard hat (establishments usually lend or rent) and boots with a small heel rather than trainers or wellies. Lessons must be booked in advance. **Decathlon** (*see p280*) is a great place for buying inexpensive equipment and clothes. Some centres run 'Own a Pony' days and weeks, and offer birthday party packages. Many stables can cater easily for riders with disabilities, though not all have equipment to winch riders on to horses or ponies. All the establishments listed below are British Horse Society-approved (www.bhs.org.uk); it is not advisable to ride at non BHS-approved centres.

Deen City Farm & Riding School
39 Windsor Avenue, SW19 2RR (8543 5858, www.deencityfarm.co.uk). Colliers Wood tube, then 20min walk, or Phipps Bridge tramlink, or bus 200. **Lessons** *Group £20-£22/45min. Individual £21/30min.*
Lessons for children aged eight and over in flatwork and jumping (there's no hacking, from beginner to advanced. Over-12s can volunteer

at the yard at weekends and in school holidays. 'Own a Pony' days for eight- to 16s cost a mere £20 per day (without ride) or £30 (with ride), and competitions are held throughout the year. The school is a Pony Club Centre, and approved by the Riding for the Disabled Association.

Ealing Riding School
17-19 Gunnersbury Avenue, W5 3XD (8992 3808, www.ealingridingschool.biz). Ealing Common tube. **Lessons** *Group £27/hr. Individual £36/hr.*
Under-fives can learn beginner's or improver's skills in flatwork or jumping; lessons take place in an outdoor manège. Pony days (£60), held in the school holidays, include two hours of lessons and four hours learning stable management and essential skills such as mucking out and grooming.

Hyde Park & Kensington Stables
63 Bathurst Mews, W2 2SB (7723 2813, www.hydeparkstables.com). Lancaster Gate tube. **Lessons** *Group £59/hr. Individual £89-£99/hr.*
Hour-long lessons for children aged five and up with patient, streetwise ponies; prices reflect the glamorous location. The stables is a Pony Club Centre (£22 annual fee) with a membership of around 50 children.

Kingston Riding Centre
38 Crescent Road, Kingston-upon-Thames, Surrey KT2 7RG (8546 6361, www.kingstonridingcentre.com). Richmond tube/rail, then bus 371, or Norbiton rail then 10min walk. **Lessons** *Group £39-£41/hr. Individual £60-£78/hr.*
There are 25 horses at this well-equipped yard, which caters to all levels of riders. Richmond Park is used for hacks, and the owners organise regular events, competitions and popular courses for children aged eight and up (£168 for four days). The centre's facilities include a floodlit indoor school, an outdoor arena and, in summer months, a cross-country course. Closed on Mondays.

Lee Valley Riding Centre
71 Lea Bridge Road, E10 7QL (8556 2629, www.leevalleypark.org.uk). Clapton rail or bus 48, 55, 56. **Lessons** *Group £19/hr. Individual £35-£40/30min, £48-£53/45min. Taster session £10-£13/30min.*
The friendly Lee Valley Riding Centre offers placid ponies on which to enjoy the wide open spaces of Walthamstow Marshes. The superb

facilities include one indoor and two floodlit outdoor arenas; experienced riders can tackle the cross-country course. Children aged from three-and-a-half can book in for private lessons, while over-fours can participate in group lessons. Over-tens with some riding and pony-handling experience can become stable helpers, and there are also 'Own a Pony' sessions in the school holidays.

London Equestrian Centre
Lullington Garth, N12 7BP (8349 1345, www.londonridingschool.com). Mill Hill East tube. **Lessons** *Group* £28/hr. *Individual* £26-£32/30min.
There are 30 horses and ponies at this yard, which caters for riders of all abilities; there's even a Tiny Tots session for three-year-olds. The centre is affiliated to the Pony Club, and runs pony days and weeks in school holidays. Birthday parties are held here, and young people aged from 13 can help out at the yard in return for free rides.

Mount Mascal Stables
Vicarage Road, Bexley, Kent DA5 2AW (8300 3947, www.mountmascalstables.com). Bexley rail. **Lessons** *Group* £18/50min. *Individual* £26/50min.
Down in south London, this busy centre is home to 40 horses and ponies, and gives lessons to over-fives. Children's fun days (£35; for riders six years and above with some experience) allow kids to practise riding, experience stable management and play a variety of games. The centre features two indoor schools, two outdoor grass arenas and two outdoor all-weather manèges. More experienced riders can hack out in the stunning Joyden's Wood. Birthday parties for six to 12 kids can be arranged during weekends or school holidays.

Mudchute Equestrian Centre
Mudchute Park & Farm, Pier Street, E14 3HP (7515 0749, www.mudchute.org). Mudchute, Crossharbour or Island Gardens DLR, or bus D3, D6, D7, D8. **Lessons** *Group* £16-£19/hr. *Individual* £30-£40/45min.
This hugely popular riding school at the Mudchute City Farm *(see p155)* on the Isle of Dogs is friendly, down-to-earth and very welcoming to new riders. Lessons are some of the most reasonably priced in London, and are open to children over seven. It's a Pony Club Centre, enabling local kids who don't own a pony to study for badges and certificates, and to participate in related activities during the school holidays (gymkhanas, dressage competitions and so on).

Ross Nye's Riding Stables
8 Bathurst Mews, W2 2SB (7262 3791, www.rossnyestables.co.uk). Lancaster Gate tube. **Lessons** *Group* £50/hr. *Individual* £60/hr.
At the posher end of the spectrum, this stables forms the Hyde Park branch of the Pony Club; membership gives reduced prices for lessons, which take place in the park. Clients aged from six can learn to ride here.

Stag Lodge Stables
Robin Hood Gate, Richmond Park, SW15 3RS (8974 6066, www.ridinginlondon.com). East Putney tube or Putney rail, then bus 85, or Kingston rail then bus 85. **Lessons** *Group* £35/hr. *Individual* £30/30min, £45-£60/hr.
There are 40 or so horses and ponies (ranging from Shetlands to Irish hunters) at this stables in historic Richmond Park. Three to sevens can enjoy half-hour leading rein rides through the park (£20-£25); jumping or flatwork lessons for all abilities take place in one of two outdoor manèges. There are pony weeks for the over-sixes in school holidays and half term (£275 for four days) – book well ahead.

Trent Park Equestrian Centre
Bramley Road, N14 4UW (8363 8630, www.trentpark.com). Oakwood tube. **Lessons** *Group* £25-£33/hr. *Individual* £38-£42/hr.
A caring attitude towards young riders (fours and over) and this equestrian centre's location make it a popular place to ride. Hacking is £30 per hour, Pony Days are £65 and four-day riding weeks (£240) are held in the school holidays.

Willowtree Riding Establishment
The Stables, Ronver Road, SE12 0NL (8857 6438, www.willowtreeridinglondon.co.uk). Grove Park or Lee rail. **Lessons** *Group* from £10/30min, £20/hr. *Individual* from £35/45min, £40/hr.
The Welsh ponies are particularly popular at this friendly yard, where children over four can learn to ride. Young and nervous riders are welcome. Lessons (flatwork only) take place in a covered, full-size indoor arena. Most teaching is at weekends and in the holidays.

Activities

Capital Growth

The legacy of London 2012 will be felt across many of London's 32 boroughs. Here are just some of the exciting planned and completed sporting projects.

Barking & Dagenham
The £9 million Mayesbrook Park Handball Centre will be completed in January 2012 and will become the home of British Handball after the Olympic and Paralympic Games. It will be a Games Time Training Venue for Handball, Wheelchair Rugby and Paralympic Judo. The brand new Becontree Heath Leisure Centre opened in May 2011.

Enfield
Enfield is spending £8.9 million upgrading its leisure centres. This will provide better gym facilities and swimming, more all-purpose games pitches and programmes to suit all ages and abilities. The Queen Elizabeth Athletics Stadium is being brought back into use with a relaid track and a refurbished stadium building.

Greenwich
Greenwich Council's £4.8 million Olympic Legacy project is called 'Playground to Podium' and the improvements so far include 15 new outdoor gym sites at parks across the borough, 23 new or completely refurbished playgrounds in parks and open spaces, and many new pitches, courts and training areas for a variety of sports. The borough is also bidding for funding to create a BMX racing track at Hornfair Park, refurbish Charlton Lido and create a 50-metre heated pool, as well as develop an equestrian training centre to provide a riding facility for the local community.

Hillingdon
Boris Johnson recently opened the new £31 million Hillingdon Sports & Leisure Complex (the 1930s lido on site was restored into the bargain). Hillingdon Borough also opened the brand new Botwell Green Sports & Leisure Centre in Hayes in 2010.

Islington
Work is underway to refurbish the Ironmonger Row Baths in EC1 by 2012. Islington is also investing £1.5 million in refurbishing the Sobell Sports Centre.

Lewisham
Lewisham is currently building a brand new leisure facility at Loampit Vale that will house a state-of-the-art 25-metre swimming pool, fitness suite and indoor climbing wall. In 2008, a new 25-metre swimming pool was installed at the Wavelengths centre in Deptford. Works also included a refurbished gym, health suite and fitness centre. The Victorian Forest Hill Pools is set to reopen in September 2012 after a five-year closure. The new leisure centre will include a 25-metre pool, a 16.7-metre learner pool, gym, studios, community room and café. The Ladywell Arena running and athletics track was also recently refurbished.

Sutton
Westcroft Leisure Centre in Carshalton is set to receive a £10.8 million refurbishment that will create a new eight-lane 25-metre competition-standard swimming pool, a bigger teaching pool, a new sports hall, six massage and treatment rooms, two dance studios and a gym with 170 workout stations. The building will also house a crèche, café, IT facilities and new library.

Wimbledon Village Stables
24A-B High Street, SW19 5DX (8946 8579, www.wvstables.com). Wimbledon tube/rail.
Lessons £55-£80/hr.
Although it caters mainly for adults, children are welcome at this centre, which has a small selection of quiet, safe ponies and a holiday scheme for five- to ten-year-olds (£170 for three afternoons). Riding takes place on Wimbledon Common, where the centre has two outdoor arenas for flatwork and jumping lessons. Riders must become members to ride regularly.

RUGBY UNION

A bargain compared to football. All the London clubs feature top players, and there's never any problem getting hold of tickets. The rugby season runs from September to May. Several of these clubs also have mini rugby leagues; contact the individual clubs for more information.

Guinness Premiership

Harlequins
Twickenham Stoop Stadium, Langhorn Drive, Twickenham, Middx TW2 7SX (8410 6000, www.quins.co.uk). Twickenham rail. **Admission** £20-£40; £10-£40 2-16s.

Saracens
Vicarage Road, Watford, Herts WD18 0EP (01727 792800, www.saracens.com). Watford High Street rail. **Admission** £13.50-£60; £4.50-£15 2-16s.

National League

London Welsh
Old Deer Park, Kew Road, Richmond, Surrey TW9 2AZ (8940 2368, www.london-welsh. co.uk). Richmond tube/rail. **Admission** £15; £10 reductions; free under-16s.

Playing rugby

Little Foxes
7376 0006, www.thelittlefoxesclub.com. Although centred on football coaching, this well-managed company also runs weekend tag rugby sessions for over-fours (12-1pm Sat) in Hyde Park. There are two groups available – Cheeky Foxes (5-6yrs) and Super Foxes (7+).

Rugbytots
0845 313 3242, www.rugbytots.co.uk. Rugbytots uses skills such as running with the ball, finding space, kicking, catching and scoring a try to encourage youngsters to develop core skills like balance, agility and co-ordination. The age range for the sessions is two to seven.

SKATEBOARDING & BMX

Just as popular now as they were in the 1970s, skateboarding and BMX mean getting fit and making friends. For details of festivals and special events look at the Skateboarders Association website (www.ukskate.org.uk). BMX became an Olympic sport in 2003 – check the website of the governing body of British cycling (www.britishcycling. org.uk) for news.

BaySixty6 Skate Park
Bay 65-66, Acklam Road, W10 5YU (8969 4669, www.baysixty6.com). Ladbroke Grove tube. **Membership** free. **Prices** £6/5hrs Mon-Fri; £6/4hrs Sat, Sun; £3 beginners 10am-noon Sat, Sun.
This famous park sprawls beneath the Westway and includes a vert ramp, medium half-pipe, mini ramp and funboxes, grind boxes, ledges and rails aplenty. Some skaters complain about the £6 entry fee, but the high quality of the ramps goes some way to making up for it.

Cantelowes Skatepark
Cantelowes Gardens, Camden Road, NW1 (www.cantelowesskatepark.co.uk). Kentish Town tube/rail or Camden Road rail. **Open** 11am-9pm daily.
After a £1.5m makeover, this free skatepark on Camden Road reopened in 2007 and draws a devoted crowd of regulars. It has hosted qualifying rounds for Quiksilver's Bowlriders championship for the last two years.

Harrow Skatepark
Christchurch Avenue, Wealdstone, Middx HA3 5BD. Harrow & Wealdstone tube/rail. This skatepark has a clover leaf, kidney bowls and a challenging concrete half-pipe.

Meanwhile
Meanwhile Gardens, off Great Western Road, W10 (www.mgca.f2s.com). Westbourne Park tube.
Close to the Grand Union Canal, this community garden's skatepark features three concrete bowls of varying steepness and size, but no flatland – not for wobbly beginners.

SKATING

On ice

Temporary rinks pop up all over town in winter time inside museums, galleries, parks and shopping centres.

Activities

Activities

Alexandra Palace Ice Rink

Alexandra Palace Way, N22 7AY (8365 4386, www.alexandrapalace.com). Wood Green tube or Alexandra Palace rail, or bus W3.
This lofty recently refurbished arena runs courses for children aged five to 15 on Saturday mornings and early on weekday evenings.

Broadgate Ice Arena

Broadgate Circle, EC2A 2BQ (7505 4000 Summer, 7505 4068 Winter, www.broadgateice.co.uk). Liverpool Street tube/rail.
A compact, City-based rink open from mid November until late January, which is very child-friendly. It's often less crowded than the capital's other outdoor rinks.

Lee Valley Ice Centre

Lea Bridge Road, E10 7QL (8533 3154, www.leevalleypark.org.uk). Clapton rail.
Disco nights are a big hit at this modern, well-maintained and comparatively warm rink. It's never too busy, and the ice rink is a good size. Lessons are also offered.

Michael Sobell Leisure Centre

Hornsey Road, N7 7NY (7609 2166, www.aquaterra.org). Finsbury Park tube/rail.
This small ice rink was closed as we went to press, as contractors tried to solve a major fault with the rink. Check with the centre for details of its reopening date. The rink usually hosts well-attended after-school sessions and six-week courses for children. Anyone over four is welcome; children can have ice-skating birthday parties here too, with all the necessary equipment provided. The leisure centre also offers ice hockey sessions for the over-sixes.

Queens

17 Queensway, W2 4QP (7229 0172, www.queensiceandbowl.co.uk). Bayswater or Queensway tube.
Beginners and families are well looked after at this ice rink, which holds legendary disco nights on Fridays and Saturdays. Children's lessons cost £65 for a six-week course. Hot Belgian waffles in the café are a big hit with kids. There's also a 12-lane tenpin bowling centre (see p189).

Somerset House

Strand, WC2R 1LA (7845 4600, www.somersethouse.org.uk). Holborn or Temple tube.

The magnificent courtyard at Somerset House is probably London's most iconic temporary rink when it is iced over from late November to late January. Enjoy a skating session before embarking on an improving interlude in the art galleries (see p84).

Streatham Ice Arena

386 Streatham High Road, SW16 6HT (8769 7771, www.streathamicearena.com). Streatham rail.
A hugely popular venue that offers the combined attractions of an ice rink and karting track (Playscape, see p176). Locals have campaigned for improvements, with particular concern for the future of the rink (Streatham has had one since 1931); see Streatham Ice Skating Action Group's website at www.sisag.org.uk. The rink offers reasonably priced six-week courses for all ages, including classes for toddlers.

On tarmac

Citiskate (www.citiskate.co.uk) teaches hundreds of Londoners of all ages how to skate in parks, leisure centres and schools. The instructors hold qualifications from UKISA (United Kingdom Inline Skating Association); lessons are available daily.

Citiskate's weekly Sunday Rollerstroll (www.rollerstroll.com) and Battersea Park's Easy Peasy skate on Saturday (www.easypeasyskate.com) are popular, family-friendly group skates.

SKIING & SNOWBOARDING

There are a number of dry ski slopes in the London area. Bear in mind that the minimum requirement for use is to be able to perform a controlled snowplough turn and use the ski lift.

Bromley Ski Centre

Sandy Lane, St Paul's Cray, Orpington, Kent BR5 3HY (01689 876812, www.c-v-s.co.uk/bromleyski). St Mary Cray rail or bus 321.
There are two lifts to serve the 120m (394ft) main slope, and there's also a mogul field and nursery slope. Skiing and snowboarding taster sessions cost £42.50 for 4 hours for children aged 7-15. Booking is essential.

Sandown Sports Club
*More Lane, Esher, Surrey KT10 8AN
(01372 467132, www.sandownsports.co.uk).
Esher rail.*
A big but friendly ski centre with four nursery slopes and a curving, 120m (394ft) main slope. The open practice sessions are strictly for competent skiers and snowboarders; otherwise, there are lessons for under-sevens (£27/30mins) and seven-and-overs (£49/hr). Call for details of parties, during which kids can speed down the slopes on sledges and circular 'ringos'.

Snow Centre
St Albans Hill, Hemel Hempstead, Herts, HP3 9NH (0845 258 9000, www.thesnow centre.com) Hemel Hempstead rail then taxi.
This indoor snow centre in Hemel Hempstead opened in 2009 and claims to be the best and biggest in the UK. The main slope is 160m (525ft) and has two lifts, and there's also a 100m (328ft) lesson slope equipped with rope tows. There are lessons for over-threes and a snow school in half-term and school holidays.

Snozone
Xscape, 602 Marlborough Gate, Milton Keynes, Bucks MK9 3XS (0871 222 5670, www.snozoneuk.com). Milton Keynes Central rail.
One of the UK's largest indoor snow domes, with three slopes (in reality they're joined, so they resemble one wide slope): two of 170m (558ft) and one of 135m (443ft), with button lifts running all the way to the top. The place can feel a bit like a big fridge as it is below freezing on the slopes, but it's a good (if pricey) place to find your ski legs. Three-and-overs can also try a spot of tobogganing (under-sevens must be accompanied by a grown-up).

SWIMMING

As part of the drive towards increasing fitness for 2012, many London boroughs provide free swimming at designated times for under-17s (under-19s in Hackney) under the Swim4Life scheme. Children must pre-register to take part in the scheme; visit www.gll.org for a list of participating authorities.

Most local authority pools run lessons for children, plus parent-and-baby sessions to develop water confidence in those as young as three months. These are very popular, so they may have long waiting lists; ask at your local pool for details. Also look out for mobile pools.

Most of the pools recommended below are open daily; phone for session times, prices and further information.

Barnet Copthall Pools
Champions Way, NW4 1PS (8457 9900, www.gll.org). Mill Hill East tube.
There are three pools and a diving area here, with coaching and clubs to join if you fancy taking the plunge.

Brentford Fountain Leisure Centre
658 Chiswick High Road, Brentford, Middx TW8 0HJ (0845 456 6675, www.fusion-lifestyle.com/centres/Brentford_Fountain_Leisure_Centre). Gunnersbury tube or Kew Bridge rail.
A very pleasant leisure facility which has a warm, shallow teaching pool, an exciting 40m (130ft) aquaslide, underwater lighting, a flume and a wave machine.

Crystal Palace National Sports Centre
Ledrington Road, SE19 2BB (8778 0131, www.gll.org). Crystal Palace rail.
The National Sports Centre in the middle of Crystal Palace Park houses one of the capital's two 50m (160ft) Olympic-size pools; this venerable pool also has fine diving facilities.

Goresbrook Leisure Centre
Ripple Road, Dagenham, Essex RM9 6XW (8227 3976, www.barking-dagenham. gov.uk). Becontree tube.
The fun pool in this Dagenham leisure centre has fountains, as well as cascades; Saturday afternoons bring pool parties. There's also a small area for proper length swimming.

Ironmonger Row Baths
1-11 Ironmonger Row, EC1V 3QF (7253 4011, www.aquaterra.org). Old Street tube/rail.
Currently being refurbished and closed until May 2012, the Ironmonger Row Baths are one of only three remaining Turkish baths in London.

Kingfisher Leisure Centre
Fairfield Road, Kingston, Surrey, KT1 2PY (8541 4576, www.dcleisurecentres.co.uk). Kingston rail.

Horse Play

Horseball may sound like some medieval equine tournament, but the truth is this high-octane knockabout only came into being some 40 years ago. Think of a game that mixes basketball with the rough and tumble of rugby and the adrenaline rush of abseiling, all played on horseback, and you'll start to get a picture of this brilliantly fast-paced game, which is open to competent riders of any age. Devised in the 1970s by two brothers from Bordeaux, who were asked by the French authorities to invent a sport that could be played by anyone, it's now got some 4,000 fans in France, and competitors young and old are saddling up in countries as far afield as Argentina. Unlike elitist polo, players don't need a string of pricey ponies to join in either, because you ride the same horse for the duration of the game. You don't even need your own steed at the Lee Valley Riding Centre in east London – it's one of the only establishments in the country that will let you ride a borrowed horse for your session. The game is played on an arena measuring 20 metres by 60 metres, with a goal at either end that looks like a vertical basketball hoop, and the ball is a football encased in a leather harness – six looped straps enable you to pick it up, hold it, catch it and tug it from the hands of other players. To get the kids involved, you need to trot them down to the Lee Valley Riding Centre (*see p178*), where junior riders who can walk, trot and canter can try out horseball for £18.20 per session. If they're hooked after that, they can join the Lee Valley Horseball Club Cadets (8-12s) or Juniors (12-16s). With an annual fee of £50, plus £15 for each weekly session, it's good value – and it sure makes a change from mucking out.

This family-friendly centre has a teaching pool, plus a main pool with a beach area and wave machine. In other words, there's a little something for everyone.

Latchmere Leisure Centre
Burns Road, SW11 5AD (7207 8004, www.dcleisurecentres.co.uk). Clapham Junction rail.
The Latchmere Leisure Centre has a decent swimming pool for those who want to swim lanes. There's also a teaching pool and a beach area, with a wave machine and slide that will appeal to children.

Leyton Leisure Lagoon
763 High Road, E10 5AB (8558 8858, www.gll.org). Leyton tube or bus 69, 97.

This east London pool has various flumes, slides, fountains, rapids and cascades to liven up swimming sessions.

Pavilion Leisure Centre
Kentish Way, Bromley, Kent BR1 3EF (8313 9911, www.bromleymytime.org.uk). Bromley South rail.
Large leisure pool with shallows, flumes and a wave machine and a separate toddlers' pool.

Queen Mother Sports Centre
223 Vauxhall Bridge Road, SW1V 1EL (7630 5522, www.courtneys.co.uk). Victoria tube/rail.
The three terrific pools in this centre mean it's popular with schoolkids; it's also possible to take diving lessons here. Birthday parties can also be celebrated in the pool or sports hall.

Spa at Beckenham

24 Beckenham Road, Beckenham, Kent BR3 4PF (8650 0233, www.bromleymytime. org.uk). Clock House rail.
An award-winning leisure centre with loads of sports facilities, two swimming pools, the Buzz Zone soft-play area for children and a crèche for younger ones.

Tottenham Green Leisure Centre

1 Philip Lane, N15 4JA (8489 5322, www. haringey.gov.uk). Seven Sisters tube/rail.
This perennially popular leisure centre has lane swimming and diving in the main pool, and slides in the 'beach pool'.

Waterfront Leisure Centre

Woolwich High Street, SE18 6DL (8317 5000, www.gll.org). Woolwich Arsenal rail or bus 96, 177.
Greenwich borough's flagship centre. Four pools, six slides, waves, rapids and a water 'volcano' keep the crowds happy.

Open-air swimming

London's outdoor pools (lidos) are in a mixed state. Some are in terminal decline, while others have been reopened after expensive refurbs. For full details of London's outdoor pools (and to join the campaign to reopen those that have closed), visit www.lidos.org.uk.

Brockwell Lido

Brockwell Park, Dulwich Road, SE24 0PA (7274 3088, www.brockwell-lido.co.uk). Herne Hill rail. **Open** Apr-Sept; check website for times. **Admission** check website for details.
Rescued from the dead, this wonderful 1930s lido has been transformed by a Heritage Lottery Fund grant. Whippersnappers runs a brilliant range of classes at the pool, from babies' and toddlers' drop-in sessions to kathak dance classes for five to sevens and circus skills, acrobatics and street dance for older kids. The café was reopened in 2009, and has proved a hit with local families.

Finchley Lido

Great North Leisure Park, Chaplin Square, High Road, North Finchley, N12 0GL (8343 9830, www.gll.org). East Finchley tube. **Open** check website. **Admission** check website.

There are two indoor pools here, but it's the outdoor pool and sun terrace that make it such a draw for locals in the summer.

Hampstead Heath Swimming Ponds & Parliament Hill Lido

7332 3505, www.cityoflondon.gov.uk. Lido: Parliament Hill Fields, Gordon House Road, NW5 1LP. Gospel Oak rail. Men & women's ponds: Millfield Lane, N6. Gospel Oak rail. Mixed pond: East Heath Road, NW3. Hampstead Heath rail. **Open** check website for times. **Admission** Lido £2-£4.50; £2.90 reductions; £13.40 family (2+2). *Ponds* £2; £1 reductions. Season tickets and early/late entry discounts available.
Hampstead's wonderfully atmospheric pools are reserved for children of eight and above; under-15s must be supervised. The unheated, Grade II-listed lido is thronged with families on sunny afternoons, and also has a paddling pool.

Hampton Heated Open Air Pool

High Street, Hampton, Middx TW12 2ST (8255 1116, www.hamptonpool.co.uk). Hampton rail. **Open** times vary according to season so check website **Admission** £5.60 weekends; £4.60 weekdays; £3.70 reductions; £2.90-£3.20 children (4-15); £15.50 family (2+3).
The water is heated to 28° at this pool, and when the sun's shining it's hard to beat. There's a shallow learner pool for babies and toddlers, and group and private swimming lessons are offered. The complex is open all year round.

London Fields Lido

London Fields Westside, E8 3EU (7254 9038, www.gll.org). London Fields rail or bus 26, 48, 55, 106, 236. **Open** call for details. **Admission** £4.15; £2.50 under-16s.
Another recently resurrected lido. Hackney Council reopened this 50m (164ft) pool in autumn 2006. The water's heated to 25°, and there are two on-site cafés at which to refuel.

Oasis Sports Centre

32 Endell Street, WC2H 9AG (7831 1804, www.gll.org). Tottenham Court Road tube. **Open** 7.30am-9pm Mon-Wed, Fri; 7.30am-8.30pm Thur; 9.30am-5.30pm Sat, Sun. **Admission** £4.05; £1 5-16s; free under-5s.
This excellent 28m (90ft) outdoor pool is open all year round, and is particularly appealing on winter days, when steam rises from the surface (if you can persuade the kids to brave the chilly

Activities

dash from the changing rooms). Families should avoid lunchtimes or after work, when stressed media types descend in force.

Park Road Pools

Park Road, N8 8JN (8341 3567, www. haringey.gov.uk/leisure). Finsbury Park tube, then W7 bus. **Open** call for details. **Admission** £4.50; £2 children.

Crouch End's lido dates from 1929 and stretches out to 50 metres. The centre includes diving areas, a children's pool, exercise studios, a steam and sauna room and strips of lawn that lend themselves to lounging about on when the sun's shining. A range of watery classes is on offer, including antenatal exercise and children's swimming lessons.

Pools on the Park

Old Deer Park, Twickenham Road, Richmond, Surrey TW9 2SF (8940 0561, www.springhealth.net). Richmond rail. **Open** 6.30am-7.45pm Mon; 6.30am-10pm Tue; 6.30am-9pm Wed, Thur; 6.30am-8.30pm Fri; 8am-5.45pm Sat; 7am-5.45pm Sun. **Admission** £4.30; £1.70-£3.25 reductions; free under-5s. Prices may vary during peak season.

This well-maintained sports complex inside the picturesque Old Deer Park features a 33m (110ft) heated outdoor pool, and one the same size and temperature inside.

Serpentine Lido

Hyde Park, W2 2UH (7706 3422, www. serpentinelido.com). Knightsbridge or South Kensington tube. **Open** *May* 10am-6pm Sat, Sun. *June-mid Sept* 10am-6pm daily. **Admission** £4; £1-£3 reductions, free under-3s.

Right in the centre of town, this picturesque freshwater pool and its paddling pool are a London institution, exerting a siren song to parents and their offspring on summer's days.

Tooting Bec Lido

Tooting Bec Road, SW16 1RU (8871 7198, www.wandsworth.gov.uk). Streatham rail. **Open** *late May-Aug* 6am-7.30pm daily. *Sept* 6am-4.30pm daily. *Oct-late May* 7am-2pm daily (club members only). **Admission** £5; £3.20 reductions, under-16s; free under-5s.

At 94m (308ft) by 25m (82ft), this art deco beauty is the second largest open-air pool in Europe. Understandably, it's very popular with locals, and has a paddling pool for splash-happy toddlers.

TABLE TENNIS

Finsbury Leisure Centre

Norman Street, EC1V 3PU (7253 2346, www.aquaterra.org). Old Street tube.

This leisure centre in east London runs a couple of weekly table tennis coaching sessions for seven- to 16-year-olds (6-9pm Fri; 5-9pm Sun). There is no need to book and all equipment is provided. Sessions cost £3.70 and all levels are welcome.

TENNIS

Tennis for Free (TFF) is a campaign to give free access to Britain's 33,000 public courts to increase participation in tennis nationwide. It's aimed to help all ages, regardless of ability, background, race and financial circumstance. To learn more about the scheme, visit www.tennisforfree.com, type in your borough and check availability.

Holiday tennis courses at Easter and in the summer can be found in most London boroughs, but need booking well ahead: keep an eye on council websites and contact your local sports development team for details. British Tennis publishes free guides giving contacts for private clubs and public courts listed by borough or county, along with contact details for local development officers; it also holds details of tennis holidays available.

David Lloyd Leisure

0844 543 9783, www.davidlloydleisure.co.uk. All David Lloyd centres are family-friendly, if not exactly cheap, and the courts and equipment are excellent.

Hackney City Tennis Clubs

Clissold Park Mansion House, Stoke Newington Church Street, N16 9HJ (7254 4235, www.hackneycitytennisclubs.co.uk). Stoke Newington rail or bus 73. **Open** *Mar* 10am-5.30pm Mon-Fri; 9am-5.30pm Sat, Sun. *Apr-Sept* 10am-7.30pm Mon-Fri; 9am-7.30pm Sat, Sun. *Oct, Nov* 10am-4.30pm Mon-Fri; 9am-4.30pm Sat, Sun. *Dec-Feb* 10am-3.30pm Mon-Fri; 9am-3.30pm Sat, Sun. **Court hire**

My Sport Football
Joe, 13

What inspired you to take up football?
I always really liked sport so wanted to join a team. I first started playing at school, then joined a junior Sunday league team when I was eight.

What do you like about your sport?
I just find it fun. I like being in a team with my friends and I like scoring goals.

What level are you at?
I was training at Fulham FC, but it took ages to get there and back so I've gone back to playing football just for fun.

What's next for you in your sport?
I'd like to carry on playing in a Sunday league team and enjoy it.

Which events would you like to see at the London 2012 Olympic Games and Paralympic Games?
Athletics, especially the jumping events and the short sprints. I'd also like to watch the Football.

Activities

£5.50/hr; £2.50 under-16s (10am-5pm Mon-Fri). Phone to check availability.

Part of a nationwide LTA programme to make inner-city tennis facilities cheaper to use and easier to find, this is Britain's first City Tennis Club (with courts in Clissold Park, London Fields and Millfields). Sessions for three- to 16-year-olds are offered during term time (one hour per week costs from £25 for five weeks of lessons), with free racquets and balls; holiday courses are also available. There are additional CTCs in Highbury Fields (Islington) and Eltham Park South (Greenwich).

Islington Tennis Centre

Market Road, N7 9PL (7700 1370, www. aquaterra.org). Caledonian Road tube. **Open** 7am-11pm Mon-Thur; 7am-10pm Fri; 8am-10pm Sat, Sun. **Court hire** *Non-members* Indoor £24/hr; £10/hr 5-16s. Outdoor £10/hr; £4.50/hr 5-16s.

Developed under the LTA's Indoor Tennis Initiative, the centre offers subsidised coaching. It also runs half-hour coaching sessions for three- to five-year-olds.

Redbridge Sports & Leisure Centre

Forest Road, Barkingside, Essex IG6 3HD (8498 1000, www.rslonline.co.uk). Fairlop tube. **Open** 6.30am-11pm Mon-Fri; 8am-9pm Sat; 8am-10pm Sun. **Court hire** prices vary; phone for details.

An independent charitable trust runs this outstanding sports centre. There are eight indoor and six outdoor courts to use as a member or 'pay as you play'. There are holiday activities for six- to 14-year-olds, 'fun play' sessions and a short tennis club for under-eights.

Rocks Lane Multisports Centres

Barnes Centre *Opposite Ranelagh Avenue, SW13 0DG (8876 8330, www.rockslane.co.uk).* **Open** 10am-10pm Mon-Fri; 9am-6pm Sat, Sun. **Court hire** *Daytime* £9/hr. *Floodlit* £13.50/hr.

Chiswick Centre *60 Chiswick Common Road, W4 1RZ (8994 1313, www.rockslane. co.uk).* **Open** 10am-10pm Mon-Fri; 10am-6pm Sat, Sun. **Court hire** *Daytime* £9/hr. *Floodlit* £13.50/hr.

Between its two centres in Barnes and Chiswick, there are an impressive 13 floodlit artificial grass courts and four hard courts available to book in advance or on a pay-and-play basis. There are holiday courses for three- to 12-year-olds (£8/hr), and they can also organise tennis parties.

Sutton Tennis Academy

Rose Hill Recreation Ground, Rose Hill, Sutton, Surrey SM1 3HH (8641 6611, www.sjtc.org). Morden tube or Sutton Common rail. **Open** 6am-10pm Mon-Fri; 7am-9pm Sat, Sun. **Court hire** *Indoor* £20; £15 under-18s. *Outdoor* £8; £6 under-18s. *Clay* £13; £11 under-18s.

Frenchman Erich Dochterman, who has taught various ATP- and WTA-ranked players, is head coach at this acclaimed tennis school. There are residential courses for players seeking professional status and a scholarship scheme linked to Cheam High School. Children can be steeped in tennis culture from the age of three with Tiny Tots classes, mini tennis and holiday programmes. Facilities include six red clay, ten acrylic and 11 indoor courts.

Westway Tennis Centre

1 Crowthorne Road, W10 6RP (8969 0992, www.westway.org). Latimer Road tube. **Open** 8am-10pm Mon-Fri, Sun; 8am-8pm. **Court hire** *Indoor* £16-£22.50; £10-£16 4-18s. *Outdoor* £8-£9; £5-£7 4-18s.

The Westway, another product of the LTA's Indoor Tennis Initiative, follows a similar model to Islington (*see left*): it's excellent for subsidised coaching and courses, short tennis and transitional tennis. There are eight indoor and four outdoor clay courts for kids to play on.

Will to Win

www.willtowin.co.uk.

Will to Win works in partnership with the Royal Parks to deliver community tennis in Hyde Park, Regent's Park and Greenwich Park, as well as running centres in Ealing and Chiswick. The website lists all the available courses and holiday camps for youngsters.

TENPIN BOWLING

Many centres have ramps, bumpers and lightweight balls to make things easier for small children. Admission to the following centres averages around £6 per game, including shoe hire.

Acton Tenpin

Royale Leisure Park, Western Avenue, W3 0PA (0871 873 3150, www.tenpin.co.uk). Park Royal tube. **Open** noon-1am Mon-Thur; noon-2am Fri; 10am-2am Sat; 10am-12.30am Sun. **Credit** MC, V.

Activities

1st Bowling Lewisham
11-29 Belmont Hill, SE13 5AU (8852 6688). Lewisham rail/DLR. **Open** 10am-11pm Mon-Sat; 10am-10.30pm Sun. **Credit** MC, V.

Funland
Trocadero Centre, 1 Piccadilly Circus, W1D 7DH (7292 3642, www.funland.co.uk). Piccadilly Circus tube. **Open** 10am-1am daily. **Credit** MC, V.

Hollywood Bowl Finchley
Great North Leisure Park, Chaplin Square, off Finchley High Road, N12 0GL (8446 6667, www.hollywoodbowl.co.uk). East Finchley tube, then bus 263. **Open** 10am-midnight Mon-Thur, Sun; 10am-1am Fri, Sat. **Credit** MC, V.

Hollywood Bowl Surrey Quays
Mast Leisure Park, Teredo Street, SE16 7LW (7237 3773, www.hollywoodbowl. co.uk). Canada Water DLR. **Open** 10am-11.30pm Mon-Thur, Sun; 10am-midnight Fri, Sat. **Credit** MC, V.

London Palace Superbowl
Elephant & Castle Shopping Centre, 2 Elephant & Castle, SE1 6TE (7252 6677, www.palacesuperbowl.com). Elephant & Castle tube. **Open** 11am-11pm daily. **Credit** MC, V.

Queens
17 Queensway, W2 4QP (7229 0172, www.queensiceandbowl.co.uk). Bayswater or Queensway tube. **Open** 10am-11.30pm daily. **Credit** AmEx, MC, V.

Rowans Tenpin Bowl
10 Stroud Green Road, N4 2DF (8800 1950, www.rowans.co.uk). Finsbury Park tube/rail. **Open** 10.30am-12.30am Mon-Thur, Sun; 10.30am-2.30am Fri, Sat. **Credit** MC, V.

TRAMPOLINING

Harrow Trampoline Club
Canons Sports Centre, North London Collegiate School, Edgware HA8 7RJ (8905 6895, www.harrowtrampolineclub.co.uk). Classes on Wednesday evenings and Sunday mornings cater for two levels. The class for five-to nine-year-olds is designed specifically for young children with little or no trampolining experience, while classes for over-nines are recreational and suitable for anyone.

Michael Sobell Leisure Centre
Hornsey Road, N7 7NY (7609 2166, www.aquaterra.org). Finsbury Park tube/rail. The Sobell Centre has a strong trampolining tradition and runs drop-in sessions for children from four to 16 years every weekday after school, and on Saturday and Sunday mornings. Sessions cost £4. There is no need to book, you can just turn up. Tickets go on sale half an hour before the sessions start.

WATERSPORTS

London is a river city, so there are plenty of opportunities to take to the water in canoes, dinghies or rowing boats and meander down the Thames. It's also worth checking out the city's many reservoirs.

Ahoy Centre
Borthwick Street, SE8 3JY (8691 7606, www.ahoy.org.uk). Deptford rail or Cutty Sark DLR. This is the place to come for sailing, rowing and (for older children and teens) powerboating on the Thames, and in Surrey and Victoria Docks. Members help run the centre, which keeps prices down and fosters a community spirit.

BTYC Sailsports
Birchen Grove, NW9 8SA (8205 0017, www.btycsailsports.org.uk). Neasden or Wembley Park tube/rail. Dinghy sailing, windsurfing, basic training and RYA courses on the Welsh Harp reservoir.

Canalside Activity Centre
Canal Close, W10 5AY (8968 4500, www.rbkc.gov.uk). Ladbroke Grove tube or Kensal Rise rail, or bus 52, 70, 295. Utilising the Grand Union canal, this centre offers various canoeing lessons and water safety classes.

Docklands Sailing & Watersports Centre
Millwall Dock, 235A Westferry Road, E14 3QS (7537 2626, www.dswc.org). Crossharbour DLR. **Membership** £110/yr adult; £20/yr under-16s; £220/yr family (2+3).

Activities

My Sport Gymnastics
Lily, 6

What inspired you to take up gymnastics?
My mum took me to baby gym when I was really little and I liked all the things that we did there. When I was three, I started proper gym classes.

What do you like about your sport?
I like swinging on the bars and bouncing on the trampoline. I also like doing forward rolls and cartwheels.

What level are you at?
I'm in the advanced recreational class. There are 16 girls in my class and we have three coaches teaching us. The older gymnasts train at the same time as us and they are very, very good.

What's next for you in your sport?
I am going to learn a routine for the summer exam and I will get a badge with a number on it.

Which events would you like to see at the London 2012 Olympic Games and Paralympic Games?
I would like to see the Gymnastics, Swimming and Cycling, because these are all the things I like to do.

This watersports centre offers canoeing, dragon-boat racing, windsurfing and dinghy sailing for over-eights. Non-members can also take part in open sessions; phone for details.

Globe Rowing Club
Trafalgar Rowing Centre, 11-13 Crane Street, SE10 9NP (www.globerowingclub. co.uk). Cutty Sark DLR or Maze Hill rail.
A friendly, Greenwich-based rowing club that offers competitive as well as recreational rowing and sculling on a stretch of river from Tower Bridge to the Thames Barrier.

John Battleday Waterski
Thorpe Road, Chertsey, Surrey KT16 8PH (01932 579 750, www.jbski.com). Chertsey rail.
With three world-class lakes to choose from, plus a comprehensive training programme, this is the ideal place to give youngsters a taste of waterskiing with one of the club's kids' beginner courses (2x15mins, £45).

Lea Rowing Club
Spring Hill, E5 9BL (Club house 8806 8282, www.learc.org.uk). Clapton rail.
Rowing and sculling classes, and holiday courses for children aged ten or above who can swim at least 50 metres.

Lee Valley White Water Centre
Station Road, Waltham Cross, Herts EN9 1AB (08456 770 606, www.leevalleypark. org.uk). Waltham Cross station.
The White Water Centre was the first new London 2012 venue to open to the public. The centre will be open until autumn 2011, when it will close for the main event in 2012. The centre will then reopen to the public a few months after the Games. Activities include canoeing and kayaking, but for a real thrill book your kids in (over-13s) on a half-day Ride the Rapids session (£49), with at least four rafting runs down the new white-water course.

Stoke Newington West Reservoir Centre
Green Lanes, N4 2HA (8442 8116, www. gll.org). Manor House tube or bus 141, 341.
Environmental education and watersports centre for dinghy sailing.

Surrey Docks Watersports Centre
Greenland Dock, Rope Street, SE16 7SX (7237 4009, www.fusion-lifestyle.com). Canada Water tube.

Eights and over can learn sailing, windsurfing and canoeing in this sheltered dock during the holidays. RYA courses are also available.

Westminster Boating Base
136 Grosvenor Road, SW1V 3JY (7821 7389, www.westminsterboatingbase.co.uk). Pimlico tube or Vauxhall tube/rail.
This canoeing and sailing club for over-tens asks for donations rather than fees.

YOGA

Yoga is a fantastic way to maintain children's co-ordination, flexibility and concentration, but pick an approved and registered course. The biggest name in yoga for kids is **YogaBugs** (www.yoga bugs.com). The company teaches three-to seven-year-olds at a variety of venues, using a mix of storytelling and songs to capture children's attention. Yoga'd Up is the next step, offering classes for eight-to 12-year-olds. The **Special Yoga Centre** (*see below*) is a registered charity that offers one-to-one sessions for infants with disabilities.

The following centres run classes for children; check websites for details.

Holistic Health
64 Broadway Market, E8 4QJ (7275 8434, http://holistichealthhackney.co.uk). London Fields rail or bus 26, 48, 55, 106, 236.

Iyengar Institute
223A Randolph Avenue, W9 1NL (7624 3080, www.iyi.org.uk). Maida Vale tube.

Sivananda Yoga
Vedanta Centre, 51 Felsham Road, SW15 1AZ (8780 0160, www.sivananda.co.uk). Putney Bridge tube or Putney rail.

Special Yoga Centre
The Tay Building, 2A Wrentham Avenue, NW10 3HA (8968 1900, www.special yoga.org.uk). Kensal Rise rail.

Yoga Junction
The Old Flower Shop, 93A Weston Park, N8 9PR (8347 0000, www.yogajunction.co.uk). Harringay rail or bus W5.

Activities

Arts & Entertainment

Capital culture, from preschool puppetry to big-name ballet.

One of the biggest joys about bringing up children in London is the sheer mass of cut-price, top-drawer culture on offer to them across the city. From fun-sized Philharmonic concerts at the **Southbank Centre** (*see p193*) to open-air Shakespeare at the **Regent's Park Open Air Theatre** (*see p212*), youngsters are able to enjoy the arts on a grand scale – but, and here's the clever part, without bankrupting parents in the process.

Many museums and galleries (*see pp74-122*) and attractions (*see pp46-73*) run special events and family days year-round, with a particularly busy programme at weekends and during the school holidays. There are myriad delights on offer, with not a hint of starch and ceremony: child-friendly concerts, story sessions, meet-the-orchestra events and drop-in arts and crafts activities among them. When it comes to theatre (*see pp204-215*), meanwhile, the line-up runs from endlessly innovative children's theatre companies and venues such as **Oily Cart** (*see p207*) and the **Unicorn Theatre** (*see p213*) to big-budget Christmas pantos, or crowd-pleasing touring shows based on Fifi, Angelina, Lola and co.

Children can also try their hand at all sorts of creative activities. Whether your offspring are into drama, music, cookery, art or film-making, drop-in classes, after-school clubs and longer courses abound; kids can try out circus skills one day, sculpture the next. They might just uncover a hidden talent for stilt-walking or a penchant for percussion – and have a whale of a time in the process.

ARTS CENTRES

Barbican Centre

Silk Street, EC2Y 8DS (box office 7638 8891, cinema 7382 7000, www.barbican. org.uk). Barbican tube or Moorgate tube/ rail. **Open** *Box office* (by phone) 9am-8pm Mon-Sat; 11am-8pm Sun; (in person) 9am-9pm Mon-Sat; noon-9pm Sun. **Admission** *Library* free. *Exhibitions, films, shows, workshops* phone for details. **Membership** £20-£105/yr. **Credit** AmEx, MC, V. **Map** p334 P5.

This angular, concrete art complex may look slightly foreboding, but venture inside and you'll be pleasantly surprised. Maps and painted yellow lines lead confused visitors through the residential blocks that surround the centre – an intricate maze of walkways,

stairs, identikit towers and split level ramps. There are some pockets of unexpected calm for everyone to enjoy: the fountains in the inner courtyard, the Waterside Café and the library, with its extensive children's section. Best of all is the conservatory, open to the public on Sunday afternoons (unless hired for a private event), where exotic palms, ferns and flowers soar towards the sky and stately koi carp patrol the ponds.

The Barbican's busy programme of cultural offerings also has plenty to appeal to small fry. For starters, there's the excellent Saturday morning Family Film Club, with a lively mix of movies, themed activities and monthly workshops. Screenings (£3-£5) are aimed at kids aged five to 11 and their parents; book ahead. One-off mini-seasons and special events for families also dot the Barbican's calendar, including the Animate the World! animation-fest in May and the London Children's Film Festival in November. The complex is home to the London Symphony Orchestra (www.lso.co.uk), whose Discovery Family Concerts combine music and storytelling to great effect, with pre-concert workshops in the foyer. *Buggy access. Cafés. Disabled access: lift, toilet. Nappy-changing facilities. Restaurants. Shops.*

Rich Mix

35-47 Bethnal Green Road, E1 6LA (7613 7498, www.richmix.org.uk). Shoreditch High Street rail. **Open** *Box office 9.30am-9.30pm daily.* **Admission** prices vary; phone for details. **Credit** MC, V.

This vast former textiles factory now houses a cross-cultural arts and media centre – with an edgy, East End flavour all of its own. There are monthly storytelling and performance poetry sessions, plus inexpensive film-making workshops for five to 12s on selected Sundays and school holiday dates, with a maximum of ten youngsters per session. Meanwhile, Saturday and Sunday mornings bring Kids' Cine Time, with tickets at a mere £1.50 for adults or children; major Hollywood releases and animations dominate the programme. Family tickets, available before 5pm on weekdays and all day on Saturdays and Sundays, are also brilliant value, while friendly parent and baby screenings take place on Monday evenings. Check online for details of the youth programme, which could encompass anything from graffiti projects to krumping and Bollywood dance classes. *Buggy access. Cafés. Disabled access: lift, toilet. Nappy-changing facilities.*

Southbank Centre

Belvedere Road, SE1 8XX (0844 847 9910, www.southbankcentre.co.uk). Embankment tube or Waterloo tube/rail. **Open** *Box office & foyer 10am-8pm daily. Hayward Gallery 10am-6pm Mon-Thur, Sat, Sun; 10am-10pm Fri.* **Admission** prices vary; phone for details. **Credit** AmEx, MC, V. **Map** p333 M8.

Set by the Thames, with the London Eye looming overhead, the Southbank Centre is a cultural behemoth of many parts – namely the Royal Festival Hall, the Queen Elizabeth Hall, the Hayward Gallery and the Saison Poetry Library. It offers a heady mix of theatre, puppet shows, contemporary and classical music, circus performances, dance and art, including plenty of free events; the website has a comprehensive rundown of upcoming child-friendly offerings – which might run the gamut from Funharmonics classical concerts, with pieces chosen for their child appeal, to free beatboxing workshops.

Simply wandering about can be richly rewarding, though – you might stumble across a weird sound sculpture, find dancers waltzing across the terrace, encounter some science buskers or catch a gospel choir in full throttle.

Activities

Barbican Centre. *See p192.*

Activities

The school holidays also mean more family activities, with treasure trails, performances, storytelling and large-scale drawing escapades, usually all free. Meanwhile, the Royal Festival Hall's music learning space, Spirit Level, includes a great technology area where young people can experiment with composition and sound-making (make sure you book the workshops well in advance). *See also p48* **Neighbourhood Watch**.
Buggy access. Cafés. Disabled access: lift, toilet. Nappy-changing facilities. Restaurants.

Tricycle Theatre & Cinema

269 Kilburn High Road, NW6 7JR (box office 7328 1000, www.tricycle.co.uk). Kilburn tube or Brondesbury rail. **Open** *Box office* 10am-9pm Mon-Sat; 2-8pm Sun. *Children's shows* 11.30am, 2pm Sat. *Children's films* 1pm Sat. **Tickets** *Theatre* (Sat) £5-£6; £4 reductions. *Films* (Sat) £5; £4 reductions, under-16s. **Credit** MC, V.
An art gallery, cinema and theatre in one, with its own buzzy café and bar, the Tricycle has deep local roots and a real community feel. There's a brilliant line-up of children's theatre, events and groups, from preschooler activity sessions and performances of *Goldilocks and the Three Bears* (teddies are welcome too),

Old Mother Hubbard and the like to drama workshops and youth theatre groups for older children and teens. Half-term and holiday workshops focus on magic, theatre, circus skills and even fuzzy felt, while term-time after-school classes currently include guitar and street dance. Kids' cinema matinée screenings are at 1pm on Saturdays.
Buggy access. Disabled access: lift, toilet. Nappy-changing facilities. Restaurant.

CINEMAS

The capital is superb for cinema, catering to film buffs of all ages. As well as a wealth of kids' cinema clubs and weekend matinée screenings to choose from, children even have their own festival. The London Children's Film Festival generally takes place in November; its headquarters are the Barbican (*see p192*), but independent cinemas city-wide also get involved in the family fun.

If you don't mind blowing the budget on the latest blockbuster screening and a bucket of absurdly priced popcorn,

Southbank Centre. *See p193.*

On the Waterfront

Most of the Aquatics events for the London 2012 Olympic Games will be taking place beneath the stunning wave-shaped roof of the Zaha Hadid-designed Aquatics Centre, as some 17,500 spectators crowd in to cheer on home-grown heroes such as Rebecca Adlington and Tom Daley in their hunt for medals. But in the run-up to the main event, there's plenty of other watery action for east Londoners to dip their toes into.

One of the most appealing options is the Floating Cinema, which will be meandering along the waterways of the five Olympic host boroughs during June and July 2011 as part of CREATE (www.createlondon.org), an annual festival which features more than 200 events and brings together the very best in home-grown, world-class artistic talent from across east and south-east London. Developed by artists Nina Pope and Karen Guthrie (known collectively as Somewhere) and designed by Hackney-based architect Studio Weave, the Floating Cinema will host on-board screenings and larger outdoor film events and provide a base for cultural participation galore.

This cultural cavalcade is setting sail under the flag of the Portavilion project (www.portavilion.com), a mobile public art commission which last year saw an inflatable pavilion doing the rounds of 13 London parks and public spaces. The Floating Cinema won't break any world records as it chugs sedately through Greenwich, Hackney, Newham, Tower Hamlets and Waltham Forest before finally pulling into the Olympic Park itself, but CREATE is more of a marathon than a sprint as the organisers look to establish a legacy for this area of east London that stretches way beyond the sporting summer of 2012.

Activities

BFI Southbank.

go to Leicester Square. It's home to the glitzy, glossy flagships of **Vue** (0871 224 0240, www.myvue.com), the **Odeon** (0871 224 4007, www.odeon. co.uk) and the **Empire** (0871 4714 714, www.empirecinemas.co.uk). Some of the big chains also do their own version of Watch with Baby screenings, as first pioneered at the **Clapham Picturehouse** (*see p197*) and now a regular feature in all Picturehouses. In addition to the cinemas below, don't forget the **Tricycle** (*see p194*).

BFI IMAX
1 Charlie Chaplin Walk, SE1 8XR (7199 6000, www.bfi.org.uk/imax). Waterloo tube/rail. **Open** *Box office* (by phone) 10.30am-7.30pm daily; (in person) from 30mins before screening. **Admission** £14; £9.75-£10.75 reductions; £9.25 3-14s; free under-3s. *IMAX short films* £8.50; £6.25

reductions; £5.25 4-14s; free under-4s.
Credit MC, V.
A distinctive circular structure set in a sunken traffic island by Waterloo station houses the UK's biggest cinema screen – over 20m (65ft) high and 26m (85ft) wide. Children love donning 3D glasses to watch special effects-heavy films such as *Tron: Legacy*; it's an intense, larger-than-life experience, so avoid anything too alarming for younger children. Non-IMAX mainstream films are also shown. *See also p48* **Neighbourhood Watch**. *Bar. Buggy access. Café. Disabled access: lift, toilet. Nappy-changing facilities.*

BFI Southbank
Belvedere Road, SE1 8XT (box office 7928 3232, www.bfi.org.uk). Embankment tube or Waterloo tube/rail. **Open** *Box office* (by phone) 11.30am-8.30pm daily; (in person) 11am-8.30pm daily. **Tickets** £5-£9.50 non-members; £5-£8 members; phone for children's prices. **Membership** £40/yr. **Credit** AmEx, MC, V. **Map** p333 M8.

Following a 2007 revamp, the four-screen British Film Institute (better known as the BFI) has gone from strength to strength. Check the schedule for parent and toddler showings and kids' screenings, both of which combine classic and current hits. At the monthly Fundays, activities accompany the film and the Benugo café-bar serves a special menu. Another brilliant feature is being able to watch film and television clips in the Mediatheque. *See also p48* **Neighbourhood Watch**.

Buggy access. Café. Disabled access: lift, toilet. Nappy-changing facilities. Restaurant.

Clapham Picturehouse

76 Venn Street, SW4 0AT (0871 902 5727, www.picturehouses.co.uk). Clapham Common tube or bus 35, 37. **Open** *Box office (by phone)* 9.30am-8.30pm daily; *(in person)* noon-8.30pm daily. *Kids' club activities* 11.15am, *screening* 11.45am Sat. **Tickets** £7-£11; £6-£9 reductions. Kids' club £3. **Membership** Kids' club £4/yr. **Credit** MC, V.

This much-loved local cinema was the first in London to offer parent-and-baby screenings. Big Scream! sessions for parents and under-ones still run every Thursday at 10.30am, and innovative autism-friendly screenings have also been introduced. There are Kids' Club Saturday matinées for three- to ten-year-olds, with craft workshops before the film; young members can go into the projection room and start the film as a birthday treat.

Buggy access. Café. Disabled access: toilet. Nappy-changing facilities.

Electric Cinema

191 Portobello Road, W11 2ED (7908 9696, www.the-electric.co.uk). Ladbroke Grove or Notting Hill Gate tube or bus 52. **Open** *Box office* 9am-8.30pm Mon-Sat; 10am-7.30pm Sun. **Tickets** *Kids' club* £5-£6.50. *Workshops* (1st Sat of month) £3. **Credit** AmEx, MC, V. **Map** p326 A7.

A far cry from your average multiplex, Notting Hill's Electric Cinema brings a touch of glamour to a trip to the flicks. Plush leather seating, footstools and tables make for a truly luxurious cinematic experience, with superior snacks to munch on; adults can quaff a glass of chilled pinot grigio or even a cocktail. There's a Saturday morning Kids' Club (10.30am), while friendly Electric Scream! shows for parents and under-ones are held at 11am on Mondays (except bank holidays).

Buggy access. Disabled access: lift, toilet.

Greenwich Picturehouse

180 Greenwich High Road, SE10 8NN (0871 704 2059, www.picturehouses.co.uk). Cutty Sark DLR or Greenwich rail/DLR. **Open** *Box office (by phone)* 9.30am-8.30pm daily; *(in person)* 11am-10pm daily. *Kids' club activities* 11am Sat, screening 11.30am. **Tickets** £6-£10; £5.50-£6.50 under-14s, reductions. *Kids' club* £4.50. **Membership** Kids' club £4.50/yr. **Credit** AmEx, MC, V.

Opened in 2005, the four-screen Greenwich outpost of the acclaimed Picturehouse chain has its own tapas bar. There's a children's film club on Saturday morning, suitable for fives to 15s, plus Big Scream! events at 11.30am on Wednesday and Friday.

Buggy access. Café. Disabled access: lift, toilet. Nappy-changing facilities. Restaurant.

Phoenix

52 High Road, N2 9PJ (8444 6789, www.phoenixcinema.co.uk). East Finchley tube. **Open** *Box office* 15mins before first screening. *Kids' club* noon Sat, £2. **Tickets** £6-£9; £6 under-16s, reductions. **Credit** MC, V.

East Finchley's single-screen art deco treasure offers Bringing Up Baby screenings (normally held on Wednesdays) and Saturday afternoon Kids' Club movies, kicking off with a hands-on activity workshop, games or a quiz and aimed at five- to eight-year-olds. The cinema can also be hired out for birthday parties; phone for details.

Buggy access. Nappy-changing facilities. Disabled access: lift, toilet.

Rio Cinema

103-107 Kingsland High Street, E8 2PB (7241 9410, www.riocinema.co.uk). Dalston Kingsland or Dalston Junction rail. **Open** *Box office (by phone)* 2-8pm daily; *(in person)* from 15 mins before screening. *Children's screening* 4pm Tue; 11am Sat. **Tickets** £7-£9; £5.50 2-16s; *Children's screening* £2.50; £1.50 under-16s. **Credit** MC, V.

Expect an engaging mix of films at this Dalston favourite, which isn't afraid to eschew predictable Hollywood fodder in favour of more interesting smaller films and classics. Youthful members of the Saturday Morning Picture Club are given a special card to be stamped, with a free visit after ten stamps and a poster after 25 – a generous offer, considering how

Activities

inexpensive tickets are. A parent-and-baby club operates on selected Tuesday and Thursday lunchtimes, with a secure place to park pushchairs, and the school holidays bring daily matinées for five- to 15-year-olds.
Buggy access. Café. Disabled access: toilet.

Ritzy Picturehouse

Brixton Oval, Coldharbour Lane, SW2 1JG (0871 704 2065, www.picturehouses. co.uk). Brixton tube/rail. **Open** *Box office* (by phone) 9.30am-8.30pm daily. *Kids' club* 10.30am Sat. **Tickets** £6.50-£10; £5-£9 under-14s. *Kids' club* £2 3-15s. **Membership** *Kids' club* £3/yr. **Credit** MC, V.
Opened in 1911, this landmark has survived numerous owners and name changes, not to mention near-demolition and redevelopment plans. Now part of the Picturehouse family, it hosts Big Scream! sessions on Fridays at 11am, open to parents with under-ones. Children as young as three can join the inexpensive Saturday Kids' Club, and there are regular autism-friendly screenings; call the box office or check online for details. There's also a laid-back café bar, with a kids' menu.
Buggy access. Café. Disabled access: lift, toilet. Nappy-changing facilities.

Stratford East Picturehouse

Theatre Square, Salway Road, E15 1BX (0871 704 2066, www.picturehouses.co.uk). Stratford tube/rail/DLR. **Open** *Box office* (by phone) 9.30am-8.30pm daily. *Kids' club* 10.50am Sat. **Tickets** £4-£9; £4 under-15s. *Kids' club* £6; £3 3-10s. **Membership** *Kids' club* £4/yr. **Credit** MC, V.
Attractions for families and children at this east London Picturehouse branch include a children's film club where creative activities, fun and games take place before a screening. The club is suitable for three- to ten-year-olds, and membership entitles you to attend the first film for free.
Bar. Buggy access. Disabled access: lift, toilet. Nappy-changing facilities.

COMEDY

Comedy Club 4 Kids

Soho Theatre, 21 Dean Street, W1D 3NE (7478 0100, www.sohotheatre.com). Tottenham Court Road, Leicester Square or Oxford Circus tube. **Open** *Box office* 10am-7pm Mon-Sat. **Credit** MC, V. **Map** p331 K6.

The Soho Theatre's monthly Comedy Club 4 Kids is a winning combination of top-flight adult comedic talent and gags, without the rude bits. Well, not all the rude bits. This is aimed at children, after all, so there is a fair amount of scatologically inclined material, but nothing that would make parents blanch. It's staged along the same lines as a late-night comedy club, with the compère whipping the audience into a heckle-inducing frenzy, before the first (often palpably nervous) comedian takes to the stage.
Bar. Buggy access. Café. Disabled access: lift, toilets. Nappy-changing facilities. Restaurant.

DANCE

See also **Chisenhale Dance Space**, **Laban** and **The Place** (for all, *see pp166-169*).

Royal Opera House

Bow Street, WC2E 9DD (7304 4000 box office, www.royaloperahouse.org). Covent Garden tube. **Open** *Box office* 10am-8pm Mon-Sat. *Tours* daily (times vary, book in advance). **Tours** £10; £9 reductions; £7 9-16s. **Credit** AmEx, MC, V. **Map** p333 L6.
Don't be daunted at the prospect of visiting one of the world's great opera houses with kids in tow: families are warmly welcomed. Inside it's bright and airy, with sumptuous costumes on display and splendid views over Covent Garden's crowds and street entertainers from the upstairs café. An engaging line-up of special events runs from puppet-making in the light-flooded Paul Hamlyn Hall to musical, magical afternoons with players from the orchestra, choreographers and composers, where everyone gets involved. *See also p64* **Neighbourhood Watch**.
Buggy access. Café. Disabled access: lift, toilet. Nappy-changing facilities. Restaurant. Shop.

Sadler's Wells

Rosebery Avenue, EC1R 4TN (0844 412 4300, www.sadlerswells.com). Angel tube. **Open** *Box office* 10am-8pm Mon-Sat. **Credit** AmEx, MC, V.
As the epicentre of dance in London, Sadler's Wells attracts all sorts of dance superstars – including some child-friendly companies, such as the London Children's Ballet. Elsewhere in the programme, there's lots to interest older

Activities

My Sport Ballet
Polly, 3

What inspired you to take up ballet?
My big sister goes to ballet and I always wanted to join in and dress up in her clothes. Now I go to my own class.

What do you like about your sport?
I like running around on tiptoes and I like skipping. My teacher says I'm very good at skipping.

What level are you at?
I started going to ballet when I was two years old and I've just been moved up to the next class now I'm three years old.

What's next for you in your sport?
I want to learn how to do a pirouette like my sister. Sometimes she helps me do an arabesque.

Which events would you like to see at the London 2012 Olympic Games and Paralympic Games?
I don't know what that means. Tell me about it.

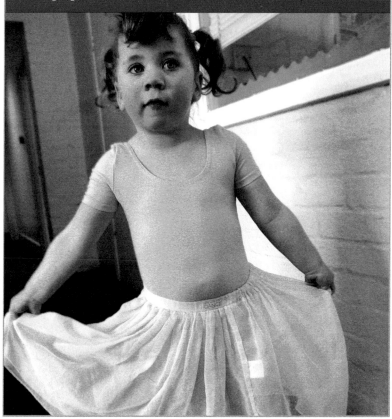

Activities

Activities

Laban. *See p168.*

children, including Breakin' Convention – a high-octane annual hip hop jamboree. In the adjacent Lilian Bayliss Theatre, the two-week Connect Festival is another good bet for families, mixing lively workshops with performances from dancers of all ages. The Peacock Theatre (Portugal Street, WC2A 2HT, 0844 412 4322) is a satellite venue for Sadler's Wells, with family shows every Christmas.
Bar. Buggy access. Cafés. Disabled access: lift, toilet. Nappy-changing facilities. Restaurant.

LITERATURE
Libraries

British Library
96 Euston Road, NW1 2DB (7412 7676, 7412 7797 learning, www.bl.uk). Euston or King's Cross tube/rail. **Open** 9.30am-6pm Mon, Wed-Fri; 9.30am-8pm Tue; 9.30am-5pm Sat; 11am-5pm Sun, bank hols. **Credit** MC, V. **Map** p333 K3.
Even cynical small fry can't fail to be impressed by the sheer scale of the British Library – a red brick behemoth that's home to over 150 million pieces of writing. What's more, its collection is growing at a fearsome rate: every year, the library receives a copy of everything published in the UK and Ireland, including books, newspapers, maps, magazines, prints and drawings. Its most prized treasures are on display in the dimly lit Sir John Ritblat Gallery, including the Magna Carta, Lewis Carroll's *Alice's Adventure Under Ground* and some scribbled Beatles lyrics. Temporary exhibitions in the PACCAR Gallery are often accompanied by hands-on workshops and special events, while a smaller gallery in the entrance hall contains interactive displays on music and culture linked to the National Sound Archives.

The education department arranges regular storytelling sessions and hands-on arty workshops (carnival mask-making, perhaps, or drawing your own magnificent map) during the school holidays – see www.bl.uk/learning for details. Finally, the café is a Peyton and Byrne establishment, which means delectable treacle tarts, extravagantly topped cupcakes and a nice line in quiches, proper sausage rolls and hot meals – at a price, mind.
Buggy access. Café. Disabled access: lift, toilet. Nappy-changing facilities. Restaurant. Shop.

Charlton House
Charlton Road, SE7 8RE (8856 3951, www.greenwich.gov.uk). Charlton rail or bus 53, 54, 380, 422. **Open** *Library* 2-7pm Mon, Thur; 9.30am-12.30pm, 1.30-5.30pm Tue, Fri; 9.30am-12.30pm, 1.30-5pm Sat. *Toy Library* (term-time only) 9.30am-12.30pm Tue, Thur, Fri. **Admission** free. **No credit cards**.

This handsome, early 17th-century red brick mansion now houses a community centre and library. Traces of its past grandeur remain – not least the creaky oak staircase, marble fireplaces and ornate plaster ceilings. The library has a good children's section, and runs preschooler play and story sessions. Charlton Toy Library (8319 0055, www.charltontoy library.co.uk) is also based here, and has music and story sessions on Thursday mornings. The mulberry tree outside, dating from 1608, still bears fruit that sometimes finds its way into the crumbles, cakes and chutneys sold in the Mulberry Café. Visit at 1pm on a Friday and you'll be treated to a free concert by musicians from the Trinity College of Music, who also put on a soaring Christmas concert.
Buggy access. Café. Disabled access: lift, toilet. Nappy-changing facilities.

Idea Store

321 Whitechapel Road, E1 1BU (7364 4332, www.ideastore.co.uk). Whitechapel tube. **Open** 9am-9pm Mon-Thur; 9am-6pm Fri; 9am-5pm Sat; 11am-5pm Sun. **Credit** MC, V.
You can't miss Whitechapel's gleaming, glass-fronted Idea Store – a bold, 21st-century take on the library, built by Adjaye Associates. In addition to its book collections, it offers state-of-the-art learning and information services and an airy fourth-floor café. All sorts of groups meet here, from toddler and parent get-togethers to drop-in homework clubs – there's even a gathering for comic book and manga fans (nine to 16s). For 16 and overs, the borough's network of Idea Stores offer over 900 courses. A handful of courses are aimed at families – among them, creative dance, art and design and cookery classes for parents and children. Call or check online for dates, prices and age restrictions.
Buggy access. Café. Crèche. Disabled access: lift, toilet. Nappy-changing facilities.
Branches 1 Gladstone Place, Roman Road, E3 5ES (7364 4332); 1 Vesey Path, East India Dock Road, E14 6BT (7364 4332); Churchill Place, E14 5RB (7364 4332).

Peckham Library

122 Peckham Hill Street, SE15 5JR (7525 2000, www.southwark.gov.uk). Peckham Rye or Queen's Road rail, or bus 12, 36, 63, 171. **Open** 9am-8pm Mon, Tue, Thur, Fri; 10am-8pm Wed; 10am-5pm Sat; noon-4pm Sun. **No credit cards.**

Will Alsop's unusual-looking, inverted L-shaped library plays host to a rich array of children's activities, including creative baby and toddler sessions and family reading groups. Mondays and Fridays bring in the Homework Club (4-7pm), while the teenage reading group's activities range far beyond literary discussions: open mic nights, creative writing workshops, debates and manga nights were on the schedule the last time we dropped by. An extended programme of holiday workshops is also offered.
Buggy access. Disabled access: lift, toilet. Nappy-changing facilities.

Storytelling

Discover

383-387 High Street, E15 4QZ (8536 5555, www.discover.org.uk). Stratford tube/rail/DLR. **Open** *Term-time* 10am-5pm Tue-Fri; 11am-5pm Sat, Sun. *Holidays* 10am-5pm Mon-Fri; 11am-5pm Sat, Sun. **Admission** £4.50; £4 reductions; free under-2s; £14 family (2+2). **Credit** MC, V.
This Stratford-based storymaking centre is a hotbed of creativity, with an imaginative story garden. Kids can stand in 'Hootah' cones and have their stories recorded for a visiting space monster, or just enjoy themselves on the themed playground equipment. Indoors, the story den features interactive exhibitions about tales from around the world, and children can go on a trail across an indoor river via a wooden footbridge that talks, take a trip on the Lollipopter or explore the secret cave. It's a brilliant place to hold a birthday party; call for details.
Buggy access. Café. Disabled access: lift, toilet. Nappy-changing facilities.

MUSIC

Tuition

artsdepot Signing Choir

5 Nether Street, N12 0GA (8369 5454, www.artsdepot.co.uk). West Finchley or Woodside Park tube. **Classes** 12.30-2.30pm Sat during term-time. **Fees** free.
Sing and sign classic pop songs, current chart hits and musical show tunes at this weekly choir session which takes place on Saturday afternoons during term time. Anyone aged between 13 and 19 is welcome to this inclusive

Activities

course, although places must be booked in advance. *See also p208.*

Blackheath Conservatoire

19-21 Lee Road, SE3 9RQ (8852 0234, www.conservatoire.org.uk). Blackheath rail. **Classes** times vary; phone or check website for details. **Fees** from £79/term. **Credit** MC, V.

Musical children can enrol in all sorts of classes and courses here, covering everything from percussion playing to jazz singing. If one-on-one tuition is too expensive, kids can learn different instruments in small groups, divided into three different age ranges. There are various choirs and instrumental ensembles, meeting mainly on Saturdays, plus vibrant music, drama and art courses all year round. *Buggy access.*

Blueberry

Various venues (8677 6871, www.blueberry playsongs.co.uk). **Fees** from £70/10wk term. **Credit** AmEx, MC, V.

Operating in south-west and west London, these jolly little groups are aimed at parents and tinies (six months to threes). Sessions involve a good sing-song, with grown-ups guiding their offspring through the accompanying actions, and cheery group games. For Blueberry birthday parties, *see p223.*

Centre for Young Musicians

Morley College, 61 Westminster Bridge Road, SE1 7HT (7928 3844, www.cym. org.uk). Lambeth North tube. **Classes** 9am-5pm Sat term-time only. **Fees** vary. **No credit cards.**

Children must audition for a place on the Saturday classes that run at the Centre for Young Musicians and its two satellite annexes – Notre Dame High School and Johanna Primary School. Auditions are held for all levels and staff have a keen eye for musical potential, although absolute beginners shouldn't apply. Open access courses for six to 18s run in the school holidays, alongside GCSE revision sessions; check online for details. *Buggy access. Café. Disabled access: toilet. Nappy-changing facilities.*

Guildhall School of Music & Drama

Silk Street, EC2Y 8DT (7382 7160, www.gsmd.ac.uk/juniors). Barbican tube or Moorgate tube/rail. **Classes** 8am-6pm Sat. **Fees** basic course from £2,310/term. **Credit** MC, V.

Only the most talented young musicians are singled out to undertake this world-class conservatoire's Junior Guildhall instrumental training, with classes on Saturday mornings. Entry is by audition, and standards are extremely high. There are kindergarten classes for children aged four to six and music classes for 10- to 18-year-olds. The school also runs a String Training Programme for beginners aged four to 11, with instrumental training and music appreciation. Talented musicians who can't afford the fee can apply for local authority grants or Guildhall scholarship funding. The Guildhall's Drama Course (for 13- to 18-year-olds) involves a more informal audition process.

Musical Express

Southfields Methodist Church, 423 Durnsford Road, SW19 8EE; Wimbledon Rugby Club, Barham Road, Copse Hill, SW20 0ET (8946 6043, www.musical express.co.uk). **Classes** times vary; phone for details. **Fees** 1st session free, then from £6/class. **No credit cards.**

Set up by a music therapist, Musical Express groups cater for babies and under-sixes, giving young children the means to express themselves and develop core social skills with instruments and 'action songs'. Parents and carers must accompany under-threes, though older children attend alone. Hour-long sessions for over-threes include some time spent mastering Jolly Phonics, in which children learn each letter's sound with the help of an accompanying action.

Music House for Children

Bush Hall, 310 Uxbridge Road, W12 7LJ (8932 2652, www.musichouseforchildren. co.uk). Shepherd's Bush Market tube. **Classes** times vary; phone for details. **Fees** £7/drop-in class. **Credit** MC, V.

Headquartered in Bush Hall, a beautifully restored former dance hall in Shepherd's Bush, this well-established operation provides tuition for all ages. Puppets and bubbles keep tinies spellbound at baby music sessions, while toddlers are inspired to throw all sorts of weird and wonderful shapes at the story-led creative dance classes. Older children can learn keyboard, singing, percussion and drums, guitar, ukulele and violin, with a maximum of five pupils per class; two-to-one lessons offer an even wider choice of instruments, and cost £15 per child for a half-hour class (nine to 15s). There's home tuition for fives and overs, too,

starting at £20 for half an hour, plus various holiday shows and workshops.
Buggy access. Disabled access: toilet. Nappy-changing facilities.

Royal College of Music

Prince Consort Road, SW7 2BS (7589 3643, www.rcm.ac.uk). South Kensington tube or bus 9, 10, 52, 452. **Classes** 9am-5pm Sat. **Fees** vary; phone for details. **Map** p329 D9.
Children (aged eight to 18) who pass the stringent auditions can attend individually tailored lessons at this august establishment. Lessons run from 9am to 5pm on Saturdays, in conjunction with the school term, and focus almost exclusively on classical instruments. As you'd expect, it's heavily oversubscribed. For inspiration, check online for details of (usually free) performances staged by pupils throughout the year.
Buggy access. Disabled access: lift, toilets.

Trinity College of Music

King Charles Court, Old Royal Naval College, SE10 9JF (8305 4444, www.tcm.ac.uk). Cutty Sark DLR. **Classes** 9am-6pm Sat. **Fees** £715/term. **No credit cards.**
This superb conservatoire was the first in the UK to open its doors to schoolchildren on Saturdays, back in 1906. 'Intensive but fun' all-day sessions at Junior Trinity (three to 19s) nurture musical creativity with improvisation and composition work; students are also encouraged to play in ensembles. String Time, a special programme for young players aged from three to 11, also takes place on Friday afternoons and Saturday mornings. Auditions are held in March and May, and you can hear the current students in action at the college's tuneful Open Days.
Buggy access. Café. Disabled access: lift, toilets.

Venues

Cadogan Hall

5 Sloane Terrace, SW1X 9DQ (7730 4500, www.cadoganhall.com). Sloane Square tube. **Open** *Box office* 10am-8pm Mon-Sat. **Tickets** £10-£35. **Credit** MC, V. **Map** p332 G10.
Concerts in this fine former church-turned-concert hall near Sloane Square are delightfully varied, running from dignified quartets and orchestral performances to big band shows. Of most interest to children are the Southbank Sinfonia Orchestra's Saturday Spectaculars, when children can dabble in various craft activities, meet the musicians, and then listen to a suitably lively 45-minute concert.
Bar. Buggy access. Disabled access: lift, toilet. Nappy-changing facilities.

English National Opera

The Coliseum, St Martin's Lane, WC2N 4ES (7632 8484 education, 7632 8300 box office, www.eno.org). Leicester Square tube. **Open** *Box office* 10am-6pm Mon-Sat. **Tickets** £10-£90. **Credit** AmEx, MC, V. **Map** p331 L7.
Family Days at the ENO involve hands-on activities and theatre tours, linked to the current production; join the mailing list for updates on forthcoming events. Preschoolers can be dropped off at Opera Tots while their parents attend the opera, while seven to 12s can attend Opera Stars sessions, which promise operatic adventures and activities.
Bar. Buggy access. Disabled access: lift, toilet. Nappy-changing facilities. Restaurant.

Roundhouse

Chalk Farm Road, NW1 8EH (7424 9991, 0844 482 8008 box office, www.roundhouse. org.uk). Chalk Farm or Camden Town tube. **Open** *Box office* 11am-6pm Mon-Sat. **Tickets** £5-£50. **Credit** MC, V.
The iconic former railway engine shed is Camden's pride and joy, hosting arty gigs, theatre and visually stunning multimedia events, as well as quirky contemporary circus and performance acts. While not all the shows are suitable for families with children, creative opportunities for young people lie at the heart of the Roundhouse Studios, tucked below the circular hall. The eclectic workshops for 11-25s held here often focus on multimedia skills: filming as part of a camera crew, producing a radio show and costume design have all featured in the past, at a mere £2 a day. *See also p110* **Neighbourhood Watch**.
Bars. Buggy access. Disabled access: toilet. Nappy-changing facilities. Restaurant.

Royal Albert Hall

Kensington Gore, SW7 2AP (7589 8212, www.royalalberthall.com). South Kensington or Knightsbridge tube. **Open** *Box office* 9am-9pm daily. **Tickets** £5-£150. **Credit** AmEx, MC, V. **Map** p329 D9.

Activities

The 5,200-capacity rotunda hosts special Family Proms during the annual BBC Proms, from July to September. The Proms Plus series, meanwhile, comprises free family events at the nearby Royal College of Music, involving musical activities and workshops that provide a bit of background on the stories behind the music. In the daytime, guided tours let you peep at the auditorium; one child can go free with every paying adult (£8). Note that the tour isn't suitable for under-sevens.

Bars. Buggy access. Café. Disabled access: lift, toilet. Nappy-changing facilities. Restaurants. Shop.

Wigmore Hall

36 Wigmore Street, W1U 2BP (7935 2141, 7258 8227 education, www.wigmore-hall. org.uk). Bond Street or Oxford Circus tube. **Open** *Box office* 10am-7pm daily (8.30pm on performance nights). **Tickets** £10-£30. **Credit** AmEx, MC, V. **Map** p330 H5.

This art deco hall oozes grandeur. Happily, small fry are made very welcome, thanks to a busy programme of family, community and outreach projects. The star attraction is Chamber Tots: these music and movement classes for two- to five-year-olds are immensely popular. Once-monthly family concerts are also great fun, and suitable for five-and-overs. Regular Family Days bring opportunities to try a spot of composing, join a junk jam or meet the musicians.

Bar. Buggy access. Disabled access: toilet. Nappy-changing facilities. Restaurant.

THEATRE
Tuition

Allsorts

34 Crediton Road, NW10 3DU (8969 3249, www.allsortsdrama.com). Kensal Green tube/rail or Kensal Rise rail. **Classes** phone for details. **Fees** £100-£180/10wk term; from £80 4-day workshop; 20% sibling discount. **Credit** MC, V.

Alumni from Allsorts have won starring roles in big-budget flicks: Anna Popplewell (Susan in the *Chronicles of Narnia*) enrolled here at the age of six. Children (four to 18) don't need any previous experience to sign up for the Saturday school and holiday workshops; working in small groups, they are encouraged to take a creative approach, with role-playing and improvisation. Teachers can also arrange bespoke at-home acting tuition and drama parties.

Dramarama

8446 0891, www.dramarama.co.uk. Holiday courses: South Hampstead High School, Maresfield Gardens, NW3 5SS. Term-time classes: South Hampstead Junior School, Netherhall Gardens, NW3 5RN. Finchley Road & Frognal rail. **Fees** phone for details. **No credit cards.**

Kids of all ages and abilities can get involved in acting with Dramarama's after-school clubs, Saturday workshops and holiday courses. Three- to four-year-old thespians can become Dramatots, while older children work towards Trinity Guildhall Performance Art exams; these are recognised qualifications, and the more advanced grades can be converted into university entrance UCAS points. There's also a birthday party service for six to 14s, with possible themes ranging from mermaids to murder mysteries.

Helen O'Grady's Children's Drama Academy

01481 200250, www.helenogrady.co.uk. **Classes** times vary; phone for details. **Fees** £98/14wk term. **Credit** MC, V.

The academy's weekly one-hour workshops aim to build kids' self-esteem, confidence and social skills. The lower and upper primary groups (five to eights and nine to 11s, respectively) work on clear speech and fluent delivery, while the Youth Theatre (13-17s) develops more advanced dramatic techniques. They have also recently introduced a preschool group (three to fives). A production is held at the end of the summer term. Check the website to find your nearest group.

Hoxton Hall

130 Hoxton Street, N1 6SH (7684 0060, www.hoxtonhall.co.uk). Hoxton rail. **Classes** times vary; phone for details. **Fees** £20/8wk term. **No credit cards.**

This refurbished Victorian music hall runs a vibrant after-school Youth Arts programme for seven to 19s, incorporating dance, drama and music. Children's abilities and ideas are taken seriously here, and they're given plenty of access to the hall's extensive facilities: seven- to ten-year-old musicians can compose and record their own songs in the recording studio, while the street dance group (11-17s) devises performances for the main stage with the help of professional choreographers and dancers.

Buggy access. Café.

Music House for Children. *See p202.*

The Bubble's exemplary arts programme includes term-time theatre groups for six to eights, nine to 12s and 13-17s. There are no nail-biting auditions; all you need to take part are enthusiasm and commitment (though there may be a waiting list, as places are much in demand). Check online for details of the summer Open Performance Theatre Project, open to all ages, and the Bubble's groups in Forest Hill and Rotherhithe.

Millfield Theatre School

Silver Street, N18 1PJ (box office 8807 6680, www.millfieldartscentre.co.uk). Silver Street rail/34, 102, 144, 217, 231, W6 bus. **Open** *Box office* 10am-6pm Mon-Sat. **Classes** (4-5s) 10.30am-noon, (6-7s) 12.30-2pm, (8-14s) 11am-2pm Sun. **Fees** (4-5s, 6-7s) £100/10wk term; (8-14s) £185/10wk term. **Credit** MC, V.

Millfield House, where the Millfield Theatre School is based, reopened in late spring 2011 after a major refurbishment. Details of the programme for the Millfield Theatre School, which will run Sunday afternoon drama sessions for 14- to 21-year-olds, were still being finalised as we went to press, but the venue will also offer Saturday and Sunday morning dance classes (ballet, tap, etc) for ages three and up. There is also a programme of after-school clubs in the week. The theatre itself (refurbished in 2009) presents a regular calendar of musicals, comedies and drama, as well as some perky touring shows and the time-honoured Christmas panto.

Buggy access. Disabled access: toilets.

Lewisham Youth Theatre

Broadway Theatre, Catford Broadway, SE6 4RU (8690 3428, box office 8690 0002, www.lewishamyouththeatre.com). Catford or Catford Bridge rail or bus 75, 181, 185, 202, 660. **Classes** *Junior Youth Theatre* (8-11s) 75 mins Wed, Sat. *Senior Youth Theatre* (15-21s) 6-8pm Mon, Thur. **Credit** (Box office) MC, V.

Lewisham Youth Theatre has forged a reputation for innovation, variety and high standards. It has also stuck firmly to its aim of making theatre accessible to all: there are no auditions, and classes and workshops are free. Most recruitment takes place in schools, but some places are allocated on a first come, first served basis. All classes work towards full productions, and there is some crossover between junior and senior groups. For details of children's theatre performances at the Broadway Theatre, *see p208.*
Buggy access. Disabled access: toilets.

London Bubble Theatre Company

5 Elephant Lane, SE16 4JD (7237 4434, www.londonbubble.org.uk). Bermondsey, Canada Water or Rotherhithe tube. **Open** *Box office* June-Sept 10am-6pm Mon-Fri. **Classes** phone for details. **Fees** phone for details. **Credit** MC, V.

National Youth Music Theatre

Head office: 2-4 Great Eastern Street, EC2A 3NW (7422 8290, www.nymt.org.uk). Old Street tube/rail. **Classes** phone or check website for details. **Fees** prices vary; phone for details. **No credit cards.**

The National Youth Music Theatre's glittering list of alumni speaks for itself, featuring the likes of Jamie Bell, Matt Lucas, Sheridan Smith and Jude Law. The company continues to audition young hopefuls for its amazing shows; check online for details of upcoming auditions and regional workshops. Stage-management opportunities appeal to those keen to work behind the scenes, while accomplished young musicians can nab orchestral roles.

Perform

Office: 49 Chalton Street, NW1 1LT (0845 400 4000, www.perform.org.uk). **Classes**

Activities

Activities

Royal Albert Hall. *See p203.*

phone for details. **Fees** £143.10/10wk term (weekday); £200.80/10wk term (weekends); free trials. **Credit** MC, V.
The four Cs (confidence, communication, concentration and co-ordination) are the focus at Perform – and you're never too young to start learning the basics. Story- and song-packed Mini Ps classes are aimed at three month- to three-year-olds, while sessions for four to eights and eight to 12s blend acting, singing and dancing. The website has details of venues, information on the party service, and the latest on holiday workshops such as the all-singing, all-dancing Popstar Superstar.

Stagecoach Theatre Arts
Head office: Courthouse, Elm Grove, Walton-on-Thames, Surrey KT12 1LZ (01932 254333, www.stagecoach.co.uk). **Fees** £318/12-13wk term (6-16s); £159/ 12-13wk term (4-7s). **Credit** MC, V.
From humble beginnings in Surrey, this performing arts school has become a global concern, with an attendant performers' agency

for young people that's the largest in the UK. The school itself has 60 branches in London alone, offering its starry-eyed young pupils a solid grounding in dance, drama and singing. Four to sixes start with half an hour's tuition in each discipline per week, which climbs to an hour for older children. Some students work towards exams in their second or subsequent year, while third-year pupils can also audition for the Stagecoach National Showcase Production, staged in London. Holiday workshops are organised too.

Sylvia Young Theatre School
1 Nutford Place, W1H 5YZ (7258 2330, www.sylviayoungtheatreschool.co.uk). Edgware Road or Marble Arch tube. **Classes** phone for details. **Fees** *Classes* £70-£92/11wk term. *Summer school* (10-18s) £300/wk. **Credit** MC, V.
Thanks to the surfeit of soap stalwarts and pop stars who have honed their talents here over the years (Billie Piper, Amy Winehouse, Leona Lewis and Keeley Hawes among them), Sylvia

Young's has become a household name. The full-time stage school (with around 160 pupils aged from ten to 16) and Saturday school (fours to 18s) are famously oversubscribed; there are also evening classes on Thursdays. The Easter and summer holidays bring assorted theatre and musical theatre workshops for fame-hungry eights and overs.

Puppet theatres

Little Angel Theatre

14 Dagmar Passage, off Cross Street, N1 2DN (7226 1787, www.littleangel theatre.com). Angel tube or Highbury & Islington tube/rail, then bus 4, 19, 30, 43. **Open** *Box office* 10am-6pm Mon-Fri; 9am-4pm Sat, Sun. **Tickets** £6-£13. **Credit** MC, V.

Tucked away off Cross Street, this little puppet theatre has been up and running since 1961. The setting, an old Victorian temperance hall, is charming, while the shows' themes, styles and stories are drawn from an array of cultural traditions. Productions are often aimed at fives and above, with occasional shows for the very young and special baby-friendly performances, plus the odd adults-only show. The Saturday Puppet Club offers weekly sessions for various age groups; for a one-off puppet-making workshop, book a place on a family fun day. *Buggy access. Disabled access: toilet. Nappy-changing facilities. Shop.*

Puppet Theatre Barge

Opposite 35 Blomfield Road, W9 2PF (7249 6876, www.puppetbarge.com). Warwick Avenue tube. **Open** *Box office* 10am-6pm daily. **Tickets** £10; £8.50 under-16s, reductions. **Credit** AmEx, MC, V.

The fact that this diminutive theatre is afloat enchants younger visitors almost as much as the prospect of a performance. The 55-seater barge is moored on the towpath in Little Venice between November and mid July, with marionette shows at 3pm on Saturdays and Sundays and more frequent performances in the holidays. Come July, the barge floats merrily off down the Thames to perform at Richmond, with a show every day except Sunday during August, and weekend performances during September and early October. Pay attention to the age recommendations, as longer shows can be pretty tiring for little ones, and book ahead to secure seats near the front. *Buggy access.*

Touring companies

Kazzum

7749 1123, www.kazzum.org.

The Kazzum children's theatre collective has toured schools, theatres, libraries, parks and festivals with its productions, which range from playful interactive pieces to specially commissioned plays that tackle hard-hitting contemporary issues. A desire to celebrate difference and diversity lies at the heart of Kazzum's body of work.

Oily Cart

8672 6329, www.oilycart.org.uk.

Oily Cart's performances are aimed at two groups who might otherwise miss out on the magic of theatre: very young children and children with special needs. At its brilliant, multi-sensory productions, children in the audience become part of the performance, invited to explore the set and interact with the delightfully quirky performers. One previous show involved on-stage baking, making for a wonderfully fragrant auditorium (every member of the audience left with a freshly baked Christmas bun); in another, toddlers tugged on ropes to start the music and lights, and pedalled away to set a Heath Robinson-esque machine whirring into motion. Shows tour the country, but most start in London with a three- to six-week run: audience sizes are tiny, so tickets are snapped up by those in the know.

Quicksilver Theatre

www.quicksilvertheatre.org.

Led by its dynamic joint artistic directors, Guy Holland and Carey English, this Hackney-based children's theatre collective tours the UK with its innovative productions. The company has a firm grasp of what preschoolers enjoy ('small shows for small people in small places'), but are equally adept when it comes to producing visually striking, thought-provoking plays for older children. Creative collaborations with other companies reap rich rewards.

Theatre Centre

7729 3066, www.theatre-centre.co.uk.

Founded in 1953 by the late Brian Way (a pioneering director, educator and writer), the Theatre Centre takes its productions to schools, theatres and festivals across the country. The company has a reputation for excellence and technical invention, and also champions up-and-coming new writers. Lisa

Activities

Evans' *The Day the Waters Came*, which looks at the devastation wreaked by Hurricane Katrina, is touring during 2011 and suitable for 13 and overs.

Theatre-Rites

7928 4875, www.theatre-rites.co.uk.
Theatre-Rites first made its name with daring, site-specific works, starting with 1996's astounding *Houseworks*, which took over an entire house in Brixton. Staging shows in the unlikeliest of venues (a hospital ward, say, or a disused salts factory) is still a major strand of its work, but the company isn't afraid to branch out. Its shows might involve puppets, percussionists, trapeze artists and jugglers; whatever the theme, the visuals are invariably stunning. Mischief, an award-winning, inventive collaboration with choreographer Arthur Pita, adds dance into the mix – along with giant, bendy foam shapes and an onstage keyboard- and guitar-playing beatboxer. There are generally two to three touring productions a year, which always stop down in London for a night or two.

Venues

Albany

Douglas Way, SE8 4AG (8692 4446, www.thealbany.org.uk). Deptford rail or bus 21, 36, 47, 136, 171, 177, 188, 225, 453. **Open** *Box office* 9am-9pm Mon-Fri; 10am-5pm Sat; 2hrs before performance Sun. **Tickets** *Family Sunday* £5. **Credit** MC, V.
Deptford's sparky multimedia and performing arts centre retains a lively neighbourhood focus. Family Sunday events (September to April) range from specially written pieces and musical stories with sing-along songs to the jumping Baby Grooves disco; tickets cost a fiver. There's a programme of free activities for teenagers too; check the website or sign up to the Facebook group. The venue can also be hired out for parties.
Buggy access. Café. Disabled access: lift, toilet. Nappy-changing facilities.

artsdepot

5 Nether Street, N12 0GA (8369 5454, www.artsdepot.co.uk). West Finchley or Woodside Park tube. **Open** *Box office* 9am-5.30pm Mon-Fri; 10am-5.30pm Sat; noon-5.30pm Sun (later during performances). **Tickets** free-£20. **Credit** AmEx, MC, V.

This dynamic north London arts centre throws open its doors to children and families, offering a richly varied line-up of performances, classes and courses. Children's theatre shows take place in the 150-seat studio on Saturdays and Sundays, with a different company in residence each week.

For those that would rather take to the stage, Bright Sparks Theatre Company (eight to 12s) meets on Thursday, and there are Saturday drama and story making sessions for younger children; meanwhile, artsdepot members aged from 13 to 19 can attend free playwriting and drama groups. Other offerings on the busy learning programme run the gamut from terrific messy play mornings to street dance and art classes. Innovative summer holiday activities might involve anything from turning recycled materials into artistic masterpieces to learning fast-paced dance routines to accompany the latest chart hits.

As we went to press, artsdepot's future was under threat after nearly £200,000 of council funding was cut completely for 2011.
Buggy access. Café. Disabled access: lift, toilet. Nappy-changing facilities.

BAC (Battersea Arts Centre)

Lavender Hill, SW11 5TN (7223 2223, www.bac.org.uk). Clapham Common tube, then bus 345, or Clapham Junction rail, or bus 77, 77A, 156. **Open** *Box office* 10am-6pm Mon-Fri; 3-6pm Sat. **Tickets** free-£15. **Credit** MC, V.
Its Victorian premises may look eminently traditional, but inside the BAC is a hotbed of ground-breaking theatre. In the past, shows have tended to be for adults, but ambitious plans are afoot to produce more work that's both for and by young people. In the meantime, 12 to 25s can join the in-house young people's theatre group, YPT. Its members often get the chance to work with the BAC's prestigious guest companies and artists (the likes of Punchdrunk and Forced Entertainment), which has resulted in some brilliantly experimental pieces. There's also an inexpensive little café, which serves simple, child-friendly grub (macaroni cheese, sausage and onion sarnies and chocolate brownie for afters).
Bar. Buggy access. Café. Disabled access: lift, toilet. Nappy-changing facilities.

Broadway Theatre

Catford Broadway, SE6 4RU (8690 0002, www.broadwaytheatre.org.uk). Catford or Catford Bridge rail, or bus 75, 181, 185,

Activities

202, 660. **Open** *Box office* 10am-6pm Mon-Sat. **Tickets** £3.50-£22. **Credit** MC, V.

Sadly, this art deco theatre's Saturday morning ROAR! matinées are no more, but the main auditorium still hosts the rollicking Christmas pantomime and other large-scale shows. Note that there are no performances from the end of July to the beginning of September, as the entire theatre shuts down for the summer. The acclaimed Lewisham Youth Theatre (*see p205*) is also based at the theatre, with drama groups for various ages.

Buggy access. Café. Disabled access: lift, toilet. Nappy-changing facilities.

Chickenshed

Chase Side, N14 4PE (8292 9222, www.chickenshed.org.uk). Cockfosters or Oakwood tube. **Open** *Box office* 10am-6pm Mon-Fri; 10am-5pm Sat. **Tickets** *Shows* £4.50-£20. *Workshops* phone for details. **Credit** AmEx, MC, V.

Since its inception in 1974, Chickenshed has firmly upheld its ethos that 'everyone is welcome, and everyone is valued'. Over-fives can join the Children's Theatre group, while the Youth Theatre is open to over-13s: the waiting list is enormous, but we're assured that everyone eventually gets in. On Friday and Saturday, colourful Tales from the Shed performances bring all sorts of stories to life for under-sevens.

Bar. Buggy access. Café. Disabled access: lift, toilet. Nappy-changing facilities. Shop.

Colour House Children's Theatre

Merton Abbey Mills, Watermill Way, SW19 2RD (8542 5511, www.colourhouse theatre.co.uk). Colliers Wood tube. **Open** *Box office* 10am-5pm daily; 1hr before show. **Shows** 2pm, 4pm Sat, Sun. **Tickets** £3.50-£9. **Credit** MC, V.

Witty, often musical renditions of classics such as *Sleeping Beauty* and *Robinson Crusoe* are the forte at this sweet little riverside venue, which has also started staging puppet shows. After-show birthday parties with a mini disco can be arranged, with front row seats for the

Lion King. *See p215.*

Activities

Activities

That Place on the Corner. *See p216.*

guests and a tuneful rendition of *Happy Birthday* from the cast at the end of the performance. Call for details of children's theatre workshops and groups.

Buggy access. Disabled access: toilet. Nappy-changing facilities (in Merton Abbey Mills). Shop.

Hackney Empire

291 Mare Street, E8 1EJ (8985 2424 box office, www.hackneyempire.co.uk). Hackney Central rail or bus 38, 106, 253, 277, D6. **Open** *Box office* 10am-6pm Mon-Sat. **Tickets** prices vary; phone for details. **Credit** MC, V.

This Hackney institution is up and running again after some major problems with funding: have a gander at the website for details of forthcoming performances. The star of the show is the annual Christmas pantomime, and 2010 saw a great production of *Jack and the Beanstalk*, with a captivating performance from resident dame Clive Rowe and brilliantly imaginative sets.

Buggy access. Disabled access: toilet. Nappy-changing facilities.

Half Moon Young People's Theatre

43 White Horse Road, E1 0ND (7709 8900, www.halfmoon.org.uk). Limehouse DLR/rail. **Open** *Box office* Apr-Sept 10am-6pm Mon-Fri. Oct-Mar 10am-6pm Mon-

Fri; 9.30am-4.30pm Sat. **Tickets** £6. **Credit** MC, V.

As well as staging children's theatre shows from September to April, this place also nurtures creative talent. Seven youth theatre groups give kids aged between five and 17 the chance to express themselves: there are no auditions to get in, and young people are encouraged to join in regardless of race, sex, ability or financial situation. In the holidays, there are various hands-on workshops and courses, often culminating with a performance for friends and families on the final day.

Buggy access. Disabled access: lift, toilet. Nappy-changing facilities.

HMV Hammersmith Apollo

46 Queen Caroline Street, W6 9QH (8563 3800, tickets 08448 444748, http://venues.meanfiddler.com/apollo/home). Hammersith tube. **Open** *Box office* (in person) from 4pm on show days; (by phone, Ticketmaster) 24hrs daily. **Tickets** prices vary, call for details; child discount for children's show tickets. **Credit** MC, V.

Hammersmith's spacious Apollo mostly houses comedians off the telly and international music acts, but it's worth checking the listings for more family-friendly fare. The line-up for 2011 includes appearances from Australia's ever-popular kids' act the Wiggles, who are touring

the UK with their Greatest Hits show, and Michael Flatley's foot-tapping extravaganza *Lord of the Dance*.
Bars. Buggy access. Disabled: toilet. Nappy-changing facilities.

Jackson's Lane

269A Archway Road, N6 5AA (8341 4421, www.jacksonslane.org.uk). Highgate tube. **Open** *Box office* 10am-10pm Tue-Sat; 10am-5pm Sun. **Tickets** £5.95-£12.50. **Credit** MC, V.
This handsome red brick Gothic church conversion is home to a 170-capacity theatre, a wonderfully atmospheric dance studio and four additional rehearsal and workshop spaces. Touring children's theatre companies take to the stage on Sundays at 2pm, while a splendid programme of children's courses includes unusual offerings such as film-making or fencing, along with tap, drama and dance for tinies with energy to burn.
Bar. Buggy access. Café. Disabled access: toilet. Nappy-changing facilities.

Lauderdale House

Highgate Hill, Waterlow Park, N6 5HG (8348 8716, www.lauderdalehouse.co.uk). Archway tube, then bus 143, 210, 271, W5. **Open** *Box office* 30mins before performance. **Tickets** £4.50; £3 reductions. **Credit** MC, V (£2 charge).
Set amid ornamental gardens on the edge of peaceful Waterlow Park, this grand 16th-century mansion was once home to Nell Gwynne, the mistress of Charles II. Art and photography exhibitions now occupy its stately lobby (occasionally expanding into the upper and lower galleries), but the big lure for parents is the jam-packed kids' activities programme. In term-time, most of the action takes place at weekends: Saturdays bring energetic panto-style children's shows and sing-along sessions at 10am and 11.30am, while Sunday mornings are set aside for family-friendly classical music concerts (recommended from five or six years and up). Weekday drop-in classes for pre-schoolers focus on music, art and movement; the programme expands in the school holidays to incorporate workshops in art, dance and drama for kids of all ages.
Buggy access. Café. Disabled access: toilet.

Lyric Hammersmith Theatre

Lyric Square, King Street, W6 0QL (0871 221 1722, www.lyric.co.uk). Hammersmith tube. **Open** *Box office* 9.30am-5.30pm Mon-Sat (until 8pm on performance days). **Tickets** children's shows £8; £6 reductions; £25 family (2+2). **Credit** MC, V.
The Lyric remains one of London's most forward-looking theatres for children's programming, largely thanks to its pioneering Creative Learning schedule. It gives 11- to 19-year-old west Londoners access to high-quality arts facilities and teaching, with an after-school club, courses and workshops. Fourteen- to 21-year-olds can also join the Lyric Young Company (£7), which yields rich returns in the shape of weekly drama classes, one-off masterclasses and the chance to audition for the company's shows.
The studio is the venue for most kids' events: top-notch weekend theatricals, school holiday workshops and preschooler specials in the week. Look out for rambunctious Messy Play workshops (£3), held after selected Saturday and Sunday shows; there are only 25 places on each, so book as early as you can. Parents can join in, or slope off to the café for brunch and a rest.
Buggy access. Café. Disabled access: lift, toilet. Nappy-changing facilities.

National Theatre

South Bank, SE1 9PX (7452 3000 box office, 7452 3400 information, www.nationaltheatre.org.uk). Waterloo tube/rail. **Open** *Box office* 9.30am-8pm Mon-Sat. **Credit** AmEx, MC, V. **Map** p333 M8.
The National's trio of world-class theatres (the Olivier, the Lyttleton and the Cottesloe) cater mainly to grown-ups, but in the last few years there have been familiy-friendly productions of Shakespeare's *Twelfth Night* and Terry Pratchett's *Nation*, as well as stage adaptations of more obvious children's stories such as *Beauty and the Beast*. But you don't need to shell out for a ticket to have fun here. For a start, there are the free early evening concerts held in the foyer from Monday to Saturday (and on Saturday lunchtimes), which could include anything from swirling, foot-stamping flamenco to boogie woogie piano. Another spot with plenty going on is the outdoor Theatre Square – home to the terrific Watch This Space season, which generally runs from July to mid September. Wacky street theatre performers, art installations, intrepid tightrope-walkers and puppeteers run riot on the astroturf lawn; for a full run-down of what's going on, check online.
Nurturing new talent is part of the agenda. New Connections commissions renowned playwrights and authors (William Boyd, David

Activities

Mamet and Anthony Horowitz have contibuted in the past) to write a new play for young performers, which schools and youth theatres nationwide can then produce.

If you'd rather peek behind the scenes, backstage tours (£7, £6 under-18s; £13 family; not suitable for under-sevens) lead visitors into the rehearsal rooms, costume and prop workshops, dressing rooms and stages. *See also p48* **Neighbourhood Watch**.

Bars. Buggy access. Café. Disabled access: lift, toilet. Nappy-changing facilities. Restaurants. Shop.

Nettlefold Theatre

West Norwood Library Centre, 1 Norwood High Street, SE27 9JX (7926 8070, www.lambeth.gov.uk). West Norwood rail or bus 2, 68, 196, 468. **Open** *Box office* 9am-10pm Mon-Sat. **Tickets** £5. **Credit** MC, V.

This 200-seat theatre is built into West Norwood Library and runs four child-oriented shows a year (usually on a Saturday at 2pm). Check the blog at http://nettlefoldhall.blogspot.com for details, and listings of other performances and events: a magic show was among the offerings last time we looked.

Buggy access. Disabled access: lift, toilet. Nappy-changing facilities.

New Wimbledon Theatre

The Broadway, SW19 1QG (0870 060 6646, www.theambassadors.com/new wimbledon). Wimbledon tube/rail. **Open** *Box office* 10am-start of performance Mon-Sat. **Tickets** phone for details. **Credit** AmEx, MC, V.

A steady stream of touring hits swap the bright lights of the West End for the suburban surrounds of Wimbledon to be staged at this popular theatre. Among the highlights for 2011 are *The Sound of Music* and *The Jungle Book*. The end-of-year pantomime is always a spectacular, no-expense-spared affair.

Bars. Buggy access. Disabled access: lift, toilet. Shop.

Open Air Theatre

Inner Circle, Regent's Park, NW1 4NU (0844 826 4242 box office, www.openair theatre.org). Baker Street tube. **Open** *Box office* (by phone) 24hrs daily; (in person) 10am-6pm Mon-Sat Mar-Sept. **Tickets** £10-£50. **Credit** AmEx, MC, V. **Map** p330 G3.

If forecasters predict a hot summer, be sure to book ahead for the charming Open Air Theatre

in Regent's Park. However old you are, there's something magical about seeing Shakespeare performed amid a leafy, rustling semi-circle of trees. The season always includes a musical and a children's play; in 2010 it was *Macbeth*, 're-imagined for everyone aged six and over', in 2011 *Pericles*, in the same style. If rainy weather stops play, tickets will be exchanged for a later performance – subject to availability – but umbrellas, thick jumpers and blankets are always highly advisable.

Buggy access. Café. Disabled access: toilet.

Pleasance

Carpenters Mews, North Road, N7 9EF (7609 1800, www.pleasance.co.uk). Caledonian Road tube or bus 91, 390. **Open** *Box office* 10am-8pm Mon-Sat; noon-6pm Sun. **Tickets** free-£11. **Credit** MC, V.

The London arm of the famous Edinburgh Fringe venue isn't at an address that you'd stumble across by accident, but it's worth making the effort to get here. The building was once used for storing timber by the London Omnibus Company, and makes for a spacious venue. Youth theatre company Young Pleasance is based here and offers regular term-time drama classes for children. Check the website for family-friendly productions.

Bar. Cafe. Disabled: toilet, lift. Nappy-changing facilities.

Polka Theatre

240 Broadway, SW19 1SB (8543 4888, www.polkatheatre.com). South Wimbledon tube or Wimbledon tube/rail, then bus 57, 93, 219, 493. **Open** *Box office* (by phone) 9.30am-4.30pm Mon; 9.30am-5.30pm Tue-Fri; 10am-4.30pm Sat; (in person) 9.30am-4.30pm Tue-Fri; 10am-4.30pm Sat. **Tickets** £7.50-£16. **Credit** MC, V.

This children's theatre pioneer has been up and running since 1979. Daily shows are staged by touring companies in the main auditorium, while shorter works for babies and toddlers take over the Adventure Theatre once a week. There are in-house productions, workshops and storytelling sessions for families and schools. Productions for summer 2011 include *All Join In!*, which celebrates the work of Quentin Blake with a mix of songs, stories and dance, and *Archaeology – A Worm's Story*, created for one- to three-year-olds. Dramatic offerings aside, there's an appealing little playground and wendy house, a reading corner and a cheerful café – a top place for lunch. The

Polka Youth Theatre runs a number of theatre groups for different ages (three to 17s), with fees of £65 to £95 per term, while day-long workshops are a treat for children in the school holidays. There are after-school groups for three to 13s, with end-of-term performances for friends and family.
Buggy access. Café. Disabled access: lift, toilet. Nappy-changing facilities.

Shakespeare's Globe

21 New Globe Walk, SE1 9DT (7401 9919, 7902 1500 tours, www.shakespeares-globe.org). Southwark or Mansion House tube, or London Bridge tube/rail. **Open** *Box office* 10am-6pm daily. *Tours* May-Sept 9am-12.30pm daily. Oct-Apr 10am-5pm daily. **Tickets** £5-£35. *Tours* £10; £8.50 reductions; £6.50 5-15s; free under-5s; £25 family (2+3). **Credit** AmEx, MC, V. **Map** p334 O7.

Fidgety younger kids won't be inclined to sit – or stand – through shows at this meticulously reconstructed Elizabethan theatre, but older children will appreciate the atmospheric setting. Eight to 11s can also attend Childplay sessions on selected Saturdays, watching part of the play as groundlings and taking part in themed workshops. A huge range of talks, tours and activities – many conducted by staff wearing full period costume – takes place with schools during term time, while holiday workshops and excellent seasonal events open the floor to families. *See also p48* **Neighbourhood Watch**.
Bar. Buggy access. Café. Disabled access: lift, toilet. Nappy-changing facilities. Restaurant.

Stratford Circus

Theatre Square, Stratford, E15 1BX (8279 1001, box office 0844 357 2625, www.stratford-circus.com). Stratford tube/rail/DLR. **Tickets** £5-£6. **Classes** phone for details. **Credit** MC, V.

Stratford Circus is a vibrant contemporary performing arts venue, situated close to the 2012 Olympic site and Stratford City. Along with a host of child-friendly productions, there are also plenty of classes for kids of all ages – parent and baby dance classes, drawing sessions with guest teachers such as Simon Bartram (creator of the *Man on the Moon* series), and a Saturday morning Creative Club. There is also a decent café, Circus Eats, on site.
Bar. Café. Disabled access: lift, toilet. Nappy-changing facilities.

Unicorn Theatre for Children

147 Tooley Street, SE1 2HZ (7645 0560 box office, www.unicorntheatre.com). London Bridge tube/rail. **Open** *Box office* 9.30am-6pm Mon-Fri; 10am-6pm Sat; noon-5pm Sun. **Tickets** £9.50-£16.50. **Credit** MC, V. **Map** p335 R9.

Activities

London Brass Rubbing Centre. *See p217.*

Set on the South Bank, this airy, modern theatre was designed in collaboration with local schoolchildren. A giant sculpture of a white unicorn rears above theatre-goers in the foyer, while performance spaces include the 300-seater Weston Theatre and more intimate Clore Theatre. Staging is often inventive: the set for a production of *Twelfth Night* was a living, growing garden, which happily sprouted away during the month-long run. In-house productions are accompanied by special Family Days, where everyone's encouraged to muck in with the activities and workshops; prices include tickets to the show, and the chance to meet the actors afterwards. Visiting theatre companies also drop in for shorter runs, presenting all sorts of brilliant plays and puppet shows for nought to 19s.
Buggy access. Café. Disabled access: lift, toilet. Nappy-changing facilities.

Warehouse Theatre

Dingwall Road, Croydon CR0 2NF (8680 4060, www.warehousetheatre.co.uk). East Croydon rail. **Open** *Box office* 10am-5pm Mon; 10am-8.30pm Tue; 10am-10pm Wed-Fri; 2-10pm Sat; 3-7pm Sun. **Tickets** £5-£6.50. **Credit** AmEx, MC, V.
Housed in a converted Victorian cement warehouse, hidden away behind East Croydon station, the Warehouse is an unassuming gem. Theatre4Kidz shows take place on selected Saturdays, while a variety of touring shows entertain those as young as two. Croydon Young People's Theatre (CRYPT) offers a creative base for 13- to 16-year-olds; it meets 2-5pm every Saturday during term time, and puts on an annual summer show. The fee per term is a mere £12, and application forms are available online.
Bar. Buggy access. Café. Disabled access: toilet.

West End shows

As well as calling the box office to find out what ages shows are suitable for, it's a good idea to check the running length. With many musicals clocking in at two hours, the outing can turn into a frenzy of wriggling and plaintive needing-the-loo requests. If you've got young children in your party, it's probably best to avoid the West End altogether and go to a more intimate, child-specific venue in another part of town, where the plays are shorter, the house lights brighter and the bangs less likely to scare.

For two weeks in August, families can take advantage of **Kids Week** (www.kidsweek.co.uk). Run by the **Society of London Theatres** (SOLT, 7557 6700, www.officiallondontheatre.co.uk), it offers five to 16s free admission to West End shows, provided they are accompanied by a paying adult; up to two additional children can get in at half-price. Children can also go backstage, meet the stars and take part in workshops. For more on Kids Week, and information on the capital's best family-friendly shows, subscribe to the free family bulletin on the SOLT website.

Also keep a lookout for Sam Mendes's new West End musical version of *Charlie and the Chocolate Factory*, which is expected to open in late 2011.

Billy Elliot the Musical

Victoria Palace Theatre, Victoria Street, SW1E 5EA (0844 811 0055, www.billyelliot themusical.com). Victoria tube/rail. **Times** 7.30pm Mon-Sat. *Matinée* 2.30pm Thur, Sat. **Tickets** £19.50-£65. **Credit** AmEx, MC, V. **Map** p332 H10.
It would take a pretty cynical heart not to be warmed by this tale of a motherless miner's son with a passion for ballet, set to music by none other than Sir Elton John. The production (adapted from the film) contains strong language, and isn't suitable for under-eights.
Bars. Disabled access: toilet.

Grease

Piccadilly Theatre, 16 Denman Street, W1D 7DY (0844 412 6666, www.grease themusical.co.uk). Piccadilly Circus tube. **Times** 7.30pm Mon-Thur, Sat; 8.30pm Fri. *Matinée* 3pm Sat; 5.30pm Fri. **Tickets** £15-£57.50. **Credit** AmEx, MC, V. **Map** p332 J6.
Carina Gillespie joined the cast of Grease as Sandy in January 2011. Die-hard fans can't get enough of this musical. The soundtrack delivers hit after hit: 'Summer Nights', 'Greased Lightnin', 'You're The One That I Want'... Just try to stop yourself singing along.
Bars. Disabled access: toilet.

Activities

Legally Blonde

Savoy Theatre, Strand, WC2R 0ET
(0870 164 8787, www.legallyblonde
themusical.co.uk). Charing Cross tube/rail.
Times 7.30pm Mon-Sat. *Matineé* 2.30pm
Thur, Sat. **Tickets** £28.50-£66. **Credit**
AmEx, MC, V. **Map** p333 L7.
An award-winning, highly enjoyable if
somewhat daft story about the exploits of its
indomitably girly, pink-loving heroine (played
by Susan McFadden) and her equally chic
chihuahua, Bruiser, as the pair hit Harvard Law
School in pursuit of Simon Thomas's Warner.
It's a Broadway transfer that keeps tongue
firmly in cheek.
Bars. Disabled access: toilet.

Lion King

Lyceum Theatre, Wellington Street,
WC2E 7RQ (0844 844 0005, www.disney.
co.uk/musicaltheatre). Covent Garden tube
or Charing Cross tube/rail. **Times** 7.30pm
Tue-Sat. *Matineé* 2pm Wed, Sat, Sun.
Tickets £21-£64. **Credit** AmEx, MC, V.
Map p333 L7.
Most kids are familiar with Simba the lion,
thanks to Disney's classic film; the stage
production ups the ante with stunning sets, a
combination of puppetry and live actors and a
heady cocktail of West End choruses and
African rhythms.
Bars. Disabled access: toilet.

Mamma Mia!

Prince of Wales Theatre, Coventry Street,
W1V 8AS (0844 482 5165, www.mamma-
mia.com). Piccadilly Circus tube. **Times**
7.30pm Mon-Thur, Sat; 8.30pm Fri. *Matineé*
5pm Fri; 3pm Sat. **Tickets** £20-£67.50.
Credit AmEx, MC, V. **Map** p333 K7.
Despite a somewhat sketchy plot, *Mamma Mia!*
is awash with feel-good, singalong Abba hits.
Bars. Disabled access: toilet.

Les Misérables

Queen's Theatre, Shaftesbury Avenue,
W1D 6BA (0844 482 5160, www.lesmis.
com). Leicester Square or Piccadilly
Circus tube. **Times** 7.30pm Mon-Sat.
Matineé 2.30pm Wed, Sat. **Tickets**
£15-£62.50. **Credit** AmEx, MC, V.
Map p331 K6.
This musical version of Victor Hugo's tale of
revolution in 19th-century France has been
running for 25 years – longer than the young
visitors to its Kids' Club have been alive. The
two-and-a-half hour experience gives eights to

15s the chance to tour backstage, meet a cast
member and re-enact a scene from the show.
Bars. Disabled access: toilet.

Shrek the Musical

Theatre Royal Drury Lane, Catherine
Street, WC2B 5JF (0844 871 8810,
www.shrekthemusical.co.uk). Covent Garden
tube. **Times** 7.30pm Mon, Wed-Sat. *Matineé*
3pm Thur, Sat, Sun. **Tickets** £15-£65.
Credit AmEx, MC, V. **Map** p333 L/M6.
Classic fairytale fun as Shrek (Nigel Lindsay)
and loyal steed Donkey (Richard Blackwood)
set off on their quest to rescue Princess Fiona
(Amanda Holden) from a tower guarded by a
lovesick dragon.
Bars. Disabled access: toilet.

Stomp

Ambassadors Theatre, West Street,
WC2H 9ND (0844 811 2334, www.stomp
london.com). Leicester Square tube. **Times**
8pm Mon, Thur-Sat; 6pm Sun. *Matineé*
3pm Thur, Sat, Sun. **Tickets** £20-£49.50.
Credit AmEx, MC, V. **Map** p331 K6.
An international smash hit, Stomp finds music
in all kinds of everyday objects – including the
kitchen sink. The show's a blast, and the lack
of dialogue means that it's accessible to
everyone, young and old.
Bars.

Wicked

Apollo Victoria, Wilton Road, SW1V 1LG
(0844 826 8000, www.wickedthemusical.
co.uk). Victoria tube/rail. **Times** 7.30pm
Mon-Sat. *Matineé* 2.30pm Wed, Sat.
Tickets £15-£65. **Credit** AmEx, MC, V.
Map p332 H10.
Mark Evans joined the cast of this smart, pacy
rejoinder to the *Wizard of Oz* in February 2011,
in the role of Fiyero. For eights and above.
Bars. Disabled access: toilet.

Wizard of Oz

London Palladium, Argyll Street, W1F
7TF (0844 412 2957, www.wizardofoz
themusical.com). Oxford Circus tube. **Times**
7pm Tue; 7.30pm Wed-Sat. *Matineé* 2.30pm
Wed, Sat; 3pm Sun. **Tickets** £25-£62.50.
Credit AmEx, MC, V. **Map** p330 J6.
Follow the yellow brick road to the Palladium
for Andrew Lloyd Webber's new production of
the children's movie classic, with Danielle Hope,
winner of TV's *Over the Rainbow*, as Dorothy,
and Michael Crawford playing the Wizard.
Bars. Disabled access: toilet.

Activities

WORKSHOPS & ACTIVITIES

Harringay Club

50 Tottenham Lane, Crouch End, N8 7EE (8348 2124, www.ymcahornsey.org/harringayclub). Hornsey rail. **Open** 9am-10pm Mon-Thur; 9am-8pm Fri; 9am-2pm Sat, Sun. **Fees** £4 drop-in classes; course prices vary, call for details. **Credit** MC, V.

A fantastic council-run resource that has all sorts going on throughout the week and at weekends. There's a mixture of drop-in classes and workshops and bookable courses for all ages. Activities range from cookery and music to gymnastics, ballet, yoga and karate, and some classes cater for children as young as two. *Buggy access. Cafe. Children's menu. Disabled: toilet. High chairs. Nappy-changing facilities.*

huggle

8-10 Winchester Road, NW3 3NT (7483 2826, www.huggle.co.uk). Swiss Cottage tube. **Open** 9am-6pm Mon-Fri; 9am-5pm Sat; 11am-4pm Sun. **Classes** £6-£15. **Credit** AmEx, MC, V.

This brilliant new shop opened at the end of 2010 and is a very welcome addition to the area. Its huggle lounge offers a comprehensive programme of activities throughout the week, including old fave Amanda's Action Kids, Little Supernovas' drama workshops, Diddi Dance's funky preschool dance classes and even Russian for Kids. *Buggy access. Café. Delivery service. Disabled access: toilet. Nappy-changing facilities.*

Maggie & Rose

58 Pembroke Road, W8 6NX (7371 2200, www.maggieandrose.co.uk). Earl's Court or West Kensington tube. **Classes** times vary; phone for details. **Fees** £500/yr membership; from £180/12wk course. **Credit** MC, V.

This 'private members' club' for families is aimed squarely at upwardly mobile mummies and daddies. Membership brings discounts on its imaginative range of activities, but prices are still on the steep side. A half-term afternoon cookery workshop might cost £50 for members and £70 for guests, for example. Birthday parties can also be arranged. *Buggy access.*

That Place on the Corner

1-3 Green Lanes, N16 9BS (7704 0079, www.thatplaceonthecorner.co.uk). Highbury & Islington tube/rail or Canonbury rail, or *bus 21, 73, 141, 276, 341, 476.* **Open** 9.30am-6pm Mon-Thur; 9.30am-8pm Fri; 10am-8pm Sat; 10am-3.30pm Sun. **Classes** £4-£5. **Credit** MC, V.

Alongside its splendid, family-friendly café (*see p254*), That Place offers a whole host of children's activities. Preschoolers can get stuck into Rucksack Music, Gymboree Gym arts, Music with Mummy and Tip Toes Dance, to name but a few of the classes, while kids of all ages are welcome to join the face-painting and pizza-baking sessions. *Buggy access. Café. Disabled access: toilet. Nappy-changing facilities.*

Archaeology

Museum of London Archaeology

7410 2228, www.museumoflondon archaeology.org.uk.

Keen beans can sign up for the Museum of London's Young Archaeologists Club (YAC), which is aimed at eight to 16s. It has two branches in central London, with once-monthly meet-ups in Hackney and Rotherhithe. Activities include walking the Thames foreshore to collect objects washed up at low tide, identifying animal bones and making mosaics Roman-style.

Young Archaeologists Club @ UCL

Institute of Archaeology, 31-34 Gordon Square, WC1H 0PY (7679 7495, www.ucl.ac.uk/archaeology).

The Institute of Archaeology supports a children's club for eight- to 16-year-olds which meets on the third Saturday of each month, from 11am till 1pm; call first to enquire about becoming a member.

Art & crafts

All Fired Up

34 East Dulwich Road, SE22 9AX (7732 6688, www.allfiredupceramics.co.uk). East Dulwich or Peckham Rye rail. **Open** 9.30am-6pm Mon-Sat; 11am-5pm Sun. **Fees** *Studio* £3/day. *Workshops & courses* phone for details. **Credit** AmEx, MC, V.

The shelves of plain white ceramics (from crockery cartoon characters to sensible plates, bowls and mugs) are crying out for colour – which kids happily apply, with varying levels of accuracy. Tables are equipped with palettes,

Activities

sponges, water and brushes, while friendly staff offer tactful advice. Painted objects are glazed, fired, gift-wrapped and ready for collection in ten days. Birthday parties are run for groups of ten or more children, aged five to 15 (from £12 per head).
Buggy access.

Art 4 Fun

172 West End Lane, NW6 1SD (7794 0800, www.art4fun.com). West Hampstead tube/rail. **Open** 10am-6pm Mon, Wed, Thur, Sat, Sun; 10am-8pm Tue; 10am-10pm Fri. **Fees** *Studio* £5.95/day. *Workshops & courses* phone for details. **Credit** AmEx, MC, V.
Children can give full rein to their artistic talents, daubing designs on to ceramics, T-shirts, tiles and flower pots. Tie-dye, mosaic-making, pottery and glass-painting are among the other options. Arty parties are a speciality, with no minimum numbers required, and there are half- and full-day school-holiday workshops for six to tens.
Buggy access. Café.

Art Yard

318 Upper Richmond Road West, SW14 7JN (8878 1336, www.artyard.co.uk). Mortlake rail or bus 33. **Classes** *Term-time* 4-5.30pm Mon, Tue, Wed, Thur. *School hols* 10am-3.30pm Mon-Fri. **Fees** £145/term. **Credit** MC, V.
This appealingly chaotic, colourful studio hosts all sorts of after-school art clubs and school holiday courses and workshops. They might involve creating paintings, prints, collages and papier-mâché masterpieces – or even a spot of cookery.
Buggy access.

Colour Makes People Happy

53 Grove Vale, SE22 8EQ (7207 1120, www.sieclecolours.com). East Dulwich rail. **Classes** *phone for details.* **Fees** phone for details. **Credit** MC, V.
Ostensibly, this new shop is here to sell eco-friendly paint, but Colour Makes People Happy also has a workshop space where children can paint clogs with all sorts of imaginative designs. There's no formal workshop timetable as yet, so phone ahead to book.
Buggy access.

London Brass Rubbing Centre

St Martin-in-the-Fields, Trafalgar Square, WC2N 4JJ (7766 1122, www2.stmartin-in-the-fields.org). Leicester Square tube or Charing Cross tube/rail. **Open** 10am-6pm Mon-Wed; 10am-8pm Thur-Sat; noon-5pm Sun. **Fees** from £4.50. **Credit** MC, V.
Map p333 L7.
The revamped London Brass Rubbing Centre is far more fun than it sounds. Enter the futuristic lift and sink beneath the pavement to the large, bright open space below that was once a series of murky vaults. Sure, there could be a few more tables for actual brass rubbing, given the vast area available, but it's a very pleasant atmosphere in which to create an artwork for the wall at home. Children can choose from the smaller replica brasses: a dragon, a decorative elephant, a unicorn, or various historical figures, including William Shakespeare. The nice people at the counter will tape the paper to the block, lend out crayons and give instruction in the gentle art of brass rubbing.

Shirley Stewart's Pottery Courses

Lewisham Arthouse, 140 Lewisham Way, SE14 6PD (8694 9011, www.shirley stewart.co.uk). Deptford Bridge DLR or New Cross rail. **Fees** £70/10 sessions, plus £15 for materials and firings (payable in advance). **Credit** phone for details.
Lewisham Arthouse is a co-operative based in a Grade II-listed building. Artists rent studio space here, and Shirley Stewart is among them. Her throwing and studio pottery workshops for ages five and over are held during term time, though extra sessions can be arranged for the holidays. Parties are available for £12 per child, which includes materials and firings.
Buggy access. Disabled access (ground floor): toilet.

Smarty Paints

85 Nightingale Lane, SW12 8NX (8772 8702, www.smartypaints.co.uk). Clapham South tube or Wandsworth Common rail. **Open** 10am-6pm Mon-Sat; 11am-6pm Sun. **Fees** *Studio* £6. **Credit** AmEx, MC, V.
Everyone can get involved at this bright ceramic painting studio in south London: printing small children's paint-covered hands and feet is a popular option, though there are all manner of stencils and brushes for more complex designs. Children's classes include T-shirt painting.
Buggy access.

Activities

My Sport Capoeira
Adaora, 7

What inspired you to take up capoeira?
My school friend Tom said to try it out because he liked it, and the class is right opposite my house so it's easy to get to.

What do you like about your sport?
I like the combination of movement and music. Our teacher is funny but he makes you work at the same time.

What level are you at?
I'm at level two, so I've got a different belt now. The first one is just plain. I've been going for over a year now.

What's next for you in your sport?
I'd like to get to the top level.

Which events would you like to see at the London 2012 Olympic Games and Paralympic Games?
My granny had a letter through the door about it – she lives in Leytonstone. I'd like to go and see the running races and the Long Jump.

Activities

Cooking

Billingsgate Seafood Training School

Office 30, Billingsgate Market, Trafalgar Way, E14 5ST (7517 3548, www.seafood training.org). Canary Wharf tube. **Open** phone or see website. **Fees** see website for details. **Credit** MC, V.

Planning a coastal staycation this year? The parent and child courses at Billingsgate's superb seafood school will prepare you for making the most of all the delicious fresh fish you'll find while you're there. The lessons teach some seriously useful skills: cleaning squid, skinning fish, preparing sardines and gutting mackerel. Participants consume one of the three fishy dishes they've made for lunch, taking the other two home to impress the rest of the family – along with all sorts of gory stories with which to impress squeamish younger siblings. Children must be eight or over to participate.

La Cucina Caldesi

118 Marylebone Lane, W1U 2QF (7487 0750, www.caldesi.com). Baker Street or Regent's Park tube. **Open** 10.30am-12.30pm Sat. **Fees** £40. **Credit** AmEx, MC, V.

Not content with having a great restaurant in Marylebone, the Caldesi family also built a small cookery school around the corner. It offers children's classes on Saturdays and in the school holidays, with sessions aimed at different age groups (six to 12s and teenagers). The courses aim to teach kids how to prepare a menu based on healthy seasonal ingredients, while the teenagers' courses are targeted at budding chefs who already have some experience but would like to know more, and feature short demonstrations, hands-on cooking and plenty of tasting.

Divertimenti

33-34 Marylebone High Street, W1U 4PT (7486 8020, www.divertimenti.co.uk).

This specialist cookery shop runs a full programme of classes on everything from macaroons to Chinese dumplings. Children's classes are listed under 'Growing Gourmets' and are divided up by age group (5-9s and 10-14s). There's a maximum of 12 children in each Growing Gourmet class and previous themes have included Mexican food, Italian food and, of course, Cupcakes.

Kiddy Cook

07976 619648, www.kiddycook.co.uk.

Veronika Wyper runs the Twickenham franchise of Kiddy Cook, an organisation that encourages kids to get interested in food at a really young age. Cookie Tots is aimed at two-to four-year-olds, and introduces ingredients and cookery skills alongside storytelling, music and games. There aren't many places that a two-year-old can go in this town and be encouraged to get busy with raw eggs, real saucepans, metal graters and hob tops. The sessions take place on weekdays at the Methodist Church in Teddington and Winchester Hall in St Margarets.

Kids' Cookery School

107 Gunnersbury Lane, W3 8HQ (8992 8882, www.thekidscookeryschool.co.uk). Acton Town tube. **Open** *Office* 9am-5.30pm Mon-Fri. **Fees** *School hols* £15/75mins; £30/2.5hrs; £50/5hrs. **No credit cards.**

Over in Acton, registered charity the Kids' Cookery School has purpose-built kitchens that exist primarily to teach the principles of healthy cooking and eating to children. During term time, the centre concentrates on local schoolkids, but throughout the holidays cookery sessions for children of three and above are offered on a bookable basis. Sessions vary in length according to what's on the menu; 'classes' run for one-and-a-quarter hours, 'workshops' for two-and-a-half hours and 'study days' for five hours. Fees are low, considering all ingredients are included in the price, and assisted places are available for those on low incomes. What do parents do while their offspring are whipping up dinner for all the family? They can either wait in the reception area or come back and collect their little chefs at the end of the session.

Buggy access. Disabled access.

Munchkins

8269 1331, www.munchkinskids cooking.co.uk.

Munchkins runs hands-on, jolly sessions that work wonders with fussy eaters. The team, which was set up by a friendly former primary school teacher, runs children's cooking courses and private classes in term time, as well as during the school holidays. It can also arrange baking or make-your-own-meal parties, with optional extras such as games and face-painting; prices for the parties start from £110 for six kids.

Activities

Arts & Entertainment

Activities

Recipease

*48-50 St John's Road, SW11 1PR (3006
0001, www.jamieoliver.com/recipease).
Clapham Junction tube/rail.*
Jamie Oliver just won't let the matter of
children's food rest. As if his highly publicised
campaign of squeezing junk food out of schools
wasn't enough, he also wants them to learn to
cook from scratch at a young age. To this
end, his cookery school-cum-cookshop-cum-
deli-cum-advice centre for foodies in Battersea,
Recipease, offers sessions for local schools
and privately bookable classes for children
aged eight and above (who must be
accompanied by an adult). They can start with
fairly simple skills like decorating biscuits and
making pancakes, but can soon graduate to
first lessons in 'Champion knife skills'.
Children of 12 and above can join any of the
Easy to Learn classes, but must also be
accompanied by an adult.
*Buggy access. Cafe. Disabled: toilet.
High chairs. Nappy-changing facilities.*

You Make a Cake

*10 Bellevue Road, SW17 7EG (8767 3395,
www.youmakeacake.com). Balham tube/rail
or Wandsworth Common rail.*
This lovely new venue was opened in 2010
by Emma Hollands, who wanted to create
somewhere that offered all the ingredients,
equipment and recipes in one place to
encourage some fabulous home baking. Fees
include the ingredients and cake decorations
and someone to clear up all the mess, which
has to be worth double when baking with
children. It's a fantastic venue for children's
birthday parties, where they can make the cake
the main event.
*Buggy access. Disabled access: toilet.
Nappy-changing facilities.*

Film & new media

For a cinema-mad child's dream
birthday treat, check out **Movie
Parties** (*see p223*).

Film Club

www.filmclub.org.
Film Club aims to put movies on the (extra)
curriculum by loaning films to participating
after-school film clubs, free of charge, and
running specially devised film seasons. The
website also contains a useful list of films,
categorised by age group.

Film London

www.filmlondon.org.uk.
From shorts to features, London's film and
media agency supports emerging and
established talent across the capital.

Filmsteps

0844 324 5414, www.filmsteps.com.
Fast-paced five-day summer holiday film
schools (£275) teach seven- to 16-year-olds the
essentials of making a feature film, from
planning the storyboards to operating the
cameras. Thrillingly, their handiwork is
premièred at a red-carpet screening, which
guests are able to attend. Meanwhile, term-time
Film Schools meet in Maida Vale, Belsize Park
and Teddington once a week, producing
everything from pop videos to film trailers; they
cost £235 per term, but there are sibling
discounts and scholarships.

First Light

www.firstlightmovies.com.
Funded by the UK Film Council, First Light
funds film projects for five- to 18-year-olds,
offering courses across the country via schools
and educational groups. Its subsidiary website,
www.filmstreet.co.uk, provides a bright and
breezy starting point for under-12s to explore
and discover filmmaking, while www.media-
box.co.uk offers funding for projects involving
13- to 19-year-olds.

Mouth That Roars

*23 Charlotte Road, EC2A 3PB (7729
2323, www.mouththatroars.com). Old
Street tube/rail.* **Open** 5-8pm Wed, Thur;
noon-5pm Sat.
This east London charity offers training in
video production for young people. Thirteen-
to 19-year-olds who live in Hackney can
make a film in a day at its MTR Studio 23
studio and editing suite (sessions are free and
are run on a drop-in basis), which also hosts
weekly film screenings.

Young Film Academy

7387 4341, www.youngfilmacademy.co.uk.
Fees from £95/day; £390/4 day course.
No credit cards.
'Passion starts early' is the Young Film
Academy's ethos, and its courses, workshops
and movie parties aim to inspire fledgling
filmmakers (seven to 18s). It's all fast-paced,
hands-on stuff, whether the youngsters are
making a film in a day or taking part in the
Four Day Film School.

Parties

Pump up the volume.

Whether it's a no-expense spared extravaganza or an afternoon of pass-the-parcel and pin the tail on the donkey, good parties are all about the planning. Those aiming to impress can hire a fire engine, employ a science boffin to ensure proceedings go with a bang, or arrange an arty afternoon of jewellery-making; the options are endless. Then again, you may decide that the most memorable sort of knees-up needs nothing more than games, balloons and bunting, with a candle-topped cake at the end.

Whatever sort of party you've got in mind, and whatever your budget, there are places and people that can help. Entertainers of every stripe can hold small guests enthralled, while specialist enterprises run from eco-friendly party bag companies to a gluten-free baker's. Alternatively, professional party planners will organise the whole thing – at a price.

If the thought of rampaging, sugar-fuelled kids and accidental spillages sends a chill down your spine, there are plenty of reasonably priced halls; that extra £50 could be worth it to save your carpet. Most play centres also offer party deals, although it's often cheaper to ignore the package and just turn up; check if their insurance allows cakes with candles.

We've focused on birthdays, but the teen-friendly companies are all great for bah and bat mitzvahs, and many entertainers also specialise in keeping tiny wedding guests amused.

ACTIVITY PARTIES

Arts & crafts

For more artistic options, *see p217.*
East Dulwich's **All Fired Up** (*see p217*) offers arts and crafts parties.

Arty Party
8675 7055, www.artyparty.co.uk.
A team of professional artists arrive with all the materials to make jewelled mirrors, jaunty wooden boats, towering giraffes and other crafty items in their two- to three-hour party packages. Staff are pretty undaunted by rowdy kids, having held workshops for crowds of 400 at park fun days. They charge £230 for up to 20 kids aged over four.

Jewel Party
3176 0546, www.jewelparty.co.uk.
Children as young as four return home from a Jewel Party bedecked in necklaces, rings and bracelets of their own making. Parties are themed according to the materials used, with beads and sweetie jewellery the big favourites. Boys enjoy the Fimo clay workshops, bashing out Gothic signet rings and pirate-style necklets. Prices start with the 40-minute bracelet workshop at £75. Otherwise, standard packages start at £150 for one-and-a-half hours. All are for up to ten kids with invites included.

Pottery Café
735 Fulham Road, SW6 5UL (7736 2157, www.pottery-cafe.com). Parsons Green tube or bus 14, 414. **Open** 11am-6pm Mon; 10am-6pm Tue-Sat; 11am-5pm Sun.
Credit MC, V.
This café and paint-your-own studio offers children's parties for £19.95 a head. In a separate party room, kids aged seven and over can make a joyful mess painting their very own piece of pottery. It's not just mugs and plates; most popular with the kids are the beautiful money-boxes, shaped like dragons and fire-engines. The package includes invites, balloons,

Soap & Bubble Company.

a party leader, sandwiches and a drink – as well as the glazed and fired results of the children's artistic endeavours. (You return a week later to collect the pieces.) You're welcome to bring your own food and cake.

Buggy access. Café. Disabled access.
Nappy-changing facilities.
Branch 322 Richmond Road, Twickenham, Middx TW1 2DU (8744 3000).

Soap & Bubble Company

8402 7565, www.soapandbubble.com.
Soap & Bubble arrive equipped with all the ingredients to make soaps, chocolate lip balm, body glitter, bubble bath and even floating ducks. All they ask you to provide is some space and a large table. The team will even tidy up afterwards, leaving you with a spotless house and a child eager to jump in the bath to test their home-made concoctions. Parties last for an hour-and-a-half and cost £195 for up to eight kids aged eight and above.

Cookery

For cookery lessons and workshops, *see also pp219-220* **Kids' Cookery School, Munchkins** and **La Cucina Caldesi**.

Cookie Crumbles

0845 601 4173, www.cookiecrumbles.net.
Kids from four to 15 prepare their own three-course meals during these absorbing parties. Even non-foodie children enjoy bashing out dough and getting covered in flour while preparing such goodies as pizza snakes and ricotta ravioli. Two-hour parties start at £165 for six kids, with CC providing all ingredients and equipment; you won't have to lift a spoon. The company also produces birthday gift boxes, containing everything small chefs need to bake various sweet treats. Over the years, Cookie Crumbles' workshop programmes have taught over 10,000 children how to cook, so you can rest assured they really know their onions… and sausages, and tiramisu.

You Make a Cake

10 Bellevue Road, SW17 7EG (8767 3395, www.youmakeacake.com). Balham tube/rail or Wandsworth Common rail.
The most exciting thing for children at any birthday party is usually the birthday cake. So why not make it the main event? At this colourful and well-stocked new cookery venue, children's parties involve baking and decorating cup-cakes. It's fantastic fun, and best of all, someone else tidies up.

Pretty Pollies

(07944 821 391, www.prettypollies.com).
Pretty Pollies organise chocolate-making parties which have children of five and above taking home a selection of chocolates and a lollipop they have made themselves. They also design the packaging in which to take the goodies home (no need for party bags!). Pretty Pollies can come to you or host the party in their own workshop space. Prices start at £160 for a two-hour party.

Firemen

Hot Hire

07947 028899, www.hot-hire.co.uk.
Imagine the thrill as a real fire engine turns up at your party, complete with qualified fireman on board. Kids get to ride in the fire engine and try out the hose, followed by an optional disco and games (you can sound the siren if your party is on private land). Hold your party on a school night and the fire engine can even meet your guests at the school gate and drive them to the venue. Party packages for three- to 16-year-olds start at £99.

Activities

Pamper parties

Mini Makeovers

8398 0107, www.minimakeovers.com.
Girlies aged five to 15 are treated to a makeover and manicure, before rounding things off with a celebratory disco. The little ones adore being prettied up as fairies and princesses, while tweens tend to favour the Hannah Montana and *High School Musical* parties. The basic package costs £160 for eight kids, with dance classes, photoshoots and limousine hire all available as optional extras.

Performance

For more clubs and companies that run term-time music and drama courses, as well as staging parties, *see pp191-220* **Arts & Entertainment**.

Blueberry Playsongs Parties

8677 6871, www.blueberryplaysongs.co.uk.
These fun, guitar-led musical parties for one- to six-year-olds involve dancing, bubbles, party games and puppets. Packages start from £95, including 20 balloons and a gift for the birthday child. *See also p201.*

Drama Parties

0151 336 4302, www.dramaparties.com.
Parties organised by the Little Actors Theatre Company give four- to 14-year-olds the chance to experience a full drama workshop with a party atmosphere. Themes include murder mystery, pirates and Halloween; if the birthday boy or girl has a particular passion, then you can suggest your own theme. Prices start at £130 for an hour, with invites and thankyou cards thrown in.

Funky Chicks

8302 6992, www.funky-chicks.co.uk.
Dayglo Lycra-clad dancers host these disco parties that are aimed at five- to 12-year-olds. Competitions, dressing up and party games accompany a dance class, with the birthday child taking a starring role in the final performance. You'll probably need to hire a hall to accommodate the team's acrobatic moves and body popping, and make sure you book well in advance as they are becoming very popular. Spectacular parties start at £550 for two hours. The Funky Chicks also now run a Funky Chicks Academy (see the website for more details).

Jigsaw

8447 4530, www.jigsaw-arts.co.uk.
This long-running stage school also offers imaginative singing, dancing (everything from ballet to cheerleading moves and hip hop) and drama parties. Jigsaw's experienced tutors will put three- to 12-year-old partygoers through their performing paces and the parties cost from £120 for an hour.

Kate Gielgud Acting Parties

8964 5490, www.tiddleywinks.co.uk.
Custom-written dramas that centre on the birthday child are Kate's speciality. Born with an infectious passion for drama (she's Sir John's great-niece), her parties are absorbing affairs with themes such as James/Jane Bond and classy murder mysteries. Prices start at £300 for two hours, and Kate arrives with scripts and costumes. Plays can be adapted for four- to 13-year-olds.

Movie Parties

7387 4341, www.movie-parties.co.uk.
Movie-mad eight- to 16-year-olds get eight hours to plan, rehearse, shoot, edit and screen their own film with a team of professionals. Each child is given a DVD of the finished result to take home with them. Themes include *Charlie's Angels*, *Harry Potter* and *Pirates of the Caribbean*, using your house and local

You Make a Cake.

Activities

Sport Parties

Campaign Paintball

Campaign Paintball
01932 865999,
www.campaignpaintball.com.
Take the short jaunt out to Cobham,
where Campaign's site is divided into
action-packed play zones. The eerily
authentic Dodge City is a big hit, along
with the Jungle Zone and spooky Dark
Tower. Packages for ten- to 15-year-olds
cost £24.95 per child including 300
paintballs, seven games, tuition and
a barbecue lunch. The day ends with
a trophy presentation. They also do
mini paintball sessions for eight- to
ten-year-olds. Sessions last for three
hours and cost £23 per child.

League One Sports Academy
8446 0891, www.leagueone.co.uk.
Children's football parties (three to
12s) with a bit of basketball and cricket
thrown in for good measure. The
coaches keep up the party atmosphere,
taking into account any varying skill
levels, with the birthday child receiving
a trophy to take home. Parties start
at £190 for 90 minutes, and all the
equipment is provided. The company's
headquarters are in north London,
but staff will consider coming to you
if you have enough space.

Little Dinosaurs
8444 1338, www.littledinosaurs.co.uk.
Play centres are terrific for active parties,
especially for toddlers too young to grasp
the rules of sporting games. Little
Dinosaurs has something different to
offer – beautiful outside space in the
middle of a park, where kids can get a
breather from the playframe and parents
can escape the noise. Charging from
£12 per child, Little Dinosaurs offers
unlimited drinks, your own host and
a buffet tea.

Mallinson Sports Centre
8342 7272, www.highgateschool.org.
This sports centre is within Highgate
School, so you get exclusive use of the
pool and sports centre for the birthday
packages. Choose from Mini Sports
and Bouncy Castle Parties for 5-7s and
Sports and Swimming Parties for 6-15s
(with raft races, dodge ball, mini hockey
and basketball). The party finishes with
45 minutes for a party tea (bring your
own food) in the social room which
can be decorated by you or the staff.
Parties last for two hours and cost
£255-£285 for 25 children.

Talacre Sports Centre
7974 8765, www.camden.gov.uk/talacre.
This fantastic sports centre in Kentish
Town has a fully equipped gymnasium
with sprung floor and crash mats, a large
and airy sports hall, and Treetops Play
Centre all under the same roof. Choose

League One Sports Academy.

from a Gymnastics Party (£172.30 for ten children, £210.25 for 20), a Multisports Party (£112.15 for 12 children, £137.35 for 24) or a Trampolene Party (£112.15 for 12 children, £137.35 for 24). All parties are supervised by the friendly and charismatic staff, who are passionate about sports and soon manage to get all the children involved and enjoying themselves. Bring your own food to set out in one of the party spaces upstairs.

Experience Archery

07824 507 260,
www.experiencearchery.com.
Archery parties are for ages 8+. Children love the sense of satisfaction when they learn a new skill. Experience Archery can bring the archery equipment to your garden or a park, or suggest a suitable venue. The organisers build in lots of games as well as tuition and safety instructions, and you can choose to add the element of competition too, with medals given out for the top three archers of the day.

All Star Lanes

7313 8363, www.allstarlanes.co.uk.
Choose from the main hall or private rooms at any of the three All Star Lanes venues in Holborn, Brick Lane or Bayswater. Indoor bowling is an all-weather sport, so there's no need to worry about potential rain. There are lighter balls and ramps for small children to get the best out of the bowling, but there's also karaoke to distract them in between games. The private room usually costs £300 per hour (which includes shoe hire), but there's a discount for children's parties. Prices in the main hall are £5.75 per person, per game (under 12s).

Little Sports Stars

07722 334 864,
www.little-sports-stars.co.uk.
Catering for children aged two and up, Little Sports Stars can tailor your child's party to individual specifications. If your child hates sport, they can disguise the main event as activity games; if they are nuts about one particular discipline,

Party Gems.

they can devote the whole party to one sport. They cover London and the Home Counties and prices start at £45 for a sports party for 10 children.

Party Gems

8582 4460, www.party-gems.co.uk/ sport-party.
Party Gems can suggest the perfect venue or turn up at a home or prebooked hall. Their sports party package lasts for two hours with an hour of activity, followed by a half-hour tea, then half an hour's further activity to round things off. Races and games are formed using skills from different sports, and there's always a tournament at the end with medals going to every child for their performance. You can also have a specialist party based around one sport.

Archway Leisure Pool

7281 4105, www.aquaterra.org/ archway-leisure-centre.
Swimming parties are fantastic fun at Archway leisure pool, with its sloping 'beach' to one side, wave sessions, water jets, river run, flume and spa pools. You get exclusive use of the pool for one hour for £250. Bear in mind that children under eight must be accompanied by adults at a ratio of 2:1. You can book an area adjacent to the pool for a self-catering party. It's not the most glamorous spot, but the kids won't care.

Activities

Activities

Science Boffins.

parks as the backdrop to all sorts of scenes of derring-do; finally the kids get the chance to leap over your garden fence brandishing a sword with total impunity. It costs £1,300 for a maximum of 12 guests.

Puzzles

Puzzle Party

0844 848 2822, www.happypuzzle.co.uk.
Children are divided into teams at a puzzle party, and each team works on the same challenges – although the emphasis is on completion rather than winning. Pick from giant road maps, marble runs, code-breakers, optical illusion puzzles and more. The parties work equally well at home or in a hired hall, are hosted by an entertainer, and are best for ages six and above. Call for prices.

Science & nature

Animal Magic

01323 482211, www.animal-magic.co.uk.
Lindsey Parker and her team bring a host of furry, scaly and feathered friends to parties for one- to 16-year-olds. The little ones will love holding and stroking rabbits and guinea pigs, while teens are likely to be fascinated by the geckos and snakes. Particularly popular is

'Mouse Town', a wooden construction put together by the kids, for a colony of mice to explore. Parties, starting from £140 for one hour, can be themed – *Harry Potter*, for example, might involve meeting a crew of owls, snakes and a bearded dragon. The team bring their own disinfectant to wipe up any little animal accidents.

Science Boffins

0800 019 2636, www.scienceboffins.com.
Kids' excitement levels reach a peak as mini volcanoes erupt, balloons self-inflate, light goes round corners and bottles become rockets. For parents, it's pretty exciting that all experiments are guaranteed safe and mess-free. Parties start at £195 for one hour, which buys you a qualified boffin who'll hold five- to 11-year-olds entranced with competitions and experiments of an educational bent.

Steve the Snakeman

07966 766 284,
www.stevesreptileparties.com.
Steve Ludwin is a musician by trade, but in his spare time he breeds reptiles, and he loves to bring them out to meet people. Steve's sessions last 75 minutes, during which he will teach kids fascinating facts while they get to hold snakes, chameleons, iguanas, amphibians and spiders. The sessions are suitable for ages three and above.

CAKES

Cake Store

111 Sydenham Road, SE26 5EZ (8778 4705, www.thecakestore.co.uk). Sydenham rail. **Open** 8am-5.30pm Mon-Sat. **Credit** MC, V.

This Sydenham-based cake specialist can deliver its creations to the whole of London. Colourful cakes include pirate galleons, ballet shoes, toadstools and dalmatian puppies – there's nothing this bakery cannot construct from a humble vanilla sponge, it seems. Prices start at around £75 for the themed designs (generally serving 35); smaller, more traditional cakes, inscribed with a birthday message, cost considerably less.

Buggy access. Delivery service. Disabled access.

Chorak

122 High Road, N2 9ED (8365 3330). East Finchley tube or bus 263. **Open** 8am-6pm daily. **No credit cards**.

Novelty handmade birthday cakes start at £68 for a 25- to 35-portion job, going up to £105 for a 65-portion extravaganza. Cartoon favourites are a speciality, whether it's a picture iced on to a cake or a 3D creation leaping out at your guests. Eggless cakes are available.

Branch 229-231 Muswell Hill Broadway, N10 1DE (8815 5998).

Crumbs and Doilies

8874 8885, www.crumbsanddoilies.co.uk.

These days, cupcakes are de rigueur on the kids' party circuit. Gone are the squabbles over slice sizes and wilting paper plates; instead, each child can clutch their very own cake in a sticky fist. Crumbs and Doilies are a leader in this revolution, offering no less than nine flavours and over 200 different decorations. Organic eggs, flour, lemons and vanilla are used, along with Valrhona chocolate. A dozen cupcakes will set you back £24; pastel stands on which to display them (from £10) are an optional extra. Tasting can be done at the Saturday stall at the King's Road farmer's market and at new sweet shop Chocodeli (24 Upper Tachbrook Street, SW1V 1SW).

Dunn's

6 The Broadway, N8 9SN (8340 1614, www.dunns-bakery.co.uk). Finsbury Park tube/rail, then bus W7, or Crouch Hill rail, or bus 41, 91. **Open** 7am-6pm Mon-Sat; 8am-6pm Sun. **Credit** MC, V.

Fruit- or sponge-based party cakes are adorned with stars like Upsy Daisy and Ben 10, or the birthday child's photograph (prices start at £46). Older kids may enjoy the glamour of seeing themselves on the magazine cover cake (£75). A standard sponge cake (14 servings) costs £28.

Buggy access. Delivery service. Disabled access.

Euphorium Bakery

202 Upper Street, N1 1RQ (7704 6905, www.euphoriumbakery.com). Highbury & Islington tube/rail. **Open** 7am-9.30pm Mon-Fri; 8am-9.30pm Sat, Sun. **Credit** MC, V.

Starting from £13 for an eight-inch cake, even the basic numbers here are banana- or apple-flavoured, filled with berries or covered in crisp chocolate. Prices include your choice of message, which can be iced on to the cake or inscribed on a choccie plaque. A gluten-free Chocolate Lovers Cake is available (£30 for ten servings).

Buggy access.

Branches 79 Upper Street, N1 0NU (7288 8788); 26A Chapel Market, N1 9EN (7837 7010); 211 Haverstock Hill, NW3 4QN (7431 8944); 45 South End Road, NW3 2QB (7794 2344).

Konditor & Cook

22 Cornwall Road, SE1 8TW (7261 0456, www.konditorandcook.com). Waterloo tube/rail. **Open** 7.30am-6.30pm Mon-Fri; 8.30am-3pm Sat. **Credit** AmEx, MC, V.

Chocolate curly whirly, lemon chiffon and frosted carrot cakes are among the specialities of this famed London bakery. Dinky 'magic cakes' are perfect for parties; mini lemon fondant fancies iced with pictures or letters that can be lined up to spell out a name or birthday message. An eight-inch cake starts at £21, while Magic Cakes cost £35 per dozen.

Buggy access. Delivery service. Disabled access.

Branches throughout the city.

Lola's Kitchen

16 Lansdowne Road, Berkeley Square, W1J 8QF (7495 6166). **Open** 8am-7pm Mon-Fri; 10am-6pm Sat. **Credit** MC, V.

Lola's lovely cupcakes come in a dizzying array of flavours (chocolate, coconut, peanut butter, rocky road and red velvet, to name but a few), with a seemingly endless array of decorations. The online ordering system is easy to use and purchases can be delivered or picked up. Traditionalists who like one big cake to slice

My Sport Hockey
Isabel, 15

What inspired you to take up hockey?
I followed my sister, I wanted to be in the same team as her. I first started when I was 11, but new people are coming in age nine and above.

What do you like about your sport?
It keeps you fit and it's fun. I play at the front and I love scoring goals. It's also good for meeting new people.

What level are you at?
I've got into the Essex Junior Academy. I have Sunday training for Essex, then I play every Tuesday evening and Saturday morning for Waltham Forest.

What's next for you in your sport?
I'd like to go as far as I possibly can. If you do well, they put you through to summer camp and then, ultimately, the England trials.

Which events would you like to see at the London 2012 Olympic Games and Paralympic Games?
I would love to see the Athletics, Swimming and Cycling.

can go for proper birthday cakes, adorned with mini cupcakes, or the 'showgirl' – a giant cupcake that feeds 15 people (£45). Mini cupcakes start at £1.10 apiece, with a minimum order of 24. If you want to taste before you buy, Lola's wares are stocked in Harrods, Selfridges, Topshop Oxford Street and various high-end delis.
Delivery service.

Margaret's Cakes of Distinction
224 Camberwell Road, SE5 0ED (7701 1940). Elephant & Castle tube/rail, then bus 12, 45, 68, 176. **Open** 9am-5pm Mon-Sat. **No credit cards.**
Margaret takes considerable care over her pretty sponge- or madeira-based cakes, all of which can be personalised with individual marzipan figures. A basic birthday number starts at £25.
Buggy access. Disabled access.

Marnie Searchwell
7735 1444, www.marniesearchwell.co.uk. **No credit cards.**
Gluten-free cakes in a variety of enticing flavours are Marnie's speciality, and they really are delectable. She tries to use organic ingredients as much as possible, from the eggs to the buttercream, and is also happy to alter recipes for those sensitive to dairy, eggs and corn. A simple, iced seven-inch cake starts at £45, with more elaborate creations starting at £70. Every cake is delivered by Marnie and her son, so do give her at least two weeks' notice. She also offers a near-impossible to resist cake of the month club.
Delivery service.

Primrose Bakery
69 Gloucester Avenue, NW1 8LD (7483 4222, www.primrosebakery.org.uk). Chalk Farm tube. **Open** 8.30am-6pm Mon-Sat; 10am-5.30pm Sun. **Credit** MC, V.
Primrose Bakery sells gorgeous cupcakes and swirly layer cakes that come in a flurry of unusual flavours, such as lime and coconut or rose (decorated with petals), as well as the more classic vanilla and chocolate offerings (which are made using 70 per cent cocoa). Mini alphabet cupcakes forming the birthday child's name are particularly popular. Mini cupcakes start from £1.25 each, and celebration cakes are around £30.
Buggy access. Delivery service.
Branch 42 Tavistock Street, WC2E 7PB (7836 3638).

COSTUMES
If you are looking for inexpensive TV character or classic costumes (princesses, pirates and the like), it's worth checking out Asda, Mothercare, Argos and TK Maxx. For more toyshops and boutiques with dressing-up gear, *see pp296-298.*

Online

J&M Toys
0113 288 7716, www.jandmtoys.co.uk.
Over 150 costumes for children aged between three and eight are stocked by this fancy dress specialist: soldiers, brides, snowmen, firemen, pilots and many more. The fabulous astronaut all-in-one, for example, costs around £20, while the nifty nurse's uniform is a steal at just £12.95. There are also nativity costumes – a boon for parents not gifted in the art of sewing.

Natural Nursery
01392 499394, www.naturalnursery.co.uk.
Natural Nursery sells a dinky range of ethically traded dressing-up outfits for toddlers (18 months to five years old). The range includes pretty bumble bee, ladybird, ballerina and fairy dresses, along with adorable dinosaur and dog costumes (£15.99-£23.99).

Shops

Angels
119 Shaftesbury Avenue, WC2H 8AE (7836 5678, www.fancydress.com). Leicester Square or Tottenham Court Road tube. **Open** 9.30am-5.30pm Mon, Tue, Thur, Fri; 10.30am-7pm Wed. **Credit** AmEx, MC, V.
This Oscar-winning costumiers stocks some 10,000 outfits in myriad themes, catering for kids, adults and even dogs. Anakin Skywalker, Jack Sparrow, sword-waving warrior kings and sugary-hued princess dresses are among the offerings. Order online or pop into the shop to try before you buy. Prices start at around £20.
Buggy access. Disabled access. Mail order (0845 054 8854).

Escapade
45-46 Chalk Farm Road, NW1 8AJ (7485 7384, www.escapade.co.uk). Camden Town tube. **Open** 10am-7pm Mon-Fri; 10am-6pm Sat; noon-5pm Sun. **Credit** AmEx, MC, V.

Activities

A host of TV hero dress-ups include Ben 10, the *High School Musical* cast, Lewis Hamilton, Spongebob and the Teletubbies. The full range is available online, with a selection in Camden to try for size. Fairies, cowboys and authentic-looking astronauts are also stocked, along with nativity costumes; prices start at £10.99. Giant cardboard characters (from £26.99) can be bought to enhance your party, Winnie the Pooh, Daleks and a talking C-3PO among them.
Buggy access. Delivery service.
Disabled access.

Harlequin
254 Lee High Road, SE13 5PL (8852 0193). Hither Green or Lewisham rail/DLR, or bus 21, 261. **Open** *10.30am-5pm Mon; 10am-5.30pm Tue, Thur, Fri; 10am-1pm Wed; 10am-5pm Sat.* **Credit** *MC, V.*
Ever-popular princess, knight and bandit outfits start at £9.95, with Spider-Man, Scooby Doo and Batgirl from £24.95. Harlequin also specialises in accessories, so the shop is lined with hats, boas, wigs and pompoms.
Buggy access.

Party Superstores
268 Lavender Hill, SW11 1LJ (7924 3210, www.partysuperstores.co.uk). Clapham Junction rail or bus 39, 77, 345. **Open** *9am-6pm Mon-Wed, Fri, Sat; 9am-7pm Thur; 10.30am-4.30pm Sun.* **Credit** *AmEx, MC, V.*
All manner of fancy dress kits are supplemented by shelf upon shelf of accessories, wigs and hats (from £1.99). Superheroes are big with the boys, with full Batman regalia costing from £24.99;

Primrose Bakery. *See p229.*

girls like to browse the drawers of glittery wands, tiaras and fairy wings. Over 50 different sorts of themed tableware are also stocked, while the full balloon service includes inflation and delivery.
Buggy access. Delivery service.
Disabled access.

Preposterous Presents
262 Upper Street, N1 2UQ (7226 4166, www.preposterouspresents.co.uk). Highbury & Islington tube/rail. **Open** *10am-6pm Mon-Sat; 12.30-4.30pm Sun.* **Credit** *MC, V.*
PP specialises in putting an outfit together completely from scratch – you just have to tell them who you want to be transformed into, and they will then flit around gathering the necessary accessories and wigs until you look the part. Ready-assembled costume sets are also available, including knights, fairies and various animals (from £15); accessory kits start at £4.99. Whoopee cushions, itching powder and fake blood abound.
Buggy access. Disabled access.

ENTERTAINERS

Action Station
0870 770 2705, www.theactionstation.co.uk.
Entertainers of all shapes and specialities are represented by this agency, from storytelling spacemen, spies, mermaids, cheerleaders and cowgirls to drama teachers, make-up artists, fire-eaters, jugglers and DJs. Children of all ages are catered for, while prices start at £150 for an hour.

Ali Do Lali
07789 720294, www.dralidolali.co.uk.
Do Lali arrives on a magic carpet, then proceeds to thrill the assembled youngsters with fire eating, sword swallowing and magic. Toddlers particularly like his puppets and special drawing board – an illustration of the birthday child which magically comes alive. A one-hour show starts at £160. If you've booked him before, Do Lali pledges to deliver a different act whenever he returns.

Amanda
07855 376837, www.amandasactionkids.co.uk.
Bringing new meaning to the words 'high energy', Amanda whirls one- to six-year-olds through two giddy hours of dancing, music and parachute games, like some sugar-coated

Activities

Angels. *See p229.*

Su Pollard. Prices start at £150 for a party led by one of her team, but it's worth shelling out an extra £50 for Amanda herself.

Christopher Howell

7993 4544, www.childrens-magician.co.uk.
A respected close-up magician, Howell puts on absorbing shows for children. An hour-long party (from £200) features magic, storytelling, balloon modelling and the chance for kids to perform various illusions. Shows are suitable for children aged four to seven.

Jenty the Gentle Clown

07957 121764,
www.jentythegentleclown.com.
Specialising in parties for under-threes, Jenty can also hype it up with a disco and limbo dancing for kids up to 11. Traditional games, face-painting, magic and singalongs with the banjo are all part of the fun. Jenty charges £145 for one hour, £195 for two.

Juggling John

0845 644 6659, www.jugglingjohn.com.
John has four party packages to suit different age ranges, from babies to ten-year-olds, with ball juggling to amuse the tinies and fire juggling for those with older kids (and high ceilings). Magic, clowning and escapology also feature. Prices start at £185 for an hour.

Magic Mikey

0844 335 6646, www.magicmikey.co.uk.
A one-man powerhouse who thrills four- to 12-year-olds with a mixture of puppetry, balloon modelling, games, magic and, above all, humour. Mikey also comes with a belting disco. His two-hour shows cost around £295.

Mel's Magic

01992 552026, www.mels-magic.co.uk.
Used to intimate gatherings as well as large crowds, Mel is adept at both mingling and performing close-up tricks, as well as presenting her full show (ages three to ten) complete with a magically appearing live rabbit. You can also book her circus skills workshop, where kids of six and above can learn to unicycle, juggle and stilt-walk. Her fees start at £165 for one hour.

Merlin Entertainments

01494 479027, www.merlinents.co.uk.
Merlin is sure to represent a party host of your liking: clowns, magicians, puppeteers and DJs can be hired here, and circus skills workshops, craft parties, musical workshops and animal encounter shows can all be arranged. Staff are adept at mixing and matching performers for larger events: you could have an animal show with a break for magic in the middle. Prices start at £140 for an hour-long performance.

Mr Happy Magic

01245 426016, www.mrhappymagic.com.
Parties are packed with magic, games, puppets and an optional disco. Happy (his real name since he changed it by deed poll) is ably assisted by Charlie the Dog – beloved by his audience of three- to seven-year-olds. Two hours of silliness start at £170.

Silly Millie the Clown

7823 8329, 07939 239397,
www.sillymillietheclown.co.uk.
Expect happy, giggly parties with Silly Millie's cheeky take on party games, karaoke, plate spinning and magic. Three- to nine-year-olds adore her shows, and the older children get taught a card trick or two. From £100 per hour.

HALLS FOR HIRE

Dragon Hall

17 Stukeley Street, WC2B 5LT (7404 7274, www.dragonhall.org.uk). Holborn tube.
Open 9am-10pm daily. **No credit cards.**

Activities

This centrally located community centre has three rooms, with kitchen facilities, for hire. The airy, 200-seater main hall is £55 per hour with a PA system as an optional extra. The main hall comes with tables and chairs and has a dancefloor.

East Dulwich Community Centre

46 Darrell Road, SE22 9NL (8693 4411, www.eastdulwichcommunitycentre.org.uk). East Dulwich rail. **Open** 8am-10pm Mon-Sat; 8am-8.30pm Sun. **No credit cards.**
A sturdy hall with a kitchen, with room for 90 kids, costs from £35 an hour. There's a stage, toilets and a large playground.

Highbury Fields One & Two O'Clock Club

Bandstand, Highbury Fields, Baalbec Road, N5 1UP (7704 9337, www.islington.gov.uk). Highbury & Islington tube/rail. **Open** *Summer* noon-6pm Sat, Sun. *Winter* 10am-4pm Sat, Sun. **No credit cards.**
At weekends, you can hire this children's centre – complete with all the play equipment, a kitchen and also a private outdoor space – from £90 in the winter, and £100 in the summer.

Old Cholmeley Boy's Club

68 Boleyn Road, N16 8JG (07963 778636). Dalston Kingsland rail. **Open** 9am-6pm daily. **No credit cards.**
A quirky venue with a large main room, scattered with sofas, where 150 kids can party (£50-£70 for an afternoon). Kitchen and music facilities are available, as is a terrace.

EQUIPMENT HIRE
Play equipment

Cool Parties

0844 450 0045, www.cool-parties.co.uk.
After ten minutes on this website, you could fill your garden with bouncy castles, slides, trampolines, inflatable sumo wrestlers, a rodeo bull and a quad bike circuit. A package of soft play equipment, perfect for toddlers, starts at £95 per day, while a full inflatable obstacle course costs from £175. Cool can also provide you with more sensible gear such as marquees, staff, child-sized tables and hall hire in north and west London. Entertainment packages, including electric car parties and teddy bear-making sessions start at around £15 per child.

PK Entertainments

07771 546676, www.fairandfete.co.uk.
An entire old-fashioned funfair can be hired through PK; that includes swingboats, hoopla, roundabouts and chair-o-planes. If money's no object you can hire everything, or pick a favourite stall or two. Prices start at £100 for the coconut shy (complete with 50 nuts), with slippery poles going for £120 and swingboats for £160. The company can also provide Punch & Judy, stilt-walkers and assorted entertainers.

Marquee hire

Sunset Marquees

Unit 5, Glenville Mews, Kimber Road, SW18 4NJ (8874 4897, www.sunsetmarquees.com). Southfields tube. **Open** 8am-6pm daily. **No credit cards.**
Sunset offers marquees in all sizes, with no pegs or hammering required (some models simply pop up). That means you can erect your marquee on hard surfaces as well as grass, and the process is blissfully fuss-free. A small marquee for 15 children starts at £190 for a weekend's hire. Chairs, lighting and stages can also be provided.
Delivery & set-up service.

Sound equipment

Capital Hire

Unit 9, Acorn Production Centre, 105 Blundell Street, N7 9BN (7249 6000, www.capitalhire.com). Caledonian Road & Barnsbury rail. **Open** 9am-6pm Mon-Sat. **Credit** MC, V.
Rob and his friendly team can loan you a two-speaker sound system with iPod mixer from £70 for a three-day hire. Units with whizzy LED lighting are £40 and, if the church hall is a bit scuffed, they even hire out dancefloors from 50p per square foot. A twinkling star cloth backdrop (from £40) will transform even the dowdiest of venues into the best disco in town.
Delivery & set-up service.

Young's Disco Centre

2 Malden Road, NW5 3HR (7485 1115, www.justadisco.co.uk). Chalk Farm tube. **Open** by appointment 9am-7pm Mon-Sat. **Credit** MC, V.
The special children's party package (including sound system and disco lights) costs from £95 for 24 hours' hire. On top of that, Young's

Activities

My London 2012
Masuma, 17 & Kushnoor, 18

How will you be participating in the London 2012 Olympic Games and Paralympic Games?
Masuma: I'm in communication with some of the Jamaican athletes in a shared knowledge programme.
Kushnoor: I've applied to volunteer to show people around.

How did you come to be involved?
Masuma: I heard about it in secondary school.
Kushnoor: One of my teachers at college told me about the Young Ambassadors Programme.

Tell us about what you have been working on as part of the Young Ambassadors Programme?
Masuma: I teach basketball, netball, cricket and football to younger children in Tower Hamlets.
Kushnoor: I'm teaching children from years four to six badminton, cricket, basketball and netball. It's nice teaching young kids, and showing them there are better things to do with their time than sitting indoors.

What do you hope your involvement in London 2012 will inspire you to go on and achieve after the Games have finished?
Masuma: I hope to be able to bring out some big sporting talents in the children around my local area.
Kushnoor: I'd like to keep promoting participation in and enjoyment of sport to younger kids.

Which events would you like to see during London 2012?
Masuma: Athletics and Swimming.
Kushnoor: Javelin Throw.

Activities

can provide DJs, bubbles, dancefloors and candyfloss machines, and prides itself on its set-up service, delivery and collection.
Delivery & set-up service.

ORGANISERS

See also p298 **Mystical Fairies**.

Adam Ants

8959 1045, www.adamantsparties.com.
Ants can sort out all kinds of party-related tasks, from providing paper plates to arranging the entertainment for the big day. Girls can arrive in style in a Cinderella coach drawn by two white shetland ponies, while boys might just want to give the bouncy castles a good bashing. Traditional sports days can also be organised. Call for prices.

Birthday Dreams

7700 2525, www.birthdaydreams.co.uk.
Kinloch Castle in Islington, Birthday Dreams' spectacular venue, can be transformed into a jungle, princess palace or knight's fort for your child's party. Captivating entertainers include Safari Pete, with his animal encounters party. Castle packages start at £475, which includes full catering; there are even canapés for the parents. Party bags and waiting staff are also provided, so entertainers can stay in character while the serious business of sandwich serving is going on. BD can also organise parties in your home, with a clean-up service as extra.

Boo! Productions

7287 9090, www.booparties.com.
Offering breathtaking bespoke parties, Boo! can transform your venue, with every inch decorated to create a magical underwater world, a pirate ship or even the set of The *Wizard of Oz*. The cast of actors restage your favourite tales, with themed arts and crafts, games and audience participation; check out the video on the website. For those with less room (and cash), there are 'Entertainer in a Suitcase' packages from £170. Full venue transformation starts at £2,000, but staff can also snazz up a lounge with a backdrop and props.

Jasmine's Magic Parties

7249 9118, www.jasminesmagic parties.co.uk.
Choose your party to suit any age group from the large range on offer. Choices include singalong parties for toddlers, Wizards and

Escapade. *See p229.*

Witches for three to sevens, and Circus Skills or Disco Divas parties for five to nines. Jasmine and her team can also arrange to bring tables, chairs, tablewear, party bags and food, balloons, birthday cakes and more.

Nellie Shepherd Events

01625 533247, www.childrensartparties. co.uk, www.nelliespartyshop.co.uk.
The expert Shepherd and her team organise themed parties, transforming your chosen venue into a winter wonderland, fairy glade or circus then adding entertainment, face-painting and catering. Packages start at £2,000. You can also hire each element separately: a decorations box, say, or a themed crafts party.

Pro-Active 4 Parties & Entertainment

0845 257 5005, www.childrensentertainers hertfordshire.com.
These high-octane parties focus on sports, circus skills and discos. A long list of themes includes *Gladiators*, Boot Camp, *X Factor*, Mini Olympics, *High School Musical* and the ever popular Active Mayhem, which features an array of team sports. Staff are happy to come to your home, but most of the activities require plenty of space, and walls impervious to footballs. Parties are for children aged four and above, and prices start at £200.

Twizzle Parties

8392 0860, www.twizzle.co.uk.
Put your party into Twizzle's safe hands and you won't have to arrange a thing. From decorations, entertainment and play equipment to catering, sound equipment and venue hire, Twizzle offers a bespoke party service for one-to 16-year-olds (from £165). Pick and mix from its incredibly extensive recommendations; a toddler party could feature a nursery rhyme sing-along, supervised soft play and face painting, while teens might opt for quad bikes or a session in a recording studio.

PARTYWARE & PARAPHERNALIA

Baker Ross

0844 576 8922, www.bakerross.co.uk.
This online store has hundreds of ideas for craft parties and gifts, be they beady, sparkly or foamy. It also offers fun novelty balloons, no end of budget party bag toys and all manner of DIY decorations.

Balloonland

12 Hale Lane, NW7 3NX (8906 3302, www.the-party-shop.co.uk). Edgware tube or Mill Hill Broadway rail, or bus 221, 240. **Open** 9am-5.30pm Mon-Fri; 9.30am-5.30pm Sat. **Credit** AmEx, MC, V.
Balloons come any way you want them at Balloonland. Flat or inflated, plain or shaped, latex or foil… they can even arrive singing or as part of a bouquet. Balloonland also stocks general party goods, including party bags, paper plates and tablecloths covering pretty much every TV and film theme imaginable. The balloons are available to order online, but you need to call the shop if you want them pre-inflated or delivered.
Buggy access. Delivery service. Disabled access.

Circus Circus

176 Wandsworth Bridge Road, SW6 2UQ (7731 4128, www.circuscircus.co.uk). Fulham Broadway tube. **Open** 10am-6pm daily. **Credit** MC, V.
Friendly staff are happy to talk you through the enormous range of partyware, and can also help to source caterers, venues and bouncy castle hire. Plates and decorations abound, adorned with Barbie, Peppa Pig and other heroes of the small screen. Balloon arches, party games, fancy dress and piñatas complete the stock.
Buggy access. Delivery service. Disabled access.

CYP

01279 444707, www.cyp.co.uk.
CYP offers a dizzying array of CDs, downloads and musical games. Kids can sing along with the Fimbles, listen to CDs of fairytales or groove with the party DVDs. Many of the CDs come with free activity sheets. Prices start at £5.

Happy Green Earth

0845 388 0931, www.happygreenearth.com.
This online independent specialises in eco-friendly party bags in designs ranging from pirates to polka dots. Prices start at 10p for pink or blue candy-striped paper bags. Fillers include chocolate lollies and appealing wooden trinkets, such as balsa wood gliders and heart-shaped mirrors. Beeswax candles, cotton bunting and biodegradable balloons also feature.

Kidzcraft

01793 327022, www.kidzcraft.co.uk.
Click on the theme of your choice and Kidzcraft will present you with a range of crafty ideas for your very own art party. All manner of craft kits are available here, including pottery to paint and treasure chests to adorn (from £2.50). T-shirt decorating kits are another hot seller. Proud hosts can submit photos of the kids' efforts to the online gallery.

Activities

Party Party. *See p236.*

Little Cherry

01784 470570, www.littlecherry.co.uk.
Want to avoid the post-party guilt of sending bags full of plastic waste to the landfill? Little Cherry stocks biodegradable, compostable and recycled partyware. The recycled paper plates come in vivid colours – or your guests can eat off sialli- or palm-leaf plates. The cotton and recycled paper party bags can be bought ready-filled or empty.

Mexicolore

7622 9577, www.mexicolore.co.uk.
Mexicolore makes and imports authentic Mexican piñatas (made of papier maché, not cardboard). Prices start at £30, and staff will make up custom designs to order. Fill it up (the traditional stuffing is sweeties) and let the kids expend all that excess energy bashing it to bits.

Non-Stop Party Shop

214-216 Kensington High Street, W8 7RG (7937 7200, www.nonstopparty.co.uk). High Street Kensington tube or bus 10, 27, 391. **Open** 9.30am-6pm Mon-Sat; 11am-5pm Sun. **Credit** AmEx, MC, V.
A great shop to browse, whether you're after cards, fancy dress and wigs or tableware and decorations. Non-Stop specialises in bespoke balloon decorations to personalise your venue; for those that just want some balloons to kick about, you can buy a pump or hire a helium cylinder. This is also one of the few London shops where you can buy fireworks year round. *Buggy access. Delivery service.*

Party Ark

01572 748609, www.partyark.co.uk.
This user-friendly website sells partyware in TV, classic and age-specific themes. The one-click party packs have everything you need in your chosen theme in one package, so you don't have to browse. Another nice touch is the ideas panels for bewildered parents – a description of who each TV character is and what your child will expect from, say, an *Angelina Ballerina* or a *Lazy Town* party (the latter involves Daddy donning a purple catsuit).

Party Party

3 & 11 Southampton Road, NW5 4JS (7267 9084, www.partypartyuk.com). Chalk Farm tube or Gospel Oak rail, or bus 24. **Open** 9.30am-5.30pm Mon-Sat. **Credit** MC, V.
No.3 stocks decorations and a large range of bargain balloons, while No.11 is the shop to go to for tableware and costumes. If you'd rather not leave the sofa, you can browse the entire stock online. Knowledgeable staff can talk you through the numerous balloon options; you can even bring in last year's foil numbers to be reinflated. A lovely range of piñatas are also stocked. If you don't fancy excitable children wielding a big stick in your house, go for a 'pull' piñata, which showers the kids with sweeties once they locate the lucky ribbon.
Buggy access. Delivery service. Disabled access.

Party Party

9-13 Ridley Road, E8 2NP (7254 5168, www.ppshop.co.uk). Dalston Kingsland rail or bus 30, 38, 56, 67, 76, 149, 236, 242, 243, 277. **Open** 9am-5.30pm Mon-Thur; 9am-6.30pm Fri, Sat. **Credit** MC, V.
A stalwart of the east London party scene, Party Party has opened a second branch in Kilburn, stocking the same dizzying array of banners, fancy dress, piñatas and partyware. A massive selection of cake decorations and novelty bakeware takes centre stage, from ready-made icing (£4.29) for nervous chefs to 3D train-shaped baking pans (£14.49) for the more ambitious. Even the candles are special, with footballs, jungle characters and dinosaurs ready to grant your birthday wishes.
Buggy access. Mail order.
Branch 206 Kilburn High Road, NW6 4JH (7624 4295).

Party Pieces

01635 201844, www.partypieces.co.uk.
Lovely tableware, party bags, decorations and CDs galore. Of particular note are the cake kits (with everything you need to create a 3D masterpiece in your kitchen) and the 'scene setters'; giant backdrops that turn your walls into Dora's jungle or a princess's ballroom. Other stock includes party game kits, candy floss and popcorn machines, and some splendid invitations and thank-you cards. Filled party bags start at £1.50, and there are loads of brilliant bits and bobs for under a pound if you'd rather assemble your own.

Planet Party

8346 5432, www.planetparty.co.uk.
Beautiful partyware in classic or unusual themes, including spaceman, ballerina, bowling or sleepovers. Planet Party can also arrange your entire shindig in their Finchley venue or your home and supply party bags.

Consumer

Eating

Masses of choice for mini mouths.

If you want your children to diversify from the staple fishfinger/pasta diet, there's nowhere better than London to tease young palates. Nowadays even the chains (*see p246*) have to make things interesting to compete with fantastic family-run favourites and exciting newcomers across town. Parents can make freezer food at home; when they go out, they expect something created from good, fresh ingredients, containing vitamins and lots of flavour.

So, where to go for something a little different? Try dim sum in Chinatown at **Joy King Lau** (*see p256*), take in a tasting menu of Indian cuisine at **Tamarind** (*see p263*), sample some Mexican tamales and quesadillas at **Taqueria** (*see p264*) or experiment with what's hot off the teppanyaki grill at **Matsuri** (*see p264*).

At the other end of the scale, British comfort food has made a forceful return to hip menus everywhere, a development that means children are just as happy dining at the latest Modern European restaurants like **Hix** (*see p266*) and **Dean Street Townhouse** (*see p265*), as at the new cafés springing up across town like **Hackney Pearl** and **Hurwendeki** (for both, *see p250*). To celebrate this trend, we've picked out the best places to go out for breakfast (*see p242*) and afternoon tea (*see p255*).

BRASSERIES

Banners
21 Park Road, N8 8TE (8348 2930).
Finsbury Park tube/rail then bus W7.
Meals served 9am-11.30pm Mon-Thur; 9am-midnight Fri; 10am-4pm, 5pm-midnight Sat; 10am-4pm, 5-11pm Sun. **Main courses** £9.25-£15.75. **Set lunch** £7.75 2 courses. **Credit** MC, V.
If it ain't fixed... Banners has been serving up its 'global home cooking' to Crouch End for nearly two decades now, and is showing no signs of waning in popularity. The menu ranges from Sri Lankan to Caribbean via good old Blighty, and is complemented by a list of specials. Smoothies and floats are popular with children, and there's a long list of cocktails plus decent Argentinian chardonnay by the glass for parental pick-me-ups. Children get a long menu all to themselves, featuring grilled chicken, rice and peas, egg and chips, hamburger and chips or a 'tiny meal', which consists of mashed potato, baked beans and grated cheese for £1.95. Local mums and dads return time and time again, drawn by the all-day service and laid-back vibe. The decor is funky but lived-in, and the large, well-used noticeboard adds a sense of community spirit. *Buggy access. Children's menu (£2.95-£4.75). Crayons. High chairs. Toys.*

Chapters
43-45 Montpeller Vale, SE3 0TJ (8333 2666, www.chaptersrestaurants.com).
Blackheath rail. **Breakfast served** 8-11.30am Mon-Fri; 8am-noon Sat; 9am-noon Sun. **Lunch served** noon-3pm Mon-Sat; noon-4pm Sun. **Tea served** 3-6pm Mon-Sat; 4-6pm Sun. **Dinner served** 6-11pm Mon-Sat; 6-9pm Sun. **Main courses** £8.95-£24.95. **Credit** AmEx, MC, V.
Families with children are welcomed by the friendly staff at this all-day restaurant. On bright days they can sit outside overlooking Blackheath itself. Back inside, they are usually led subtly up to the first floor, leaving couples and adult groups in peace downstairs. Exposed brickwork, wooden floorboards, banquette seating and scatter cushions create a relaxed, informal setting. The all-day dining strapline translates into a menu that spans eggs benedict and cream teas to delicately flavoured fish dishes and hearty traditional roasts. Children

Consumer

Banners. See p239.

its appeal, but the food is also a draw. At lunchtime, choose from salads including crispy duck and watercress or watermelon, feta and toasted pumpkin seed. Then there's a selection of fish and shellfish dishes, meats and grills, many of which you can choose as a smaller plate. The kids' menu includes pasta, fishcakes and roasts on Sundays; for pud, there's ice-cream. A monthly colouring-in competition awards the winner and two guests a free meal. *Buggy access. Children's set meal (£5.50). Crayons. High chairs. Nappy-changing facilities. Tables outdoors (12, courtyard).*

Electric Brasserie
191 Portobello Road, W11 2ED (7908 9696, www.the-electric.co.uk). Ladbroke Grove tube. **Meals served** 8am-11pm Mon-Fri; 8am-5pm, 6-11pm Sat; 8am-5pm, 6-10pm Sun. **Main courses** £10-£28. **Set lunch** (noon-7pm Mon-Fri) £13.50 2 courses, £16.50 3 courses. **Credit** AmEx, MC, V.
This sparkling Portobello Road stalwart has a flair for making even long-suffering mums feel like A-listers, with its flash clientele and sleek internal decor. In fair weather, the front terrace fills with media types cutting deals over ice buckets; grab a table if you can, but it's a bit cramped for buggies. Tables in the front room are subject to the clatter of the open kitchen, but it sure soaks up any noisy toddler tantrums. At the rear is the dining room proper, an intimate wooden space lined with red leather banquette seating and chunky wooden tables, and lent an art deco feel by the central chandelier. Kids will love anything from the mid-price all-day brunch menu (served noon-5pm) which features crumpets with Nutella, yoghurt and honey, French toast, egg and bacon baps, croque monsieurs and more. Service is exemplary. *Buggy access. Children's menu (£6.50). Crayons. Disabled access: toilet. High chairs. Nappy-changing facilities. Tables outdoors (6, terrace).*

can choose between macaroni cheese, sausage and mash or fish and chips, and there's vanilla ice-cream with chocolate sauce for pudding. *Buggy access. Children's menu (£3.95-£4.50). Disabled access: toilet. High chairs. Nappy-changing facilities.*

Depot
Tideway Yard, 125 Mortlake High Street, SW14 8SN (8878 9462, www.depot brasserie.co.uk). Barnes Bridge or Mortlake rail, or bus 209. **Brunch served** 9.30-11.30am Sat. **Lunch served** noon-3pm Mon-Fri; 12.30-3.30pm Sat; noon-5pm Sun. **Dinner served** 6-11pm Mon-Sat; 6-10pm Sun. **Main courses** £10.50-£19.50. **Set lunch** £12.50 2 courses, £15.50 3 courses. **Credit** AmEx, DC, MC, V.
The setting of this smart Barnes institution – a courtyard by the Thames – is a big part of

Gallery Mess
Saatchi Gallery, Duke of York's HQ, King's Road, SW3 4LY (7730 8135, www.saatchi gallery.co.uk). Sloane Square tube. **Breakfast served** 10-11.30am daily. **Meals served** 11.30am-9.30pm Mon-Sat; 11.30am-7pm Sun. **Main courses** £9.50-£17. **Set tea** (2.30-6pm) £12. **Credit** AmEx, MC, V. **Map** p329 F11.
In fine weather, the most covetable tables for families are outside overlooking the traffic-free Duke of York Square; you don't get forgotten

out there as staff are an attentive bunch. Inside, the brasserie has a sense of space thanks to vaulted ceilings and lots of light, and is full of modern art (all for sale), which offers a point of interest for children of all ages. Visuals aside, the food makes a visit worthwhile in itself. The menu runs from breakfast to late supper and includes an afternoon tea, with sandwiches, scones and cakes. From 11.30am onwards, you can order dishes such as English asparagus with poached egg, hollandaise and prosciutto; a sharing plate of Spanish charcuterie served with honey, olives and bread; tortellini with goat's cheese, red pepper and a smoked tomato sauce; or a burger with all the trimmings. This last dish is hard to resist – the chips are good and the burger tastes as close to homemade as you'll find in London. Children of 12 and under can have two courses from their own short menu for £9.95. Go on a Saturday and you can browse the farmers' market while you're there. *Buggy access. Children's menu (£9.95). Disabled access: toilet. High chairs. Nappy-changing facilities. Tables outdoors (30, terrace).*

Joanna's

56 Westow Hill, SE19 1RX (8670 4052, www.joannas.uk.com). Crystal Palace or Gipsy Hill rail. **Breakfast served** 10am-noon daily. **Meals served** noon-11pm Mon-Sat; noon-10.30pm Sun. **Main courses** £10.95-£29.95. **Set menu** (lunch Mon-Sat, dinner Mon-Thur) £12.95 2 courses, £16.95 3 courses. **Credit** AmEx, MC, V.
Happy, chattering south Londoners create a bustling atmosphere here, and the friendly staff welcome children. There's a children's menu available until 6pm featuring chicken breast and vegetables, sausage and mash, hamburgers, roast beef, and fish and chips. Joanna's opened in 1978 as a burger bar and piano joint but has matured into a relaxed, colonial-style dining room with comfortable leather chairs, linen-clad tables and whirring ceiling fans. Food leans towards the traditional – roast beef and yorkshire pud, lobster, crispy haddock goujons with minted pea purée, fluffy cottage pie, caesar salad – and there's a fine selection of steaks and proper burgers. Desserts are old-school: squidgy chocolate brownie sundae or subtly spiced caramelised apple pancake with vanilla ice-cream. The best tables are by the windows, with views reaching as far as the City.
Buggy access. High chairs. Tables outdoors (4, pavement).

National Café

East Wing, National Gallery, Trafalgar Square, WC2N 5DN (7747 5942, www.the nationalcafe.com). Charing Cross tube/rail. **Breakfast served** 8-11.30am Mon-Fri; 10am-11.30pm Sat, Sun. **Lunch served** noon-5pm daily. **Dinner served** 5.30-11pm Mon-Sat. **Tea served** 3-5.30pm daily. **Meals served** 10am-5pm Sun. **Main courses** £12.50-£16.50. **Set lunch** £21.50 2 courses, £25 3 courses. **Set dinner** £28 2 courses, £32 3 courses. **Credit** MC, V. **Map** p333 K7.
The soaring ceilings, large windows, beautiful woodwork and red leather banquette seating create a spacious and welcoming room for families. This Peyton and Byrne operation charges high prices, but the surroundings almost make up for it. Children get their own menu, which includes grilled chicken and beans, burger and chips, and a dish of the day, but they would probably be far happier with one of the speciality ice-creams (including strawberry cheesecake and apple crumble). For adults, the set lunch offers a small saving, or there's a cheaper bakery area at the back that does sandwiches. It's a great place to get away from the tourist throngs for a while, although on our last visit service was nonchalant at best.
Buggy access. Disabled access: toilet. High chairs. Children's menu (£4.50-£6.50). Nappy-changing facilities.

Tate Modern Café: Level 2

2nd Floor, Tate Modern, Sumner Street, SE1 9TG (7401 5014, www.tate.org.uk). Southwark tube/London Bridge tube/rail/ Blackfriars rail. **Meals served** 10am-6pm Mon-Thur, Sun; 10am-10pm Fri, Sat. **Main courses** £6.95-£10.50. **Credit** AmEx, MC, V. **Map** p334 O7.
On our last visit, service was brusque and hard to come by once we were seated, but the Tate Modern Café remains an understandable favourite with families on a Bankside day out. With a morning of artistic appreciation behind you, it's a large and accommodating spot to settle for a good meal. Kids can choose pasta with tomato sauce, ham and cheese melt on foccacia or own-made fishfingers with chips, then settle down to brownie with chocolate sauce or banana split with ice-cream and fruit salad. What's more, for every adult main course ordered, a child's main course is free. Floor-to-ceiling windows framing the Thames provide passing entertainment, but there are also art and literacy activities on the kids' menus to keep idle hands busy. It's top-quality food,

Consumer

The Big Breakfast

There's nothing like getting out and seizing the day. And because you have kids, you'll be up earlier than most other London thrill-seekers, especially at weekends. Make the most of this and get to your destination at breakfast time – before the brunch set turn up.

Caravan

11-13 Exmouth Market, EC1R 4QD (7833 8115, www.caravanonexmouth. co.uk). Farringdon tube/rail. **Meals served** 8am-10.30pm Mon-Fri; 10am-10.30pm Sat; 10am-4pm Sun. **Main courses** £4.50-£16. **Credit** AmEx, MC, V.
This new Exmouth Market favourite was runner-up in Time Out's Best New Local Restaurant 2010. Get here at 8am midweek or 10am at weekends to sample the breakfast menu in relative peace. Most children will love the 'crumpets with too much butter' for £2.50, the banana caramel porridge and cream for £4.80 or one of the muffins (cheese and ham/rhubarb) for £2. Expect touches of fusion – the head chef is New Zealander Miles Kirby, late of the Providores. The casual vibe and industrial-funky design – rough wooden tables, white pipework, an enamel jug filled with daisies, light fittings made from old-fashioned cow-milking bottles – are part of the appeal, but it's the food that is the main draw. That said, parents shouldn't miss the coffee. Caravan has quickly developed an excellent reputation for its onsite roasts.
Buggy access. Disabled access. High chairs. Tables outdoors (2, pavement).

Fifteen

15 Westland Place, N1 7LP (3375 1515, www.fifteen.net). Old Street tube/rail. Trattoria **Breakfast served** 7.30-10.45am Mon-Sat; 8-10.45am Sun. **Lunch served** noon-3pm daily. **Dinner served** 6-10pm daily. **Main courses** £14-£21. *Restaurant* **Lunch served** noon-3pm daily. **Dinner served** 6.30-10pm daily. **Main courses** £17.50-£23. **Set lunch** (Mon-Fri) £24 2 courses, £28 3 courses, £34 4 courses. *Both* **Credit** AmEx, MC, V.

The London flagship of Jamie Oliver's charity operation has undergone a facelift. A lick of paint and signature hot pink carpet in the basement dining room brighten the venue, but tinny aluminium chairs in the ground-floor trattoria feel less welcoming than the former studied rustic look. Not so great for an evening meal then, but the airy, buzzy space provides the perfect place to linger over a feel-good weekend breakfast. Fifteen's cuisine is broadly Italian, but at breakfast time it's a different story. Cooked breakfasts, pastries and healthier fruit- and cereal-based options will all appeal to children. There's an emphasis on careful sourcing from quality producers and it's all of a reliable standard. Arrive here at 7.30am on a Saturday or 8am on a Sunday to beat the crowds.
Booking essential (restaurant). Disabled access: toilet (trattoria). High chairs. Nappy-changing facilities.

The Luxe

109 Commercial Street, E1 6BG (7101 1751, www.theluxe.co.uk). Liverpool Street tube/rail or Shoreditch High Street rail. Café-bar **Open** 8.30am-11.30pm Mon-Sat; 9.30am-10pm Sun. **Meals served** 8.30am-4.30pm Mon-Sat; 9.30am-4.45pm Sun. **Main courses** £7.50-£11.50. *Restaurant* **Lunch served** noon-3pm Mon-Fri; noon-4pm Sun. **Dinner served** 6-10.45pm Mon-Sat. **Main courses** £13-£15. *Both* **Credit** AmEx, MC, V.
Masterchef judge John Torode's new venture is set in Spitalfields' Grade II-listed Old Flower Market building. It's reminiscent of his other venture, Smiths of Smithfield, in that a different experience is offered on each floor. The basement bar (a music venue) is dark and moody. Centrepiece of the premium-priced first-floor dining room is a show kitchen – with white marble bar cut out and filled with logs – and the cooking. Best for families is the ground-floor café-bar with its charming terrace at the back. It's a great spot for breakfast (waffles, sausage butties, mushrooms on toast with poached eggs and hollandaise).

Consumer

Ottolenghi.

Juices, smoothies and milkshakes also feature strongly on the menu. *Buggy access. Disabled access: lift, toilet. High chairs. Nappy-changing facilities. Disabled: lift; toilet. Tables outdoors (3, pavement). Takeaway service.*

Ottolenghi

287 Upper Street, N1 2TZ (7288 1454, www.ottolenghi.co.uk). Angel tube or Highbury & Islington tube/rail. **Meals served** 8am-10pm Mon-Wed; 8am-10.30pm Thur-Sat; 9am-7pm Sun. **Main courses** £8-£10. **Credit** AmEx, MC, V.

The Islington branch of Ottolenghi is the biggest, with tables to seat around 50 and a kitchen producing food from breakfast until late. Ottolenghi's cooked breakfasts are some of the best in town, but what children remember is not just the food, but also being able to operate the toaster themselves (there's one on each table at breakfast time to toast the cornucopia of breads on offer). There are also muffins and pastries out front, and hot delights such as cinnamon French toast made with brioche and served with yoghurt and compote or buffalo mozzarella tortilla with red pepper salsa. The cool, mostly white interior (there's

the odd coloured Pantone chair at the communal Corian table) is the epitome of sleek, all the better to put the focus on the colourful dishes. Try to steer children past the incredible window cake displays or you'll never escape without a box of sweet treats to take home. *Buggy access. Disabled access: toilet. High chairs. Tables outdoors (2, pavement). Takeaway service.* **Branches** 63 Ledbury Road, W11 2AD (7727 1121); 1 Holland Street, W8 4NA (7937 0003); 13 Motcomb Street, SW1X 8LB (7823 2707).

Tom's Kitchen

Somerset House, Strand, WC2R 1LA (7845 4646, www.tomskitchen.co.uk). Embankment or Temple tube, or Charing Cross tube/rail. **Breakfast served** 8-11am Mon-Fri. **Brunch served** 10am-4pm Sat, Sun. **Lunch served** noon-3pm Mon-Fri. **Dinner served** 6-10pm Mon-Sat. **Main courses** £25-£30. **Credit** AmEx, MC, V. **Map** p333 M7.

Tom Aikens' new venture at Somerset House is an extension of what he's been doing at his Chelsea Green original, but on a much grander scale. In the gracious riverside rooms, diners can choose between semi-circular red leather banquettes, blond wood chairs or bar-side tables. From April until autumn, the stately terrace overlooking the Thames becomes another wing of the restaurant, and is the best bet for families with fidgety toddlers. Breakfast is our favourite time to visit. The croissants, pancakes and waffles with caramelised apples are superb, the ingredients for the full English sourced carefully, the coffee just so. Service is friendly and unobtrusive, and no one seemed to mind a toddler wandering around from room to room. If the prices are a bit steep (£3 for a latte; £6.50 for two eggs on toast), you can always visit Tom's Deli across the stone-flagged corridor, which serves the same great coffee more cheaply, as well as sandwiches, cakes and salads. Take it with you into the courtyard outside or sit inside at one of the Deli's own tables. *Buggy access. Disabled access: toilet. High chairs. Tables outdoors (30, terrace). Takeaway service.*

Consumer

with an emphasis on quality over quantity; ingredients are carefully sourced and seasonal wherever possible. Get here by 12.15pm at the latest if you want to be led straight to a table. *Buggy access. Children's set menu (£5.10 11am-3pm daily). Disabled access: lift, toilet. High chairs. Nappy-changing facilities.*

CAFES

Blue Mountain Café

18 Northcross Road, SE22 9EU (8299 6953, www.bluemo.co.uk). East Dulwich rail. **Meals served** 9am-10pm Mon-Sat; 10am-6pm Sun. **Main courses** £4.50-£8. **Credit** AmEx, MC, V.

Blue Mountain was already an East Dulwich institution long before the arrival of Bugaboos and loft conversions, and it continues to draw the crowds with its quality all-day breakfasts and calorific cake selection. The perennial bestseller is the Full Monty: herby butcher's sausage, bacon, beans, portobello mushroom, grilled tomato, chunky toast, a choice of eggs and a cup of tea. Interesting lunchtime specials include the likes of jerk chicken (£7.95), herby salmon and haddock fishcakes (£6.85), and burgers. The funky mosaic patio, made by local artists, is a sunny spot to observe the bustle of Northcross Road (particularly its Saturday market), and is packed with families and freelancers during the week. Long the envy of neighbouring up-and-coming enclaves such as Honor Oak, Blue Mountain now has a branch in Sydenham.
Buggy access. Children's menu (£3-£5). High chairs. Nappy-changing facilities.
Branch 260 Kirkdale, SE26 4RS (8659 6016).

Boathouse Café

Hanover Gate, Regent's Park, NW1 4NU (7724 4069, www.companyofcooks.com). Baker Street or Regent's Park tube. **Meals served** 10am-4pm daily. **Main courses** £3.70-£5.75. **Credit** MC, V.

Company of Cooks runs this small outlet in Regent's Park, along with the Honest Sausage and the more upmarket Garden Café. The big draw of the Boathouse Café is its proximity to the recently renovated Hanover Gate Playground, which now has two separate play areas – traditional equipment for younger children and timber treehouse climbing structures for the older kids. And as the name suggests, it's also right next to the boating lakes. There are only seven tables inside, but

on bright days families can make the most of the 15 large outdoor tables. The menu is very simple – two types of pasta, flatbread pizza with a choice of toppings, sandwiches and salads – but the café does what it does in typically satisfying Company of Cooks style. It also sells great ice-creams and cakes.
Buggy access. Children's menu (£3.75). High chairs. Tables outdoors (15, terrace). Takeaway service.

Brew House

Kenwood, Hampstead Lane, NW3 7JR (8341 5384, www.companyofcooks.com). Bus 210, 214. **Meals served** Oct-Mar 9am-dusk daily. Apr-Sept 9am-6pm daily (7pm on concert nights). **Main courses** £6.95-£11.95. **Credit** MC, V.

A weekend institution for families pretending that they live in the countryside for a morning. Donning wellies and arriving with bikes, dogs and off-road buggies, the wealthy and famous are regular visitors to the Brew House. It's a self-service café run by Company of Cooks in a spectacular setting next to Kenwood House (*see p77*). The large walled, tiered terrace is a favourite spot on sunny days. Breakfasts are hearty, with huge sausages, scrambled eggs, good bacon, field mushrooms and tomatoes; on bright weekend mornings, be here by 10am to stake out a table. For lunch, there's a choice of quiche and salad, a generous meat dish or soup with various accompaniments. Children can have smaller portions of the day's dishes, or a bowl of macaroni cheese that's enough to fill an adult. The complicated queuing system takes a while to get used to, and at busy times the hot food service can seem interminably slow. But somehow, none of this matters once the food is on the table. If you want a quick sandwich, ice-cream or coffee, there's a serving hatch around the corner (with plenty of extra seating).
Buggy access. Children's menu (£2.75-£4). Disabled access: toilet. High chairs. Nappy-changing facilities. Tables outdoors (70, garden). Takeaway service.

Café on the Rye

Strakers Road, SE15 3UA (8693 9431, www.cafeontherye.co.uk). Peckham Rye rail. **Meals served** 9am-5.30pm daily. **Main courses** £3.50-£7. **No credit cards.**

Like a lot of park cafés in London, this is a very pleasant surprise. It opened in 2007 and hasn't had a quiet day since. Location is key and it helps that the café is right next to the One O'Clock Club, but people also come back for the

Consumer

wholesome and delicious food, ranging from full breakfasts to toasted ciabattas, classic English sandwiches and appealing regular specials – and don't overlook the moist and tasty cakes. The Just 4 Kids menu offers simple sandwiches – Marmite, cream cheese, ham and tuna mayo – or pasta with tomato or bolognese sauce; sausage and beans, and scrambled eggs and beans on toast. The café also serves Jude's ice-cream – once tasted, never forgotten. The architecture is pretty tasty too: the circular wooden frontage faces the vast green expanse of Peckham Rye, and there are chairs to sit on outside and enjoy the scenery on fine days.
Buggy access. Children's menu (£2.50-£3.75). Crayons. Disabled access: toilet. High chairs. Nappy-changing facilities. Tables outdoors (7, park; 16, garden). Takeaway service. Toys.

Café Rex

172-174 Muswell Hill Broadway, N10 3SA (8444 3463, www.caferex.co.uk). East Finchley tube, then bus 102, 234 or 603. **Meals served** 9am-9.30pm Mon-Wed; 9am-10pm Thur, Fri; 8am-10pm Sat; 9am-6.30pm Sun. **Main courses** £6.95-£10.95. **Set lunch** £4.95 1 course. **Set dinner** £10 2 courses, £13 3 courses. **Credit** MC, V.
Families didn't take long to find this new café in Muswell Hill, a monied suburb surprisingly short of good, independently run places to eat. The atmosphere is part coffee bar, part gastropub and part greasy spoon, with matching chairs, bare bricks, sofas and bright

Café Rex.

ceiling lights. We like the place, with its all-day breakfasts, Fairtrade coffee and hearty British dishes (steak and kidney pie, fish and chips and other classics, with a nod to the nation's adopted favourites like chicken tikka masala and lasagne). Just in case you forget the theme, there is a massive Union Jack on the wall. Kids get their own choice of mains for £3.50 a pop (with baked beans on toast providing a cheaper option), but most would be happy with the main menu. Puddings are a continuation of the nursery food ideal, featuring treacle tart, apple pie and Eton mess or scones and toasted tea-cakes for afternoon treats. We can see Café Rex rolling out as a mini chain across north London.
Buggy access. Children's menu (£2.95-£4.50). Disabled acceess: toilet. High chairs. Nappy-changing facilities. Tables outdoors (2, pavement).

Common Ground

Wandsworth Common, off Dorlcote Road, SW18 3RT (8874 9386). Wandsworth Common rail. **Meals served** 9am-5.15pm Mon-Fri; 9am-5.30pm Sat, Sun. **Main courses** £3.50-£9. **Credit** MC, V.
Service might lack smiles, the floor might need scrubbing more often, but this remains a local institution, mainly because of its pole position in the middle of Wandsworth Common. With cricket pitches on one side and a pristine bowling green on the other, this former lodge building keeps things simple. There are wooden floors and wooden tables in the conservatory, a generous patio with tables outside, and a cosier room with sofas and buckets of toys where parent and toddler groups meet on weekdays. The food is tasty, if a little on the expensive side, and there's a children's menu that includes home-made chicken goujons or locally made sausages served with mash or chips and broccoli or peas. There are also simple sandwiches and a range of cakes.
Buggy access. Children's menu (£3.95-£4.50). High chairs. Nappy-changing facilities. Play area. Takeaway service.

Container Café

The View Tube, The Greenway, Marshgate Lane, E15 2PJ (07702 125081, www.theviewtube.co.uk). Pudding Mill Lane DLR. **Meals served** 9am-5pm Mon-Fri; 10am-6pm Sat, Sun. **Main courses** £3.50-£8. **Credit** AmEX, MC, V.
This café isn't in the position to attract casual passers-by. It's located within the View Tube, a community centre opposite the Olympic Park

Consumer

Chain Reaction

Even those who sniff at chains before having children must eventually concede that they have their place. On a family day out in London, sometimes cheap and recognisable is just what's required. Here are some of our favourites.

Byron

222 Kensington High Street, W8 7RG (7361 1717, www.byronhamburgers. com). High Street Kensington tube. **Meals served** noon-11pm Mon-Thur; noon-11.30pm Fri, Sat; noon-10.30pm Sun. **Main courses** £6.25-£8.50. **Credit** AmEx, MC, V. **Map** p328 A9.
Rapid expansion means there are now 11 branches of this hamburger specialist across London. The menu is short and simple, the 6oz plain burger costs just £6.25, and Byron delivers on its promise to create moist pink hamburgers in very good buns. Children get two courses for £6.25 and can choose between mini hamburgers, chicken burgers, veggie burgers or macaroni cheese. Pudding is vanilla ice-cream or chocolate brownie. *Buggy access. Children's menu (£6.25). Crayons. Disabled access: toilet. High chairs. Nappy-changing facilities. Tables outdoors (3, pavement). Takeaway service. Toys.*
Branches throughout the city.

Carluccio's Caffè

Reuters Plaza, E14 5AJ (7719 1749, www.carluccios.com). Canary Wharf tube/DLR. **Meals served** 7am-11.30pm Mon-Fri; 9am-11.30pm Sat; 10am-10.30pm Sun. **Main courses** £6.95-£13.95. **Credit** AmEx, MC, V.
Carluccio's understands that children want something to happen as soon as they sit down. And lo and behold; grissini, a soft drink and some paper and crayons appear at the table. The clattering acoustics common to most branches isn't exactly soothing, but the warmth of the service, tasty grub and shelves of aspirational deli items keep enticing the customers back. Children can choose from a selection of pasta shapes and sauces, or there's chicken and potatoes, ravioli and lasagne. To

finish, the little darlings get an individual tub of Carluccio's Italian ice-cream. *Buggy access. Children's set meal (£5.95). Crayons. Disabled access: toilet. High chairs. Nappy-changing facilities. Tables outdoors (25, piazza). Takeaway service.*
Branches throughout the city.

Giraffe

Units 1&2, Riverside Level 1, Royal Festival Hall, SE1 8XX (7928 2004, www.giraffe.net). Waterloo tube/rail. **Meals served** 8am-11pm Mon-Fri; 9am-10.30pm Sat, Sun. **Main courses** £7.25-£14.95. **Set dinner** (5-7pm Mon-Fri) £8.45 2 courses. **Credit** AmEx, MC, V. **Map** p333 M8.
There is a reason why this Giraffe is heaving with families. The kids' menu is lengthy and reasonable, and the setting on the Thames is fabulous. Kids can choose a cooked breakfast (sausage, eggs, beans and toast, or a veggie version) until 4pm, or opt for something from the lunch/dinner menu, which includes grilled chicken, pasta pomodoro or cottage pie (£3.75-£4.25). Ice-cream is £1.35 per scoop. For the adults, substantial salads offer a healthy alternative to the burgers and noodle dishes. Desserts are on the small side, though the warm chocolate brownie with hot chocolate sauce is always a treat. *Buggy access. Children's menu (£4.75 noon-5pm Mon-Fri). Crayons. Disabled access: toilet. High chairs. Nappy-changing facilities. Tables outdoors (40, terrace). Takeaway service.*
Branches throughout the city.

Haché

24 Inverness Street, NW1 7HJ (7485 9100, www.hacheburgers.com). Camden Town tube. **Meals served** noon-10.30pm Mon-Fri; noon-11pm Sat; noon-10pm Sun. **Main courses** £5.95-£12.95. **Credit** AmEx, MC, V.
Any gourmet burger bar should be able to shine on basic burgers, and Haché still excels. The portions are large and the meat first-rate, with good-quality extra toppings. There's a wide range of

burgers to choose between, from beef, duck, lamb and venison to a welcome vegetarian selection; chips, meanwhile, can be frites-style, skinny or fat. Decent crêpes have been added to the desserts, but brownies are the thing to have. *Buggy access. High chairs. Takeaway service. Tables outdoors (2, pavement).* **Branch** 329-331 Fulham Road, SW10 9QL (7823 3515).

Nando's

57-59 Goodge Street, W1T 1TH (7637 0708, www.nandos.com). Goodge Street tube. **Meals served** 11.30am-11pm Mon-Thur; 11.30am-11.30pm Fri, Sat; 11.30am-10.30pm Sun. **Main courses** £5.80-£10.60. **Credit** AmEx, MC, V. **Map** p330 J5.

The appeal of Nando's lies in its simplicity, lack of ceremony and keen prices. With wooden tables and chairs and a menu that centres around freshly grilled chicken, it's not quite a fast food restaurant – but it's not a million miles away (meal deals, bottomless refills on drinks and a super-casual vibe). Chicken served with spicy peri peri sauce of varying degrees of fierceness is the mainstay, while sides dishes (corn on the cob, thick-cut chips) make for a filling, decent value meal. Kids get their own menu featuring chicken in various guises and a choice of veggie burger or bean burger. It's a steal at £4.10 for a main course, side dish and dessert. *Buggy access. Children's set meal (£4.15). Disabled access: toilet. Crayons. High chairs. Nappy-changing facilities. Tables outdoors (1, pavement).* **Branches** throughout the city.

Pizza Express.

Pizza Express

Lion House, Richmond, TW9 1RE (8948 7460, www.pizzaexpress.com). Richmond tube/rail. **Meals served** 8.45am-11pm Mon-Thur, Sun; 8.45am-midnight. **Main courses** £8.50-£12. **Credit** AmEx, MC, V.

The latest London branch of Pizza Express is a test run for a new generation of the old pizza chain favourite. It has been designed with consultation from a theatre director, artists, sound technicians and one of the founders of Mumsnet. Booths and sound-reflective lighting cut down the noisy clatter of the modern restaurant experience. You can even plug an iPod in to create your own soundtrack, and press a button that lights up when you need service. Children can entertain themselves at a central drawing table between courses, or make their own pizza. The children's menu understands that you have to keep the treats coming for children to sit still for any length of time. It's £6.25 for dough balls and crudités, pizza or pasta, a sundae and a bambinoccino. Waiters are trained to deal with families, so greet children with a smile rather than a grimace. *Buggy access. Children's menu (£6.25). Disabled access: toilet. High chairs. Nappy-changing facilities. Play area. Takeaway service.* **Branches** throughout the city.

Wagamama

11 Jamestown Road, NW1 7BW (7428 0800, www.wagamama.com). Camden Town tube. **Meals served** noon-11pm Mon-Sat; noon-10pm Sun. **Main courses** £6.65-£12.75. **Credit** AmEx, DC, MC, V.

Wagamama was the first – and is still one of the best – canteen-style pan-Asian diners. Children get their own menu featuring a couple of choices of noodle and rice dishes, but most would enjoy plenty of the dishes from the main menu too. To drink, there's saké, juices and free green tea. *Buggy access. Children's menu (£2.85-£4.35). Crayons. Disabled access: toilet. High chairs. Nappy-changing facilities. Takeaway service.* **Branches** throughout the city.

on the Greenway walking and cycling route. Once through the unlikely looking paths of the greatest building site in London, you can't miss the View Tube – it's made out of old shipping containers and painted bright yellow. Inside the café, a blackboard has a short list of hot eats like bacon baguettes, tomato and basil scrambled egg on toast, pies and soup of the day, and further temptations rest on the counter: moist chocolate brownies, cookies and appealingly overstuffed savoury croissants. The coffee is excellent and the mismatched furniture, funky decor and changing art makes for a relaxed atmosphere. What children will enjoy most, though, are the views of the cranes and buildings across the Olympic Park below.
Buggy access. Disabled access: lift, toilet. Tables outdoors (12, terrace). Takeaway service.

Daylesford Organic

208-212 Westbourne Grove, W11 2RH (7313 8050, www.daylesfordorganic.com). Ladbroke Grove or Notting Hill Gate tube. **Open** 8.30am-7pm Mon-Sat; 10am-4pm Sun. **Main courses** £9.95-£13.95. **Credit** AmEx, MC, V. **Map** p326 A6.

This, the newest Daylesford branch, is spread over three floors, with a raw food bar in the basement, a bustling café on the ground floor, and a larder of fabulous produce from the home farm in Gloucestershire upstairs. Hip and sophisticated Notting Hill families turn up in droves to this farm shop-cum-brasserie and pretend they're living the simple life. Their carefully coordinated weekend outfits sit perfectly against the understated decor: whitewashed boarding, stripped wood, and woven baskets overflowing with expensive organic produce. Wandering around Daylesford, you can't help thinking of Harry Enfield and Paul Whitehouse's 'I Saw You Coming' sketch and sniggering. The café's menu is limited, but has enough to tempt: buttery pastries, a nursery food staple such as shepherd's pie, eggs royale with perfect, oozing yolks, and salads for the health-conscious. Service can be terrible, especially when it's busy, but the ingredients are the finest. If you lived nearby, you'd be here often too.
Buggy access. Crayons. Disabled access: lift, toilet. High chairs. Nappy-changing facilities. Tables outdoors (6, pavement). Takeaway service.
Branches 44B Pimlico Road, W11 2RH (7881 8060); Selfridges, 400 Oxford Street, W1A 1AB (0800 123 400).

Deep Blue Café

Science Museum, Exhibition Road, SW7 2DD (7942 4488, www.sciencemuseum. org.uk). South Kensington tube. **Meals served** 11am-4pm daily. **Credit** MC, V. **Map** p329 D9.

The Deep Blue Café had a refurbishment last year but it's back, serving families taking a break from the Science Museum's many attractions (for which, *see p112*). Getting to the café is an adventure in itself; you pass an Apollo lunar module, a Model T Ford and Stephenson's Rocket, among other things. Once there, the café has views over the Wellcome Wing that inspire further exploration. Deep Blue serves pizza and pasta dishes, and a small range of grills and salads. Children's mains come in at a reasonable £3.95-£4.25, although puddings can rack up the bill with fruit salad starting at £3.95.
Buggy access. Children's menu (£3.95-£4.25). Disabled access: toilet. High chairs. Nappy-changing facilities.

Fait Maison

Ravenscourt Park, Paddenswick Road, W6 0UG (8563 9291, www.fait-maison.co.uk). Ravenscourt Park tube. **Meals served** *Summer* 8am-6pm daily. *Winter* 8am-4.30pm daily. **Main courses** £3.95-£7.50. **No credit cards.**

Fait Maison has several outlets in west London, but our favourite, simply for location alone, is this one in Ravenscourt Park. Collapse into an

Franco Manca.

Consumer

inviting sofa and tuck into supersized croissants and mega-meringues, or order lunch. There are various enticing salads and hot dishes on the board, all at reasonable prices and served in decent portions. There are also freshly cooked pizzas on the menu, and the atmosphere is cheerful and chilled: park your pram by your table and grab a high chair or head for the outdoor seating. If you've been on the swings, racing round the park or tackling the shops in nearby Hammersmith, this is the ideal place to recover. Amanda's Action Kids holds classes here on Thursday afternoons and Friday mornings. At the nearby Goldhawk Road branch, there's a more varied programme of activities, from yoga on Wednesday mornings to cookery classes on Mondays (at 10am and 2pm) and art classes on Thursdays (10am).
Buggy access. Children's menu (£3.90). Disabled access: toilets. Tables outdoors (6, park). Takeaway service.
Branches 3 Stratford Road, W8 6RQ (7937 2777); 245 Goldhawk Road, W12 8EU (8222 8755).

Franco Manca
144 Chiswick High Road, W4 1PU (8747 4822, www.francomanca.co.uk). Turnham Green tube. **Meals served** noon-11pm Mon-Thur, Sun; noon-11.30pm Fri, Sat. **Main courses** £4.50-£6.95. **Credit** MC, V.
Franco Manca's original incarnation in Brixton market is small, but legendary among pizza purists. This new branch is much more spacious, but still serves the same great food. The sourdough is left to rise for 20 hours before baking, and its ingredients are largely organic. Pizzas (some with simple toppings like tomato, basil and mozzarella, some with more unusual combinations such as ricotta and pork) are disarmingly good. There are around eight pizzas on the menu at any one time and a few starters. Most children adore pizza, so get them used to the good things in life early on.
Buggy access. Disabled access: toilet. High chairs. Nappy-changing facilities. Tables outdoors (6, pavement). Takeaway service.
Branch 4 Market Row, Electric Lane, SW9 8LD (7738 3021).

Frizzante at City Farm
1A Goldsmith's Row, E2 8QA (7739 2266, www.frizzanteltd.co.uk). Hoxton rail or bus 26, 48, 55. **Meals served** *Summer* 10am-4pm Tue, Wed, Fri-Sun; 10am-4pm, 7-10pm Thur. *Winter* 10am-4pm Tue-Sun. **Main courses** £5-£13. **Credit** MC, V.

Frizzante has long been the envy of other London City Farms, and it's now got a second home at a riverside location within Surrey Docks Farm (*see p155*). The original, here at Hackney City Farm, is a surprisingly rural corner in a densely urban spot. Frizzante manages to look like an outsized farmhouse kitchen with colourful oilcloth-covered tables and a make-do-and-mend style. Work up an appetite for the hearty portions by meeting the pigs, chickens, geese, sheep and goats in the farmyard outside. Visitors tend to opt for the blackboard specials if they're not tucking into one of the legendary breakfasts, so it's worth arriving early before dishes sell out. Children can choose from simple beans on toast (£2.50), pasta with tomato sauce and cheese (£4) and other dishes on the same theme. For pudding, there are incredibly good home-made ice-creams and cakes. Babies are catered for with Ella's Kitchen purée from the shelves. The welcome is warm and the atmosphere delightfully laid-back, and there's outside seating for warm days.
Buggy access. Children's menu (£2.25-£4.25). Disabled access: toilet. High chairs. Nappy-changing facilities. Tables outdoors (12, garden). Takeaway service.
Branch Surrey Docks Farm, South Wharf, Rotherhithe Street, SE16 5ET (7231 1010).

Gracelands
118 College Road, NW10 5HD (8964 9161, www.gracelandscafe.com). Kensal Green tube. **Meals served** 8.30am-5pm Mon-Fri; 9am-5pm Sat; 9.30am-3pm Sun. **Main courses** £4.50-£12.95. **Credit** AmEx, MC, V.
With its wooden floors, rustic tables and light and airy interior, this is a popular spot for local families. The large pavement terrace is a bonus too. The all-day breakfast menu, lunchtime specials, cakes and pastries are made with great attention to detail and there's a fantastic salad bar that deserves exploration (a mixed plate with quiche is £7.50). Portions are large, so canny parents can easily share with their offspring. A play area inside the café with toys and books, as well as the fantasic resource of Gracelands Yard next door (which offers workshops for children like sewing clubs, yoga classes, baby music sessions and Mini Picasso art classes), means this family-focused café is always packed. All in all, a great local treasure, but one that knows it's got a captive market.

Buggy access. Children's set meal (£3.50).
Disabled access. High chairs. Nappy-changing
facilities. Play area. Tables outdoors
(4, pavement; 12, garden). Takeaway
service. Toys.

Haberdashery

22 Middle Lane, N8 8PL (8342 8098,
www.the-haberdashery.com). Archway tube
or Hornsey rail, then bus 41. **Meals served**
8am-6pm Mon-Fri; 9am-6pm Sat, Sun. **Main**
courses £6-£9. **Credit** AmEx, MC, V.
There aren't many cafés with outdoor space in
Crouch End. Spiazzo, the Italian café on the
Broadway, has the best pitch, with tables lined
up along the square by the town hall. But it's
expensive, service is often brusque bordering
on rude, and it feels ungenerous (last time we
were there, we asked for honey to sweeten our
mint tea; a tiny saucer arrived and £1 was
added to the bill). Haberdashery, which arrived
at the tail end of 2009, has a lovely sheltered
garden out the back and, with its higgledy-
piggledy combo of textiles, threads and
buttons, myriad porcelain cups and saucers
hanging from the wall and the gentle burble of
old vinyl in the background, is a friendly place
to come. The place – and the service – is
charming. It serves classic breakfasts in the
morning, light lunches afterwards and a
fantastic array of muffins, cakes and biscuits.
The kids' menu has its own range of breakfasts,
mains and drinks. Adult lattes are served in
mammoth bowls and have good coffee bean
flavour. Haberdashery clearly cares about the
food it serves, which manifests itself in the
quality of the ingredients and a careful menu.
It has already become a Crouch End institution,
with photo exhibitions, barboot sales and more.
Children also love the trays and jars of unusual
sweets at the counter.
Buggy access. Children's menu (£3.50-
£4.75). High chairs. Nappy-changing
facilities. Tables outdoors (12, garden/
pavement). Takeaway service.

Hackney Pearl

11 Prince Edward Road, E9 5LX (8510
3605, www.thehackneypearl.com). Hackney
Wick rail. **Lunch served** 10am-4pm,
dinner served 6-10pm daily. **Main**
courses £9.50-£14.50. **Credit** MC, V.
The owners of Hackney Pearl have made
something special out of not very much. That's
why we awarded them Best New Café 2010.
Hackney Pearl is a café-bar that's very sure of
itself and perfectly fits the brief for a friendly

neighbourhood hangout for families in the
daytime and the local arty crowd in the evening.
With its community-focused informality, the
place feels like a reaction to 'regeneration
projects' promised by developers. Two former
shop units are enlivened by Formica tables,
colourful rugs and old dressers, with shelves on
the walls full of books to browse through. The
compact menu lists simple but imaginative
food: a bright Turkish-style meze plate with
superb bread or sweetcorn fritters with chilli
jam and crème fraîche. You're also treated to
well-sourced drinks (Square Mile coffee,
Meantime beer, bloody marys, an extensive
wine list) and an atmosphere so relaxed it's
almost horizontal. The venue has become at one
with the Wick through involvement with
artists' studios and events such as the Hackney
Wicked festival. It may be out of the way for
most, but a visit here is a heartening experience.
Buggy access. Disabled access: toilet. High
chairs. Nappy-changing facilities. Tables
outdoors (5, terrace). Takeaway service.

Hurwundeki Café

299 Railway Arches, Cambridge
Heath Road, E2 9HA (7749 0638,
www.hurwundeki.com). Bethnal Green tube
or Cambridge Heath rail. **Meals served**
7am-7pm Mon-Fri; 9am-7pm Sat, Sun.
Main courses £4.20-£8. **No credit cards**.
The Hurwundeki empire began in Shoreditch
with a boutique and salon. Now, there's also a
café in Bethnal Green in one of the railway
arches by Cambridge Heath station. The words
emblazoned on the outside are 'Café, Antique,
Play', and that pretty much sums up the ethos.
Many bits of the mismatched furniture are for
sale and there's great coffee and sandwiches,
cakes and breakfast goods on the service
counter. The kids will love the sense of
discovery about the place, and the large closed-
in, sand-filled terrace out front; see if they can
spot gnomes in the undergrowth, a rocking
horse, the table football table and a Cinderella-
style pumpkin carriage they can climb into.
Buggy access. Tables outdoors (10, garden).
Takeaway service. Toys.

Inn the Park

St James's Park, SW1A 2BJ (7451 9999,
www.innthepark.com). St James's Park or
Westminster tube. **Meals served** *Summer*
8am-10pm Mon-Fri; 9am-9.30pm Sat; 9am-
6pm Sun. *Winter* 8am-5pm Mon-Fri; 9am-
5pm Sat, Sun. **Main courses** £14.50-£20.50.
Credit MC, V. **Map** p333 K8.

Consumer

Haberdashery

Oliver Peyton's venture in St James's Park keeps to a seasonal British menu, but families don't so much come for the food as the fantastic setting. The timber-clad, glass-fronted park café couldn't be more idyllic. The tables on the terrace overlook St James's Park and the picturesque Duck Island; even the indoor tables have lovely views, thanks to floor-to-ceiling windows. The restaurant is pricey (there is a children's menu, but it'll set you back £7.50 for a main course), but families can head to the more modestly priced self-service area where offerings include soups, sandwiches, pies and cakes. If it's a special occasion, you can book a summer barbecue for a party (minimum 25 people).
Buggy access. Children's menu (£7.50). Disabled access: toilet. High chairs. Nappy-changing facilities. Tables outdoors (40, patio). Takeaway service.

Lido

Serpentine Lido, Hyde Park, W2 2UH (7706 7098, www.companyofcooks.com). Hyde Park or Knightsbridge tube. **Meals served** *Jan, Feb, Nov, Dec* 8am-4pm daily. *Mar, Oct* 8am-5pm daily. *Apr* 8am-6pm daily. *May* 8am-7.30pm daily. *June* 8am-8pm daily. *July, Aug* 8am-9pm daily. *Sept* 8am-7pm daily. **Main courses** £7.50-£12.50. **Credit** MC, V. **Map** p327 E8.

Company of Cooks took over the running of this lakeside café, which occupies a prime spot near Hyde Park's famous Serpentine, in 2010. The building itself was constructed in 1931 and originally used as the changing rooms for the neighbouring Lido, built under the instruction of George Lansbury for the 'recreation of working class people'. Families flock here for the relaxed atmosphere, huge terrace (seats 300) and views over the Serpentine. There are high chairs and a decent baby change area, along with newspapers should the grown-ups get any snatched moments of peace. The menu veers from simple retro (knickerbocker glory, calamares) to hot dishes with a bit more ambition (steak with béarnaise sauce and salad, lobster rolls), and there's a short but functional kids' menu featuring burgers, pizza and fishfingers, accompanied by chips. Lido is licensed, so parents can go continental with lunch, or even brazen it out with a breakfast cocktail. For those in the mood for a dip before or after refreshments, the Lido and paddling pool – open from May to September – are just next door.
Buggy access. Children's menu (from £4). Disabled access: toilet. High chairs. Nappy-changing facilities. Tables outdoors (70, park). Takeaway service.

Lido Café

Brockwell Lido, Dulwich Road, SE24 0PA (7737 8183, www.thelidocafe.co.uk). Herne Hill rail or Brixton tube/rail then bus 37. **Meals served** 9am-4pm Mon, Sun; 9am-10pm Tue-Sun. **Main courses** £8.50-£13. **Credit** MC, V.

This locally run café has become a Herne Hill favourite since it opened in 2009. The well-executed comfort food is reason enough to make the journey, but the café has also become

Consumer

Hackney Pearl. *See p250.*

a cultural hub for the community, putting on regular theme nights – Portuguese wine tasting evening, Colombian night. The simple decor makes the most of the stylish 1930s interior, with large windows overlooking the pool area. Outside, from spring to autumn, there's a large seating area on the terrace – fenced off from the pool itself – with a hut selling barbecued food and salads, fresh juices and real fruit lollies. Inside, the children's menu features favourites like own-made fishfingers with chips or salad, tomato pasta, and burger and chips; there are also toys to keep little hands amused. Whippersnappers runs music sessions for the under-fives daily at 9.45am (pre-booking required) and drop-in classes on Tuesdays at 1.45pm, Fridays at 11.15am and Saturdays at 9.45am.

Buggy access. Children's menu (£4). Disabled access: toilet. High chairs. Nappy-changing facilities. Tables outdoors (15, terrace). Takeaway service.

Parlour

167 Stoke Newington Church Street, N16 0UL (7923 0654). Stoke Newington rail or bus 73. **Meals served** 8am-6.30pm daily. **Main courses** £2.25-£4.40. **Credit** AmEx, MC, V.

This relative newcomer on the Stokey scene is still packing them in. It specialises in gluten-, wheat- and dairy-free grub for hungry people of all ages. A wide selection of fillings are available on various different breads, or inside jacket potatoes. Freshly squeezed juices and fruit smoothies are a healthy and delicious option, and the own-made waffles a real treat – especially when they come slathered with banana, toffee and whipped cream. Relaxed, friendly staff and shabby-but-almost-chic decor complement the rustic food. There is a shady courtyard and a playroom stacked full of toys, books and games.

Buggy access. Disabled access. High chairs. Nappy-changing facilities. Play area. Tables outdoors (3, garden). Takeaway service. Toys.

Pavilion Café, Dulwich

Dulwich Park, off College Road, SE21 7BQ (8299 1383, www.pavilioncafedulwich.co.uk). North Dulwich or West Dulwich rail. **Meals served** *Summer* 8.30am-6pm daily. *Winter* 8.30am-4pm daily. **Main courses** £3.50-£8. **Credit** AmEx, MC, V.

As the name suggests, this café was a former cricket pavilion, and very pretty it is too. Inside, the great home-cooked food and cheap Wi-Fi service make it popular with families and home-workers alike, all looking to escape the confines of their own four walls. It's busy on weekdays and crammed to the rafters at weekends. Local suppliers include Moxon's Fish, William Rose Butcher and Monmouth Coffee, and the café promises to use organic ingredients wherever possible. The well-balanced menu has serious child appeal, offering grilled chicken, penne pasta, Scotch beefburgers, chunky chips and sandwiches. There's also organic baby food, Innocent smoothies and garishly coloured ice drinks, plus raisins, crisps, fruit and crayons (obviously not for eating). There are always vegetarian, vegan and wheat-free options on the menu too. For afters, there's Beechdean ice-cream – also sold through a side hatch in summer. Daily specials for grown-ups are overshadowed by the all-day breakfasts of top-quality sausages and bacon, free-range eggs and chunky toast (white or wholemeal). As well as serving great food, the café has also become a social hub, providing information on local events, a colourful play corner, baby changing facilities and clean toilets, and bird food for feeding the ducks; it can also cater for birthday parties. Outdoor tables offer verdant views in summer; in winter, it's a cosy spot to warm up

over a hot chocolate (with a shot of rum for the grown-ups). If you don't like children, you may want to give this place a wide berth; if you have some of your own, it's a lifesaver.
Buggy access. Children's menu (£1.50-£4.50). Disabled access: toilet. High chairs. Nappy-changing facilities. Play area. Tables outdoors (12, terrace). Takeaway service.

Pavilion Café, Victoria Park
Victoria Park, Crown Gate West, E9 7DE (8980 0030, www.the-pavilion-cafe.com). Bus 277 or 425. **Meals served** *Summer* 8.30am-5pm daily. *Winter* 8.30am-4pm daily. **Main courses** £4-£8. **No credit cards.**
This lovely glass-roofed pavilion is a cosy spot any time of the year, although on sunny days tables overlooking the beautiful lake and fountain are at a premium. Kids can feed the ducks while their parents try to snatch a bit of conversation, and the coffee is great. Cakes and breakfasts are legendary, but there is more serious fare on the menu like roast beef with potato salad. Everything is written up on blackboard walls and ingredients are all well sourced (Ginger Pig meats, Monmouth coffees) and, wherever possible, organic. Service is friendly and informed, but you can also opt for takeaway and find a park bench.
Buggy access. Children's menu (£2-£4). Disabled access: toilet. High chairs. Nappy-changing facilities. Tables outdoors (15, park). Takeaway service.

Pavilion Café, Highgate
Highgate Woods, Muswell Hill Road, N10 3JN (8444 4777). Highgate tube. **Meals served** 9am-1hr before park closing daily. **Main courses** £6-£10. **Credit** AmEx, MC, V.
Serving the good families of Highgate and Muswell Hill, this café is always packed. It's set in a clearing amid the ancient trees of Highgate Woods, and has a large fenced-in terrace which keeps toddlers penned within parental sightlines. Indoor space is limited to seven tables, but a covered area provides shade in summer and shelter in winter. While the main menu is Mediterranean-influenced, the children's dishes are more straightforward: burger and chips and pasta are the favourites. Save room for pudding: the ice-cream is very good indeed, as are the warm, densely moist brownies. Service is presided over by the ever-attentive head waiter, whose charm puts a twinkle in local mums' eyes.

Buggy access. Children's set meal (£3.75-£3.95). Crayons. Disabled access: toilet. High chairs. Nappy-changing facilities. Tables outdoors (30, garden). Takeaway service.

Pavilion Tea House
Greenwich Park, Blackheath Gate, SE10 8QY (8858 9695, www.companyofcooks. com). Blackheath rail or Greenwich rail/ DLR. **Meals served** *Summer* 9am-5.30pm Mon-Fri; 9am-6pm Sat, Sun. *Winter* 9am-4pm daily. **Main courses** £5.50-£7.95. **Credit** MC, V.
You are best off visiting this hexagonal park café during the week; at weekends, the painfully slow service means the queue is always enormous. The menu is full of appealingly hearty fare, with meaty specials, generously filled sandwiches and a good value all-day breakfast menu. It's licensed, so you can wash your lunch down with a glass of wine. Options for children include pasta dishes and baked beans on toast, but limited indoor space means parents are requested to leave pushchairs outside. If you're not too full after the large main courses, the own-made cakes are very good.
Buggy access. Children's menu (£3-£4). Disabled access: toilet. High chairs. Nappy-changing facilities. Tables outdoors (15, patio).

S&M Café
4-6 Essex Road, N1 8LN (7359 5361, www.sandmcafe.co.uk). Angel tube or bus 19, 38. **Meals served** 7.30am-11pm Mon-Fri; 8.30am-11pm Sat, Sun. **Main courses** £6.95-£11.95. **Credit** AmEx, MC, V.
'Eat yourself happy' exhort the mosaic tiles on the floor, and it's difficult not to comply when people all around you are tucking into comfort food of this magnitude. Original Italian caff trappings have been preserved, from the steel-edged laminated tables to the magnificent art deco façade. The retro look may appeal to adults, but there's plenty here for children to enjoy too, and the ambience is welcoming and relaxed. As well as the eponymous sausage and mash – available in various varieties – there are sides such as Heinz baked beans and cauliflower cheese, and a down-to-earth breakfast menu featuring the likes of beans on toast and boiled eggs with soldiers (there's an all-day breakfast, too, including just about everything). Other mains such as fishcakes and meat pies round out the choices, and there's even toad in the hole.

Consumer

Buggy access. Children's set meal (£3.95). Crayons. High chairs. Nappy-changing facilities. Takeaway service.
Branches 48 Brushfield Street, E1 6AG (7247 2252); 268 Portobello Road W10 5TY (8968 8898).

That Place on the Corner

1-3 Green Lanes, N16 9BS (7704 0079, www.thatplaceonthecorner.co.uk). Highbury & Islington tube/rail or Canonbury rail, or bus 21, 73, 141, 276, 341, 476. **Meals served** 9.30am-6.30pm Mon-Thur; 9.30am-8pm Fri; times vary, check website for details Sat, Sun. **Main courses** £4.85-£9.50. **Credit** MC, V.

The yummy mummies of Stoke Newington keep coming back to this airy café on the corner of Newington Green. And why wouldn't they? TPOTC is run by two local mums who understand the desires of their regulars, which include home-cooked food, entertainment for under-sixes and the knowledge that they're not alone in their parental endeavours (adults aren't allowed in unless they're with a child). There's a buggy park by the door, an inviting play corner with brightly coloured cushions, a well-stocked book shelf and a large dressing-up cupboard. Daily music, ballet, dance and arts and crafts sessions are held in the main café (check the website for timetable). The children's menu is a collection of old favourites like sausage and mash, pasta, pizza (kids can put the toppings on themselves), burgers and cottage pie, all own-made and served with a portion of veg. Babies are also catered for with a daily organic vegetable purée, available in different textures for those with and without teeth. Adults get similar comfort food to the children, albeit in larger portions.
Buggy access. Children's menu (£2.90-£5.50). Crayons. Disabled access: toilet. High chairs. Nappy-changing facilities. Play area.

Tide Tables

2 The Archways, Riverside, Richmond, Surrey TW9 1TH (8948 8285, www.tide tablescafe.com). Richmond tube/rail. **Meals served** 9am-6pm daily. **Main courses** £2.70-£6.50. **Credit** MC, V.

Nestled inside the last archway under Richmond Bridge before it spans the Thames, this café's biggest draw is its location. On fine weather days (it's a seasonal café open from Easter to November), customers sip organic coffee out on the gravelled terrace while looking at the river. It is patronised by pumped-up joggers stopping by for an energy drink as well as more laid-back dog-walkers; parents, meanwhile, praise its toddler-friendly garden and welcoming attitude to children. New mothers also flock here in droves, attracted by the comfy sofas and wholehearted support of breastfeeding. Offering toothsome vegetarian fare with a North African influence, as well as the usual pastries and muffins, the menu rates highly in terms of nutrition and variety. Regulars are treated like old friends, while newcomers are charmed by the affable owners. It's also just past the embarkation point for boats to Hampton Court (*see p59*).
Buggy access. Children's menu (£2.70). High chairs. Takeaway service.

Upper Deck

London Transport Museum, The Piazza, WC2E 7BB (7598 1356, www.ltmuseum. co.uk). Covent Garden tube. **Meals served** 10am-6.30pm Mon, Tue, Sun; 10am-7pm Wed, Thur, Sat; 11am-7pm Fri. **Main courses** £4-£8.50. **Credit** AmEx, MC, V. **Map** p333 L7.

Kids will be mesmerised by the huge set of traffic lights suspended from the ceiling at the mezzanine café within the brilliantly conceived London Transport Museum (*see p98*), although you don't have to visit the museum to eat here. Staff are incredibly helpful, parking buggies out of site and appearing with high chairs and menus as soon as you arrive. Children can have a half-price, half-portion version of most of the adult meals, which include burger and chips, beans on toast, pasta, panini and soup (adults will also appreciate the good-looking cocktail menu). Then it's off to the Piazza for some street entertainment.
Buggy access. Children's menu (£2-£4.25). Disabled access: lift, toilet. High chairs. Nappy-changing facilities.

V&A Café

Victoria & Albert Museum, Cromwell Road, SW7 2RL (7942 2000, www.vam.ac.uk). South Kensington tube. **Meals served** 10am-5.15pm Mon-Thur, Sat, Sun; 10am-9.30pm Fri. **Main courses** £6-£10. **Credit** MC, V. **Map** p329 E10.

The main corridor of the café is white, spare and a little antiseptic; for a more atmospheric experience, head to the fabled trio of tearooms off to the side which remain much as they looked in the mid 19th century. The Morris room is in dark green and gold, the Gamble room is lofty and light with ceramic pillars, and

Anyone for Tea?

Children love joining in with anything that smacks of adult sophistication – tiered plates with tiny cakes and teapots with strainers invariably delight. Here's our pick of child-friendly afternoon tea spots.

Orange Pekoe.

The Orangery
Kensington Palace, Kensington Gardens, W8 4PX (0844 482 7777, www1.hrp.org.uk). High Street Kensington or Notting Hill Gate tube. **Meals served** *Summer* 10am-6pm daily. *Winter* 10am-5pm daily. **Main courses** £9-£14. **Credit** AmEx, MC, V. **Map** p326 C8.

OK, so it's not one of the cheapest dining options in London, but it is in a lovely spot. The picturesque Orangery is within the palace grounds, but you don't have to pay the entrance fee to dine here. At weekends, prepare to queue among tourists and locals seeking regal refuge and refuelling. Children will be drawn to the central table piled high with plump scones, huge meringues and a wide assortment of traditional cakes, and be delightedly flummoxed by the choice. In the afternoons, tables are filled with people enjoying finger sandwiches and a selection of cakes on tiered plates; young ones get their own version of the various afternoon tea selections. The interior features of the Orangery give the proceedings a sense of occasion, but on warm days the best views are from tables outside on the vast veranda overlooking the gardens, where kids can run around while their parents indulge in a glass of prosecco. *Buggy access. Crayons. Disabled access. High chairs. Tables outdoors (15, terrace). Toys.*

Orange Pekoe
3 White Hart Lane, SW13 0PX (8876 6070, www.orangepekoeteas.com). Barnes Bridge rail or bus 209. **Meals served** 7.30am-5.30pm Mon-Fri; 9am-5.30pm Sat, Sun. **Main courses** £4.50-£8. **Credit** AmEx, MC, V.

Wooden tables, white brick walls, flamboyant wallpaper and pretty tea cups on cherub plinths provide a charming setting in one of our favourite tea rooms. Orange Pekoe won our Best Tea Room award in 2008 and has barely put a foot wrong since. It's right on the river at Barnes, and friendly young staff cope well with the stream of customers. Traditional Afternoon Tea costs £16.95 and includes finger sandwiches, cakes and scones. Shelves of black canisters bear witness to the seriousness with which tea is taken here; around 50 loose leaf teas and 20 herbal infusions are available, from the café's own breakfast blend to high-grade Japanese green tea *gyokuro asahi*, costing £26 for 100g. You can try any tea for £3.60 a pot and the coffees are good too. If you're coming for lunch, arrive early to get a table and choose from cheese or pâté platters, sandwiches, and hot snacky dishes (soup, cheese on toast, eggs florentine). While you're in Barnes, visit the fantastic Wetland Centre (*see p156*). *High chairs. Nappy-changing facilities. Tables outdoors (7, pavement). Takeaway service.*

the Poynter room is cosy despite its stained glass fox. Even kids who aren't impressed by the baroque tiling will probably like the huge ball chandeliers – especially if they're also given a little something from the luscious cake selection. And there's a good selection of savouries too, with a hot food counter serving crispy roasts (from pork and apple to pesto-drizzled aubergine) and an adventurous sandwich bar. Kids' portions (for the under-tens) are available from both counters for £4.95, the place is buggy-friendly and high chairs are provided. As a good-weather option, there are tables outside in the courtyard; fountains bubble in the shallow lake at the centre. *Buggy access. Disabled access: toilet. High chairs. Nappy-changing facilities.*

CHINESE

Dragon Castle

100 Walworth Road, SE17 1JL (7277 3388, www.dragoncastle.eu). Elephant & Castle tube/rail. **Meals served** noon-11.30pm Mon-Sat; 11.30am-10.30pm Sun. **Main courses** £9-£15. **Set meals** £16.80-£34.80 per person (min two) 2-3 courses. **Credit** AmEx. MC, V.

Set among the tower blocks of Elephant & Castle, this vast, gaudy banqueting hall has an abundance of gilded accents and friendly service. Dragon Castle is a commendable attempt to re-create an authentic Hong Kong dining experience, complete with carp ponds and a menu that runs to duck tongues and poached eels. Unadventurous children can choose instead from the first-rate dim sum menu, as these savoury morsels will really appeal to children. We loved the simple steamed corn-fed chicken in a lightly spicy root ginger stock, deep fried soft shell crabs, and tiny spare ribs. It's best to stick to the Cantonese dishes on the menu as the Sichuan- and Beijing-style dishes can lack flavour. *Buggy access. Disabled access: toilet. High chairs. Takeaway service.*

Joy King Lau

3 Leicester Street, WC2H 7BL (7437 1132, www.joykinglau.com). Leicester Square or Piccadilly Circus tube. **Dim sum served** noon-5pm Mon-Sat; 11am-5pm Sun. **Meals served** noon-11.30pm Mon-Sat; 11.30am-10.30pm Sun. **Main courses** £4.60-£20. Set meal £10-£35 per person (minimum 2). **Credit** AmEx, MC, V. **Map** p333 K7.

A divergent bunch of dim sum devotees flock to this Chinatown restaurant. The atmosphere is always family-friendly, although it's a little cramped for buggies over its four floors. Its menu is comprehensive, but Joy King Lau is best known for dim sum, which draws a high proportion of Chinese punters. There is much to appeal to children, from yam croquettes to crispy spring rolls and dumplings (although come early for these as they lose their delicacy as the afternoon progresses). The sweet dim sum is just as good: egg custard tart, mango pudding, and crisp deep-fried custard buns. *Buggy access. Disabled access: lift. High chairs. Takeaway service.*

Royal China

30 Westferry Circus, E14 8RR (7719 0888, www.royalchinagroup.co.uk). Canary Wharf tube/DLR or Westferry DLR. **Dim sum served** noon-4.45pm daily. **Meals served** noon-11pm Mon-Thur; noon-11.30pm Fri, Sat; 11am-10pm Sun. **Dim sum** £2.65-£4.20. **Main courses** £8.50-£25. **Set meal** £30-£38 per person (min two). **Credit** AmEx, DC, MC, V.

Royal China was one of the first to introduce Londoners to the delights of proper dim sum, raising the standard of this popular lunchtime choice. The chain remains consistently dependable for its good-quality cooking, and the fact that this branch overlooks the Thames makes it a good choice for families visiting Docklands for the day. Staff glide discreetly among guests, providing recommendations and ensuring smooth service. We were delighted by unctuous braised pork belly with preserved cabbage, silky steamed cod with dried yellow bean sauce, and a perfect dish of Chinese broccoli in ginger juice. A vast menu means there's something to appeal to all tastes. *Booster seats. Buggy access. Disabled access: toilet. Nappy-changing facilities. Tables outdoors (23, terrace). Takeaway service.* **Branches** 24-26 Baker Street, W1U 7AB (7487 4688); 13 Queensway, W2 4QJ (7221 2535); 805 Fulham Road, SW6 5HE (7731 0081).

FISH

Ark Fish Restaurant

142 Hermon Hill, E18 1QH (8989 5345, www.arkfishrestaurant.com). South Woodford tube. **Lunch served** noon-2.15pm Tue-Sat. **Dinner served** 5.30-

Consumer

9.45pm Tue-Thur; 5.30-10.15pm Fri, Sat. **Meals served** noon-8.45pm Sun. **Main courses** £7.50-£24.50. **Credit** MC, V.
You can't get more East End than this spacious family-run restaurant. Fish is sourced from Billingsgate and the appetiser menu runs like the start of a nursery rhyme: whelks, winkles, cockles and fresh peeled prawns. For the main course, adults can choose their fish and dictate whether they want it deep-fried, poached or grilled, while children under 12 are offered cod, scampi or chicken with chips plus a soft drink and ice-cream for £6.50. Waiting staff and fellow diners are straight-talking cockneys with a great line in comic self-expression. Ark sticks to traditional fish dishes with no twists. When your raw ingredients are this good, why bother?
Buggy access. Children's menu (£6.65). High chairs. Nappy-changing facilities.

Belgo Noord
72 Chalk Farm Road, NW1 8AN (7267 0718, www.belgo-restaurants.com). Chalk Farm tube. **Lunch served** noon-5pm daily. **Dinner served** 5-11pm Mon-Sat; 5-10.30pm Sun. **Main courses** £9.95-£16.95. **Set lunch** £6.95 1 course. **Credit** AmEx, MC, V.

Beer, mussels and chips made this chain famous, but if it seems a strange choice of venue for children, read on. The menu also includes a decent array of alternatives. The sausage with *stoemp* mash, beer-basted rotisserie chicken or Hoegaarden beer-battered haddock and frites reflect the prominent Belgian theme – as do the staff, who are quirkily dressed in traditional Trappist monks' habits. Food is served in cool, industrial surroundings with an open kitchen; noisy but cheerful. The other great reason to bring children here is that they qualify for a free two-course menu when an adult orders a main from the à la carte menu. Helpful, speedy service means you can be in and out of the door in under an hour, but the kids' menu has plenty of puzzles and colouring if parents prefer to linger.
Crayons. Children's menu (free with paying adult). High chairs. Nappy-changing facilities. Tables outside (4, pavement).
Branches throughout the city.

Olley's
65-69 Norwood Road, SE24 9AA (8671 8259, www.olleys.info). Herne Hill rail or bus 3, 68. **Lunch served** noon-3pm Tue-Sat.

Consumer

Pavilion Café, Victoria Park. *See p253.*

Dinner served 5-10.30pm Tue-Sat; 5-9.30pm Sun. **Main courses** £12.45-£18.45. **Set lunch** £5.50 1 course. **Credit** AmEx, MC, V.

Situated right by Brockwell Park on the Herne Hill side – you can't miss its colourful exterior – Olley's is a great place to come after an exhausting session in the playground. The fish and chips are first rate (choose from 20 species) and there's a series of celebrity specials. The Cilla Black Experience involves haddock and chips with interesting sides. The Guy Dimond Experience (named after *Time Out* magazine's food critic) is battered lemon sole fillet with chips and a lemon wedge. High chairs are clingfilm-wrapped for each use so your child won't be picking up the last kid's peas. The children's menu consists mainly of the usual 'nuggets and chips' options, but there are also calamares and prawns available. The staff will also bring small portions of the steamed dishes on request. The creamy mushy peas are among the best in London, and the chips also deserve a special mention, being blanched before frying.

Buggy access. Children's menu (£4-£4.50). Crayons. Disabled access: toilet. High chairs. Nappy-changing facilities. Tables outdoors (12, pavement). Takeaway service.

Toff's

38 Muswell Hill Broadway, N10 3RT (8883 8656, www.toffsfish.co.uk). Highgate tube, then bus 43, 134. **Meals served** 11.30am-10pm Mon-Sat. **Main courses** £8.95-£22. **Set lunch** £9.25 1 course. **Credit** AmEx, DC, MC, V.

Toff's has been a Muswell Hill institution since 1968, and it's got the awards to prove it. At frying time, there's always a long queue of customers stretching out of the door. Behind the bustling takeaway counter at the front, a pair of saloon-style swing doors (which children love) lead to a more serene restaurant. Toff's large choice of fish can be ordered in plain or matzo-meal batter, or grilled for a healthier alternative – a rarity in most chippies. There's also a well-executed children's menu featuring proper fish and own-made chips. If you can squeeze anything else in, there are salads (tomato and red onion, olive-topped coleslaw, Greek), soups, deep-fried camembert and traditional British puds, served in veritable ponds of custard.

Buggy access. Children's menu (£3.95-£4.95). Crayons. Disabled access: toilets. High chairs. Takeaway service.

FRENCH

Belvedere

Holland House, off Abbotsbury Road, in Holland Park, W8 6LU (7602 1238, www.whitestarline.org.uk). Holland Park tube. **Lunch served** noon-2.15pm Mon-Sat; noon-2.30pm, 2.30-5pm Sun. **Dinner served** 6-10.30pm Mon-Sat. **Main courses** £12-£25. **Set meal** (Sat, Sun) £24.95 3 courses. **Credit** AmEx, MC, V.

Once the ballroom of Holland House, this art deco gem set right in the middle of Holland Park is a lofty haven of mannered calm. A piano tinkles away in the background, black-aproned waiters glide between the tables and french doors open on to the manicured lawns beyond. It certainly doesn't look very child-friendly at first glance. But looks can be deceptive; staff couldn't be more welcoming, and this is a superb place to have a special family lunch with the grandparents, especially on a Sunday when the three-course set menu attracts lots of families with young children in tow. There's no designated children's menu, but the chef will happily whip up a range of child-friendly classics (pasta, sausage and mash, meat and vegetables without the rich sauces) at a reduced price on request. With the park and impressive adventure playground just outside, this makes a family day out that everyone will remember.

Buggy access. Disabled access (ground floor, call ahead). High chairs. Tables outdoors (5, terrace).

Galvin Café a Vin

35 Spital Square, entrance on Bishops Square E1 6DY (7299 0404, www.galvin restaurants.com). Liverpool Street tube/rail or Shoreditch High Street rail. **Breakfast served** 8-11.30am Mon-Fri; 9-11.30am Sat, Sun. **Lunch served** noon-3pm daily. **Dinner served** 6-10pm Mon-Sat; 6-9.30pm Sun. **Main courses** £11-£14. **Set meal** (lunch, 6-7pm) £14.95 2 courses. **Credit** AmEx, MC, V.

Galvin Café a Vin forms part of the Galvin brothers' expanding empire, and in the latter half of 2010 (along with sister restaurant Galvin La Chapelle) it started hosting family-friendly sunday lunches. Galvin Café a Vin is the cheaper of the two options, with the adult menu coming in at a reasonable £14.95 and the children's menu at £9.50, both for two courses. The restaurant has terraces at the front and back, while inside the room is dominated by a

magnificent six-metre-long pewter bar. It's a handsome spot, and pleasantly quiet most weekends after the Friday exodus of City financiers. Roasts are cooked in the wood-fired oven and you can expect a choice of dishes like roast shoulder of new season lamb with red cabbage, roast pork belly with celeriac and apples or roast salmon with caponata and rocket. Children always get roast chicken with posh mashed potato and green beans, and ice-cream with chocolate sauce to follow. As the name suggests (it opened as Café de Luxe, but has since been renamed Café a Vin) there's an emphasis on wine, with plenty by the glass and 'pot' as well as by the bottle. On Sundays, there are newspapers to entertain the parents, while children can choose between the toys and board games on offer.
Buggy access. Children's menu (£6.50-£8.50). Disabled access: toilet. High chairs. Nappy-changing facilities. Tables outdoors (6, terrace).

Almeida

30 Almeida Street N1 1AD. (7354 4777, www.danddlondon.com). Angel tube or Highbury & Islington tube/rail. **Lunch served** noon-2.30pm Tue-Sat; noon-3.30pm Sun. **Dinner served** 5.30-10.30pm Mon-Sat. **Main courses** £19.50. **Credit** AmEx, MC, V.

Almeida is unusual in the D&D London group (formerly Conran Restaurants) for being an establishment with a local feel to it. Keenly priced set menus are the bedrock of any establishment opposite a theatre, and the *menu du jour* doesn't disappoint at £15.95 for two courses. Start, maybe, with spiced butternut squash velouté or terrine of ham hock and foie gras with piccalilli; follow with braised suckling pig or sea bream with creamed leeks and a shellfish foam. The dessert list is a highlight too. The children's menu is priced at £10 for two courses and offers a choice of shepherd's pie, steamed fish or herb gnocchi for main courses, with chocolate pudding, chocolate mousse or own-made ice-cream to follow. Children with more savoury palates can choose a starter instead. Almeida trundles along like the trolleys of *fermier* cheese and own-made charcuterie that made the restaurant so refreshing when it first opened back in 2001. Head chef Alan Jones uses British ingredients (Scottish langoustines, Maldon rock oysters, Severn & Wye smoked salmon, Denham Estate lamb) to produce refined French cuisine with modern accents, including a stated emphasis on steaming and poaching to create lighter dishes.
Buggy access. Children's menu (£6.50-£8.50). Disabled access: toilet. High chairs. Nappy-changing facilities. Tables outdoors (6, terrace).

GASTROPUBS

Old Dairy

1-3 Crouch Hill, N4 4AP (7263 3337, www.theolddairyn4.co.uk). Finsbury Park tube or Crouch Hill rail. **Open** noon-11pm Mon-Wed; noon-midnight Thur; noon-1am Fri, Sat; noon-9.30pm Sun. **Lunch served** noon-3.30pm, **dinner served** 6.30-10.30pm Mon-Fri. **Meals served** noon-10pm Sat, Sun. **Main courses** £10-£14. **Credit** MC, V.

Since this Victorian former dairy was taken over by Realpubs, its reputation has improved dramatically, and with its ornate friezes of life in a Victorian dairy along the outside walls, it's a local landmark too. Menus mix classic pub favourites (beer-battered haddock and chips with mushy peas; ribeye steak and chips) with modern dishes featuring a strong European influence (pork, cheese and chianti sausage with mushroom tagliatelle; pan-fried Scottish salmon with curried aubergine, mint yoghurt and an onion bhajia). Sunday roasts are popular too, so it's best to book. This delightful building is so big that there are plenty of spaces to choose from, whether you want a quiet corner or something busier. Staff are friendly and clued-up, and children get their own menu featuring sausage and mash, fish and chips or pasta with tomato sauce (they can also have any main dish on the menu at a reduced size for half the price). On Tuesdays, Wednesdays and Thursdays (noon-5pm), there are drop-in parent and toddler sessions (under-fours) with soft mats, toys and books to keep the little ones amused. On Tuesday afternoons an entertainer hosts creative sessions.
Buggy access. Children's menu (£6.50). Crayons. Disabled accesss: toilet. High chairs. Nappy-changing facilities. Toys.

Orange Public House & Hotel

37-39 Pimlico Road, SW1W 8NE (7881 9844, www.theorange.co.uk). Sloane Square tube. **Open** 8am-11.30pm Mon-Thur; 8am-midnight Fri, Sat; 8am-10.30pm Sun. **Breakfast served** 8-11am daily. **Meals served** noon-10.30pm Mon-

Consumer

Sat; noon-9.30pm Sun. **Main courses**
£12.50-£16.50. **Credit** AmEx, MC, V.
Map p332 G11.
This newcomer was runner up in the Best New
Gastropub category in 2010's Time Out Eating
and Drinking Awards. The stripped wood,
textured paint and potted orange trees – a
glossy urban interpretation of rusticity –

provide a perfect fit for the posh locale. It's an
elegant, airy conversion of a former brewery
where the 'pub' part of the equation is a single
ground-floor room, the 'gastro' aspect a dining
room beside the bar (no bookings taken) and
the first-floor restaurant a little plusher. Kids
get their own meal deal with a wood-fired
margherita pizza followed by own-made ice-

Bouled Over

Gelateria Danieli
*16 Brewers Lane, Richmond, Surrey,
TW9 1HH (8439 9807, www.gelateria
danieli.com).* Richmond tube/rail. **Open**
Summer 10am-10pm daily. *Winter*
10am-6pm daily. **Ice-cream** £2/scoop.
Credit MC, V.
Squeezed into a narrow shopping
arcade, marked at one end by two jolly
guardsmen standing to attention outside
a chocolate shop, this small gelateria
dishes out superior sorbets and ice-
creams to be savoured around Richmond
Green. Wooden floorboards and a couple
of chairs inside make it cosy in winter
but rather cramped in summer, when
queues stretch out of the door. When
they're not rushed off their feet, the
friendly staff might invite you to try
before you buy.
Buggy access. Takeaway service.
Branches Bentalls Centre, Wood Street,
Kingston-upon-Thames, Surrey KT1
1TX (8141 5098); 47 Queenstown
Road, SW8 3RG (7720 5784, open
summer only).

Gelato Mio
*138 Holland Park Avenue, W11 4UE
(7727 4117, www.gelatomio.co.uk).*
Holland Park tube. **Open** 7.30am-10pm
Mon-Wed, Sun; 8.30am-11pm Fri,
Sat; 9am-10pm Sun. **Ice-cream**
£2.90/scoop. **Credit** MC, V.
Still only in its third summer, this stylish,
orange-hued parlour already has three
branches. The welcome is enthusiastic
and typically Italian. Customers may be
invited to have a taste before choosing;
last time we were here we plumped for
a gorgeous strawberry sorbet with sharp
fruity flavours. There's seating inside;
alternatively, take your ice to nearby
Holland Park. The ever-changing menu

may include *nocciola* (hazelnut),
stracciatella (chocolate chip) and
arrancia (orange sorbet).
*Buggy access. Tables outdoors
(2, pavement). Takeaway service.*
Branches 37 Pembridge Road, W11
3HG (7727 0194); 138 St John's Wood
High Street, NW8 7SE (0011 3889);
495 Fulham Palace Road, SW6 6SU
(0011 3907).

Gelateria Valerie
*9 Duke of York Square, SW3 4LY (7730
7978, www.patisserie-valerie.co.uk).*
Sloane Square tube. **Open** 8am-7pm
Mon-Sat; 10am-7pm Sun. **Ice-cream**
£1.85/scoop. **Credit** AmEx, MC, V.
A cone's throw away from the Saatchi
Gallery, this glass-walled branch of the
ever-expanding Patisserie Valerie chain
is a shining island in the heart of
Chelsea's prime retail site. There's
plenty of outside seating looking over
the fountains in summer, while stools
lining the glass shopfront are perfect
for a spot of people watching. Ferrero
Rocher, amarena cherry, rum baba
and mascarpone are among the yummy
flavours on offer.
*Buggy access. Disabled access. Tables
outdoors (20, Duke of York Square).
Takeaway service.*
Branches throughout the city.

Marine Ices
*8 Haverstock Hill, NW3 2BL (7482 9003,
www.marineices.co.uk)* Chalk Farm tube.
Open 10.30am-11pm Tue-Sat; 11am-
10pm Sun. **Ice-cream** £2.10/scoop.
Credit MC, V.
It's hard to resist the ice-cream at this
family-run London stalwart when you
see the line of people queuing outside
for a scoop of their favourite. Yield to

cream for £7.50 (they can also choose a half-size, half-price portion of some of the main courses). Adults can enjoy some well-judged plates of food, from creamily rich chicken liver parfait for starters (which arrived in a little French kilner jar, open but with the pâté sealed off by a layer of port jelly, served with pickled walnuts and toast) to perfectly juicy scallops in a gentle lemon and garlic butter. Main courses include dishes like crispy, salt-crusted sea bream, which came with a minty pea sauce, squeaky beans and peas, and little herb dumplings. Tempting puds include sticky toffee pudding with butterscotch ice-cream or pecan nut pie with clotted cream. Daring or desperate parents might also resort to the temptation: they're worth every calorie. There's a great selection, from toffee crunch to maple walnut, along with a choice of divine fruit sorbets such as mango or melon.
Buggy access. Disabled access. Takeaway service.

Morelli's Gelato Counter

Harrods Food Hall, 87-135 Brompton Road, SW1X 7XL (7893 8959, www.morellisgelato.com). Knightsbridge tube. **Open** 9am-9pm Mon-Sat; noon-6pm Sun. **Ice-cream** £3.95/scoop. **Credit** AmEx, MC, V.

From its beginnings in a 1930s seaside art deco premises (the original branch in Broadstairs is still trading), Morelli's has expanded into Harrods and Selfridges. Done out in Italian marble, the Harrods concession is a smart affair. But it's the ice-cream that counts. Twenty flavours of freshly made gelato are served daily from an almost endless repertoire. Sundaes range from the classic to the exotic; try a Chairman's Delight, with vanilla, banana, mango, lemon, mango sauce, whipped cream, fig compote and coconut sauce.
Takeaway service.

Oddono's

14 Bute Street, SW7 3EX (7052 0732, www.oddonos.com). South Kensington tube. **Open** 11am-11pm Mon-Thur, Sun; 11am-midnight Fri, Sat. **Ice-cream** £2/scoop. **Credit** AmEx, MC, V.

With its minimalist interior and retro seating, this place is all about quality; the focus is on premium ingredients and classic flavours. Even on a grey day, regulars troop in for their fix of vaniglia, made from Madagascan vanilla pods. The pistachio was brilliant, with generous sprinkles of the namesake nut.

Buggy access. Disabled access. Takeaway service. Tables outdoors (3, pavement).
Branches Selfridges, 400 Oxford Street, W1A 1AB (7318 3344); Whiteleys, 151 Queensway, W2 4YN (7792 6023).

Parlour

1st floor, Fortnum & Mason, 181 Piccadilly, W1J 9FA (7734 8040, www.fortnumandmason.com). Piccadilly Circus tube. **Open** 10am-7.30pm Mon-Sat; noon-5pm Sun. **Ice-cream** £3/scoop. **Credit** AmEx, MC, V.

Decorated in ice-cream pastels, there's a definite sense of occasion about the Parlour. Pricey but gorgeous adult sundaes (£12) are matched by children's versions for £8: Tots Knickerbocker Glory features vanilla, strawberry and shortbread ice-creams with raspberries, pineapple, raspberry coulis and whipped cream. Children's cornets come adorned with two kinds of ice-cream.
Buggy access. Disabled access: toilet. Takeaway service.

Scoop

40 Shorts Gardens, WC2H 9AB (7240 7086, www.scoopgelato.com). Covent Garden tube. **Open** noon-9.30pm daily. Times vary, phone to check. **Ice-cream** £2.80/scoop. **Credit** MC, V.

A required stop if you're out and about in Covent Garden. One very generous dollop of intensely dark chocolate ice-cream spilled over the sides of the cone, and required some hastily executed licking. Sugar-, gluten- and milk-free varieties are avaliable for the diet-conscious. Flavours include Madagascan vanilla, Ethiopian coffee and São Tomé chocolate. Look out for summer events promoting unusual ingredients.
Takeaway service.

Consumer

Consumer

cocktail menu, which runs from the safe (bloody mary) to the outlandish (basil martini). Staff are smiley, helpful and relaxed, which is always a bonus when you've got children in tow.
Buggy access. Children's menu (£7.50). Crayons. Disabled access: toilet. Tables outdoors (5, pavement).

Wells

30 Well Walk, NW3 1BX (7794 3785, www.thewellshampstead.co.uk). Hampstead tube. **Open** noon-11pm Mon-Sat; noon-10.30pm Sun. **Lunch served** noon-3pm Mon-Fri; noon-4pm Sat, Sun. **Dinner served** 6-10pm Mon-Fri; 7-10pm Sat, Sun. **Main courses** £9.95-£18.95. **Credit** AmEx, MC, V.

The tables on the small terrace outside this pretty Georgian pub are usually crowded with Bugaboos, as parents stop off on their way to and from Hampstead Heath (a very short walk away). Inside, the ground-floor bar with charcoal coloured walls and black tiling is smartly relaxed and offers the same menu as the more formal upstairs dining rooms (a good choice for a romantic evening *sans enfants*). Menu combinations tend to be classic British and European, with a strong seasonal slant. Silky smooth, tangy gazpacho *castellano*, made with apple and cumin in addition to the usual tomatoes and peppers, comes well matched with a slab of brown olive bread and croûtons. King scallops were exceptionally succulent alongside pea purée, crunchy bacon and rich meat jus. Children get their own menu of sausages and mash, pasta or chicken goujons, although you could also order from the side dishes (cauliflower cheese, mashed potato or chips at £3 each). Many gastropubs provide a friendly welcome, but what impressed here was the warmth of the farewell. We'll be back.
Buggy access. Children's menu (£4-£7). Colouring books. Disabled access: toilet. High chairs. Nappy-changing facilities. Tables outdoors (8, patio).

INDIAN

Imli

167-169 Wardour Street, W1F 8WR. (7287 4243, www.imli.co.uk). Oxford Circus or Tottenham Court Road tube. **Meals served** noon-11pm Mon-Sat; noon-10pm Sun. **Main courses** £6-£15. **Set lunch** £10 platter. **Set dinner** £20 3 courses. **Credit** AmEx, MC, V. **Map** p331 K6.

Tsunami. *See p264.*

The owners of Tamarind in Mayfair (*see p263*) are on to the family dining market. Imli is Tamarind's cheaper sister and very much the diffusion range of a creative genius's work. It's a down-to-earth canteen that tries to be stylish yet keep prices moderate, and offers an interesting selection of dishes that avoid the obvious. Children get their own menu (£8.50 for three courses), with dishes designed to appeal to the greatest range of palates. Starters include gram flour and coriander wedges or mashed vegetables with hot toasted bread; main courses feature fried tilapia fish or minced lamb cooked with peas and coriander; puddings are own-made ice-cream or mango sorbet. Sometimes the service can be a bit perfunctory but it's a good place to encourage children to try something that stretches their repertoire. Imli very often has special offers and participates in online deals, and these can be worth checking out if you're particularly price-conscious.
Buggy access. Children's menu (£8.50). Disabled access: toilet. High chairs. Nappy-changing facilities. Takeaway service (noon-10pm daily).

Tamarind

20-22 Queen Street, W1J 5PR (7629 3561, www.tamarindrestaurant.com). Green Park tube. **Lunch served** noon-2.45pm Mon-Fri, Sun. **Dinner served** 5.30-10.45pm Mon-Sat; 6-10.30pm Sun. **Main courses** £14.50-£28. **Set lunch** £16.95 2 courses, £18.95 3 courses. **Set dinner** (5.30-6.45pm, 10.30-11pm) £25 3 courses. **Credit** AmEx, DC, MC, V. **Map** p332 H7.

Tamarind has been a Mayfair staple since it opened in 1995. The glamorous basement is showing some signs of wear, but the cooking is still excellent. Tamarind offers an attractive Sunday lunch deal: under-tens can eat from a three-course tasting menu for free, if they're with two or more adults eating from the main menu. Starters include spiced potato cakes and Indian-style fishfingers; for mains, there's grilled chicken, monkfish or paneer in masala sauce, served with veg and rice. Pudding is ice-cream with fruit. The open kitchen means kids can watch the chefs working with the tandoor oven. Note that children must be out by 7pm. *Children's set meal (£12.50, free under-10s, Sun lunch). High chairs. Takeaway service.*

INTERNATIONAL

Rainforest Café

20 Shaftesbury Avenue, W1D 7EU (7434 3111, www.therainforestcafe.co.uk). Piccadilly Circus tube. **Meals served** noon-10pm Mon-Fri; 11.30am-8pm Sat; 11.30am-10pm Sun. **Main courses** £13.10-£19.95. **Credit** AmEx, MC, V. **Map** p333 K7.

This West End institution puts passing families squarely in its crosshairs. It's expensive, but children love the whole experience and the café at least donates some of its profits to David Attenborough's charity, World Land Trust, which saves tropical forest habitats. The Rainforest Café aims to re-create a little bit of the rainforest right here on Shaftesbury Avenue with a soundtrack, animatronic animals, tropical fish tanks and other water features. The unchallenging global menu of meze, pasta, seafood, ribs, steaks and burgers is nothing out of the ordinary, although it does offer organic sausages, organic salmon and pasta for children alongside the more predictable burgers, goujons and pizza. Children's set meals comprise two courses; puddings are a range of extremely sweet and sticky bowlfuls. It's worth paying an extra £3 for the Adventure Meal, as it comes with a fantastic gift pack with mask,

purse, stationery and sticker book. Score a table upstairs to sit amid the fish, elephants and gorillas; downstairs has far fewer animals and is much less thrilling for the children. Take a camera with a flash as it's incredibly dark inside. Bookings are not accepted.
Buggy access. Children's set meal (£11.95). Crayons. Entertainment: face painting, weekends & hols. High chairs. Nappy-changing facilities.

ITALIAN

Caponata

3-7 Delancey Street, NW1 7NL (7387 5959, www.caponatacamden.co.uk). Camden Town tube. **Lunch served** 9am-3pm Mon-Sat. **Dinner served** 6-11pm Mon-Sat. **Meals served** 10am-10pm Sun. **Main courses** £10-£18. **Set lunch** (noon-3pm daily) £10 2 courses. **Credit** AmEx, MC, V.

This surprisingly smart addition to the centre of Camden is next to the Forge music venue. It's versatile too; choose between the informal *osteria* at the front of the ground floor, the spectacular skylit central courtyard or the more intimate, formal dining room upstairs. There's no children's menu as such, but the chefs are more than happy to cook a smaller version of any dish from the menu or create a simple pasta dish (with arrabiata sauce or butter, say) for £4. Express lunch specials and the two-course set menu are keenly priced, but the carte isn't expensive. Dishes range from the familiar to inventive concoctions such as tea-smoked duck breast with caramelised gooseberries and raspberry dressing. Own-made bread is accompanied by Nocellara olive oil. The dessert list also offers several twists on classics (crunchy-topped bitter almond brûlée with apricot ice-cream, balsamic strawberries with saffron granita and vanilla cream). The all-Italian wine list contains 17 varieties by the glass; there are also many cocktails. Tight-trousered service is as smooth and sexy as a purring Lamborghini: not the Camden norm, then.
Buggy access. Disabled access: lift, toilet. High chairs. Nappy-changing facilities. Tables outdoors (4, pavement).

River Café

Thames Wharf, Rainville Road, W6 9HA (7386 4200, www.rivercafe.co.uk). Hammersmith tube. **Lunch served** 12.30-2.15pm Mon-Fri; 12.30-2.30pm Sat; noon,

Consumer

3pm Sun. **Dinner served** 7-9pm Mon-Thur; 7-9.15pm Fri, Sat. **Main courses** £12.50-£40. **Credit** AmEx, DC, MC, V.
London's most open of open kitchens fascinates children, who can watch chefs manning the wood-fired oven and the futuristic preparation hub. In summertime, another huge bonus is the spacious terrace surrounded by lawns and a 'roly poly' grass bank that toddlers and young children can enjoy in full view of their parents. There's also a herb and vegetable garden. Standards here continue to be just so, despite the death last year of co-founder Rose Gray. At Sunday lunch, exceptionally juicy middle white pork loin chop featured a subtle fennel rub and sat on plump, bead-like cannellini tossed with new season girolles. Swiss chard with crème fraîche was the accompaniment for wood-roast wild sea bass, but another service might see it partnered with peas *sott'olio* (preserved in oil) and spinach, or baked in a bag and served with *castelluccio* lentils and samphire. Children can choose a half-size pasta dish, which can be as plain or adventurous as they like. Desserts – almond and strawberry tart, Valpolicella summer pudding, the infamous chocolate nemesis – are lined up along a counter. Staff are young, friendly and dressed just a little more fashionably than the core Fulham and Kensington customer base, and the wine list is far more kindly priced than the menu, with the basic white wine a good grecanico from Sicily at £17.50 a bottle.
Buggy access. Crayons. Disabled access: toilet. High chairs. Nappy-changing facilities. Tables outdoors (35, terrace).

JAPANESE

Matsuri

15 Bury Street SW1Y 6AL (7839 1101, www.matsuri-restaurant.com). Green Park tube. **Lunch served** noon-2.30pm Mon-Sat; noon-3pm Sun. **Dinner served** 6-10pm daily. **Main courses** £19-£56. **Set meals** £48-£165. **Credit** AmEx, MC, V. **Map** p332 H7.
Benihana's star is on the wane after the closure of its Swiss Cottage branch, but the teppanyaki grill experience is still a favourite with families. After a devastating fire in 2009, Matsuri's Holborn outpost remains a ghostly shell, so fans of the restaurant should make their way to this larger St James's branch, where a dramatic basement space (filled with trinkets such as antique kimonos) is dedicated entirely to the craft. Diners are seated at islands around

double steel grills, manned by two teppanyaki chefs at peak times. The theatrics should get both adults and children squeaking with joy – a signature dessert, 'fireball' ice-cream, is produced by flambéeing a large block of vanilla ice-cream (the chefs turn down the lighting for this spectacle). *Okonomiyaki*, a Japanese street-food favourite, comes as a massive omelette full of bacon, shredded cabbage and soba noodles, topped with bonito fish flakes. There's also a sushi bar which offers a range of sashimi, sushi and sushi rolls, though the table-top food certainly steals the show. It's not a cheap dining option, but viewed as a piece of theatre, the price suddenly doesn't seem so steep.
Buggy access. Disabled access: toilet. High chairs. Takeaway service.

Tsunami

5-7 Voltaire Road, SW4 6DQ (7978 1610, www.tsunamirestaurant.co.uk). Clapham North tube. **Lunch served** 12.30-4pm Sat, Sun. **Dinner served** 6-10.30pm Mon-Thur; 6pm-midnight Fri-Sun. **Main courses** £7.70-£19.50. **Credit** MC, V.
This sultry Clapham restaurant might look more suitable for sophisticated adults than for children, with its grey, black and gold hues and subdued lighting, but local families (prams and all) have also claimed it as their own. So expect to see dressed-up trendies nibbling on edamame, but also children being spoon-fed creamy *nasu goma* (aubergine grilled with sesame paste). The dishes are elegantly presented, from a menu that gathers culinary influences from across the globe; orthodox, Tsunami is not. Over the years we've learnt to stick to the sushi and sashimi, which are generally faultless, or to order dishes that are restrained in their flavour combinations, like razor clams with fresh coriander, chilli, chives and vermicelli noodles. Children will find much to enjoy in the appetiser, tempura and sides menus, and the slick, glowing bar offers oriental-inspired cocktails if parents are in need of a pick-me-up.
Buggy access. Disabled access. High chairs. Takeaway service.
Branch 93 Charlotte Street, W1T 4PY (7637 0050).

MEXICAN

Taqueria

139-143 Westbourne Grove, W11 2RS (7229 4734, www.taqueria.co.uk). Notting Hill Gate tube. **Meals served** noon-11pm

Mon-Thur, Sun; noon-11.30pm Fri; noon-10.30pm Sat. **Main courses** £5.50-£8.50. **Set lunch** (noon-4.30pm Mon-Fri) £6 1 course. **Credit** MC, V.

Taqueria remains one of London's best venues for authentic Mexican food. This bright, disarming eaterie is intentionally more café/cantina than restaurant and kids get their own menu that consciously panders to a palate favouring blander flavours. Daytimes are family-friendly; under-fives can enjoy cheese or chicken quesadillas, or a combo plate that includes rice, plantain and avocado, and *licuados* (milkshakes) of mango, guava or chocolate. Tuesday is tamale day. High-quality ingredients feature strongly – the eggs, chicken and pork are free-range, the milk and cream organic, the scallops Marine Stewardship Council-certified – but prices are keen for the area. In the evening, tacos such as *cochinita pibil* (slow-cooked *achiote-* and citrus-marinated pork) with

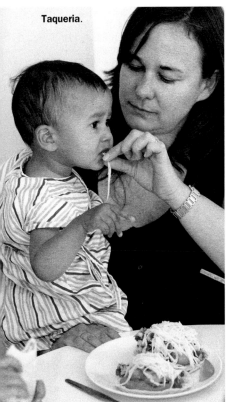

Taqueria.

habanero-pickled onions, or *alambres* (char-grilled skirt steak with peppers and melted cheese), are great for nights of serious tequila sipping; the drinks list runs to 23 types of the Mexican spirit, plus beers, margaritas and wine. Owned by the Cool Chile Company (a familiar sight at markets, including Borough), Taqueria has a small selection of Mexican groceries for sale near the entrance.

Buggy access. Children's menu (£2.50). Disabled access: toilet. High chairs. Nappy-changing facilities.

MODERN EUROPEAN

Dean Street Townhouse

69-71 Dean Street, W1D 4QJ (7434 1775, www.deanstreettownhouse.com). Piccadilly Circus or Tottenham Court Road tube. **Breakfast served** 7.30-11.30am daily. **Tea served** 3-6pm daily. **Meals served** 11.30am-11.30pm Mon-Sat; 11.30am-10.30pm Sun. **Main courses** £15-£24. **Set meal** (5-7.30pm Mon-Fri) £16.50 2 courses, £19.50 3 courses. **Credit** AmEx, MC, V. **Map** p331 K6.

The food at this boutique Soho hotel is old-fashioned British and includes a superb mince and tatties – piquant, properly browned, full-flavoured, wonderful in texture, and tasting of... childhood. Yes, the Soho House group, still one of the coolest hospitality outfits in our city, has decided that the future is sherry trifle or treacle sponge with custard. Despite dishes such as grilled squid with spiced chickpeas or Cornish brill with ceps, much of the menu is deeply retro. It's also unusually well done, with such precision in the cooking and marvellous flavours that it would make any 1970s dinner-party host proud. Salt beef was near gelatinous in texture, yet an explosion of flavour; the brussels sprouts were young, tender, lightly cooked and nutty in taste. Families should avoid the busy bar and head to the quieter dining room, especially for high tea, when the Townhouse serves welsh or buck rarebit, macaroni cheese, sardines on toast, fishfingers and chips, and other nursery fare.

Buggy access. Disabled access: toilet. High chairs. Nappy-changing facilities. Tables outdoors (7, terrace).

My Dining Room

18 Farm Lane, SW6 1PP (7381 3331, www.mydiningroom.net). Fulham Broadway tube or bus 11, 14, 211. Bar **Open** 11am-midnight Mon-Sat; 11am-11.30pm Sun. **Meals served** 11am-10.30pm Mon-Sat; 11am-10pm Sun. *Restaurant* **Meals served** noon-10.30pm daily. *Both* **Main courses** £9.95-£20. **Set lunch** (Sun) £19.50 3 courses. **Set meal** £15 2 courses. **Credit** AmEx, MC, V.

Opened in 2010 around the corner from Fulham Broadway, this has quickly become a word-of-mouth favourite. Families love the fact that children under six can eat for free from their own menu when they come with a paying adult. The menu includes fish and chips, spaghetti bolognese, own-made chicken nuggets and green peas. If groups pre-book, children can have their own mini table and pint-sized chairs set up next to the adults' table. At weekends, there's also an entertainment corner with DVDs and a Wii so that adults can enjoy the long lunches they crave. The rear dining room is adorned with metallic swirling wallpaper and velvet panels. In similar vein to the decor, the chef has ramped up the food from pub grub (crisp fried goat's cheese) to something more distinctive (it came with a beetroot purée and designer leaves). There is certainly a generosity of spirit here: staff brought us a foot-long terrine (for one person) with the bidding to eat as much as we liked. Many dishes are designed to share, such as whole roast chicken or deeply savoury veal and chorizo meatballs served in one dish for the table. Killer puddings include a rose crème brûlée, and perfect chocolate fondant with molten centre.

Buggy access. Children's menu (£6). Disabled access: toilet. High chairs. Tables outdoors (5, pavement; 4, terrace).

Manson

676 Fulham Road, SW6 5SA (7384 9559, www.mansonrestaurant.co.uk). Parson's Green tube. **Lunch served** noon-3pm daily. **Dinner served** 6-10.30pm Mon-Sat; 6-9pm Sun. **Meals served** 10am-10.30pm Sat, Sun. **Main courses** £13.50-£22.50. **Set lunch** £12.50 2 courses. **Credit** AmEx, MC, V.

The sophistication of Gemma Tuley's cooking easily outstrips Manson's casual, bistro-style setting. Rump of lamb arrived perfectly pink, yet tender, served on a modish black slate with garnishes evocative of Morocco – some chickpeas, plus a samosa-like pastry with a lamb confit filling. Braised ox cheeks were surrounded by herby green risotto and jus. Many dishes are imaginative, yet firmly grounded in European haute cuisine traditions.

Children can have anything from the main menu at half price for a half portion. It might help if they tend towards the gastronomically adventurous, but few of them will be able to resist such tempting treats as jerusalem artichoke cheesecake with peanut butter. The wine list is also pretty decent; locals were quaffing bottles like they were ginger beer. Criticisms? The fraught young waiters ran around with desperate urgency, and the sound of Fulham folk shouting at each other can be rather off-putting.

High chairs. Tables outdoors (3, pavement).

Hix

66-70 Brewer Street, W1F 9UP (7292 3518, www.hixsoho.co.uk). Piccadilly Circus tube. **Lunch served** noon-5.30pm daily. **Dinner served** 5.30-11.30pm Mon-Sat; 5.30-10.30pm Sun. **Main courses** £14.75-£35.50. **Set meal** (4.30-6.30pm, 10.30-11.30pm Mon-Sat; noon-10.30pm Sun) £15.50 2 courses, £19.50 3 courses. **Credit** AmEx, MC, V. **Map** p332 J7.

Hix won the Time Out Eating and Drinking Awards' Best New Restaurant 2010. The ground floor dining room is more modern and pared down than some of its stablemates, but boasts crazy mobiles by Damien Hirst and Sarah Lucas. Unlike the new Hix restaurant and champagne bar in Selfridges, kids don't get their own menu here. That's because the main menu is more extensive in the first place, and includes dishes like fishfingers, chips and mushy peas, which can be scaled down for younger customers, who also get colouring books on arrival. Children will also like many of the options on the 'Bar Snax' menu (including pork crackling, parsnip croquettes and sausages with mash). Prices are centre-of-town high: a starter of whipped broad beans with goat's curd and broad bean flowers fried in scrumpy costs £10.25. However, as with all the starters we tried – 'heaven and earth' (a mousselike black pudding), prawn cocktail, and salt beef salad – it was delightful. Main courses (including hangar steak with beets, watercress and horseradish) didn't disappoint either. Puddings range from traditional (ice-creams and summer pudding) to unusual (sea buckthorn berry posset). All were top-notch. The wine list is similarly assured. Service throughout is friendly yet professional. All in all, much though we like the more meat-obsessed, male-heavy Hix Oyster & Chop House, this Soho operation has snatched pole position. The dimly lit basement bar, Mark's, is

a homage to New York – albeit with a bar billiards table – from the tin ceiling tiles to the professionally mixed cocktails (come without the children one evening and try a lovely, lip-pursing Forbidden Sour).
Buggy access. Crayons. Disabled access: toilet. High chairs. Nappy-changing facilities.
Branches Hix Oyster & Chop House, 36-37 Greenhill Rents, Cowcross Street, EC1M 6BN (7017 1930); Hix at Selfridges, 400 Oxford Street, W1A 1AB (7499 5400).

Old Brewery

Pepys Building, Old Royal Naval College, SE10 9LW (3327 1280, www.oldbrewery greenwich.com). Cutty Sark DLR. Café **Meals served** 10am-5pm daily. **Main courses** £6-£16.50. *Bar* **Open** 11am-11pm daily. **Lunch served** noon-5pm, dinner served 6-10.30pm daily. **Main courses** £6-£16.50. *Restaurant* **Dinner served** 6-10.30pm daily. **Main courses** £10.50-£17.50. All **Credit** MC, V.
This new venture won Best New Design in the 2010 Time Out Eating and Drinking Awards. Set back from the street in the handsome, historic Pepys building, just behind the Cutty Sark, the Old Brewery has ambition. By day it's a café for the Discover Greenwich tourist attraction next door (*see p101*); by night it's a restaurant. There's a small bar, with tables outside in a large walled courtyard – a lovely spot for parents to test the 50-strong beer list that includes the artisan ales of the Meantime Brewery (the company behind this operation) plus a global array of bottled varieties. Inside, there is no danger of disturbing other diners in such a vast, high-ceilinged space. Maroon and dark orange walls are decorated with an abstract bottle pattern and a history of British brewing, with oversized aluminium light shades and a wave-like artwork of bottles. Meantime's gleaming copper brewing barrels dominate one end. The personable young staff are friendly, and red-clothed booths along one side offer privacy. The short lunchtime menu includes sandwiches and wraps, as well as dishes like fish and chips or Galloway beef burger (children's sandwiches are reasonably priced at £1.80). Clued-up locals should head here pronto; it's too good to leave to the tourists.
Buggy access. Children's option (£6). Disabled access: toilet. High chairs. Nappy-changing facilities. Tables outdoors (20, garden). Takeaway service.

NORTH AMERICAN

Bodean's

10 Poland Street, W1F 8PZ (7287 7575, www.bodeansbbq.com). Oxford Circus or Piccadilly Circus tube. **Lunch served** noon-3pm, **dinner served** 5.30-11pm Mon-Fri. **Meals served** noon-11pm Sat; noon-10.30pm Sun. **Main courses** £8-£16. **Credit** AmEx, MC, V. **Map** p330 J6.
Bodean's was set up seven years ago by a man from Kansas, where they take their barbecues very seriously. Five branches on, we can still say this is the best barbecue in the city. The Soho branch is our favourite for its street-level 'deli': a more casual arrangement where you walk in, order at the counter and tuck into a pared-down menu that omits some of the more superfluous choices – you don't go to Bodean's for enchiladas. It's all about the ribs, the pulled pork, the half chickens and the 'burnt ends' of beef brisket, smoked and slow-grilled to uncommon tenderness and served with the (inevitably) secret sweet and piquant sauce. Children eat free between noon and 5pm at the weekend when accompanied by an adult; options include barbecue chicken breast or slices of smoked beef, turkey or ham with fries or mash, with ice-cream to follow. At other times, the children's menu costs £5. Vegetarians should keep walking – there's nothing to see here. A bonus is that the formerly dreary choice of beer has been updated; you can now find the likes of Sierra Nevada ales, although they're not available in all branches.
Buggy access. Children's menu (£5, free noon-5pm Sat, Sun). High chairs. Nappy-changing facilities. Takeaway service.
Branches throughout the city.

The Diner

2 Jamestown Road, NW1 7BY (7485 5223, www.goodlifediner.com). Camden Town tube. **Meals served** 10am-11pm Mon-Thur; 10am-11.30pm Fri; 9am-11.30pm Sat; 9am-11pm Sun. **Main courses** £5-£10. **Credit** AmEx, MC, V.
The Diner determinedly checks most of the Americana boxes, from the lettering on the windows to the free filter coffee refills. It's a popular choice for families who enjoy sitting in the red leather booths inside, or out on the roof terrace on warm days. Kids get their own menu, but there are no meal deals here. Children's mains are £4.50, desserts are £3.80-£5 and milkshakes £4.20. The cooking could be better – even taking into account that this is what

Consumer

Old Brewery. See p267.

Consumer

many consider to be junk food – and you have to wonder why the Diner puts its name to the signature fries, which are simply sprinkled with coarse Cajun spice mix. Still, the corn dogs are devilishly moist, the burgers good-looking, and the adult drinks list fun (Sleeman's Honey Brown is on draught and served authentically chilled). For dessert, be sure to share the blueberry and peanut butter sundae – so wrong, yet so right. By contrast, the New York cheesecake wasn't even as good as the vanilla ice-cream accompanying it. Nonetheless, the sizeable queue of international customers waiting for tables keeps this joint jumping.
Buggy access. Children's menu (£4.50). Crayons. Disabled access: toilet. High chairs. Nappy-changing facilities. Tables outdoors (13, terrace; 8, pavement). Takeaway service. **Branches** throughout the city.

Eagle Bar Diner
3-5 Rathbone Place W1T 1HJ (7637 1418, www.eaglebardiner.com) Tottenham Court Road tube. **Meals served** noon-11pm Mon-Wed; noon-midnight Thur, Fri; 10.30am-midnight Sat. **Main courses** £6.95-£15.50. **Credit** AmEx, MC, V. **Map** p331 K5.
It's best to arrive here before 12.30pm to secure a table before the local office workers start pouring in. Eagle Bar Diner never feels crowded once you're seated, though, particularly if you get one of the cosy brown leather booths on the

raised right hand side. All the flavours of American diner cuisine are here – maple syrup, blueberries, key lime, monterey jack, bacon, beef and barbecue – and it's a great place to grab a reasonably priced meal in an upbeat setting. Beefburgers and shakes are the strongest suit, but the menu also takes in the likes of duck and grapefruit salad, and a meze plate. Kids have plenty of choice on their own menu (4oz burger, hot dog, pasta, or herb-coated chicken with barbecue sauce), but breakfast is served all day if that seems a more appealing option. Avoid coming here with children at night as the place morphs into a noisy West End drinking hole and party venue, with DJs and a stupendous choice of cocktails.
Buggy access. Children's menu (£2.95-£4.25). Crayons. Disabled access: toilet. High chairs. Takeaway service.

Hard Rock Café
150 Old Park Lane, W1K 1QR (7629 0382, www.hardrock.com). Hyde Park Corner tube. **Meals served** 11.30am-12.30am Mon-Thur, Sun; 11am-1am Fri, Sat. **Main courses** £9.95-£15.95. **Credit** AmEx, MC, V. **Map** p332 H8.
The Hard Rock Café celebrates its 40th anniversary in 2011; it was one of the original American diners in London. But is it still worth visiting? Youngsters might be utterly bemused by the gold records on the walls – they won't recognise the format, never mind the names on the discs. Videos by A Flock of Seagulls and Billy Joel play without irony on myriad TV screens; and glass-fronted cabinets proudly display such consecrated treasures as a bass guitar once cradled by Felix Pappalardi of Mountain. Only the prices bring you back to the future: £13.25 for a burger and chips might not seem too bad if you're on holiday and unfamiliar with the value of sterling, but the relative absence of British accents tells its own story. The burgers are actually pretty darn good, and the children's menu is more fairly priced at £7.95 for a main course and drink. Further attractions on offer include occasional themed activities.
Buggy access. Children's set meal (£7.95). Crayons. Disabled access: toilet. High chairs. Nappy-changing facilities. Tables outdoors (10, terrace).

Lucky 7
127 Westbourne Park Road, W2 5QL (7727 6771, www.lucky7london.co.uk). Royal Oak or Westbourne Park tube. **Meals served**

noon-10pm Mon; 10am-10pm Tue-Thur; 9am-11pm Fri, Sat; 9am-10pm Sun. **Main courses** £4.75-£12.95. **Credit** MC, V.

At Tom Conran's teeny diner – just six green booths in front of an open kitchen – the day starts with 'cwoffee', bowls of Lucky Charms and Captain Crunch, breakfast burritos, pancakes, and fry-ups featuring hash browns. Later there are burgers, plus a choice of 'chiles', cobb and caesar salads, beer-battered onion rings, BLTs, crab cake sandwiches and the turkey dee lite (ground turkey white meat with bacon, cheese and avocado). Sweet-toothed diners will enjoy the chance to try a root-beer float, a cream soda or even an extra-thick shake with Oreos and peanut butter. Prices reflect the challenging rents in this corner of town, so look elsewhere to find London's best-value fast food, although the introduction of a children's menu helps a little. Nevertheless, Lucky 7 is a welcome alternative to the burger chains.
Children's menu (£6.45-£7.45).
Takeaway service.

Smollensky's on the Strand

105 Strand, WC2R 0AA (7497 2101, www.smollenskys.com). Embankment tube or Charing Cross tube/rail. **Meals served** noon-11pm Mon-Thur; noon-1am Fri, Sat; noon-10pm Sun. **Main courses** £9.95-£29.95. **Credit** AmEx, MC, V. **Map** p333 L7.
During the week this basement steakhouse is full of suits and meetings, but between noon and 5pm every Saturday and Sunday it basically becomes a modern, food-based playgroup. Balloons and cartoons are handed out, there's a magician on hand until 4pm, plus PlayStations to amuse older children. The menu is full of simple, sturdy ribstickers, with an emphasis on steaks – which arrive with good chips and a choice of sauces. The children's menu features fish and chicken goujons, ribs, burgers and other filling staples. Mains are decent, but it's the puds which stick in the memory: moreish chocolate mousse and densely moist Mississippi mud pie are sublime.
Children's menu (£3.95-£7). Crayons. Disabled access: toilet. Entertainment: clown, magician 1-4pm Sat, Sun. High chairs. Nappy-changing facilities.
Branch 1 Reuters Plaza, E14 5AG (7719 0101).

TGI Friday's

6 Bedford Street, WC2E 9HZ (7379 0585, www.tgifridays.co.uk). Covent Garden or Embankment tube, or Charing Cross
tube/rail. **Meals served** 11am-11.30pm Mon-Thur; 11am-midnight Fri, Sat; noon-11pm Sun. **Main courses** £8.29-£17.99. **Credit** AmEx, MC, V. **Map** p333 L7.
Londoners may think of TGI Fridays as a tourist trap, but prices are keen for this part of town. Children can get a mini burger or chicken pieces with sides for £2.99 and an ice-cream sundae for 99p. We recommend lunchtime visits at this busy Covent Garden branch, as the bar gets crowded after 5pm. The immensely cheery, overwhelmingly child-friendly staff here hand out balloons and activity packs to children, who are chatted to sweetly and even entertained on certain days (see the website for details). The food is varied, with an emphasis on sticky barbecues and tasty Tex-Mex dishes as well as the inevitable burgers and fries. Health-conscious kids can swap regular side dishes for healthier options – crudités, corn on the cob or vegetables. All that good will be undone at the pudding stage, when dirt and worm pie (for chocolate and fudge fiends), cheesecakes and the aforementioned sundaes are the order of the day. Free Heinz baby food is provided for babes of four to ten months accompanying a dining adult.
Buggy access. Children's set meal (£2.99-£4.99). Crayons. Disabled access: lift, toilet. Entertainment: face painting Sat, Sun lunch. High chairs. Nappy-changing facilities.
Branches throughout the city.

THAI

Blue Elephant

4-6 Fulham Broadway, SW6 1AA (7385 6595, www.blueelephant.com). Fulham Broadway tube. **Lunch served** noon-2.30pm daily. **Dinner served** 7-11.30pm Mon-Thur; 6.30-11.30pm Fri; 6-11.30pm Sat; 6.30-10.30pm Sun. **Main courses** £11.90-£28. **Set buffet** (Sun lunch) £30; £15 4-11s; free under-4s. **Credit** AmEx, DC, MC, V.
Diners who come here expecting a memorable experience generally get one – and that includes children, who are welcomed with crayons and, at the popular Sunday brunch, face painting. The Blue Elephant may be an international chain (with branches throughout Europe and as far afield as Jakarta), but for many it offers a fun introduction to Thai food and culture. A meal here starts with welcomes from traditionally costumed staff, who lead diners into a room festooned with tropical gardens, walkways and waterfalls. The menu attempts to cater for all,

Consumer

with dishes ranging from the predictable (chicken satay) to the slightly more esoteric (*larb gai*, a minced chicken salad more typical of north-eastern Thailand and Laos), and even includes an extensive vegetarian list. Presentation has echoes of royal Thai cuisine (all carved vegetables and impeccable plating), but sometimes style rules over substance as flavours tend towards the bowdlerised, with timid spicing. Still, that might go down well with conservative junior tastebuds.

Booking advisable (Sun lunch). Buggy access. Delivery service. Disabled access: toilet. Entertainment: face painting Sun lunch. High chairs. Nappy-changing facilities. Takeaway service.

TURKISH

Mangal II

4 Stoke Newington Road, N16 8BH (7254 7888, www.mangal2.com). Dalston Kingsland rail or bus 76, 149, 243. **Meals served** noon-1am Mon-Thur, Sun; noon-2am Fri, Sat. **Main courses** £8.45-£15.99. **Credit** MC, V.

Yes, this fine Turkish *ocakbası* is popular with families of all nationalities. You can see why. Sweet-natured, efficient waiters in smart black shirts, matching black trousers and bright red ties serve uncomplicated grills to the strains of 'Ain't No Sunshine', and flavours are punchy. Of the few vegetarian options, *zeytin yagli pirasa* was an almost fizzily pickled salad that belied its bland description of 'leek and carrot in olive oil', while simple, light feta and parsley pastries (*musga böregi*) were fried to crisp perfection. The main focus is on what's produced under the metal extractor hood at the back. Star turn on this visit was *pirzola*: three tender salty lamb chops with their fat cooked perfectly to the point of almost melting away. Children in particular will relish the grilled chicken and *pide* and *saç* bread.

Buggy access. High chairs. Takeaway service.

Zara

11 South End Road, NW3 2PT (7794 5498) Belsize Park tube or Hampstead Heath rail. **Meals served** noon-11pm daily. **Main courses** £9.50-£15. **Set lunch** (noon-4pm) £8.50 2 courses. **Credit** AmEx, MC, V.

Families are drawn to Zara's homely vibe. At the back, where a skylight brightens the dining area and a fireplace keeps customers warm in winter, is a pile of board games, books and some bongos. Were it not for the red London buses idling nearby, you could imagine yourself ensconced in a village restaurant in Turkey, with rustic wooden chairs, coloured glass lanterns and terracotta floor tiles. The menu reads like a greatest hits of Anatolian cuisine, with plenty of grills. We love the *mücver* (courgette fritters with a molten centre of creamy cheese), offered as a vegetarian main course or hot meze with *kısır*. There's more cheesy succulence to be enjoyed in the moussaká, its rich layers of aubergine, lamb mince and béchamel contrasting with a virtuous side salad of crisp leaves and grated carrot. The yoghurt dip with spinach and garlic is nicely balanced if modestly sized – still, there's the kind offer of another basket of bread to accompany, and a simple, keenly priced wine list with some great Turkish bottles to try.

Buggy access. Crayons. High chairs. Tables outdoors (4, pavement). Takeaway service. Toys.

VIETNAMESE

Song Que Café

134 Kingsland Road, E2 8DY (7613 3222). Hoxton rail. **Lunch served** noon-3pm, **dinner served** 5-11pm Mon-Sat. **Meals served** 11am-11pm Sun. **Main courses** £4.50-£6.20. **Credit** MC, V.

Song Que doesn't look like much from the outside (or the inside, for that matter – the sparse, canteen-like decor is relieved only by a few jumble sale prints), but it remains one of the best Vietnamese restaurants in the capital, despite fierce local competition. The menu is regulation length for a London Vietnamese: a numbered please-all trawl through the cuisines of the north, the south and Hue. Although we have our favourites, almost every dish we've tried over the years has been brilliant. The Song Que beef pho – something every Vietnamese restaurant has to get right – is exemplary, with a deep, complex broth, quality meat and vibrant herbs. Other essential dishes include barbecued quail with an almost effervescent citrus dipping sauce, fresh and fried spring rolls, and ground spiced beef in betel leaf. Children are generally happy with steaming bowls of pho (noodle soup) or the delicately fashioned rice paper rolls stuffed with prawns, vegetables or chicken; orders are scrawled on the paper tablecloth, and appear with astonishing alacrity.

Buggy access. Disabled access: toilet. High chairs. Takeaway service.

Shopping

Where to go for prams, toys, clothes and everything in between.

London has so much choice to offer, with shopping opportunities changing and expanding all the time. Our new favourite this year is **huggle** (*see p272*), a large and stylishly presented shop that opened in Swiss Cottage in late 2010. Not only does it stock everything a London parent could ever need, it also offers all sorts of classes in the lounge area to make sure the kids have a good time too.

Many of London's more established shops also recognise the importance of enticing children inside as well as their parents, and you'll find play corners, toy boxes, train sets and colouring tables placed in strategic positions to amuse the little ones while you browse.

The city is well provided with independents selling wooden toys, hand-knitted bootees, sprigged cotton frocks and hip international childrenswear labels. It's hard to resist the nostalgic appeal of shops like **Their Nibs** (*see p288*), **Rachel Riley** (*see p286*) and **Bonpoint** (*see p284*). But if budget is an issue, why not head to fast expanding chain **Fara Kids** (*see p291*), specialist charity shops that take presentation seriously. The city's smaller bookshops also do a sterling job, with cosy chairs to curl up on, regular visits from children's authors, and good old-fashioned storytelling sessions.

Many parents tend to stay local for picking up their child-centric shopping needs. So at a party for a Crouch End child, say, most presents will have been bought from neighbourhood favourites such as **Soup Dragon** (*see p276*) or **Rub a Dub Dub** (*see p282*). However, our user-friendly area guides found throughout this chapter will encourage you to branch out and find something a little out of the ordinary.

ALL-ROUNDERS

Blue Daisy

13 South End Road, NW3 2PT (7681 4144, www.blue-daisy.com). Belsize Park tube or Hampstead Heath rail. **Open** 9.30am-6pm Mon-Fri; 10am-6pm Sat. **Credit** AmEx, MC, V.

When you first walk into this Hampstead baby boutique, it can seem as if there's not much here. But look a little closer and the minimalist presentation hides a wealth of great products to make parenting just that bit easier and more stylish. The shop stocks prams, toys, slings, organic lotions and changing accessories, clothes, potties, plastic crockery and a lot more besides. The layout has been thoughtfully designed with a play alcove for small children and a nappy-changing room, while the generous floor space means it's also easy to bring buggies inside with you. *Buggy access. Nappy-changing facilities. Play area.* **Branch** 190 West End Lane, NW6 1SG (7435 3100).

Born

168 Stoke Newington Church Street, N16 0JL (7249 5069, www.borndirect.com). Bus 73, 393, 476. **Open** 9.30am-5pm Tue-Fri; 10am-6pm Sat; noon-5pm Sun. **Credit** MC, V.

Natural, organic and Fairtrade pregnancy products, baby equipment and clothes fill the shelves at Born, from Babygros and cotton nappies to sturdy scooters and brightly-painted toys. Practical gear includes Ergo's organic cotton baby carrier and sleek buggies from the

Consumer

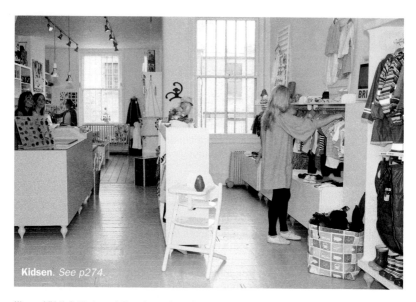

Kidsen. *See p274.*

likes of Phil & Teds and Bugaboo, alongside chemical-free toiletries and baby wipes and the shop's own brand of pregnancy massage oils. There's ample space to play and a sofa for breastfeeding mothers.
Buggy access. Delivery service. Disabled access: ramp. Nappy-changing facilities. Play area.

Harrods

87-135 Brompton Road, SW1X 7XL (7730 1234, www.harrods.com). Knightsbridge tube. **Open** 10am-8pm Mon-Sat; 11.30am-6pm Sun. **Credit** AmEx, DC, MC, V. **Map** p329 F9.
The fourth floor is the one to head for at Harrods, with room after room devoted to uniforms, party frocks, nursery gear, books and Babygros. Toy Kingdom (7225 6781) is a child's dream come true, with its jolly demonstrators and immense range of toys. Clothes begin with beautiful babywear, including ranges from Christian Dior and Roberto Cavalli, and go through ultra-smart tweedy garb from the Harrods label (think proper winter coats with velvet collars, and silk and tulle party dresses). Couture childrenswear includes mini togs by Burberry, Missoni, Miss Blumarine, Ralph Lauren and Armani. Footwear is by One Small Step One Giant Leap (*see p294*). There's face-painting, haircutting and lots of interactive fun in the holidays and at special events and launches. Children will also enjoy exploring the

rest of the store, including the food halls. The nursery department carries all the famous pram and buggy, cot, bed and high chair brands.
Buggy access. Café. Car park. Delivery service. Disabled access: lift, toilet. Hairdressing. Nappy-changing facilities.

huggle

8-10 Winchester Road, NW3 3NT (7483 2826, www.huggle.co.uk). Swiss Cottage tube. **Open** 9am-6pm Mon-Fri; 9am-5pm Sat; 11am-4pm Sun. **Credit** AmEx, MC, V.
This new shop opened at the end of 2010 and is a very welcome addition to Swiss Cottage. It's a spacious and stylish emporium stocking all the accessories of parenthood, from prams to highchairs, baby kit essentials, cool nursery furniture, unusual toys and design classics. It has a full programme of activities throughout the week in the huggle lounge. We particularly liked the P'kolino Little Reader armchairs, the Oeuf Sparrow cribs and the toy selection.
Buggy access. Café. Delivery service. Disabled access: toilet. Nappy-changing facilities.

Igloo

300 Upper Street, N1 2TU (7354 7300, www.iglookids.co.uk). Angel tube or Highbury & Islington tube/rail. **Open** 10am-6.30pm Mon-Wed; 10am-7pm Thur; 9.30am-6.30pm Fri, Sat; 11am-5.30pm Sun. **Credit** AmEx, MC, V.

Quirky toys, clothes and accessories, often from lesser-known labels, have made Igloo a mecca for chic north London parents. The premises are small but well stocked, with shelves of toys reaching to the ceiling – an enticing mix of sticker books, puppet-making kits, puzzles and skipping ropes, along with pedal cars, tipis and trikes. Racks of clothes cater for newborns to ten-year-olds, with a stellar selection of labels (fresh floral prints from Room Seven and hand-smocked frocks from I Love Gorgeous). The shoe corner has plenty of seating and some top-notch brands (Start-rite, Crocs, Camper, Angelus and Naturino, alongside some nifty dinosaur and bee wellies). All bases are covered: there's a mirrored parlour for children's haircuts, a drawing table and a gift-wrapping service. *Buggy access. Delivery service. Disabled access. Hairdressing.*
Branches 80 St John's Wood High Street, NW8 7SH (7483 2332); 227 King's Road, SW3 5EJ (7352 4572).

John Lewis
278-306 Oxford Street, W1A 1EX (7629 7711, www.johnlewis.co.uk). Bond Street or Oxford Circus tube. **Open** 9.30am-8pm Mon-Wed, Fri; 9.30am-9pm Thur; 9.30am-7pm Sat; noon-6pm Sun. **Credit** AmEx, DC, MC, V. **Map** p330 H6.
John Lewis is always a dependable port of call. Follow the stream of parents heading up to the fourth floor, dedicated to all things child-related, and take advantage of its knowledgeable staff and good service. As an all-rounder it's hard to beat, stocking everything from toys to school uniforms, clothes and sportswear, as well as nursery furniture and essentials; the down-to-earth buying-for-baby advice is a lifesaver for bemused first-time parents, and there's a free car seat-fitting advisory service. The toy department overflows with of-the-moment toys, educational games and old classics. But the real jewel in the store's crown is its shoe department

Kids' Corner
Hampstead

Shopping in Hampstead is a wonderfully sophisticated experience. But although money practically oozes out of the brickwork up here, the area manages to retain something of a bohemian, creative vibe. Play spot the actor as you take a stroll down Flask Walk, with its old world charm, and let the shopping begin.
  Mystical Fairies (*see p298*) is sheer heaven for those who like anything pink, sparkly and otherworldly. Pregnant women may miss the Hampstead branch of Formes, now closed – although the stylish and somewhat cheaper **Séraphine** (*see p291*), just north of the tube, affords some consolation.
  For children needing to be shod, it would be hard to find a better shoe shop than the small but very well stocked **Cubs** (*see p293*) on Heath Street. Down Rosslyn Hill is toy shop **Happy Returns** (*see p297*) which caters for parties and presents for zero to fives. And at a lower gradient still, on South End Green near the Royal Free Hospital, there's the fantastic **Blue Daisy** (*see p271*), which stocks just about every accessory a baby

Daunt Books.

or parent could possibly want. The kids will love the special reading room at **Daunt Books** (*see p277*); once you've picked up a linen bag full of literary goodies, the whole family can head to neighbouring Hampstead Heath to let off some steam.
  Not strictly in Hampstead, but well worth the short hop down the hill towards Swiss Cottage, **huggle** (*see p272*) is a supremely stylish new emporium offering everything from prams to street dance classes.

(Clarks, Start-rite, Kangaroo, Timberland), with its orderly ticket system, CBeebies on the telly and free face-painting sessions. On the fifth floor is a London 2012 store, which will occupy most of the floor from summer 2011.
Buggy access. Cafés. Delivery service. Disabled access: lift, toilet. Nappy-changing facilities.
Branches Brent Cross Shopping Centre, NW4 3FL (8202 6535); Wood Street, Kingston, Surrey KT1 1TE (8547 3000).

JoJo Maman Bébé
68 & 72 Northcote Road, SW11 6QL (7228 0322 maternity, 7223 8510 baby & children, www.jojomamanbebe.co.uk).
Clapham Junction rail. **Open** 9.30am-5.30pm Mon-Sat; 11am-5pm Sun. **Credit** MC, V.
Launched in 1993 as an inexpensive maternity and babywear company, JoJo has expanded into a sizeable empire. While it's still primarily a catalogue-based retailer, a network of boutiques have sprung up across London, displaying some of its vast stock of clothes, equipment and furniture. Its own-label clothing lines are relaxed and affordable, with everything from maternity bras, yoga wraps and workwear for expectant mothers to swim nappies, stripy all-in-ones and dungarees for kids. The company adheres to a strong ethical code – a spirit exemplified by the organic cotton sleepsuits, and the Polartec fleeces made from recycled plastic bottles. JoJo also supports the Nema Foundation, which runs community projects in Mozambique.
Buggy access. Disabled access. Nappy-changing facilities.
Branches throughout the city.

Kidsen
111 Chamberlayne Road, NW10 3NS (8969 7565, www.kidsen.co.uk). Kensal Rise tube. **Open** 10am-5.30pm Mon-Fri; 10am-5pm Sat. **Credit** AmEx, MC, V.
Scandinavia comes to London with this bright and airy shop in Kensal Rise. Kidsen has a wide range of toys, from Brio train sets to Melissa and Doug dressing-up costumes and Lundby Stockholm doll's house furniture. Other favourites of ours include the 'rush hour' wallpaper, groovy wall stickers, space-age high chairs and sturdy but stylish shoes and outerwear. The shop has recently moved away from selling prams and car seats to concentrate on its children's furniture and interiors range. It's a good place to come for inspiration.
Buggy access. Delivery service. Disabled access. Play area.

Little White Company
90 Marylebone High Street, W1U 4QZ (7486 7550, www.thewhitecompany.com).
Baker Street or Bond Street tube. **Open** 10am-6pm Mon-Sat; 11am-5pm Sun.
Credit AmEx, MC, V. **Map** p330 G5.
All is calm, orderly and impossibly pretty at the Little White Company. Snowy cotton soft furnishings and crisp bedlinen are neatly arrayed alongside sweetly traditional nightwear and clothes (gingham pyjamas epitomise the look), and there's an attractive range of white-painted nursery furniture. Not everything's white, of course; striped towelling beach hoodies in fuchsia and navy, floral quilts and lengths of pastel-hued bunting add a splash of colour. Prices are reasonable considering the quality.
Buggy access. Delivery service.
Branch 261 Pavillion Road, SW1X 0BP (7881 0783).

Mamas & Papas
256-258 Regent Street, W1B 3AF (0845 268 2000, www.mamasandpapas.co.uk).
Oxford Circus tube. **Open** 10am-8pm Mon-Wed, Fri; 10am-9pm Thur; 9am-8pm Sat; noon-6pm Sun. **Credit** AmEx, MC, V.
Map p330 J6.
Amid the chaos of Regent Street, the flagship outpost for this buggy brand is a spacious, air-conditioned oasis. There are large changing rooms for bump and buggy manoeuvres, and assistants are at hand to advise on sartorial matters. As well as inexpensive baby clothes, maternity fashion and lingerie, there's a dizzying array of Mamas & Papas prams, pushchairs and car seats – the company's stock in trade. The first floor, meanwhile, is devoted to interiors, with a series of 'dream nursery' rooms displaying cots, changing tables, wardrobes and storage systems in all shapes and sizes. The first-floor Cibo café serves nutritious own-made fare for mothers-to-be and a straightforward children's menu.
Buggy access. Café. Delivery Service. Nappy-changing facilities.
Branches Brent Cross Shopping Centre, NW4 3FL (0845 268 2000); Level 1, Westfield Shopping Centre, W12 7GF (0845 268 2000); Tandem Shopping Centre, SW19 2NX (0845 268 2000).

Mini Kin
22 Broadway Parade, N8 9DE (8341 6898, www.minikin.co.uk). Finsbury Park tube/rail, then W7 bus. **Open** 9.30am-5.30pm Mon-Sat; 10.30am-4.30pm Sun. **Credit** MC, V.

Consumer

London 2012 Souvenirs

London 2012 Shop

Unit 2A, St Pancras International, Pancras Road, King's Cross, NW1 2QP (7837 8558, http://shop.london2012. com). King's Cross tube/rail. **Open** 8am-9pm Mon-Fri; 8.30am-7.30pm Sat; 11am-6pm Sun. **Credit** V. **Map** p331 L3.

Browse for Games merchandise in person at the dedicated shop. You'll find everything from pin badges, mugs and die-cast models of double-decker buses to Stella McCartney-designed sportswear. There are also branches at Paddington (The Lawn, Paddington Station, W2 1H8, 7402 5616, http://shop.london2012.com) and Heathrow Terminal 5, along with a concession in John Lewis on Oxford Street (*see p273*).

Look out for additional shops opening at major transport hubs such as airports and stations as 2012 approaches.

Consumer

Small but perfectly formed, Mini Kin combines a modishly stocked children's clothing boutique with a hairdressing salon. An impeccably chic array of clothes includes frothy frocks from Noa Noa, plus No Added Sugar, Dandy Star, Bob & Blossom and Their Nibs, and there are fragrant salves, creams, oils and lotions courtesy of Burt's Bees, Green People and Earth Friendly Baby. Out back there is the hairdressing salon, decorated to look like a mythical forest with trailing ivy and branches; animal-painted chairs and charming staff conspire to coax recalcitrant tots into the hot seat. Haircuts start at £10.95.
Buggy access. Disabled access. Hairdressing. Nappy-changing facilities. Play area.

Mothercare

526-528 Oxford Street, W1C 1LW (0845 365 0515, www.mothercare.com). Marble Arch tube. **Open** 10am-8pm Mon-Sat; noon-6pm Sun. **Credit** AmEx, MC, V. **Map** p330 G6.
Two floors house all manner of baby-related paraphernalia. It's great for bulk-buy basics such as muslins and plain rompers, and the maternity wear section often yields some good value, unexpected finds.
Buggy access. Delivery service. Disabled access: lift, toilet. Nappy-changing facilities. **Branches** throughout the city.

Bobo Kids. See p283.

Pure Baby

208 Fulham Road, SW10 9PJ (7751 5544, www.purebaby.co.uk). Fulham Broadway or South Kensington tube, then bus 14, 414. **Open** 10am-6.30pm Mon-Wed, Fri, Sat; 10am-7pm Thur. **Credit** AmEx, MC, V. **Map** p328 C12.
Located in a strategic spot near Chelsea & Westminster Hospital's Maternity Unit, Pure Baby is as smart and sleek as its well-heeled clientele. Cashmere playsuits and bootees, Bugaboo prams and organic cotton swaddling blankets are among the goodies on offer.
Buggy access. Delivery service. Disabled access.

Soup Dragon

27 Topsfield Parade, Tottenham Lane, N8 8PT (8348 0224, www.soup-dragon.co.uk). Finsbury Park tube/rail, then bus W7. **Open** 9.30am-6pm Mon-Sat; 11am-5pm Sun. **Credit** AmEx, MC, V.
This cavernous grotto is piled high with colourful clothes and toys. It's an excellent spot to pick up imaginative, relatively inexpensive kids' clothes; the own-brand striped knits are great value. For lovers of bold prints, there are vibrant designs from Danish labels Katvig and Minymo, while the Kidorable in the Rain range is fun and practical. In addition to everyday clothes, there's a great selection of partywear and fancy dress. On the toy front, doll's houses, castles, farms and pirate ships fire up children's imaginations; there's also a dinky mini kitchen play area where kids can bang pots and pans about. Sign up to the mailing list for details of the regular warehouse sales.
Buggy access. Disabled access. Play area. **Branch** 106 Lordship Lane, SE22 8HF (8693 5575).

EDUCATIONAL

Books

Several toy shops (*see p294*) also stock children's picture books.

Big Green Bookshop

Unit 1, Brampton Park Road, N22 6BG (8881 6767, www.biggreenbookshop.com). Turnpike Lane or Wood Green tube. **Open** 9am-6pm Mon, Tue, Thur-Sat; 10.30am-6pm Wed; noon-5pm Sun. **Credit** AmEx, MC, V.

Opened in 2008, this friendly local bookshop has developed a reputation for its excellent children's section. Young readers can relax here with their favourite tome and writers pop in to read and talk to the children.
Buggy access.

Bookseller Crow on the Hill

50 Westow Street, SE19 3AF (8771 8831, http://booksellercrow.moonfruit.com). Gypsy Hill rail. **Open** 10am-7pm Mon-Fri; 9.30am-6.30pm Sat; 11am-5pm Sun. **Credit** AmEx, MC, V.
A laid-back place to while away an afternoon, with a wealth of books for children and grown-ups. All the classics are present and correct, and there's a splendid selection of picture books.
Buggy access. Play area.

Bookworm

1177 Finchley Road, NW11 0AA (8201 9811, www.thebookworm.uk.com). Golders Green tube. **Open** 9.30am-5.30pm Mon-Sat; 10am-1.30pm Sun. **Credit** MC, V.
The shelves at this independent children's bookshop are piled high with treasures. Storytelling sessions for under-fives take place on Tuesdays (2pm), Thursdays (2pm) and Sundays (noon) when badges and stickers are handed out, while regular author visits give children the chance to meet their literary heroes and heroines.
Buggy access. Disabled access.

Children's Bookshop

29 Fortis Green Road, N10 3HP (8444 5500, www.childrensbookshoplondon.com). Highgate tube, then bus 43, 134. **Open** 9.15am-5.45pm Mon-Sat; 11am-4pm Sun. **Credit** AmEx, MC, V.
Clued-up staff and peaceful surrounds make this a relaxing place to pick up some new reading material. There's a children's corner with child-sized chairs and picture books at floor level, plus Thursday morning storytelling sessions for preschoolers, kicking off at 11am. Other book-related events, including regular author signings, are publicised in the shop's quarterly newsletter.
Buggy access.

Daunt Books

51 South End Road, NW3 2QB (7794 8206, www.dauntbooks.co.uk). Belsize Park tube or Hampstead Heath rail. **Open** 9am-6pm Mon-Sat; 11am-6pm Sun. **Credit** MC, V.

There's a cosy, welcoming reading room for children in the back of this branch of the well-loved independent, with seats where adults can read to children without fear of disturbing other customers. The room is cheerily decorated with fields and farm animals, and has a good shelf of books. Just outside is the children's book section, which offers a very good choice of titles for all ages.
Buggy access. Play area.
Branches throughout the city.

Golden Treasury

29 Replingham Road, SW18 5LT (8333 0167, www.thegoldentreasury.co.uk). Southfields tube. **Open** 9.30am-6pm Mon-Fri; 9.30am-5.30pm Sat; 10.30am-4.30pm Sun. **Credit** MC, V.
The sprawling premises of this brilliant children's bookshop house a host of titles, from books on pregnancy to teen fiction. In the unlikely event that you can't find what you're after, staff are happy to order it in. There's also an excellent programme of author events; past luminaries include Judith Kerr (*The Tiger Who Came to Tea*) and Emma Chichester Clarke (*Blue Kangaroo*).
Buggy access. Play area.

Lion & Unicorn

19 King Street, Richmond, Surrey TW9 1ND (8940 0483, www.lionunicornbooks. co.uk). Richmond tube/rail. **Open** 9.30am-5.30pm Mon-Fri; 9.30am-6pm Sat; 11am-5pm Sun. **Credit** MC, V.
Opened in 1977 (the late, great Roald Dahl was the guest of honour), this venerable bookshop has kept up with the times. 'The Roar', its quarterly online newsletter, is invaluable for book reviews and details of signings and special events. Staff are happy to advise on the diverse stock crammed into every nook and cranny.
Buggy access.

Owl Bookshop

209 Kentish Town Road, NW5 2JU (7485 7793). Kentish Town tube. **Open** 9am-6pm Mon-Sat; noon-5pm Sun. **Credit** MC, V.
A colourful collection of children's books take pride of place in the window at this tranquil independent bookshop; inside, titles are sorted by age and interest. The shop also hosts readings by local children's authors; for details, sign up to the mailing list.
Buggy access.

Consumer

Kids' Corner
Northcote Road

Northcote Music.

In stark contrast to the peaceful suburbia that surrounds it, Northcote Road is a buzz of activity. A steady stream of prams and pushchairs trundle along the pavements – so it comes as no surprise to find that the street is bursting with quality children's shops.

Located between Wandsworth and Clapham Commons, the area lays claim to a mix of upmarket clothes shops such as Jigsaw and Whistles, along with traditional butchers and bakers and small Italian cafés.

Upmarket children's brands such as **Petit Bateau** (*see p290*), **Fat Face Kids** (*see p290*), **Jigsaw Junior** (*see p290*), shoe-retailing mini-chain **One Small Step One Giant Leap** (*see p294*) and well-heeled one-stop shop **Trotters** (*see p288*) have all set up pitch here, alongside a host of imaginative independents.

One of the old-timers is the friendly **QT Toys** (*see p300*); along the road, **Northcote Music** (*see p279*) has long supplied local children with their first recorder. The rails at **Quackers** (*see p286*) offer gorgeous children's labels, while an outpost of handsome bed retailer **Aspace** (*see p282*) covers sleeping arrangements.

One new Northcote Road arrival in 2010 was **Letterbox** (*see p298*). The company's catalogue, stuffed full of well-sourced toys, games and storage solutions, has been dropping on to parents' front doormats for many years, but now Nappy Valley regulars can buy their fairy outifts without the need for added postage.

Tales on Moon Lane

25 Half Moon Lane, SE24 9JU (7274 5759, www.talesonmoonlane.co.uk). Herne Hill rail or bus 3, 37, 68. **Open** 9am-5.45pm Mon-Fri; 9.30am-6pm Sat; 10.30am-4.30pm Sun. **Credit** MC, V.

Beloved by local families, this award-winning children's bookshop is a delight. Bright, airy premises and enthusiastic staff encourage long visits, as does the wide range of books. The storytelling sessions are very popular (turn up early for a place on the sofa), and there's the odd puppet show. Check online for author events. *Buggy access.*

Victoria Park Books

174 Victoria Park Road, E9 7HD (8986 1124, www.victoriaparkbooks.co.uk). London Fields rail then bus 277. **Open** 10am-5.30pm daily. **Credit** MC, V.

With its book club, wall of book reviews from schoolchildren and popular patio area, this place oozes community spirit. Books are categorised by look and feel as well as content – there's a section for interactive titles, and children can get their hands on cloth, bath and buggy books. Other stock is divided into user-friendly sections: history, art, dinosaurs, reference, a Ladybird corner and more. Teenagers and adults are also catered for. Authors visit regularly and there are drop-in story sessions at 11am on Fridays. *Buggy access. Play area.*

Educational toys & games

Education Interactive

10 Staplehurst Road, SE13 5NB (8318 6380, www.education-interactive.co.uk). Hither Green rail. **Open** 9.30am-1.30pm Mon-Fri (by appointment weekday afternoons). **Credit** AmEx, MC, V.

Consumer

As its name suggests, this place specialises in toys and games to expand the grey matter. Polydron building blocks and Times Table Lotto are among the educational offerings. *Buggy access.*

Fun Learning
Bentall Centre, Clarence Street, Kingston-upon-Thames, Surrey KT1 1TP (8974 8900, www.funlearning.co.uk). Kingston rail. **Open** 9.30am-6pm Mon-Wed, Fri; 9.30am-8pm Thur; 9am-6pm Sat; 11am-5pm Sun. **Credit** AmEx, MC, V.
You're encouraged to try before you buy at this independent retailer, which sells all manner of puzzles, computer games, art and craft activities and science experiment sets. It's a wonderful place for unusual presents (a paint-your-own chair, say), but there are affordable pocket money items too, ranging from balloon-making gunk kits to hatching dinosaur eggs. *Buggy access. Disabled access.*
Branch Brent Cross Shopping Centre, NW4 3FP (8203 1473).

Musical instruments

Chappell of Bond Street
152-160 Wardour Street, W1F 8YA (7432 4400, www.chappellofbondstreet.co.uk). Oxford Circus or Tottenham Court Road tube. **Open** 9.30am-6pm Mon-Fri; 10am-5.30pm Sat. **Credit** AmEx, MC, V. **Map** p330 J6.
Chappell's three-storey premises showcase a gleaming array of instruments. It's a Yamaha piano and keyboard specialist. Some of the instruments (typically flutes, saxes, clarinets and trumpets) may be available on a rent-to-buy scheme, but quarter- and half-size instruments must be purchased. *Buggy access. Delivery service.*

Dot's
132 St Pancras Way, NW1 9NB (7482 5424, www.dotsonline.co.uk). Camden Town tube or Camden Road rail. **Open** 9am-5.30pm Mon-Sat. **Credit** AmEx, MC, V.
Run by an experienced music teacher, Dot's is a wonderfully friendly establishment. The shop sells new instruments – mostly stringed and wind, from recorders to violins – along with sheet music and books. There's a rent-to-buy scheme too. Check the website for tuition and second-hand instruments. *Repair service.*

Northcote Music
155C Northcote Road, SW11 6QB (7228 0074). Clapham Junction rail, then bus 319. **Open** 10.30am-6pm Mon-Fri; 10am-5pm Sat. **Credit** MC, V.
This friendly little music shop is tucked away next to QT Toys, somehow squeezing string, percussion and wind instruments (which you can rent or buy) into the tiny space, as well as brass and digital equipment. In the remaining space are the music books and sheet music, some of which are appropriate for younger children (including nursery rhymes for the piano and group sing-along pieces). It's popular, so try to avoid the after-school rush. *Buggy access. Delivery service. Repair service.*

Robert Morley
34 Engate Street, SE13 7HA (8318 5838, www.morleypianos.co.uk). Lewisham DLR/rail. **Open** 9.30am-5pm Mon-Sat. **Credit** MC, V.
To see if a child is serious about playing the piano, Morley's will hire one out, charging £250 for initial payment and delivery, then a monthly charge starting from £30. If, after a year, the child is still piano-friendly, you can buy it and get half the rental payments off the price, plus the delivery charge. Morley's also builds early keyboards such as clavichords, harpsichords and virginals. *Buggy access. Delivery service. Repair service.*

EQUIPMENT & ACCESSORIES

Gifts

Bob & Blossom
140 Columbia Road, E2 7RG (7739 4737, www.bobandblossom.co.uk). Hoxton rail or bus 55. **Open** 9am-3pm Sun. **Credit** MC, V.
Despite its restricted opening hours (coinciding with Sunday's famous flower market), B&B does a roaring trade in crochet-knit toys, retro spinning tops and wooden Noah's ark sets. The boutique also sells the brand's trademark T-shirts, hats and sleepsuits, boldly emblazoned with cheeky mottos. *Buggy access.*

Cachao
140 Regent's Park Road, NW1 8XL (7483 4422, www.cachaotoycafe.com). Chalk Farm tube. **Open** 8.30am-6pm daily. **Credit** AmEx, MC, V.

Consumer

Get Fitted for London 2012

If your kids are joining in the big push to get active before London 2012, they're going to need some kit.

Ace Sports & Leisure
6 Fortess Road, NW5 2ES (7485 5367). Kentish Town tube. **Open** 9.30am-6pm Mon-Sat. **Credit** MC, V.
Ace, which has moved from its old setting opposite Kentish Town tube, has footwear for all sports, as well as junior rackets, bats and swimming equipment. There are also small baseball mitts and footballs in all sizes, first cricket bats and balls, and swimming accessories. *Buggy access. Disabled access.*

David J Thomas
8 Croxted Road, SE21 8SW (8766 7400). West Dulwich rail. **Open** 9.15am-5.15pm Mon-Sat. **Credit** AmEx, MC, V.
A school uniform and sports kit specialist with a great line in cheap equipment in junior sizes. *Buggy access.*

Decathlon
Canada Water Retail Park, Surrey Quays Road, SE16 2XU (7394 2000, www.decathlon.co.uk). Canada Water
tube. **Open** 9am-9pm Mon-Fri; 9am-7pm Sat; 11am-5pm Sun. **Credit** MC, V.
This huge store is crammed with gear for riding, snowsports, biking, fishing, walking and ballsports. The young staff are enthusiastic. Services include racket restringing and ski maintenance. *Buggy access. Disabled access. Repair service.*

Lillywhites
24-36 Lower Regent Street, SW1Y 4QF (0844 332 5602, www.sportsdirect. com). Piccadilly Circus tube. **Open** 10am-10pm Mon-Fri; 9.30am-10pm Sat; 11.45am-6pm Sun. **Credit** AmEx, MC, V. **Map** p333 K7.
A fixture since 1925, Lillywhites is still good for mainstream sports gear. It concentrates mainly on urban sporting activities, and especially football. *Buggy access. Disabled access. Mail order.*

Ocean Leisure
11-14 Northumberland Avenue, WC2N 5AQ (7930 5050, www.ocean leisure.co.uk). Embankment tube. **Open** 10am-7pm Mon-Fri; 10am-5pm Sat. **Credit** MC, V. **Map** p333 L8.

This shop-cum-café stocks Hello Kitty, Ravensburger, Toby Tiger, Crayola goods and more. It's a slightly odd set-up, with stock covering the walls of the café upstairs. This makes it a little tricky to browse. But there's also a downstairs room (albeit reached by a cramped staircase). *Buggy access.*

Finnesse Lifestyle
453 Roman Road, E3 5LX (8983 9286, www.finnesselifestyle.com). Bethnal Green tube, then bus 8. **Open** 9.30am-6pm Mon-Sat. **Credit** AmEx, MC, V.
Alongside collections of organic and fair trade womenswear, accessories and home furnishings, Finnesse has a decent selection of children's clothes and toys from around the world. Marimekko, Hug and Organics for Kids are among the labels; Pia Wallen's snug little felted slippers would make a lovely gift for a newborn. *Buggy access.*

Maggie & Tom
345 Upper Street, N1 0PD (7359 7037, www.greenbaby.co.uk). Angel tube or Highbury & Islington tube/rail. **Open** 9.30am-5.30pm Mon-Fri; 10am-5pm Sat; 11am-5pm Sun. **Credit** MC, V.
This small chain of shops may have changed its identity from Green Baby to Maggie and Tom, but it still stocks the same line in Eco-friendly baby products and a range of children's clothes in organic cotton. The shop also stocks natural bedding and wooden toys. *Delivery service.*
Branches 5 Elgin Crescent, W11 2JA (7792 8140); 52 Greenwich Church Street, SE10 9BL (8858 6690).

O Baby
126 Fortis Green Road, N10 3DU (8444 8742). Highgate tube, then bus 43, 134. **Open** 9.30am-5.30pm Mon-Sat. **Credit** AmEx, MC, V.

Hidden away under the arches by Embankment, this watersports emporium sells all manner of sailing, scuba diving and surfing gear. Some of the stock – including the wetsuits, swimwear, Reef sandals and neoprene Aquashoes – comes in very small sizes. They also stock baby lifejackets, fins, masks and snorkels; and specialist children's scuba equipment can be ordered in.
Buggy access. Disabled access.

Slam City Skates
16 Neal's Yard, WC2H 9DP (7240 0928, www.slamcity.com). Covent Garden tube. **Open** 11am-7pm Mon-Sat; noon-5pm Sun. **Credit** AmEx, MC, V. **Map** p331 L6.
A well-stocked source of skateboards, sneakers, rucksacks and accessories, beloved of teen aficionados.
Branch 43 Carnaby Street, W1F 7EA (7240 2611).

Soccerscene
56-57 Carnaby Street, W1F 9QF (7439 0778, www.soccerscene.co.uk). Oxford Circus tube. **Open** 10am-7pm Mon-Wed, Fri, Sat; 10am-8pm Thur; noon-6pm Sun. **Credit** AmEx, MC, V. **Map** p330 J6.

Scaled-down replica kits, sturdy socks, goalie gloves and more, plus footie- and rugby-themed gifts and accessories.
Delivery service.
Branch 156 Oxford Street, W1D 1ND (7436 6499).

Speedo
41-43 Neal Street, WC2H 9PJ (7497 0950, www.speedo.com). Covent Garden tube. **Open** 10am-7pm Mon-Wed, Fri, Sat; 10am-8pm Thur; noon-6pm Sun. **Credit** AmEx, MC, V. **Map** p331 L6.
Swimming costumes, shorts and nappies, alongside all manner of aquatic accessories: armbands, snorkels, goggles and caps.
Buggy access. Disabled access.

Wigmore Sports
39 Wigmore Street, W1U 1QQ (7486 7761, www.wigmoresports.co.uk). Bond Street tube. **Open** 10am-6pm Mon-Wed, Fri, Sat; 10am-7pm Thur; 11am-5pm Sun. **Credit** AmEx, MC, V. **Map** p330 G6.
Junior stock at London's premier racket sports specialist (tennis, squash, badminton and more) includes footwear, shorter rackets and softer balls. There's a 'try before you buy' practice wall.
Buggy access. Delivery service. Disabled access.

This shop sells fair trade and organic bedding, toys and clothes for babies and toddlers, as well as natural skincare products.
Buggy access.

Semmalina-Starbags
225 Ebury Street, SW1W 8UT (7730 9333, www.starbags.info). Sloane Square tube. **Open** 9.30am-5.30pm Mon-Sat. **Credit** MC, V. **Map** p332 G11.
Specialises in bespoke party bags. Wrapped in cellophane and garlanded with bright ribbons, the bags can be filled with all sorts of trinkets – from the neon-lit sweetie selection to bubbles, potty putty, hair bobbles, stationery and more.
Delivery service.

So Tiny London
64 Great Titchfield Street, W1W 7QH (7636 2501, www.showroom64.com). Oxford Circus tube. **Open** 10am-6.30pm Mon-Fri; noon-6pm Sat. **Credit** AmEx, MC, V.

There are beautiful presents for newborns to be unearthed at this compact shop, ranging from Bonnie Baby's sumptuous cashmere cardies to tongue-in-cheek Rolling Stones and Stone Roses Babygros. Tiny Mary Jane sock sets and knitted bonnets cater to more traditional tastes. The selection of new baby cards is excellent, with some lovely hand-printed designs. Clothes sizes go up to age eight; don't miss the sale rail, which offers generous reductions.
Buggy access. Nappy-changing facilities.

Bikes

Chamberlaine Cycles
75-77 Kentish Town Road, NW1 8NY (7485 4488, www.chamberlainecycles.co.uk). Camden Town tube. **Open** 8.30am-6pm Mon-Sat. **Credit** AmEx, MC, V.
Outside, ranks of gleaming, polished bicycles line the pavement; inside there are even more

Consumer

to choose from, along with baby seats, trailer bikes, lights and the all-important locks.
Buggy access. Delivery service. Disabled access. Repair service.

D2 Leisure

143 Stoke Newington Road, N16 8BP (7254 3380, www.d2leisuregroup.co.uk). Rectory Road rail or bus 67, 76, 149, 243. **Open** 9am-5.30pm Mon-Fri; 9am-5pm Sat. **Credit** MC, V.
The bike shop formerly known as Daycock's has a great range of cycles in the kids' showroom, although most bikes can be ordered online via the website.
Buggy access. Disabled access. Repair service.
Branches 201-203 Roman Road, E2 0QY (8980 4966); 70-72 Loampit Vale, SE13 7SN (8297 0225).

Edwardes

221-225 Camberwell Road, SE5 0HG (7703 3676). Elephant & Castle tube, then bus 12, 68, 176, P3. **Open** 8.30am-6pm Mon-Sat. **Credit** AmEx, MC, V.
A reliable general bike shop, Edwardes also stocks mounts for two to 12s (brands include Pro Bike, Bronx and Giant) along with accessories such as bike seats, helmets, trailers and tag-alongs.
Buggy access. Delivery service. Disabled access. Repair service.

Two Wheels Good

143 Crouch Hill, N8 9QH (8340 4284, www.twowheelsgood.co.uk). Finsbury Park tube/rail, then bus W7. **Open** 8.30am-6pm Mon-Fri; 9am-6pm Sat; 11am-5pm Sun. **Credit** AmEx, MC, V.
Although there isn't a wide range of children's bikes, the incredibly friendly and helpful staff are more than happy to offer recommendations on bikes you can order in from the Gary Fisher and Trek websites.
Buggy access. Disabled access. Repair service.
Branch 165 Stoke Newington Church Street, N16 0UL (7249 2200).

Prams & accessories

See also pp271-276.

Babyworld

239 Munster Road, SW6 6BT (7386 1904). Fulham Broadway tube, then bus 211, 295. **Open** 10am-6pm Mon-Wed, Fri; 10am-5.30pm Sat. **Credit** AmEx, MC, V.

The premises may look small, but Babyworld certainly crams a lot in. Specialising in essential equipment for under-fives, its stock includes stairgates, prams, pushchairs, high chairs, breast pumps and toys from brands such as Medela, Tomy, Maclaren, Bugaboo and Mountain Buggy.
Buggy access.

Rub a Dub Dub

15 Park Road, N8 8TE (8342 9898). Finsbury Park tube/rail, then bus W7. **Open** 10am-6pm Mon-Sat; noon-4pm Sun. **Credit** MC, V.
All the biggest brands are present and correct at this well-stocked shop, from playfully hued Bugaboos to more rugged Mountain Buggy, Out 'N' About and Phil & Teds three-wheelers. Along with Tripp-Trapp high chairs, travel cots, muslins and UV-protecting pushchair covers, there are fun mouse-, tiger- and ladybird-shaped Wheelybugs for whizzing round the house, and plenty of toys. Eco-friendly nappy brands include Bambo and Nature Babycare, and there's a sweet-smelling array of chemical-free baby wipes.
Buggy access. Delivery service. Disabled access. Nappy-changing facilities. Play area.

The nursery

Aspace

140 Chiswick High Road, W4 1PU (8994 5814, www.aspaceuk.com). Turnham Green tube. **Open** 10am-6pm Mon-Sat; 11am-5pm Sun. **Credit** AmEx, MC, V.
The understated range at Aspace includes children's beds of every description, from white-painted four posters to solid oak bunks. Handsome wardrobes, sturdy chests of drawers and tasteful soft furnishings – mattresses, quilts, throws, curtains and cushions – round off the collection.
Buggy access. Delivery service.
Branches 144 Northcote Road, SW11 6RD (7228 3074); 725 Fulham Road, SW6 5UL (0845 872 2611).

Blue Almonds

79 Walton Street, SW3 2HP (7584 8038, www.bluealmonds.co.uk). South Kensington tube. **Open** 10am-6pm Mon-Fri; 10.30am-5pm Sat. **Credit** MC, V. **Map** p329 E10.
The wooden nursery furniture in this shop – catering for a typical Kensington clientele – is prolifically painted with flowers, butterflies and

Consumer

sailing boats. Tartine et Chocolat blankets and cuddly toys are all soft and sweet, while the cool African print range makes a refreshing change if you're tired of conventional pastels. *Buggy access. Delivery service.*

Bobo Kids

29 Elystan Street, SW3 3NT (7838 1020, www.bobokids.co.uk). South Kensington tube. **Open** 10am-6pm Mon-Sat. **Credit** AmEx, MC, V. **Map** p329 E11.

Not the cheapest shop you've ever set foot in, but as good for inspiration as for making actual purchases. Bobo Kids is a fine emporium showcasing the latest in funky furniture, lighting, bed linen, artwork and accessories for children's and teenagers' bedrooms. What's so refreshing about this place is the absence of straight pinks and blues, and princess and car motifs. It's junior minimalism with boho touches. We like the toddler bed – basically a padded silver box, the Mini China four poster bed, the fabrics and the Bunny night light. *Buggy access. Delivery service. Disabled access.*

Chic Shack

77 Lower Richmond Road, SW15 1ET (8785 7777, www.chicshack.net). Putney Bridge tube, then bus 14, 22. **Open** 10.30am-5pm Mon-Sat. **Credit** MC, V.

Inspired by 18th-century French and Swedish antiques, Chic Shack's largely white-painted furniture and soft furnishings are delightfully elegant. The range includes cots, chests, toy boxes, wardrobes and pastel pink- or blue floral- and stripe-upholstered chairs. *Buggy access. Delivery service.*

Dragons of Walton Street

23 Walton Street, SW3 2HX (7589 3795, www.dragonsofwaltonstreet.com). Knightsbridge or South Kensington tube. **Open** 9.30am-5.30pm Mon-Fri; 10am-5pm Sat. **Credit** AmEx, MC, V. **Map** p329 E10.

This Walton Street landmark has spawned a host of imitations. Its wooden furniture is hand-painted with bunnies and boats, soldiers and fairies; alternatively, you can come up with your own design. Beatrix Potter and Paddington Bear lampshades and bedspreads are in abundance. *Buggy access. Delivery service.*

Natural Mat Company

99 Talbot Road, W11 2AT (7985 0474, www.naturalmat.com). Ladbroke Grove tube. **Open** 9am-6pm Mon-Fri; 11am-5pm Sat. **Credit** MC, V. **Map** p326 A5.

Behind a window hung with prints of children's illustrations is a range of solid nursery furniture, with a choice of organic mattresses and bedding.

Consumer

Kids' Corner
Stoke Newington

Despite significant gentrification over the past decade or so, 'Stokey' still clings to its bohemian identity. Products with green credentials are easy to find round here; on Saturdays, there's a good farmers' market in the grounds of William Patten Primary School.

In an area that's famed for its high concentration of young families, shopping for children couldn't be easier. Most of the action is centred around the pleasant, café-dotted stretch of Church Street, making for a restful afternoon's lunching and browsing.

Toy shop **Route 73 Kids** (*see p300*) is a little less chichi now that Woolies on the High Street has closed, and has a great range of toys and games for under-tens. A few doors away, **Olive Loves Alfie** (*see p286*) is a showcase for the hottest childrenswear designers. One of the best children's shops in London is all-rounder **Born** (*see p271*), well stocked with clothes, prams, accessories, green nappies and more. Church Street is also home to a friendly branch of bike shop **Two Wheels Good** (*see p282*), although savvy parents will make for **D2 Leisure** (*see p282*) on the High Street for cheaper prices.

Down the road on Newington Green, **Three Potato Four** (*see p288*) – selling children's clothes, toys, books and offering haircuts – is a hop, skip and jump away from kids' café **That Place on the Corner** (*see p217*).

Knowledgeable staff can help you decide between the different materials; organic coir, latex straight from a rubber tree and mohair for mattresses, along with goose down and lambswool-stuffed cot bed covers and duvets. There are also baby jumpers in lambswool, cashmere blankets and cotton Babygros. *Buggy access. Delivery service.*

Nursery Window

83 Walton Street, SW3 2HP (7581 3358, www.nurserywindow.co.uk). Knightsbridge or South Kensington tube. **Open** 10am-6pm Mon-Sat. **Credit** AmEx, MC, V. **Map** p329 E10.

This supremely traditional nursery shop stocks beautifully made wooden cots and cribs, and all the blankets and quilts you could ever need. Prints are nostalgic and romantic, and despite the dry-clean only label, Sue Hill's cashmere knits are lovely. Waffle blankets with pink or blue satin trim are a fail-safe buy. *Buggy access. Delivery service.*

FASHION

Amaia

14 Cale Street, SW3 3QU (7590 0999, www.amaia-kids.com). Sloane Square or South Kensington tube. **Open** 10am-6pm Mon-Sat. **Credit** MC, V. **Map** p329 E11.

There's an appealingly nostalgic feel to the baby clothes and childrenswear at Amaia, from the knitted all-in-ones and T-bar shoes to the ruffled cotton sundresses. Boys' clothes are equally classic, with cotton shorts, cords and linen shirts. Expect to pay upwards of £50 for a little girl's day dress. *Buggy access.*

Aravore Babies

31 Park Road, N8 8TE (8347 5752, www. aravore.com). Highgate tube or Crouch Hill rail, or bus 41, 91, W5, W7. **Open** 10am-5.30pm Mon-Sat; noon-4pm Sun. **Credit** AmEx, MC, V.

This luxury brand for babies and under-fives has some covetable pieces, all made from fairly traded organic cotton and super-soft merino wool. At its small shop, gorgeous hand-knitted coats, dresses, bootees and dungarees nestle alongside delicate shawls and cot blankets. It also stocks a few other like-minded brands such as Bamboo Baby, Lille Barn, Tatty Bumpkin and the Erbaviva skincare range. *Buggy access.*

Biff

41-43 Dulwich Village, SE21 7BN (8299 0911, www.biffkids.co.uk). North Dulwich rail or bus P4. **Open** 9.30am-5.30pm Mon-Fri; 10am-6pm Sat. **Credit** AmEx, MC, V.

Occupying two shops, with a café next door, Biff has become a hub for local mums. At No.41 there's an enormous selection of shoes from the likes of Lelli Kelly, Converse, Crocs, Geox and Start-rite, and an equally broad range of clothing brands for boys and girls aged two to 16. Labels include Catamini, Pepe Jeans, Powell Craft, Bench, Roxy, Tartine et Chocolat, Quiksilver and Noa Noa. Next door caters to smaller fry, with baby gifts, Grobags, first shoes, swimwear and clothes for under-threes. *Buggy access. Disabled access. Play area.*

Bonpoint

15 Sloane Street, SW1X 9NB (7235 1441, www.bonpoint.com). Knightsbridge tube. **Open** 10am-6pm Mon-Sat. **Credit** AmEx, MC, V. **Map** p329 F9.

Describing itself as a 'French childrenswear couture house', Bonpoint brings Gallic panache and exquisite workmanship to the world of children's fashion. Charming bloomers, sundresses, linen shorts and jumpers are hard to resist, though the hefty price tags may make you think twice; the fragrant, well-heeled regulars don't bat an eyelid, *naturellement.* *Buggy access.*

Branches 256 Brompton Road, SW3 2AS (3263 5057); 197 Westbourne Grove, W11 2SE (7792 2515); 52-54 Marylebone High Street, W1U 5HR (7487 2512).

Burberry Children

199 Westbourne Grove, W11 2SB (7221 3688, www.burberry.com). Notting Hill Gate tube. **Open** 10am-6pm Mon-Sat; noon-6pm Sun. **Credit** AmEx, MC, V.

This glamorous flagship store on Westbourne Grove houses clothes with the same unusual twists on British classics offered by the adult Burberry line, only in miniature. The range goes from three months to 12 years, with a separate special occasion collection which features girls' skirts with gold mesh petticoats and smart blazers for boys. With their immaculate detailing and signature checked lining, the macs are hardest on parental credit cards, costing around £260 depending on age. T-shirts, bags and shoes are less expensive, but you'll struggle to find much for under £30. *Buggy access. Nappy-changing facilities. Play area.*

Benjamin Pollock's Toyshop. *See p295.*

Caramel Baby & Child

77 Ledbury Road, W11 2AG (7727 0906, www.caramel-shop.co.uk). Notting Hill Gate or Westbourne Park tube. **Open** 10am-6pm Mon-Sat; noon-5pm Sun. **Credit** AmEx, MC, V. **Map** p326 A6.

Caramel's clothing range (0-12s) is effortlessly chic. Ribbon-strap floral sundresses, crisp smocks and beautifully cut woollen coats have serious fashion appeal. As you might expect, it's not cheap; check washing instructions, too, as some pieces are made from silk or cashmere. A small selection of vintage-inspired toys are displayed downstairs, and there's a hair salon. *Buggy access. Hairdressing.*

Branches 259 Pavilion Road, SW1X 0BP (7730 2564); 291 Brompton Road, SW3 2DY (7589 7001); Selfridges, 400 Oxford Street, W1A 1AB (7318 3656).

Jakss

469 Roman Road, E3 5LX (8981 2233, www.jakss.co.uk). Bethnal Green tube, then bus 8. **Open** 10am-5.30pm Tue-Sat. **Credit** AmEx, MC, V.

Founded in 1977, Jakss is a treasure trove of children's designer togs, ranging from all-in-ones for newborns to cutting-edge looks for 16-year-olds. The list of labels is vast: Ralph Lauren, Armani, Jottum, Burberry, DKNY, CP Company, Oilily and Stone Island fill the rails, along with children's and adults' Birkenstocks. *Buggy access.*

Jolie à Pied

82 Lordship Lane, SE22 8HF (8693 4509). East Dulwich rail. **Open** 10am-6pm Mon-Wed, Fri, Sat; 10am-7pm Thur; 11am-5pm Sun. **Credit** MC, V.

Jolie à Pied has rebranded itself recently along more utilitarian lines, with Hunter wellies and hard-wearing Converse and Camper lines taking prominence in the windows. Pretty shoes are all very well, but children will jump in puddles and climb trees in anything they happen to have on, so footwear may as well be up to the task. *Buggy access.*

Little Bevan

53 Moreton Street, SW1V 2NY (7821 9499, www.littlebevan.co.uk). Pimlico tube. **Open** 10am-5pm Mon-Sat. **Credit** AmEx, MC, V.

This charming shop in Pimlico stocks a range of beautifully made and reasonably priced everyday children's clothes. It also specialises

in bridesmaid and pageboy outfits and couture partywear. For the latter, make an appointment beforehand with the friendly staff.
Buggy access.

Notsobig

31A Highgate High Street, N6 5JT (8340 4455). Archway or Highgate tube. **Open** 10am-6pm Mon-Sat; 11am-5pm Sun. **Credit** MC, V.
An eclectic blend of labels and designers makes Notsobig's shelves a pleasure to peruse. Swishy party dresses from I Love Gorgeous and Cacharel rub shoulders with cool casuals from American Outfitters and hip Parisian label Eva & Oli, Woolrich, No Added Sugar, Baby Issa and Love from Australia. Look out, too, for Little Linens' light, airy shirts and trousers. Dressing-up clothes from Bandicoot Lapin, tulle-skirted tutus sourced from Los Angeles, hand-made jewellery and a sterling selection of shoes round off the stock.
Buggy access. Delivery service.

Oh Baby London

162 Brick Lane, E1 6RU (7247 4949, www.ohbabylondon.com). Shoreditch High Street rail. **Open** 10am-6pm daily. **Credit** MC, V.
Oh Baby's cute, colourful own brand baby and kids' clothes are all the rage in east London and beyond. Choose from body vests and bright T-shirts with slogans like 'The Future Is Mine' and 'I'm a Long Term Investment' to dresses and playsuits in bright prints.
Buggy access, Delivery service.

Olive Loves Alfie

84 Stoke Newington Church Street, N16 0AP (7241 4212, www.olivelovesalfie.co.uk). Finsbury Park tube/rail then bus 106, or bus 73, 393, 476. **Open** 10am-5.30pm Mon-Fri; 10am-5pm Sat, Sun. **Credit** AmEx, MC, V.
This design-led boutique stocks an inspired mix of clothing for children of all ages. Gorgeous and reasonably priced, its collection is full of nautical stripes, bright paisley patterns and bold graphic prints. Pieces by hugely popular Scandinavian designer Katvig fly out of the shop, as do Dandy Star's soft, 1970s-style T-shirts. New this year is a range of Marimekko's womenswear. Artfully arranged gifts and toys include painted wooden animals, hand-knitted cuddly toys and a washing line strung with hats; mothers-to-be will love the comfy cotton kimonos and organic bath products.
Buggy access.

Petit Aimé

34 Ledbury Road, W11 2AB (7221 3123, www.aimelondon.com). Notting Hill Gate tube. **Open** 10am-6.30pm Mon-Sat. **Credit** AmEx, MC, V. **Map** p326 A6.
An offshoot of the acclaimed womenswear boutique next door, owned by French-Cambodian sisters Val and Vanda Heng-Vong, this white-painted boutique dresses newborns to 12-year-olds with the crème de la crème of Gallic labels, including Isabel Marant, Bonton and Antik Batik. Kitsch blankets, cushions and brightly coloured bedspreads from Petit Pan are a great way to liven up a nursery, and the hand-knitted rabbits will enchant younger children.

Quackers

155D Northcote Road, SW11 6QB (7978 4235). Clapham Junction rail, then bus 319. **Open** 9.30am-5.30pm Mon-Fri; 10am-5.30pm Sat. **Credit** MC, V.
Kids can root through the box of toys while their parents browse the rails. There's a healthy crop of Danish designers to choose from, including Minymo, Molo Kids, Phister & Philina and Louie Louis. Modish little cotton dresses and tiered skirts by Hilly Chrisp are superb summer buys, and there are playfully printed Hatley raincoats for autumn showers. Toys include floppy favourites by Moulin Roty and attractive wooden pull-alongs and trikes.
Buggy access.

Rachel Riley

82 Marylebone High Street, W1U 4QW (7935 8345, www.rachelriley.com). Baker Street or Bond Street tube. **Open** 10am-6.30pm Mon-Sat; 10.30am-5.30pm Sun. **Credit** AmEx, MC, V. **Map** p330 G5.
There's a wonderfully wholesome, 1950s feel to Rachel Riley's designs, hand-made in her *atelier* in the Loire Valley. Cherry-print poplin frocks, beruffled bloomers and pleated pinafores are traditional without being stuffy; for the chaps, there are anchor- and aeroplane-print shirts and dapper striped pyjamas. Hand-made leather slippers are also available.
Buggy access. Delivery service.
Branch 14 Pont Street, SW1X 9EN (7259 5969).

Ralph Lauren Children's Store

143 New Bond Street, W1S 2TP (7535 4600, www.polo.com). Bond Street tube. **Open** 10am-6pm Mon-Wed, Fri, Sat; 10am-7pm Thur; noon-5pm Sun. **Credit** AmEx, MC, V. **Map** p330 H6.

Consumer

Added Extras

When is a shop not just a shop? Why, when there's more to it than buying and selling, of course. Many of London's fabulous children's shops offer a timetable of events as well as shelves of great products. At **Davenports Magic** (*see p295*) in Charing Cross, regular beginners' magic courses for over-15s take place on Saturdays. Over in Hampstead, **Mystical Fairies** (*see p298*) runs fairy school sessions for three to eight-year-olds and offers fairy makeovers too. The recently opened **Ministry of Stories** in Hoxton (*see p298*) is a mysterious front for creative writing workshops for local kids that take place through the secret door. **Tales on Moon Lane** (*see p278*) and the **Children's Bookshop** (*see p277*) offer regular storytelling sessions either side of the north-south London divide, while new Swiss Cottage favourite **huggle** (*see p272*) has a whole roster of children's classes in the special lounge area, from music and dance to yoga.

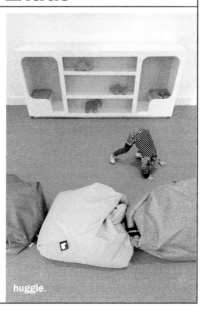

huggle.

Ralph Lauren's beautifully made but eye-wateringly expensive outfits are displayed in suitably stately surrounds (mahogany panelling, sepia prints and strategically arranged rocking horses). There's more to the brand than polo shirts: the baby dresses and cashmere cable-knit cardigans, in particular, are gorgeously pretty. *Delivery service.*
Branch 139-141 Fulham Road, SW3 6FD (7761 0310).

Sasti

8 Portobello Green Arcade, 281 Portobello Road, W10 5TZ (8960 1125, www.sasti. co.uk). Ladbroke Grove tube. **Open** 10am-6pm Mon-Sat. **Credit** MC, V.
Bold designs and colours ensure Sasti's clothes stand out from the crowd, whether you're buying cowboy-meets-Indian jeans with tan fringing down the side or a leopard print all-in-one. Everything is made in the UK, and prices are competitive, starting at around £12 for fleeces and long-sleeved T-shirts. The kitsch accessories also make great presents for cool kids.
Buggy access. Delivery service. Nappy-changing facilities. Play area.

Selfridges

400 Oxford Street, W1A 1AB (0800 123400, www.selfridges.com). Bond Street tube. **Open** 9.30am-8pm Mon-Wed, Sat; 9.30am-9pm Thur, Fri; noon-6pm Sun.
Credit AmEx, DC, MC, V. **Map** p330 G6.
The sprawling third floor is chock full of well-known children's brands to browse through – predominantly clothes, although there are a few toy ranges (including Hello Kitty and VTech). All the major designers are represented, including Armani, Dior, Chloé and Tommy Hilfiger. Sonia Rykiel's range for girls features bright pink dresses with attached fabric flowers; for boys, John Galliano's jeans, khaki jackets and print T-shirts have lots of attitude. Slightly cheaper, and a favourite with fashionista parents, French brand Finger in the Nose's range includes rock 'n' roll essentials such as bootcut jeans and acid wash T-shirts. There's also a large shoe department, featuring Step2wo, and fancy dress costumes. Although there is no specific play space, there's plenty of room for children to run around; look out, too, for seasonal events such as Easter egg hunts.
Buggy access. Cafés. Delivery service. Disabled access: lift, toilet. Nappy-changing facilities.

Consumer

Their Nibs

*214 Kensington Park Road, W11 1NR
(7221 4263, www.theirnibs.com). Ladbroke
Grove or Notting Hill Gate tube.* **Open**
10am-6pm Mon-Sat; noon-5pm Sun.
Credit AmEx, MC, V.
Their Nibs is known for its whimsical,
distinctive designs, featuring 1950s-style prints
and unusual colours. Signature prints include
a toadstool fairy pattern for girls' blouses and
dresses, and a pirate design for boys' shirts.
More elaborate party frocks cost up to £55, but
plenty of stock is a good deal cheaper; the
raincoats go for £20. The vintage emporium at
the back includes doll's houses, wooden toys,
clothes and prams, and there's a small range of
Stokke cribs and high chairs. Kids can play
with the blackboard, mini-kitchen and books or
have a haircut while you browse.
Buggy access. Hairdressing. Play area.
Branch 79 Chamberlayne Road, NW10 3ND
(8964 8444).

Three Potato Four

*Alliance House, Newington Green, N16 9QH
(7704 2228, www.threepotatofour.co.uk).
Canonbury rail or bus 73.* **Open** 10am-5pm
Mon-Fri; 9.30am-6pm Sat; 11am-5pm Sun.
Credit MC, V.
This colourful boutique's clothing collection
includes vibrant pieces by Dutch designer
Kik-Kid. There are gifts galore, too: shelves of
books, old-fashioned toys and Science Museum
games. A fairly reasonably priced children's
hair salon occupies a corner of the shop, and
there are a couple of train tracks to keep the
little ones occupied while you shop.
*Buggy access. Disabled access. Hairdressing.
Nappy-changing facilities. Play area.*

Trotters

*34 King's Road, SW3 4UD (7259 9620,
www.trotters.co.uk). Sloane Square tube.*
Open 9am-7pm Mon-Sat; 10am-6pm Sun.
Credit AmEx, MC, V. **Map** p329 F11.
With clothes, toys, accessories, toiletries, shoes
and books, Trotters is a one-stop shop for
beleagured parents. Exclusive designs from the
Chelsea Clothing Company include Liberty-
print dresses and nicely cut smocks, while boys
look shipshape in Petit Breton's stripy tops and
cotton shorts. There's a hairdressing station
with a big fish tank to distract the littl'uns
during their fringe trim; first-timers get a
certificate and a lock of hair for fond parents to
treasure. Stocked with Converse, Pom d'Api
and Start-rites, the shoe section also gives out

'first shoe' certificates. Other useful bits and
bobs on offer include organic sunscreens,
insulated lunchboxes and a range of Nitty
Gritty headlice treatments.
Buggy access. Delivery service. Hairdressing.
Branches 127 Kensington High Street, W8
5SF (7937 9373); 86 Northcote Road, SW11
6QN (7585 0572); 84 Turnham Green
Terrace, W4 1QN (8742 1195).

Others

Catimini

*52A South Molton Street, W1K 1SE (7629
8099, www.catimini.com). Bond Street tube.*
Open 10am-6.30pm Mon-Wed, Fri, Sat;
10am-7pm Thur; 11am-5pm Sun. **Credit**
AmEx, MC, V. **Map** p330 H6.
Startlingly bright colours and vibrant patterns
are Catimini's signature style, with crocheted
cardigans, patchwork cotton separates, sweet
baggy shorts and striped T-shirts.
Buggy access. Disabled access. Play area.
Branch 33C King's Road, SW3 4LX
(7824 8897).

Felix & Lilys

*3 Camden Passage, N1 8EA (7424 5423).
Angel tube.* **Open** 10am-6pm Mon-Sat;
11am-5pm Sun. **Credit** AmEx, MC, V.

Chelsea Toys.
See p295.

Consumer

This boutique sells colourful designer togs for babies and children, including some chic Scandinavian brands (Ej Sikke Lej, IdaT and Katvig), Their Nibs and Nippaz With Attitude, plus old favourites like Bob & Blossom and Toby Tiger. Look out, too, for the quirky Ella & Otto sleeping bags. Toys include wooden food and pull-along pals.
Buggy access.

Frogs & Fairies
69A Highbury Park, N5 1UA (7424 5159). Highbury & Islington tube/rail. **Open** 10am-5.30pm Mon-Sat. **Credit** AmEx, MC, V.
Frogs and Fairies has streamlined its operation. It no longer sells shoes or clothing, concentrating instead on its range of toys and gifts. Goodies by Playmobil, Lego and Galt are favourites, as are the ubiquitous Micro-scooters. There's also a range of picture books and Jelly Cat soft toys.
Buggy access.

I Love Gorgeous
52 Ledbury Road, W11 2AJ (7229 5855, www.ilovegorgeous.co.uk). Notting Hill Gate or Westbourne Park tube. **Open** 10am-6pm Mon-Sat; noon-6pm Sun. **Credit** AmEx, MC, V. **Map** p326 A6.
Stocking girls' clothes from newborn to 13 years, the rails of this small boutique are full of wonderfully tactile fabrics such as romantic georgette and soft cotton voile. Some of the designs are quite funky, like the hot pink star prints and lurex cardigans; others are much more innocent, with broderie anglaise trims and muted colours. There's a pretty collection of bridesmaid dresses downstairs.
Buggy access.

Love Me Again
37 Staplehurst Road, SE13 5ND (8244 0172, www.love-me-again.co.uk). **Open** 10am-5pm Tue-Sat. **Credit** AmEx, MC, V.
New and nearly new clothes and toys are the mainstays of this recently opened shop in Hither Green. Expect designer labels such as Kenzo and Burberry, middle range favourites like Gap and Mini Boden, and lots of cast-off toys. The shop runs occasional craft workshops for children (see the website for details).
Buggy access. Play area.

Marie Chantal
148 Walton Street, SW3 2JJ (7838 1111, www.mariechantal.com). Knightsbridge or South Kensington tube. **Open** 10am-6pm Mon-Sat. **Credit** AmEx, MC, V. **Map** p329 E10.

Immaculate detailing, smart cuts and expensive fabrics, as you'd expect from a range designed by the Crown Princess of Greece. The collection includes some very high-fashion items such as jumpsuits, though there's plenty to suit more staid tastes; tweed jackets and braces for the boys, for example.
Buggy access.
Branches 61A Ledbury Road, W11 2AA (7243 0220); 133A Sloane Street, SW1X 9AX (7730 8662).

Membery's
1 Church Road, SW13 9HE (8876 2910, www.memberys.com). Barnes Bridge rail. **Open** 10am-5pm Mon-Sat. **Credit** AmEx, MC, V.
Membery's stocks a good, solid range of baby gifts and quality clothing for small boys and girls up to eight years old. The range includes everything from nightwear to special occasion outfits; it's also particularly good for children's wedding wear.
Buggy access. Delivery service. Play area.

Oranges & Lemons/Pretty Pregnant
61 Northcross Road, SE22 9ET (8693 9010, www.prettypregnant.co.uk). East Dulwich rail. **Open** 9.30am-5.30pm Mon-Sat; 11am-5pm Sun. **Credit** MC, V.
This sister establishment to the Pretty Pregnant maternity brand stocks tiny outfits by Petit Bateau, Catimini and funky Dutch designer Kik-Kid, along with animal motif appliqué T-shirts by Lipfish and some sweet toys – Reggie the Big Eyed Dummy (£16) makes a change from the usual fluffy rabbits.
Buggy access.
Branches 102 Northcote Road, SW11 6QW (7924 4850); 13-15 Chiltern Street, W1U 7PG (7486 2531); 186 King's Road, SW3 5XP (7349 7450).

Tots Boutique
39 Turnham Green Terrace, W4 1RG (8995 0520, http://totschiswick.weebly.com). Turnham Green tube. **Open** 10am-6pm Mon-Sat; noon-5pm Sun. **Credit** AmEx, MC, V.
Across the road from Snap Dragon (*see p300*), Tots crams in a broad range of designer gear for babies and children. The frequently changing cache might include the likes of Mini A Ture, Lili Gaufrette, Gant and Kenzo. A drawing table and various toys keep the kids sweet as you shop.
Buggy access. Play area.

Consumer

Kids' Corner
Crouch End

This bohemian, middle-class and family-friendly neighbourhood has oddly been the home of a number of fantasy authors. Even Stephen King has visited; in his short story *Crouch End*, the area acts as an inter-dimensional portal. Meanwhile, a great range of independent toy and clothing shops encourage children to use their imagination and enter into their own fantasy worlds.

The original happy, hippy infant all-rounder **Soup Dragon** (*see p300*) continues to enchant children with its range of doll's houses, pirate ships and castles. And it no longer has competition from Goody Gumdrops on Crouch Hill, which closed down early in 2011. For gorgeous gifts, bohemian **Aravore Babies** (*see p284*) sells organic and handcrafted items such as sweet little linen dresses with crochet trims.

For the best pram and buggy advice in the area, head to **Rub a Dub Dub** (*see p282*) and pick up all the other child essentials you need at the same time. Meanwhile, feet can be properly fitted into comfy shoes at **Red Shoes** (*see p294*) and wayward hair groomed to perfection at **Mini Kin** (*see p274*). For a revolutionary adventure, Crouch End is also home to friendly bike boutique **Two Wheels Good** (*see p282*).

Chain stores

Adams
www.adams.co.uk
A good bet for inexpensive playwear, babywear and school uniforms.

Fat Face
www.fatface.com
Sporty, surf-inspired casualwear in muted colours for girls and boys.

Gap Kids
www.gap.eu
The pastel-hued babywear makes a safe and practical gift for new parents, while the childrenswear is hard-wearing.

H&M
www.hm.com
Cheap-as-chips and up-to-the-minute designs for babies, children and grown-ups.

Jigsaw Junior
www.jigsaw-online.com
Thrillingly, the branch at 190-192 Westbourne Grove, W11 2RH (7727 0322) has a silver slide instead of stairs to the basement.

Monsoon
www.monsoon.co.uk
Collections range from puff-sleeved T-shirts and turn-up jeans to lavish party frocks.

Petit Bateau
www.petit-bateau.com
Classic French cotton baby clothes, in floral, plain and trademark milleraies striped designs.

Zara
www.zara.com
The Spanish high-street giant offers unusual childrenswear, including beautiful dresses.

Maternity

Blossom Mother & Child
164 Walton Street, SW3 2JL (7589 7500, www.blossommotherandchild.com). South Kensington tube. **Open** 10am-6pm Mon-Sat; noon-5pm Sun. **Credit** AmEx, MC, V. **Map** p329 E10.
Only the most stylish maternity labels make it on to the hallowed shelves at this über-chic Walton Street boutique. The own-label range offers flattering, perfectly cut dresses, separates and lingerie, hanging alongside pieces by the likes of Missoni, Antik Batik and Clements Ribeiro; the denim bar offers bump-accommodating jeans from the hottest brands (True Religion, Citizens of Humanity, J Brand). Amazing bargains can sometimes be found in the website's sale section. *Buggy access.*
Branch 69 Marylebone High Street, W1U 5JJ (7486 6089).

Consumer

Elias & Grace
158 Regent's Park Road, NW1 8XN (7449 0574, www.eliasandgrace.com). Chalk Farm tube. **Open** 10am-6pm Mon-Sat; noon-6pm Sun. **Credit** MC, V.
Perfectly at home amid Primrose Hill's many chichi boutiques, Elias & Grace stocks a stylish combination of high fashion, luxury accessories and gifts. As well as hip labels for mothers-to-be (See by Chloé, Vivienne Westwood, J Brand), there's an international array of brands for babies and under-tens, among them Maan, Bonton, I Love Gorgeous, Marc Jacobs and Quincy. Toys and accessories include bags and dolls from Madame Mo, and Sparrowkids craft sets. A relaxed atmosphere, with plenty of room for pushchairs, a mini play area and friendly assistants, makes for hassle-free browsing.
Buggy access. Play area.

Séraphine
79B Hampstead High Street, NW3 1RE (7317 7030, www.seraphine.com). Hampstead tube. **Open** 10.30am-6pm Mon-Sat; noon-5pm Sun. **Credit** MC, V.
This boutique looks expensive but stocks surprisingly reasonably priced pregnancy wear from French designer Cécile Reinaud. The emphasis is on co-ordinated smart casual items for yummy mummies, in block colours. A small range of newborn baby clothes, nice Boo Boo smellies for baby and Mama Mio products for mothers means it's good for presents too.
Buggy access.
Branch 28 Kensington Church Street, W8 4EP (7937 3156).

HAIRDRESSING

Several shops listed elsewhere in this chapter incorporate a children's salon, with haircuts available on certain days of the week. See **Harrods** (*see p272*), **Caramel** (*see p285*), **Mini Kin** (*see p274*), **Trotters** (*see p288*), **Their Nibs** (*see p288*) and **Igloo** (*see p272*). For the ultimate in barnet styling, however, have a **Tantrum** (*see below*).

Tantrum
398 King's Road, SW10 0LJ (7376 3966, www.yourtantrum.com). Sloane Square tube, then bus 11, 19, 22, 319. **Open** 10am-6pm Tue-Fri; 9am-6pm Sat; 10am-5pm Sun. **Credit** AmEx, MC, V. **Map** p329 D12.

Billing itself as 'a revolutionary new concept in children's hairdressing', Tantrum spoils its young clients rotten with all sorts of bells and whistles. Aimed at an eight- to 14-year-old clientele, the basement area features a juice bar and games room, while the ground floor keeps the under-sevens amused with its buzzing locomotives and starry skies, as well as a general play area. In both areas, each styling chair is equipped with a swanky flatscreen TV and DVDs. The premises can also host children's parties; call for details.
Buggy access. Play area.

SAMPLE SALES

Junior Style
7689 3925, www.juniorstylesales.co.uk
Sharp-eyed shoppers can find discounts of up to 75% off designer labels at these regular sample sales. Sizes run from newborn to 12, while featured designers might include the likes of Replay, Cavalli, Evisu, Kenzo, Simonetta, Imps & Elfs and Ralph Lauren.

SECOND-HAND

Fara Kids
15 Hildreth Street, SW12 9RQ (8675 4137, www.faracharityshops.org) Balham tube. **Open** 9am-6pm Mon-Sat; 11am-5pm Sun. **Credit** MC, V.
This chain of nattily presented second-hand shops raises money for various children's charities. There are now ten Fara shops in London devoted entirely to the sale of kids' stuff after two new sites opened in 2010. This Balham outlet is one of the latest openings and sells toys, children's clothing and books, prams, nursery furniture and maternity wear. Fara is like the chic little sister of older, more established charity shops, and the way it's laid out makes the merchandise look as appealing as any high-street store.
Buggy access.
Branches throughout the city.

Merry-Go-Round
12 Clarence Road, E5 8HB (8985 6308). Hackney Central rail. **Open** 10am-5.30pm Mon-Sat. **Credit** MC, V.
This environmentally friendly agency trades on behalf of its clients in second-hand clothing, toys and baby equipment. Expect to find lots of high chairs, pushchairs, clothes, books and

Consumer

more, allowing budget- and eco-conscious families to be entirely kitted out with recycled goods. Go prepared for some serious browsing and buying; visitors generally leave with armfuls of purchases. Goods here are of a high quality. All the stock is clean and carefully checked; no missing puzzle pieces here. *Buggy access. Nappy-changing facilities.*

Merry Go Round
21 Half Moon Lane, SE24 9JU (7737 6452). Herne Hill rail. **Open** 9.30am-5pm Mon-Sat. **Credit** MC, V
This place is a rich hunting ground for second-hand children's clothes and school uniforms, along with maternity fashion.
Buggy access.

Clothes & Toys on the Web

Clothes

www.alexandalexa.com
If it's stylish, it's probably stocked here, from classics such as Cacharel to hip newcomers like Japanese brand Muchacha.

www.belleanddean.co.uk
Distinctive, etching-style animal drawings adorn the organic cotton sleepsuits, tank tops and T-shirts; prices are a steal.

www.dotanddaisy.co.uk
Dot and Daisy specialises in children's nightwear and bedlinen, stocking lines by Albetta, Frilly Lily, Powellcraft and more.

www.dandystar.com
Dandy eschews brash, lurid slogan Ts in favour of sweet, '70s-style designs with an appealingly worn-in, vintage look.

www.ellaandotto.com
The crisp colour prints on Ella & Otto products make the children's pyjamas, toddler sleeping bags, cot bedding and other accessories very appealing.

www.jakeandmaya.co.uk
A London-based mum started designing kids' clothes when her own two – Jake and Maya – were born. And lo, a range of super-cute coats, dresses, tunics and trousers was born.

www.jakesofsoho.co.uk
A percentage of the profits from Jakes goes towards the future of Jake, a boy with cerebral palsy. Kidswear consists of distinctive 'Lucky 7' slogan T-shirts (£12.50) and sweatshirts.

www.littlefashiongallery.com
Labels on this cult kids' fashion site range from Paul & Joe and Little Marc to lesser-known names: check out Swedish brand Mini Rodini's guitar-print Ts.

www.mashngravy.com
Scandinavian brands Katvig, Mini A Ture and Molo, British brands Let Them Eat Cake and Dandy Star, and more.

www.nippaz.com
One of the original purveyors of edgy, motto-print T-shirts.

www.noaddedsugar.co.uk
Once best known for its bold slogan prints, No Added Sugar now offers more subtle lines: the ruffled, floral dresses are lovely.

www.nordickids.co.uk
Some of the best childrenswear in the world hails from Scandinavia. Check out the cream of the crop, with Plastisock, Mini Rodini, Smafolk and more.

www.peaceandjam.co.uk
From daywear to partywear to footwear, this website stocks the lot. Labels include Converse, Elodie Details and Pepe Jeans.

www.snuglo.com
Lisa Quinn's range is typified by hip colours and bold type: 'I want chips, chocolate and cake' is a best-seller.

www.vincentshoestore.com
This Swedish company prides itself on its affordable, colourful kids' footwear. The range includes appealing gumboots, leather daisy-dotted baby shoes and patent Mary Janes.

SHOES

Brian's Shoes
*2 Halleswelle Parade, Finchley Road, NW11
0DL (8455 7001, www.briansshoes.com).
Finchley Central or Golders Green tube.*
Open 9.15am-5.15pm Mon-Sat; 10.30am-
1.30pm Sun. **Credit** MC, V.

Brian's has kitted out generations of kids and
is known for its expert fittings.
Buggy access.

Cubs
*42 Heath Street, NW3 6TE (7431 0018).
Hampstead tube.* **Open** 10am-6pm Mon-Sat;
noon-6pm Sun. **Credit** AmEx, MC, V.

www.weeclothing.co.uk
Organic cotton T-shirts, sweatshirts
and sleepsuits with cute and colourful
felt animal designs on the front.

Toys

www.beasbeastlies.co.uk
Bea's Beastlies are a range of
handmade knitted critters with
personality.

www.believe-you-can.com
Fairy-themed dolls, mobiles, cushions
and hair accessories, plus gorgeous
animal bags. It's all fair trade too.

www.brightminds.co.uk
Sparky ideas that make learning fun,
from flowering magic gardens to
'explosive experiment' kits and slime
laboratories.

www.bumpto3.com
Traditional toys (baby walkers,
first bicycle, mini easels) and fun
newcomers – like the ingenious
build-your-own saxoflute.

www.gltc.co.uk
Everything from simple flower-pressing
kits and bubble-makers to spectacular
galleon-shaped climbing frames and
toy kitchens.

www.just-gorgeous.com
They stock the fabulous Miller Goodman
ShapeMaker wooden blocks, Brio toys
and Esthex musical animals, among
other things.

www.ladybirdprints.com
Choose an image from Ladybird Books'
archive and order it as a print or canvas;
Peter and Jane peering from a wigwam or

the cover of *Ned the Lonely Donkey* are
perfect for nostalgia-tinged nurseries.

www.lapinandme.co.uk
Lapin & Me sells the sweetest
toys we've ever seen: tin tea sets,
colouring-in sticker sets and reprinted
'40s storybooks.

www.larkmade.com
A small but sweet range of fair trade
gifts and soft toys, including quirky
cupcake- and doughnut-shaped
knitted rattles.

www.nigelsecostore.com
Everything in Nigel's online store
is eco-friendly. Choose between a
wooden puzzle map of Britain, wind-up
animal torches and animal-shaped
solar nightlights.

www.oregonscientific.co.uk
Oregon Scientific stocks a range
of children's toy laptops (featuring
educational games) that won't break
the bank.

www.ptolemytoys.co.uk
Ptolemy Toys sells fabulous toys,
baby products, dressing-up clothes
and educational goodies.

www.silverjungle.com
Beautiful paperback animal books
for small children and hardback
books for older children that relate
facts about endangered species.
A proportion of the cover price goes
towards protecting them.

www.sparrowkids.co.uk
Gorgeous felt kits for crafty children
aged five and up: available patterns
range from bird-shaped bags to rocket
pencil cases.

Consumer

This compact shoe shop has an impressive range of shoes for babies and children. Staff are friendly and patient, calmly measuring feet and fetching numerous pairs out of the store room until they are satisfied with the fit. Brands include Start-rite, Ricosta, Babybotte, Geox and Ralph Lauren, and there are plenty of wellies too. Children are enticed into being good with the promise of a free balloon.
Buggy access.

John Barnett

137-139 Lordship Lane, SE22 8HX (8693 5145). East Dulwich rail. **Open** 9.30am-5.30pm Mon-Sat; 11am-5pm Sun. **Credit** AmEx, MC, V.
This long-established Dulwich shoe shop has a great section for children. Brands include Clark's, Ecco, Skechers, Dr Martens and Kickers.
Buggy access. Disabled access.

Little Me

141 Hamilton Road, NW11 9EG (8209 0440). Brent Cross tube. **Open** 10.30am-6.15pm Mon-Thur; 10.30am-3pm Fri; 11am-4pm Sun. **Credit** MC, V.
A wide range of continental children's shoes, fitted with a precision shoe-measuring system.
Buggy access.

Merlin Shoes

44 Westow Street, SE19 3AH (8771 5194). Crystal Palace rail. **Open** 9.30am-5.30pm Mon-Sat. **Credit** MC, V.
Experienced, patient shoe fitters and a wide range of footwear make this place a firm favourite with local families.
Buggy access. Disabled access.

One Small Step One Giant Leap

3 Blenheim Crescent, W11 2EE (7243 0535, www.onesmallsteponegiantleap.com). Ladbroke Grove or Notting Hill Gate tube. **Open** 10am-6pm Mon-Fri; 9am-6pm Sat; 11am-5pm Sun. **Credit** MC, V.
Live near an outpost of this award-winning children's shoe shop and you'll never have to choose between comfort and style. Summer sandals, gumboots, Crocs, football boots, trainers and school sensibles are all present. The Bannock gauge is used for measuring, and staff take time to ensure a proper fit. A thoughtfully assembled range of labels runs the gamut from practical (Start-rite, Ecco, Ricosta) to playful (Lelli Kelly, Pom d'Api).
Buggy access.
Branches throughout the city.

Papillon

43 Elizabeth Street, SW1W 9PP (7730 6690, www.papillon4children.com). Sloane Square tube or Victoria tube/rail. **Open** 10am-6pm Mon-Fri; 10am-5pm Sat. **Credit** MC, V. **Map** p332 G10.
Ballet-style pumps in a rainbow of colours and prints feature largely here, but there are also school shoes and beach sandals for boys and girls, flip-flops, moccasins and bridesmaid shoes. Socks and tights are also sold, along with tiny, ribbon-tie baby shoes.
Buggy access.

Red Shoes

30 Topsfield Parade, N8 8PT (8341 9555). Finsbury Park tube/rail, then bus 41, W7. **Open** 10am-5.30pm Mon-Sat; noon-4.30pm Sun. **Credit** MC, V.
Fit and comfort are the key words at this child-friendly shoe shop, where children can match their parents with fashionable big brands such as Crocs, Birkenstock, Ecco and Camper.
Buggy access.

Shoe Station

3 Station Approach, Kew, Surrey TW9 3QB (8940 9905, www.theshoestation.co.uk). Kew Gardens tube. **Open** 9am-6pm Mon-Sat; 11am-5pm Sun. **Credit** MC, V.
Run by two mothers, the Station is a cheery little independent, staffed by trained Start-rite fitters. Children's shoes for every occasion are available, from child's size 2 to adult size 7. Brands include Start-rite (of course), Ricosta, Aster, Naturino, Babybotte, TTY, Mod8, Pom d'Api, Geox, Nike, Puma, Birkenstock, Primigi and Freed. Football boots, ballet shoes, slippers and wellies are also stocked.
Buggy access.

TOYS & GIFTS

Art Stationers/Green's Village Toy Shop

31 Dulwich Village, SE21 7BN (8693 5938). North Dulwich rail. **Open** 9am-5.30pm Mon-Sat. **Credit** MC, V.
The shop at the front is an Aladdin's cave of arts and crafts-related bits and pieces: pipe cleaners, beads, pompoms, stick-on jewels, sequins and beads, along with paints, pastels, stationery, clay and other materials. That's just half the story, though. A big sign bearing the legend TOYS has the children cantering down the passage for the booty: Sylvanian Families,

Petit Chou. *See p298.*

Playmobil, Crayola, Lego, Warhammer and other big brands. Lesser-spotted companies such as Tantrix and Wow are also represented. The enormous pocket money-priced range goes from a rubber goldfish to a magnetic car racer. *Buggy access.*

Benjamin Pollock's Toyshop
44 The Market, WC2E 8RF (7379 7866, www.pollocks-coventgarden.co.uk). Covent Garden tube. **Open** 10.30am-6pm Mon-Wed; Fri, Sat; 10.30am-7pm Thur; 11am-4pm Sun. **Credit** AmEx, MC, V. **Map** p333 L7.

In the South Piazza of the covered market in Covent Garden, this toy shop is crammed with traditional toys of all descriptions. There's something to appeal to everyone somewhere on the floor-to-ceiling shelves and hanging from the ceiling. It's like a toy shop from a film set. Look out for the beautiful marionettes, Russian dolls, spinning tops, glove puppets, jack-in-the-boxes and toy soldiers. They even stock praxinoscopes, which let children explore simple animation techniques. As you might imagine from a shop named after one of the greatest Victorian toy theatre makers, Benjamin Pollock's Toyshop is probably best known for its delightful selection of toy theatres. Choose between matchbox theatre sets, magnetic theatres or shadow puppet theatres (all for under £20), or go for something more lavish, like the Neptune wooden theatre with nine wooden characters, made by hand in Italy and priced at £195.
Buggy accesss. Mail order.

Chelsea Toys
Chelsea Green, 53 Godfrey Street, SW3 3SX (7352 1718, www.chelseatoys.co.uk). South Kensington tube. **Open** 10am-5.30pm Mon-Thur; 10am-6pm Fri, Sat. **Credit** AmEx, MC, V. **Map** p329 E11.

This Chelsea favourite has changed its name and external look, but it's still full of fantastic toys, games and other child-friendly products. Chelsea Toys is a treasure trove of model cars, trains, planes and helicopters. There are ride-on toys, musical boxes, stationary sets, dressing-up clothes and building blocks, plus musical boxes, puzzles and board games; not forgetting unusual puppets and build-your-own wooden toys. Also, if you're looking to commission a top-of-the-range tree house for the garden, this is the place to come. They're not cheap, but some of them, particularly the designs created by Norfolk-based Flights of Fantasy, look like they've been lifted straight out of a fairytale book.
Buggy accesss. Delivery service.

Davenports Magic Shop
7 Charing Cross Underground Shopping Arcade, WC2N 4HZ (7836 0408, www.davenportsmagic.co.uk). Charing Cross or Embankment tube. **Open** 9.30am-5.30pm Mon-Fri; 10.30am-4.30pm Sat. **Credit** AmEx, MC, V. **Map** p333 L7.

Kids love magic tricks. But even more than watching them, they like performing them. For magic and mystery, there's no better place in London than Davenports. It's lent an extra sense of enigma and otherworldliness by being at the end of one of the tunnels under Charing Cross station. When you walk in, it looks an unlikely source of joy, with its gloomy interior, frayed carpets and old-fashioned cabinets. But the staff in Davenports are enthusiasts and every customer gets their own magic display, as tricks are gleefully demonstrated until satisfaction has been reached. They'll help you get the right trick for any age group – stock goes from prank props to sophisticated card tricks and right up to complex illusions. Davenports has a range of items made exclusively for the shop, and also runs Magic Courses for beginners 16 years and over.
Delivery service.

Consumer

Disney Store
*360-366 Oxford Street, W1N 9HA (7491
9136, www.disneystore.co.uk). Bond Street
tube.* **Open** 9am-9pm Mon-Sat; noon-6pm
Sun. **Credit** AmEx, MC, V. **Map** p330 H6.
Children make a beeline for this shrine to all
things Disney, which sells figurines, stationery,
toys, costumes and all manner of merchandise.
Enduring favourites are the character dolls,
lunchboxes, costumes and classic DVDs.
Buggy access. Disabled access.
Branches 10 The Piazza, WC2E 8HD (7836
5037); 1090-1091 Westfield Shopping Centre,
W12 7GD (8811 1162).

Dotty Dot
*67A St Helen's Gardens, W10 6LL (7460
3405, www.dotty-dot.com). Ladbroke
Grove tube.* **Open** 10.30am-5pm Tue-Sat.
Credit MC, V.
This lovely shop stocks unusual products like
the colourful modernist alphabet blocks by
Alexander Girard, playful children's books
designed by Katsumi Komogata, and knitted
and felt animals and characters designed by
Donna Wilson, who studied at the Royal
College of Art. It also has a range of childhood
favourites like spinning tops, craft kits, push-

along toys and hobby horses. The shop has a
self-confessed mission to move away from the
culture of throwaway plastic rubbish. The toys
are beautifully made and fashioned out of
sustainable materials like wood and fabric.
Buggy access. Disabled access.

Early Learning Centre
*36 King's Road, SW3 4UD (7581 5764,
www.elc.co.uk). Sloane Square tube.* **Open**
9.30am-6pm Mon-Sat; 11am-6pm Sun.
Credit AmEx, MC, V. **Map** p329 F11.
A presence on British high streets since the
1970s, ELC has stuck to its ethos of
encouraging imaginative play for babies and
young children. Everything is sturdy, brightly
coloured and reasonably priced. On Tuesday
mornings (10am-noon), kids can get hands-on
with the toys or try some craft activities at the
drop-in play sessions.
Buggy access. Delivery service.
Branches throughout the city.

Fagin's Toys
*84 Fortis Green Road, N10 3HN (8444
0282). East Finchley tube, then bus 102,
234.* **Open** 9am-5.30pm Mon-Sat; 10am-
3pm Sun. **Credit** MC, V.

Kids' Corner
East Dulwich

The buggies began rolling into this
suburban patch of south London in the
1990s. Now the sprog scene centres
around residential Northcross Road,
home of original trendsetter the **Blue
Mountain Café** (*see p244*), then spills
out on to Lordship Lane. Although local
favourite the Never Ending Story
Bookshop has sadly now, er, ended, in
its place sits jolly card shop **Postmark**
(*see p299*), and there's plenty else to
catch the eye and lighten the wallet.
  Swish shoe boutique **Jolie à Pied**
(*see p285*) stocks a small range of
high-end footwear for toddlers and
private-schooled princesses from the
likes of Spanish label Maá. The more
established **Oranges & Lemons** (*see
p289*) has chic maternity clothes and
babywear, while further down Northcross
Road, the wonderful **Hope & Greenwood**

(20 Northcross Road, SE22 9EU, 8613
1777, www.hopeandgreenwood.co.uk)
lures you in with '40s dance tunes on
the wireless and shelves stacked with
jars of gobstoppers and lemon bonbons.
  Back on Lordship Lane, the Dulwich
branch of **Soup Dragon** (*see p276*) is
an Aladdin's cave of groovy clothes, toys
and micro scooters. The south London
branch of the **JoJo Maman Bébé** (*see
p274*) chain sits at one end of the high
street; further down, the sensible **John
Barnett** (*see p294*) makes sure little
feet have something practical to put on.
  For something altogether less sensible,
a branch of toyshop **Just Williams** (*see
p297*), will keep everyone happy. Also
look out for newcomer **Colour Makes
People Happy** (*see p218*), an eco-
friendly paint shop offering clog painting
sessions for children.

Along with toys from the likes of Galt, Orchard, Brio, Lego, Playmobil, Meccano and Sylvanian Families, Fagin's has a central table of penny dreadfuls for party bags. Have fun choosing between little rubber fish and stretching aliens, powerballs, pots of slime, colouring sets and silk purses; prices run from 15p for a fortune-telling fish to £1.69 for magnetic marbles.
Buggy access. Disabled access. Play area.

Hamleys

188-196 Regent Street, W1B 5BT (0870 333 2455, www.hamleys.com). Oxford Circus tube. **Open** 10am-8pm Mon-Wed, Fri; 10am-9pm Thur; 9am-8pm Sat; noon-9pm Sun. **Credit** AmEx, DC, MC, V. **Map** p332 J7.
Arranged on seven noisy, bustling floors, with implausibly perky demonstrators, Hamleys has become a prime tourist draw. Most must-have toys are here – though Hamleys isn't immune to pre-Christmas panic when the cult toy of the moment becomes scarce. Down in the basement are the gadgets and construction toys, while the ground floor is devoted to soft toys and magic tricks. Floor one is games, science kits and sweets, two is for preschoolers, three is girls' stuff, four hobbies, models and remote control toys, and five is boys' toys and a nice little café. Though racing round the store is thrilling enough for most children, large-scale family events are held on site throughout the year. Check the schedule to find out who's planning to pop in; Scooby-Doo, perhaps, or SpongeBob SquarePants. In-store parties are also offered – although at £4,500 for ten kids, the Hamleys Sleepover is best left to young billionaires.
Buggy access. Café. Delivery service. Disabled access. Nappy-changing facilities. Play areas.

Happy Returns

36 Rosslyn Hill, NW3 1NH (7435 2431). Hampstead tube. **Open** 10am-5.30pm Mon-Fri; 10am-6pm Sat; noon-5.30pm Sun. **Credit** MC, V.
This fairly small toy shop doesn't have bags of choice, but the range is a clever mix of products with prices to suit everyone. Aimed at the zero to five age group, the shop is geared largely towards parties. Stock up on the celebration essentials then go hunting for presents. Look out for classics like glow stars or Etch-A-Sketch, or more modern toys by Jellycat; there's a big Sylvanian Families collection, plus toys by Galt, Schleich and Playmobil, doll's house accessories by Plan, and jolly chunky plastics by Wow Toys.
Buggy access.

Honeyjam

2 Blenheim Crescent, W11 1NN (7243 0449, www.honeyjam.co.uk). Ladbroke Grove tube. **Open** 10am-6pm Mon-Sat; 11am-4pm Sun. **Credit** MC, V.
Spinning tops, skipping ropes and traditional wooden toys from companies like Bigjigs and Le Toy Van delight nostalgia-hungry parents, while children deliberate over the pocket-money purchases. In the dressing-up section, boys can be transformed into knights and pirates, while little girls are enchanted by the reversible costumes: Snow White on one side and Sleeping Beauty on the other, or Cinderella in her ballgown and rags. There's a small collection of baby and infant clothes and an ever-expanding range of fair trade and eco-friendly products.
Buggy access. Disabled access.

Hoxton Street Monster Supplies

159 Hoxton Street, N1 6PJ (7729 4159, www.ministryofstories.org). Hoxton rail. **Open** 11am-5pm Sat, Sun. **Credit** MC, V.
This unusual shop sells monster supplies – freshly extricated nails, pickled eyeballs, farts in a jar and tins of unease. There are limited edition prints and stories, and the whole thing is a front for the creative writing workshops that go on behind the secret door. *See p10* **Den of Equity**.
Buggy access. Disabled access: toilet.

Just Williams

18 Half Moon Lane, SE24 9HU (7733 9995). Herne Hill rail. **Open** 9.30am-6pm Mon-Sat. **Credit** MC, V.
A blue-painted child's paradise, Just Williams has some top names in toys, with plenty of goodies from Brio, Sylvanians, Schleich and Playmobil. Traditionalists will approve of the wooden playthings from the likes of Bigjigs, Plan Toys, Pintoy and Santas, while Warhammer enthralls more bloodthirsty boys.
Buggy access.
Branches 106 Grove Vale, SE22 8DR (8299 3444).

Lapin and Me

14 Ezra Street, Columbia Road, E2 7RH (7739 4384, www.lapinandme.co.uk). Hoxton rail. **Open** 9.30am-3.30pm Sun. **Credit** AmEx, MC, V.
A treasure trove for lovers of unique items, Lapin and Me – set up by mother and daughter Madeleine and Delphine – had been a successful website for several years before

Consumer

opening a shop in 2009 just by Columbia Road market. The shop is beautifully laid out with colourful and enticing toys, many of them brought over from France and exclusive in the UK. Vibrant tea sets sit next to painted wooden guitars, knitted cuddle toys, unusual craft kits and stylish pull-along toys – there are also a few interior and accessory treats for adults. The shop's opening hours are limited to Sundays, but that means you can make a day of it and see one of London's most interesting street markets in full swing.
Buggy access. Delivery service.

Letterbox

99 Northcote Road, SW11 6PL (0844 573 4561, www.letterbox.co.uk). Clapham Junction tube/rail. **Open** 9am-6pm Mon-Sat; 11am-5pm Sun. **Credit** MC, V.
The popular catalogue for toys, games and bedroom accessories manifests itself in 3D form for the first time in London. This site on Northcote Road opened late in 2010 and its position along the main shopping thoroughfare in south London's nappy valley should ensure its success. Letterbox is great for traditional wooden toys, doll's houses, educational toddler toys, personalised gifts and dressing-up clothes for the 0-6 age range.
Buggy access. Disabled access. Mail order.

Little Rascals

140 Merton Road, SW19 1EH (8542 9979). South Wimbledon tube. **Open** 9am-5.30pm Tue-Sat. **Credit** AmEx, MC, V.
Aimed at under-fives, this friendly, family-run local shop is full of appealing toys and gifts. Check out the handmade wooden book ends and money-boxes, and colourful greetings cards; for younger babies, there are Grobag sleeping bags and Taggies comforter blankets.
Buggy access.

Mystical Fairies

12 Flask Walk, NW3 1HE (7431 1888, www.mysticalfairies.co.uk). Hampstead tube. **Open** 10am-6pm Mon-Sat; 11am-6pm Sun. **Credit** MC, V.
There are several thousand small and pretty things in this shop, at least half of them hanging from silver branches overhead. Most of the merchandise is pink or sparkly and features princesses, ballerinas, flower fairies, pixies and elves. The back of the shop is an Aladdin's cave of costumes (mostly for girls, though there are some token wizard and pirate outfits). It's hard to leave empty-handed faced with this choice;

tea sets, trinkets, books, sticker sets, stationery, slippers, dressing gowns, pyjamas and duvet covers, wands, wings, craft sets and jewellery. Staff also run parties in the shop's fairy light-decked Enchanted Garden (the basement). Check the website for fairy school dates.
Buggy access.
Branch Bluewater Shopping Centre, Greenhithe, Kent DA9 9ST (01322 624997).

Never Never Land

3 Midhurst Parade, Fortis Green, N10 3EJ (8883 3997, www.never-never-land.co.uk). East Finchley tube. **Open** 10am-5pm Tue, Wed, Fri, Sat. **Credit** MC, V.
Much like the Sylvanian Families shop in Finsbury Park (*see p300*), this shop – around the corner from the main stretch of Muswell Hill's Fortis Green Road – is easily missed unless you know it's here. The main event is a fabulous selection of dolls' houses – many designs are unique to the shop. You can buy them flatpacked, pre-made or pre-made and painted, depending on your budget and your desire to participate in some DIY in miniature. The shop also stocks a delightfully detailed range of furniture and accessories for the doll's house interiors. Never Never Land may be a specialist shop, but it's not exclusive; service is friendly and there are plenty of other enticements for children of all interests, including castles, wooden kitchens, toys, puppets and appealing ride-on toys.

Patrick's Toys & Models

107-111 Lillie Road, SW6 7SX (7385 9864, www.patrickstoys.co.uk). Fulham Broadway tube. **Open** 9.30am-5.30pm Mon-Sat. **Credit** MC, V.
One of London's biggest toy and model shops, Patrick's is a major service agent for Hornby and Scalextric, attracting adult enthusiasts as well as kids. The model department specialises in rockets, planes, cars, military and sci-fi, while the general toy department has wooden toys, board games, soft toys and doll's houses.
Buggy access. Delivery service (local). Disabled access.

Petit Chou

15 St Christopher's Place, W1U 1NR (7486 3637, www.petitchou.co.uk). Bond Street tube. **Open** 10.30am-6.30pm Mon-Sat; noon-5pm Sun. **Credit** MC, V. **Map** p330 H6.
Artists Marty St James and Iveta Petrakova opened this shop just off exclusive Wigmore Street in 2005. The toys inside cater for the play

Kids' Corner
Notting Hill

The leafy streets around Ladbroke Grove and Notting Hill are the original stamping ground of the yummy mummies and their offspring. Here, organic cotton-clad babies recline in expensive three-wheelers while their parents stroll around the shops; the streets leading off Portobello Road are sprinkled with brilliant boutiques and specialist shops, stocking all the smartest brands alongside trendsetting lesser-known labels.

For stylish children's clothing, there's no end of choice; start at the Ladbroke Grove (and cheaper) end of Portobello Road with **Sasti** (see p287) for hardwearing, 1970s-inspired designs. Girls will adore the romantic day dresses and party frocks at **I Love Gorgeous** (see p289), made from deliciously floaty fabrics; to ensure your child doesn't look out of place on the Riviera, **Petit Aimé** (see p286) stocks the best French childrenswear designers, while the clothes at **Marie Chantal** (see p289) are designed by no lesser figure than the Crown Princess of Greece. **Their Nibs** (see p288) also continues to enchant both parents and children with its vintage-inspired designs and

quirky prints; pirate-printed shirts and pyjamas for the chaps, and a sweet fairy design for girls. To complete the look, shoe store **One Small Step One Giant Leap** (see p294) has plenty of west London sole.

Old-fashioned toys and games can be found at the charming **Honeyjam** (see p297) on Portobello Road, run by two fabulously fashionable friends.

Consumer

requirements of children from babies to ten-year-olds. The owners' artistic eye means that everything is impeccably stylish, and there's an emphasis on wooden and hand-crafted toys from all over the world. Unusual items include a London Routemaster with removable passengers, two vintage model pedal cars that come in green and red, floor puzzles in a suitcase and a pull-along construction train. Petit Chou also stocks puppet theatres, doll's houses, musical and role play toys.
Buggy access. Delivery service. Disabled access. Nappy-changing facilities. Play area.

Pollock's Toy Shop
1 Scala Street, W1T 2HL (7636 3452, www.pollockstoymuseum.com). Goodge Street tube. **Open** 10am-5pm Mon-Sat. **Credit** AmEx, MC, V. **Map** p330 J5.

These two adjacent townhouses in the heart of Fitzrovia are crammed with toys. Pollock's Toy Museum (*see p88*) inhabits most of the warren of rooms inside, but downstairs there's also a toy shop (the museum and shop are named after Benjamin Pollock, the last of the Victorian theatrical printers). It has plenty of pocket money items for sale, as well as larger toys; you'll find animal masks, wind-up music boxes, tin robots, games and cards, as well as reproduction cardboard theatres.
Buggy access.

Postmark
59 Northcross Road, SE22 9ET (8693 1133). East Dulwich rail. **Open** 10am-5.30pm Mon-Sat; 11am-5pm Sun. **Credit** MC, V.
Unable to live up to its name, the Never Ending Story Bookshop closed down a few years ago.

Its former premises are now occupied by this cheerful card shop, which also sells school stationery and toys for babies and toddlers. *Buggy access.*
Branch 123 Balham High Road, SW12 9AR (8675 7272).

Puppet Planet
787 Wandsworth Road, SW8 3JQ (07900 975276, www.puppetplanet.co.uk). Wandsworth Road rail. **Open** usually 9am-5pm Mon-Sat (call in advance). **Credit** AmEx, MC, V.
Children absolutely love browsing among the glove puppets and marionettes on the shelves of this puppet emporium, which also has a fabulous array of display puppets from around the world. Within seconds of entering the shop, youngsters will be creating full-blown productions in the hands-on corner, but be ready for some pressure to purloin a full blown puppet theatre (some of which are designed to hang from doorways) to take home.
Buggy access. Delivery service. Disabled access. Play area.

QT Toys
90 Northcote Road, SW11 6QN (7223 8637). Clapham Junction rail. **Open** 9.30am-5.30pm daily. **Credit** MC, V.
From Lego and Sylvanian Families sets to tubs of luridly hued Play-Doh, it's all here. There are also some educational games, craft and modelling kits and stationery for older kids.
Buggy access. Disabled access. Nappy-changing facilities.

Route 73 Kids
92 Stoke Newington Church Street, N16 0AP (7923 7873, www.route73kids.co.uk). Bus 73, 393, 476. **Open** 10am-5.30pm Mon-Sat; 11am-5pm Sun. **Credit** AmEx, MC, V.
Named after the bendy bus that chugs along Stoke Newington Church Street, this jolly toyshop caters to all budgets. A party bag-tastic table full of pocket money toys takes centre stage, and there's a great selection of traditional names such as Brio and Galt. It's geared towards parents looking for quality wooden toys rather than tacky plastic goods; PlanToys' eco-friendly rubberwood designs are particularly popular. Then there are books, puzzles, jigsaws, word games, craft packs, Jellycat animals and Starchild's soft leather baby shoes. The train and racing car tables are there to be played with.
Buggy access. Disabled access.

Snap Dragon
56 Turnham Green Terrace, W4 1QP (8995 6618). Turnham Green tube. **Open** 9.30am-6pm Mon-Sat; 11am-5pm Sun. **Credit** AmEx, MC, V.
A good general toy shop for big brands, Snap Dragon stocks a bit of everything: Lego, Playmobil, Brio and Sylvanian Families are among the biggest sellers, along with games and jigsaws from Orchard Toys and stacks of cuddly toys of all kinds. For rainy days, there's an abundance of classic board games, from Buckaroo to Boggle. There are generally a few sandpits and goalposts on the shop floor, while bulkier trampolines and wooden climbing frames by TP Toys can be ordered on request.
Buggy access. Delivery service.

Sylvanian Families
68 Mountgrove Road, N5 2LT (7226 1329, www.sylvanianfamilies.com). Finsbury Park tube/rail. **Open** 9.30am-5.30pm Mon-Fri; 9am-6pm Sat; 10am-4pm Sun. **Credit** AmEx, MC, V.
Scores of woodland critters line the shelves at this emporium of all things Sylvanian, along with every conceivable accessory. Here you can buy your favourite dressed-up animals from the numerous families, along with their homes, hospitals, schools, cars and furniture.
Buggy access.

Toy Station
6 Eton Street, Richmond, Surrey TW9 1EE (8940 4896, www.toy-station.co.uk). Richmond tube/rail. **Open** 10am-6pm Mon-Fri; 9.30am-6pm Sat; noon-5pm Sun. **Credit** (over £8) MC, V.
This bastion of good-quality playthings has two storeys filled with model animals, knights and soldiers, forts and castles, remote-controlled vehicles and more traditional wooden toys.
Buggy access. Disabled access.

Toys R Us
760 Old Kent Road, SE15 1NJ (7732 7322, www.toysrus.co.uk). Elephant & Castle tube/rail then bus 21, 56, 172. **Open** 9am-8pm Mon-Fri; 9am-7pm Sat; 11am-5pm Sun. **Credit** AmEx, MC, V.
The American retail giant generally has industrial quantities of the toy of the moment amid its mighty stockpile, though it can be hard to find an assistant.
Buggy access. Car park. Delivery service. Disabled access. Nappy-changing facilities.
Branches throughout the city.

Consumer

Directory

Directory

GETTING AROUND

PUBLIC TRANSPORT

The prices listed for transport and services were correct at the time of going to press, but do bear in mind that some prices (especially those of tube tickets) are subject to a hike each January.

Public transport information

Full details can be found online at www.thetube. com and www.tfl.gov.uk, or alternatively by phoning 0843 222 1234.

Transport for London (TfL) also runs Travel Information Centres that provide maps and information about the tube, buses, Tramlink, riverboats, Docklands Light Railway (DLR) and national rail services within the London area. You can find them in Heathrow Airport, as well as in Liverpool Street and Victoria stations.

London TravelWatch
6 Middle Street, EC1A 7JA (7505 9000, www.london travelwatch.org.uk). **Open** Phone enquiries 9am-5pm Mon-Fri.

This is the official campaigning watchdog, monitoring customer satisfaction with transport.

Fares, Oyster cards & Travelcards

Tube and DLR fares are based on a system of six zones stretching 12 miles (20 kilometres) out from the centre of London. A cash fare of £4-£4.50 per journey applies across the tube for zones 1-6 (£3.50 excluding zone 1); customers save up to £2.50 with Oyster pay-as-you-go (*see below*). Beware of £25 on-the-spot fines for anyone caught without a ticket.

Children aged under 11 travel free on buses, DLR and the tube. If you are using only the tube, DLR, buses and trams, Oyster pay-as-you-go will always be cheaper than a Day Travelcard (*see right*). If you are using National Rail services, however, the Day Travelcard may best meet your needs (children travelling with you can buy a Day Travelcard for £2). Under-16s get free travel on buses with an Oyster photocard.

Travelcards, valid for tubes, buses, DLR and rail services, can be the cheapest way of getting

around. Travelcards can be bought at stations, as well as London Travel Information Centres or newsagents.

Day Travelcards
Peak Day Travelcards can be used all day Monday to Friday (except public holidays). They cost from £7.20 (£3.60 for under-16s) for zones 1-2, with prices rising to £14.80 (£7.40 for under-16s) for zones 1-6. Most people use the off-peak Day Travelcard, which allows you to travel from 9.30am Monday to Friday and all day Saturday, Sunday and public holidays. They cost from £5.60 (£2 for under-16s) for zones 1-2, rising to £7.50 (£2.60 for under 16s) for zones 1-6.

Oyster card
The Oyster card is a travel smartcard that can be charged with Pre-Pay and/or 7-day, monthly and longer-period (including annual) travelcards and bus passes. Oyster cards are currently available to adults and under-16 photocard holders when buying a ticket. Tickets can be bought from www.oystercard.com, at tube station ticket offices, London Travel Information Centres, some National Rail station ticket offices and newsagents. A single tube journey in zone 1 using Oyster to pay-as-you-go costs £1.80 at all times (65p for under-16s, children under 11 go free).

Children
Under-16s can travel free on buses and trams; under-11s travel free on the tube (those travelling without an adult, or who look over ten, will need to carry a 5-10 Oyster photocard; call 0845 330 9876 for information). Children aged 14 or 15 need a child – or 11-15 – photocard to travel at child rate on the tube and DLR, and get free travel on buses and trams.

An 11-15 Oyster photocard is required by children aged 11-15 years to get child-rate pay as you go on the Underground or DLR, or to buy 7-day, monthly or longer period travelcards.

London Underground

The tube in rush hour (8-9.30am and 4.30-7pm Monday-Friday) is not pleasant, so it is best to travel outside these hours with children, if possible.

Using the system

Tube tickets can be purchased or Oyster cards (*see left*) topped up from a ticket office or self-service machine. Ticket offices in some stations close early (around 7.30pm); it's wise to carry a charged-up Oyster card to avoid being stranded.

To enter and exit the tube using an Oyster card, touch it on the yellow reader that will open the gates. Make sure you touch the card when you exit the tube, otherwise you may be fined.

There are 12 Underground lines, colour-coded on the tube map; we've provided a full map of the London Underground on the back page of this book.

Timetable

Tube trains run daily from around 5.30am (except Sunday, when they start later). The only exception is Christmas Day, when there is no service. During peak times the service should run every two or three minutes.

Times of last trains vary, but they're usually around 11.30pm-1am daily, and 30 minutes to an hour earlier on Sunday. Debates continue as to whether to run the tube an hour later at weekends. The only all-night public transport is by night bus.

Fares

The single fare for adults within zone 1 is £4 (Oyster fare £1.60); for zones 1-2 it's £4 (Oyster fare £2.20 or £1.60). For zones 1-6 it's £4 (Oyster fare £3.80 or £2.20). The single fare for 11-15s in zones 1-6 is £2.20 (Oyster fare 65p with a valid 11-15 Oyster photocard), £1.70 for zones 2-6 (Oyster fare 65p). Children under 11 travel free at all times.

Docklands Light Railway (DLR)

The DLR (7363 9700, www.dlr.co.uk) runs driverless trains from Bank or Tower Gateway, close to Tower Hill tube (Circle and District lines), to Stratford, Beckton and the Isle of Dogs, then south of the river to Greenwich, Deptford and Lewisham. Trains run 5.30am to 12.30am Monday to Saturday and 7am to 11.30pm Sunday.

Fares

The single fare for adults within zone 1 is £4 (Oyster fare £1.80). For zones 1-2 it's £4 (Oyster fare £2.30 or £1.80). The zones 1-6 single fare is £4.50 (Oyster fare £4.20 or £2.40). In zones 2-3 it is £3.50 (£1.30 Oyster). Children under 11 travel free. Children aged 11-15 pay £2 (Oyster fare 65p) or £1.60 for zones 2-6 (Oyster fare 65p), while zones 2-3 for children is 80p (65p Oyster).

One-day 'Rail & River Rover' tickets combine unlimited DLR travel with hop-on, hop-off boat travel on City Cruises between Greenwich, Tower, Waterloo and Westminster piers. Tickets cost £14.50 for adults, £7.25 for kids and £37 (2 adults and up to 3 children under 16) for a family pass; under-5s go free.

Buses

New buses, with low floors for wheelchair and buggy users, and bendy buses with multiple-door entry and the 'pay before you board' schemes now make up much of the fleet. Buses in central London also require you to have an Oyster card or buy a ticket before boarding from pavement ticket machines. Be sure to have a ticket or swiped Oyster card on you while travelling: inspectors can slap a £25 fine on fare-dodgers. Of the famous open-platform Routemaster fleet, only Heritage routes 9 and 15 remain in central London.

Using an Oyster card (*see p302*) to pay as you go costs £1.20 at all times; the most you will pay a day is £3.90 on buses and trams. Paying by cash at the time of travel costs £2 per trip.

Children under 16 and students up to age 18 and resident in London travel free on buses. New Deal and 16+ Oyster fare is half-price (60p) for those in education outside London.

Night buses

Many night buses run 24 hours a day, seven days a week, and some special night buses with an 'N' prefix to the route number operate from about 11pm to 6am. Most services run every 15 to 30 minutes, but many busier routes have a bus around every ten minutes. Travelcards and Bus Passes can be used on night buses until 4.30am on the day after they expire. Oyster Pre-Pay and bus Saver tickets are also valid on night buses.

Green Line buses

Green Line buses (0844 801 7261, www.greenline.co.uk) serve the suburbs and towns within a 40-mile (64km) radius of London. Their main departure point is Ecclestone Bridge, SW1 (Colonnades Coach Station, behind Victoria).

Directory

Coaches

National Express (0871 781 8181, www.national express.com) runs routes to most parts of the country; coaches depart from **Victoria Coach Station**, a five-minute walk from Victoria rail and tube stations.

Victoria Coach Station

164 Buckingham Palace Road, SW1W 9TP (0871 781 8181, www.tfl.gov.uk/vcs). Victoria tube/rail. **Map** p332 H1. National Express, which travels to continental Europe as Eurolines, is based at Victoria Coach Station.

Rail services

Independently run services leave from the main rail stations. Travelcards are valid on services within the right zones. The very useful London Overground network, run by TFL (0845 601 4867, www.tfl.gov.uk/rail) extends across the centre, skirting the centre, and is currently being expanded.

If you've lost property at an overground station or on a train, call 0845 330 9882; an operator will then connect you to the appropriate station.

Family & Friends Railcard

www.family-railcard.co.uk. This is worth buying if you make even a couple of long rail journeys per year with the children, as the discounts it gives are substantial. The card costs £26 and lasts one year. Valid across Britain, it gives

travellers with children one year of discounts from standard rail fares (a third off adult fares, 60 per cent off child fares, £1 minimum fare). Under-fives travel free. Up to two adults can be named as cardholders – they do not have to be related. The minimum group size is one cardholder and one child aged five to 15; maximum group size with one cardholder is four adults and four children. To pick up a form for the Family & Friends Railcard, visit your local staffed station.

London's mainline stations

Charing Cross *Strand, WC2N 5HS.* **Map** p333 L7. For trains to and from south-east England (including Dover, Folkestone and Ramsgate).
Euston *Euston Road, NW1 1BN.* **Map** p331 K3. For trains to and from north and north-west England and Scotland, and a line north to Watford.
King's Cross *Euston Road, N1 9AP.* **Map** p331 L2. For trains to and from north and north-east England and Scotland, and suburban lines to north London.
Liverpool Street *Liverpool Street, EC2M 7PD.* **Map** p335 R5. For trains to and from the east coast, Stansted Airport and East Anglia, and services to east and north-east London.
London Bridge *London Bridge Street, SE1 2SW.* **Map** p335 Q8. For trains to Kent, Sussex, Surrey and south London suburbs.
Paddington *Praed Street, W2 1HB.* **Map** p327 D5. For trains to and from west and south-west England, South Wales and the Midlands.
Victoria *115 Buckingham Palace Road, SW1W 9SJ.* **Map** p332 H10. For fast trains to and from the channel ports (Folkestone, Dover, Newhaven); for trains to and from Gatwick Airport, and suburban services to south and south-east London.
Waterloo *York Road, SE1 7NZ.* **Map** p335 M9. For fast trains to and from the south and south-west of

England (Portsmouth, Southampton, Dorset, Devon), and suburban services to south London.

Tramlink

Trams run between Beckenham, Croydon, Addington and Wimbledon. Travelcards and bus passes taking in zones 3-6 can be used on trams; cash single fares cost £2 (Oyster fare £1.20 or 60p for 16- to 17-year-old photocard holders).

Water transport

The times of London's assortment of river services vary, but most operate every 20 minutes to hourly between 10.30am and 5pm, with more frequent services during the summer. Call the operators for schedules, or see www.tfl.gov.uk. Travelcard holders can expect one-third off scheduled riverboat fares.

Thames Clippers (0870 781 5049, www.thames clippers.com) runs a commuter boat service. Clippers stop at all London piers, including Embankment, Blackfriars, Bankside, London Bridge and Tower (near Tower Bridge). The names in bold below are the names of piers.

Royal Arsenal Woolwich – **Greenwich** (15mins) – **Masthouse Terrace** (4mins) – **Greenland Dock** (4mins) – **Canary Wharf** (5mins) – **Tower** (9mins) – **London Bridge** (4mins) – **Bankside**

Directory

(4mins) – **Blackfriars** (3mins) – **Embankment** (6mins); Thames Clippers (*see p304*).

Westminster – **Embankment** (5 mins) – **Festival** (5mins) – **London Bridge** (10mins) – **St Katharine's** (5mins); Crown River 7936 2033, www.crownriver.com.

Westminster – **Greenwich** (1hr); Thames River Services 7930 4097, www.westminsterpier.co.uk.

Westminster – **Kew** (1hr 30mins) – **Richmond** (30mins) – **Hampton Court** (1hr 30mins); Westminster Passenger Service Association 7930 2062, www.wpsa.co.uk.

Westminster – **Tower** (40mins); City Cruises 7740 0400, www.citycruises.com.

TAXIS

Black cabs

Licensed London taxis are known as black cabs – even though they now come in a wide variety of colours – and are a quintessential feature of London life. Drivers of black cabs must pass a test called the Knowledge to prove they know every street in central London and the shortest route to it. If a taxi's yellow 'For Hire' sign is switched on, it can be hailed. If a taxi stops, the cabbie must take you to your destination, provided it's within seven miles. Expect to pay slightly higher rates after 8pm on weekdays and all weekend.

You can book black cabs in advance. Both Radio

Taxis (7272 0272, www.radiotaxis.co.uk) and Dial-a-Cab (cash bookings 7253 5000, credit card bookings 7426 3420, www.dialacab.co.uk) run 24-hour services for black cabs (there's a booking fee in addition to the regular fare). Enquiries or complaints about black cabs should be made to the Public Carriage Office (www.tfl.gov.uk).

Minicabs

Be sure to use only licensed firms and avoid minicab drivers who tout for business on the street. There are plenty of trustworthy and licensed local minicab firms around in all areas, including Lady Cabs (7272 3300, www.ladyminicabs.co.uk), which employs only women drivers, and Addison Lee (0844 800 6677, www.addisonlee.com). Whoever you use, it's always a good idea to ask the price when you book and confirm it with the driver when the car arrives.

DRIVING

Congestion charge

Everyone driving into central London between 7am and 6pm Monday to Friday has to pay a £10 fee (£9 if you're

pre-registered with Autopay). Expect a fine of £60 if you fail to do so (rising to £120 if you delay payment).

Passes can be bought from newsagents, garages and NCP car parks; the scheme is enforced by CCTV cameras. You can pay by phone or online any time until midnight during the day of entry, or it's an extra £2 on the day following the day of travel. Payments are accepted until midnight on the next charging day after a vehicle has entered the zone. The Western extension of the Congestion Charge zone (which covered Chelsea, Kensington, Knightsbridge, Bayswater and Notting Hill) was scrapped at the beginning of 2011.

For information, phone 0845 900 1234 or go to www.cclondon.com. The Congestion Charge zone is marked on the Central London by Area map, *see p324.*

Parking

Central London is scattered with parking meters, but finding a vacant one can take ages. When you do, it'll cost you up to £1 for every 15 minutes to park there, and you'll be limited to two hours on the meter. Parking on a single or double yellow line, a red

Directory

line or in residents' parking areas during the day is illegal. In the evening (from 6pm or 7pm in much of central London) and at various times at weekends, parking on single yellow lines is legal and free. If you find a clear spot on a single yellow line during the evening, look for a sign giving the regulations. Meters are also free at certain times during the evenings and weekends.

NCP 24-hour car parks (0845 050 7080, www.ncp.co.uk) in and around central London are numerous but pricey. Fees vary, but expect to pay £10-£55 per day. NCP car parks can be found at Drury Lane, Parker Street, Parker Mews, and Upper St Martins Lane, WC2; and 2 Lexington Street, W1.

Driving out of town

Check your route for possible delays and roadworks. Try the route-planner service available from the RAC (www.rac.co.uk) or the AA (www.theaa.com).

CYCLING

Parents who want to find out more about cycle training can visit www.bikeforall.net for information, or log on to the websites below. Most local authorities include Safe Routes to Schools schemes in their local transport plans. Check the Sustrans website (www.sustrans.org.uk) for details. London Cycle Guide maps are available from some stations and bike shops, or the Travel Information Line (0843 222 1234).

London Cycling Campaign

7234 9310, www.lcc.org.uk. Looks after the city's pedallers.

WALKING

The least stressful way to see London is on foot. A selection of street maps covering central London is on pp326-335 but you'll need a separate map of the city: both the standard Geographers' *A–Z* and Collins' *London Street Atlas* are very easy to use.

The Guy Fox *London Children's Map* is comprehensive and packed with colourful illustrations of city landmarks; buy it at www.guyfox.co.uk (£2.95), in bookshops or at tourist attractions.

RESOURCES

Councils

Barnet *8359 2000, www.barnet.gov.uk.*
Brent *8937 1200, www.brent.gov.uk.*
Camden *7974 4444, www.camden.gov.uk.*
Corporation of London *7606 3030, www.cityoflondon.gov.uk.*

Ealing *8825 5000, www.ealing.gov.uk.*
Greenwich *8854 8888, www.greenwich.gov.uk.*
Hackney *8356 3000, www.hackney.gov.uk.*
Hammersmith & Fulham *8748 3020, www.lbhf.gov.uk.*
Haringey *8489 0000, www.haringey.gov.uk.*
Hounslow *8583 2000, www.hounslow.gov.uk.*
Islington *7527 2000, www.islington.gov.uk.*
Kensington & Chelsea *7361 3000, www.rbkc.gov.uk.*
Lambeth *7926 1000, www.lambeth.gov.uk.*
Lewisham *8314 6000, www.lewisham.gov.uk.*
Merton *8274 4901, www.merton.gov.uk.*
Newham *8430 2000, www.newham.gov.uk.*
Richmond upon Thames *0845 612 2660, www.richmond.gov.uk.*
Southwark *7525 5000, www.southwark.gov.uk.*
Tower Hamlets *7364 5020, www.towerhamlets.gov.uk.*
Waltham Forest *8496 3000, www.walthamforest.gov.uk.*
Wandsworth *8871 6000, www.wandsworth.gov.uk.*
Westminster *7641 6000, www.westminster.gov.uk.*

Education

Advisory Centre for Education (ACE) *0808 800 5793, 7704 9822 exclusion advice line, www.ace-ed.org.uk.* **Open** 10am-5pm Mon-Fri. Phone the centre for advice about your child's schooling; the advice line is for parents whose children have been excluded from school, have been bullied, or have special educational needs. School admission appeals advice is also available.
British Association for Early Childhood Education *136 Cavell Street, E1 2JA (7539 5400, www.early-education.org.uk).* **Open** *Phone enquiries* 9am-5pm Mon-Fri. A charitable organisation that provides information on infant education from birth to eight years.
Gabbitas Educational Consultants *Norfolk House, 30 Charles II Street, SW1Y*

*4AE (7734 0161,
www.gabbitas.co.uk).* **Open**
9am-5.30pm Mon-Fri.
The consultants at Gabbitas
give advice to parents and
students on choosing an
independent school.
**Home Education Advisory
Service** *PO Box 98, Welwyn
Garden City, Herts AL8
6AN (01707 371854,
www.heas.org.uk).* **Open** *Phone
enquiries* 9am-5pm Mon-Fri.
Call for information if you
want to educate your child at
home. An introductory pack
costs £2.50, a year's
subscription £16.
**ISC Information Service
London & South-East** *7766
7070, www.iscis.uk.net.* **Open**
Phone enquiries 9am-5pm
Mon-Fri.
The Independent Schools
Council Information Service
works to help parents find out
about independent schools.
Kidsmart *www.kidsmart.org.uk.*
Kidsmart is an internet safety
awareness programme run by
Childnet International, funded
by the DfES and Cable &
Wireless. Its guide is available
to all primary schools.
**National Association for
Gifted Children** *Suite 1.2,
Challenge House, Sherwood
Drive, Bletchley, Milton Keynes,
Bucks MK3 6DP (0845 450
0295, www.nagcbritain.org.uk).*
Open *Phone enquiries* 9am-
4pm Mon-Fri.
Support and advice on
education for gifted kids.
Parenting UK *Unit 431,
Highgate Studios, 53-79
Highgate Road, NW5 1TL
(7284 8370, www.parenting
uk.org).* **Open** *Phone enquiries*
9.30am-5pm Mon-Fri.
Information about parenting
classes and support for parents.
It was set up for people who
work with parents, but parents
can call as well.
**Pre-School Learning
Alliance** *Fitzpatrick Building,
188 York Way, N7 9AD (7697
2500, www.pre-school.org.uk).*
Open *Phone enquiries* 9am-
5pm Mon-Fri.
A leading educational charity
specialising in the early years.
It runs courses and workshops
in pre-schools around the
country for parents of children
under the age of five.

Fun & games

Activity camps
**Barracudas Young World
Leisure Group** *Bridge
House, Bridge Street,
St Ives, Cambs PE27 5EH
(0845 123 5299, www.
barracudas.co.uk).*
School holiday camps based in
schools in outlying countryside.
Children aged five to 16 are
welcome.
Cross Keys *48 Fitzalan
Road, N3 3PE (8371
9686, www.xkeys.co.uk,
www.miniminors.co.uk).*
Day camps in Finchley for kids
aged 12 or under and rural
week-long camps in Norfolk,
for children aged up to 17.
EAC Activity Camps *45
Frederick Street, Edinburgh,
EH2 1EP (0131 477 7570,
www.eacworld.com).*
Day and residential camps for
children aged five to 16 in
countryside sites.
PGL *Alton Court, Penyard
Lane, Ross-on-Wye,
Herefordshire HR9 5GL (0844
371 0101, www.pgl.co.uk).*
Sport and activity camps for
children aged seven to 16 in
the UK and Europe.
Wickedly Wonderful
*Russett Cottage, Itchenor,
West Sussex PO20 7DD
(07941 231168, www.
wickedlywonderful.com).*
A holiday company that runs
weekly buses from London
down to the beach during the
summer holidays.

Indoor play
Gymboree Play & Music
www.gymboree-uk.com.
A parent-and-child play
organisation for children
aged 16 months to four-and-
a-half years.
**National Association of
Toy & Leisure Libraries**
*(NATLL) 1A Harmood
Street, NW1 8DN (7428 2286
helpline, www.natll.org.uk).*
Open *Helpline* 9am-5pm
Mon, Tue, Thur.
For information on more
than 1,000 toy libraries
around the UK.
TumbleTots *0121 585 7003,
www.tumbletots.com.* **Open**
Phone enquiries 9am-5.30pm
Mon-Fri.

Phone to find out about
TumbleTots play centres
in your area.

Health

Asthma UK *0800 121
6244, www.asthma.org.uk.*
Open *Helpline* 9am-5pm
Mon-Fri.
Advice and help if you or your
child has asthma.
Contact-A-Family *0808 808
3555, www.cafamily.org.uk.*
Open *Helpline* 9.30am-5pm
Mon-Fri.
Support for parents of children
with disabilities. This
organisation is a valuable
resource for those who feel
isolated while caring for their
disabled children.
Euro Pair Agency *8421
2100, www.euro-pair.co.uk.*
An au pair agency that
specialises in French
candidates.
**Family Natural Health
Centre** *106 Lordship
Lane, SE22 8HF (www.
fnhc.co.uk, 8693 5515).*
Open 9.30am-9.30pm Mon-
Thur; 9.30am-6pm Fri, Sat;
11am-5pm Sun.
A wide range of alternative
therapies, from acupuncture to
osteopathy, are practised here.
French classes, sing and sign
classes, children's yoga and art
therapy are also offered.
Family & Parenting Institute
*430 Highgate Studios, 53-79
Highgate Road, NW5 1TL
(7424 3460, www.familyand
parenting.org).* **Open** *Phone
enquiries* 9.30am-5.30pm
Mon-Fri; 24hr answerphone
other times.
A resource centre that produces
factsheets covering all aspects
of parenting.
**Food for the Brain
Foundation** *8788 3801,
www.foodforthebrain.org.*
The Food for the Brain schools
project is designed to help
parents throughout the UK
make the right food choices to
help improve their children's
brain function, behaviour and
intelligence. A downloadable
leaflet, the 'Smart Food Smart
Kids Shopping Guide',
accompanies the scheme.
Greatcare *www.greatcare.co.uk.*
A useful resource for those
looking for childcare. Greatcare

has over 44,000 registered users, including nannies, au pairs, babysitters, mothers' helps and maternity nurses.
NHS Direct Helpline *0845 4647, www.nhsdirect.nhs.uk.* **Open** *Helpline* 24hrs daily. Confidential information and health advice; an invaluable resource.
WellChild Helpline *0845 458 8171, www.wellchild.org.uk.* This national charity offers practical and emotional support to sick children and their families.

Help & support

Bestbear *0870 720 1277, www.bestbear.co.uk.* **Open** 9am-6pm Mon-Fri; 24hr answerphone other times. Information about childcare agencies. now also provides a reference checking service
Childcare Link *0800 234 6346, www.childcarelink. gov.uk.* **Open** *Phone enquiries* 9am-5pm Mon-Fri. Provides a list of childcare organisations in your area.
ChildLine *0800 1111, www.childline.org.uk.* Confidential 24-hour helpline for young people in the UK. The counsellors are trained to listen and help with all kinds of issues, from bullying and abuse to drugs and STDs. Sometimes they put callers in touch with someone who can help further.
Daycare Trust *2nd Floor, Novas Contemporary Urban Centre, 73-81 Southwark Bridge Road, SE1 0NQ (7940 7510, 0845 872 6251 helpline, www.daycaretrust.org.uk).* **Open** 10am-1pm, 2-5pm Mon, Tue, Thur, Fri; 2-5pm Wed. A national charity that works to promote high-quality, affordable childcare. If you are a parent or carer paying for childcare, the www.paying forchildcare.org.uk site provides easy-to-read introductions to each of the main types of benefits, grants and subsidies that are available to help ease the financial burden of paying for childcare.
4Children *7512 2112, 7512 2100 information line, www.4children.org.uk.* **Open** *Phone enquiries* 9am-5pm Mon-Fri.

4Children is the national children's charity for children and young people aged up to 19. It works with government, local authorities, primary care trusts, children's service providers, and children and parents to ensure joined-up support for all children and young people in their local community.
Kids *6 Aztec Row, Berners Road, N1 0PW (7359 3635, www.kids.org.uk).* **Open** *Phone enquiries* 9.30am-5.30pm Mon-Fri.
An organisation that seeks to enhance the lives of disabled children, through play, leisure, education, family support, information, advice and training, with a view to empowering them in society.
Kidscape *2 Grosvenor Gardens, SW1W 0DH (7730 3300, 0845 120 5204 helpline, www.kidscape.org.uk).* **Open** *Helpline* 10am-8pm Mon, Tue; 10am-4pm Wed-Fri. Established by the indomitable child psychologist and mum Dr Michele Elliott, this was the first charity in the UK set up specifically to prevent bullying and child abuse in the family as well as at school. The helpline is for the use of parents, guardians or concerned relatives and friends of bullied children.
London Au Pair & Nanny Agency *www.londonnanny.co.uk.* Matches up families with child carers.
London Mums *www.londonmums.org.uk.* A group of new mums based in London who support each other by sharing views and tips online and organising activities for mums (and dads) and babies, such as trips to view exhibitions at the National Gallery, movies at the local cinema and nature walks.
Nannytax *PO Box 988, Brighton, East Sussex BN1 3NT (0845 226 2203, www.nannytax.co.uk).* **Open** *Phone enquiries* 9am-5pm Mon-Fri.
For £270 a year, Nannytax registers your nanny with the Inland Revenue, organises National Insurance payments and offers advice.

Night Nannies *7731 6168, www.nightnannies.com.* Night Nannies provides a list of qualified carers who may be able to offer respite from sleepless nights.
Parent Company *6 Jacob's Well Mews, W1U 3DY (0845 094 4220, www. theparentcompany.co.uk).* **Open** *Bookings* 9am-3pm Mon-Fri. The company runs first aid training courses for parents and carers of babies and children. The courses are delivered by paediatric nurses, either in the home or workplace.
Parent Courses *Holy Trinity Brompton, Brompton Road, SW7 1JA (7581 8255, www.htb.org.uk).* **Open** *Phone enquiries* 9.30am-5.30pm Mon, Wed-Fri; 10.30am-5.30pm Tue. Runs Parenting Course for parents with children under the age of 12, and Parenting Teenagers, for parents of children aged 13-18. Each course costs £30 and takes place over five weeks once a year.
Parentline Plus *0808 800 2222 helpline, www.parentlineplus.org.uk.* **Open** *Helpline* 24hrs daily. Organises nationwide courses on how to cope with being a parent. For more details, call the free helpline.
Parents for Inclusion *0800 652 3145 helpline, www.parentsforinclusion.org.* **Open** 10am-noon, 1-3pm Mon, Wed. Organises workshops for parents of disabled children as well as providing training for teachers who want to develop inclusion in their schools.
The Parent Practice *8673 3444 bookings, www.theparent practice.com.* A support and training group that promises to endow parents with the skills for transforming family life. It also produces CDs (£18.50; £33/pair) that provide harrassed mums and dads with practical strategies to make family life calmer, happier and more rewarding.
Parent Support Group *72 Blackheath Road, SE10 8DA (8469 0205 helpline, www.psg.org.uk).* **Open** *Helpline* 10am-8pm Mon-Thur; 24hr answerphone other times.

As well as the helpline, staff run one-to-one support sessions and offer courses on parenting skills to the parents and carers of adolescents who are acting in an antisocial or criminal manner.

Post-Adoption Centre
5 Torriano Mews, Torriano Avenue, NW5 2RZ (7284 0555, 7284 5879 advice line, www.postadoptioncentre.org.uk). **Open** *Advice Line* 10am-1pm Mon-Wed, Fri; 10am-1pm, 5.30-7.30pm Thur.
Registered charity providing advice, support and information for anyone affected by adoption, including adoptive/foster parents and their children, adopted adults, birth relatives and the professionals who work with them.

Simply Childcare
www.simplychildcare.com.
If you're seeking a nanny, check this website.
Sitters *0800 389 0038, www.sitters.co.uk.* **Open** *Phone enquiries* 9am-5pm Mon-Fri.
A babysitting agency with locally based nurses, teachers and nannies on its books.

FURTHER REFERENCE

Websites

BBC London
www.bbc.co.uk/london.
London-focused news, weather, travel and sport.
British Pathé
www.britishpathe.com
Newsreels, from spaghetti-eating contests to pre-war Soho scenes.
Children First
www.childrenfirst.nhs.uk.
Run by Great Ormond Street Hospital and the children's charity WellChild, this website has information on all aspects of healthy living, along with special sections about going into hospital.
Classic Cafés
www.classiccafes.co.uk.
A guide to the city's finest classic caffs.
Department for Education and Skills
www.parentscentre.gov.uk.

Advice on schools and other aspects of education.
Film London
www.filmlondon.org.uk.
London cinema, information about film in and around the capital, as well as London's film culture.
Get London Reading
www.getlondonreading.co.uk/ books-in-london.
Map of London books by district. Also details reading events taking place around the city.
Greater London Authority
www.london.gov.uk.
The official website for the Mayor of London and the Greater London Authority.
Hidden London *www.hidden-london.com.*
The city's undiscovered gems.
Learning Partnership
www.thelearningpartnership. com.
The Learning Partnership's online guide to parenting, Top Tips for Tiny Tots (www.tt4tt.co.uk), provides new parents with essential information on pregnancy, birth and early development in one easy-to-use downloadable course.
London Footprints
www.london-footprints.co.uk.
Free walks around London, listed by area and theme.
London Parks & Gardens Trust *www.parkexplorer.org.uk.*
A website designed to help Key Stage 2 children learn more about the parks, gardens and open spaces of London.
London Randomness
http://london.randomness. org.uk.
Want to find Finnish food near a music shop? Great review site-cum-wiki for interesting places.
London Remembers
www.londonremembers.com.
A guide to the plaques and statues dotted around London.
London 2012
www.london2012.com.
The official website for the 2012 London Olympics. Details on what's happening, how to get involved and all things Olympics.
London Undergound Blog
http://london-underground.blogspot.com.
Daily tube blog.

Meteorological Office
www.metoffice.gov.uk.
The most accurate source of weather forecasts.
Nickel in the Machine
www.nickelinthemachine.com.
Blog on the history, culture and music of 20th-century London.
On a Bus *http://onabus.com.*
Enter a bus number and its route is mapped.
Parent Pages
www.parentpages.co.uk.
A useful listings site for families with children and professionals working with children.
The River Thames Guide
www.riverthames.co.uk.
Interesting places to stay, eat, drink and play, all along the riverbank.
Seety *www.seety.co.uk.*
Navigable photos of pretty much every London street.
Street Map
www.streetmap.co.uk.
Grid references and postcodes.
Time Out *www.timeout.com.*
Up-to-the-minute listings, features and reviews, plus critics' recommendations. The Kids section runs from info on city farms, workshops, museums and days out to new films, shows and festivals.
Transport for London
www.tfl.gov.uk.
The official website for travel information about tubes, buses, DLR and river services, as well as travel times and cycle routes. Use the journey planner to find the quickest routes to your destination, and check for any disruptions or delays. The planner can also find you cycling routes.
Visit London
www.visitlondon.com.
The official tourist board website, full of information and special offers.
Walkit *www.walkit.com/london.*
Type in your setting off point and destination, and find out how long it'll take to walk it. It'll even find you the route with the lowest pollution levels.
Wild Web
http://wildweb.london.gov.uk.
Wildlife in the city.
Yellow Pages Online
www.yell.com.
The best online resource for numbers and addresses.

Directory

A-Z Index

Directory

Directory

A-Z Index

Directory

Directory

Directory

Directory

Area Index

Directory

Area Index

Directory

Maps

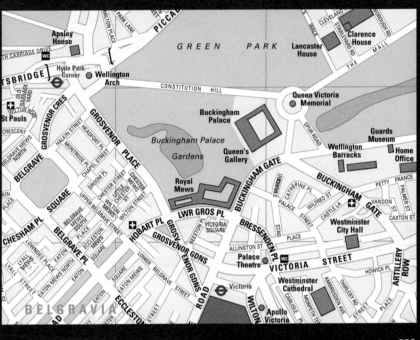

Place of interest and/or entertainment . . .	
Hospital or college	
Railway station	
Park	
River	
Motorway	
Main road	
Main road tunnel	
Pedestrian road	
Airport	✈
Church	✚
Synagogue	✡
Congestion charge zone	Ⓒ
Underground station	⊖
Area name	SOHO

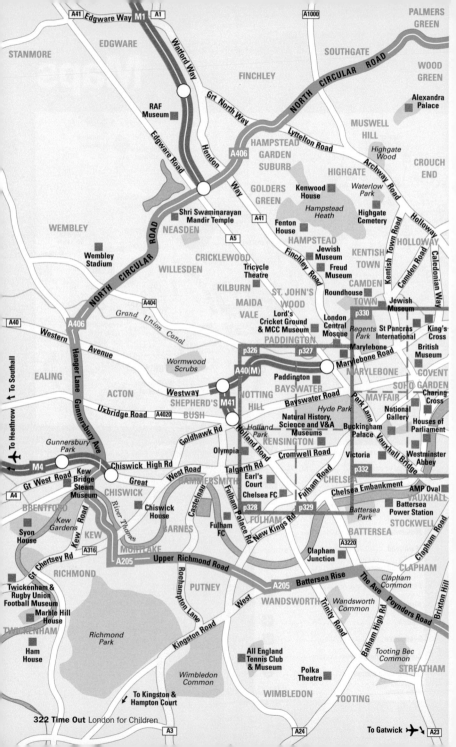

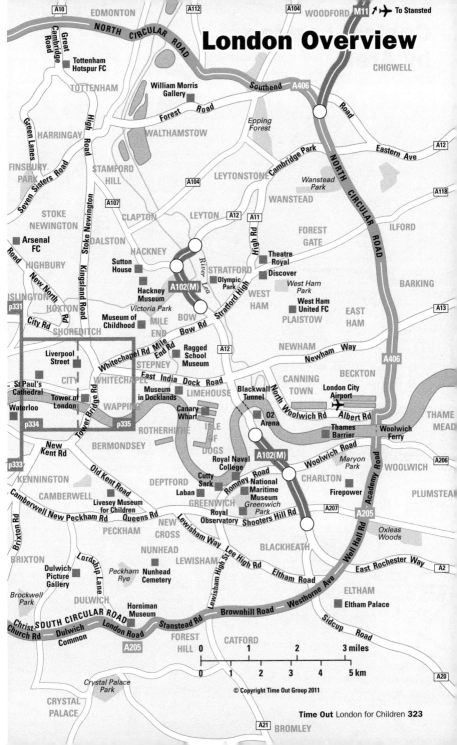

London Overview

Central London
by Area

Kilburn High
Road

PRIMROSE HILL

PRIMROSE HILL

St John's
Wood

PRINCE ALBERT ROAD

London Zoo

CAMDEN

Camden

REGENT'S PARK

Mornington
Crescent

SOMERS TOWN

ST
JOHN'S
WOOD

Maida Vale

**MAIDA
VALE**

Warwick
Avenue

Queen
Mary's
Gardens

Euston

Euston

Euston Square

Regent's
Park

Warren
Street

Marylebone

Marylebone

Baker
Street

Gt Portland
Street

Goodge
Street

Edgware Rd

FITZROVIA

Tottenham
Court Road

HARROW ROAD   WESTWAY   A40(M)

MARYLEBONE

Royal Oak

Paddington
Paddington

**PADDINGTON
& NOTTING HILL**

Seymour St

Oxford
Circus

SOHO

WEST END

BAYSWATER

Bayswater

Marble
Arch
Marble Arch

Bond St

OXFORD STREET

Bond Street

Tottenham
Court Road

Lancaster
Gate

BAYSWATER ROAD

Piccadilly
Circus

Queensway

BAYSWATER ROAD

HYDE PARK

MAYFAIR

HAYMARKET

Diana,
Princess
of Wales Memorial
Playground

The
Round
Pond

The
Serpentine

**KENSINGTON
GARDENS**

SERPENTINE ROAD

The Serpentine

Piccadilly

Green Park

ST JAMES'S

**ST JAMES'S
PARK**

Kensington
Palace

Hyde Park
Corner

Wellington Arch

**GREEN
PARK**

CONSTITUTION HILL

KENSINGTON ROAD   KENSINGTON ROAD

High Street
Kensington

KENSINGTON

Knightsbridge

KNIGHTSBRIDGE

BUCKINGHAM
PALACE
GARDENS

Buckingham
Palace

St James's
Park

WESTMINSTER

KNIGHTSBRIDGE

Harrods

Science Museum

Victoria &
Albert
Museum

SLOANE STREET

Victoria

Westminster
Cathedral

CROMWELL ROAD

Natural
History
Museum

South
Kensington

PONT STREET

BROMPTON

BELGRAVIA

Victoria

Eaton Sq

Eccleston Br

KENSINGTON

Earl's
Court

Gloucester
Road

**EARL'S
COURT**

Sloane
Square

Sloane Square

SOUTH KENSINGTON

KING'S ROAD

Pimlico

Pimlico

PIMLICO

VICTORIA

WEST BROMPTON

FULHAM ROAD

Brompton
Cemetery

CHELSEA

Chelsea
Physic
Garden

CHELSEA   **EMBANKMENT**

GROSVENOR ROAD

RIVER   **THAMES**

FULHAM

BATTERSEA

Battersea
Park

NINE ELMS

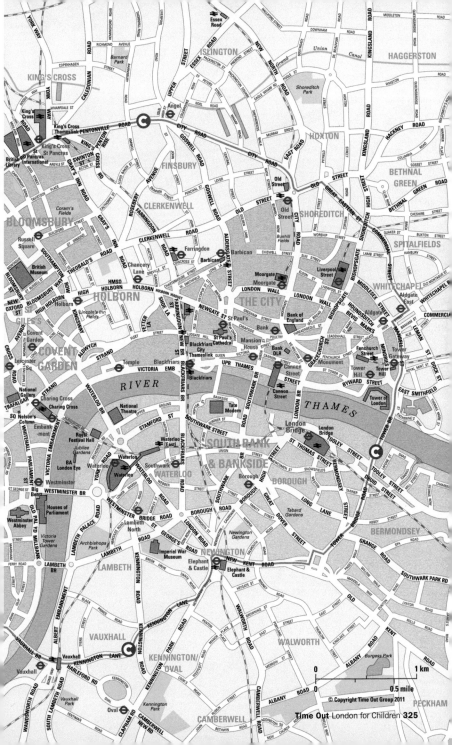

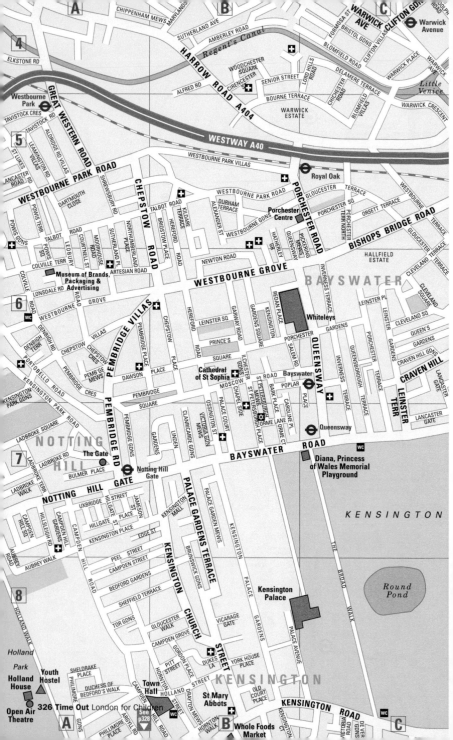

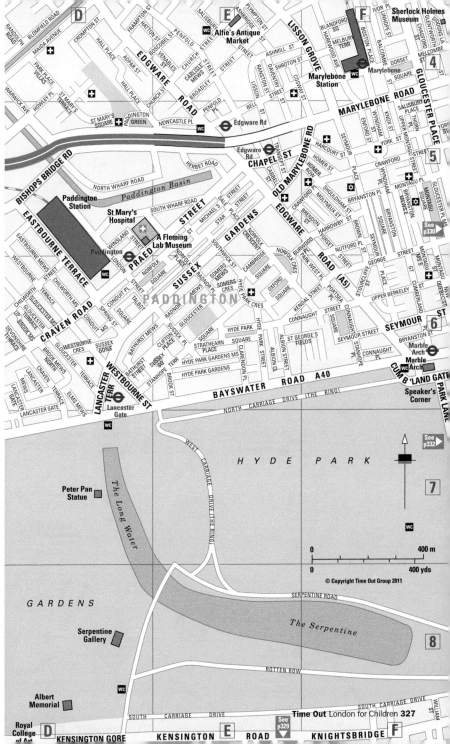

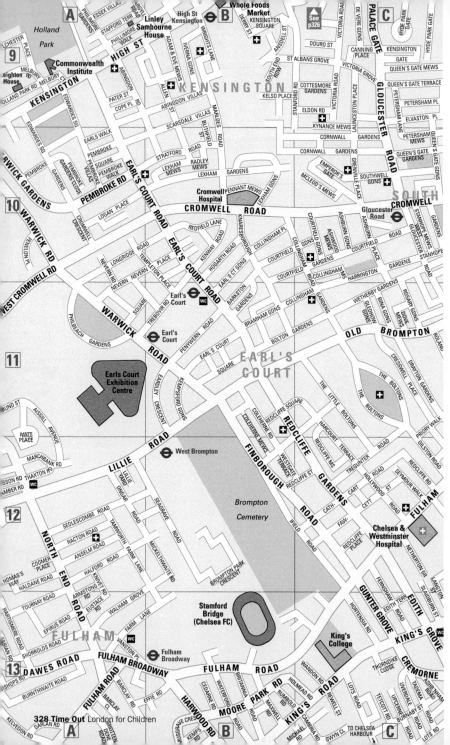

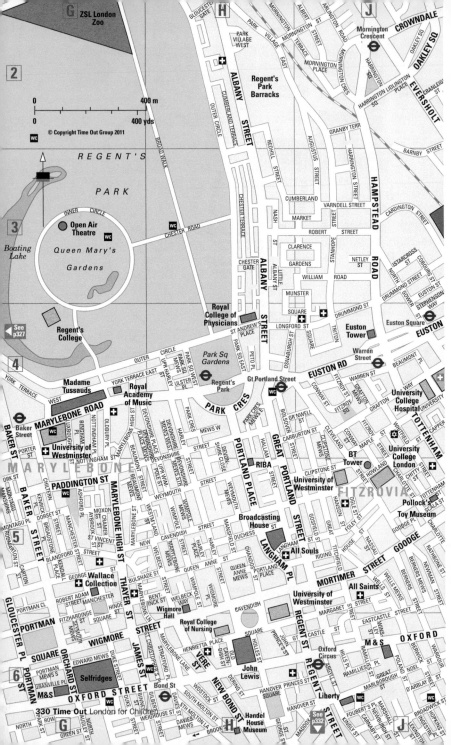

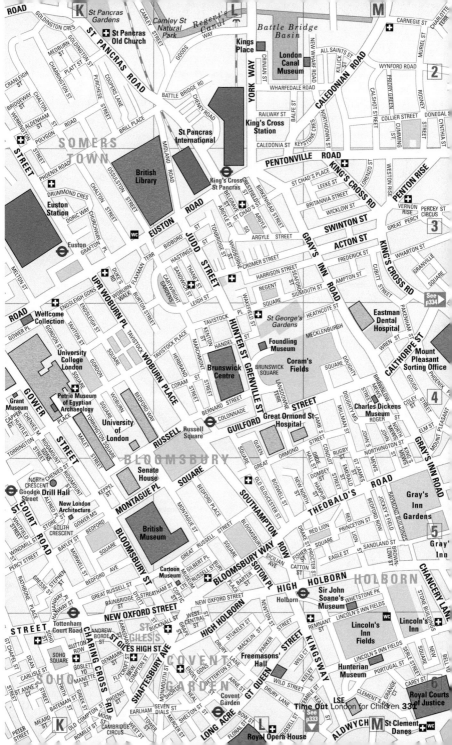

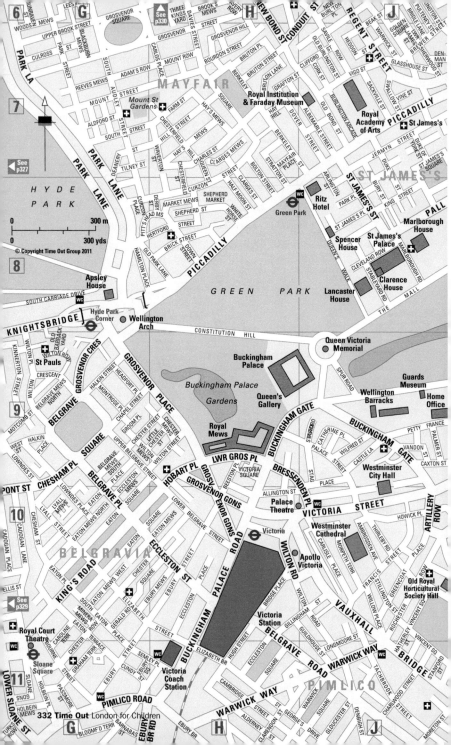

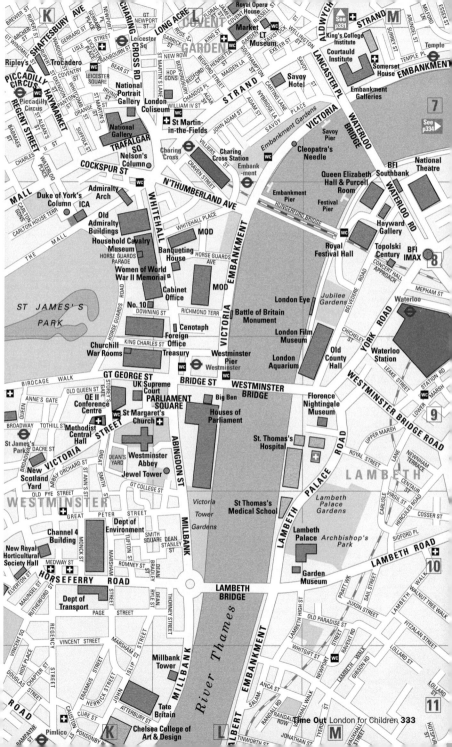

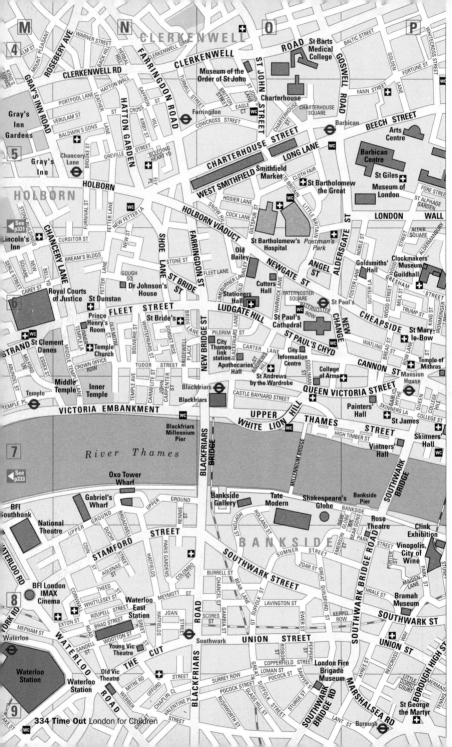

Transport for London

UNDERGROUND

MAYOR OF LONDON

Transport for London

Correct at time of going to print

Version A TfL 02.2010

*You pay no more than 5p per minute if calling
from a BT landline. There may be a connection charge.
Charges from mobiles or other landline providers may vary.

24 hour travel information
0843 222 1234*

Website
tfl.gov.uk

Improvement works may affect your journey, please check before you travel

© Transport for London   Reg. user No. 10/1793P